A Sourcebook on International Human Rights Materials

مرجع اسناد بین المللئ حقوق بشر

A Sourcebook on International Human Rights Materials

مرجع اسنا د بین المللئ حقوق بشر

Aphrodite Smagadi

British Institute of International and Comparative Law
2008

افرودیت اسما گا دی

موسسه بریتانیایی حقوق بین الملل و حقوق تطبیقی
2008

British Institute of International and Comparative Law

Published and Distributed by
The British Institute of International and Comparative Law
Charles Clore House, 17 Russell Square, London WC1B 5JP

© British Institute of International and Comparative Law 2008

British Library Cataloguing in Publication Data
A Catalogue record of this book is available from the British Library

ISBN 978-1-905221-40-0

This publication has been produced by the British Institute of International and Comparative Law (BIICL) with the assistance of the European Union. The views expressed in it are those of the author(s) and can in no way be taken to reflect the views of either the European Union or BIICL. BIICL is a registered charity and an independent research institute committed to supporting high standards of scholarship in all aspects of international and comparative law.

این مطبوعه از سوی مؤسسه بریتانیایی حقوق بین‌الملل و حقوق تطبیقی (BIICL) و با کمك اتحادیه اروپا نشر یافته است. نظرات مطرح شده در آن متعلق به مؤلف(مؤلفان) است و به هیچ عنوان نباید انعکاس دهنده نظرات اتحادیه اروپا یا BIICL تلقی شود. BIICL یك خیریه ثبت شده و یك مؤسسه تحقیقاتی است و به حمایت از استانداردهای عالی و عالمانه در همه جوانب حقوق بین‌الملل و حقوق تطبیقی متعهد شده است.

1005848280

Typeset by Adelphi Translations
Sheffield
Printed in Great Britain by Biddles Ltd
King's Lynn

Foreword

The European Union and the Islamic Republic of Iran initiated a *Comprehensive Dialogue*[i] in 1998 as the basis for collaboration in numerous areas, ranging from energy, trade and investment, refugees and drugs control, to the Middle East peace process, non-proliferation of weapons of mass destruction, the fight against terrorism and human rights. The *Human Rights Dialogue*[ii] was officially launched in the context of this bilateral cooperation in 2002 as the necessary platform for legal experts to exchange views on human rights issues of mutual interest to both parties through a series of roundtables. This enhanced collaboration was intended to enable all parties to acquaint themselves with the perception and legal protection of human rights at the international level and in Iran.

To this end, the British Institute of International and Comparative Law undertook a project on 'Human Rights in International Law and Iran'. The primary objective of the project is to foster the dialogue between international and Iranian legal scholars, practitioners and intellectuals on international and Islamic human rights standards, in order to achieve agreement on the character of human rights values and, ultimately, to contribute to the adoption and the effective implementation of major international human rights instruments in Iran.

One of the outputs of this project is the publication of the present compilation of human rights legal materials designed as a practical guide and reference book for lawyers and others involved in human rights issues. It consists of two parts, one on International Law and one on Iranian Law.

The first volume, entitled *Sourcebook of International Human Rights Materials*, portrays the international legal framework of human rights. The account of the fundamental principles of treaty law and practice aims to facilitate the better understanding of the structure and functioning of the human rights system at the international level. The focus is on selected individual civil and political human rights and on the issues encountered by some vulnerable groups, the selection being based on the significance of the topics to both parties to the Dialogue. The analysis in every section is accompanied by the relevant provisions of international human rights instruments and case law. A list of bibliographical sources is also provided for further reading.

The second volume, *Introduction to the Iranian Legal System and the Protection of Human Rights in Iran* deals with Iran's legal system and internal safeguards for human rights. It provides an overall picture of the four main pillars of the system of the Islamic Republic of Iran (legislative power, executive power, judicial power and the position of the leader) and a historical look at the development of judiciary in Iran. The sources of Iranian law,

---

[i] For a brief history of the relations between the European Union and Iran, see http://ec.europa.eu/external_relations/iran/relations_en.htm (last accessed 12 June 2008)

[ii] The Human Rights Dialogue was set up in 2002 on the basis of the principles enshrined in the Universal Declaration of Human Rights and the International Covenant on Civil and Political Rights ratified by Iran in 1975. Four rounds were held between 2002 and 2004 before the suspension of the Dialogue in 2005. More information available at: http://ec.europa.eu/external_relations/iran/humanrights_en.htm (last accessed 12 June 2008).

پیشگفتار

ایران و اتحادیه اروپا، درسال 1998، "گفتگوی همه جانبه"[i] ای را آغازنمودند تا درزمینه های متعددي همچون انرژی، تجارت و سرمایه گذاری، امور پناهندگان، کنترل مواد مخدر، روند صلح درخاورمیانه، عدم تکثیرسلاح های هسته ای، مبارزه با تروریسم و حقوق بشرهمکاری نمایند. درقالب این همکاری، "گفتگوی حقوق بشر"[ii] بطوررسمی درسال 2002 بین طرفین آغازشد تا حقوقدانان درخصوص موضوعات مورد علاقه طرفین و مرتبط با حقوق بشر درمیزگردهای متعدد به تبادل نظر بپردازند. هدف ازاین همکاری آشنایی و درک بهترطرفین ازمفهوم وحمایت های قانونی ازحقوق بشر درسطح بین المللی و در ایران بوده است.

درهمین راستا، موسسه بریتانیایی حقوق بین الملل و حقوق تطبیقی پروژه تحقیقی را با عنوان "حقوق بشر درحقوق بین الملل و ایران" آغاز نمود. هدف اولیه این پروژه فراهم نمودن گفتگو بین کارشناسان حقوقی، اساتید و وکلای ایرانی و بین المللی درزمینه استانداردهای بین المللی و اسلامی حقوق بشر بوده است تا زمینه را برای توافقی دوجانبه درخصوص ارزش‌های حقوق بشرو متعاقب آن پذیرش و اجرای مؤثر اسناد مهم بین المللی درزمینه حقوق بشردرایران فراهم آورد.

یکی ازدستاوردهای این پروژه، نشر این مجموعه از مطالب حقوقی مربوط به حقوق بشر ک" است که همچون راهنمای عملی برای احقوق‌دانان و دیگر فعالین حقوق بشر طراحی شده است. این کتاب از دو مجموعهتشکیل می گردد: حقوق بین الملل و حقوق ایران.

جلد اول تحت عنوان " مرجع اسناد بین‌المللی حقوق بشر" تصویری از چهارچوب حقوق بین الملل درزمینه حقوق بشرارائه می دهد. تشریح اصول پایه درحقوق و عملکرد به معاهدات به این منظورارائه شده تا ساختار و عملکرد نظام حقوق بشر درسطح بین المللی بهتر درک شود. تمرکز بر موارد خاص از حقوق بشری مدنی و سیاسی و مسایلی قرارگرفته است که گروه های آسیب پذیر با آن روبرو می‌شوند؛ و انتخاب موضوعات برمبنای اهمیت آنان برای طرفین گفتگو انجام شده است. تحلیل موضوعات در هر بخش همراه با ذکر اسناد مرتبط بین المللی و پرونده های مطروحه می باشد. فهرستی ازمنابع نیز جهت مطالعه بیشتر عرضه شده است..

جلد دوم " مقدمه‌ای بر نظام حقوقی ایران و حمایت از حقوق بشر در ایران" به شرح سیستم حقوقی ایران و تضمینات داخلی ازحقوق و آزادی های بشر می پردازد. در این بخش، شمای کلی ازچهار رکن اساسی نظام جمهوری اسلامی ایران (قوه مقننه، قوه مجریه، قوه قضائیه و رهبری) و نگاهی تاریخی بر روند دادگستری

---

[i] برای یك تاریخچه کوتاه در مورد روابط بین اتحادیه اروپه و ایران به
http://ec.europa.eu/external_relations/iran/relations_en.htm
مراجعه کنید (آخرین بار در 12 ژوئن 2008 به آن مراجعه شد).

[ii] «گفتگوی حقوق بشر» در سال 2002، بر اساس اصول مندرج در اعلامیه جهانی حقوق بشر و میثاق بین‌المللی حقوق مدنی و سیاسی که در سال 1975 از سوی ایران تصویب شده، ایجاد شد. چهار دوره گفتگو بین سال‌های 2002 و 2004، پیش از آن که این روند در سال 2005 قطع شود، انجام شده بود. اطلاعات بیشتر در این مورد را در http://ec.europa.eu/external_relations/iran/humanrights_en.htm ببینید (آخرین بار در 12 ژوئن 2008 به آن مراجعه شد).

the judicial system and judicial professions are explained, and the internal safeguards for fundamental freedoms and rights are investigated.

This ambitious project was an inspiring and rewarding experience for those involved. It involved the preparation of this publication; a comparative study on the impact of Sharia on the ratification and implementation of human rights by other Muslim States; the development of electronic resources; the organization of workshops and events involving a wide variety of participation from around the world; and media monitoring. The researchers at the British Institute of International and Comparative Law encountered many obstacles and challenges in carrying out these activities, especially with regard to the compilation of material from Iran. For this reason, the volume on Iranian law does not include the jurisprudence and practice of the courts regarding application of legal guarantees of human rights and it is hoped that more research will enable this to be provided in the future.

The Institute is indebted to the European Commission for initiating and funding the project; to Professor Gillian Triggs (previous director of the institute) for her general supervision and encouragement; and to Victor Kattan (Research Fellow) for his research on media monitoring and for his continuous support. We are in particular thankful to Beatriz Arroyo, Michelle Chan, Kamal Dogaheh, Forotan Fard Rashin, Ivon van Heugten, Sébastien Jodoin-Pilon, Shirin Kousari, Neda Shahgahsemi, Erfan Shams, Sherli Shamtoub, and Kourosh Taheri, for their valuable assistance in research; and also to the Organization for Defending Victims of Violence in Tehran, Iran, for the collection of the initial material. The authors would also like to thank their family and friends for their inspiration and support. Finally, the contribution of Susan Breau, Agnieszka Jachec-Neale, and Maria Vogiatzi is greatly acknowledged.

Finally I express my sincere thanks to Aphrodite Smagadi and Adineh Abghari for their hard work in authoring those volumes and to Nisrine Abiad for her management of the project for the last year.

Robert McCorquodale

Institute Director

The British Institute of International and Comparative Law

درایران ارائه می گردد. منابع حقوق ایران، تشکیلات دادگستری و حرفه های قضایی توضیح داده می‌شود و تضمینات داخلی حقوق و آزادی های اساسی در ایران بررسی می شود.
این پروژه تحقیقی تجربه پرباری برای دست اندرکاران آن بوده است. حاصل آن این کتاب مرجع، مطالعه تطبیقی در خصوص تاثیر فقه بر تصویب و اجرای اسناد بین المللی حقوق بشر در کشورهای اسلامی، توسعه منابع الکترونیکی، برگزاری کارگاه ها و سمینارهای مختلف با شرکت افراد متعددی ازسراسر جهان و نظارت برعملکرد رسانه‌های جمعی بوده است. محققین موسسه بریتانیایی حقوق بین الملل و حقوق تطبیقی درانجام این فعالیت ها با مشکلات و موانع متعدی – بخصوص در جمع آوری اسناد از ایران - روبرو بوده اند و به همین دلیل، آن قسمت ازاین کتاب مرجع که مرتبط با حقوق ایران است شامل رویه قضایی دادگاه های ایران در خصوص چگونگی اعمال ضمانت اجراهای قانونی درزمینه حقوق بشر نمی گردد وامید است که تحقیقات تکمیلی در این زمینه در آینده بعمل آید.
موسسه کمال تشکر را از کمیسیون اروپا برای حمایت مالی ازاین پروژه، استاد جیلیان تریگز (مدیر پیشین مؤسسه) برای نظارت و حمایت بی شائبه‌شان ازپروژه و ویکتور کاتان (کارشناس تحقیقاتی) برای حمایت و فعالیت تحقیقی اش درارابطه با رسانه های جمعی دارد. ما بخصوص از بئاتریس آرویو، سباستین جودن پیلن، میشل چان، کمال دوگاهه، ندا شاه قاسمی،عرفان شمس، شرلی شمتوب، کورش طاهری، فروتن فرد راشین، شیرین کوثری و ایوون وان هوختن برای کمک ارزشمندشان درامر تحقیق و همچنین از سازمان دفاع ازقربانیان خشونت درتهران برای جمع آوری اطلاعات اولیه متشکریم. مؤلفان همچنین سپاس خود را نسبت به خانوادگان و دوستانشان به خاطر حمایت و تشویق آنان ابراز می‌دارند و از کمک سوزان برو، آگنیزسکا جاکت-نیل و ماریا ویاتزی بسیار قدردانی می‌کنند.
درانتها تشکر خالصانه ام را نسبت به افرودایت اسماگادی و آدینه عبقری بخاطر تلاش بسیارشان در نگارش این دوجلد و نسرین ابیض برای مدیریت پروژه درسال آخر آن بیان می دارم.

پروفسور روبرت مک کرکوودل
رییس مؤسسه
موسسه بریتانیایی حقوق بین الملل و حقوق تطبیقی

CONTENTS

PART A—HUMAN RIGHTS IN INTERNATIONAL LAW

بخش اول - حقوق بشر در حقوق بین‌الملل

INTERNATIONAL HUMAN RIGHTS LAW: HISTORY AND DEFINITION

A. HUMAN RIGHTS BEFORE THE UNITED NATIONS

While the term 'human rights' was not in common usage before the establishment of the United Nations and the development of human rights law internationally, human rights values can be traced back to well before the 20th century. Moral obligations of compassion, benevolence and love, especially to the needy, are enshrined in most traditions, such as **Confucianism, Buddhism, Judaism, Christianity** and **Islam**.

In ancient times, however, these rights were privileges given to citizens, and often women, slaves and foreigners were not regarded as citizens.

Freedom of conscience became a central political issue in Europe with the **Protestant Reformation**, and **Enlightenment** philosophical thinking claimed that each individual has *natural rights* to life, liberty and property and that the State is entrusted to protect these rights through the rule of law.

These ideas were particularly influential in the 18th century in America and France. The **1776 US Declaration of Independence** based the revolution against the British rule on the rights to life, liberty and pursuance of happiness, and the **1791 US Bill of Rights** included rights to freedom of religion, the press, expression and assembly, protection against unreasonable search and seizure, and the right to due process of law. Similarly, the **1789 French Declaration of the Rights of Man and the Citizen** set a new set of principles for the French Constitution on the basis of liberty, property, security and resistance to oppression, equality before the law, freedom from arbitrary arrest, presumption of innocence, freedom of expression and religion and the right to property.

During the 19th century, a series of critical movements took place: the anti-slavery movement; the concern for religious and ethnic minorities and the protests against racial discrimination and colonialism; the campaign for the social and political rights of women; the rights of workers, the socialist movements and trade unions; and the development of the humanitarian laws of war. Until that time, human rights struggles had been geographically limited, but these campaigns had a strong international character and triggered the future evolution of human rights.

After the devastating First World War, the League of the Nations was established with the **1919 Versailles Treaty**, which did not directly refer to human rights, but addressed questions of minorities, workers' rights, slavery, women's rights and the rights of children and refugees.

B. THE UNITED NATIONS AND THE DEVELOPMENT OF HUMAN RIGHTS

With the end of the Second World War, the international community decided to form a centralized system for the development and enforcement of international law by signing the United Nations Charter on 26 June 1945.[1] On 24 October 1945, the United Nations came officially into existence with a membership of 51 States. By 2008, the number of UN members has increased to 192 States.

---

[1] Charter of the United Nations (adopted 26 June 1945, entered into force 24 October 1945); See also B Simma, H Mosler, A Paulus, United Nations and E Chaitidou, *The Charter of the United Nations: A Commentary* (OUP, Oxford, 2002).

الف - حقوق بشر قبل از تاسیس سازمان ملل

اگر چه واژه "حقوق بشر" قبل از تاسیس سازمان ملل و توسعه مفهوم حقوق بشر در سطح بین‌المللی رایج نبود، اما مفهوم و ارزشهای آن را می‌توان در قبل از قرن بیستم نیز جستجو کرد. تعهدات اخلاقی بویژه دررابطه با نیازمندان، عطوفت، نیکوکاری، و محبت (به نوع بشر) در بسیاری از سنت‌ها مانند مکتب کنفسیوس، بودائیسم، یهودیت، مسیحیت و اسلام مورد تکریم و توجه بوده‌اند.

با این همه، در زمان قدیم، حقوق امتیاز شهروندان بوده و اغلب زنان، بردگان و خارجیها شهروند محسوب نمی‌شدند.

با نهضت پروستان، آزادی عقیده به یک موضوع سیاسی محوری در اروپا بدل گشت و تفکر فلسفی روشنگری هم ادعا می‌کرد که هر فردی حقوق طبیعی بر حیات، آزادی، و مالکیت را داراست و همینطور ادعا می‌کرد که دولت موظف است از طریق حاکمیت قانون از این حقوق حمایت کند.

این عقاید بخصوص در قرن 18 در آمریکا و فرانسه نفوذ به سزایی داشت. اعلامیه استقلال 1776 آمریکا انقلاب علیه حاکمیت انگلستان را برپایه حق حیات، آزادی، و جستجوی خوشبختی قرارداد. لایحه حقوق 1791 آمریکا شامل حق آزادی مذهب، آزادی مطبوعات، آزادی بیان و آزادی اجتماعات، حمایت علیه تفتیش و توقیف غیر مشروع و حق دسترسی به دادرسی عادلانه بود. به همان نحو اعلامیه حقوق بشر و شهروندی فرانسه در 1789 یکسری اصول جدید را در قانون اساسی فرانسه تدوین کرد که براساس آزادی، مالکیت، امنیت، مقاومت در برابر سرکوب، تساوی در برابر قانون، منع توقیف خودسرانه، اصل برائت، آزادی بیان و مذهب و حق مالکیت (اموال) بود.

در طول قرن 19 یکسری جنبش‌های مهم اتفاق افتاد: نهضت ضد برده‌داری، توجه به اقلیتهای قومی مذهبی و حمایت علیه تبعیض‌های نژادی و استعمارگری، مبارزه برای حقوق اجتماعی و سیاسی زنان، حقوق کارگران، جنبش‌های سوسیالیستی و اتحادیه‌های تجاری و تحولات حقوق بشر دوستانه جنگ. تا آن زمان مبارزات حقوق بشر از نظر جغرافیایی محدود بود. اما این مبارزات دارای یک ویژگی برجسته بین‌المللی بود و نقطه شروع تحولات آینده حقوق بشر شد.

بعد از ویرانگری جنگ جهانی اول، جامعه ملل با معاهده 1919 ورسای تاسیس شد که درآن به به حقوق بشر بطور مستقیم اشاره نشده اما موضوعاتی چون حقوق اقلیتها، حقوق کارگران، بردگان، حقوق زنان، کودکان و پناهندگان را مورد توجه قرار داده است.

ب - سازمان ملل و تحولات حقوق بشر

در پایان جنگ جهانی دوم جامعه بین‌المللی تصمیم گرفت که سیستم متمرکزی را برای تحول و اعمال حقوق بین‌المللی با امضای منشور ملل متحد در 26 ژوئن 1945 تشکیل دهد. [1]در 24 اکتبر 1945 سازمان ملل با 61 کشور رسماً موجودیت یافت. تا سال 2008، اعضای سازمان ملل به 192 کشور افزایش یافته است.

[1]- منشور سازمان ملل (مصوب 26 ژوئن 1945، اجرا 24 اکتبر 1945). همچنین مراجعه کنید به:
B Simma, H Mosler, A Paulus, United Nations and E Chaitidou, *The Charter of the United Nations: A Commentary* (OUP, Oxford, 2002).

The role of the United Nations has grown considerably since the end of the Cold War and the fall of the Berlin Wall in 1989. There are still considerable difficulties, disagreements and tensions among States of the international community, and the UN is required to make a great effort in order to fulfil its mission. Among its greatest achievements is the development and enforcement of human rights.

In the **preamble** of the UN Charter, States 'reaffirm faith in fundamental human rights, in the dignity and worth of the human person, in the equal rights of men and women and of nations large and small.' One of the purposes of the UN, according to **UN Charter Article 1**, is '[t]o achieve international co-operation in … promoting and encouraging respect for human rights and for fundamental freedoms for all without distinction as to race, sex, language, or religion'. This objective is furthered in **UN Charter Articles 55** and **56**, which affirm the commitment of the UN to 'universal respect for, and observance of, human rights and fundamental freedoms for all' on the basis of the non-discrimination principle and the undertaking of the Member States to 'take joint and separate action in co-operation with the Organisation for the achievement of purposes set forth in Article 55'.

UN Charter Articles 55 and 56 were first given content through the adoption of the **1948 Universal Declaration of Human Rights** (UDHR). The drafters of the UDHR were people representing numerous States and cultures.

C. UNIVERSALISM AND CULTURAL RELATIVISM

The notion of 'human rights' refers to the rights of every single human being, regardless of jurisdiction or other factors such as ethnicity, nationality, or religion, to be treated with an attitude expressing that his or her *dignity* and *intrinsic value* as a human being is important. This attempted definition speaks for the *universal* and *inalienable* character of human rights:

(a) Human rights are *universal,* ie to all individuals in their capacity as human beings; and
(b) Human rights are *inalienable,* ie they cannot be detached from individuals under any circumstances, apart from some exceptions where the exercise of some rights can be limited under specific conditions and guarantees provided by law.

Since human rights are inherent for every human being, human rights are first of all *moral* rights. Moral rights take the shape of *legal* rights when States codify their respect for them and their protection. Human rights exist irrespective of their codification, but their express protection by law strengthens their effective protection. Hence, the evolution of human rights law during the past decades does not mean that human rights have only been discovered recently. It means that the international community realized human rights violations and proclaimed the importance of human rights values and its obligation to defend them.

The universality and inalienability of human rights is acknowledged by the 1948 UDHR. In its preamble, the UDHR recognizes the 'inherent dignity and equal and inalienable rights of all members of the human family' and as a legal instrument it is 'a common standard of achievement for all peoples and all nations' in order to 'secure [the] universal and effective recognition and observance [of human rights]'

In spite of this account of the nature of human rights, the question of the universality of human rights proclaimed by the human rights movement is a source of debate and contention amongst scholars, human rights activists and politicians. Since legal rules in the case of human rights protection

نقش سازمان ملل پس از پایان جنگ سرد و سقوط دیوار برلین در 1989 بطور قابل ملاحظه‌ای افزایش یافته است. البته هم چنان تفاوتها، اختلافات و تنش‌های قابل ملاحظه‌ای میان کشورهای جامعه بین‌المللی وجود دارد و از سازمان ملل انتظار می‌رود با تلاش زیاد ماموریت خود را به نحو احسن انجام دهد.

در مقدمه منشور سازمان ملل دولتها "براعتقاد برحقوق اساسی بشر،ارزش و کرامت انسانی، حقوق برابر زن و مرد و حقوق برابر ملتها اعم بزرگ و کوچک تاکید نموده اند". یکی از اهداف سازمان طبق ماده 1 منشور سازمان ملل "همکاری بین‌المللی در ترویج و تشویق احترام به حقوق بشر و احترام به آزادیهای اساسی برای همه بدون تبعیض ازلحاظ نژاد، جنسیت، زبان یا مذهب می‌باشد. این موضوع درمواد 55 و 56 منشور سازمان ملل بیشتر مورد توجه قرار گرفته است آنجاکه برتعهد سازمان ملل به احترام جهانی و رعایت حقوق بشر و آزادیهای اساسی برای همه براساس اصل عدم تبعیض و تعهد دول عضو در اتخاذ اقدامات مشترک و فردی برای همکاری و مدیریت برای تحصیل هدفی که در ماده 55 شرح داده شده است، تاکید می‌کند.

با تصویب اعلامیه جهانی حقوق بشر در سال 1948 برای اولین بار مفهوم مواد 55 و 56 مورد پذیرش قرار گرفت. تدوین کنندگان اعلامیه جهانی حقوق بشر افرادی به نمایندگانی از کشورها و فرهنگهای متعدد بودند .

ج - جهان شمولی و نسبت گرایی فرهنگی

اندیشه «حقوق بشر» به حقوق هر فرد انسانی اشاره دارد که بدون توجه به محل اقامت یا دیگر عوامل مانند نژاد، ملیت، یا مذهب، هویت و حرمت انسانی او بایستی مورد توجه قرار گیرند. این نگرش که می‌گوید ارزش و کرامت انسان مهم است، از ویژگی جهانی و سلب ناشدنی حقوق بشر صحبت می‌کند:

- حقوق بشر جهان شمول است یعنی همه افراد بصرف انسان بودن از آن بهره‌مند هستند.
- حقوق بشر سلب ناشدنی است یعنی این حقوق تحت هیچ شرایطی نباید از انسانها سلب شوند بجز بعضی استثنائات که اعمال بعضی از حقوق تحت شرایط خاص و تضمین‌های ارائه شده توسط قانون محدود شده‌اند.

حقوق بشر حق ذاتی هر انسان است. حقوق بشر در وهله‌اول حقوق اخلاقی است. هنگامیکه کشورها احترام و حمایتشان از حقوق اخلاقی را تدوین کردند حقوق اخلاقی به شکل حقوق قانونی درآمد. صرف نظر از این تدوین کشورها، حقوق بشر وجود دارد اما حمایت بیان شده در قانون حمایت موثر کشورها را تقویت می‌کند. از این رو تحولات حقوق بشر در طول دهه‌های گذشته به این معنا نیست که حقوق بشر اخیراً کشف شده است. بلکه به این معنا است که جامعه بین‌المللی به موارد نقض حقوق بشر پی برده و اهمیت ارزش‌های حقوق بشری و تعهد خود به دفاع از آنها را اعلام کرده است.

جهانشمولی و سلب ناشدنی بودن حقوق بشر دراعلامیه جهانی حقوق بشر 1948 مورد تاکید قرار گرفته است. در مقدمه اعلامیه جهانی حقوق بشر، "کرامت ذاتی همه اعضای خانواده بشری و حقوق برابر و سلب ناشدنی آنان" به رسمیت شناخته شده است. اعلامیه بعنوان یک سند قانونی یک استاندارد مشترک دستیابی برای همه مردم و همه ملتها در جهت تضمین شناسایی جهانی و موثر این حقوق و رعایت آنها می‌باشد.

علی رغم تغییر ماهیت حقوق بشر،موضوع جهانشمولی حقوق بشر که توسط جنبش‌های حقوق بشری بیان شده منبع بحث و جدل بین علما، فعالان حقوق بشر و سیاستمداران می‌باشد. از آنجاییکه قواعد حقوقی در حمایت از حقوق بشر

reflect moral rules and social codes of behaviour, and since there is a vast diversity of peoples, civilizations and cultures, morality varies across the globe and so some would argue that the understanding of human rights becomes *relative* to a given culture and that human rights attributed to the individual of the society may differ among societies. Many States purport that international human rights law neglects their cultural, religious and social particularities and that the efforts of other States abiding by the international rules interfere with their sovereignty.

In this regard, the World Conference on Human Rights, held in Vienna in June 1994, declared that

> [a]ll human rights are universal, indivisible and interdependent and interrelated. The international community must treat human rights globally in a fair and equal manner, on the same footing, and with the same emphasis. While the significance of national and regional particularities and various historical, cultural and religious backgrounds must be borne in mind, it is the duty of States, regardless of their political, economic and cultural systems, to promote and protect all human rights and fundamental freedoms.[2]

D. TYPES OF HUMAN RIGHTS

1. Civil and Political Rights

Civil and political rights aim to protect the individual from excesses of the State in regard to liberty of the individual and participation in public life They include, among others, the right to life, the right to a fair trial and freedom from torture . They were first proclaimed in the 1948 Universal Declaration of Human Righs [3] and further enshrined in the 1966 International Covenant of Civil and Political Rights.

2. Economic, Social and Cultural Rights

These rights were pronounced in the 1948 Universal Declaration of Human Rights[4] and were affirmed by the 1966 International Covenant on Social, Economic and Cultural Rights. They include, among others, the right to housing, the right to health care, the right to education and the right to employment.

3. Collective Rights

Collective rights include the right of self-determination, indigenous peoples' rights, the right to a clean environment and the right to development. They are attuned to the communal and collective basis of many individuals' lives.

A negative right obliges the State to refrain from interfering with someone's actions, while a positive right imposes an obligation on the State to do something for someone. Hence, the right to life and to physical integrity are negative rights, because other individuals or groups of peoples are not supposed to interfere with the life or physical integrity of the individual, to abuse or coerce it; whereas the right to health is a positive right, because it assumes that the community/the State intervenes and supplies the same level and quality of health services to all its citizens. All tyes of rights may have some negative and some positive obligation aspects

---

[2] World Conference on Human Rights, Vienna Declaration and Programme of Action (Vienna, 14–25 June 1994) (12 July 1993) UN Doc A/CONF.157/23.
[3] 1948 UDHR, Articles 3–21.
[4] ibid Articles 22–27.

. برگرفته از قواعد اخلاقی و کدهای رفتار اجتماعی است و از آنجاییکه مردم و تمدنها و فرهنگها بسیار گوناگونند از این جهت اخلاق در سراسر کره زمین متفاوت بوده و از این رو برخی استدلال می‌کنند که درک حقوق بشر نسبت به هر فرهنگی نسبی است و این کهحقوق بشر منتسب به افراد یک جامعه ممکن است در جوامع مختلف متفاوت باشد. بسیاری از کشورها ادعا می‌کنند که نظام بین‌المللی حقوق بشر ویژگیهای فرهنگی، مذهبی و اجتماعی آنها را نادیده گرفته است و تلاش کشورهای دیگر در اعمال قواعد بین‌المللی در حاکمیت آنها مداخله می‌کند.

در این خصوص کنفرانس جهانی حقوق بشر در وین در ژوئن 1994 اعلام کرد که:

> «حقوق بشر جهانی، غیر قابل تفکیک، به هم وابسته و به هم پیوسته است. جامعه بین المللی باید حقوق بشر را بطور یکنواخت در همه جوامع با رفتاری عادلانه و برابر و با رویکرد و تاکیدی یکسان مورد توجه قرار دهد. در حالیکه اهمیت ویژگیهای ملی و منطقه‌ای و زمینه‌های تاریخی، فرهنگی و مذهبی متفاوت باید در نظر گرفته شود وظیفه کشورها این است که صرف‌نظر از سیستم‌های سیاسی، اقتصادی و فرهنگی شان حقوق بشرو آزادیهای اساسی را تشویق و حمایت کنند."[2]

د - انواع حقوق بشر

1 - حقوق مدنی و سیاسی

حقوق مدنی و سیاسی هدف حمایت افراد در مقابل تعدی دولت در رابطه با آزادی افراد و مشارکت در زندگی عمومی را دنبال می‌کند. این حقوق از جمله شامل حق حیات، حق محاکمه عادلانه و منع شکنجه می‌باشد. این گروه ازحقوق بشر برای اولین بار در اعلامیه جهانی حقوق بشر 1948 بیان شد[3] و بعد در میثاق بین‌المللی حقوق مدنی و سیاسی 1966 مورد توجه قرار گرفت.

2 - حقوق اجتماعی، اقتصادی و فرهنگی

این حقوق در اعلامیه جهانی حقوق بشر 1948 بیان شده‌اند[4] و در میثاق بین‌المللی حقوق اجتماعی، اقتصادی و فرهنگی مورد تاکید واقع شده‌اند. این حقوق شامل حق مسکن، حق بهداشت، حق آموزش، و حق اشتغال می‌باشد.

3 – حقوق جمعی

حقوق جمعی ،حق تعیین سرنوشت، حقوق مردم بومی، حق برمحیط زیست پاک و حق توسعه را در بر می‌گیرد. این حقوق بر اساس اجتماعی و مشترک زندگی بسیاری از افراد تنظیم شده است.

یک حق منفی حکومت را موظف می‌کند که از دخالت در کارهای یک فرد اجتناب کند، در حالی که یک حق مثبت وظیفه انجام کاری را در مورد یک فرد بر دوش حکومت می‌گذارد. از این رو، حق حیات و یکپارچگی جسمی حقوق منفی بشمار می‌روند، زیرا افراد یا گروه‌های دیگر نباید در حیات یا یکپارچگی جسمی فرد دخالت کنند، با او بدرفتاری کنند یا او را تحت فشار قرار دهند، در حالی که حق بهناشت یک حق مثبت است، زیرا فرض را برا ین می‌گذارد که جامعه/حکومت دخالت می‌کند و سطح و کیفیت خدمات بهداشتی یکنواخت را در اختیار همه شهروندان قرار می‌دهد. همه انواع حقوق ممکن است برخی جنبه‌های منفی و برخی جنبه‌های مثبت داشته باشند.

---

[2] - کنفرانس جهانی حقوق بشر، اعلامیه وین و برنامه عملی، وین، 25-14 ژوئن 1994، سند شماره UN Doc. A/CONF.157/23، 12 ژوئیهژوئیه 1993.

[3]- مواد 3 تا 21 اعلامیه جهانی حقوق بشر مصوب 1948

[4] - مواد 22 تا 27 اعلامیه جهانی حقوق بشر مصوب 1948

SOURCES OF INTERNATIONAL LAW

A. INTRODUCTION

Article 38(1) of the Stature of the International Court of Justice (ICJ) is considered the most authoritative enumeration of the sources of international law—and hence of international human rights law. Accordingly, these are:

(a) international conventions, whether general or particular establishing rules expressly recognized by the contesting States;
(b) international custom, as evidence of a general practice accepted by law;
(c) the general principles of law recognized by civilized nations; and
(d) subject to the provisions of Article 59,[5] judicial decisions and the teachings of the most highly qualified publicists of the various nations, as a subsidiary means for the determination of rules of law.

B. PRIMARY SOURCES

1. Treaties

By referring to 'international conventions, whether general or particular establishing rules expressly recognized by the contesting States', the ICJ Statute denotes international agreements or treaties, bilateral and multilateral. A bilateral treaty is a source of law for legal issues arising between the two parties and is not binding for the international community in general.

Sometimes treaties acquire the status of customary law and are binding on more States than merely those which are parties to them.[6] This occurs when the provisions of a treaty are accepted as law by a large number of States, which are not parties to the treaty. Well-reputed examples are the Vienna Convention on the Law of the Treaties (VCLT), the Vienna Convention on Diplomatic Relations and the Convention on the Prevention and Punishment of the Crime of Genocide.

2. Customary Law

Custom under international law is a rule that is reflected in the practice or conduct of States. States must accept, expressly or tacitly, the binding legal character of the rule or principle in order to consider it a rule of international law. The elements of customary law are State practice and *opinio juris*.

Customary law develops from the practice of States, in other words from official conduct reflected in various acts undertaken by governments in dealing with matters of international concern, such as official statements and diplomatic exchanges, national court decisions and domestic laws. Lack of action may also be considered a form of State practice.[7] State practice must be accompanied by the State's conviction that the rule is legally obligatory—what is called *opinio juris*.[8]

---

[5] Article 59 of the ICJ Statute reads: 'The decision of the Court has no binding force except between the parties and in respect of that particular case'.

[6] R Higgins, *Problems and Process: International Law and How We Use It* (Oxford University Press, Oxford, 1994) 23.

[7] *Legality of the Threat or Use of Nuclear Weapons (Advisory Opinion)* [1994] ICJ Rep 226, 67.

[8] Deriving from Latin *opinio juris sive necessitatis* meaning the belief that a behaviour was done because it was a legal obligation.

الف - مقدمه

ماده 38(1) اساسنامه دیوان بین‌المللی دادگستری در مقام بیان منابع حقوق بین‌الملل است و از این جهت منابع بین‌المللی حقوق بشر را مورد لحاظ قرار داده است. بنابراین این منابع عبارتند از:

الف - کنوانسیونهای بین‌المللی اعم از قواعد عام و خاص که صریحاً توسط کشورهای متعهد به رسمیت شناخته شده است.
ب - عرف بین‌المللی که به عنوان رویه عمومی (کشورها) توسط قانون پذیرفته شده است .
ج - اصول کلی حقوقی که توسط ملل متمدن مورد شناسایی واقع شده است.
د - با رعایت مفاد ماده 59[5]، رویه قضایی و نظریات برجسته ترین حقوقدانان ملل مختلف بعنوان منابع فرعی برای تعیین قواعد حقوقی..

ب - منابع اولیه

1 - معاهدات

اساسنامه دیوان بین المللی دادگستری یا ارجاع به «کنوانسیونهای بین‌المللی اعم از عام و خاص که صریحاً موجد قواعدی است که توسط کشورهای متعاهد به رسمیت شناخته شده است» برقراردادها یا معاهدات دوجانبه و چند جانبه دلالت دارد. یک معاهده دوجانبه برای موضوعات حقوقی که بین دو کشور متعاهد رخ می‌دهد یک منبع حقوقی می‌باشد و برای جامعه بین‌المللی در کل الزام آور نیست.

گاهی معاهدات در بردارنده وضعیتی از حقوق عرفی است و برای کشورهایی غیر از کشورهایی که طرف این معاهده‌ها هستند، الزام آور است.[6] این وضعیت هنگامی اتفاق می‌افتد که مفاد یک معاهده بعنوان قانون توسط شمار زیادی از کشورهایی که طرفین معاهده نیستند. پذیرفته شده باشد. مثال‌های بارز آن کنوانسیون وین در خصوص حقوق معاهدات، کنوانسیون وین در خصوص روابط دیپلماتیک، و کنوانسیون ممانعت و مجازات کشتاردسته چمعی است.

2 - حقوق عرفی

عرف در حقوق بین‌الملل قاعده‌ای است که به رویه یا رفتار دولتها برمی‌گردد. دولتها باید بطور صریح یا ضمنی خصیصه الزام حقوقی این قاعده یا اصل را بعنوان یکی از قواعد حقوق بین‌الملل بپذیرند. عناصر عرف عبارتند از: رویه دولتها و اعتقاد به الزام آور بودن.

حقوق عرفی در خلال رویه دولتها توسعه می‌یابد به عبارت دیگر رفتار رسمی دولتها منعکس کننده اعمال مختلف اتخاذ شده توسط دولتها در خصوص موضوعات مربوطه بین‌المللی است از قبیل اظهارات رسمی دولتها و تبادلات دیپلماتیک تصمیمات دادگاههای داخلی و قوانین محلی. ترک فعل نیز ممکن است صورتی از رویه دولتها لحاظ شود.[7] رویه دولتها باید همراه با این اعتقاد باشد که قاعده یادشده الزام حقوقی دارد (*opinio juris*).[8]

---

[5] - ماده 59 اساسنامه دیوان بین المللی دادگستری بیان می دارد که"تصمیم دادگاه تنها برای طرفین پرونده و درخصوص موضوع همان پرونده الزام آور می باشد".

[6] - R Higgins, *Problems and Process: International Law and How We Use It*, Oxford University Press, Oxford, 1994, p. 23.

[7] - نظر مشورتی دیوان بین المللی دادگستری "مشروعیت تهدید یا استفاده ازسلاح های هسته ای"، نظر شماره 226، سال 1994، ص 67.

[8] - برگرفته از اصطلاح لاتین "*opinio juris sive necessitates*" بدین معناکه دلیل انجام هرعمل آن است که فرض بریک تعهد قانونی بوده است.

Presently, there is a vast body of rules and principles whose legal status is indisputably that of a custom. However, the test of the two elements for the identification of international customary rules is not very easy in terms of proof and so there are some rules whose customary character is debatable.[9]

3. General Principles of Law

General principles of law are accepted as a source of international law on the basis that when States universally apply similar principles at the domestic level, this implies that they consent to be bound by the same principles at the international level. Because of the increasing codification of international law and the number of international agencies and institutions, recourse to general principles of law is less frequent than to treaty or customary law. General principles of law are used particularly for matters of international judicial administration, such as the application of the *res judicata* doctrine.[10]

4. What is the Hierarchy of the Primary Sources?

Article 38(1) of the ICJ Statute is silent on the hierarchical order of the primary sources— whether for instance, treaties take precedence over customary rules and customary rules over general principles. However, international lawyers, State and international organizations' officials, courts and tribunals adopt the order of Article 38 as indicative of of the order to examine the primary sources.[11]

C. SECONDARY SOURCES

The 'judicial decisions' and 'teachings' of publicists are not sources of law as such, but they are *subsidiary means* that evidence whether a given norm is deemed to have been accepted as a rule of international law.

1. Jurisprudence

Great importance is attached to the decisions of international tribunals, particularly permanent ones such as the ICJ, with regards to the interpretation and application of international law. Domestic courts' decisions applying international law are treated as secondary sources to a much lesser extent, depending on the prestige and the impartiality of the court.

---

[9] eg *North Sea Continental Shelf Cases (Federal Republic of Germany v Denmark and Federal Republic of Germany v The Netherlands)* [1969] ICJ Rep 3; *Continental Shelf (Liberia v Malta)* [1985] ICJ Rep 13.

[10] M Shaw, *International Law* (Cambridge University Press, Cambridge, 2003) 92–98.

[11] See also *North Sea Continental Shelf Cases (Federal Republic of Germany v Denmark and Federal Republic of Germany v The Netherlands)* [1969] ICJ Rep 3, para 24.

در حال حاضر شمار زیادی از قواعد واصول هستند که دارای اعتبار حقوقي قاعده عرفي هستند. هرچند ارزیابی دو عنصر برای قواعد عرفی بین‌المللی از نظر اثباتي خیلی ساده نیست و از این رو قواعدي وجود دارند که خصیصه عرفی آنها مورد بحث است[9].

3 -اصول کلی حقوقی

اصول کلی حقوقی بعنوان یک منبع حقوقی بین‌المللی پذیرفته شده است. براین اساس که هنگامیکه دولتها بطور جهانشمول اصول مشابهی در سطح محلی (داخلی) اعمال می‌کنند براین مسئله دلالت دارد که دولتها رضایت دارند که به همان اصول در سطح بین‌المللی نیز ملزم شوند. بدلیل تدوین فزاینده حقوق بین‌المللی و تعداد موسسات و نمایندگیهایی بین‌المللی رجوع به اصول کلی حقوقی همیشه کمتر از معاهده یا عرف است. اصول کلی حقوقی بویژه برای موضوعات مدیریت قضایی بین‌المللی از قبیل کاربرد قضیه مختوم بها استفاده می‌شود.[10]

4 - منظور از سلسله مراتب بین منابع اولیه چیست؟

ماده 38(1) اساسنامه دیوان بین المللی دادگستری در خصوص سلسله مراتب منابع اولیه (برای مثال تقدم معاهده برعرف و تقدم قواعد عرفی براصول کلی) ساکت است. هر چند حقوقدانان بین‌المللی، دولتها و سازمانهای بین‌المللی، مقامات، دادگاهها و محاکم بین‌المللی نظم مندرج در ماده 38 را بیانگر ترتیب یررسی منابع اولیه می‌دانند[11].

ج - منابع ثانویه

«رویه قضایی» و « نظرات» علمای حقوق یه خودی خود از منابع حقوقی نیستند اما آنها ابزار کمکی هستند که نشان می‌دهند آیا یک هنجار خاص بعنوان یک قاعده حقوق بین‌المللی پذیرفته شده تلقی می‌شوند یا نه.

1 - رویه قضایی

اهمیت زیادی به تصمیمات دیوانهای بین‌المللی خصوصاً نهادهای دائمی از قبیل دیوان بین المللی دادگستری با توجه به تفسیر و اعمال حقوق بین‌المللی داده می‌شود. تصمیمات دادگاههای داخلی اعمال کننده حقوق بین‌المللی بسته به اعتبار و بی‌طرفی دادگاه تا حدکمتری بعنوان منابع فرعی تلقی می‌شوند.

---

[9] - بعنوان نمونه به پرونده های زیر مراجعه شود:
Sea Continental Shelf Cases (Federal Republic of Germany v Denmark and *Federal Republic of Germany v The Netherlands)* [1969] ICJ Rep 3; *Continental Shelf (Liberia v Malta)* [1985] ICJ Rep 13.

[10] - M Shaw, *International Law*, Cambridge University Press, Cambridge, 2003, p. 92-98.

[11] - همچنین به پرونده زیرمراجعه شود:
North Sea Continental Shelf Cases (Federal Republic of Germany v Denmark and *Federal Republic of Germany v The Netherlands)* [1969] ICJ Rep 3 at 24.

2. Teachings of the Most Highly Qualified Publicists

These are not only the writings and publications of individual scholars, but also the writings and publications of entities, such as the International Law Commission (ILC)[12] and the Institut de Droit International.

3. What is the Hierarchy of the Secondary Sources?

Article 38(1) of the ICJ Statute appears to give the same weight to judicial decisions and the teachings of publicists. However, judicial decisions, such as ICJ decisions, are usually considered of higher legal authority than the opinions of legal scholars.

D. SPECIAL FEATURES OF THE SOURCES OF INTERNATIONAL HUMAN RIGHTS LAW

The above enumeration of the sources of international law equally applies for international human rights law. In this section some specific characteristics of human rights law sources are highlighted.

1. *Jus Cogens*

International human rights law derives primarily from international human rights treaties. Also, many international human rights treaties are of declaratory character, which means that they codify existing principles and rules of customary international law. The prohibition of torture, slavery, genocide or unlawful use of force are preremptory norms of general international law, commonly known as *jus cogens*, because they are considered binding upon all States and cannot be modified by treaty.

According to VCLT Article 53 *jus cogens* is 'a peremptory norm of general international law ... accepted and recognized by the international community of States as a whole as a norm from which no derogation is permitted and which can be modified only by a subsequent norm of general international law having the same character.'

All *jus cogens* are part of customary international law, but not all customary rules are *jus cogens*.

2. Reciprocity

Unlike other international treaties, the provisions of human rights treaties do not bind the parties amongst each other in a network of reciprocal obligations. Rather, human rights treaties bind the State to act in relation to those within their jurisdiction. Some human rights treaties enable other States to bring a case against a State which has not complied with its human rights obligations. There may also be *erga omnes* responsibilities on all States in relation to some human rights, which enable a State to bring a claim against another State based on a general protection of the international community (for example the violation of the prohibition on genocide).

3. Universal Jurisdiction

States may claim *universal jurisdiction* over persons whose alleged violations of human rights are international crimes and were committed outside the boundaries of the prosecuting State, regardless of nationality, country of residence, or any other relation with the prosecuting State. Crimes for which universal jurisdiction is assumed by States are war crimes, crimes against humanity, genocide and torture.

---

[12] UN Charter Article 13(1)(a).

2 - نظرات برجسته‌ترین علمای حقوق

این نظرات صرفاً شامل نوشته های اشخاص محقق نیست بلکه شامل نوشته‌ها و کتب منتشره نهادهایی از جمله کمیسیون حقوقی بین المللی، کمیسیون حقوق بین الملل[12] و موسسه حقوق بین‌المللی در فرانسه می‌باشد.

3 - سلسله مراتب میان منابع فرعی چیست؟

ماده 38(1) اساسنامه دیوان بین المللی دادگستری نشاندهنده ارزش یکسان میان تصمیمات قضایی و نظریه علمای حقوق است. هر چند تصمیمات قضایی از قبیل تصمیمات دیوان بین المللی دادگستری اعتبار حقوقی بیشتری نسبت به نظریات علمای حقوق دارد.

د - ویژگی‌های خاص منابع حقوق بشر بین‌المللی

منابع مذکور در فوق بصورت یکسانی برای حقوق بشر بین‌المللی نیز اعمال می‌شود. در این قسمت بعضی از منابع حقوق بشر بین‌المللی با خصیصه‌های مشخص بیان شده است.

1 - قاعده آمره

قوانین حقوق بشر بین‌المللی در وهله اول از معاهدات حقوق بشر بین‌المللی ناشی می‌شود. هم چنین بسیاری از معاهدات حقوق بشر بین‌المللی دارای خصیصه اعلامی هستند یعنی این معاهدات اصول موجود و قواعد عرفی حقوق بین‌الملل را تدوین می‌کنند. منع شکنجه، برده داری، کشتاردسته جمعی و استفاده غیرقانونی از زور، هنجارهای لازم الاجرای حقوق بین‌المللی عمومی اند که بعنوان قواعد آمره شناخته می‌شوند زیرا این قواعد نسبت به همه کشورهای لازم الاجرا تلقی می‌شوند و توسط معاهدات قابل تعدیل نیستند.

طبق ماده 53 کنوانسیون وین درخصوص حقوق معاهدات، قاعده آمره عبارتند از :"یک هنجار عمومی حقوق بین‌الملل ... که توسط دولتهای جامعه بین‌المللی در کل بعنوان قاعده‌ای که تخطی از آن مجاز نیست و صرفاً توسط یک قاعده مشابه حقوق بین‌المللی عمومی که دارای همان خصیصه آمره باشد قابل تعدیل است پذیرفته شود."

همه قواعد آمره بخشی از حقوق بین‌المللی عرفی هستند اما همه قواعد عرفی قاعده آمره نیستند.

2 - تقابل

برخلاف سایر معاهدات بین‌المللی مقرره‌های معاهدات حقوق بشری کشورهای طرف معاهده را در مقابل یکدیگر ملزم نمی‌کند بلکه دولتهای متعاهد را در مقابل اشخاص ملزم می‌نماید . در واقع میثاق‌های حقوق بشری حکومت‌ها را در برابر کسانی که تحت حکومت آنان به سر می‌برند به عمل ملزم می‌کند. برخی از میثاق‌های حقوق بشری به کشورهای دیگر امکان می‌دهند تا علیه کشوری که به تعهدات حقوق بشری خود عمل نکرده است اقامه دعوی کنند. هم‌چنین ممکن است در رابطه با حقوق بشر مسئولیت‌های «در برابر همه» برای همه کشورها وجود داشته باشد، که به یک کشور اجازه می‌دهد بر اساس محافظت عمومی از جامعه جهانی (مثلا نقض ممنوعیت نسل‌کشی) علیه یک کشور دیگر اقامه دعوی کند.

3 - صلاحیت جهانی

دولتها می‌توانند نسبت به اشخاصی که یه دلیل نقض حقوق بشر از نوع ارتکاب جرائم بین‌المللی در خارج مرزهای کشور تعقیب کننده در معرض اتهام بدون توجه به تابعیت، کشور محل اقامت یا هر گونه ارتباط دیگر با کشور تعقیب کننده صلاحیت جهانی یرای خود فرض کنند. جرائمی که برای آنها صلاحیت جهانی فرض شده عبارتند از جرائم جنگی، جرائم علیه بشریت، نسل کشی و شکنجه.

---

[12] - ماده 13.1(a) منشور سازمان ملل.

ON TREATY LAW AND PRACTICE

A. TREATY DEFINITION AND TYPOLOGY

1. What is a Treaty?
A treaty is an international agreement entered into by actors with treaty-making capacity under international law, such as States and international organizations, etc. Treaties may take the form of conventions, protocols, charters, covenants, pacts, exchanges of notes, etc. Their functions are multiple: they are sources of international law, constitutive acts of international organizations and are used to settle disputes and to arrange territory.

The international law of treaties has been codified to a large extent in the **1969 Vienna Convention on the Law of the Treaties (VCLT)**.[13] States have been practising most of the VCLT rules for a long time and have accepted them as binding norms. For this reason, the VCLT provisions are declaratory of customary rules governing the law of the treaties.

2. Actors with Treaty-Making Capacity
VCLT 2(1)(a) states that treaties are concluded between States. Despite this restrictive definition, there are international agreements governed by international law concluded between States and international organizations, or between international organizations. The **1986 Vienna Convention on the Law of the Treaties between States and International Organizations or between International Organizations**[14] sets out more specific rules for these cases. Also, not every international agreement concluded between actors with treaty-making capacity under international law is a treaty: if, for instance, State X sells land to State Y to construct its embassy, this agreement is a contract and is governed by the domestic law of State X.

3. Bilateral and Multilateral Treaties
Bilateral treaties are negotiated between two actors with treaty-making capacity and establish legal rights and obligations between those two actors only. Sometimes, it is possible that a bilateral treaty is negotiated between more than two actors, such as, for example, bilateral treaties between the European Union and Switzerland or between the European Union and Norway. These treaties are bilateral because they essentially have two parties and they establish legal rights and obligations *between* all EU States on the one hand, and the third country on the other; were they multilateral, they would also establish legal rights and obligations *amongst* all Member States.

Multilateral treaties establish legal rights and obligations between each party and every other party to the treaty.

4. Entry into Force
Bilateral treaties enter into force when both parties indicate their consent to be bound by the agreement from a certain date onwards.

---

[13] Vienna Convention on the Law of the Treaties (adopted 23 May 1969, entered into force 27 January 1980) 1155 UNTS 331 (VCLT).

[14] Vienna Convention on the Law of the Treaties between States and International Organizations or between International Organizations (adopted 21 March 1986) 25 ILM 543.

الف - تعریف و انواع معاهدات

1 - معاهده چیست؟

یک معاهده توافق بین المللی است که توسط عاملانی که بموجب حقوق بین الملل واجد اهلیت انعقاد معاهده هستند مانند دولتها، سازمانهای بین‌المللی و غیره، منعقد می‌شود. معاهدات ممکن است بصورت کنوانسیون‌ها، پروتکل‌ها، منشورها، میثاق‌ها، و پیمانهای تبادل اسناد و غیره باشند. کارکرد آنها متعدد است: معاهدات منابع حقوق بین‌المللی هستند؛ اسناد موسس سازمانهای بین‌المللی هستند؛ و نیز برای حل و فصل اختلافات و تعیین قلمروی (ارضی) بکار می‌روند.

حقوق بین‌المللی ناظر برمعاهدات تاحد زیادی در کنوانسیون 1969 وین در خصوص حقوق معاهدات[13] تدوین یافته است و دولتها تا مدتی طولانی به قواعد کنوانسیون وین درخصوص حقوق معاهدات عمل کرده و این قواعد را بعنوان قواعد لازم الاجرا پذیرفته‌اند. به همین دلایل مفاد کنوانسیون وین بیان کننده قواعد عرفی اعمال کننده قانون معاهدات می‌باشد.

2 - عاملان واجد صلاحیت انعقاد معاهده

ماده (A)(۱)۲ کنوانسیون وین بیان می‌کند که معاهدات بین دولتها منعقد می‌شوند. علی‌رغم این تعریف محدردکننده، قراردادهای بین‌المللی منعقده میان دولتها و سازمانهای بین‌المللی یا بین سازمانهای بین‌المللی وجود دارند که قواعد حقوق بین الملل برآنها حاکم می باشد. کنوانسیون 1986 وین در خصوص قانون حاکم برمعاهدات بین دولتها و سازمانهای بین‌المللی یا بین سازمانهای بین‌المللی[14] قواعد خاص بیشتری را برای این موارد تنظیم می‌کند. همچنین هر قرارداد بین‌المللی منعقده میان واجدین اهلیت انعقاد معاهده طبق حقوق بین‌المللی یک معاهده نیست. برای مثال : اگر دولت الف به دولت ب زمینی را برای ساخت سفارتخانه بفروشد این توافق یک قرارداد است و توسط قانون داخلی کشور الف اعمال می-شود.

3 - معاهدات دوجانبه و چند جانبه

معاهدات دوجانبه میان دو طرف صالح برای انعقاد قرارداد مذاکره می‌شود و حقوق و تعهداتی را فقط برای دو طرف معاهده ایجاد می‌کند. در مواقعی، ممکن است که یک معاهده دوجانبه میان بیش از دو طرف مورد مذاکره قرار گیرد. برای مثال معاهدات میان اتحادیه اروپا و سوییس یا بین اتحادیه اروپا و نروژ معاهدات دوجانبه هستند زیرا آنها اساساً دارای دوطرفند و آنها حقوق و تکالیف قانونی را میان همه دولتهای عضو اتحادیه اروپا در یک طرف و دولت ثالث در طرف دیگر مقرر می‌کند. اگر این معاهدات چندجانبه بودند حقوق و تکالیف قانونی را میان همه کشورهای عضو برقرار می‌کرد.

معاهدات *چند جانبه* حقوق و تکالیف قانونی را بین هر طرف معاهده و دیگر طرفین معاهده برقرار می‌کند.

4 - لازم الاجرا شدن

معاهدات دوجانبه هنگامی که دو طرف معاهده با یک توافق رضایت خود را به لازم الاجرا شدن معاهده از یک زمان خاص به بعد نشان دهند لازم الاجرا می‌گردد.

---

[13] - کنوانسیون وین درخصوص حقوق معاهدات تحت شماره 1155 U.N.T.S. 331 که در تاریخ 23 می 1969 تصویب و در تاریخ 27 ژانویه 1980 به مرحله اجرا درآمد.

[14] - کنوانسیون وین درخصوص حقوق معاهدات بین دول و سازمان های بین المللی یا بین سازمان های بین المللی مصوب 21 مارس 1986 تحت شماره 25 I.L.M 543

Multilateral treaties enter into force when a certain number of States express their *consent to be bound* by the agreement. The number of States needed is specified in a provision of the agreement.[15]

5. Consent to Be Bound

The most common ways for a State to express its consent to be bound are as follows:[16]

(a) Ratification.
This is a very common method in treaty practice. The government of a State, which usually has the power to negotiate and sign international agreements *signs* the treaty (*simple* signature as opposed to *definite* signature below) authenticating its text.[17] Then, the treaty is submitted to the national authorities (usually legislature) that have the power under the constitution and domestic law to approve the State's adherence to international agreements (*ratification at the domestic level*). After the domestic action, the State communicates to the international community its commitment to undertake its legal obligations under the treaty (*ratification at the international level*) by depositing its *instrument of ratification* with the depositary of the treaty.

(b) Accession[18]
This has the same legal effects as ratification, but it is not preceded by signature. To become parties to the treaty, States must deposit their *instrument of accession* with the depositary of the treaty, without prior signature of the treaty. Multilateral treaties provide for accession and States may accede to the treaty even before its entry into force.[19]

(c) Acceptance or approval[20]
This has the same legal effects as ratification. When a treaty provides for this possibility, acceptance or approval *without* prior signature is treated as accession. Several treaties permit acceptance or approval *with* prior signature. The European Union uses this mechanism frequently.

(d) Signature (*definite*)
This is a way for the State to express its consent to be bound upon signature only, without further ratification. This method is common in bilateral treaties. When used in multilateral treaties, the provision of the treaty defining its entry into force provides that the treaty will enter into force upon signature and specifies the number of States needed to sign it.[21]

B. TREATY OBSERVANCE

A central principle of treaty law is expressed in the maxim *pacta sunt servanda* (VCLT Article 26),[22] which provides that States are bound by their international agreements and they must implement such agreements in good faith.

---

[15] VCLT Article 24.
[16] VCLT Article 12.
[17] VCLT Article 14.
[18] VCLT Article 15.
[19] This practice is usual with environmental treaties, such as Article 24(1) of the Kyoto Protocol to the United Nations Framework Convention on Climate Change (adopted 11 December 1997, entered into force 16 February 2005) UNTS 30822.
[20] VCLT Article 14.
[21] VCLT Article 12.
[22] VCLT Article 26.

معاهدات چند جانبه هنگامیکه تعداد مشخصی از کشورها با یک توافق *رضایتشان را بر لازم الاجرا شدن* بیان کنند لازم الاجرا میشود تعداد کشورهای لازم در یکی از مواد قرارداد مشخص میشود[15].

5 - اظهار رضایت

رایج‌ترین روش‌های دولتها برای بیان رضایتشان برلازم الاجرا شدن عبارتند از[16]:

الف - تصویب

این یکی از روش‌های بسیار معمول در رویه معاهدات است. دولت یک کشور که معمولاً صلاحیت انجام مذاکره و امضای قراردادهای بین‌المللی را دارد، در مقام تصدیق متن قرارداد آن را امضا می‌کند[17] (امضای ساده برخلاف امضای رسمی که در زیر آمده است). سپس معاهده برای تصویب به مقامات داخلی (معمولاً مجلس) که طبق قانون اساسی یا قوانین داخلی دارای صلاحیت تصویب الحاق کشور به قراردادهای بین‌المللی هستند (*تصویب در سطح داخلی*) تسلیم می‌شود.

پس از اقدامات داخلی، دولت در خصوص تعهدش بر انجام و تکالیف مندرج معاهده با سپردن سند تصویب آن ه امین معاهده، مکاتباتی با جامعه بین‌المللی انجام می‌دهد.

ب - الحاق[18]

الحاق همان اثر حقوقی تصویب را دارد اما مسبوق به امضای معاهده نیست این کهکشورها برای این که طرف معاهده قرار گیرند باید سند *الحاقشان* را به امین معاهده بدون امضای قبلی معاهده بسپارند. معاهدات چند جانبه زمینه الحاق دولتها را فراهم می‌کند، و دولتها ممکن است به معاهده ملحق شوند حتی قبل از این که معاهده لازم الاجرا شود[19].

ج - پذیرش یا توشیح[20]

این عمل دارای همان اثر حقوقی تصویب است. وقتی معاهده چنین امکانی را فراهم می‌کند پذیرش یا توشیح معاهده *بدون* امضای قبلی بعنوان الحاق تلقی می‌شود. معاهده‌های متعددی پذیرش یا توشیح معاهده را با امضای قبلی آن مجاز می‌شمرند. اتحادیه اروپا غالباً از این راه کار استفاده می‌کند.

د - امضا

امضا راهی برای دولت است تا رضایت خود را مبنی برلازم الاجرا شدن معاهده صرفاً براساس امضای آن بدون تصویب بعدی اعلام کند. این روش در معاهدات دو جانبه معمول است. هنگامیکه این روش در معاهدات چند جانبه بکار می‌رود مقرره‌ای در معاهده که در خصوص لازم الاجرا شدن آن است مقرر می‌دارد که معاهده براساس امضای کشورهای لازم الاجرا می‌شود و تعداد کشورهای لازم را برای امضای معاهده تعیین می‌کند[21].

ب - رعایت معاهدات از سوی دولتها

اصل محوری در حقوق معاهدات در اصل وفای به عهد (ماده 26 کنوانسیون وین)[22] بیان شده است که مقرر می‌دارد که کشورها به واسطه تعهدات بین‌المللی شان ملزم هستند و آنها باید این توافقات را با حسن نیت انجام دهند

---

[15] - ماده 24 کنوانسیون وین درخصوص حقوق معاهدات

[16] - ماده 12 کنوانسیون وین درخصوص حقوق معاهدات

[17] - ماده 14 کنوانسیون وین درخصوص حقوق معاهدات

[18] - ماده 15 کنوانسیون وین در خصوص حقوق معاهدات

[19] - این رویه در خصوص معاهدات مربوط به محیط زیست رایج است بعنوان مثال ماده (1)24 پروتکل توکیو به کنوانسیون سازمان ملل در خصوص تغییرات محیط زیستی (U.N.T.S. 30822) مصوب 11 دسامبر 1997 که در 16 فوریه 2005 به اجرا درآمد.

[20] - ماده 14 کنوانسیون وین درخصوص حقوق معاهدات

[21] - ماده 12 کنوانسیون وین درخصوص حقوق معاهدات

[22] - ماده 26 کنوانسیون وین در خصوص حقوق معاهدات

Parties to treaties assume obligations among themselves, and if a party fails to comply with its obligations, it may be held liable under international law for breaching those obligations. Moreover, VCLT Article 27 declares that '[a] party may not invoke the provisions of its internal law as justification for its failure to perform a treaty.' This means that States Parties to treaties are obliged to perform their international obligations in good faith, irrespective of any conflicting domestic law.

C. RESERVATIONS

1. What is a Reservation?

According to **VCLT Article 2(1)(d)**, a reservation is 'a unilateral statement, however phrased or named, made by a State, when signing, ratifying, accepting, approving or acceding to a treaty, whereby it purports to exclude or to modify the legal effect of certain provisions of the treaty'.

When States indicate their consent to be bound by an international treaty, they make statements, such as 'reservations', 'declarations', 'understandings', 'interpretative declarations' or 'clarifications'. They cannot make a reservation after ratification.

With 'understandings' or 'declarations' States make a statement on the way they understand certain provisions of the treaty. Sometimes States make statements labelled 'understandings' or 'declarations', but their intention is *to modify the legal effect* of a treaty provision with regards to their treaty rights and obligations. Such statements, however named or phrased, are considered to be reservations. In practice, the dividing line between a 'declaration', an 'understanding' and a 'reservation' can be very ambiguous.

2. Rights and Limitations to Make Reservations[23]

The function of reservations is to allow as many States as possible to become parties to the treaties and, in principle, reservations are permitted under international law. VCLT Articles 19–21 detail the conditions and results of reservations. Reservations are *not permitted* in three cases:

(a) The *treaty itself prohibits all reservations*. For example, the 1998 Rome Statute of the International Criminal Court[24] provides that '[n]o reservations may be made to this Statute'.

(b) The *treaty permits certain reservations*, and the reservation formulated by a State is not included in those permitted by the treaty. Treaties expressly allow certain types of reservations, when it is already apparent at the negotiations stage that the treaty will not be agreed by all States; negotiating parties then include an explicit provision with permitted reservations, so as to facilitate the procedure of reaching an agreement among all parties. For example, the 1957 European Convention on the Peaceful Settlement of Disputes[25] stated that '[t]he High Contracting Parties may only make reservations which exclude from the application of this Convention disputes concerning particular cases or clearly specified subject matters, such as territorial status, or disputes falling within clearly defined categories'.

---

[23] VCLT Articles 19–22.

[24] Rome Statute of the International Criminal Court (17 July 1998) UN Doc A/CONF.183/9 (entered into force 1 July 2002) Article 120.

[25] Article 35 of the European Convention on the Peaceful Settlement of Disputes (adopted 29 April 1957, entered into force 30 April 1958).

18

کشورهای متعاهد تعهداتی را بین خودشان پذیرفته‌اند و اگر یک طرف در انجام تعهداتش کوتاهی کند ممکن است طبق حقوق بین‌المللی برای نقض معاهده مسئول شناخته شود. بعلاوه ماده 27 کنوانسیون وین اعلام می‌دارد که "یک کشور متعاهد نمی‌تواند به مقررات قانون داخلی‌اش به عنوان توجیهی برای قصور در اجرای معاهده متوسل شود". ین بدین معنا است که دولتهای طرفین معاهدات قطع نظر از هر گونه تعارض با قانون داخلی موظف به اجرای تعهدات بین‌المللی شان با حسن نیت می‌باشند.

ج - شروط در معاهدات

1 - حق شرط چیست؟

طبق ماده (ب)(۱)۲ کنوانسیون وین شرط "یک اظهار یکجانبه است، صرف نظر از عنوان یا عبارت که توسط یک دولت هنگام امضا، تصویب، پذیرش، تاییدیا الحاق به یک معاهده شکل گرفته و به وسیله آن قصد خود مبنی برحذف یا تعدیل اثر حقوقی مقررات مشخصی از معاهده را ابراز می‌کند."

وقتی کشورها رضایتشان را به متعهد شدن در قبال معاهده‌ای اعلام می‌کنند آنها اظهاراتی از قبیل "حق شرط"،«اعلامیه‌ها»، «یادداشت-ها» یا «اعلامیه‌های تفسیری"یا "توضیحی" را مطرح می‌کنند. آن‌ها نمی‌توانند پس از تصویب قرارداد شرط‌هایی را پیش بکشند.

با"یادداشت ها"یا"اعلامیه ها" دولتها درخصوص شیوه درکشان نسبت به مفاد معاهده اظهارنظرمی‌کنند گاهی دولتها اظهاراتی را تحت عنوان "یادداشتها"یا"اعلامیه ها" مطرح میکنند اما قصدشان تعدیل اثر حقوقی مقرراتی از معاهده در مورد حقوق وتکالیف آنها در قبال معاهده است. این اظهارات صرف نظر از عنوان یا عبارت به کار رفته، شرط نامیده می‌شوند. درعمل حد فاصل بین یک «اعلامیه»، یک «یادداشت» و یک« شرط» بسیار مبهم است.

2 - حقوق و محدودیتهای اعمال حق شرط[23]

کاربرد حق شرط فراهم کردن امکان عضویت در معاهده برای بسیاری از کشورهاست و در اصل حق شرط طبق حقوق بین‌المللی مجاز شمرده شده است. مواد 19 تا 21 کنوانسیون وین شرایط و نتایج استفاده از حق شرط را تشریح می‌کند. حق شرط در سه مورد *مجاز نیست*.

* *معاهده خود استفاده از حق شرط را منع می‌کند.* برای مثال: اساسنامه دیوان کیفری بین‌المللی رم مصوب 1998 [24] مقرر می‌دارند که «هیچ نوع حق شرطی براین اساسنامه قابل اعمال نمی‌باشد».
* *معاهده استفاده از حق شرطهای خاصی را مجاز می‌داند* و شرط ارائه شده توسط یک کشور در محدوده شروط مجاز طبق معاهده نمی‌باشد. هنگامیکه در مرحله‌ای از مذاکرات مشخص است که معاهده به توافق همه کشورها نمی‌رسد، معاهدات صریحاً انواع خاصی از حق شرط را مجاز می‌شمارند. بنابراین کشورهای مذاکره کننده به منظور تسهیل روند دستیابی به یک توافق میان همه کشورها مقرره خاصی را که حق شرط را مجاز می‌داند وارد معاهده می‌کنند برای مثال کنوانسیون اروپایی 1975 در خصوص حل و فصل مسالمت آمیز اختلافات بیان می-کند[25] که «طرفین اصلی معاهده صرفاً می‌توانند حق شرطهایی را اعمال کنند که مستثنی از اعمال این کنوانسیون باشد و مربوط به اختلافات موارد خاص یا موضوعات معین از قبیل وضعیت‌های داخلی یا اختلافاتی که در طبقه‌بندی روشن و تعریف شده‌ای واقع می-شوند،باشند."

---

[23] - مواد 19 الی 22 کنوانسیون وین درخصوص حقوق معاهدات

[24] - ماده 120 اساسنامه دیوان بین المللی کیفری (UN Doc. A/CONF. 183/9) مصوب 17 ژوئیه 1998 که بتاریخ اول ژوئیه 2002 لازم الاجرا شد.

[25] - ماده 35 کنوانسیون اروپایی درخصوص حل و فصل مسالمت آمیز اختلافات مصوب 29 آوریل 1957 که در تاریخ 30 آوریل 1958 به اجرا درآمد.

(c) The *treaty is silent and the reservation is incompatible with the object and purpose of the treaty*. In the absence of specific provisions in the treaty, it is not an easy task to find out whether a reservation is compatible with the object and purpose of the treaty.[26]

3. What Happens When a State Joins a Treaty with a Reservation?

It is often required that the reservation made by a State is accepted by the other parties to the treaty. There are differences, depending on whether the treaty is bilateral or multilateral.

If the treaty is *bilateral*, the reservation acts as a proposal to modify the treaty provisions, and in effect the acceptance of the reservation from the other party constitutes amendment of the treaty.

If the treaty is *multilateral*, the situation is more complicated. In general, the objection of one State does not affect treaty relations between the other States and the reserving State. If the majority of the parties object to the reservation, the reserving State should reconsider whether it is ready to become a party. The following cases may be discerned:

(a) If a reservation is expressly authorized by the treaty, no acceptance by the other parties is necessary, and the reserving State becomes a party to the treaty.

(b) If the treaty expressly requires it, because of its special nature and the limited number of parties, acceptance by all parties is necessary for the reserving State to become a party.

(c) If a treaty is a constituent instrument of an international organization, the reservation must be adopted by the organization.

(d) If the treaty is silent as to the possibility of the States to formulate reservations, the purpose and object of the treaty must be considered and the other States are free to accept or reject a reservation. When a State Party to the treaty makes an objection to the reservation, then the objecting State may either declare a) that it does not wish to enter into a treaty relationship with the reserving State; or b) that it refuses the reservation, but it accepts to enter into a treaty relationship with the reserving State to the extent of the reservation.

D. RESERVATIONS TO HUMAN RIGHTS TREATIES

The nature of human rights treaties is that they are not reciprocal obligations between States, as was discussed above. This feature makes it difficult for a State to indicate an objection to the reservation of another State and hence declare that there will be no treaty relationship or that there will be a treaty relationship to the extent of the reservation. In practice, only a few States express their objections to a State's reservation to the human rights treaty and accept that the treaty continues to be binding for all parties.

The decisions of monitoring bodies are not binding, but in effect their comments, recommendations and decisions have authoritative character. With regards to reservations made to human rights treaties, the observations of the following bodies are insightful.

---

[26] See also *Reservations to the Convention on the Prevention and Punishment of the Crime of Genocide (Advisory Opinion)* [1951] ICJ Rep 15, 23–24.

* معاهده در خصوص استفاده از حق شرط ساکت است و استفاده از حق شرط در تعارض با موضوع و هدف معاهده است. در صورت فقدان مقرره‌ای خاص در معاهده پی بردن به این که آیا استفاده از حق شرط مطابق با موضوع و هدف معاهده است کار ساده‌ای نیست.[26]

3 - وقتی که یک کشور با استفاده از حق شرط به یک معاهده می‌پیوندد، چه اتفاقی می‌افتد؟

غالباً استفاده از حق شرط توسط یک کشور مستلزم قبول آن از جانب دیگر کشورهای طرف معاهده می‌باشد که این امر برحسب دو یا چند جانبه بودن معاهده متفاوت است.

اگر معاهده *دوجانبه* باشد حق شرط بعنوان پیشنهادی برای تعدیل مقرره‌های معاهده عمل می-کند و در عمل قبول شرط از جانب طرف دیگر منجر به اصلاح معاهده می‌گردد.

اگر معاهده *چند جانبه* باشد وضعیت پیچیده‌تر است. درکل مخالفت یک کشور در ارتباط بین دیگر کشورها و کشور قائل به حق شرط تاثیری ندارد. اگر اکثریت کشورها به شرط اعتراض کنند کشور قائل به حق شرط باید دوباره بررسی کند که آیا می‌خواهد طرف معاهده قرار بگیرد یا نه. موارد ذیل ممکن است متصور باشد:

- اگر استفاده از حق شرط صریحاً توسط معاهده مجاز باشد قبولی از جانب کشورهای دیگر لازم نیست. دولت قائل به حق شرط یکی از طرفین معاهده خواهد شد.
- اگر به دلیل ماهیت خاص و اعضای محدود متعاهد معاهده مستلزم قبولی همه طرفین معاهده باشد، پذیرش همه طرفهای برای پیوستن دولت شرط گذار به معاهده لازم است.
- اگر معاهده ناظر بر اساسنامه یک سازمان بین‌المللی باشد، شرط باید توسط سازمان پذیرفته شود.
- اگر معاهده درخصوص امکان دولت در استفاده از حق شرط ساکت باشد، هدف و موضوع معاهده باید مورد لحاظ قرار گیرد و کشورهای دیگر در قبول یا رد شرط آزاد هستند. هنگامی که یک دولت طرف معاهده با شرط مخالفت می‌کند، (الف) ممکن است اعلام کند که نمی‌خواهد با کشور قائل به حق شرط وارد روابط معاهداتش شود یا (ب) در عین این که با شرط مخالفت می‌کند می‌پذیرد که با دولت قائل به حق شرط تا محدوده شرط روابط معاهداتی داشته باشد.

د - شروط ناظر بر معاهدات حقوق بشر

ماهیت معاهدات حقوق بشری، همان طور که در بالا مطرح شد، از نوع معاهده‌های بین کشوری نیست. این خصوصیت، امر را برای کشوری که مخالفت خود را با استفاده از حق شرط توسط کشور دیگر پیش می‌کشد و از این رو اعلام می‌داردد که هیچگونه رابطه معاهدی نخواهد داشت یا این که روابط معاهداتی در محدوده شرط خواهند بود مشکل می‌کتد. عملاً فقط معددی از کشورها مخالفتشان را نسبت به شرایط یک کشور برمعاهده حقوق بشری بیان می‌کنند و می‌پذیرند که معاهده بصورت لازم الاجرا برای تمام طرفین به کارخود ادامه دهد.

تصمیمات کمیته‌های ناظر برمعاهدات الزام آور نیستند اما عملاً نظریات، توصیه‌ها و تصمیمات آنها معتبر می‌باشند. با توجه به اعمال حق شرط در معاهدات حقوق بشری ملاحظه کمیته‌های زیر در خود توجه می‌باشد.

---

[26] - همچنین به صفحات 23 الی 24 نظر مشورتی زیر صادره از دیوان بین المللی دادگستری مراجعه شود:
Reservations to the Convention on the Prevention and Punishment of the Crime of Genocide (Advisory Opinion) [1951] ICJ Rep 15.

The **European Court of Human Rights** decided in the 1988 *Belilos case* [27] that a reservation by Switzerland was invalid and it could therefore be disregarded, but Switzerland remained a party to the treaty. The Court said that 'it is beyond doubt that Switzerland is, and regards itself as, bound by the Convention irrespective of the validity of the declaration'.[28] Although Switzerland could have withdrawn from the treaty after the Court's decision, it remained a party.

Moreover, the **Human Rights Committee**, the body monitoring the International Covenant on Civil and Political Rights (ICCPR), in its **General Comment No 24** on 'Issues relating to reservations made upon ratification or accession to the Covenant or the Optional Protocols thereto, or in relation to declarations under article 41 of the Covenant',[29] stated:

> It necessarily falls to the Committee to determine whether a specific reservation is compatible with the object and purpose of the Covenant. This is in part because ... it is an inappropriate task for States parties in relation to human rights treaties, and in part because it is a task that the Committee cannot avoid in the performance of its functions. ... Because of the special character of a human rights treaty, the compatibility of a reservation with the object and purpose of the Covenant must be established objectively, by reference to legal principles, and the Committee is particularly well placed to perform this task. The normal consequence of an unacceptable reservation is not that the Covenant will not be in effect at all for a reserving party. Rather, such a reservation will generally be severable, in the sense that the Covenant will be operative for the reserving party without benefit of the reservation.[30]

Thus, human rights bodies have clearly asserted that when a State submits an instrument of ratification or accession to a human rights treaty and attaches a reservation to it, then the instrument is admitted and the State becomes a party to the treaty, but its *reservation is disregarded*, if it is considered incompatible with the object and purpose of the treaty.

Finally, the **International Law Commission** (ILC), the body established by the UN General Assembly in 1948 with the purpose of codification and promotion of international law,[31] has since 1994 included the issue of reservations to human rights treaties in its work programme. In 2003, the ILC provisionally adopted 'Draft Guidelines on Reservations to Treaties' and a 'Commentary and Model Clauses' with the objective to define the object and purpose of the treaties and to determine the validity of reservations.[32]

---

[27] *Belilos v Switzerland* Series A No 132 (1988) 132 EHRR 4.
[28] ibid 60.
[29] UN Human Rights Committee 'General Comment 24' in 'Note by the Secretariat, Compilation of General Comments and General Recommendations adopted by the Human Rights Treaty Bodies' (2004) UN Doc HRI/GEN/1/Rev.7.
[30] ibid 166, para 18.
[31] UNGA Res 174 (II) (21 November 1947).
[32] International Law Commission, 'Report of the International Law Commission on the Work of its 58th Session' (1 May–9 June and 3 July–11 August 2006) UN Doc A/61/10, 293 et seq.

دادگاه اروپایی حقوق بشر در قضیه بلیلوس1988 حکم داد[27] که استفاده از حق شرط توسط سوییس بی‌اعتبار است و از این رو در خور توجه نیست، اما سویس بعنوان یکی از طرفین معاهده باقی ماند. دادگاه اینطور نظر داد که «بدون شک سویس همانطور که خودش چنین برداشتی دارد بدون توجه به اعتبار اعلامیه‌اش نسبت به کنوانسیون ملزم می‌باشد.»[28] اگر چه سویس پس از تصمیم دادگاه می‌توانست از معاهده بیرون برود، ولی بعنوان یکی از طرفین معاهده باقی ماند.

بعلاوه، **کمیته حقوق بشر** بعنوان کمیته ناظر بر میثاق حقوق مدنی – سیاسی در **تفسیر عام ماده 24** در خصوص «موضوعات مربوط به اعمال حق شرط برتصویب یا الحاق به میثاق یا پروتکل‌های الحاقی به آن یا در رابطه با اعلامیه‌های ماده 41 میثاق بیان می‌کند[29] که

> لازم است که کمیته به تعیین این مسئله اقدام کند که آیا یک شرط خاص مطابق با موضوع و هدف میثاق است یا نه، و این امر بخشی به دلیل ... وظیفه نامتناسب دولتها در ارتباط با معاهدات حقوق بشری است و بخش دیگر به دلیل این وظیفه است که کمیته نمی‌تواند از انجام وظایفش امتناع کند..... به دلیل ویژگی خاص معاهدات حقوق بشری سازگاری شرط با موضوع و هدف میثاق باید بصورت عینی و بی‌طرفانه از طریق ارجاع به اصول حقوقی برقرار شود و کمیته مرجع مناسبی برای انجام این وظیفه می‌باشد. نتیجه منطقی یک شرط غیر قابل قبول این نیست که میثاق به هیچ وجه در مورد طرف شرط گذار موثر نخواهد بود. برعکس چنین شرطی بطور کلی قابل تفکیک است به این معنا که میثاق نسبت به دولت قائل به حق شرط بدون رعایت شرط قابل اعمال خواهد بود[30].

بنا بر این، نهادهای حقوق بشری به روشنی تأکید کرده‌اند که وقتی کشوری سند تصویب یا الحاق به یک عهدنامه حقوق بشری را تسلیم می‌کند و به آن شرایطی را ضمیمه می‌نماید، سند پذیرفته می‌شود ولی اگر *شروط آن* با هدف و غایت عهدنامه ناهمساز تشخیص داده شود، *نديده گرفته خواهد شد.*

بالاخره کمیسیون حقوق بین‌المللی نهادی که توسط مجمع عمومی سازمان ملل در 1948 با هدف تدوین وترویج حقوق بین‌المللی تاسیس شد[31] از سال 1994 موضوع استفاده از حق شرط در معاهدات حقوق بشری را در دستور کار خود قرار داده است . در سال 2003 کمیسیون حقوق بین‌المللی «پیش نویس اصول راهنمای استفاده از حق شرط در معاهدات » را موقتاً اتخاذ کرده است و شروط تفسیری و نمونه‌ای را به منظور تعریف موضوع و هدف معاهدات و تعیین اعتبار شروط بیان کرده است.[32]

---

27 - *Belilos v Switzerland* (10328/83) Series A (1988) 132 EHRR 4.

28 - همان منبع، ص 60

29 - UN Human Rights Committee 'General Comment 24' in 'Note by the Secretariat, Compilation of General Comments and General Recommendations adopted by the Human Rights Treaty Bodies' (2004), UN Doc HRI/GEN/1/Rev.7.

30 - همان منبع، ص 166، پاراگراف 18

31 - مصوبه شماره (II) 174 مجمع عمومی سازمان ملل مصوب 21 نوامبر 1947

32 - صفحات 293 به بعد گزارش پنجاه و هشتمین جلسه کاری کمیسیون حقوق بین الملل مورخ اول مه تا 9 ژوئن و سوم ژوئیه‌ژوئیه تا 11 اوت 2006 (UN Doc A/61/10)

PART B—THE INSTITUTIONAL FRAMEWORK OF INTERNATIONAL HUMAN RIGHTS LAW

بخش دوم – چهارچوب نهادی قوانین حقوق بشر بین المللی

A. INTRODUCTION

As part of its purpose 'to reaffirm faith in fundamental human rights, in the dignity and worth of the human person, in the equal rights of men and women and of nations large and small' (UN Charter Preamble) the United Nations has created a comprehensive system for the promotion and protection of human rights. This consists of two types of bodies: those created on the basis of the **UN Charter** and those created under **international human rights treaties**. These bodies share the same goals, but are different with regards to their inception, relative powers, range of audience and voting regulations.

The **United Nations High Commissioner for Human Rights (OHCHR)** is the main body within the UN Secretariat charged with the protection and promotion of human rights; it supports both sets of human rights bodies. The OHCHR also carries out the Secretary General's 'good offices' duties relating to human rights and holds the principal position of promoting human rights and dealing with human rights activities in the UN. Among other things, the OHCHR responsibilities include: political dialogue on human rights with UN Member States; human rights crisis management and prevention; assistance to States in periods of political transition; and coordination and rationalization of human rights programmes within the UN system.

Besides the institutional framework at the international level, States may enforce international human rights law by putting pressure on violating States. Civil society also plays a role by lobbying States and exposing human rights violations.

B. MAIN INTERNATIONAL HUMAN RIGHTS TREATIES

Together with the UN Charter that sets the promotion and protection of human rights as one of its goals, the following international instruments constitute the so-called **International Bill of Human Rights**:
  (a) 1948 Universal Declaration of Human Rights (UDHR)[33] (which is not a treaty)
  (b) 1966 International Covenant of Economic, Social and Cultural Rights (ICESCR)[34]
  (c) 1966 International Covenant of Civil and Political Rights (ICCPR)[35]
  (d) 1966 Optional Protocol to the International Covenant on Civil and Political Rights
  (e) 1989 Second Optional Protocol to the International Covenant on Civil and Political Rights aiming at the abolition of the Death Penalty.[36]

---

[33] Universal Declaration of Human Rights (1948) UNGA Res 217 (III), UN GAOR, 3rd Session, Supp No 13, UN Doc A/810 (1948) 71.

[34] International Covenant on Economic, Social and Cultural Rights (adopted 16 December 1966, entered into force 3 January 1976) 999 UNTS 171, UNGA Res 2200A (XXI), UN Doc A/6316 (1966) (ICESCR).

[35] International Covenant on Civil and Political Rights (adopted 16 December 1966, entered into force 23 March 1976) 999 UNTS 171, UNGA Res 2200A (XXI) UN Doc A/6316 (1966) (ICCPR).

[36] Second Optional Protocol to the International Covenant on Civil and Political Rights, aiming at the abolition of the death penalty (adopted 15 December 1989) UNGA Res 44/128, annex, 44 UN GAOR Supp No 49 207, UN Doc A/44/49.

نظام بین‌المللی: سیستم سازمان ملل

الف - مقدمه

به عنوان بخشی از هدف خود یعنی « تاکید بر اعتقاد به حقوق اساسی بشر براساس ارزش و کرامت انسانی اشخاص و اعتقاد به حقوق برابر زن و مرد و برابری میان ملتها اعم از کوچک و بزرگ» (مقدمه منشور ملل متحد) سازمان ملل یک نظام جامع برای ترویج و حمایت از حقوق بشر ایجاد کرده که متشکل از دو نوع نهاد است: نهادهایی براساس **منشور سازمان ملل** و نهادهایی که طبق **معاهدات بین‌المللی حقوق بشر** به وجود آمده‌اند. این نهادها از حیث هدف مشترک‌اند ولی با توجه به حوزه و اختیارات مربوطه و طیف مخاطبین و انتخاب مقررات متفاوت می‌باشند.

کمیساریای عالی حقوق بشر ملل متحد نهاد اصلی در چارچوب دبیرخانه سازمان ملل است که موظف به حمایت و ترویج حقوق بشر و پشتیبانی از هر دو قسم نهاد حقوق بشر است . کمیساریای عالی حقوق بشر هم‌چنین مسئول اجرای وظایف ناشی از « مساعی جمیله» دبیر کل در ارتباط با حقوق بشر است و نقش عمده ترویج حقوق بشر را برعهده دارد و اقدام به فعالیتهای حقوق بشری در ملل متحد می‌نماید. در میان بقیه فعالیتها مسئولیت‌های کمیساریای عالی حقوق بشر شامل: گفتگوی سیاسی با دولتهای عضو سازمان ملل در خصوص حقوق بشر، جلوگیری و مدیریت بحران‌های حقوق بشری، مساعدت به کشورها در گذار سیاسی و هماهنگی و تحقق برنامه‌های حقوق بشری در چارچوب نظام ملل متحد می‌باشد.

در کنار چارچوب ساختاری سازمان ملل در سطح بین‌المللی دولتها ممکن است حقوق بشر بین‌المللی را از طریق اعمال فشار برکشورهای نقض کننده (حقوق بشر) اجرا کنند. هم چنین جامعه مدنی از طریق لابی کشورها و آشکار کردن نقض‌های حقوق بشری نقشی را ایفا می‌کند.

ب - معاهدات اصلی حقوق بشر بین‌المللی

علاوه بر منشور سازمان ملل که حمایت و ترویج حقوق بشر را بعنوان یکی از اهدافش قرار داده است، اسناد بین‌المللی زیر **منشور بین‌المللی حقوق بشر** را تشکیل می‌دهند:

- اعلامیه جهانی حقوق بشر 1948[33] (که قرارداد نیست)
- میثاق بین‌المللی حقوق اقتصادی، اجتماعی، و فرهنگی 1966[34]
- میثاق بین‌المللی حقوق مدنی – سیاسی 1966[35]
- پروتکل الحاقی به میثاق بین‌المللی حقوق مدنی –سیاسی 1966
- دومین پروتوکل الحاقی به میثاق بین‌المللی حقوق مدنی – سیاسی 1989 با هدف لغو مجازات اعدام.[36]

---

[33] - *Universal Declaration of Human Rights*, GA Res. 217 (III), UN GAOR, 3d Sess., Supp. No. 13, UN Doc. A/810 (1948) [71]

[34] - International Covenant on Economic, Social and Cultural Rights (ICESCR) of 16 December 1966, GA Res. 2200A (XXI), UN Doc. A/6316 (1966), 999 U.N.T.S. 171, entered into force on 3 January 1976.

[35] - International Covenant on Civil and Political Rights (ICCPR) of 16 December 1966, GA Res. 2200A (XXI) U.N. Doc. A/6316 (1966), 999 U.N.T.S. 171 entered into force 23 March 1976.

[38] Second Optional Protocol to the International Covenant on Civil and Political Rights, aiming at the abolition of the death penalty, adopted by GA Res. 44/128 of 15 December 1989, G.A. res. 44/128, annex, 44 U.N. GAOR Supp. (No. 49) at 207, U.N. Doc. A/44/49 (1989).

Presently, there are nine main international human rights treaties complemented by optional protocols. These include the ICCPR, ICESCR, the two Optional Protocols to the ICCPR and also:

(a) 1965 International Convention on the Elimination of All Forms of Racial Discrimination (CERD);[37]

(b) 1979 Convention on the Elimination of All Forms of Discrimination against Women (CEDAW) and the 1999 Optional Protocol to the Convention on the Elimination of Discrimination against Women (OP-CEDAW);[38]

(c) 1984 Convention against Torture and Other Cruel, Inhuman or Degrading Treatment or Punishment (CAT)[39] and the 2002 Optional Protocol to the Convention against Torture and Other Cruel, Inhuman or Degrading Treatment or Punishment (OP-CAT);

(d) 1989 Convention on the Rights of the Child (CRC)[40] and its two protocols, the 2000 Optional Protocol to the Convention on the Rights of the Child on the Involvement of Children in Armed Conflict (OP-CRC-AC) and the 2000 Optional Protocol to the Convention on the Rights of the Child on the Sale of Children, Child Prostitution and Child Pornography (OP-CRC-SC); and

(e) 1990 International Convention on the Protection of the Rights of All Migrant Workers and Members of Their Families (ICRMW)[41]

C. UNITED NATIONS CHARTER SYSTEM

The UN Charter bodies are ultimately established through the UN Charter provisions. They are usually created through decisions or resolutions of the UN main bodies or their subsidiary bodies and hold a broad human rights mandate because they apply to all States, regardless of whether they have ratified any human rights treaties. These bodies have a non-judicial, non-binding and largely political role in the monitoring and implementation of international human rights law. They take action on the basis of majority voting.

1. The Commission on Human Rights (CHR)

UN Charter Article 68 mandates the Economic and Social Council (ECOSOC) to 'set up commissions in economic and social fields and for the promotion of human rights, and such other commissions as may be required for the performance of its functions'. Accordingly, the Commission on Human Rights (CHR) was the first functional commission created by the ECOSOC at its very first meeting in 1946.[42]

---

[37] International Convention for the Elimination of All Forms of Racial Discrimination (adopted 21 December 1965, entered into force 4 January 1969) 660 UNTS 195, UNGA Res 2106 (XX), Annex, 20 UN GAOR Supp No 14, 47, UN Doc A/6014 (1966),

[38] Convention on the Elimination of All Forms of Discrimination Against Women (adopted 18 December 1979, entered into force 3 September 1981) UNGA Res 34/180, 34 UN GAOR, Supp No 46, UN Doc A/34/46, 139 (1979).

[39] Convention Against Torture and Other Cruel, Inhuman or Degrading Treatment or Punishment (adopted 10 December 1984, entered into force 26 June 1987) UNGA Res 39/46, 39 UN GAOR, Supp No 51, UN Doc A/39/51 (1984) 197.

[40] Convention on the Rights of the Child (adopted 20 November 1989, entered into force 12 August 1994) UNGA Res 44/25, annex, 44 UN GAOR Supp No 49, 167, UN Doc A/44/49 (1989).

[41] International Convention on the Protection of the Rights of All Migrant Workers and Members of Their Families (adopted 18 December 1990, entered into force 1 July 2003) UNGA Res 45/158, annex, 45 UN GAOR Supp No 49A, 262, UN Doc A/45/49 (1990).

[42] See 'In larger freedom: towards development, security and human rights for all', Report of the Secretary General, UN Doc A/59/2005 (21 March 2005).

در حال حاضر 9 معاهده اصلی حقوق بشری وجود دارد که توسط پروتکل‌های الحاقی کامل شده‌اند. این‌ها میثاق بین المللی حقوق اقتصادی، اجتماعی و فرهنگی و میثاق بین المللی حقوق مدنی و سیاسی و دو پروتکل الحاقی به میثاق بین المللی حقوق مدنی و سیاسی و هم چنین معاهده‌های زیر را در بر می‌گیرند:

- کنوانسیون بین‌المللی رفع تمام اشکال تبعیض نژادی 1965[37]
- کنوانسیون 1979 در خصوص رفع تمام اشکال تبعیض علیه زنان و پروتکل الحاقی در خصوص رفع تبعیض علیه زنان 1999.[38]
- کنوانسیون منع شکنجه و سایر رفتارها و مجازاتهای خشن، غیر انسانی وتوهین آمیز 1948[39] و پروتکل الحاقی به کنوانسیون منع شکنجه و سایر رفتارها و مجازاتهای خشن، غیر انسانی وتوهین آمیز 2002.
- کنوانسیون 1989 در خصوص حقوق کودک[40] و دو پروتکل آن; پروتکل اختیاری به کنوانسیون حقوق کودک در درگیری کودکان در مخاصمات مسلحانه و پروتکل اختیاری 2000 به کنوانسیون حقوق کودک در خصوص فروش کودکان، فحشاء کودکان و حضور کودکان در فیلم های مستهجن.
- کنوانسیون بین‌المللی 1990 در خصوص حمایت از همه کارگران مهاجر و اعضای خانواده آنها.[41]

ج - منشور سازمان ملل

نهادهای منشور ملل متحد نهایتاً از طریق مقررات منشور سازمان ملل تاسیس شده‌اند. این نهادها معمولاً از طریق تصمیمات یا قطعنامه‌های ارکان اصلی ملل متحد یا ارکان فرعی آنها ایجاد شده‌اند و تعهدات وسیع حقوق بشری را عهده دار هستند زیرا این نهادها با تمام کشورها صرف نظر از این که آنها معاهده‌های حقوق بشری را تصویب کرده یا نکرده باشند دارای تعاملات حقوق بشری‌اند. این نهادها در نظارت براجرای حقوق بشر بین‌المللی دارای نقشی غیر قضایی، غیر الزامی و به شدت سیاسی هستند و براساس اکثریت آراء تصمیم گیری می کنند.

1- کمیسیون حقوق بشر

ماده 68 منشور ملل متحد، "شورای اقتصادی واجتماعی را مکلف می‌کند تا کمیسیونهایی در زمینه‌های اقتصادی و اجتماعی و برای ترویج حقوق بشردایرنماید. کمسیونهای دیگری نیز ممکن است برای اجرای این وظایف لازم باشد.". بنابراین کمیسیون حقوق بشر اولین کمیسیون اجرایی بود که توسط شورای اقتصادی و اجتماعی در همان اولین جلسه‌اش در 1946 بوجود آمد[42].

---

37 - International Convention for the Elimination of All Forms of Racial Discrimination of 21 December 1965, entered into force 4 January 1969.

38 - Convention on the Elimination of All Forms of Discrimination Against Women of 18 December 1979, GA Res. 34/180, 34 UN GAOR, Supp (No. 46), UN Doc A/34/46, at 139 (1979), entered into force on 3 September 1981.

39 - Convention Against Torture and Other Cruel, Inhuman or Degrading Treatment or Punishment, 10 December 1984, GA Res. 39/46, 39 UN GAOR, Supp. No. 51, UN Doc. A/39/51 (1984) 197 (entered into force 26 June 1987).

40 - Convention on the Rights of the Child, UN GA Resolution of 20 November 1989, entered into force on 12 August 1994.

41 - International Convention on the Protection of the Rights of All Migrant Workers and Members of Their Families, adopted by GA Res. 45/158 of 18 December 1990, entered into force on 1 July 2003.

42 - گزارش دبیرکل سازمان ملل مورخ 21 مارس 2005 دیده شود:
"In larger freedom: towards development, security and human rights for all", Report of the Secretary General, UN Doc. A/59/2005

The main task entrusted to the Commission was the negotiation of an international instrument for the promotion and protection of the human rights and fundamental freedoms of everyone. This lead to the adoption of the ICCPR and the ICESCR.

After the adoption of these human rights instruments the Commission negotiated almost all of the UN human rights treaties and worked to improve the monitoring and implementation of human rights standards worldwide.

In the context of the reform process of the United Nations during the past decade, and to improve the promotion and protection of human rights, the Commission on Human Rights ceased its functions on 27 March 2006, and was replaced by the **Human Rights Council**.[43] It transferred all its mandates, functions and procedures to its successor body, the Human Rights Council.

2. The Human Rights Council

The Human Rights Council held its first session in June 2006. The 47 Council members are elected directly by the General Assembly for a three-year term and are not eligible for immediate re-election after serving two consecutive terms. States compete for seats in an open election; candidate States put forward voluntary pledges and comments to promote and uphold human rights, to which they will be held accountable. Also, any Council member who commits gross and systematic violations of human rights runs the risk of having its membership rights suspended by a two-thirds majority of the General Assembly

The Council is expected to meet more often and for a longer total duration than the Commission did: it holds no fewer than **three sessions per year** for a total period of **no less than ten weeks**.[44] There is also a possibility to convene **special sessions** to respond promptly to human rights crises. Council members can call for a special session, and support of one-third of the Council membership is required to authorize the sitting.

A **'universal periodic review'** will ensure that all 192 UN Member States will have their human rights records examined and, unlike before, no State can escape scrutiny. This measure aims to enhance State accountability for their human rights performance.

The main themes addressed by the Council are encapsulated thus: the right to self-determination; racism; the right to development; the question of the violation of human rights and fundamental freedoms in any part of the world; economic, social and cultural rights; civil and political rights, including questions of torture and detention, disappearances and summary executions, freedom of expression, the independence of the judiciary, impunity and religious intolerance; the human rights of women, children, migrant workers, minorities and displaced persons; indigenous issues; the promotion and protection of human rights, including the work of the Sub-Commission, treaty bodies and national institutions; and advisory services and technical cooperation in the field of human rights.

3. Special Procedures

The 'special procedures' were established by the Commission on Human Rights with the objective to address **thematic** or **country** human rights issues. These have now been transferred to the Human Rights Council.

Independent **experts**, **special representatives**, **special rapporteurs** or **working groups of independent human rights experts** are charged with investigating and reporting to the Council. Various activities can be undertaken in the framework of special procedures, including conducting studies, providing advice on technical cooperation, engaging in

---

[43] UNGA Res 60/251 (15 March 2006).

[44] In contrast, the Commission on Human Rights met once per year in a single six-week session.

وظیفه اصلی که به کمیسیون محول شد مذاکره در خصوص یک سند بین‌المللی ترویج و حمایت از حقوق بشر و آزادیهای اساسی هر شخص بود. این امر به اتخاذ دو میثاق بین‌المللی حقوق سیاسی و مدنی، و حقوق اقتصادی اجتماعی و فرهنگی منجر شد.

پس از پذیرش این اسناد حقوق بشری کمیسیون تقریباً همه معاهدات حقوق بشری را مورد مذاکره قرار داده و در جهت بهبود نظارت و اجرای معیارهای حقوق بشری در سطح جهانی تلاش کرده است.

در راستای روند اصلاحات سازمان ملل در طی دهه گذشته، و برای بهبود ترویج و حفاظت از حقوق بشر، فعالیتهای کمیسیون حقوق بشر در 27 مارس 2006 متوقف شد و **شورای حقوق بشر** جایگزین آن شد.[43] مارس این کمیسیون تمام تعهدات وظایف و اقداماتش را به نهاد جانشین خود شورای حقوق بشر منتقل کرد.

2 - شورای حقوق بشر

شورای حقوق بشر، اولین جلسه خود را در ژوئن 2006 تشکیل داد. 47 عضو شورا مستقیماً توسط مجمع عمومی و برای یک دوره سه ساله انتخاب می شوند و پس از دو دوره متوالی صلاحیت انتخاب مجدد را نخواهند داشت. کشورها، در فضایی باز برای انتخاب شدن رقابت می کنند، هر کاندیدایی تعهدات و اظهارات خود را برای ترویج و پشتیبانی از حقوق بشر صورت داوطلبانه ارائه می دهد. هم چنین، هر کشور عضو شورا که مرتکب نقض فاحش و سیستماتیک حقوق بشر شود متحمل خطر از دست دادن حق عضویتش با اکثریت 2/3 اعضای مجمع عمومی خواهد شد.

از شورا انتظار می رود که بیشتر و طولانی تر از کمیسیون تشکیل جلسه دهد : شورا نباید در طول یکسال کمتر از **سه جلسه** و مجموعاً **کمتر از ده هفته** تشکیل جلسه دهد.[44] هم چنین مسئولیت دعوت کشورها برای جلسات خاص در برخورد با بحران های حقوق بشری به عهده شورا می باشد. اعضای شورا می توانند برای حضور در جلسات خاص دعوت شوند و تأیید 1/3 اعضای شورا برای رسمی بودن جلسه لازم است.

« بازنگری دوره ای فراگیر» این موضوع را مد نظر دارد که همه 192 کشور عضو ملل متحد، سوابق حقوق بشری شان ارزیابی شود. برخلاف گذشته، دیگر هیچ کشوری نمی تواند از رسیدگی برکنار بماند. این اقدامات به افزایش مسئولیت دولتها در اجرای قواعد حقوق بشر کمک می کند.

مهمترین این اقدامات که توسط شورا مورد توجه واقع شده اند در موارد ذیل خلاصه شده‌اند: حق تعیین سرنوشت، نژاد پرستی، حق بر توسعه، موضوع نقض حقوق بشر و آزادیهای اساسی در هر نقطه‌ای از جهان، حقوق اقتصادی، اجتماعی و فرهنگی، حقوق مدنی – سیاسی، اعم از موضوعات شکنجه و بازداشت، ناپدید شدگی اجباری و اعدام با محاکمه سریع، آزادی بیان، استقلال قوه قضائیه، عدم مجازات و عدم مدارای مذهبی، حقوق بشر زنان، کودکان، کارگران مهاجر، اقلیت ها و اشخاص رانده شده، موضوعات بومی، ترویج و حمایت از حقوق بشر، شامل کار کمیسیونهای فرعی، کمیته های ناظر بر معاهدات، مؤسسات ملی، و خدمات مشاوره ای و همکاریهای فنی در زمینه حقوق بشر.

3 - رسیدگیهای ویژه

«رسیدگیهای ویژه» توسط کمیسیون حقوق بشر با هدف توجه به مسائل حقوق بشری یا کشوری خاص بنیان نهاده شده و هم اکنون به شورای حقوق بشر محول شده است. کارشناسان مستقل، نمایندگان ویژه، گزارشگران ویژه، یا کمیته های کاری متخصصین غیر وابسته حقوق بشر، موظف به رسیدگی و ارائه گزارش به شورا هستند. در چارچوب رسیدگی های ویژه اقدامات مختلفی ممکن است اتخاذ شود از جمله هدایت مطالعات ، ارائه مشاوره در خصوص همکاریهای فنی، مداخله در

---

[43] - مصوبه شماره 60/251 مجمع عمومی سازمان ملل مصوب 15 مارس 2006.

[44] - درمقابل، کمیسیون حقوق بشر یک بار در سال در یک دوره شش هفته ای تشکیل جلسه می دهد.

general promotional activities and responding to individual complaints. Some special procedures can intervene directly with governments to convey urgent appeals or consider individual complaints regarding allegations of imminent, ongoing or severe human rights violations, thus serving as early-warning mechanisms in cases of gross or systematic human rights violations. The Office of the High Commissioner for Human Rights provides these mechanisms with personnel and logistical assistance, to assist them in the discharge of their mandates.

Thematic special procedures aim to follow the situation worldwide with regards to:

(a) a **specific right**, such as the Special Rapporteur on Freedom of Opinion and Expression; the Special Rapporteur on Freedom of Religion or Belief; the Special Rapporteur on the Right to Health; and the Working Group on Arbitrary Detention;

(b) **specific vulnerable groups**, such as the Working Group on People of Africa Descent; the Special Rapporteur on the Rights of Indigenous People the Special Rapporteur on the Human Rights of Migrants; or

(c) **cross-cutting human rights issues**, such as the Independent Expert on the question of Human Rights and Extreme Poverty or the Special Rapporteur on the Promotion and Protection of Human Rights while Encountering Terrorism.

Country Special Procedures usually follow UN resolutions that express concern over the human rights situation in specific States.

Information for the Special Procedures is received from various sources, such as individuals, non-governmental organizations (NGOs) and governments. Special Procedures, particularly country-specific ones, also have the power to carry out **onsite visits** to verify the human rights situation in a particular State. These visits, however, depend on the invitation and/or authorization of the concerned State, and in many cases States refuse to allow them.

(a) Individual complaints
The process of individual complaints under the special procedures of the Council is more flexible than those of human rights treaty bodies, in that there is no requirement of local remedies' exhaustion. However, the results are limited, as they will only request information on the accuracy of the alleged facts and will inquire on possible domestic measures to investigate, punish and prevent further violations of a similar nature. An individual claim is not considered directly but only as part of a 'consistent pattern' of 'gross and systematic' human rights violations.

(b) 1503 Special Procedure[45]
This procedure is activated upon receipt of a communication regarding a consistent pattern of gross human rights violations, involving genocide, apartheid, racial or ethnic discrimination, torture, forced mass migrations and mass imprisonment without trial. This procedure dictates a valid investigation without the consent of the State concerned. Following investigation, the Council decides what action to take.

(c) 1235 Special Procedure[46]
If Special Procedure 1503 fails to stop the human rights violations under investigation, the Council may invoke the stricter 1235 Special Procedure, according to which the Council may hold an annual public debate on the issue. If the latter also fails, the Council may move to have ECOSOC pass a resolution condemning the violator.

---

[45] ECOSOC Res 1503 (27 May 1970) and ECOSOC Res 2000/3 (16 June 2000).
[46] ECOSOC Res 1235 (6 June 1967).

فعالیتهای کلی ترویجی و رسیدگی به شکایات فردی. بعضی از رسیدگی های ویژه ممکن است مستقیماً همراه با تعامل با دولتها برای درخواست رسیدگیهای فوری، رسیدگی به شکایات فردی در مورد اتهامات مربوط به تخلفات حقوق بشری تهدید کننده، قریب الوقوع یا جاری، باشد. این رسیدگیها به عنوان راه کار هشدار اولیه، در موارد نقض فاحش و سیستماتیک حقوق بشر عمل می کند. دفتر کمیسیاریای عالی حقوق بشر از طریق کمکهای انسانی و فنی به دولتها برای انجام وظایفشان چنین راه کاری را فراهم می کند.
رسیدگی های خاص رسیدگی به وضعیت جهانی در موارد زیر را دنبال می‌کند:

- یک حق مشخص، مانند گزارشگر ویژه در مورد آزادی بیان و عقیده، گزارشگر خاص در مورد آزادی مذهب یا اعتقادد، گزارشگر ویژه در مورد حق بر بهداشت، و کمیته کاری در مورد بازداشت خودسرانه
- گروه های آسیب پذیر ویژه، از قبیل کمیته کاری در مورد مردم آفریقایی الاصل، گزارشگر ویژه در مورد حقوق مردم بومی، گزارشگر ویژه در مورد حقوق بشر مهاجرین .
- موضوعات مرتبط با مسائل حقوق بشر از قبیل کارشناسان مستقل در موضوع حقوق بشر، فقر شدید یا گزارشگر ویژه در مورد ترویج و حمایت از حقوق بشر همزمان با مواجهه با تروریسم.

رسیدگی های ویژه کشوری معمولاً به دنبال تصویب قطعنامه‌های سازمان ملل که نگرانیهایی را در رابطه با وضعیت حقوق بشر در کشورهای خاص ابراز می‌دارد، آغاز می‌شود.

اطلاعات مربوط به رسیدگی‌های ویژه معمولاً از منابع مختلف دریافت می شوند از قبیل افراد، سازمانهای غیردولتی و دولتها.

رسیدگی های ویژه، خصوصاً رسیدگی های کشوری، برای تصدیق وضعیت حقوق بشر در یک کشور خاص قدرت انجام بازدیدها از محل را دارد. این بازدیدها به هرحال منوط به دعوت یا اجازه دولت مربوطه هستند و در بسیاری از موارد دولتها از صدور اجازه به آنها امتناع می کنند.

شکایات فردی

پروسه رسیدگی به شکایات فردی بر اساس رسیدگی های ویژه شورا انعطاف پذیرتر از رسیدگی به این شکایات در کمیته های ناظر بر معاهدات است، بطوری که در رسیدگی های ویژه طی کردن راه حلهای داخلی ضرورتی ندارد. هر چند، نتایج این کار محدود است، زیرا در رسیدگی های ویژه صرفاً اطلاعاتی در خصوص صحت حقایق اظهار شده درخواست می شود و در مورد امکان رسیدگی، مجازات و جلوگیری از نقض بیشتر از این قبیل در داخل خود آن کشور تحقیق می‌کنند. شکایت یک فرد مستقیما مورد بررسی قرار نمی‌گیرد و بلکه به آن به عنوان بخشی از یک روند پیوسته نقض منظم و شدید حقوق بشر توجه می‌شود.

رسیدگی ویژه 1503[45]

این رسیدگی بر اساس دریافت یک درخواست در خصوص نمونه مستمر از نقض فاحش حقوق بشر، از جمله نسل کشی، آپارتاید، تبعیض قومی و نژادی شکنجه، مهاجرت دسته جمعی و اجباری، و حبس دسته جمعی بدون محاکمه شروع می شود. این رسیدگی یک تحقیق معتبر بدون رضایت دولت مربوطه را به راه می‌اندازد. در این رسیدگی ها شورا تصمیم می گیرد که چه اقداماتی باید اتخاذ شود.

رسیدگی های ویژه 1235 [46]

اگر رسیدگی های ویژه 1503 در توقف تخلفات حقوق بشری مورد رسیدگی ناتوان باشد، شورا ممکن است به رسیدگیهای دقیق تر 1235 متوسل شود که طبق آن شورا ممکن است یک مباحثه عمومی سالانه را در خصوص موضوع برقرار کند. اگر این اقدام نیز بی‌اثر باشد شورا ممکن است در اعتراض به متخلف به گذراندن قطعنامه ای در شورای اقتصادی و اجتماعی اقدام بنماید.

---

45 - قطعنامه شماره 1503 مورخ 27 می 1970 و قطعنامه شماره 2000/3 مورخ 16 ژوئن 2000 شورای اقتصادی و اجتماعی.

46 قطعنامه شماره 1235 مورخ 6 ژوئن 1967 شورای اقتصادی و اجتماعی

Special Procedures 1503 and 1235 are distinct, because they are unlike fact-finding missions; there is no need to seek the consent of the State concerned for the purpose of gathering information. In effect, the public condemnation resulting from these mechanisms harms the reputation of the leaders in the State in question and discredits their political legitimacy.

4. Sub-Commission on the Promotion and Protection of Human Rights

The Sub-Commission on Prevention of Discrimination and Protection of Minorities was established in 1947 and was renamed the **Sub-Commission on the Promotion and Protection of Human Rights** at the 1999 reform process. The responsibilities of the Human Rights Commission with regards to the Sub-Commission have now been assumed by the Human Rights Council.[47]

The Sub-Commission is composed of 26 independent experts in the field of human rights, who are elected by the Human Rights Council according to geographical distribution, but act independently and without affiliation to their State of origin. The Sub-Commission meets for a period of three weeks each year.

Since its establishment the Sub-Commission has been the main subsidiary body of the Human Rights Commission, providing expert advice and contributing to the human rights standards-setting exercise and monitoring. Its main functions involve conducting research on various human rights issues and proceeding with recommendations. It also has the capacity to carry out any other functions entrusted to it.

D. United Nations Treaty-Monitoring System

The bodies created under the international human rights treaties are international mechanisms created by international treaty provisions with the ultimate goal to monitor implementation of the substantive provisions by the States Parties to the treaties. They are independent of the political structure of the UN and commonly organized as committees of independent experts, ranging from 10 to 18 members, who convene for two- or three-week sessions annually at the United Nations Offices in New York or Geneva.

1. Introduction: General Features and Objectives of the Committees

Unlike UN Charter bodies, which have power over the entire membership of the United Nations, committees have **powers only over State Parties** to the respective treaties. In certain instances their competence depends on further manifestation of State consent besides treaty ratification, such as acceptance of opt-in clauses or participation in Optional Protocols. Also, since committees deal with a set of issues specifically codified in a human rights instrument, their mandate is narrower than that of the UN Charter bodies.

Committees are composed of independent experts, elected by States Parties to the treaty. For the election of the experts, due consideration is given to the impartiality, independence and experience of the candidates and also to geographical and gender-balanced representation.

The **main general function** of treaty-monitoring bodies is **to ensure effective implementation of the provisions of the treaty**, which translates into:

(a) identification and understanding of the actual human rights situation in a State Party;
(b) assistance of State Parties to evaluate the progress they made to meet the objectives set by the treaty;

---

[47] UNGA Res 60/251 (15 March 2006).

رسیدگی های ویژه 1235 و 1503 مجزا از یکدیگرند، زیرا در رسیدگی های 1235 برخلاف 1503 برای جمع آوری اطلاعات لازم نیست رضایت دولت مربوطه به نکسب شود. عملاً، محکومیت عمومی ناشی از این راه کار، به اعتبار رهبران کشور لطمه وارد می کند و مشروعیت سیاسی آنها را بی اعتبار می نماید.

- کمیسیون فرعی ترویج و حمایت از حقوق بشر

کمیسیون فرعی منع تبعیض و حمایت از اقلیت ها در 1947 تأسیس شد و در پروسه اصلاح آن در 1999 به کمیسیون فرعی ترویج و حمایت از حقوق بشر تغییر نام داد. مسئولیت‌های کمیسیون حقوق بشر در رابطه با این کمیسیون فرعی توسط شورای حقوق بشر تقبل شده است [47].

کمیسیون فرعی متشکل از 24 کارشناس مستقل در زمینه حقوق بشر می باشد که این کارشناسان توسط شورای حقوق بشر و بر اساس توزیع جغرافیایی انتخاب می شوند اما این کارشناسان مستقلاً و بدون وابستگی به کشور متبوعشان عمل می کنند. کمیسیون فرعی،سالانه در یک دوره سه هفته ای تشکیل جلسه می دهد.

از زمان تأسیس، کمیسیون فرعی یک نهاد فرعی و اساسی کمیسیون حقوق بشر بوده است که به عنوان کارشناس مشاور عمل می کند و در تدوین و اعمال معیارهای حقوق بشر و نظارت بر آنها سهیم می باشد. وظایف اصلی این کمیسیون شامل تحقیقات در مورد موضوعات مختلف حقوق بشری و اقدام به صدور توصیه نامه ها می باشد. این کمیسیون، هم چنین صلاحیت انجام هر وظیفه دیگری را که به آن واگذار شود دارد.

د - سیستم بین‌المللی نظارت در معاهدات حقوق بشر

کمیته های ایجاد شده طبق معاهدات حقوق بشری بین المللی، راه کارهایی بین المللی هستند که توسط مقررات معادات بین المللی، با هدف نهایی نظارت بر اجرای مقررات اساسی معاهده توسط کشورهای متعاهد ایجاد شده اند. این کمیته ها مستقل از ساختار سیاسی ملل متحد بوده و معمولاً به عنوان کمیته هایی با کارشناسان مستقل، از 10 تا 18 عضو، که برای دو یا سه هفته جلسه سالیانه در دفتر سازمان ملل در نیویورک یا ژنو دعوت می شوند، سازماندهی شده اند.

1- مقدمه : خصوصیات و اهداف عمومی کمیته ها

برخلاف نهادهای منشور سازمان ملل که صلاحیت‌شان ناظر بر تمام کشورهاست، کمیته ها صرفاً نسبت به **کشورهای عضو معاهدات مربوطه صلاحیت** دارند. در موارد خاصی صلاحیت آنها منوط به اظهار رضایت دولتها در کنار تصویب معاهده یا الحاق به شروط اختیاری یا مشارکت در پروتکل های الحاقی است. هم چنین، هنگامیکه کمیته ها به یکسری از موضوعاتی که بویژه در یک سند حقوق بشری تدوین شده رسیدگی می کنند، وظایف آنها محدودتر از وظایف و تعهدات کمیته های منشور ملل متحد می باشد.

کمیته ها متشکل از کارشناسان مستقلی هستند که توسط کشورهای طرف معاهده انتخاب شده اند. در انتخاب کارشناسان به موضوع بی طرفی، استقلال و تجربه کاندیداها و هم چنین رعایت توازن نمایندگی جغرافیایی و جنسیتی ب توجه خاص می‌شود.

وظیفه اصلی عمومی کمیته های ناظر بر معاهدات **تضمین اجرای مؤثر مقررات معاهده** است که عبارتند از :

- شناسایی و درک ماهیت واقعی حقوق بشر در یک کشور طرف معاهده
- مساعدت به کشورهای متعاهد برای ارزیابی شرایطی که آنها در اجرای اهداف معاهده با آن مواجه می شوند.

---

[47] - قطعنامه مجمع عمومی سازمان ملل بشماره 60/251 مورخ 15 مارس 2006.

(c) creation of opportunities for the establishment of partnerships between States and rights-holders;

(d) protection of victims of human rights violations;

(e) promotion of capacity-building and awareness-raising by assisting the policy-makers, judges, lawyers, teachers and other duty-bearers to understand the substance of the rights and realize their role.

2. Overview of Monitoring Functions of the Committees

To fulfil their function, committees are usually called upon by the treaties establishing them to perform the activities described below. From these monitoring activities, individual complaints, inter-State complaints and inquiries are broadly known as **Complaints Procedures** and provide for the possibility of bringing complaints of violations of the human rights treaties' provisions before the consideration of the treaty bodies.

(a) Consideration of individual complaints or communications

Any individual that claims that his or her rights under a treaty have been violated by a State Party, which has recognized the competence of the committee to receive such complaints, may file a communication/complaint before that committee. Third parties may also bring complaints on behalf of the individuals whose rights have been violated, provided they have obtained his or her written consent. Written authorization is not necessary in cases of children or people in general who are unable to give formal consent, and in these cases the committees accept communications from the parents or guardians.

The following **four human rights committees** may consider individual communications/complaints for the violation of rights they protect, under certain circumstances defined in the treaties:

(a) The **Human Rights Committee**, relating to State Parties to the First Optional Protocol to the ICCPR, which determines the competences of the Committee.[48]

(b) The **Committee on the Elimination of Discrimination against Women**, relating to State Parties to the Optional Protocol to CEDAW.[49]

(c) The **Committee against Torture (CAT Committee)**, relating to State Parties that have declared the competence of the Committee according to CAT Article 22.[50]

(d) The **Committee on the Elimination of Racial Discrimination**, relating to State Parties that have declared competence of the Committee according to CERD Article 14 (opt-in procedure).[51]

Finally, the International Convention on the Protection of the Rights of All Migrant Workers and Members of Their Families provides for the creation of the **Committee on the Protection of the Rights of All Migrant Workers and Members of Their Families (CMW Committee)**, which once it becomes operative after 10 State Parties declare its

---

[48] First Optional Protocol to the ICCPR, adopted by UNGA Res 2200A (XXI) (adopted 16 December 1966, entered into force 16 March 1976).

[49] Optional Protocol to the Convention on the Elimination of Discrimination against Women, adopted by UNGA Res A/54/4 (adopted 6 October 1999, entered into force 22 December 2000).

[50] Convention against Torture and Other Cruel, Inhuman or Degrading Treatment or Punishment, adopted by UNGA Res 39/46 (adopted 10 December 1984, entered into force 26 June 1987) see Article 22.

[51] International Convention on the Elimination of All Forms of Racial Discrimination, adopted by UNGA Res 2106 (XX) (adopted 21 December 1965, entered into force 4 January 1969) see Article 14.

- ایجاد فرصت بر مشارکت بین کشورها و شهروندان
- حمایت از قربانیان نقض حقوق بشر
- ترویج آگاه سازی و ظرفیت سازی از طریق مساعدت به سیاست گذاران، قضات، وکلا، اساتید و دیگر مسئولین برای درک ماهیت حقوق و نقش آنها در تحقق آنها.

2- وظایف نظارتی کمیته ها

کمیته ها برای انجام وظایف خود **معمولا از سوي** ،معاهدات **پایه‌گذار آن‌ها** برای انجام فعالیتهای که در زیر تشریح شده اند، به کار خوانده می شوند. از میان این فعالیت های نظارتی، از شکایات فردی، شکایت های بین دولتی و، تحقیقات به طور کلی تحت عنوان **رویه رسیدگی به شکایات** آن‌ها یاد می‌شود و امکان طرح شکایتهای مربوط به نقض مقرره های معاهدات حقوق بشری را برای رسیدگی نزد کمیته های ناظر معاهدات فراهم می کند.

رسیدگی به شکایات و در خواست های فردی

هر شخصی که ادعا کند که حق او طبق یک معاهده توسط دولت متعاهدی که صلاحیت کمیته را برای دریافت چنین شکایاتی به رسمیت شناخته نقض شده است، می تواند نزد کمیته با یک شکایت / درخواست تشکیل پرونده دهد. اشخاص ثالثی نیز ممکن است به نمایندگی از شخصی که حقش نقض شده اقامه دعوا نمایند مشروط به این که اشخاص ثالث رضایت کتبی این فرد را کسب نمایند. در پرونده های کودکان و افرادی که به طور کلی قادر به دادن رضایت کتبی نیستند، اجازه کتبی لازم نیست و در این پرونده ها کمیته ها شکایت را از والدین یا سرپرست آنها دریافت می کند.

چهار کمیته حقوق بشری زیر ممکن است به شکایت / درخواستهای فردی برای نقض حقوقی که آنها تحت شرایط خاص تعریف شده در معاهده از آن حمایت می کنند، رسیدگی کنند :

- **کمیته حقوق بشر** در ارتباط با کشورهای متعاهد و اولین پروتکل الحاقی به میثاق حقوق مدنی سیاسی که صلاحیت های کمیته را تعیین می کند[48].
- **کمیته حذف تبعیض علیه زنان** در ارتباط با کشورهای متعاهد پروتکل الحاقی به کنوانسیون رفع تمام اشکال تبعیض علیه زنان[49].
- **کمیته منع شکنجه** در ارتباط با کشورهای متعاهد **که صلاحیت کمیته را طبق** ماده 22 **این کمیته اعلام** کرده‌اند. [50].
- **کمیته رفع تبعیض نژادی** در ارتباط با کشورهای متعاهدی که صلاحیت کمیته را طبق ماده 14 اعلام کرده اند (رسیدگی داخلی)[51]

و نهایتاً کنوانسیون بین المللی حمایت از حقوق تمام کارگران مهاجر و اعضای خانواده آنها، **کمیته حمایت ازحقوق تمام کارگران مهاجر و اعضای خانواده آنها** را پیش بینی کرده که این کمیته پس از این که 10 کشور صلاحیت آن را اعلام کردند

---

[48] - اولین پروتکل الحاقی به میثاق بین المللی حقوق مدنی و سیاسی مصوب مجمع عمومی بتاریخ 16 دسامبر 1966 که بتاریخ 16 مارسس 1976 به مرحله اجرا درآمد.

[49] - پروتکل الحاقی به کنوانسیون رفع تبعیض علیه زنان مصوب مجمع عمومی (قطعنامه A/54/4) مورخ 6 اکتبر 1999 که درتاریخ 22 دسامبر 2000 لازم الاجراشد.

[50] - ماده 22 کنوانسیون منع شکنجه و سایر رفتارها و مجازاتهای خشن، غیر انسانی و توهین آمیز مصوب مجمع عمومی (قطعنامه شماره 39/46) مورخ 10 دسامبر 1984 که بتاریخ 26 ژوئن 1987 به اجرا درآمد.

[51] - ماده 14 کنوانسیون بین المللی رفع تمام اشکال تبعیض نژادی مصوب مجمع عمومی سازمان ملل (قطعنامه شماره 2106) مورخ 21 دسامبر 1965 که درتاریخ 4 ژانویه 1969 لازم الاجرا شد.

competence, will consider individual communications under the conditions elaborated in the treaty.[52]

The ability of individuals to complain about the violation of their rights in the international arena brings real meaning to the rights contained in the human rights treaties.

(b) Consideration of inter-State complaints or communications

Committees may also consider complaints lodged by States alleging violation of treaty obligations by other States. The **CAT Committee**[53] and the **CMW Committee**[54] may consider inter-State complaints when one State Party considers that another State Party is not giving effect to the treaty provisions. Also, the **ICCPR** and the **CERD** establish a more elaborate procedure for the **resolution of disputes between State Parties** over one State's fulfilment of its treaty obligations through an ad hoc **Conciliation Commission**.[55] The procedures normally apply as long as the State Parties have declared acceptance of the bodies' competence in this respect, with the exception of the CERD Committee, whose competence to consider inter-State complaints applies to all State Parties to CERD.

CEDAW, CAT and CMW provisions provide for the **resolution in the first instance of inter-State disputes concerning interpretation or application of a convention**[56] by negotiation or, failing that, by arbitration. If parties fail to agree on arbitration terms within six months, one of the States involved in the dispute may refer it to the International Court of Justice (ICJ). State Parties may exclude themselves from this procedure by making a declaration at the time of ratification/accession. To date no States have availed themselves of this procedure.

(c) Inquiry procedures about systematic violations

The **CAT Committee** and the **CEDAW Committee** may, on their own initiative, conduct inquiries. This procedure may only be initiated with respect to State Parties that have recognized the competence of the Committees in this regard; it is highly confidential and the cooperation of the State Party must be sought throughout.[57]

The procedure involves three main stages: a) the procedure may be initiated if the CAT or CEDAW Committee receives reliable **information with well-founded indications of serious or systematic violations** of CAT or CEDAW respectively in a State Party; b) the Committee invites the State Party to cooperate in the examination of the information, and on the basis of the **State Party's observations** and other relevant information, a **confidential inquiry** takes place by Committee members, who then **report to the Committee**; and c) the Committee examines the report and sends the **findings, comments and recommendations** to the State Party.

(d) Consideration of State Parties' periodic reports

All committees receive and consider periodic State reports on the implementation of the relevant treaties. States are bound by the treaty to submit an initial report one year after joining (two years in the case of the Convention of the Rights of the Child) and then periodic reports usually every four or five years, depending on the treaty provisions. In these reports States are obliged to present all relevant statistics and information on the implementation of the treaty provisions, the legislative and administrative measures taken to meet their treaty obligations and any developments and obstacles in this regard.

---

[52] ICMW Article 77.
[53] CAT Article 21.
[54] CMW Article 74.
[55] ICCPR Articles 41–43 and CERD Articles 11–13.
[56] CEDAW Article 29, CAT Article 30 and CMW Article 92.
[57] CEDAW Articles 8–10 and CAT Articles 20 and 28.

فعال خواهد شد و طبق شرایط بیان شده در معاهده به درخواستهای فردی رسیدگی خواهد کرد[52].
توانایی اشخاص در طرح شکایت در خصوص نقض حقوقشان در عرصه بین المللی، به حقوق بشر مندرج در معاهدات معنای واقعی می دهد.

رسیدگی به شکایات یا درخواست های بین دولتی

کمیته ها هم چنین ممکن است به شکایات طرح شده توسط دولتها که بیانگر نقض معاهدات توسط دولتهای دیگر است، رسیدگی کنند. **کمیته منع شکنجه**[53] **و کمیته حمایت ازحقوق تمام کارگران مهاجر و اعضای خانواده آنها**[54] می‌توانند، به شکایات میان دولتها، هنگامیکه یک دولت ملاحظه می کند که دولت متعاهد دیگر نسبت به مقررات معاهده بی توجه است، رسیدگی کند. هم چنین **کمیته های میثاق بین المللی حقوق مدنی و سیاسی و رفع تبعیض نژادی** رسیدگی دقیق تری را برای حل و فصل اختلافات میان کشورهای متعاهد پیش بینی کرده‌اند که اجرای الزامات قراردادی نسبت به یک کشور را از طریق یک کمیسیون موقت سازش تامین می کند[55].رسیدگی‌ها معمولا وقتی که دولتهای متعاهد صلاحیت کمیته هارا بپذیرند اعمال می شود. در این خصوص کمیته رفع تبعیض نژادی یک استثناست که صلاحیتش در رسیدگی به شکایات میان دولتها بر همه کشورهای عضو کمیته رفع تبعیض نژادی اعمال می شود .

مقرره های کمیته های حذف تبعیض علیه زنان، منع شکنجه، حمایت ازحقوق تمام کارگران مهاجر و اعضای خانواده آنها امکان **حل و فصل در مرحله اول اختلافات میان دولتها را در خصوص تفسیر یا اعمال کنوانسیون**[56] توسط مذاکره یا در صورت ناتوانی مذاکره از طریق داوری فراهم می کند. اگر طرفین موفق به توافق بر شرایط داوری ظرف 6 ماه نشوند یکی از کشورهایی که طرف اختلاف است ممکن است اختلاف را به دیوان بین المللی دادگستری ارجاع دهد . کشورهای متعاهد ممکن است به وسیله صدور اعلامیه در زمان تصویب یا الحاق، خود را از چنین اقداماتی مستثنی کنند. تا کنون هیچ کشوری از این روند استفاده نکرده است.

اقدام به رسیدگی درخصوص نقص های منظم

کمیته منع شکنجه و کمیته حذف تبعیض علیه زنان ممکن است با ابتکارپیش قدمی خودشان رسیدگیها را آغازنمایند. این رسیدگی ممکن است صرفاً در خصوص دولتهایی صورت گیرد که صلاحیت کمیته ها را دراین زمینه به رسمیت شناختهاند . این رسیدگیها کاملا محرمانه اند و همکاری کشورها باید در تمام مراحل درخواست شود[57].

رسیدگی سه مرحله اصلی دارد:

الف) اگر کمیته های منع شکنجه و حذف تبعیض علیه زنان **اطلاعات موثقی را با علائم و نشانه های قابل توجه از نقض های جدی یا منظم** مربوط به منع شکنجه و حفظ حقوق زنان، بخصوص در یک کشور متعاهد، دریافت کنند رسیدگی ممکن است شروع شود

ب) کمیته کشور متعاهد را دعوت به ارزیابی اطلاعات می نماید و بر اساس **اظهارات دولت متعاهد** و سایر اطلاعات مربوطه، یک **رسیدگی محرمانه** توسط اعضای کمیته صورت می گیرد سپس این افراد به **کمیته گزارش می دهند** و

ج) کمیته گزارش را بررسی می کند و ی**افته ها، نظریات و توصیه هایی** را به کشور متعاهد می فرستد .

رسیدگی به گزارش های دوره ای دولتها

تمام کمیته ها، گزارش های دوره ای دولتها را در خصوص اجرای معاهده‌های مربوطه، دریافت و رسیدگی می کنند . دولتها موظفند که درخصوص معاهده یک گزارش اولیه، یکسال پس از عضویتشان ارائه دهند (در مورد کنوانسیون حقوق کودک 2 سال). سپس گزارش های دوره ای معمولا هر 4 یا 5 سال، بسته به مقرره های معاهده ارائه می شوند . دراین گزارش ها، دولتها موظف به ارائه آمار و اطلاعات مربوطه در مورد اجرای مقرره های معاهده هستند، اقدامات قانونی و اداری برای انجام تعهدات قراردادی آنها باید اتخاذ شود و هرگونه پیشامد و مانعی در این خصوص باید مرتفع شود .

---

[52] - ماده 77 کنوانسیون بین المللی حمایت ازحقوق تمام کارگران مهاجر و اعضای خانوداه آنها
[53] - ماده 21 کمیته منع شکنجه
[54] - ماده 74 کنوانسیون بین المللی حمایت ازحقوق تمام کارگران مهاجر و اعضای خانوداه آنها
[55] - مواد 41 تا 43 میثاق بین المللی حقوق مدنی و سیاسی و مواد 11 تا 13 کمیته رفع تبعیض نژادی
[56] - ماده 29 کمیته حذف تبعیض علیه زنان، ماده 30 کمیته منع شکنجه و ماده 92 کمیته حمایت ازحقوق تمام کارگران مهاجر و اعضای خانواده آنها
[57] - مواد 8 تا 10 کمیته منع تبعیض علیه زنان و مواد 20 و 28 کمیته منع شکنجه

Besides the formal reporting from the States, the performance of their treaty obligations can be further monitored through **'shadow reporting'**. This is an effective alternative reporting mechanism that gives the opportunity to groups and entities unrelated to the State to provide information on the State's performance and thus complement or criticize the information already provided through the official report. After submission of all reports, a dialogue takes place between the State delegation and the committee that will make observations and recommendations.

(e) Publication of General Comments
All UN human rights treaty-monitoring bodies publish their interpretation on the content and implementation of the human rights treaties provisions that are of concern to the particular committee. These documents, commonly known as 'General Comments' or 'General Recommendations', clarify the content of the treaty provision, specify certain violations that come under the scope of the treaties and give advice to State Parties on how to meet their treaty obligations. This function allows for the adaptation of the content of a treaty to modern circumstance, as often the understanding and perception of language and practice evolves over time.

(f) Holding of general discussions
The members of the committees meet regularly and hold discussions on various human rights issues within the competence of the committee according to the treaty provisions.

3. Treaty-Monitoring Bodies
Presently, the following **treaty bodies** monitor implementation of the core human rights treaties:

(a) Human Rights Committee (HRC)
This body monitors the implementation of the 1966 ICCPR and its two Optional Protocols, the first establishing the competence of the Committee to examine individual petitions[58] and the second aiming at the abolition of the death penalty[59] through State reports,[60] inter-State complaints[61] and individual communications.[62] The Committee has evolved considerable jurisprudence on issues relating to the administration of justice.

(b) Committee on Economic, Social and Cultural Rights (CESCR)
The 1966 ICESCR determines that the UN Economic and Social Council shall monitor the implementation of its provisions. Accordingly, a Seasonal Working Group of Governmental Experts performed the monitoring tasks of the Covenant, until the UN Economic and Social Council reformed the Working Group to the Committee into its present form with a view to promoting its independence.[63] The Committee monitors implementation of the 1966 ICESCR mainly through State reports.[64] Currently, the CESCR has no competence to consider individual communications, through other committees with competence to consider individual communications may consider economic, social and cultural issues.

---

[58] Optional Protocol to the International Covenant on Civil and Political Rights, adopted by UNGA Res 2200A (XXI) (adopted 16 December 1966, entered into force 23 March 1976).
[59] Second Optional Protocol to the International Covenant on Civil and Political Rights, aiming at the abolition of the death penalty, adopted by UNGA Res 44/128 (adopted 15 December 1989).
[60] ICCPR Article 40.
[61] ICCPR Articles 41–43.
[62] First Optional Protocol to the 1966 ICCPR.
[63] ECOSOC Res 1985/17 (28 May 1985).
[64] ICESCR Article 16.

در کنار گزارش های رسمی دولتها، اجرای تعهدات قراردادی آنها از طریق **«گزارش سایه»** ممکن است دوباره مورد نظارت قرار گیرد . این یک مکانیزم گزارشی موثر و جایگزین است که این فرصت را به گروهها و نهاد های بی ارتباط با دولت می دهد تا اطلاعاتی در خصوص عملکرد دولتها فراهم کنند، و از این طریق اطلاعات ارائه شده توسط دولت را مورد انتقاد یا تکمیل قرار دهند. پس از تسلیم همه گزارشها، گفتگویی میان نمایندگان دولت و کمیته صورت می گیرد که اظهار نظرات و پیشنهاداتی را از سوی کمیته در پی دارد.

انتشار نظریات عمومی

کلیه کمیته های ناظر برمعاهدات ملل متحد، تفسیر خودرا درمورد محتوا و اجرای مقرره های حقوق بشر که مربوط به کمیته خاصی هستند به آگاهی عموم می ر سانند . این اسناد عموما بعنوان «نظریات عمومی» یا «پیشنهادادت کلی» شناخته می شوند که مفهوم مقرره های معاهده بخصوص نقض های خاصی را که درقلمرو معاهده است مشخص می کند و به کشورهای متعاهد درخصوص چگونگی اجرای تعهدات قراردادی شان توصیه هایی می دهد . این کارکرد امکان عمل به محتوای یک معاهده را در اوضاع و احوال جدید می دهد، چرا که اغلب، فهم و درک از زبان و رویه معاهده در طول زمان متحول می شود .

برگزاری مباحث کلی

اعضای کمیته ها بطور منظم تشکیل جلسه می دهند و در خصوص موضوعات مختلف حقوق بشر و در حد صلاحیت کمیته طبق مقرره های معاهده مباحثاتی دارند.

3- کمیته های ناظر بر معاهدات

در حال حاضر، کمیته های ناظر بر معاهدات ذیل، اجرای معاهدات محوری حقوق بشر را مورد نظارت قرار می دهند :

کمیته حقوق بشر

این کمیته اجرای میثاق حقوق مدنی – سیاسی 1966 و دو پروتکل الحاقی آن (صلاحیت کمیته در خصوص رسیدگی به دادخواست های فردی[58]، و لغو مجازات اعدام[59]) را از طریق گزارشهای دولتی[60]، رسیدگی به شکایات میان دولتها[61] و شکایات فردی[62] مورد نظارت قرار می دهد. کمیته بطور قابل ملاحظه ای رویه قضایی در موضوعات مربوط به اجرای عدالت را توسعه داده است.

کمیته حقوق اقتصادی، اجتماعی و فرهنگی

میثاق حقوق اقتصادی، اجتماعی و فرهنگی 1966 تعیین می کند که شورای اقتصادی، اجتماعی و فرهنگی ملل متحد باید اجرای مقرره های این میثاق را مورد نظارت قرار دهد. لذا تا هنگامی که شورای اقتصادی، اجتماعی و فرهنگی ملل متحد این گروه کاری را با هدف ترویج استقلال کمیته به شکل فعلی اش اصلاح کرد، یک گروه کاری موقت از کارشناسان دولتی وظیفه نظارت بر میثاق را انجام می دادهند[63]. کمیته، اجرای میثاق بین المللی حقوق اقتصادی، اجتماعی و فرهنگی را اساساً از طریق گزارشهای دولتی مورد نظارت قرار می دهد[64]. در جال حاضر این کمیته صلاحیت رسیدگی به شکایات فردی را ندارد و از طریق دیگر کمیته ها در کنار رسیدگی به شکایات فردی ممکن است به موضوعات اقتصادی، اجتماعی و فرهنگی نیز رسیدگی کند.

---

[58] - پروتکل الحاقی به میثاق بین المللی حقوق مدنی و سیاسی مجمع عمومی سازمان ملل (قطعنامه (2200 A (XXI) مصوب 16 دسامبر 1966 که درتاریخ 23 مارس 1976 به اجرادرآمد.

[59] - دومین پروتکل الحاقی میثاق بین المللی حقوق مدنی و سیاسی، جهت حذف مجازات اعدام، مجمع عمومی (قطعنامه 44/128) مصوب 15 دسامبر 1989

[60] - ماده 40 میثاق بین المللی حقوق مدنی و سیاسی

[61] - مواد 41 تا 43 میثاق بین المللی حقوق مدنی و سیاسی

[62] - اولین پروتکل الحاقی به میثاق بین المللی حقوق مدنی و سیاسی مصوب 1966

[63] - قطعنامه شماره 1985/17 شورای اقتصادی و اجتماعی مورخ 28 می 1985

[64] - ماده 16 میثاق بین المللی حقوق اقتصادی، اجتماعی و فرهنگی

A Draft Optional Protocol to the ICESCR that will provide for the competence of the CESCR to examine individual petitions is under consideration.[65]

(c) Committee on the Elimination of Racial Discrimination (CERD).
This body monitors the implementation of the CEDR by its State Parties through submission of State reports,[66] inter-State complaints,[67] individual communications (opt-in procedure),[68] and also **early-warning measures** and **urgent procedures**. In the early-warning procedure, the CERD includes in its regular agenda measures to prevent existing problematic situations from taking the dimension of conflicts, and also includes urgent procedures to respond to problems requiring immediate attention, with the objective to prevent serious violations of the Convention.

(d) Committee on the Elimination of Discrimination Against Women
The mandate of the Committee is to watch over the progress of women's rights in the policy and legislation of the CEDAW Member States and to monitor their compliance with the legal obligations deriving from the CEDAW.[69] The Committee receives and considers cases brought to its attention directly by individuals or women's groups and investigates grave or systematic abuses committed within the territory of one of the State Parties, according to the communications and the inquiries procedures of the Optional Protocol to the CEDAW.[70]

(e) Committee against Torture (CCAT)
The CCAT monitors implementation of the CAT through reports,[71] inter-State complaints (opt-in procedure),[72] individual communications (opt-in procedure)[73] and urgent inquiries.[74] Also, the Optional Protocol to CAT creates the **Subcommittee on Prevention** that allows for in-country inspections of places of detention in collaboration with national institutions.[75]

(f) Committee on the Rights of the Child
This Committee is the monitoring body of the CRC, the most widely ratified international human rights instrument, and also of the two Optional Protocols to the CRC on the

---

[65] See Report of the open-ended working group to consider options regarding the elaboration of an optional protocol to the International Covenant on Economic, Social and Cultural Rights on its first session (Geneva, 23 February–5 March 2004) UN Doc E/CN.4/2004/44 (15 March 2004).
[66] CERD Article 9.
[67] CERD Articles 11–13.
[68] CERD Article 14.
[69] CEDAW Articles 17–22.
[70] Optional Protocol to the CEDAW, Articles 2 and 8 respectively.
[71] CAT Article 19.
[72] CAT Article 30.
[73] CAT Article 22.
[74] CAT Article 20.
[75] Optional Protocol to the Convention against Torture and Other Cruel, Inhuman or Degrading Treatment or Punishment adopted by UNGA Res A/RES/57/199 (adopted 18 December 2002, entered into force 22 June 2006).

پیش نویس یک پروتکل الحاقی به میثاق حقوق اقتصادی، اجتماعی و فرهنگی که صلاحیت این کمیته را در رسیدگی به شکایات فردی احراز می کند، در حال رسیدگی می باشد.[65]

کمیته رفع تبعیض های نژادی

این کمیته نظارت بر اجرای کنوانسیون رفع همه اشکال تبعیض نژادی توسط دولتهای متعاهد این کنوانسیون را از طریق ارائه گزارش های دولتی[66]، شکایات میان دولتها[67]، شکایات فردی (رسیدگی داخلی)[68] و هم چنین اقدامات هشداری اولیه و رسیدگی های فوری، برعهده دارد. اقدامات هشداری اولیه طبق کمیته رفع تبعیض نژادی شامل اقدامات معمول و منظم برای جلوگیری از ایجاد وضعیت های مشکل ساز از طریق بررسی ابعاد تعارض ها و رسیدگیهای فوری برای عکس العمل نشان دادن به مسائلی که نیازمند توجه فوری، با هدف جلوگیری از نقض های جدی مندرج در کنوانسیون است، می باشد .

کمیته رفع تبعیض علیه زنان

وظیفه این کمیته دیدبانی پیشرفت حقوق زنان در سیاست و قانون گذاری کشورهای عضو کمیته رفع تبعیض علیه زنان، و نظارت بر اجرای تعهدات قانونی ناشی از کمیته رفع تبعیض علیه زنان توسط کشورها می باشد[69]. ،کمیته پرونده هایی را که مستقیماً توسط اشخاص یا گروه های زنان اقامه شده دریافت و مورد رسیدگی قرار می دهد. هم چنین برای رسیدگی به سوء استفاده های بزرگ و اصولی که در قلمرو یک کشور متعاهد ارتکاب یافته، طبق شکایات و رسیدگیهای قضایی مندرج در پروتکل الحاقی کمیته رفع تبعیض علیه زنان، اقدام می کند[70].

کمیته منع شکنجه

این کمیته اجرای کنوانسیون منع شکنجه ،،را از طریق گزارش ها[71]، شکایات میان کشورها (رسیدگی داخلی)[72]، شکایات فردی (رسیدگی داخلی)[73] و رسیدگی های فوری[74] مورد نظارت قرار می دهد.

هم چنین، پروتکل الحاقی به کمیته منع شکنجه یک **کمیته فرعی بازدارنده** را ایجاد می کند که اجازه بازرسی های درون کشوری را از محل های بازداشت با همکاری مؤسسات ملی برعهده دارد[75].

کمیته حقوق کودک

این کمیته نهاد ناظر بر کنوانسیون حقوق کودک - سندی که گسترده ترین تصویب بین المللی را داشته است - هم چنین دو پروتکل الحاقی به آن در خصوص حمایت از

---

65 ـ گزارش گروه کاری درخصوص تبیین پروتکل الحاقی به میثاق بین المللی حقوق اقتصادی، اجتماعی و فرهنگی در اولین جلسه شان (ژنو، 23 فوریه تا 5 مارس 2004) بشماره UN Doc E/CN.4/2004/44 مورخ 15 مارس 2004 دیده شود.
66 ـ ماده 9 کمیته رفع تبعیض های نژادی
67 ـ مواد 11 تا 13 کمیته رفع تبعیض های نژادی
68 ـ ماده 14 کمیته رفع تبعیض های نژادی
69 ـ مواد 17 تا 22 کمیته رفع تبعیض علیه زنان
70 ـ بترتیب مواد 2 و 8 پروتکل الحاقی به کمیته رفع تبعیض علیه زنان
71 ـ ماده 19 کمیته منع شکنجه
72 ـ ماده 30 کمیته منع شکنجه
73 ـ ماده 22 کمیته منع شکنجه
74 ـ ماده 20 کمیته منع شکنجه
75 ـ پروتکل الحاقی به کنوانسیون منع شکنجه و سایرمجازات ها یا رفتارهای خشن، غیرانسانی یا تحقیر آمیز مصوب مجمع عمومی (قطعنامه شماره A/RES/57/199)مورخ 18 دسامبر 2002 که بتاریخ 22 ژوئن 2006 به مرحله اجرا درآمد.

nvolvement of children in armed conflict[76] and sale of children, child prostitution and child pornography.[77] It supervises the progress made by State Parties to the CRC in fulfilling their obligations through State reports.[78] The Committee cannot consider individual complaints, but children's rights may be raised before other committees with competence to consider individual complaints.

(g) Committee on the Protection of the Rights of All Migrant Workers and Members of Their Families (CMW)

This is the newest treaty body. It monitors implementation of the International Convention on the Protection of the Rights of All Migrant Workers and Members of Their Families by its State Parties through State reports,[79] inter-State complaints (opt-in procedure)[80] and individual communications.[81]

To these monitoring bodies, there are two more to be added upon entry into force of the respective treaties: the **Committee on the Rights of Persons with Disabilities** (upon entry into force of the International Convention on the Rights of Persons with Disabilities and its Optional Protocol); and the **Committee on Enforced Disappearances** (upon entry into force of the International Convention for the Protection of All Persons from Enforced Disappearances).

The existence of multiple monitoring bodies within the UN systems, and the multitude of rules, guidelines and procedures make the functioning of the whole system burdensome and to some extent inefficient. States are called on to comply with the requirements set by each committee for submission and consideration of the reports, and sometimes different interpretations may be given for the same rights by different committees. There is a call for coordinated action by the UN treaty bodies, if not unification, and the options are currently under consideration.[82]

---

[76] Optional Protocol to the Convention on the Rights of the Child on the involvement of children in armed conflict, adopted by UNGA Res A/RES/54/263 (adopted 25 May 2000, entered into force 12 February 2002).

[77] Optional Protocol to the Convention on the Rights of the Child on the sale of children, child prostitution and child pornography, adopted by UNGA Res A/RES/263 (adopted 25 May 2000, entered into force 18 January 2002).

[78] CRC Article 44.

[79] ICRMW Article 44.

[80] ICRMW Article 76.

[81] ICRMW Article 77.

[82] See Report of the Secretary General, 'Strengthening of the United Nations: an agenda for further change' (9 September 2002) UN Doc A/57/387.

کودکان در درگیریهای مسلحانه[76] و فروش کودکان، فحشاء کودک و حضور کودکان در فیلم های مستهجن[77] می باشد. این کمیته بر جریان فعالیت دول متعاهد در انجام تعهداتشان از طریق ارائه گزارشهای دولتی[78] نظارت می کند. کمیته نمی تواند به شکایات فردی رسیدگی کند، حقوق کودکان ممکن است نزد دیگر کمیته ها با صلاحیت رسیدگی به شکایات فردی اقامه شود.

کمیته حمایت از حقوق همه کارگران مهاجر و اعضای خانواده آنها

این کمیته جدیدترین کمیته ناظر بر معاهدات است. این کمیته بر اجرای کنوانسیون بین المللی حمایت از حقوق تمام کارگران مهاجر و اعضای خانواده آنها توسط کشورهای عضو از طریق گزارش های دولتی[79]، شکایات میان دولتها (رسیدگی داخلی)[80] و شکایات فردی[81] نظارت می کند.

به این کمیته ها، دو کمیته دیگر به محض لازم الاجرا شدن معاهدات مربوط اضافه خواهند شد : **کمیته حقوق معلولین**، که با لازم الاجرا شدن کنوانسیون بین المللی حقوق معلولین و پروتکل الحاقی آن ایجاد می شود و **کمیته ناپدیدی اجباری** که پس از لازم الاجرا شدن کنوانسیون بین المللی حمایت از تمام اشخاص در برابر ناپدیدی اجباری ایجاد خواهد شد.

وجود کمیته های ناظر متعدد در چارچوب سیستم ملل متحد، کثرت قوانین، اصول راهنما و رسیدگی ها، کارکرد کل سیستم را طاقت فرسا و تا حدی بی فایده می کند. دولتها دعوت شده اند تا مقررات تدوین شده توسط هر کمیته را در خصوص ارائه و رسیدگی به گزارش ها انجام دهند و گاهی ممکن است تفاسیر مختلفی از حقوق یکسان توسط کمیته های مختلف صورت گیرد. این امر یکنواخت کردن فعالیت کمیته های ناظر بر معاهدات ملل متحد را ایجاب می کند و اگر چه وحدتی وجود ندارد اما در حال حاضر گزینه هایی تحت بررسی هستند[82].

---

[76] - پروتکل الحاقی به کنوانسیون حقوق کودکان درخصوص شرکت دردرگیری های مسلحانه قطعنامه مصوب مجمع عمومی بشماره A/RES/54/263 مورخ 25 مه 2000 که درتاریخ 12 فوریه 2002 لازم الاجرا شد.

[77] - پروتکل الحاقی به کنوانسیون حقوق کودک درخصوص فروش کودکان، استفاده ازکودکان درروسپی گری و فیلم های مستهجن مصوب مجمع عمومی سازمان ملل طی قطعنامه شماره A/RES/263 مورخ 25 مه 2000 که درتاریخ 18 ژانویه 2002 به اجرادرآمد.

[78] - ماده 44 کمیته حقوق کودک

[79] - ماده 44 کنوانسیون بین المللی حمایت ازحقوق تمام کارگران مهاجر و اعضای خانواده آنها

[80] - ماده 76 کنوانسیون بین المللی حمایت ازحقوق تمام کارگران مهاجر و اعضای خانواده آنها

[81] - ماده 77 کنوانسیون بین المللی حمایت ازحقوق تمام کارگران مهاجر و اعضای خانواده آنها

[82] - مراجعه شود به گزارش دبیرکل سازمان ملل با عنوان "تقویت سازمان ملل: برنامه ای برای تغییرات آتی" مصوب 9 سپتامبر2002 بشماره UN Doc. A/57/387.

REGIONAL SYSTEMS

A number of regional intergovernmental organizations have enacted human rights instruments, either because the promotion and protection of human rights is one of the primary objectives in their constitutive treaties or because the purpose of promoting human rights has increasingly evolved within the organization. The merits of regional organizations are clear: they enable regions to create appropriate mechanisms to guarantee specific rights, while at the same time due attention is given to the history and customs of the region. Some regional systems are very strong, while others are developing. Despite the shortcomings and limitations, especially of the younger regional organizations, it should be recognized that the existence of human rights instruments in itself is an important positive factor in terms of the promotion and protection of human rights in the world. Finally, it should be highlighted that regional systems do not undermine the universal system, rather they complement it and provide an extra layer of protection and guarantee to human rights standards to the citizens of States in the region.

A. THE COUNCIL OF EUROPE (COE)

The **Council of Europe** is an international organization, an institution independent of the European Union, established with the **Treaty of London of 2 May 1949** by Belgium, Denmark, France, Ireland, Italy, Luxemburg, the Netherlands, Norway, Sweden and the United Kingdom with the aim to develop common and democratic principles.

Today, the Council of Europe has a considerable pan-European dimension, with 47 Member States. Although the 27 EU Member States are all members of the Council of Europe, the two organizations are distinct.

The **objectives of the Council of Europe** are to protect human rights, the rule of law and democratic principles. The realization of human rights and fundamental freedoms is the means to maintain unity and solidarity among European States. In pursuance of its primary objectives, the Council of Europe seeks to supervise and protect human rights; support political, legislative and constitutional reforms that aim at democratic stability in Europe; raise awareness on Europe's cultural diversity and identity and promote human rights education and training activities; and identify threats and solutions to the social challenges of Europe presently, such as equality between men and women, minorities, terrorism, human trafficking and torture.

The permanent headquarters of the Council of Europe are in Strasbourg, France, and its main **organizational bodies** are:[83]

(a) The **Committee of Ministers**, the decision-making body of the organization.
(b) The **Parliamentary Assembly**, which brings together parliament representatives of European countries and, together with the Committee of Ministers, is the 'guardian' of values of the Council of Europe.
(c) The **Secretariat.**
(d) The **Secretary-General**, elected by the Secretariat and the Parliamentary Assembly.
(e) The **Congress of Local and Regional Authorities.**

The following **human rights treaties** are distinguished here:[84]

[83] Treaty of London Article 10.
[84] A full list of the treaties is available at <http://conventions.coe.int/Treaty/Commun/ListeTraites.asp?CM=8&CL=ENG> (last visited 27 October 2007).

سیستم‌هاي منطقه‌اي

شماری از سازمانهای بین دولتی منطقه ای اسناد حقوق بشری را تصویب کرده اند یا به این دلیل که ترویج و حمایت از حقوق بشر یکی از اهداف اولیه در اساسنامه آنهاست و یا این که هدف ترویج حقوق بشر بطور فزاینده ای وارد این سازمانها شده است. خصوصیات سازمان های منطقه ای روشن است :

آنها ایجاد راه کارهای مناسب برای تضمین حقوق خاص در مناطق را توانمند می سازند در حالیکه هم زمان توجه درستی به تاریخ و عرف منطقه شده است. بعضی از سیستم های منطقه ای بسیار قوی هستند در حالیکه بقیه سیستم ها در حال تغییر و تحول اند. علی رغم کوتاهی ها و محدودیت ها بویژه از جانب سازمانهای منطقه ای جوانتر، باید اعتراف شود که وجود اسناد حقوق بشری به خودی خود یک فاکتور مثبت و مهم در جهت ترویج و حمایت از حقوق بشر در جهان است . سرانجام این امر باید بیان شود که سیستم های منطقه ای، سیستم جهانی را از بین نبرده اند بلکه آنها لایه جدیدی از حمایت و تضمین معیارهای حقوق بشری را برای شهروندان کشورها در منطقه فراهم و کامل کرده اند.

الف - شورای اروپا

شورای اروپا یک سازمان بین المللی و یک نهاد مستقل از اتحادیه اروپا است که با معاهده لندن در 2 مه 1949 توسط بلژیک، دانمارک، فرانسه، ایرلند، ایتالیا، لوکزامبورگ، هلند، نروژ، و سوئد و انگلیس، با هدف توسعه اصول عام و دموکراتیک تأسیس شد.

امروزه، شورای اروپا با 47 عضو دارای بعد فراگیر و قابل ملاحظه ای در اروپا است. اگر چه 27 کشور عضو اتحادیه اروپا همگی عضو شورای اروپا نیز هستند، این دو نهاد دو سازمان مجزا از یکدیگرند.

اهداف شورای اروپا حمایت از حقوق بشر، قواعد حقوقی و اصول دموکراتیک است. تحقق هدف بشر و آزادیهای اساسی وسیله حفظ وحدت و همبستگی میان کشورهای اروپایی است. این شورا در جهت اهداف خود، به نظارت و حمایت از حقوق بشر، حمایت سیاسی، اصلاحات قانونی و اساسی که به ثبات دمواکراتیک در اروپا کمک می کند؛ افزایش آگاهی نسبت به تنوع فرهنگی در اروپا و هویت و ترویج آموزش حقوق بشر و فعالیت های تعلیمی، شناسایی تهدیدها و راه حل برای چالش های اجتماعی فعلی اروپا از قبیل برابری میان زن و مرد، نظارتها، تروریسم، قاچاق انسان و شکنجه، می‌پردازد. دفتر مرکزی و دائمی شورای اروپا در استراسبورگ فرانسه قرار دارد و **ارکان سازمانی** اصلی آن عبارتند از[83]:

- **کمیته وزیران** که رکن تصمیم گیرنده در سازمان است
- **مجمع پارلمانی** که نمایندگان پارلمان کشورهای اروپایی را گرد هم می‌آورد و همراه یا کمیته وزیران "حافظ" ارزشهای شورای اروپا است.
- **دبیرخانه**
- **دبیر کل** که توسط دبیرخانه و مجمع پارلمانی انتخاب می شود
- **کنگره مقامات محلی و منطقه ای**

معاهدات حقوق بشری برجسته در ذیل آمده اند[84]:

---

[83] - ماده اول معاهده لندن

[84] - لیست کامل معاهدات در این آدرس اینترنتی موجود است:
http://conventions.coe.int/Treaty/Commun/ListeTraites.asp? CM=8&CL=ENG

(a) Convention for the Protection of Human Rights and Fundamental Freedoms (also known as the European Convention on Human Rights (ECHR))[85]
This is the primary human rights instrument of the Council of Europe. Member States undertake the obligation to guarantee a number of civil and political rights and a few economic, social and cultural rights to anyone within their jurisdiction. The Convention establishes the **European Court of Human Rights** which observes the States' compliance to their treaty obligations. Since entry into force of the Convention, 14 Protocols have been adopted, and 13 are already in force. Protocol No 14 significantly reforms the Court's procedure and structure, with a view to improving its ability to handle its increasing workload.[86]

(b) European Convention for Prevention of Torture and Prevention of Inhuman or Degrading Treatment or Punishment[87]
The Convention was inspired by ECHR Article 3, which provides that '[n]o one shall be subjected to torture or to inhuman or degrading treatment or punishment.' The Convention sets up the **European Committee for the Prevention of Torture and Inhuman or Degrading Treatment or Punishment (CPT)** and establishes non-judicial preventive machinery to protect detainees.

(c) Framework Convention for the Protection of National Minorities[88]
The Convention aims to address and better protect the existence of national minorities and their rights within the territories of the State Parties. It seeks to promote full equality of national minorities through creation of the appropriate conditions enabling national minorities to integrate but also to preserve their identity and develop their culture. It is the first legally binding multilateral instrument concerned with the protection of national minorities in general, and it constitutes the most comprehensive document of the CoE in this area. States undertake the obligation to implement the principles contained in the Convention through national legislative measures and governmental policies.

(d) European Social Charter[89]
The European Social Charter guarantees social and economic human rights on the basis of the general principle of non-discrimination, thus complementing the protection of civil and political human rights provided by the ECHR. It was first adopted in 1961 and revised in 1996 to enhance and reinforce the protection awarded by the 1966 Charter. A **supervision mechanism** is established on the basis of yearly reports by the State Parties on the implementation of the Charter in law and practice.

The **monitoring mechanism** of the European system may be summarized as follows:

---

[85] Convention for the Protection of Human Rights and Fundamental Freedoms (European Convention on Human Rights (ECHR)) (adopted 4 November 1950, entered into force 3 September 1953) 213 UNTS 221.
[86] Protocol No 14 to the Convention for the Protection of Human Rights and Fundamental Freedoms, amending the control system of the Convention of 13 May 2004.
[87] European Convention for Prevention of Torture and Prevention of Inhuman or Degrading Treatment or Punishment (26 November 1987) Doc No H (87)4 (1987) ETS 126 (entered into force on 1 February 1989) and its two protocols (adopted 4 November 1993, entered into force on 1 March 2002).
[88] Framework Convention for the Protection of National Minorities (adopted 1 February 1995, entered into force 1 February 1998).
[89] European Social Charter (adopted 18 October 1961, entered into force 26 February 1965); revised on 3 May 1996 and in force since 1 July 1999.

کنوانسیون حمایت از حقوق بشر و آزادیهای اساسی (که به آن کنوانسیون اروپایی حقوق بشر نیز گفته می‌شود)[85]
این کنوانسیون سند اولیه حقوق بشری در شورای اروپا است. دول عضو در چارچوب صلاحیتشان تعهداتی را برای تضمین برخی از حقوق مدنی – سیاسی و تعدادی از حقوق اقتصادی، اجتماعی و فرهنگی برای هر شخص به عهده گرفته‌اند. کنوانسیون **دادگاه اروپایی حقوق بشر** را تأسیس نمود که رعایت تعهدات قراردادی دولتها را بررسی می کند.از زمان لازم الاجرا شدن کنوانسیون 14 پروتکل پذیرفته شده و تا کنون 13 پروتکل لازم الاجرا شده است. پروتکل شماره 14 به طور اساسی شیوه رسیدگی دادگاه را با هدف بهبود توانایی دادگاه در رسیدگی به حجم انبوه پرونده ها، اصلاح کرد[86].

کنوانسیون اروپایی منع شکنجه و رفتارها یا مجازاتهای غیر انسانی و تحقیرآمیز[87]:
این کنوانسیون از ماده 3 کنوانسیون حمایت از حقوق بشر و آزادیهای اساسی الهام گرفته شده است که مقرر می دارد : «هیچ کس نباید مورد شکنجه یا مجازاتها و رفتارهای غیرانسانی و تحقیرآمیز قرار گیرد.» این کنوانسیون **کمیته اروپایی منع شکنجه و رفتارها یا مجازاتهای غیر انسانی و تحقیرآمیز** را به عنوان دستگاه بازدارنده غیرقضایی برای حمایت از زندانیان، تأسیس کرد.

کنوانسیون چارچوبی برای حمایت از اقلیت های ملی[88]
کنوانسیون به توجه و حمایت بهتر از وجود اقلیت های ملی و حقوقشان در قلمروی دولتهای متعاهد کمک می کند. این کنوانسیون درصدد ترویج برابری کامل اقلیت های ملی از طریق ایجاد شرایط مناسب برای قادر ساختن آنها به جذب شدن در جامعه اما با حفظ هویت و توسعه فرهنگشان، بر می آید. از نظر قانونی این کنوانسیون اولین سند چند جانبه لازم الاجرا مربوط به حمایت از اقلیت های ملی بطور عام می باشد و جامع ترین سند شورای اروپا در این حوزه است. دولتها برای اجرای اصول مندرج در کنوانسیون تعهداتی را از طریق اقدامات قانون ملی و سیاست های دولتی بر عهده گرفته اند.

منشور اجتماعی اروپا[89]
این منشور حقوق بشر اجتماعی و اقتصادی را بر اساس اصل کلی عدم تبعیض تضمین می کند و از این رو کامل کننده حمایت از حقوق مدنی – سیاسی مقرر شده توسط شورای اروپایی حقوق بشر می باشد. این نهاد اولین بار در 1961 پذیرفته شد و در 1996 در جهت افزایش و تقویت حمایت مقرر شده توسط منشور 1966 اصلاح شد. یک **مکانیزم نظارتی** بر اساس گزارش های سالانه دولتهای متعاهد در خصوص اجرای منشور در قانون و عمل تأسیس شده است.

مکانیزم نظارتی این سیستم اروپایی به شرح زیر می تواند خلاصه شود :

---

[85] - کنوانسیون حمایت از حقوق بشر و آزادی های اساسی (213 UNTS 221)مصوب 4 نوامبر 1950 که در تاریخ سوم سپتامبر 1953 به مرحله اجرا در آمد.

[86] - پروتکل شماره 14 کنوانسیون حمایت از حقوق بش و آزادیهای اساسی

[87] - کنوانسیون اروپایی منع شکنجه و رفتارها یا مجازات های غیرانسانی و تحقیرآمیز، بشماره ,1987 H(87)4 E.T.S. 126،مصوب 26 نوامبر 1987 که در تاریخ اول فوریه 1989 به اجرادرآمد بعلاوه دو پروتکل آن مصوب چهارم نوامبر 1993 که در تاریخ اول مارس 2002 به اجرا درآمد.

[88] - چهارچوبه کنوانسیون حمایت از اقلیت های ملی مصوب اول فوریه 1995 که بتاریخ اول فوریه 1998 لازم الاجراشد.

[89] - منشور اجتماعی اروپا مصوب 18 اکتبر 1961 که بتاریخ 26 فوریه 1965 به اجرادرآمد و بتاریخ سوم می 1996 بازنگری و دراول ژوئیه 1999 لازم الاجرا شد.

(a) European Court of Human Rights

The Court, set up by the 1950 ECHR, is considered presently the most advanced and effective international adjudicative mechanism for the enforcement of human rights. To consider cases the Court sits in Committees, Chambers and the Grand Chamber, depending of the seriousness of the case.[90] The Court functions in an **adjudicatory** and **advisory capacity** and its jurisdiction is mandatory and encompasses all matters concerning the interpretation and application of the ECHR and its protocols.[91]

In its **adjudicatory capacity**, the Court may receive applications either from States **(inter-State cases)** or from any person, non-governmental organization or group of individuals **(individual applications)**[92] whose rights have been violated by any of the ECHR Member States.[93] The individual petition, once lodged, must pass the **admissibility test**,[94] where the principle of effective and adequate **exhaustion of domestic remedies** applies, before the Court deals with a matter; also the Court dismisses applications where the matter has already been examined by the Court in the past or has been submitted to another procedure of international investigation or settlement and contains no new information. The **procedure on the merits**[95] is adversarial and public, unless the Chamber or Grand Chamber decides not to hold public hearings in exceptional circumstances. The State of nationality of the applicant has the right to intervene and also any contracting State or person concerned that is not party to the proceedings may submit written comments and in some cases make representations at the hearing. Chambers decide by majority vote, and a judge who participated in the consideration is entitled to attach his separate opinion, concurring or dissenting, or a statement of dissent to the judgment. If the Court finds a violation it may award just satisfaction in the form of monetary or non-monetary damages. The judgment of the Chamber becomes final after expiry of a three-month period from the delivery of the Chamber's judgment or earlier if the parties declare they have no intention to refer to the Grand Chamber.[96] All final judgments of the Court are binding upon the States concerned, and their execution is monitored and supervised by the Committee of Ministers, which makes sure that the State against which a violation is found has taken the adequate remedies to comply with the obligations arising from the Court's decision.[97] Even if implementation of the Court's judgments greatly depends on State action and political pressure, the jurisprudence of the Court has a significant impact upon the human rights situation in Europe because States, with very few exceptions, tend to comply with it and introduce amendments to their national laws and policies.

---

[90] ECHR Articles 26–31 and 2006 Rules of the Court.

[91] ECHR Articles 32–34 and 48–49.

[92] Protocol No 9 to the Convention for the Protection of Human Rights and Fundamental Freedoms (adopted 6 November 1990, entered into force on 1 October 1994).

[93] Protocol No 11 to the Convention for the Protection of Human Rights and Fundamental Freedoms, restructuring the control machinery established thereby (adopted 11 May 1994, entered into force 1 November 1998. Before entry into force of Protocol 11 individuals did not have direct access to the European Court of Human Rights; they had to apply to the European Commission of Human Rights, which examined the application and if it considered it well-founded, it would then forward the case to the Court on the individual's behalf.

[94] ECHR Article 35 and 2006 Rules of the Court, Rules 51–57.

[95] ECHR Articles 36–41 and 2006 Rules of the Court, Rules 58–73.

[96] ECHR Articles 42–45 and 2006 Rules of the Court, Rules 74–81.

[97] ECHR Article 46.

دادگاه اروپایی حقوق بشر

این دادگاه که توسط کنوانسیون حمایت از حقوق بشر و آزادی های اساسی 1950 دایر شده، در حال حاضر به عنوان پیشرفته‌ترین و مؤثرترین مکانیزم بین المللی **قضایی** برای اجرای حقوق بشر شناخته شده است. برای رسیدگی به پرونده ها، بسته به جدیت پرونده[90]، دادگاه در کمیته ها، شعبات و هیأت عالی تشکیل جلسه می دهد. احکام دادگاه در خصوص **صلاحیت رسیدگی قضایی و مشورتی** و هم چنین صلاحیتش الزام آور می باشد و شامل همه موضوعات مربوط به تفسیر و اعمال کنوانسیون حمایت از حقوق بشر و آزادی های اساسی و پروتکل های آن می باشد[91].

در خصوص **صلاحیت قضایی**، دادگاه ممکن است شکایاتی را از کشورها دریافت کند (**پرونده های بین دولتها**) یا از هر شخص یا سازمان غیر دولتی یا گروهی از اشخاص(**موارد فردی**)[92] که حقوق آنها توسط یکی از کشورهای عضو[93] کنوانسیون حمایت ازحقوق بشر و آزادی های اساسی نقض شده است، شکایاتی را دریافت دارد. دادخواست فردی یکبار تسلیم می شود و باید از لحاظ **قابلیت پذیرش**[94] بررسی شود یعنی اصل طی شدن مؤثر و کافی راه حل های داخلی قبل از مراجعه به این دادگاه در رسیدگی به این موضوع اعمال می شود، هم چنین دادگاه درخواستی را رد می کند که موضوع آن قبلاً توسط دادگاه در گذشته بررسی شده است یا به یک مرجع رسیدگی کننده بین المللی دیگر تسلیم شده یا حل و فصل شده و شامل هیچ گونه اطلاعات جدیدی نیست. **رسیدگی در ماهیت**[95] بصورت ترافعی و عمومی است مگر این که در اوضاع و احوال استثنایی، شعبه / هیأت عالی تصمیم بگیرد که جلسه رسیدگی را به صورت عمومی برگزار نکند. دولت متبوع خواهان حق ورود دارد و هم چنین هر دولت متعاهد یا شخص مربوطه که طرف رسیدگی نیست ممکن است نظریات کتبی خود را تسلیم کنند و در برخی پرونده ها در جلسه رسیدگی نمایندگانی داشته باشند. شعبات با اکثریت آراء تصمیم می گیرند و هر قاضی که در رسیدگی مشارکت داشته باشد حق دارد که نظر جداگانه خود را اعم از موافق یا مخالف ضمیمه رأی کند یا اظهار مخالفت با رأی بنماید.اگر دادگاه پی به نقض ببرد ممکن است به جبران خسارت عادلانه مادی یا معنوی حکم دهد. حکم شعبه پس از انقضای یک دوره سه ماهه از زمان تسلیم حکم شعبه نهایی می شود ولی اگر طرفین اعلام کنند که قصد مراجعه به شعبه عالی را ندارند، رأی زودتر نهایی می شود[96]. همه احکام نهایی دادگاه نسبت به کشورهای مربوط لازم الاجرا است و اجرای حکم توسط این کشورها توسط کمیته وزراء مورد بازنگری و نظارت قرار می گیرد تا اطمینان حاصل شود که دولتی که تخلفی علیه او یافت شده اقدامات کافی برای انجام تکالیف ناشی از رأی دادگاه را اتخاذ کرده است.[97] اگر چه اجرای آراء دادگاه بیشتر به اقدام دولتها و فشار سیاسی بستگی دارد، رویه قضایی دادگاه اثر مهمی بر وضعیت حقوق بشر در اروپا داشته است زیرا دولتها، با استثنائات بسیار کم، به انجام تعهدات حقوق بشری شان توجه داشته اند و به اعمال اصلاحات بر قوانین داخلی و سیاست داخلی دست زده‌اند.

---

[90] - مواد 26 تا 31 کنوانسیون حمایت ازحقوق بشر و آزادی های اساسی و 2006 نظامنامه دادگاه.

[91] - مواد 32 تا 34 و مواد 48 و 49 کنوانسیون حمایت ازحقوق بشر و آزادی های اساسی

[92] - پروتکل شماره 9 الحاقی به کنوانسیون حمایت ازحقوق بشر و آزادی های اساسی مصوب ششم نوامبر 1990 که درتاریخ اول اکتبر 1994 لازم الاجرا شد.

[93] - پروتکل شماره 11 الحاقی کنوانسیون حمایت ازحقوق بشر و آزادی های اساسی، بازنگری کنترل سازمانی مقرر ازتاریخ 11 می 1994، که درتاریخ اول نوامبر 1998 به مرحله اجرا درآمد. قبل ازبه اجرادرآمدن پروتکل شماره 11، اشخاص دسترسی مستقیم به دادگاه اروپایی حقوق بشر نداشتند؛ اینان بایستی به کمیسیون اروپایی حقوق بشر مراجعه نمایند و این مرجع درخواست را بررسی و اگرآن را موجه می دانست آن را به دادگاه ازطرف اشخاص ارجاع می نمود.

[94] - ماده 35 کنوانسیون حمایت ازحقوق بشر و آزادی های اساسی و قواعد 51 تا 57 نظامنامه دادگاه

[95] - مواد 36 تا 41 کنوانسیون حمایت ازحقوق بشر و آزادی های اساسی و قواعد 58 تا 73 نظامنامه دادگاه

[96] - مواد 42 تا 45 کنوانسیون حمایت ازحقوق بشر و آزادی های اساسی و قواعد 74 تا 81 نظامنامه دادگاه

[97] - ماده 46 کنوانسیون حمایت ازحقوق بشر و آزادی های اساسی

In its **advisory capacity**, the Court, at the request of the Committee of Ministers, delivers advisory opinions on legal questions related to the interpretation of the ECHR and its protocols.[98]

(b) The Committee on the Prevention of Torture (CPT)

Established under the 1987 European Convention for the Prevention of Torture and Inhuman and Degrading Treatment or Punishment, the Committee is composed of independent experts and has the mandate to 'examine, by means of visits, the treatment of persons deprived of their liberty with a view to strengthening, if necessary, the protection of such persons from torture and from inhuman or degrading treatment or punishment'.[99] This system of visits constitutes a **non-judicial preventive machinery** to protect persons deprived of their liberty by a public authority, such as prisons and juvenile detention centres, police stations, holding centres for immigrant detainees and psychiatric hospitals, and observes the treatment of the persons deprived of their liberty. The State concerned receives notification of the envisaged visit without specification of the date. States are obliged to provide the CPT with unlimited access to any place of detention, including the right to move inside such places without restriction. The CPT may also carry out interviews with private persons deprived of their liberty and communicate freely with anyone whom it believes can supply relevant information. The reports and detailed recommendations, which are kept confidential unless the government decides to make them public, are sent to the government.

(c) The European Committee on Social Rights

This Committee is established by the European Social Charter with the mandate to monitor whether Member States make efforts to meet their obligations under the Charter. States submit yearly reports on domestic law and practice concerning the Charter implementation, and after examining them the Committee decides whether domestic policies, laws and practices comply with the Charter. Also, a **collective complaints procedure** allows social partners and non-governmental organizations to lodge collective complaints of Charter violations in States that have ratified it.[100] Further to the reports evaluation and the collective complaints outcome, the Committee of Ministers delivers recommendations to State Parties for legal and policy changes.

(d) The Advisory Committee on the Framework Convention for the Protection of National Minorities

Under the Framework Convention for the Protection of National Minorities, [101] this Committee has the task, together with the Committee of Ministers, to evaluate the implementation of the Convention by the Member States. Upon ratification of the Convention, every State must submit a report, and consequently every five years. The Committee examines the reports and delivers opinions, on the basis of which the Committee of Ministers takes the final decision, the 'conclusions', on the adequacy of the measures taken by the State.

---

[98] Protocol No 2 to the Convention for the Protection of Human Rights and Fundamental Freedoms, conferring upon the European Court of Human Rights competence to give advisory opinions (adopted 6 May 1963, entered into force 21 September 1970); ECHR Article 47; and 2006 Rules of the Court, Rules 82–90.

[99] European Convention for the Prevention of Torture and Inhuman or Degrading Treatment or Punishment, Article 1.

[100] Additional Protocol to the European Social Charter (adopted 5 May 1988, entered into force 1 April 1995).

[101] Framework Convention for the Protection of National Minorities Article 26.

در خصوص **صلاحیت مشورتی**، دادگاه بنا به درخواست کمیته وزرا نظریات مشورتی در خصوص موضوعات حقوقی مربوط به تفسیر کنوانسیون حمایت ازحقوق بشر و آزادی های اساسی و پروتکل های آن ارائه دهد[98].

کمیته منع شکنجه،
این **کمیته** که بر اساس کنوانسیون اروپایی منع شکنجه و رفتارها و مجازاتهای غیر انسانی و تحقیرآمیز 1987 تشکیل شده است، متشکل از کارشناسان مستقل است و وظیفه آن « رسیدگی به وضعیت اشخاصی که از آزادی شان محروم شده اند، با بازدید ازمحل (بازداشتگاه)، به منظورافزایش توانمندی آنها، اگر حمایت از چنین اشخاصی در برابر شکنجه و مجازاتها و رفتارهای غیرانسانی و تحقیر آمیز لازم باشد»، است[99].
این سیستم بازدیدها، یک **مکانیزم بازدارنده غیرقضایی** را برای حمایت از اشخاصی که بواسطه مراجع عمومی از آزادی شان محروم شده اند از قبیل بازدید از زندانها، مراکز نگهداری جوانان، مراکز پلیس، مراکز نگهداری زندانیان مهاجر و بیمارستان های روانی فراهم می کند و رفتار با اشخاصی را که از آزادی شان محروم شده اند مورد ملاحظه قرار می دهد. دولت مربوطه یک اخطار در خصوص بازدید پیش بینی شده بدون تعیین تاریخ دریافت می کند. دولتها به فراهم کردن امکان دسترسی نامحدود به هر بازداشتگاهی برای کمیته منع شکنجه موظف می باشند که شامل حق جرکت بدون محدودیت در چنین مکانهایی نیز می شود. کمیته هم چنین می تواند مصاحباتی را با اشخاص محروم از آزادی انجام دهد و آزادانه با هر شخصی که معتقد است می تواند اطلاعات مربوطه را ارائه دهد، ارتباط برقرار کند. گزارشها و توصیه های مشروح که محرمانه نگهداری می شوند، مگر این که دولت مربوطه به انتشار آنها تصمیم بگیرد، به دولت فرستاده می شوند.

کمیته اروپایی در خصوص حقوق اجتماعی
این کمیته توسط منشور اجتماعی اروپا ایجاد شده است تا بر دولتهای عضو نظارت کند که آیا آنان درجهت انجام تعهداتشان در چارچوب منشور تلاش می کنند یا خیر. دولتها سالانه گزارش هایی از قانون و رویه داخلی مربوط به اجرای منشور را ارائه می دهند. پس از بررسی این گزارشها، کمیته تصمیم می گیرد که آیا ادارات، قوانین و رویه داخلی منشور را اجرا کرده اند یا خیر. هم چنین **آئین نامه رسیدگی به شکایات دسته جمعی** به گروههای اجتماعی و سازمانهای غیردولتی اجازه می دهد تا به طرح شکایات دسته جمعی در خصوص نقض منشور در کشورهایی که منشور را تصویب کرده اند، اقدام نمایند[100].علاوه بر ارزیابی گزارشها و نتایج و شکایات دسته جمعی، کمیته وزراء توصیه هایی را در خصوص تغییرات سیاسی و قانونی به کشورهای متعاهد ارائه می کند.

کمیته مشورتی در چارچوب کنوانسیون حمایت از اقلیت های ملی
این کمیته در کنار کمیته وزیران طبق کنوانسیون حمایت از اقلیت های ملی[101] موظف به ارزیابی عملکرد دولتها نسبت به کنوانسیون می باشد. پس از تصویب کنوانسیون، هر کشوری باید یک گزارش ارائه دهد و در هر 5 سال یکبار نیز باید گزارش دوره را ارائه کند.کمیته گزارشها را بررسی می کند و نظریاتی را ارئه می دهد که برمبنای آنها کمیته وزیران تصمیم نهایی را اتخاذ می نماید: « نتایجی» که به تناسب اقدامات اتخاذ شده توسط دولت اتخاذ می شوند.

---

[98] - پروتکل شماره دوم الحاقی به کنوانسیون حمایت ازحقوق بشر و آزادی های اساسی، درخصوص اعطای صلاحیت نظرمشورتی به دادگاه اروپایی حقوق بشر، مصوب ششم می 1963 که درتاریخ 21 سپتامبر 1970 به اجرادرآمد؛ ماده 47 کنوانسیون حمایت ازحقوق بشر و آزادی های اساسی و قواعد 82 تا 90 نظامنامه دادگاه.
[99] - ماده اول کنوانسیون اردوپایی منع شکنجه و رفتارها یا مجازات های غیرانسانی و تحقیرآمیز
[100] - پروتکل اضافی منشوراجتماعی اروپایی مصوب 5 م 1988i که بتاریخ اول آوریل 1995 به مرحله اجرا درآمد.
[101] - ماده 26 چهارچوب کنواسیون حمایت ازاقلیت های ملی

B. The Organization of American States (OAS)

The **Organization of American States** is the oldest regional organization tracing its origins to the Union of American Republics in the first decade of the 20th century. In its present form, the OAS was established with the entry into force of the **1948 Charter of the Organization of African States.**[102] As of 2006, the OAS consists of 35 Member States from North, Central and South America and the Caribbean.[103]

The States of the OAS have set the following as their **objectives**: to strengthen their collaboration on peace and security; to promote and consolidate democracy; to cooperate for economic, social and cultural development; and to combat poverty.[104] In this context the promotion of human rights values constitutes one of the OAS key areas of activity.[105]

The OAS is based in Washington DC, and its **organizational bodies** are:[106]

(a) The **General Assembly**
(b) The **Meeting of Consultation of Ministers of Foreign Affairs**
(c) The **Permanent Council**
(d) The **Inter-American Council for Integral Development (CIDI)**
(e) The **Inter-American Juridical Committee**
(f) The **Inter-American Commission on Human Rights**
(g) The **OAS General Secretariat**

The work of these bodies is further complemented by a number of **Specialized Conferences** and **Specialized Organizations.**[107]

The **inter-American human rights system** is based on two distinct pillars: the OAS Charter and the American Convention on Human Rights.[108] The OAS Charter created the Inter-American Commission of Human Rights, and the American Convention on Human Rights created the Inter-American Court of Human Rights. The two institutions have a different history and different powers depending on their constitutive treaty. Through the application of regional human rights law, these two bodies provide recourse to peoples in the Americas who have suffered violations of their rights by the State.

The following **human rights instruments** within the inter-American system are distinguished here:

1. American Declaration of the Rights and Duties of Man (ADRDM)[109]

The declaration was approved at the time of adoption of the OAS Charter. It is a catalogue of civil, political, economic, social and cultural rights. Its Preamble contains a general recognition of the equality of men, of the need for the rights to be enforced not only

---

[102] Charter of the Organization of American States (signed in Bogotá on 30 April 1948) (1948) 2 UST 2394; amended by the Protocol of Buenos Aires in 1967, by the Protocol of Cartagena de Indias in 1985, by the Protocol of Washington in 1992, and by the Protocol of Managua in 1993.

[103] Thirty-four countries are active members, as the participation of the Government of Cuba has been suspended since 1962.

[104] OAS Charter Articles 1–2.

[105] OAS Charter Article 3l.

[106] OAS Charter Articles 53–121.

[107] OAS Charter Articles 122–23 and 124–30 respectively.

[108] American Convention on Human Rights (22 November 1969) 9 ILM 673.

[109] American Declaration of the Rights and Duties of Man (Bogotá, Colombia, 1948) OAS Res XXX, adopted by the Ninth International Conference of American States (1948), AG/RES.1591 (XXVIII-0/98).

ب - سازمان کشورهای آمریکایی

قدیمی ترین سازمان منطقه ای است که ریشه آن به اتحادیه جمهوری های آمریکایی در دهه اول قرن بیستم برمی گردد. این سازمان در شکل فعلی اش با لازم الاجرا شدن منشور سازمان دولتهای آمریکایی[102] در 1948 تأسیس شده است. تا سال 2006 این سازمان دارای 35 عضو از آمریکای شمالی، مرکزی و جنوبی وکارائیب بوده است[103].

دولتهای عضو این سازمان اهدافی را تنظیم کرده اند که عبارتند از : افزایش قدرت مشارکت آنها در صلح و امنیت، ترویج و تحکیم دموکراسی، همکاری برای توسعه اقتصادی، اجتماعی و فرهنگی و مبارزه با فقر[104]. در این زمینه، ترویج ارزشهای حقوق بشری یکی از حوزه های کلیدی فعالیتهای این سازمان می باشد[105].

مرکز این سازمان در شهر واشنگتن است و **ارکان سازمانی** آن عبارتند از[106]:

- **مجمع عمومی**
- **اجلاس مشورتی وزیران امور خارجه**
- **شورای دائمی**
- **شورای آمریکایی برای توسعه کامل**
- **کمیته قضایی بین آمریکایی**
- **کمیسیون آمریکایی حقوق بشر**
- **دبیرخانه عمومی سازمان کشورهای آمریکایی**

کار این ارکان توسط تعدادی از کنفرانسهای تخصصی و سازمانهای تخصصی تکمیل می شود[107].

سیستم حقوق بشری آمریکایی بر دو پایه استوار است : منشور سازمان دولتهای آمریکایی و کنوانسیون آمریکایی حقوق بشر[108]. منشور سازمان کشورهای آمریکایی کمیسیون آمریکایی حقوق بشر را ایجاد کرد و کنوانسیون آمریکایی حقوق بشر دادگاه بین آمریکایی حقوق بشر را ایجاد نمود. این دو نهاد، بسته به معاهده مؤسس آنها دارای تاریخ و اختیارات متفاوتی هستند.

این دو رکن از طریق اعمال قواعد حقوق بشر منطقه ای، امکان مراجعه به مردم آمریکا را که از نقض حقوقشان توسط دولت رنج می برند فراهم می کنند.

اسناد حقوق بشری برجسته در چارچوب سیستم میان آمریکایی در ذیل آمده اند :

اعلامیه آمریکایی حقوق و تکالیف انسان[109]

این اعلامیه در زمان پذیرش منشور سازمان کشورهای آمریکایی تصویب شد. این اعلامیه مجموعه‌ای از حقوق مدنی، سیاسی، اقتصادی، اجتماعی و فرهنگی است. مقدمه این اعلامیه در بردارنده یک شناسایی کلی در خصوص برابری میان انسانها،

---

102 - منشور سازمان کشورهای آمریکایی که بتاریخ 30 آوریل 1948 دربوتوگا امضا شد تحت شماره 2 U.S.T. 2394 و توسط پروتکل بوینس آیرس در سال 1967، پروتکل کارتاگنا دواندیا در سال 1985، پروتکل واشنگتن درسال 1992 و پروتکل ماناگوا درسال 1993 اصلاح شد.

103 - سی و چهار کشورعضو فعال هستند ازآنجا که عضویت دولت کوبا ازسال 1962 معلق شده است.

104 - ماده اول و دوم منشورسازمان کشورهای آمریکایی

105 - ماده 31 منشور سازمان کشورهای آمریکایی

106 - ماده 53 تا 121 منشور سازمان کشورهای آمریکایی

107 - بترتیب مواد 122 الی 130 منشور سازمان کشورهای آمریکایی

108 - کنوانسیون آمریکایی حقوق بشر مصوب 22 نوامبر 1969 بشماره 9 I.L.M. 673

109 - اعلامیه آمریکایی حقوق و تکالیف انسان، بوتگا، کولومبیا، 1948 O.A.S. Res. XXX، مصوب نهمین کنفرانس بین المللی کشورهای آمریکایی (1948) بشماره (XXVIII-0/98)

vertically but also horizontally, ie with regard to individuals as violators and holders of duties, and of a general duty to protect 'culture'. The Declaration is unique because apart of enumerating traditional human rights, it imposes obligations on individuals towards the State, such as the duty to aid and support children, the duty to vote and obey the law and the duty to work and pay taxes. However, the Declaration's provisions regarding the 'duties of man' are not conditions or restrictions to the realization of individual rights: although the fulfilment of duties by each individual is a prerequisite to the rights of all,[110] States are not authorized to deprive individuals of their rights based on non-compliance with their human duties. Despite the originally non-binding character of the Declaration, both the Inter-American Court[111] and the Inter-American Commission on Human Rights[112] consider the American Declaration a source of international obligations for all OAS Member States.

2. American Convention on Human Rights (ACHR or Pact of San José) and its Additional Protocols[113]

The 1978 Convention made the Commission more effective, created the Court and changed the legal nature of instruments upon which the system's institutional structure is based. It thus strengthened the institutional framework of the system and also spelled out rights and freedoms to be protected, placing the focus on civil and political rights. The **1988 Protocol of San Salvador** addressed economic, social and cultural rights, the realization of which, contrary to civil and political rights, is subject to the resources available to the States and their degree of development (principle of progressiveness).[114] Also, the Protocol of San Salvador creates a mechanism for submission and analysis of periodic reports but confers the Commission and the Court power to examine through individual petitions only two of the rights it protects: the freedom of organization and/or participation in trade unions and the right to education.[115] Finally, the **1990 Protocol to the American Convention on Human Rights to Abolish the Death Penalty**[116] unconditionally proscribes capital punishment.

3. Inter-American Convention to Prevent and Punish Torture[117]

According to the Convention, 'torture' is understood as any act that intentionally causes severe physical and mental pain and suffering; it also includes 'the use of methods upon a person with the purpose to obliterate the personality of the victim or to diminish his physical

---

110 ibid Preamble.

111 See Interpretation of the American Declaration of the Rights and Duties of Man within the Framework of Article 64 of the American Convention on Human Rights IACtHR, Advisory Opinion OC-10/89 (14 July 1989) Series A No 10 (1989) para 43.

112 See, inter alia, ACHR, Report Nº 87/98, Oscar Vila Masot, Case 11.216 (Venezuela), para 4 OEA/Ser.L/V/II.102 Doc 6 rev 16 April 1999. Chapter III.2.c.

113 American Convention on Human Rights (Pact of San José) Belilos v Switzerland (adopted 21 November 1969, entered into force 18 July 1978) OAS Treaty Series No 36, OAS Off Rec OEA/Ser.L/V/11.23, doc 21, rev 6 (1979); Additional Protocol to the American Convention on Human Rights in the Area of Economic Social and Cultural Rights (Pact of San Salvador) (adopted 17 November 1988, entered into force 16 November 1999); Protocol to the American Convention on Human Rights to Abolish the Death Penalty (adopted 8 June 1990) OAS Treaty Series, No 36 (B-32), OEA/Ser.L.V/II.82 doc 6 rev 1, 67 (1992).

114 Protocol of San Salvador, Article 1. See also ACHR Article 26.

115 Protocol of San Salvador Article 19.6.

116 OAS Treaty Series, No 73 (A-53).

117 The Inter-American Convention to Prevent and Punish Torture (adopted 9 December 1985, entered into force on 28 February 1987) OAS Treaty Series 67, UNGA Doc OEA/Ser P, AG/doc 2023/85 rev I (1986).

ضرورت اجرای حقوق نه صرفاً بطور عمودی بلکه اجرای آن بصورت افقی یعنی به اشخاص نیز به عنوان متخلفین و متکلفین توجه شود و وظیفه عمومی حمایت از فرهنگ می باشد. این اعلامیه منحصر به فرد است زیرا جدای از حقوق بشر سنتی، تعهداتی را برای اشخاص نیز در برابر دولت ایجاد می کند از قبیل تکلیف کمک و حمایت از کودکان، تکلیف به رأی دادن و تبعیت از قانون، تکلیف به کار کردن و پرداخت مالیات ها . بااین حال مقررات این اعلامیه درخصوص «تکالیف اشخاص» برای تحقق حقوق افراد شروط یا محدودیتهایی فراهم نمی کند: اگرچه انجام تکالیف توسط هر فرد پیش نیاز تحقق حقوق همه افراد است[110] لیکن دولتها مجاز نیستند که اشخاص را بدین دلیل که آنان به تکالیف بشری شان عمل نکرده‌اند ازحقوقشان محروم نمایند. علی رغم خصیصه اصلی غیر الزامی بودن اعلامیه، هم دادگاه آمریکایی[111] و هم کمیسیون آمریکایی حقوق بشر[112] اعلامیه آمریکایی را یکی از منابع تعهدات بین المللی برای همه کشورهای عضو سازمان کشورهای آمریکایی می‌شناسند.

کنوانسیون آمریکایی حقوق بشر (یا قرار داد سن حوزه) و پروتکل های الحاقی آن[113].

کنوانسیون 1978 کمیسیون را مؤثرتر می کند، دادگاه ایجاد می کند و ماهیت قانونی اسناد را بر اساس ساختارتأسیسی سیستم تغییر می دهد. از این رو کنوانسیون چارچوب تأسیسی سیستم را تقویت می کند و هم چنین حقوق و آزادی هایی را که باید حمایت شوند شرح می دهد و بر حقوق مدنی و سیاسی تمرکز می کند. **پروتکل سان سالوادور** 1988 درصدد توجه به حقوق اقتصادی، اجتماعی و فرهنگی است که تحقق آنها،برعکس حقوق مدنی سیاسی، بسته به منابع در دسترس دولتها و درجه توسعه آنها است (اصل پیش‌رفت)[114]. هم چنین پروتکل سان سالوادور یک نظام ارائه و تحلیل گزارش های دوره ای را ایجاد می کند اما به کمیسیون و دادگاه صرفاً در مورد دوحق مورد حمایت اختیار رسیدگی را از طریق دادخواست های فردی ، اعطا می کند : آزادی تشکیلات و مشارکت در اتحادیه های تجاری و حق بر آموزش[115]. و بالاخره، **پروتکل کنوانسیون آمریکایی منسوخ کردن مجازات اعدام مصوب 1990**[116] بصورت غیرمشروط مجازات اعدام را ممنوع می کند.

کنوانسیون قاره‌ای آمریکا برای جلوگیری از، و مجازات شکنجه[117]

بنا بر این میثاق، از "شکنجه" هر عملی مفهوم می‌شود که درد و رنج شدید جسمی و روانی را باعث شود، هم‌چنین شکنجه "کاربرد روش‌هایی بر فرد" را شامل می‌شود که "به منظور سلب شخصیت قربانی یا تضعیف توانایی‌های جسمی یا روانی او، حتی

---

110 - همان منبع، مقدمه

111 - نظر مشورتی C-10/89 مورخ 14 ژوئیه 1989 شماره (1989)10 پاراگراف 43 درخصوص تفسیر اعلامیه آمریکایی حقوق و تکالیف انسان با توجه به ساختار ماده 64 کنوانسیون آمریکایی حقوق بشر

112 - مراجعه شود به:

Inter alia ACHR, Report Nº 87/98, Oscar Vila Masot, Case 11.216 (Venezuela), para.4 OEA/Ser.L/V/II.102 Doc. 6 rev. April 16, 1999. Chapter III.2.c.

113 - کنوانسیون آمریکایی حقوق بشر (پیمان سن خوزه) مصوب 21 نوامبر 1969 بشماره:

O.A.S.T.S. 36, O.A.S. Off. Rec. OEA/Ser.L/V/11.23, doc.21, rev.6 (1979)

که در تاریخ 18 ژوئیه 1978 به اجرادرآمد، پروتکل اضافی به کنوانسیون آمریکایی حقوق بشر درزمینه حقوق اقتصادی، اجتماعی و فرهنگی (پیمان سن سالوادور) مصوب 17 نوامبر 1988 که درتاریخ 16 نوامبر 1999 لازم الاجراشد و پروتکل کنوانسیون آمریکایی حقوق بشر دررابطه با نسخ مجازات اعدام مصوب 8 ژوئن.

114 - ماده اول پروتکل سن سالوادور و همچنین ماده 26 کنوانسیون آمریکایی حقوق بشر

115 - ماده 19.6 پروتکل سن سالوادور

116 - مجموعه معاهدات ایالات متحده آمریکا، شماره 73 (الف – 53)

117 - کنوانسیون آمریکایی برای جلوگیری و مجازات شکنجه (9 دسامبر 1985) بشماره OASTS 67, UNGA Doc OEA/Ser.P, AG/doc.2023/85 rev. I (1986) که درتاریخ 28 فوریه 1987 لازم الاجراشد.

or mental capacities, even without causing physical pain or mental anguish'.[118] This definition is stricter and broader than the definition of the UN Convention against Torture and Other Cruel, Inhuman or Degrading Treatment, illustrating the role regional human rights systems play in a given region by raising human rights standards beyond the universal protection levels. The ban of torture is **non-derogable**, meaning that obedience to superior orders or exceptional circumstances cannot justify the practice of torture.[119] Finally, the Convention sets provisions to ensure jurisdiction by the State where the violation was perpetrated, the State of nationality of the alleged perpetrator or of the victim, or the State where the alleged perpetrator is found **(extraditable offence)**.[120]

4. Inter-American Convention on Forced Disappearance of Persons[121]

This is the first human rights treaty to ban the practice of forced disappearance of persons, defined as

> the act of depriving a person or persons of his or their freedom, in whatever way, perpetrated by agents of the state or by persons or groups of persons acting with the authorization, support, or acquiescence of the state, followed by an absence of information or a refusal to acknowledge that deprivation of freedom or to give information on the whereabouts of that person, thereby impeding his or her recourse to the applicable legal remedies and procedural guarantees.[122]

The Convention declares the systematic practice of forced disappearance of persons a crime against humanity.

5. The Inter-American Convention on the Prevention, Punishment and Eradication of Violence against Women (Convention of Belém do Pará)[123]

This instrument establishes a detailed definition of violence against women, including physical, sexual and psychological harm or suffering. It covers acts of violence against women 'whether in the public or the private sphere', thus including violence against women perpetrated not only by agents of the State, but also within family or domestic circles, in the workplace, or in private educational or health institutions, etc.[124] The scope of the Convention is extended beyond the right of every woman to be free from violence and encompasses the right of women to enjoy all human rights and freedoms embodied in regional and international human rights instruments, and to freely and fully exercise her civil, political, social, economic, social and cultural rights.[125] States are required to submit annual reports to the **Inter-American Commission of Women**. Furthermore, the advisory option of the Inter-American Court of Human Rights may be sought or individual petitions may be lodged before the Inter-American Commission on Human Rights.[126]

---

[118] Inter-American Convention to Prevent and Punish Torture Article 2.

[119] ibid Articles 4 and 5.

[120] ibid Article 11 et seq.

[121] Inter-American Convention on Forced Disappearance of Persons (adopted 9 June 1994, entered into force 28 March 1996).

[122] Inter-American Convention on Forced Disappearance of Persons, Article II.

[123] Inter-American Convention on the Prevention, Punishment and Eradication of Violence against Women (Convention of Belém do Pará) (adopted 9 June 1994, entered into force 5 March 1995).

[124] Convention of Belém do Pará Articles 1–2.

[125] Convention of Belém do Pará Articles 3–6.

[126] Convention of Belém do Pará Articles 10–12.

بدون ایجاد درد جسمی یا اضطراب روانی" اعمال می‌گردد[118]. این تعریف از تعریف "میثاق سازمان ملل علیه شکنجه یا سایر رفتارهای بی‌رحمانه، غیر انسانی یا تحقیرآمیز" محدودتر و وسیع‌تر است و نقشی را که نظام‌های حقوق بشری منطقه‌ای در هر منطقه از طریق بالا بردن استانداردهای حقوق بشری ورای سطوح تعیین شده جهانی ایفا می‌کنند به نمایش می‌گذارد. ممنوعیت شکنجه فسخ‌ناکردنی است، به این معنا که فرمانبرداری از دستور مافوق یا شرایط استثنایی نمی‌تواند کاربرد شکنجه را توجیه کند[119] و بالاخره آنکه این میثاق مقرراتی را برای تأمین این امر وضع کرده است که کشور محل ارتکاب این تخلف، کشور متبوع قربانی یا فرد متهم به ارتکاب، یا کشوری که متهم به ارتکاب در آن‌جا پیدا شود، همه صلاحیت قضایی تعقیب و مجازات را داشته باشند (جرم قابل استرداد)[120].

کنوانسیون قاره‌ای آمریکا در مورد ناپدیدشدن اجباری افراد[121]

این اولین قرارداد حقوق بشری است که ناپدیدشدن اجباری افراد را به تعریف زیر منع کرده است:

> عمل سلب آزادی فرد یا افراد به هر شکل و ارتکاب آن به وسیله مأموران حکومتی یا افراد یا گروه‌هایی که با اجازه، حمایت، یا موافقت حکومت به این کار دست بزنند و به دنبال آن، فقدان اطلاعات یا خودداری از تأیید سلب آزادی یا اطلاع دادن در مورد محل نگهداری آن فرد و از این طریق ایجاد مانع در دسترسی او به امکانات قانونی و تضمین‌های دادرسی.[122]

این میثاق، عمل نظام‌یافته ناپدیدشدن اجباری افراد را یک جنایت ضد بشری شناخته است.

کنوانسیون قاره‌ای آمریکا در باره جلوگیری، مجازات و محو خشونت علیه زنان (کنوانسیون بلم دو پارا)[123]

این میثاق تعریف مفصلی از خشونت علیه زنان، از جمله صدمه یا رنج جسمی، جنسی و روانی را به دست می‌دهد. میثاق رفتارهای خشونت‌بار علیه زنان را "اعم از محیط عمومی یا خصوصی" در بر می‌گیرد و در نتیجه خشونت‌های ارتکابی علیه زنان را نه فقط از سوی عوامل حکومتی و بلکه در محیط‌های فامیلی یا خانوادگی، یا نهادهای آموزشی یا بهداشتی و غیره نیز شامل می‌شود[124]. دامنه شمول این میثاق از حق هر زن برای آزادی از خشونت فراتر می‌رود و حق زنان برای بهره‌گیری از همه حقوق بشری و آزادی‌هایی که در قراردادهای منطقه‌ای و بین‌المللی حقوق بشر آمده است و حق کامل اعمال حقوق مدنی، سیاسی، اجتماعی، اقتصادی و فرهنگی آنان را در بر می‌گیرد[125]. حکومت‌ها موظفند که گزارش سالیانه‌ای به **کمیسیون زنان قاره‌ای آمریکا** ارائه کنند. علاوه بر این، می‌توان از گزینه مشورتی دادگاه حقوق بشر قاره‌ای آمریکا بهره گرفت یا به کمیسیون حقوق بشر قاره‌ای آمریکا عرض‌حال داد[126].

---

[118] - ماده دوم کنوانسیون آمریکایی برای منع و مجازات شکنجه

[119] - منبع پیشین، مواد 4 و 5

[120] - منبع پیشین، مواد 11 به بعد

[121] کنوانسیون قاره ای آمریکا درمورد ناپدید شدن اجباری افراد

[122] - ماده دوم کنوانسیون قاره ای آمریکا درمورد ناپدید شدن اجباری افراد

[123] - کنوانسیون قاره ای آمریکا درباره جلوگیری، مجازات و محو خشونت علی زنان (کنوانسیون بلم دو پارا) (9 ژوئن 1994 که درتاریخ 5 مارس 1995 لازم الاجراشد)

[124] - ماده اول و دوم کنوانسیون بلم دو پارا

[125] - مواد 3 تا 6 کنوانسیون بلم دو پارا

[126] - مواد 10 تا 12 کنوانسیون بلم دو پارا

The **monitoring mechanism** of the Inter-American system may be summarized as follows:

(a) **Inter-American Commission on Human Rights (IACHR)**
The Commission is an autonomous and permanent organ of the OAS. The present form of the Commission is determined by the OAS Charter, as amended by the Protocol of Buenos Aires in 1967,[127] and its functions in promoting and defending human rights are detailed in the 1969 ACHR,[128] the Statute of the Commission[129] and the Rules of Procedure.[130] The Commission holds regular meetings twice a year and special and extraordinary meetings whenever necessary.[131] Its headquarters are in Washington DC, but it can meet in any American state.

The main function of the Commission is to promote respect for and the defence of human rights. It accomplishes its function through two main tasks: carrying out **onsite visits** and **reports** and processing **individual petitions**. Moreover, the Commission's tasks involve: **dissemination of information and knowledge** regarding human rights in the Americas, by conducting and publishing studies and organizing events; **recommendations for the adoption of measures** from the OAS members contributing to human rights protection and also for the adoption of specific 'precautionary measures' to avoid serious and irreparable harm to human rights in urgent cases; **submission of cases to the Court**; requesting advisory opinions from the Court in matters of interpretation of the ACHR; or requesting that the Court order 'provisional measures' in urgent cases which involve danger to persons, even where a case has not yet been submitted to the Court.

More analytically, the **individual complaints**[132] must concern alleged violation(s) of human rights recognized in the American Declaration (against States which are not parties to the ACHR) and the ACHR and related Protocols (against States Parties to the ACHR). The admissibility of the petition depends on the exhaustion of domestic remedies. Also, if the same matter is pending settlement or otherwise essentially duplicates another petition to the Commission or another international governmental organization of which the State concerned is a member, the petition will not be considered. Before processing the case, the Commission explores the **friendly settlement** between the petitioner and the State. Sometimes it carries out onsite investigation. If a violation is found, the **preliminary report on the merits** is sent to the violating State with recommendations to remedy the violation. If the State does not follow the recommendations within the set deadline, the Commission has the option to publish its **final report**, with its opinion and recommendations, or take the case to the Inter-American Court of Human Rights, as long as the State involved has accepted the Court's compulsory jurisdiction.

---

[127] OAS Charter Article 106.

[128] ACHR Articles 34–51 and 70–73.

[129] Statute of the Inter-American Commission on Human Rights, Approved by Resolution Nº 447 taken by the General Assembly of the OAS at its ninth regular session, held in La Paz, Bolivia, October 1979.

[130] Rules of Procedure of the Inter-American Commission on Human Rights (approved by the Commission at its 109th special session held from 4 to 8 December 2000, amended at its 116th regular period of sessions, held from 7 to 25 October 2002, at its 118th regular period of sessions, held from 6 to 25 October 2003 and at its 126th regular period of sessions, held from 16 to 27 October 2006).

[131] Statute of the Inter-American Commission on Human Rights, Article 20.

[132] ACHR Articles 48–51 and Rules of Procedure of the Inter-American Commission on Human Rights Articles 26–48.

مکانیزم نظارتی نظام قاره‌ای آمریکا را می‌توان به صورت زیر خلاصه کرد.

کمیسیون آمریکایی حقوق بشر

این کمیسیون نهاد مستقل و دائمی سازمان کشورهای آمریکایی است. شکل فعلی کمیسیون از طریق منشور سازمان کشورهای آمریکایی تعیین و توسط پروتکل بوینس آیرس در 1967[127] اصلاح شده است. وظایف آن در زمینیه ترویج و دفاع از حقوق بشر در کنوانسیون آمریکایی حقوق بشر 1969 [128]،اساسنامه کمیسیون[129] و قواعد آئین دادرسی[130] آن تشریح شده است. کمیسیون جلسات عادی خود را هر دو سال یکبار برگزار می کند و جلسات فوق العاده و خاص را نیز هر زمان که لازم باشد تشکیل می‌دهد[131]. مقر کمیسیون در شهر واشنگتن است اما جلسات می توانند در هر یک از کشورهای عضو تشکیل شود.

اصلی ترین وظیفه کمیسیون ترویج احترام و دفاع از حقوق بشر است. عملکرد کمیسیون از طریق دو وظیفه اصلی اش محقق می شود: انجام **بازدیدهای محلی** و تهیه **گزارش** و رسیدگی به **شکایات فردی**. علاوه بر این وظایف کمیسیون شامل: **منتشر کردن اطلاعات و دانش** در خصوص حقوق بین الملل در آمریکا از طریق انجام مطالعات و نشر آنها و برگزاری مناسبت های خاص، **توصیه جهت اتخاذ اقدامات** توسط اعضا ی سازمان کشورهای آمریکایی در راستای حمایت از حقوق بشر و اقدامات احتیاطی خاص جهت پرهیز از نقض جد ی و غیرقابل جبران حقوق بشر در قضایای فوری، **ارجاع دعاوی به دادگاه**، درخواست نظرات مشورتی از دادگاه در خصوص تفسیر کنوانسیون آمریکایی حقوق بشر یا حتی در مواردی که قضیه هنوز به دادگاه فرستاده نشده، درخواست صدور دستور موقت از دادگاه در موارد خاصی که امکان ایجاد خطر برای افراد وجود دارد.

به شیوه ای تحلیلی تر می توان گفت **شکایات فردی**[132] می بایست در خصوص ادعای نقض حقوق بشر شناسائی شده در اعلامیه های آمریکایی (علیه دولت های غیر عضو کنوانسیون آمریکایی حقوق بشر) و کنوانسیون آمریکایی حقوق بشر و پروتکل های مربوطه (علیه دولت های عضو کنوانسیون آمریکایی حقوق بشر) باشند.

قبول یک دادخواست بستگی به طی شدن راه حل های داخلی دارد. همچنین اگر دادخواستی با موضوع مشابهی معلق مانده یا طرح آن باعث طرح دوباره دادخواست دیگری در کمیسیون یا سازمان بین المللی دولتی که کشور مورد نظر عضو آن است شود، دادخواست مورد بررسی قرار نمی گیرد. قبل از طی مراحل دادرسی، کمیسیون **راه حل های دوستانه** را میان کشور و شاکی امتحان می کند و گاهی کمیسیون تحقیقات را در محل انجام می دهد و اگر نقضی یافت شود **گزارش اولیه در خصوص ماهیت** موضوع همراه با توصیه هایی جهت جبران نقض صورت گرفته به کشور ناقض فرستاده می شود. اگر این کشور در زمان مقرر شده توصیه ها را به کار نگیرد کمیسیون می تواند گزارش نهایی را همراه با نظرات و توصیه های خود منتشر سازد یا قضیه را به دادگاه حقوق بشر ببرد تا زمانیکه کشور مربوطه رای الزام آور دادگاه را بپذیرد.

---

127 - ماده 106 منشور سازمان کشورهای آمریکایی

128 - مواد 34 تا 51 و 70 تا 73 کنوانسیون آمریکایی حقوق بشر

129 - اساسنامه کمیسیون آمریکایی حقوق بشر، مصوب طی قطعنامه شماره 447 مجمع عمومی سازمان دول آمریکایی درنهمین جلسه عادی بتاریخ اکتبر 1979 در لاپازبلیویا

130 -قواعد آئین دادرسی کمیسیون دول آمریکایی حقوق بشر (مصوب صد و نهمین جلسه اختصاصی کمیسیون مورخ 4 تا 8 دسامبر 2000 که در صد و شانزدهمین دوره کاری از هفتم تا بیست و پنجم اکتبر 2002 و همچنین صد و هجدهمین جلسه از ششم تا بیست و پنجم 2003 و صد و بیست و ششمین جلسه از 16 تا 27 اکتبر 2006 اصلاح شد.

131 - ماده 20 اساسنامه کمیسیون دول آمریکایی حقوق بشر

132 - مواد 48 تا 51 کنوانسیون آمریکایی حقوق بشر و مواد 26 تا 48 قواعد آئین دادرسی کمیسیون بین دول آمریکایی حقوق بشر

A system of **country rapporteurs** facilitates the work of the members: in the IACHR plenary decisions, each Commissioner carries the main responsibility to oversee the human rights situation and individual petitions in a certain group of countries.[133] **Special thematic rapporteurships** are also assigned with the objective to raise awareness and promote human rights protection in the Americas.[134]

(b) Inter-American Court of Human Rights (IACtHR)

The Inter-American Court of Human Rights was created by the entry into force of the ACHR in 1978.[135] It is an autonomous judicial institution consisting of seven judges, who are nationals of OAS Member States. The Court sits in San José, Costa Rica. The objective of the Court is the application and interpretation of the ACHR through is **advisory** and **contentious functions**.

In carrying out its **advisory function** the Court, upon the request of any OAS Member State or main OAS body, is called to interpret the provision of the ACHR and other human rights instruments of the Inter-American system and to examine and analyse the compatibility of the OAS States' domestic laws with the ACHR.[136]

For the **contentious function**, it is required that the States concerned are parties to the ACHR and have declared acceptance of its compulsory jurisdiction.[137] Only the Commission or State Parties can submit cases to the Court. Actually, the *jus standi* **of individuals** has been a controversial issue of the system the Court operates. Alleged victims of human rights violations, their next of kin and NGOs have neither direct access to the Court's jurisdiction nor the right to initiate proceedings and stand before it. The Court, however, has progressively broadened the participation of the victims and their representatives in its proceedings, through a series of reforms in its Rules of Procedure: alleged victims, their next of kin or their duly accredited representatives are now granted direct participation in all stages of the Court's proceedings, once an application has been presented (*locus standi in judicio*), and their representatives may now independently submit their own arguments and evidence during the reparations stage.[138] An **amicable resolution** of the dispute may lead to a friendly settlement and termination of the case. The **judgment** of the court is **final** and not open to appeal, and it may order reparations of monetary or non-monetary character.

(c) Inter-American Commission of Women (ICW)

This is the main body of the OAS responsible for advancing women's rights and gender equality. The ICW shares with the Commission and the Court power to oversee the implementation of the Convention of Belém do Pará.[139] As part of its functions, the ICW identifies the areas in which the participation of women needs to be developed, urges governments to take all the necessary measures to remove all existing barriers to the full participation of women in those areas and promotes the adoption or amendment of legal measures aimed at eradicating discrimination against women. A **follow-up mechanism** is also set up to review how States Parties are implementing the commitments undertaken

---

[133] See Article 15 of the Rules of Procedure of the Inter-American Commission on Human Rights.
[134] ibid.
[135] ACHR Articles 52–69 and 70–73.
[136] Rules of Procedure of the Inter-American Court of Human Rights, Article 60.
[137] ACHR Articles 61–62; Rules of Procedure of the Inter-American Court of Human Rights, approved on 25 November 2003, during Sessions 9 and 10 of the Court's LXI Ordinary Period of Sessions, held from 20 November to 4 December 2003.
[138] See Rules of Procedure Article 23.
[139] Convention of Belém do Pará Chapter IV, particularly, Article 12.

سیستم گزارش دهی کشوری کار اعضا را راحت تر می کند: در تصمیمات عام الشمول(نسبت به اعضا) هر کمیسیون وظیفه اصلی سرکشی به وضعیت حقوق بشر و رسیدگی به دادخواست های فردی را در خصوص گروهی از کشورها به عهده دارد[133]. همچنین گزارش دهی با محوریت خاص با هدف ارتقا سطح آگاهی و ترویج حمایت از حقوق بشر در کشورهای آمریکایی تعیین شده است[134].

دادگاه آمریکایی حقوق بشر

این دادگاه با لازم الاجرا شدن کنوانسیون آمریکایی حقوق بشر در 1978[135] تاسیس شد که یک نهاد قضایی مستقل متشکل از 7 قاضی از اتباع کشورهای عضو سازمان کشورهای آمریکایی می باشد. مقر دادگاه در سن حوزه کاستاریکا است. هدف دادگاه تفسیر و اجرای کنوانسیون آمریکایی حقوق بشر از طریق **کارکردهای مشورتی و ترافعی** میباشد.

دادگاه در اعمال **کارکردمشورتی** خود، بنا به درخواست هر کشور عضو سازمان کشورهای آمریکایی یا خود سازمان کشورهای آمریکایی مقررات کنوانسیون آمریکایی حقوق بشر و دیگر اسنادی حقوق بشری سیستم کشورهای آمریکایی را تفسیر کرده و تطابق قانون داخلی کشورهای سازمان کشورهای آمریکایی را با کنوانسیون آمریکایی حقوق بشر بررسی و تحلیل می کند[136].

دادگاه در راستای اعمال **کارکرد** ترافعی خود لازم می داند که کشورهای مورد نظر، عضو کنوانسیون آمریکایی حقوق بشر بوده و قبولی خود را نسبت به صلاحیت اجباری آن اعلام کرده باشند[137] و تنها کمیسیون یا کشورهای متعاهد می توانند قضایا را به دادگاه ارجاع دهند. در واقع **حق افراد** برای شکایت موضوع بحث انگیز نظامی است که دادگاه بر طبق آن کار می کند. قربانیان نقض حقوق بشر، خویشاوندان درجه اول و سازمان های غیردولتی نه دسترسی مستقیم به صلاحیت دادگاه دارند و نه حق اقامه دعوا ویا شهادت در برابر دادگاه را دارند. با این حال دادگاه به گونه ای فزاینده ای مشارکت قربانیان یا نمایندگان رسمی آنها را در مراحل دادرسی از طریق تغیراتی در قواعد تشریفاتی خود وسعت بخشیده است. درحال حاضر قربانیان، اقوام درجه اول و نمایندکان رسمی آنان حق مشارکت مستقیم در تمام مراحل دادرسی را دارند. امروزه به محض این که درخواستی ارائه می شود (بر اساس حق طرح دعوی)، نمایندگان آنها می توانند مستقلا دلایل و مدارک خود را در طول مراحل جبران خسارت ارئه دهند[138]. فیصله دوستانه دعوا ممکن است منجر به رفع اختلاف و مختومه شدن قضیه شود. رای دادگاه قطعی و غیر قابل فرجام خواهی است و ممکن است حکم بر جبران خسارت مادی یا غیرمادی بدهد.

کیمسیون آمریکایی زنان : این نهاد اصلی سازمان کشورهای آمریکایی است که مسئول ارتقا حقوق زنان و برابری جنسیتی می باشد. کمیسیون آمریکایی زنان در توانایی نظارت بر اجرای معاهده Belem do Para با کمیسیون و دادگاه شریک است[139]. به عنوان بخشی از عملکردش، کمیسیون آمریکایی زنان حوزه هایی را که مشارکت زنان در آنها نیازمند ارتقا است تشخیص داده و دولت ها را نسبت به اتخاذ اقدامات لازم جهت رفع موانع موجود بر سر راه مشارکت زنان در آن حوزه ها تشویق می کند و قبول و اصلاح اقدامات قانونی را که هدفشان ریشه کن کردن تبعیض علیه زنان است ترویج می دهد. یک **مکانیسم پی گیری** جهت نظارت بر چگونگی اجرای تعهداتی که کشورهای عضو بر اساس معاهده و به منظور ترویج اجرای آن و.

---

[133] - به ماده 15 قواعد دادرسی کمیسیون آمریکایی حقوق بشر مراجعه شود

[134] - همان منبع

[135] - مواد 52 تا 69 و 70 تا 73 کنوانسیون آمریکایی حقوق بشر

[136] - ماده 60 قواعد دادرسی دادگاه آمریکایی حقوق بشر

[137] - مواد 61 و 62 کنوانسیون آمریکایی حقوق بشر، قواعد دادرسی دادگاه آمریکایی حقوق بشر که بتاریخ 25 نوامبر 2003 درجلسه نهم و دهم دادگاه درجلسات عادی LXI که از تاریخ 20 نوامبر با چهارم دسامبر 2003 برگزارشد، به تایید رسید.

[138] - به ماده 23 قواعد دادرسی مراجعه شود.

[139] - معاهده Belem do Para بخصوص ماده 12 آن

under the Convention, to promote the implementation of the Convention and to contribute to the achievement of its objectives and to establish cooperation between the parties.[140]

C. THE AFRICAN UNION (AU)

The African human rights system is the most recent of the three regional human rights systems currently. The **African Union** (AU) is the main organization in Africa aiming at the socio-economic integration of the continent and at unity and solidarity among its peoples. AU membership is open to any African State[141] and as of 2007 the AU has 53 African Member States.[142]

The African Union derived from the Organization of African Unity (OAU) and the African Economic Community. The **objectives of the AU** place great emphasis on political cooperation, but one of its main achievements in relation to its predecessor, the OAU, is the presence of clear provisions stressing the importance of the protection of human rights, casting aside any doubts about the importance of the promotion and protection of human rights in the agenda of the AU.[143] Accordingly, African leaders declare their commitment to promote and protect human and peoples' rights; consolidate democratic principles and institutions, popular participation and good governance; ensure the rule of law; promote social justice to ensure balanced economic development; promote gender equality; respect the sanctity of human life; condemn and reject of impunity and political assassination, acts of terrorism and subversive activities; and condemn and reject unconstitutional changes of governments.

The AU Headquarters are in Addis Ababa, Ethiopia, and its **organizational bodies** are:[144]

(a) the **Assembly of the Union**, the supreme organ of the Union;
(b) the **Executive Council**, which monitors the implementation of policies formulated by it. It is assisted in its work by a number of **Specialized Technical Committees** addressing sectoral issues;
(c) the **Commission**, in which each Commissioner is responsible for a portfolio;
(d) the **Permanent Representatives Committee**, charged with the responsibility of preparing the work of the Executive Council and acting on its instructions;
(e) the **Peace and Security Council (PSC)**. [145] This is not mentioned in the Constitutive Treaty, but was created later, with the objectives to promote peace, security and stability in the continent, prevent conflicts and terrorism, develop common defence policy for the Union, promote democratic processes and human rights and respect international humanitarian law;

---

[140] Statute of the Mechanism to Follow up on Implementation of the Inter-American Convention on the Prevention, Punishment and Eradication of Violence against Women, 'Convention of Belem do Parà'.

[141] Constitutive Act of the African Union, Article 29.

[142] Morocco withdrew membership in 1984 because the African Union's predecessor, the Organization of African Unity, gave membership to Western Sahara as an independent State, when Morocco claims sovereignty over it.

[143] Constitutive Act of the African Union Article Preamble, Article 3 (Objectives) and Article 4.

[144] Constitutive Act of the African Union Articles 5–22.

[145] See Protocol Relating to the Establishment of Peace and Security Council of the African Union Preamble which entered into force on 26 December 2003 and Article 3.

همچنین جهت مشارکت در دستیابی به اهداف معاهده و برقراری همکاری میان کشورهای عضو وضع شده است[140].

ج - اتحادیه آفریقا

سیستم آفریقایی حقوق بشر جدیدترین نظام در میان سه سیستم کنونی منطقه ای حقوق بشری است. **اتحادیه آفریقا** اصلی ترین سازمان در آفریقا با هدف یکپارچگی اقتصادی-اجتماعی و اتحاد و همکاری میان مردمان این قاره است. عضویت اتحادیه آفریقا برای کشورهای آفریقایی[141] مجاز بوده و از سال 2007 پنجاه و سه کشور عضو آن بوده اند[142].

اتحادیه آفریقا جایگزین سازمان وحدت آفریقا و جامعه اقتصادی آفریقا می باشد. اهداف اتحادیه آفریقا تاکید زیادی بر همکاری سیاسی داشته اما یکی از دستاوردهای اصلی آن در مقایسه با سلف خود سازمان وحدت آفریقا وجود مقررات روشن در خصوص اهمیت حمایت از حقوق بشر و کنار گذاشتن هر نوع تردیدی در خصوص اهمیت ترویج و حمایت از حقوق بشر در دستور کار اتحادیه آفریقا می باشد[143]. نهایتا سران کشورهای آفریقایی تعهد خود را مبنی بر ترویج حقوق بشر و انسان ها اعلام نمودند؛ تحکیم اصول و تاسیسات قضایی دموکراتیک، حکمرانی خوب و مشارکت عمومی، اطمینان از حاکمیت قانون، ترویج عدالت اجتماعی جهت اطمینان از توسعه اقتصادی متوازن، ترویج برابری زن و مرد، احترام به حرمت زندگی انسان، محکوم و رد کردن عدم مجازات (بی کیفری)، ترور سیاسی، عملیات تروریستی و خرابکارانه و هر گونه تغییر حکومت مغایر با قانون اساسی.

مقر اتحادیه آفریقا در آدیس آبابا، اتیوپی قرار دارد و نهادهای سازمانی آن به شرح زیر می باشند[144]:

- **مجمع اتحادیه** که نهاد عالی اتحادیه می باشد.
- **شورای اجرایی** که بر اجرای سیاستهای تعیین شده خود نظارت می کند در اجرای این وظیفه تعدادی از کمیته ها ی فنی تخصصی آن را یاری داده که این کمیته ها به موضوعات متعدد می پردازند.
- **کمیسیون**، هر عضو این کمیسیون مسئولیت یک مسأله و موضوع را بر عهده دارد.
- **کمیته نمایندگان دائمی** مسئول آماده سازی وظایف شورای اجرایی و عمل کردن بر اساس راهنمایی آنها است.
- **شورای امنیت و صلح**[145] در معاهده تاسیس ذکر نشده است، اما بعدها با هدف ترویج صلح و امنیت و ثبات در قاره، ممانعت از کشمکش و تروریسم، توسعه سیاست دفاع مشترک برای اتحادیه، ترویج فرایند مردم سالاری و حقوق بشر و احترام به حقوق بشر دوستانه ایجاد شد.

---

140 - Statute of the Mechanism to Follow up on Implementation of the Inter-American Convention on the Prevention, Punishment and Eradication of Violence against Women, 'Convention of Belem do Parà'

141 - ماده 29 اعلامیه موجد اتحادیه آفریقا

142 مراکش به دلیل این که سلف اتحادیه آفریقا یعني سازمان وحدت آفریقا صحراي غربي را که مراکش ادعاي حاکمیت بر آن را داشت به عضویت خود پذیرفته بود، عضویت خود را در سال 1984 پس گرفت

143 مواد مقدمه، 3 (اهداف) و 22 إعلامیه موجد اتحادیه آفریقا

144- مواد 5 الی 22 اعلامیه موجد اتحادیه آفریقا

145- به مقدمه و ماده سوم پروتکل مربوط به تاسیس شورای صلح و امنیت اتحادیه آفریقا رجوع شود که در تاریخ 26 دسامبر 2003 به مرحله اجرا درآمد.

(f)   the **Pan-African Parliament** with advisory and consultative powers. It will acquire full legislative powers five years after its existence;[146]

(g)   the **Economic, Social and Cultural Council (ECOSOCC)**, an advisory organ;

(h)   the **Court of Justice**, which has yet to come into existence;[147] and

(i)   the **financial institutions**, ie the African Central Bank, the African Monetary Fund and the African Investment Bank.

The following **human rights instruments** within the African system are illustrated here, focusing on women and children:

1. African (Banjul) Charter on Human and Peoples' Rights[148]

Several novel elements in the Banjul Charter distinguish the African system from the European and Inter-American systems. First of all, the African system is the only system where civil, political, economic, social and cultural rights are protected under a single binding instrument, thus underscoring the indivisibility and non-selectivity of all human rights.

Further, while **peoples' rights** at the international level is currently a controversial issue, the Banjul Charter explicitly recognizes and protects the right to existence and self-determination, including the right of the peoples to free themselves from colonial or oppressive domination, the rights to freely dispose of their wealth and natural resources, the rights to economic, social and cultural development, the right to national and international peace and security and the right to a satisfactory environment.[149] In this regard, the Banjul Charter highlights the **fundamental interrelationship between individual and peoples' rights** and their mutual enforcement.

Finally, the Banjul Charter indicates the **rights and duties of the individual towards 'his family and society, the State and other legally recognised communities and the international community'**, which include, inter alia, the duty not to discriminate against other individuals; to preserve the harmonious development of the family; to serve his national community; to preserve and strengthen social and national independence and the territorial integrity of his country and to contribute to its defence; and to pay taxes.[150]

The Charter provides no mechanism for the enforcement of human duties and the performance of these duties is not a prerequisite or a condition of entitlement for such rights. This means that if the individual fails to perform his or her human rights duties, the State continues to protect the human rights of the individual.

2. African Charter on the Rights and Welfare of the Child[151]

The African system is the only regional system with a treaty specifically targeting the protection of the rights of the child. Most of its provisions are similar to the UN Convention on the Rights of the Child, but several provide for a higher level of protection for children than the CRC, such as the provision of the same protection to internally displaced children as to refugees, including those internally displaced because of the breakdown of economic and social order, giving them the same level of protection.[152] Also, the enforcement

---

[146] Protocol to the Treaty establishing the African Economic Community Relating to the Pan-African Parliament (14 December 2003) Article 11, OAU Doc CAB/LEG/67/3 rev 5, 21 ILM 58 (1982).

[147] Protocol of the Court of Justice of the African Union (11 July 2003).

[148] African (Banjul) Charter on Human and Peoples' Rights (adopted 27 June 1981, entered into force 21 October 1986) OAU Doc CAB/LEG/67/3 Rev 5, reprinted in 21 ILM 58 (1982), also celebrated as the African Human Rights Day.

[149] Banjul Charter Articles 20–24.

[150] Banjul Charter Preamble and Articles 27–29.

[151] African Charter on the Rights and Welfare of the Child (adopted July 1990, entered into force 29 November 1999) OAU Doc CAB/LEG/24.9/49 (1990).

[152] African Charter on the Rights and Welfare of the Child Article 23(4).

- پارلمان فراگیر آفریقا با صلاحیت توصیه ای و مشورتی که 5 سال پس از موجودیت یافتن قدرت تام قانونگذاری را بدست خواهد آورد[146].
- **شورای فرهنگی، اقتصادی، اجتماعی** یک ارگان مشورتی است.
- **دیوان دادگستری** که باید پس از این ایجاد شود[147].
- **موسسات مالی** به طور مثال بانک مرکزی آفریقایی، صندوق پولی و بانک سرمایه گذاری آفریقایی

اسناد حقوق بشری سیستم آفریقایی با تمرکز بر مسائل زنان و کودکان به شرح زیر می باشد:

1 - منشور آفریقایی حقوق بشر و مردم (بانجول) [148]

این منشور واجد ابعاد جدیدی است که سیستم آفریقایی حقوق بشر را از از سیستم های اروپایی و آمریکایی متمایز می کند. قبل از هر چیز سیستم آفریقایی تنها سیستمی است که در آن حقوق فرهنگی، اجتماعی، اقتصادی، سیاسی و مدنی توسط تنها یک سند الزام آور مورد حمایت قرار گرفته اند، و به این صورت، بر عدم تفکیک پذیری و غیر گزینشی بودن تمامی حقوق بشر تاکید دارد.

علاوه بر این، با این که امروزه **حقوق جوامع** در سطح این المللی موضوعی بحث انگیز است منشور بانجول صراحتا حق زندگی و تعیین سرنوشت را که شامل موارد زیر می شود مورد شناسایی و حمایت قرار می دهد؛ حق جوامع در آزاد کردن خود از سلطه ظالمانه و استعماری، حق تعیین تکلیف آزادانه ثروت ها و منابع طبیعی، حق توسعه فرهنگی، اقتصادی، اجتماعی، حق امنیت و صلح ملی و بین المللی، حق داشتن محیطی رضایت بخش[149]. در این خصوص منشور بانجول بر **رابطه اساسی میان حقوق جمعی و فردی انسانها** و اعمال متقابل آنها تاکید می کند. در انتها منشور بانجول **حقوق و وظایف افراد را در مقابل خانواده و جامعه، دولت و دیگر جوامع شناخته شده به موجب قانون و جامعه بین المللی** بر می شمارد که از جمله شامل وظیفه عدم اعمال تبعیض نسبت به دیگر افراد، حفظ توسعه موزون خانواده، خدمت به جامعه ملی خود، حفظو تحکیم استقلال اجتماعی و ملی و تمامیت ارضی کشور خویش و مشارکت در دفاع از آن، پرداخت مالیات ها می شود[150].

منشور مکانیسمی را جهت اعمال وظایف انسانی فراهم نمی کند و اعمال این وظایف پیش شرط دارا بودن چنین حقوقی نمی باشد. این بدان معناست که اگر فردی در اجرای وظایف انسانی اش قصور کند دولت به حمایت خود از خقوق انسانی او ادامه میدهد.

2 - منشور آفریقایی حقوق و رفاه کودک [151]

سیستم آفریقایی تنها سیستمی منطقه ای است که معاهده آن اختصاصا حمایت از حقوق کودک را هدف خود قرار می دهد. اکثر مقررات آن مشابه کنوانسیون سازمان ملل در زمینه حقوق کودک است، اما در بسیاری از موارد سطح بالاتری از حمایت از کودکان را نسبت به کنوانسیون حقوق کودک ارائه می دهد[152].

---

[146] - پروتکل قرارداد تاسیس جامعه اقتصادی آفریقا مرتبط با پارلمان سراسری آفریقا (14 دسامبر 2003) ماده
OAU Doc CAB/LEG/67/3 rev 5, 21 ILM 58 (1982).11

[147] - پروتکل دیوان دادگستری اتحادیه آفریقا مورخ 11 ژوئیه 2003

[148] - منشور آفریقایی (بانجول) حقوق بشر و مردم (تصویب شده در 27 ژوئن 1981 که در 21 اکتبر 1986 به مرحله اجرا درآمد)، هم چنین به عنوان روز حقوق بشر آفریقا تجلیل می شود.
OAU Doc CAB/LEG/67/3 Rev 5, reprinted in 21 ILM 58 (1982)

[149] - مواد 20 تا 24 منشور بانجول

[150] - مواد 27 تا 29 و مقدمه منشور بانجول

[151] - منشور آفریقایی حقوق و رفاه کودک مورخ ژوئیه 1990 که در تاریخ 29 نوامبر 1999 به مرحله اجرا درآمد تحت شماره (1999) OAU doc.CAB/LEG/24.9/49

[152] - ماده (4)23 منشور آفریقایی حقوق و رفاه کودک

mechanism available under the African Children's Charter is stronger than that of the CRC, since the **African Committee of Experts on the Rights and Welfare of the Child** has not only the same power to receive and consider periodic State reports as its UN counterpart, but also to receive and consider communications regarding possible individual cases of violations of any of the Children's Charter provisions.[153] Finally, in accordance with the general spirit of the Banjul Charter as well, the African Children's Charter sets out a series of human responsibilities of the child towards family, society, the State and the international community,[154] as well as the human duties of parents regarding the care and upbringing of the child.[155]

3. 2006 African Youth Charter[156]

While the international and regional human rights systems provide protection for the rights of children, this is the first instrument that is solely dedicated to protecting the rights of youths.

4. Protocol to the African Charter on Human and Peoples' Rights on the Rights of Women in Africa (Kigali Protocol)[157]

While several norms of the 2003 Kigali Protocol replicate the 1978 CEDAW, such as the principle of full equality of men and women in the enjoyment of civil, political, economical, social and cultural rights, the Protocol reflects the progress in the recognition of women's rights since the adoption of the 1978 CEDAW and features the particular concerns of the African region. The Kigali Protocol is the first human rights treaty to protect the **reproductive rights of women**, including the right to control their fertility, to choose any method of contraception, to have family planning education, and also the right to medical abortion under certain circumstances. The Protocol also includes specific provisions regarding sexually transmitted diseases, including HIV/AIDS and regarding the right to self-protection and information.[158] Further, the Protocol confronts the issue of female circumcision (female genital mutilation) by condemning and prohibiting it, while States are called not only to punish it, but also to take precautionary measures by educating and raising awareness against it.[159]

On **marriage and family**, the Protocol reaffirms the key principles of the CEDAW on equality of rights between husband and wife, and also encourages monogamy and determines that the minimum age of marriage of women shall be 18 and that the full consent of both parties is necessary for a marriage.[160]

The Protocol recognizes third-generation rights for women, such as the rights to a healthy and sustainable environment and to a positive cultural context. Special provisions of the Kigali Protocol protect women and children in particularly vulnerable circumstances, such as in armed conflicts and distress, and elderly women and women with disabilities.[161]

---

[153] African Charter on the Rights and Welfare of the Child Articles 42–45.

[154] African Charter on the Rights and Welfare of the Child Article 31.

[155] ibid Article 20.

[156] African Youth Charter, adopted by the Seventh Ordinary Session of the Assembly, held in Banjul on 2 July 2006

[157] Protocol to the African Charter on Human and Peoples' Rights on the Rights of Women in Africa (Kigali Protocol) (adopted 11 July 2003, entered into force 25 November 2005).

[158] Kigali Protocol Article 14.

[159] Kigali Protocol Article 5(b).

[160] Kigali Protocol Articles 6 and 20.

[161] Kigali Protocol Articles 10–11, 17–19 and 22–24.

همچنین مکانیسم اجرا در منشور آفریقایی کودک قوی تر از کنوانسیون حقوق کودک می باشد زیرا **کمیته آفریقایی متخصصان حقوق و رفاه کودک** مانند همتای سازمان مللی خود تنها دارای صلاحیت دریافت و بررسی گزارشات دوره ای دولتها نمی باشد، بلکه همچنین می تواند شکایات فردی مربوط به موارد امکان نقض مقررات منشور کودک را دریافت و بررسی نماید[153]. د رانتها منشور آفریقایی کودک مطابق با روح عمومی منشور بانجول علاوه بر وظایف انسانی والدین در خصوص مراقبت و پرورش کودک یک سری مسئولیت های انسانی را از جانب کودک در مقابل خانواده، جامعه، دولت و جامعه بین المللی تنظیم کرده است[154] [155].

3- منشور آفریقایی نوجوان (2006)[156]:

در حالیکه سیستم های منطقه ای و بین المللی حقوق بشر به حمایت از حقوق کودک پرداخته این اولین سندی است که تنها به حمایت از حقوق نوجوانان اختصاص یافته است.

4 - پروتکل منشور آفریقایی حقوق بشر و انسانها در خصوص حقوق زنان در آفریقا (پروتکل کیگالی)157

با این که تعدادی از قواعد پروتکل 2003، کیگالی قواعد کنوانسیون رفع تبعیض علیه زنان (1978) مانند اصول برابری کامل زن و مرد در بهره مندی از حقوق فرهنگی، اقتصادی، سیاسی و مدنی را تکرار می کند، اما پروتکل پیشرفت حاصل شده در زمینه شناسایی حقوق زنان از زمان پذیرش کنوانسیون رفع تبعیض علیه زنان (1978) را انعکاس داده و مسائل خاص منطقه آفریقایی را نمایان می سازد. پروتکل کیگالی اولین معاهده حقوق بشری است که **حق تولید نسل زنان** را مورد حمایت قرار می دهد ازجمله حق کنترل باروری، انتخاب روش های جلوگیری، بهره مندی از آموزش تنظیم خانواده و همچنین سقط جنین به روش پزشکی در شرایط خاص. پروتکل همچنین شامل مقررات خاص در زمینه بیماریهای مقاربتی مانند ایدز با توجه به حق اطلاع یابی و حمایت از خود می باشد[158]. علاوه بر این پروتکل با مساله ختنه کردن زنان (قطع عضو تناسلی) از طریق محکوم و ممنوع کردن آن برخورد می کند بدین صورت که دولتها نه تنها دعوت به مجازات کردن این عمل می شوند بلکه همچنین تشویق به اتخاذ اقدامات پیشگیرانه از طریق آموزش و ارتقا سطح آگاهی نیز می شوند[159].

در زمینه **ازدواج و خانواده**، پروتکل تاکیدی دوباره بر اصول کلیدی کنوانسیون رفع تبعیض علیه زنان در خصوص برابری میان زن و مرد داشته و همچنین تک همسری را تشویق می‌کند و تعیین می کند که حداقل سن ازدواج زنان باید 18سال باشد و رضایت کامل هر دو طرف برای ازدواج لازم است[160].

پروتکل سه دسته حقوق ر ا برای زنان به رسمیت می شناسد . از قبیل حق بر بهداشت و محیط مناسب و فعالیت های مثبت فرهنگی .

پروتکل کیاگالی از زنان و کودکان بویژه در شرایط آسیب پذیر از قبیل مخاصمات مسلحانه و خطرناک و زنان سال خورده و زنان معلوم حمایت می کند[161].

---

153 - مواد 42 تا 45 منشور آفریقایی حقوق و رفاه کودک

154 - ماده 31 منشور آفریقایی حقوق و رفاه کودک

155 - همان منبع، ماده 20

156 - منشور آفریقایی نوجوان مصوب هفتمین جلسه عادی مجمع در بانجول بتاریخ دوم ژوئیه 2006

157 - پروتکل منشور آفریقایی حقوق بشر و انسان ها درخصوص حقوق زنان درآفریقا (پروتکل کیگالی) مورخ 11 ژوئیه 2003 که درتاریخ 25 نوامبر 2005 به مرحله اجرا درآمد.

158 - ماده 14 پروتکل کیگالی

159 - ماده 5(ب) پروتکل کیگالی

160 - مواد 6 و 20 پروتکل کیگالی

161 - مواد 10، 11، 17 تا 19 و 22 تا 24 پروتکل کیگالی

Unlike the other African human rights treaties, the Kigali Protocol does not contain provisions on 'human rights duties'.

The weakness of the Protocol is that there is no mechanism available for overseeing the implementation of its provisions. There is no clear provision in the Protocol mandating the African Commission or Court to consider petitions regarding violations of the Protocol's provisions. The monitoring is limited to the information submitted by States in their reports and to the interpretative capacity of the Court on the Protocol's application.[162]

The **monitoring mechanism** of the African system may be summarized as follows:

(a) African Commission on Human and Peoples' Rights
Established by the African Charter on Human and Peoples' Rights and officially inaugurated in 1987, the Commission is based in Banjul (Gambia), and is charged with ensuring the promotion and protection of human and peoples' rights throughout the African continent. The three major functions of the Commission are promotional, interpretive and protective. In **promoting human rights**, the Commission considers periodic State reports; conducts studies and organizes training and information events; formulates principles on the basis of which governments may base legislation; and cooperates with African and international institutions.[163] Also, in the framework of its powers to deal with **inter-State**[164] and **individual petitions**,[165] the Commission has been given broad powers in interpreting the Charter. Having direct access to enforcement mechanisms provides individuals with effective avenues of complaint and redress. After consideration of the facts presented by the complainant, the State's observations and the issues and proceedings before the Commission, the Commission issues recommendations for the State concerned, if violation was found. The mandate of the Commission has a quasi-judicial character, and hence the Commission's recommendations are not binding upon the violating State unless they are adopted by the AU Assembly of Heads of State and Government. In the end, no procedures exist for the supervision of the implementation of the Commission's recommendations, and enforcement remains on the good will of States.

(b) African Court on Human and Peoples' Rights (AfCtHR)
The Court was created with a special Protocol to the Banjul Charter, and was established upon entry into force of the Protocol in 2004. The Court is empowered to act both in a judicatory and an advisory capacity. In any case, it is not yet really known how the procedure of bringing a case in the Court will function, as the Court has not yet begun to operate. In its **judicatory capacity**, the Court has compulsory jurisdiction to consider cases submitted by the African Commission on Human and Peoples' Rights, State Parties and any State that has an interest in the case and African intergovernmental organizations. The Court has optional jurisdiction to consider cases submitted by individuals or non-governmental organizations with observer status before the Commission. The Court hears all cases concerning the interpretation and application of the Banjul Charter, the Protocol to the Charter and any other relevant human rights instrument. For the Court to consider a petition, the State against which the petition has been lodged must have recognized the competence of the Court. In its **advisory capacity** the Court renders advisory, non-binding opinions at the request of a Member State or an organization recognized by the African Union, on any

---

[162] Kigali Protocol Articles 26–27.
[163] Banjul Charter Article 45.
[164] Banjul Charter Articles 47–51 and Rules 88–101 of the 1995 Rules of Procedures of the African Commission on Human and People's Rights.
[165] Banjul Charter Articles 54–55 in conjunction with Rules of Procedure of the ACHPR, Rules 102–120.

برخلاف دیگر معاهدات حقوق بشر افریقایی، پروتکل کیگالی در بردارنده مقرره های مربوط به «وظایف حقوق بشری» نیست .

ضعف پروتکل در فقدان نظام نظارتی بر اجرای مقرره های آن می باشد . مقرره روشنی در پروتکل وجود ندارد که کمیسیون یا دادگاه افریقایی را متعهد به رسیدگی دادخواست های شخصی با توجه به نقض مقرره های پروتکل نماید . نظارت به اطلاعات ارائه شده توسط دولتها در گزارشهایشان و صلاحیت تفسیری دادگاه در اعمال پروتکل، محدود می باشد[162] .

نظام نظارتی بر اساس سیتم افریقایی در ذیل خلاصه شده است :

کمیسیون افریقایی حقوق بشر و مردم

این کمیسیون توسط منشور افریقایی حقوق بشر و مردم تاسیس شد و رسماً از 1987 شروع به کار کرده است. کمیسیون در بانجول (گامبیا) مستقر است و متعهد به تضمین، ترویج و حمایت از حقوق بشر و مردم سراسر قاره افریقا می باشد . سه وظیفه اصلی کمیسیون عبارتند از : وظایف ترویجی، وظایف تفسیری و ظایف حمایتی . در **ترویج حقوق بشر** کمیسیون به گزارش های دوره ای دولتها رسیدگی می کند ؛ مطالعات انجام می دهد ؛ آموزش و تعلیم رابه رسمیت می شناسد ؛ اصولی را براساس این که دولتها آنها را مبنای قانونگذاریشان قراردهند تنظیم می کند و با موسسات افریقایی و بین المللی همکاری می کند[163] .هم چنین درچارچوب اختیاراتش در رسیدگی به **دادخواست های بین دولتها**[164] **و فردی**[165] به کمیسیون اختیارات گسترده ای در خصوص تفیسر منشور داده شده است . امکان دسترسی مستقیم به مکانیزم های اجرایی برای افراد از طریق راه های موثر شکایت و دادرسی فراهم شده است . پس از رسیدگی به حقایق اظهار شده توسط خواهان، ملاحظات دولت و موضوعات و رسیدگی در کمیسیون، اگر نقض یافت شود کمیسیون به صدور توصیه نامه هایی به دولت مربوطه اقدام می نماید . دستور کمیسیون دارای خصیصه نیمه قضایی است و از این رو توصیه های کمیسیون برای کشور نقض کننده الزام آور نیست مگر این که این توصیه ها توسط مجمع سران کشورها و دولتهای اتحادیه آفریقا پذیرفته شده باشد . در نهایت، هیچ گونه رسیدگی در خصوص نظارت بر اجرای توصیه های کمیسیون وجود ندارد و اجرای آنها به حس نیت دولتها موکول می گردد.

دادگاه افریقایی حقوق بشر و مردم

این دادگاه با پروتکل ویژه منشور بانجول ایجادشده و پس از لازم الاجر اشدن پروتکل در 2004 تاسیس گردید. دادگاه مجاز به اعمال صلاحیت قضایی و مشورتی می باشد . به هرصورت، هنوز واقعاً چگونگی رسیدگی به یک پرونده اقامه شده در دادگاه شناخته شده نیست، زیرا دادگاه هنوز شروع به فعالیت نکرده است . در خصوص **صلاحیت قضایی**، دادگاه دارای صلاحیت اجباری برای رسیدگی به پرونده های ارائه شده توسط کمیسیون افریقایی حقوق بشر و مردم، دولت های متعاهده و هر دولتی که در پرونده ذینفع است، و سازمانهای بین دولتی افریقایی است و دارای صلاحیت اضافی برای رسیدگی به پرونده های ارائه شده توسط اشخاص یا سازمان های غیردولتی با رعایت قانون نزد کمیسیون می باشد . دادگاه همه پرونده های مربوط به تفسیر و اعمال منشور بانجول، پروتکل منشور و دیگر اسناد حقوق بشری مربوطه را استماع می کند . برای این که دادگاه به دادخواست رسیدگی کند، کشوری که دادخواست علیه او ارائه شده است باید صلاحیت دادگاه را به رسمیت شناخته باشد . درخصوص **صلاحیت مشورتی**، دادگاه نظریات غیر الزامی و مشورتی به درخواست یک کشور عضو یا سازمان که توسط اتحادیه افریقا به رسمیت شناخته شده، درخصوص هرگونه مسئله حقوقی مربوط به منشور یا دیگراسناد حقوق بشری قابل اعمال در

---

[162] - مواد 26 و 27 پروتکل کیگالی

[163] - ماده 45 منشور بانجال

[164] - مواد 47 تا 51 منشور بانجال و قواعد 88 تا 101 آئین دادرسی کمیسیون آفریقایی کمیسیون حقوق بشر و انسانها

[165] - مواد 54 و 55 منشور بانجول همراه با قواعد 102 تا 120 آئین دادرسی کمیسیون آفریقایی کمیسیون حقوق بشر و انسانها

legal matter relating to the Charter or any other applicable African human rights instruments providing that the Commission is not already considering the case.[166]

7. The African Committee of Experts on the Rights and Welfare of the Child

This body is established by the African Charter on the Rights and Welfare of the Child, the Committee has the mandate to promote and protect the rights enshrined in the Charter; to monitor their implementation and ensure their respect; to interpret the provisions of the Charter at the request of the States Parties to the AU or any other institution; to cooperate with other organizations concerned with the promotion and protection of rights and welfare of the child; and to carry out any other duties entrusted to it by the Assembly of Heads of State and Government, the Secretary-General of the AU or any other organ of the organization.[167] The Committee carries out its purposes through **investigations** with respect to any issue covered by the Banjul Charter and through consideration of **State progress reports**, **communications** by any individual, group or non-governmental organization recognized by the AU, a Member State or the UN.[168]

D. THE ORGANISATION OF THE ISLAMIC CONFERENCE (OIC)

The Organisation of the Islamic Conference (OIC) was established on **25 September 1969**, in Rabat, Morocco, as a result of the First Meeting of Leaders of the Islamic World. Today, the OIC consists of 57 States.

The 1972 **Charter of the Organisation** States that the **objectives** of the organization are, among other things, to strengthen solidarity and cooperation among Islamic States in the political, economic, social and scientific fields; to coordinate efforts to protect Holy places; to work towards elimination of racial segregation, discrimination and colonialism; to support international peace and security founded on justice; and to foster cooperation and understanding between OIC States and other countries.[169]

The Charter also enumerates a number of **principles** that govern the relations of the Member States, such as full equality among Member States; the right to self-determination, independence and territorial integrity; non-interference in the internal affairs of the other members; avoidance of the use of force; and settlement of any disputes that may arise by peaceful means.[170] Also, the preamble of the Charter indicates that States reaffirm 'their commitment to the United Nations Charter and fundamental Human Rights, the purposes and principles of which provide the basis for fruitful cooperation among all people'.

The **organizational bodies** of the OIC are:

(a) The Conference of Kings and Heads of State and Government, known as the **Islamic Summit Conference**. This is the supreme authority OIC and meets once every three years to decide on the policy of the organization and elect its Chairman;

(b) The **Islamic Conference of Foreign Ministers (ICFM)**, which meets once a year to examine the progress of the implementation of the policy decisions taken by the Summit;

(c) The **General Secretariat**, which is the OIC executive organ, entrusted with the implementation of the decisions of the Summit and the ICFM.

---

[166] Protocol to the African Charter on Human And Peoples' Rights on the Establishment of an African Court on Human and Peoples' Rights Articles 3–7 and 34.

[167] Charter on the Rights and Welfare of the Child Article 42.

[168] Charter on the Rights and Welfare of the Child Articles 43–45.

[169] Charter of the Organization of Islamic Conference Article II A.

[170] Charter of the Organization of Islamic Conference Article II B.

افریقا در صورتی که کمیسیون قبلاً به این پرونده رسیدگی نکرده باشد ارائه می دهد[166].

کمیته افریقایی کارشناسان مربوط به رفاه و حقوق کودک

این کمیته توسط منشور افریقایی رفاه و حقوق کودک تاسیس شده[167]، و به ترویج و حمایت از حقوق بشر مندرج در منشور، نظارت بر اجرای این حقوق و تضمین احترام به آنها، تفسیر مواد منشور به در خواست دولتهای متعاهد اتحادیه آفریقا یا هر نهاد دیگری، همکاری با سازمانهای مربوط به ترویج و حمایت از حقوق و رفاه کودک، و اجرای هر وظیفه دیگری متعهد است که توسط مجمع سران دولت ها وکشورها، دبیرکل اتحادیه آفریقا یا هر ارگان دیگری از این سازمان به کمیته واگذارشده است . کمیته اهدافش را از طریق رسیدگیهایی در خصوص هرموضوع تحت پوشش منشور بانجول و رسیدگی به جریان گزارش های دولتی، شکایات ارائه شده توسط هرشخص، گروه، یا سازمان غیردولتی که توسط اتحادیه افریقا ، یک کشور عضو یا سازمان ملل به رسمیت شناخته شده، اجرامی کند[168].

ج - سازمان کنفرانس اسلامی

سازمان کنفرانس اسلامی در **25 ستپامبر 1969** در رباط، مراکش، بعنوان نتیجه ای از اولین اجلاس رهبران کشورهای اسلامی تاسیس شد . امروزه سازمان کنفرانس اسلامی از 57 کشور تشکیل می شود .
منشور 1972 سازمان بیان می کند که اهداف سازمان از جمله عبارتنداز : تقویت همبستگی و همکاری میان کشورهای اسلامی در زمینه های سیاسی، اقتصادی، اجتماعی و علمی، تلاش های هماهنگ برای حمایت از مکان های مقدس، فعالیت برای حذف تفکیک و تبعیض نژادی و استعمارگری، حمایت از صلح بین المللی و امنیت مبتنی بر عدالت، همکاری تشویق و تفاهم میان کشورهای کنفرانس اسلامی و سایر کشورها[169].
منشور هم چنین تعدادی از اصولی را که در روابط کشورهای متعاهد اعمال می شود برمی‌شمارد؛ از قبیل برابری کامل میان کشورهای عضو، حق تعیین سرنوشت، استقلال و یکپارچگی سرزمینی، عدم مداخله درامور داخلی کشورهای دیگر، پرهیز از اعمال زور و حل و فصل هر گونه اختلافاتی که ممکن است بروز کند از طریق اقدامات صلح آمیز[170]. هم چنین مقدمه منشور اذعان می دارد که دولتها «برتعهداتشان نسبت به حقوق بشر اساسی مندرج در منشور ملل متحد و اهداف و اصولی که مبنای همکاری سودمند میان همه مردم است» تاکید می کنند.

کمیته های سازمانی سازمان کنفرانس اسلامی عبارتند از :

* کنفرانس رؤسا و سران کشورها و دولتها که بعنوان **کنفرانس سران اسلامی** شناخته شده، عالی ترین مرجع سازمان کنفرانس اسلامی است و هر سه سال یکبار برای تصمیم گیری درخصوص سیاست سازمان وانتخاب رئیس کنفرانس تشکیل جلسه می دهد .
* **کنفرانس اسلامی وزیران امور خارجه** که سالانه یکبار تشکیل جلسه می دهد و جریان اجرای تصمیمات اتخاذ شده توسط سران اسلامی را بررسی می کند .
* **دبیرخانه** که ارگان اجرایی سازمان کنفرانس اسلامی است و اجرای تصمیمات سران اسلامی و کنفرانس اسلامی وزیران امورخارجه به آن محول شده است .

---

[166] - مواد 3 تا 7 و 34 پروتکل منشور آفریقایی حقوق بشر و انسان ها درخصوص تاسیس دادگاه آفریقایی حقوق بشر و انسانها
[167] - ماده 42 منشورحقوق و رفاه کودک
[168] - مواد 43 تا 45 منشور حقوق و رفاه کودک
[169] - ماده دو(الف) منشور سازمان کنفرانس اسلامی
[170] - ماده دو (ب) منشور سازمان کنفرانس اسلامی

The work of the Organisation is further promoted by a number of committees, most of them at ministerial level, and some at the level of head of State.

Recently, the capacity-building programme for poverty alleviation in the least developed and low-income OIC Member States was initiated by the current Chairman, Malaysia, with the objective to assist in institutional capacity-building and human resources development.

The following **human rights instruments** have been adopted by the OIC:

1. Islamic Declaration of Human Rights[171]

Commonly known as the **Cairo Declaration**, this instrument constitutes a hybrid form of the UDHR and Islamic elements. The Declaration affirms that 'fundamental rights and universal freedoms in Islam are an integral part of the Islamic religion ... no one as a matter of principle has the right to suspend them in whole or in part or violate or ignore them' and enumerate rights and freedoms. There are significant differences between the UDHR and the Cairo Declaration in key issues, such as gender equality and freedom of religion, especially because the Cairo Declaration limits its protection to the rights that are subject to Islamic Shari'ah,[172] revealing the continuous enquiry whether Muslims should be bound by Islamic concepts fixed in Islamic jurisprudence centuries ago. The Declaration includes no monitoring and compliance mechanism.

2. Covenant on the Rights of the Child in Islam

The treaty was adopted by the OIC in 2004 and will enter into force 30 days after the 20th State that ratifies it. It provides for the protection of children in accordance with the spirit of Islam and includes a list of rights, such as the right to life, the right to health, and the right to education and culture, social security and support and rest and activity. The Covenant provides for enhanced protection of vulnerable children groups, such as children with disabilities and children refugees, and prohibits child labour. The Covenant determines special responsibilities for the State and parents towards children. One of the weaknesses of the Covenant is its vague definition of the child as 'every human being who, according to the law applicable to him/her, has not attained maturity'.[173] Further, the equality of all children to enjoy their rights and freedoms on the basis of non-discrimination as a result of sex, birth, race, religion, language and political affiliation, although proclaimed in the treaty, is subject to the requirements of law.[174] Finally, the **Islamic Committee on the Rights of the Child** is responsible for the implementation of the Covenant and will be established upon its entry into force.

E. THE LEAGUE OF ARAB STATES

The **League of Arab States** was formed in Cairo, Egypt, on 22 March 1945 with six members; today it has 22 members. The **main goal** of the League is to 'draw closer the relations between member States and co-ordinate collaboration between them, to safeguard their independence and sovereignty, and to consider in a general way the affairs and interests of the Arab countries'. Enhanced cooperation is to be pursued, more specifically, in matters of an economic and financial nature; in regard to culture; in relation to nationality,

---

[171] Islamic Declaration on Human Rights (Cairo Declaration) OIC Resolution No 49/19-P (5 August 1990).
[172] Cairo Declaration Articles 24–25.
[173] Covenant on the Rights of the Child in Islam (2004) Article 1.
[174] Covenant on the Rights of the Child in Islam (2004) Article 5.

کار سازمان توسط شماری از کمیته ها که بیشتر در سطح وزارتی و برخی در سطح ریاست کشورند بیشتر ترویج شده است .

اخیراً برنامه توانمندسازی در کاستن از فقر در کشورهای عضو سازمان کنفرانس اسلامی که دارای حداقل توسعه یا درآمد کم هستند توسط رئیس فعلی، مالازیا، با هدف مساعدت در ایجاد توانایی اساسی و توسعه منابع انسانی شروع شده است .

اسناد حقوق بشری ذیل توسط سازمان کنفرانس اسلامی پذیرفته شده است :

اعلامیه اسلامی حقوق بشر[171].

این سند که معمولا بعنوان اعلامیه قاهره شناخته می شود متشکل از اعلامیه جهانی حقوق بشر و موازین اسلامی است . این اعلامیه اظهار می کند که «حقوق اساسی و آزادیهای جهانشمول دراسلام یک جزء لازم از دین اسلام است بطوری که هیچکس حق تعلیق این حقوق را بطور کلی یا جزئی و یا نقص یا نادیده انگاشتن آنها را ندارد» و سپس این حقوق وآزادیها را بر می شمارد. اختلافات مهمی بین اعلامیه جهانی حقوق بشر و اعلامیه قاهره در موضوعات کلیدی، از قبیل برابری جنسی، و آزادی مذهب، وجود دارد بخصوص به این دلیل که اعلامیه قاهره حمایت خود را از حقوق در چهارچوب شرع اسلام[172] محدود می کند و این پرسش مستمر را مطرح می کند که آیا مسلمانان باید نسبت به مفاهیم اسلامی که درسده های پیشین در سنت اسلامی تثبیت شده اند پایبند باشند یا خیر . این اعلامیه شامل هیچگونه مکانیزم نظارتی و رعایتی نیست .

میثاق حقوق کودک در اسلام

این معاهده توسط سازمان کنفرانس اسلامی درسال 2004 پذیرفته شد و یکماه پس از تصویب این میثاق توسط بیستمین کشور لازم الاجرا می شود . این میثاق حمایت از کودکان را طبق روح اسلام مقرر می دارد و شامل لیستی از حقوق از قبیل حق حیات، حق بهداشت، و حق آموزش و پرورش و امنیت اجتماعی و حمایت و استراحت و فعالیت است. میثاق، مسئولیت های خاصی را برای کشور و والدین در برابر کودکان تعیین می کند . یکی از ضعف های این میثاق تعریف مبهم از کودک است با این عنوان «هرانسانی که طبق قانون قابل اعمال بر او ،هنوز به سن بلوغ نرسیده است"[173]

بعلاوه برابری همه کودکان دربهره مندی از حقوق و آزادی هایشان بر اساس عدم تبعیض ناشی از جنسیت، نژاد، مذهب، زبان، و پیوستگی سیاسی، اگر چه در معاهده اعلام شده اند، اما مقید به موازین شرع هستند[174].

سرانجام **کمیته اسلامی حقوق کودک** مسئول اجرای میثاق است و به محض لازم الاجرا شدن میثاق تاسیس خواهد شد .

اتحادیه عرب

اتحادیه کشورهای عرب در 22 مارس 1945در قاهره با 6 عضو تشکیل شد و امروزه این اتحادیه دارای 22عضو می باشد. .هدف اصلی این اتحادیه «ترسیم محدوده روابط بین دولتهای عضو و هماهنگی درتشریک مساعی بین آنها، برای تامین استقلال و حاکمیت آنها، و درکل رسیدگی به امور و منافع کشورهای عرب» است. این همکاری بیشتر باید بخصوص درموضوعات اقتصادی و با ماهیت مالی، درارتباط با تابعیت،

---

[171] - اعلامیه اسلامی حقوق بشر (اعلامیه قاهره)، قطنامه سازمان کنفرانس اسلامی به شماره 49/19-P مورخ پنجم اوت 1990.

[172] - مواد 24 و 25 اعلامیه قاهره

[173] - ماده اول میثاق حقوق کودک د اسلام (2004)

[174] - ماده 5 میثاق حقوق کودک در اسلام (2004)

passports, visas, execution of judgments and extradition; and in relation to social welfare and health.[175]

The **main organs** of the organization are:

(a) The **Secretary General**
(b) The **Council of Arab League**
(c) The **Arab Fund for Economic and Social Development**
(d) The **General Secretariat Departments and Sub-departments**

These main activities related to socio-economic matters and the main organs are assisted by a number of specialized organizations and technical committees.

1. Arab Charter of Human Rights[176]

While human rights do not appear in the general agenda of the organization, the League of Arab States approved the **Arab Charter on Human Rights** in 1994 to reflect Islamic Shari'ah in human rights. Because of strong criticism it received from human rights organizations within the region and beyond as a result of failing to meet international human rights standards, a revision process started in 2002, in consultation, to some degree, with international human rights experts and NGOs. This process resulted in the 2004 version of the Arab Charter on Human Rights. Compared to the 1994 text, the 2004 version is improved, but there are still some debatable provisions, such as those concerning the rights of women and the freedom from torture, where the Charter makes explicit reference to Shari'ah. In terms of monitoring, a **human rights Committee of Experts** is set up to review reports from State Parties and issue recommendations; the Committee will submit its annual report to the Secretary-General of the Arab League, making public the reports and its recommendations. No Arab League State has ratified the Charter yet.

F. THE COMMONWEALTH OF INDEPENDENT STATES (CIS)

The **Commonwealth of Independent States (CIS)** was created on 8 September 1991 in Minsk, Belarus,[177] and today it has 11 States, formerly States of the Soviet Union. It is often described as a loose confederation and its existence is considered controversial because it is seen as the continuation of the former USSR. The **objectives** of the organization are, among others, the cooperation of its members in the economic, environmental, humanitarian, cultural and other spheres; their balanced economic development; the guarantee of human rights and fundamental liberties according to the generally recognized principles and norms of international law; collaboration for peace and security; and the reduction of arms and military expenditures.[178]

The main CIS **statutory bodies** are:

(a) Council of the Heads of States
(b) Council of the Heads of Governments
(c) Council of Foreign Ministers
(d) Council of Defense Ministers
(e) Council of Border Troops Commanders
(f) Inter-Parliamentary Assembly (IPA)
(g) Economic Court

---

[175] Pact of the League of Arab States (adopted 22 March 1945) 70 UNTS 237–63.

[176] Council of the League of Arab States, Resolution 5437 (102nd regular session, Cairo).

[177] Charter of the Commonwealth of Independent States (8 September 1991).

[178] Charter of the Commonwealth of Independent States (8 September 1991) Articles 1–6.

گذرنامه، روادید، اجر ای احکام و استرداد مجرمین، رفاه اجتماعی و بهداشت[175] باشد.

ارکان اصلی این سازمان عبارتند از :

- **دبیرخانه**
- **شورای اتحادیه عرب**
- **صندوق عربی برای توسعه اقتصادی و اجتماعی**
- **ادارات وزارتی کل و ادارات فرعی**

فعالیت های اصلی مربوط به موضوعات اجتماعی – اقتصادی است و ارکان اصلی توسط تعدادی ازسازمان های تخصصی و کمیته های فنی مساعدت می شوند .

منشور حقوق بشر عربی[176]

اگرچه موضوع حقوق بشر در دستور کار اتحادیه عرب نیست لکن، اتحادیه دولتهای عرب در 1994 **منشور حقوق بشر عربی** را برای انعکاس شریعت اسلام در حقوق بشر پذیرفت . به دلیل انتقاد شدیدی که به دلیل عدم رعایت استانداردهای حقوق بشری توسط سازمان های حقوق بشری در منطقه و خارج از آن بر این منشور وارد شد پروسه ی اصلاح آن درسال 2002 تاحدی با مشورت با کارشناسان حقوق بشری و سازمانهای غیردولتی آغاز شد. این انتقادات منجر به تجدید نظر در منشور حقوق بشر عربی شد . درمقایسه با متن 1994لغوه 2004بهتر است اما در آن هنوز مواد قابل بحثی وجود دارد از قبیل ارتباط این منشور با حقوق زنان و رهایی از شکنجه، و اینکه منشور صریحا به شریعت ارجاع می دهد. در زمینه نظارت، یک **کمیته از کارشناسان حقوق بشری** برای بازنگری گزارش های دولتهای عضو و موضوع توصیه نامه ها تنظیم شده است . کمیته گزارش سالانه خودرا به دبیر کل اتحادیه عرب، که گزارشها و توصیه نامه های کمیته را منتشر می کند تقدیم می نماید هنوز هیچ کشوری از اتحادیه عرب این منشور را تصویب نکرده است .

کشورهای مستقل مشترک المنافع

این سازمان در 8 سپتامبر 1991 در منسیک بلاروس[177] تشکیل شد و امروزه دارای 11عضو است که قبلا کشورهای بلوک شرق بودند . این سازمان اغلب با عنوان یک اتحادیه آزاد توصیف می شود و ایجاد آن باعث جدل بوده است، چرا که این سازمان بعنوان ادامه اتحادیه جماهیر شوری سوسیالیستی سابق تلقی می‌شود. اهداف سازمان ازجمله عبارتنداز : همکاری اعضا در حوزه های اقتصادی، محیط زیستی، حقوق بشری فرهنگی و دیگر حوزه ها ؛ توسعه متوازن اقتصادی آنها، تضمین حقوق بشر و آزادیهای اساسی طبق اصول کلی شناخته شده ونرم های حقوق بین الملل، همکار ی برای صلح و امنیت و کاهش مخاصمات و تسلیحات نظامی[178] .

مهمترین **ارکان قانونی** سازمان کشورهای مشترک المنافع عبارتند از :

- شورای سران کشور ها
- شورای روسای دولتها
- شورای وزیران امور خارجه
- شورای وزیران دفاع
- شورای فرماندهان نظامی مرزی
- مجمع پارلمانی
- دادگاه اقتصادی

---

[175] - پیمان اتحادیه کشورهای عربی مورخ 22 مارس 1945، جلد LXX سری معاهدات سازمان ملل، ص 237 تا 263.

[176] - شورای اتحادیه کشورهای عربی، قطعنامه 5437 (صدودومین جلسه عادی)، قاهره

[177] - منشور کشورهای مشترک المنافع مصوب هشتم سپتامبر 1991

[178] - مواد یک الی ششم منشور کشورهای مشترک المنافع مصوب هشتم سپتامبر 1991

1. Convention on Human Rights and Fundamental Freedoms (CHRFF)[179]

The Convention guarantees political and civil rights and liberties, such as the right to life; freedom from torture and slavery; right to a fair trial; the right to privacy, religion and belief; and social and economic rights, such as the right to marry, the right to health and social welfare and the right to work. Despite its comprehensive scope, the CHRFF has received much criticism, especially from the Council of Europe, as downgrading significantly the level of protection provided for by the ECHR.

---

[179] Convention on Human Rights and Fundamental Freedoms (adopted 26 May 1996, entered into force 11 August 1998).

کنوانسیون حقوق بشر و آزادیها ی اساسی [179]

این کنفرانسیون تضمین کننده حقوق سیاسی و مدنی وآزادیهایی از قبیل، حق برحیات، رهایی از شکنجه، و برده داری، حق برمحاکمه عادلانه، حق برجریم خصوصی، مذهب و اعتقاد، و حقوق اقتصادی و اجتماعی از قبیل حق ازدواج، حق بهداشت، ورفاه اجتماعی و حق براشتغال می‌باشد. علی رغم قلمرو جامع این کنوانسیون، انتقادات زیادی بخصوص از جانب شورای اروپا به دلیل سطح پائین حمایتی نسبت به موارد کنوانسیون اروپایی حقوق بشر به آن متوجه شده است.

---

[179] ـ کنوانسیون حقوق بشر و آزادی های اساسی مصوب 26 می 1996 که درتاریخ 11 اوت 1998 لازم الاجرا‌شد.

79

PART C—RIGHTS AND FREEDOMS

بخش سوم – حقوق و ازادی ها

RIGHT TO LIFE

A. DEFINITION AND SCOPE

The right to life is the precondition of the enjoyment of other rights and expresses the belief that a human being has an essential right to live. The concept of life is central to debates in law, politics, philosophy and ethics as it is associated with debates on the issues of capital punishment, torture, abortion, euthanasia, self-defence and war.

Numerous international and regional instruments protect the right to life, none of them, however, gives a strict definition of the right to life and its limits, beyond the 'death penalty'. Groups of individuals who are at particular risk of having their right to life infringed, such as refugees and children, are specifically protected by international conventions.[180]

The definition of the right to life entails several complex problems, among them:

1. Scope
Defining those *who* should enjoy the right to life is one of the most contested questions relating to the right to life and involves analysis of what is a human being and how to balance the rights of the foetus and those of the mother.[181]

2. Negative and Positive Action of the State
Primarily, the right to life is a 'negative' right, meaning prevention of intentional or arbitrary killing by the State of other individuals, freedom from execution, with a few strictly defined exceptions. Today, the content of the right to life is expanded to encompass 'positive' action of the State with regard to social welfare protection in order to enhance the conditions that preserve life, such as education, health, shelter and clothing.

3. Religious Connotation
The Islamic Declaration and the Arab Charter are regional instruments that include a religious overtone with regards to the right to life. The Islamic Declaration states that everyone is guaranteed the right to life under the religious Shari'ah, and that no one shall be deprived of this right, nor shall they be punished in any way that is not in accordance with this religious law. The Arab Charter bears more resemblance to the other international instruments on the matter.

4. The Traditional Versus the Modern Approach to the Right to Life
International and domestic legal instruments demonstrate a shift from the traditional approach of allowing execution for serious crimes under strictly defined circumstances to the absolute protection of the right to life and the total abolition of execution. The 'traditional' approach permits for exceptions in the protection of the right to life. Accordingly, it allows for the execution of persons for particularly atrocious crimes, when the law of the State has previously dictated that this is the appropriate punishment for the particular crime, and fair procedural guarantees are provided. Other exceptions are the right to kill an individual to defend or protect oneself or other individuals, for example the way the police operate and the case of assisted suicide.

---

[180] See Convention Relating to the Status of Refugees, the International Convention on the Elimination of all forms of Racial Discrimination and the Convention of the Rights of the Child.

[181] See below on abortion.

حق بر حیات

تعریف و قلمرو

حق حیات پیش شرط بهره‌مندی از حقوق دیگر است و این عقیده را اظهار می دارد که یک انسان حق ضروری بر زندگی کردن دارد. مفهوم حیات همانطور که با موضوعاتی همچون مجازات اعدام، شکنجه، سقط‌جنین، قتل با ترحم، دفاع مشروع و جنگ پیوند خورده است بر مواردی مانند قانون، سیاست، فلسفه و اخلاق نیز متمرکز شده است.

اسناد متعدد بین‌المللی و منطقه‌ای از حق حیات حمایت می‌کنند و این درحالی است که هیچکدام از آنها تعریف صریحی از حق حیات و محدودیت‌های آن پیرامون مجازات مرگ ارائه نمی‌دهند. گروه‌هایی از مردم که حق حیاتشان در خطر خاصی قرار می‌گیرد، همچون پناهنده‌گان و بچه‌ها، به طور ویژه‌ای به‌وسیله کنواسیون‌های بین‌المللی حفاظت شده اند[180].

تعریف حق حیات متضمن بعضی مشکلات پیچیده ایست، از میان (آنها) می‌توان به‌موارد زیر اشاره کرد:

- **قلمرو تعریف**

این که **چه کسی** بایستی از حق حیات بهره‌مند شود یکی از مهمترین سئوالات اختلاف برانگیز مرتبط با حق حیات است و متضمن تجزیه و تحلیل ابناء بشر و چگونگی ایجاد توازن بین حقوق جنین و حقوق مادر است[181].

- **اقدام منفی و مثبت دولت‌ها**

ابتدائاً، حق حیات یک حق منفی است، به معنی جلوگیری از کشتار عمدی یا خودسرانه افراد به وسیله حکومت، و آزادی از اعدام، با استثناهای‌بسیار محدود. امروزه، مفهوم حق حیات در اقدام مثبت دولت با هدف حمایت رفاهی اجتماعی به منظور افزایش شرایطی جهت صیانت از حیات گسترش یافته و اقداماتی چون آموزش، سلامت، مسکن و لباس از این قبیل را در برمی‌گیرد.

- **اشارات مذهبی**

اعلامیه اسلامی و منشور عربی، اسناد منطقه‌ای هستند که در بردارنده یک مفهوم فرعی مذهبی در ارتباط با حق حیات می‌باشد. اعلامیه اسلامی بیان می‌دارد که حق حیات هرکس، به‌موجب شریعت مذهبی تضمین شده است و هیچکس نباید از این حق محروم بماند و هیچکس نباید به شیوه‌آی که مغایر با این قانون مذهبی است مجازات شود. منشور عربی حامل تشابهات بیشتری با اسناد بین‌المللی در موضوع فوق‌الذکر است.

- **رویکرد سنتی و مدرن نسبت به حق بر حیات:**

اسناد حقوقی داخلی و بین‌المللی یک جهش از رویکرد سنتی را که با شرایط احصاء شده محدود، اجازه اعدام در مورد جرائم سنگین را صادر می‌کند به رویکرد مدرن که حمایت مطلق از حق حیات و لغو کامل اعدام است نشان می‌دهد. رویکرد سنتی استثنائاتی را در حمایت از حق حیات مجاز می‌شمارد. از این رو، مجازات اعدام را برای جرائم خاص و فجیع، در مواردی که قانون قبلاً مجازات مقتضی و مناسب را برای جرم خاص تعیین کرده و ضمانت اجراهای عادلانه ای را مقرر داشته‌است، مجاز می‌داند. استثنائات دیگر عبارتند از حق کشتن یک فرد جهت دفاع یا حمایت از اشخاص و یا افراد دیگر، برای مثال می‌توان از عملیات پلیس و مورد خودکشی با کمک دیگری نام برد.

---

[180] - مراجعه شود به کنوانسیون مربوط به وضعیت پناهندگان، کنوانسیون بین المللی رفع تمام اشکال تبعیض نژادی و کنوانسیون حقوق کودک

[181] - همان منبع درخصوص سقط جنین دیده شود.

The **1948 Universal Declaration of Human Rights**, the first international human rights document to proclaim the right to life, follows the policy of most countries during the time it was adopted and protects, in general, the right to life of those who follow the laws of society.[182]

The **1950 European Convention on Human Rights (ECHR)** is more specific and asserts the right to life for everyone, with certain exceptions: deprivation of life is permitted when death is the punishment for a crime of which a person is convicted; when it is necessary to defend against a person that uses unlawful violence; to effect a lawful arrest; or to lawfully suppress a riot. Similarly to the ECHR, the **1966 International Covenant on Civil and Political Rights (ICCPR)**, spells out the circumstances in which it is permissible to use the death penalty, namely only for the most serious crimes, only if that is the punishment already determined prior to the committing of the crime and only if the person has been found guilty of the crime by a competent court and has been given the opportunity to seek a pardon. Children and pregnant women are specifically protected from the death penalty.[183]

According to this traditional approach, the right to life, though universal and sacrosanct, can be limited by the State in accordance with public international law standards.

In the 1980s a new trend emerged that calls for the **absolute protection** of the right to life and the complete abolition of the death penalty. The **1983 ECHR Protocol No 6**[184] calls all Member States of the Council of Europe and the **1989 Second Optional Protocol to the ICCPR**[185] calls the whole international community to abolish the death penalty. The latter provides for the legality of the imposition of the death penalty in times of war and only for a heinous crime committed during armed conflict.

At the regional level, the Organization of American States follows the modern trend and Europe is today the largest death-penalty-free zone in the world, since the ratification by all members of the European Union of the EU Charter of Fundamental Rights in 2000. A number of regional instruments, such as the 1981 Banjul Charter, the 1990 Cairo Declaration and the 1994 Arab Charter on Human Rights Charter retain the traditional approach.

B. CURRENT ISSUES

1. Capital Punishment

Capital punishment, or the death penalty, is the execution of a convicted criminal by the State as punishment for capital crimes or offences. Capital punishment is one of the most controversial issues related to the right to life. Historically, the execution of criminals was used by nearly all societies. Today, the discourse of the *traditional v modern* approach to the right to life is closely related to capital punishment, and the modern approach favouring the absolute character of the right to life and the illegality of capital punishment is increasingly gaining consensus. Nevertheless, the fact that many countries retain capital punishment undermines the consensus that could make the death penalty illegal as a matter of customary international law.

---

[182] UDHR Articles 3 and 29(2).

[183] ICCPR Article 6.

[184] Protocol No 6 to the 1950 European Convention for the Protection of Human Rights and Fundamental Freedoms (entered into force 1 March 1985) ETS 114.

[185] Second Optional Protocol to the International Covenant on Civil and Political Rights, aiming at the abolition of the death penalty, adopted by UNGA Resolution 44/128 (15 December 1989).

اعلامیه جهانی حقوق بشر 1948، اولین سند حقوق بشر بین‌المللی است که حق حیات را بیان می‌کند و از سیاست بسیاری از کشورها در طول زمان تصویب تبعیت می کند و به‌طور کلی از حق بر حیات کسانی که از قوانین جامعه پیروی می‌کنند دفاع می‌کند[182].

کنوانسیون اروپایی حقوق بشر در سال 1950 به‌طور خاص بر حق حیات برای همه انسانها و تحت بعضی استثنائات تأکید می‌کند: سلب حیات هنگامی که مجازات جرم تحقق یافته توسط شخص، اعدام باشد مجاز شمرده شده است و همینطور است هنگامی که برای دفاع دربرابر شخصی که به خشونتهای غیرقانونی متوسل شده، اجرای حکم بازداشت قانونی یا یا کنترل قانونی آشوب ضرورت پیدا کند.

میثاق بین‌المللی حقوق مدنی و سیاسی 1966 همانند کنوانسیون اروپایی حقوق بشر اوضاع و احوالی را که در آن استفاده از مجازات مرگ در مورد جرائم سنگین و صرفاً در صورتی‌که میزان مجازات قبل از ارتکاب جرم معین شده باشد و شخص توسط یک دادگاه صلاحیتدار مجرم شناخته شود، و فرصت درخواست عفو نیز به او داده شده باشد مجاز است بر می شمرد. کودکان و زنان باردار به‌طور ویژه‌ای در برابر مجازات مرگ حمایت شده‌اند[183].

مطابق با این رویکرد سنتی،حق بر حیات چه به‌صورت جهانی و چه شرعی آن می‌تواند توسط دولت در ارتباط با استانداردهای حقوق بین‌الملل عمومی محدود شود.

در دهه 1980 یک گرایش جدید پدیدار شد که حمایت کامل و مطلق از حق حیات و لغو کامل مجازات اعدام را مطرح می‌کرد. **پروتکل شماره 6 شماره 1983 کنوانسیون اروپایی حقوق بشر**[184] همه دولت‌های عضو شورای اروپا و **پروتکل اختیاری دوم 1989 میثاق بین المللی حقوق مدنی و سیاسی**[185] کل جامعه بین‌المللی را به لغو مجازات اعدام فرا می‌خواند. پروتکل اخیر، مواردی را درباره قانونی بودن تحمیل مجازات اعدام در زمان جنگ وصرفاً برای جرائم فجیع که در مخاصمات مسلحانه ارتکاب یافته‌اند در بر می گیرد.

در سطح منطقه‌ای، سازمان دولت‌های آمریکایی دنباله‌رو گرایش جدید می‌باشد و امروزه اروپا از زمان تصویب منشور اتحادیه اروپا در مورد حقوق بنیادین توسط همه اعضای اتحادیه در سال 2000 بزرگترین منطقه آزاد از مجازات اعدام در جهان است. تعدادی از اسناد منطقه‌ای، همچون منشور بانجول 1981، اعلامیه قاهره در سال 1990 و منشور عربی حقوق بشر در سال 1994 بر رویکرد سنتی باقی مانده‌اند.

موضوعات جاری

اعدام و مجازات مرگ:

مجازات مرگ اعدام یک جانی محکوم شده به‌وسیله دولت به‌عنوان مجازات برای جرائم سنگین است. مجازات اعدام یکی از موضوعات مناقشه برانگیز مربوط به حق حیات می‌باشد. از لحاظ تاریخی، اعدام جانی تقریباً توسط همه جوامع صورت می گرفته است. امروزه، گفتمان *رویکرد سنتی در مقابل رویکرد مدرن* در مورد حق بر حیات به صورت تنگاتنگی به مجازات اعدام مربوط می‌باشد و رویکرد مدرن با حمایت از حق بر حیات بر غیرقانونی دانستن مطلق مجازات اعدام به‌طور فزاینده‌ای اجماع کرده است. با این وجود، این حقیقت که بسیاری از کشورها مجازات اعدام را حفظ کرده‌اند موجب تضعیف اجماعی شد که می‌توانست مجازات اعدام را همانند موضوعی در حقوق عرفی بین‌المللی غیرقانونی نشان دهد.

---

182 - ماده سوم و (2)29 بیانیه جهانی حقوق بشر

183 - ماده 6 میثاق بین المللی حقوق مدنی و سیاسی

184 - پروتکل شماره 6 کنوانسیون اروپایی حمایت ازحقوق بشر و آزادی های اساسی سال 1950 بشماره E.T.S 114 که در تاریخ اول مارس 1985 لازم الاجرا شد.

185 - دومین پروتکل الحاقی به میثاق بین المللی حقوق مدنی و سیاسی درخصوص لغو مجازات اعدام مصوب مجمع عمومی سازمان ملل، قطعنامه شماره 44/128 مصوب 15 دسامبر 1989

Capital punishment is mainly reserved as a punishment for premeditated murder, espionage, treason, or for use in military justice. In some countries, sexual crimes, such as sodomy and adultery, and religious crimes, such as the formal renunciation of the religion, carry the death penalty. Presently, almost all European States, many Pacific Area and Latin American States, and Canada have abolished capital punishment. A number of States allow for capital punishment only in exceptional situations, such as treason committed during wartime. The United States, Guatemala, most of the Caribbean and the majority of democracies in Asia and Africa retain it.[186] Statistics on the death penalty take into account countries that retain the death penalty in their legislation, but they have de facto abolished the imposition or execution of the punishment. The de facto abolition or non-execution of capital punishment is the first step towards its total abolition.

International law universally condemns the practice of capital punishment for crimes committed by individuals under the age of 18.[187]

Capital punishment is closely related to **freedom from torture**. It is contested, however, whether it is the actual act of execution or the mental anguish of the prisoner leading up to the execution that constitutes torture.

A State may refuse **extradition** if the crime for which extradition is sought carries the death penalty in the petitioning State.[188] This is an optional ground for refusal of extradition, but an important one in that it may prevent the implementation of the death penalty, thereby allowing a nation whose domestic laws or international obligations prevent them from subjecting someone to the death penalty to exercise their obligations. The Human Rights Committee considers that the general prohibition in ICCPR Article 6(1) on arbitrary deprivation of the right to life means that countries where capital punishment has already been abolished cannot commit it even indirectly, namely by extraditing somebody to a country where this may be imposed.[189]

The fact that according to the **1998 Rome Statute**, the International Criminal Court does not have jurisdiction to sentence a person guilty of committing war crimes, crimes against humanity and the crime of genocide to death is evidence that capital punishment is seen as unacceptable by the international community even in the event of serious crimes of international concern in times of armed conflict.

2. Genocide

Genocide is the deliberate and systematic destruction of an ethnic or national group. The most common definition of genocide is found in the 1948 United Nations Convention on the Prevention of Punishment of the Crime of Genocide,[190] where Article 2 defines genocide as

> any of the following acts committed with intent to destroy, in whole or in part, a national, ethnical, racial or religious group, as such: killing members of the group; causing serious bodily or mental harm to members of the group; deliberately inflicting on the group conditions of life, calculated to bring about its physical destruction in whole or in part; imposing measures intended to prevent births within the group; [and] forcibly transferring children of the group to another group.

---

[186] See Facts and Statistics on the Death Penalty at <http://web.amnesty.org/pages/deathpenalty-statistics-eng> (last visited on 14 September 2007).

[187] CRC Article 37.

[188] See Model Treaty on Extradition Article 4, UNGA Res 45/116, annex, 45 UN GAOR Supp No 49A 212, UN Doc A/45/49 (1990).

[189] *Roger Judge v Canada*, Communication No 829/1998, UN Doc CCPR/C/78/D/829/1998 (2003).

[190] United Nations Convention on the Prevention of Punishment of the Crime of Genocide, adopted by UNGA Resolution 260 (III) (adopted 9 December 1948, entered into force 12 January 1951).

مجازات اعدام عمدتاً به‌عنوان مجازاتی برای قتل از پیش طراحی شده، جاسوسی، خیانت یا برای‌کاربرد در دادگاه‌های نظامی حفظ شده است. در بعضی کشورها برای جرائم جنسی، همچون لواط و زنا و جرائم مذهبی، همچون ارتداد، مجازات اعدام اجرا می‌شود. در حال حاضر تقریباً همه دولتهای ناحیه اروپا و بسیاری از کشورهای اقیانوسیه کشورهای آمریکای لاتین و کانادا، مجازات اعدام را لغو کرده‌اند[186]. شماری از دولت‌ها مجازات اعدام را صرفاً در وضعیت‌های استثنایی، همچون خیانت در زمان جنگ مجاز دانسته‌اند. ایالت متحده، گواتمالا و بسیاری از کشورهای حوزه کارائیب و اکثریت کشورهای دمکرات در آسیا و آفریقا از این جمله اند. آمار مجازات مرگ، کشورهایی را در بر می‌گیرد که این مجازات در قوانین آنها موجود بوده اما آنها اجرای آن را درعمل لغو کرده‌اند. لغو عملی یا عدم اجرای مجازات اعدام اولین گام در لغو کامل آن است.
حقوق بین‌المللی به طورکلی کاربرد مجازات اعدام را برای جرائم ارتکابی توسط افراد زیر 18سال محکوم می‌کند[187].

مجازات اعدام ارتباط تنگاتنگی با **آزادی از شکنجه** دارد. با این‌وجود این مسأله مورد بحث است خواه این که فعل اعدام صورت گیرد یا فقط تشویش ذهنی زندانی از اعدام شدن باشد که آن نیز شکنجه است.
ممکن است دولتی استرداد مجرمین را فقط به آن دلیل‌که تقاضای **استرداد** از جانب دولت درخواست‌کننده منجر به مجازات مرگ برای مجرم گردد، رد کند[188]. این یک دلیل اختیاری برای رد استرداد مجرمین است، اما دستاورد مهم آن اینست که می‌تواند از اجرای مجازات مرگ جلوگیری کند، به این صورت که به یک ملت که حقوق داخلی یا بین‌المللی، آن ها را از کاربرد مجازات مرگ منع کرده اجازه می‌دهدکه به تعهدات خود عمل کنند. کمیته حقوق بشر چنین قلمداد می کند که ممنوعیت کلی مذکور مطابق ماده 6 بند1 میثاق بین المللی حقوق مدنی و سیاسی در محرومیت خود سرانه از حق حیات به معنای آن است که کشورهایی که مجازات اعدام در آن ها قبلاً لغو شده، حتی به‌طور غیر مستقیم هم نمی‌توانند مرتکب آن شوند و این بدان معنا است که آن ها نمی تواند فردی را که مجازات اعدام در مورد او وجود دارد استرداد کنند[189].

این حقیقت که مطابق با اساسنامه رم 1998، دادگاه کیفری بین‌المللی صلاحیت محکوم کردن به مرگ متهم به جرائم جنگی، جرائم علیه بشریت و نسل‌کشی را ندارد نشانگر ان‌است که مجازات اعدام از نظر جامعه بین‌المللی حتی در جرائم سنگین بین‌المللی و در هنگام مخاصمات مسلحانه نیز غیرقابل قبول است.

- **نسل کشی**

نسل کشی نابودی عمومی و نظام‌مند قوم یا گروهی از مردم است. مهمترین تعریف مشترک نسل کشی در کنوانسیون سازمان ملل 1948 در مورد منع مجازات جرم کشتار جمعی یافت می‌شود[190]. جایی که ماده2، کشتار جمعی را به‌عنوان

> هریک از اعمال عمدی ذیل که باعث نابودی کل یا جزئی گروههای ملی، قومی نژادی یا مذهبی گردد، تعریف می‌کند. همچون: کشتن اعضای گروه، ورود آسیب شدید جسمی یا روانی بر اعضای گروه، تحمیل شرائط گروهی زندگی حساب شده برای نابودی فیزیکی به طور کلی یا جزئی، تحمیل اقداماتی عمدی به منظور جلوگیری از زاد و ولد در گروه و انتقال اجباری کودکان از گروهی به گروه دیگر.

---

186 - درخصوص آمار مجازات اعدام مراجعه شود به سایت اینترنتی:
http://web.amnesty.org/pages/deathpenalty-statistica-eng

187 - ماده 37 CRC

188 - ماده 4 معاهده الگو درخصوص استرداد، قطعنامه مجمع عمومی سازمان ملل بشماره :
45/116, annex, 45 U.N. GAOR Supp. (No.49A)at 212,U.N. UN GA Resolution Doc.A/45/49 (1990)

189 - به رای زیر مراجعه شود:
Roger Judge v. Canada, Communication NO.829/1998,U.N. Doc. CCPR/C/78/D/829/1998 (2003)

190 - کنوانسیون سازمان ملل در خصوص منع مجازات جرم کشتار دسته جمعی مصوب مجمع عمومی سازمان ملل، قطعنامه 260(III) مورخ 9 دسامبر 1948 که درتاریخ 12 ژانویه 1951 به اجرا درآمد.

The Convention protects the right to life of individuals or groups that might be targeted for national, ethnic, racial or religious reasons. ICCPR Article 6 completely outlaws genocide, and does not allow for the exception that the Covenant can be used as a justification for genocide. Genocide is a serious criminal offence in several countries at the domestic law level.

3. Abortion and Euthanasia[191]

The moral and legal aspects of induced abortion are subject to intense debate around the world.. There is no international agreement on the exact point at which life starts and must be protected.

The only human rights treaty that offers any position on the start of life is the 1978 ACHR, which states that the right to life 'shall be protected by law and, in general, from the moment of conception' (Article 4(1)). There is no international human rights treaty that clarifies the meaning of the end of life. At the domestic level, there are many different laws and practices in regard to the beginning of life. In most legal systems euthanasia in any form is governed by the criminal law of murder on the basis of the argument that the State has the obligation to safeguard all human life with no distinction.

C. KEY LEGAL INSTRUMENTS[192]

1. Universal Instruments

(a) Universal Declaration of Human Rights 1948
Article 3
Everyone has the right to life, liberty and security of person.

Article 29
(1) ...
(2) In the exercise of his rights and freedoms, everyone shall be subject only to such limitations as are determined by law solely for the purpose of securing due recognition and respect for the rights and freedoms of others and of meeting the just requirements of morality, public order and the general welfare in a democratic society.

(b) International Covenant on Civil and Political Rights 1966
Article 6
1. Every human being has the inherent right to life. This right shall be protected by law. No one shall be arbitrarily deprived of his life.
2. In countries which have not abolished the death penalty, sentence of death may be imposed only for the most serious crimes in accordance with the law in force at the time of the commission of the crime and not contrary to the provisions of the present Covenant and to the Convention on the Prevention and Punishment of the Crime of Genocide. This penalty can only be carried out pursuant to a final judgement rendered by a competent court.
3. When deprivation of life constitutes the crime of genocide, it is understood that nothing in this article shall authorize any State Party to the present Covenant to derogate in any way from any obligation assumed under the provisions of the Convention on the Prevention and Punishment of the Crime of Genocide.

---

[191] See also below under women's rights.
[192] The provisions in this section relate exclusively to the right to life. Although in several cases death penalty per se may be seen as torture, the provisions of the international legal instruments on torture are presented in the following section.

کنوانسیون از حق حیات افراد یا گروه‌هایی که ممکن است به دلایل ملی، نژادی یا مذهبی مورد حمله واقع شوند حمایت می‌کند. ماده6 میثاق بین المللی حقوق مدنی و سیاسی به‌طور کلی کشتار جمعی را نفی می‌کند و همچنین به این استثنا اجازه نمی‌دهد تا از میثاق برای‌توجیه نسل‌کشی استفاده شود. کشتار جمعی در حقوق داخلی برخی کشورها جرم شدید کیفری محسوب می‌شود.

- **سقط‌جنین و کمک به مرگ** [191]

جنبه‌های اخلاقی و قانونی که باعث ایجاد و افزایش سقط‌جنین شده بحث‌های شدیدی را در پی داشته است. توافقی بین‌المللی در مورد این که زندگی از چه نقطه‌ای آغاز می‌شود و باید مورد حمایت واقع شود وجود ندارد.

تنها معاهده حقوق بشری که در مورد آغاز زندگی موضع دارد (1978) ACHR است که می‌گوید حق حیات بایستی به‌طور کل از لحظه بارداری توسط قانون حمایت شود. بند 1ماده4. هیچ معاهده حقوق بشری بین‌المللی وجود ندارد که در مورد پایان زندگی موضع گرفته باشد. در سطح داخلی قوانین و عملکردهای کاملا متفاوتی در مورد آغاز حیات وجود دارد.

در بیشتر نظام‌های حقوقی کمک به مرگ در هرشکل به‌وسیله قانون کیفری قتل عمد محسوب شده است با این استدلال که دولت متعهد است از حقوق همه انسانها بی هیچ تمایزی محافظت کند.

اسناد مهم بین‌المللی [192]

1- اسناد جهانی

اعلامیه جهانی حقوق بشر 1948

ماده3، هرکس حق حیات، آزادی و امنیت شخصی دارد.

ماده29(1)...

در اعمال حقوق و آزادی‌ها، هرکس باید تابع محدودیت‌هایی باشد که منحصراً به‌وسیله قانون و به‌منظور تضمین شناسایی و احترام به حقوق و آزادی‌های دیگران و فقط به‌منظور هماهنگ‌کردن مقتضیات اخلاق، نظم‌عمومی و رفاه عمومی در جامعه دمکراتیک ایجاد شده باشد.

میثاق بین المللی حقوق مدنی، سیاسی

ماده 6

1-هر انسانی حق ذاتی و بالقوه ای بر زندگی دارد. این حق باید به وسیله قانون محافظت شود هیچکس نباید به طور استبدادی و خود خواهانه از زندگی محروم شود.

2-در کشورهایی که مجازات مرگ منسوخ نشده است محکومیت به مرگ ممکن است برای جدی ترین جنایات مطابق با قانون و زمان ارتکاب جرم اعمال شود و نباید با مفاد میثاق فعلی و کنوانسیون پیشگیری و مجازات جنایت کشتار جمعی و قتل عام تناقض داشته باشد.

3-هنگامی که محرومیت از زندگی منجر به کشتار جمعی می شود چنین استنباط می شود که هیچ بخشی از این ماده به دولتهای عضو اجازه نمی دهد تا به هیچ وجه من الوجوه تعهداتی را که به عهده گرفته اند تحت مقررات کنوانسیون به منظور جلوگیری و مجازات کشتار جمعی فسخ کنند.

---

191 - همچنین تحت عنوان حقوق زنان دیده شود.

192 - مطالب این قسمت منحصرا مربوط به حق حیات است. با این وجود موارد متعددی مجازات اعدام به شکل شکنجه انگاشته شده است، مطالب مرتبط با شکنجه در اسناد بین المللی در فصل بعدی آورده شده است.

4. Anyone sentenced to death shall have the right to seek pardon or commutation of the sentence. Amnesty, pardon or commutation of the sentence of death may be granted in all cases.

5. Sentence of death shall not be imposed for crimes committed by persons below eighteen years of age and shall not be carried out on pregnant women.

6. Nothing in this article shall be invoked to delay or to prevent the abolition of capital punishment by any State Party to the present Covenant.

(c) Second Optional Protocol to the International Covenant on Civil and Political Rights, Aiming at the Abolition of the Death Penalty

The States Parties to the present Protocol,

Believing that abolition of the death penalty contributes to enhancement of human dignity and progressive development of human rights,

Recalling article 3 of the Universal Declaration of Human Rights, adopted on 10 December 1948, and article 6 of the International Covenant on Civil and Political Rights, adopted on 16 December 1966,

Noting that article 6 of the International Covenant on Civil and Political Rights refers to abolition of the death penalty in terms that strongly suggest that abolition is desirable,

Convinced that all measures of abolition of the death penalty should be considered as progress in the enjoyment of the right to life,

Desirous to undertake hereby an international commitment to abolish the death penalty,

Have agreed as follows:

Article 1

1. No one within the jurisdiction of a State Party to the present Protocol shall be executed.

2. Each State Party shall take all necessary measures to abolish the death penalty within its jurisdiction.

Article 2

1. No reservation is admissible to the present Protocol, except for a reservation made at the time of ratification or accession that provides for the application of the death penalty in time of war pursuant to a conviction for a most serious crime of a military nature committed during wartime.

(d) Rome Statute of the International Criminal Court

Article 77

Applicable penalties

1. Subject to article 110, the Court may impose one of the following penalties on a person convicted of a crime referred to in article 5 of this Statute:

(a) Imprisonment for a specified number of years, which may not exceed a maximum of 30 years; or

(b) A term of life imprisonment when justified by the extreme gravity of the crime and the individual circumstances of the convicted person.

2. In addition to imprisonment, the Court may order:

(a) A fine under the criteria provided for in the Rules of Procedure and Evidence;

(b) A forfeiture of proceeds, property and assets derived directly or indirectly from that crime, without prejudice to the rights of bona fide third parties.

2. Regional Instruments

(a) European Convention on Human Rights 1950

Article 2—Right to life

4-هر محکوم به مرگی باید حق درخواست بخشش /عفو و تخفیف مجازات را داشته باشد. عذر عمومی، بخشش یا تخفیف جرم کیفر مرگ ممکن است در هر موردی اعطاء شده و مورد موافقت واقع شود.
5-مجازات مرگ نباید برای جرائم ارتکابی توسط اشخاص زیر هیجده سال و زنان باردار اعمال شود.
6- مطابق معاهده کنونی هیچ چیز در این ماده نباید برای به تأخیر انداختن و جلوگیری از لغو لغواعدام به وسیله هیچ دولتی به کار گرفته شود

پروتکل دوم در رابطه با میثاق بین المللی حقوق مدنی سیاسی،با هدف لغو لغومجازات مرگ (اعدام)
کشورهای امضاکننده این پروتوکل ،
با اعتقاد به این که لغو لغومجازات مرگ به افزایش شأن و منزلت انسان و ارتقاء سطح پیشرفت حقوق انسانی کمک می کند.
با ی یادآوری –ماده 3 اعلامیه جهانی حقوق بشر تنظیم شده در دهم دسامبر 1948 و ماده 6 میثاق بین المللی حقوق مدنی و سیاسی تنظیم شده در شانزدهم دسامبر 1966
با توجه این که ماده 6 میثاق بین المللی حقوق مدنی و سیاسی با عباراتی به لغو مجازات اعدام اشاره می‌کند که بیانگر مطلوب بودن لغو لغوکیفر مرگ. است.
- با اعتقاد به این که کلیه جنبه های لغو لغوکیفر مرگ به عنوان روندی در برخورداری از حق حیات باید مورد توجه قرار گیرد.
با تمایل برای یک تعهد بین المللی برای لغو کیفر مرگ
موارد زیر توافق کرده‌اند : .
ماده *1*
1- هیچ فردی در حوزه قضایی یک کشور عضو این پروتوکل نباید اعدام شود.
2- هر دولتی باید همه معیارهای ضروری برای لغو کیفر مرگ را مطابق با حوزه قضایی اش در نظر بگیرد
ماده *2*
هیچ حق شرطی برای پیش نویس حاضر پذیرفتنی و مجاز نیست مگر حق شرطی در زمان تصویب یا الحاق در مورد درخواست کیفر مرگ در زمان جنگ، متعاقب بر جدی ترین جنایتی که یک نظامی در زمان جنگ مرتکب می شود.

اساسنامه دادگاه جنایی بین المللی روم
ماده *77*
مجازاتهای قابل اجرا
1-مطابق با ماده 110 دادگاه می تواند به استناد ماده 5 این قانون یکی از مجازاتهای زیر را برای شخص محکوم به جرم اعمال کند:
a: زندان برای مدت زمان مشخص که نباید از حداکثر 30 سال تجاوز کند؛ یا
b: حبس ابد هنگامی که با توجه به شدت جرم و شرایط فردی شخص محکوم توجیه پذیر باشد..
2-علاوه بر زندان ممکن است دادگاه دستور دهد :
الف: جریمه مطابق با معیارهای مقرر در قوانین آیین دادرسی و شرح پرونده
ب: مصادرهعایدات، دارایی و سرمایه هایی که به طور مستقیم یا غیر مستقیم از آن جرم حاصل شده است بدون ضرر رساندن به حقوق اشخاص ثالث

2- اسناد منطقه ای

کنوانسیون حقوق بشر اروپا 1950
ماده 2- حق بر حیات

1. Everyone's right to life shall be protected by law. No one shall be deprived of his life intentionally save in the execution of a sentence of a court following his conviction of a crime for which this penalty is provided by law.

2. Deprivation of life shall not be regarded as inflicted in contravention of this article when it results from the use of force which is no more than absolutely necessary:

    a. in defence of any person from unlawful violence;

    b. in order to effect a lawful arrest or to prevent the escape of a person lawfully detained;

    c. in action lawfully taken for the purpose of quelling a riot or insurrection.

No one shall be subjected to torture or to inhuman or degrading treatment or punishment.

(b) Protocol No 6 to the Convention for the Protection of Human Rights and Fundamental Freedoms concerning the Abolition of the Death Penalty of 1983

Article 1—Abolition of the death penalty

The death penalty shall be abolished. No one shall be condemned to such penalty or executed.

Article 2—Death penalty in time of war

A State may make provision in its law for the death penalty in respect of acts committed in time of war or of imminent threat of war; such penalty shall be applied only in the instances laid down in the law and in accordance with its provisions. The State shall communicate to the Secretary General of the Council of Europe the relevant provisions of that law.

Article 3—Prohibition of derogations

No derogation from the provisions of this Protocol shall be made under Article 15 of the Convention.

(c) Charter of Fundamental Rights of the European Union 2000[193]

Article 2 Right to life

1. Everyone has the right to life.

2. No one shall be condemned to the death penalty, or executed.

(d) African Charter on Human and Peoples' Rights (Banjul Charter) 1982

Article 4

Human beings are inviolable. Every human being shall be entitled to respect for his life and the integrity of his person. No one may be arbitrarily deprived of this right.

(e) African Charter on the Rights and Welfare of the Child 1990

Article 5: Survival and Development

1. Every child has an inherent right to life. This right shall be protected by law.

2. States Parties to the present Charter shall ensure, to the maximum extent possible, the survival, protection and development of the child.

3. Death sentence shall not be pronounced for crimes committed by children.

(f) American Declaration of the Rights and Duties of Man of 1948

Article I. Right to life, liberty and personal security.

Every human being has the right to life, liberty and the security of his person.

Article XXVI. Right to due process of law.

Every accused person is presumed to be innocent until proved guilty.

---

[193] Charter of Fundamental Human Rights of the European Union [2000] OJ C 364, 1 (18 Dec 2000).

-حق هر کس بر زندگی کردن باید به وسیله قانون محافظت شود. .هیچکس نباید عامداً از حق بر زندگی کردن محروم شود به جز مواردی که دادگاه به استناد قانون برای جرم ارتکابی جنین مجازاتی را در نظر گیرد.

2-محرومیت از زندگی موقعی‌که به دلیل استفاده از حد اقل کامل زور نتیجه می‌شود نباید به عنوان تخلف از این ماده تلقی شود

الف: در دفاع از هر شخصی دربرابر خشونت غیر قانونی؛

ب: به علت اجرای بازداشت قانونی یا برای جلوگیری از فرار شخص که به صورت قانونی بازداشت شده است.

پ: در جریان اعمال قانونی صورت گرفته با هدف سرکوبی یک شورش یا فتنه .

هیچکس نباید در معرض شکنجه یا رفتار یا تنبیه غیر انسانی یا تحقیر آمیز قرار گیرد.

پروتوکل شماره 6 1983 در رابطه با کنوانسیون محافظت از حقوق بشر و آزادی های بنیادین در رابطه با لغو کیفر مرگ

ماده 1-لغو کیفر مرگ

کیفر مرگ باید لغو شود هیچکس نباید به چنین کیفری محکوم یا اعدام شود.

ماده 2- مجازات مرگ در زمان جنگ

یک دولت ممکن است برای مجازات مرگ در قوانین داخلی اش بندهایی را در رابطه با اعمال ارتکابی در زمان جنگ یا تهدید قریب الوقوع جنگ وضع کند. چنین مجازاتهایی باید مطابق با موارد احصاء شده در قانون و مقررات موجود اعمال گردند. دولت باید با دبیر کل شورای اروپا در ارتباط با بندهای این قانون مراوده داشته باشد.

ماده 3-منع ابطال و فسخ

هیچ ابطالی نسبت به مفاد این پروتکل در ذیل فصل 15 کنوانسیون نباید صورت بگیرد.

منشورحقوق اساسی اتحادیه ی اروپایی 2000[193]

ماده 2- حق بر حیات

1-هر کس حق دارد زندگی کند.

2-هیچ کس نباید به کیفر مرگ یا اعدام محکوم شود.

منشور آفریقایی حقوق بشر و مردم (منشور بانجول) 1982

ماده 4

انسانها مصون هستند. .هر انسانی باید در ارتباط با حیات و تمامیت انسانی اش ذیحق شناخته شود. .هیچکس نباید خودسرانه خودسرانهاز این حق محروم گردد.

منشور آفریقایی حقوق و رفاه کودک در سال 1990

ماده 5-بقاء و توسعه

1-هر کودکی حق ذاتی برای حیات دارد. این حق باید توسط قانون محافظت شود.

2-دولتهای عضو با توجه به منشور حاضر باید تا سر حد امکان بقاء، امنیت و پیشرفت کودکان را تضمین کنند.

3-حکم مرگ نباید برای جرائم ارتکابی توسط کودکان صادر شود.

اعلامیه آمریکایی حقوق و تکالیف انسان در سال 1948

ماده 1-حق بر حیات, آزادی و امنیت شخصی

هر انسانی حقی برای زندگی کردن،آزادی و امنیت شخصی دارد

ماده 26-حق ناشی از روند قانون

هر متهمی تا اثبات اتهامش بیگناه فرض می شود.

---

193 - منشور حقوق اساسی اتحادیه اروپا بشماره 1 (C 364) O.J. 2000 مصوب 18 دسامبر 2000

Every person accused of an offense has the right to be given an impartial and public hearing, and to be tried by courts previously established in accordance with pre-existing laws, and not to receive cruel, infamous or unusual punishment.

(g) American Convention on Human Rights (Pact of San Jose, Costa Rica) 1992
Article 4. Right to Life
1. Every person has the right to have his life respected. This right shall be protected by law and, in general, from the moment of conception. No one shall be arbitrarily deprived of his life.
2. In countries that have not abolished the death penalty, it may be imposed only for the most serious crimes and pursuant to a final judgment rendered by a competent court and in accordance with a law establishing such punishment, enacted prior to the commission of the crime. The application of such punishment shall not be extended to crimes to which it does not presently apply.
3. The death penalty shall not be re-established in states that have abolished it.
4. In no case shall capital punishment be inflicted for political offenses or related common crimes.
5. Capital punishment shall not be imposed upon persons who, at the time the crime was committed, were under 18 years of age or over 70 years of age; nor shall it be applied to pregnant women.
6. Every person condemned to death shall have the right to apply for amnesty, pardon, or commutation of sentence, which may be granted in all cases. Capital punishment shall not be imposed while such a petition is pending decision by the competent authority.

(h) Protocol to the American Convention on Human Rights to Abolish the Death Penalty of 1991
Article 1
The States Parties to this Protocol shall not apply the death penalty in their territory to any person subject to their jurisdiction.
Article 2
No reservations may be made to this Protocol. However, at the time of ratification or accession, the States Parties to this instrument may declare that they reserve the right to apply the death penalty in wartime in accordance with international law, for extremely serious crimes of a military nature.

(i) Islamic Declaration on Human Rights 1990
Believing that fundamental rights and universal freedoms in Islam are an integral part of the Islamic religion and that no one as a matter of principle has the right to suspend them in whole or in part or violate or ignore them in as much as they are binding divine commandments, which are contained in the Revealed Books of God and were sent through the last of His Prophets to complete the preceding divine messages thereby making their observance and act of worship and their neglect or violation an abominable sin, and accordingly every person is individually responsible—and the Ummah collectively responsible—for their safeguard.
Proceeding from the above-mentioned principles,
Declare the following:
…
Article 2:
a) Life is a God-given gift and the right to life is guaranteed to every human being. It is the duty of individuals, societies and states to protect this right from any violation, and it is prohibited to take away life except for a Shari'ah prescribed reason.
b) It is forbidden to resort to such means as may result in the genocidal annihilation of mankind.

هر شخص متهم به قانون شکنی باید از حق دادرسی منصفانه و عمومی برخوردار شود و این حق باید توسط دادگاه های از قبل تشکیل شده و مطابق با قوانین موجود قبلی و بدون هیچگونه ظلم و محرومیت از حقوق مدنی یا تنبیه غیر معمول رسیدگی شود.

کنوانسیون آمریکایی حقوق بشر(معاهده سن خوزه،کاستاریکا) 1992

ماده 4 –حق بر حیات

1-هر شخصی حقی برای یک زندگی محترمانه دارد. به طور کلی از زمان حاملگی این حق باید توسط قانون محافظت شود و هیچکس نباید خودسرانه از حیاتش محروم شود .

2-در کشورهایی که کیفرمرگ منسوخ نشده است این کیفر می تواند فقط برای جرایم سنگین و مطابق با قضاوت نهایی ارائه شده توسط دادگاه ذیصلاح و قوانین مقرر برای چنین تنبیهی که پیش از وقوع جرم وضع و تصویب شده باشد، اعمال شود .

3- در دولتهایی که آنرا منسوخ کرده اند کیفرمرگ نباید دوباره برقرار گردد.

4-در هیچ موردی مجازات اعدام نباید برای تخلفات سیاسی جرائم یا عادی مربوط به آن اعمال شود.

5- در هیچ موردی اعدام برای اشخاصی که هنگام ارتکاب جرم زیر هیجده سال یا بالای هفتاد سال بوده اند و نیز برای زنان حامله نباید اعمال گردد.

6-هر شخص محکوم به مرگ باید حق درخواست عفو عمومی،بخشش و تخفیف حکم را داشته باشد.جرا که در همه ی موارد امکان بخشش وجود دارد. مجازاتهای سنگین در زمانی که چنین درخواستی بوسیله یک مرجع ذیصلاح در حال بررسی است نباید اعمال شود.

پیش نویس معاهده آمریکایی حقوق بشر برای لغو کیفر مرگ 1991

ماده 1-دولتهای عضو این پیش نویس نباید در کشورشان برای هیچ شخصی در حوزه قضایی شان کیفر مرگ را اعمال کنند.

ماده 2-هیچ حق شرطی برای این پیش نویس وجود ندارد. اگر چه در زمان تصویب و یا الحاق، دولتهای عضو مطابق این سند ممکن است اظهار کنند که آنها حق کاربرد کیفر مرگ را در زمان جنگ مطابق با قانون بین المللی برای جنایات بی نهایت جدی نظامی دارا هستند.

اعلامیه حقوق بشر اسلامی 1990

با اعتقاد به این که حقوق اساسی و آزادیهای عمومی جزء لاینفک دین اسلام است و به عنوان یک موضوع اخلاقی هیچکس حق ندارد آن را به طور کلی یا جزیی، معلق یا از آن تخلف کند و یا آنرا نادیده بگیرد بلکه آنها احکام الهی الزام آوری هستند که در کتابهای وحیانی که از طرف خداوند بواسطه آخرین پیامبر فرستاده شده، آمده اند تا پیامهای الهی قبلی را کامل و به وسیله آن رسم و رسوم و آیین پرستش را ایجاد کنند؛ غفلت و تخلف از آن گناه است و برطبق آن هر شخصی هم به صورت فردی و هم امت اسلامی به صورت جمعی مسؤول محافظت از آن است .

با ادامه اصول فوق الذکر اعلام می دارد:

...

ماده2

الف)زندگی یک موهبت الهی است و حق بر زندگی بر تمام ابناء بشر تضمین شده است.وظیفه اشخاص،اجتماعات ودولت هاست که از این حق در برابر نقض و تخلف از آن، حمایت کنند و گرفتن حیات دیگری به استثنای آنچه که شریعت مقرر داشته است ممنوع است.

ب)متوسل شدن به وسایلی که می تواند منجر به نابودی نوع بشرشود ممنوع است.

c) The preservation of human life throughout the term of time willed by God is a duty prescribed by Shari'ah.

d) Safety from bodily harm is a guaranteed right. It is the duty of the State to safeguard it, and it is prohibited to breach it without a Shari'ah prescribed reason.

(j) Arab Charter on Human Rights 1994

PREAMBLE

The Governments of the member States of the League of Arab States

Given the Arab nation's belief in human dignity since God honoured it by making the Arab World the cradle of religions and the birthplace of civilizations which confirmed its right to a life of dignity based on freedom, justice and peace,

…

Acknowledging the close interrelationship between human rights and world peace,

Reaffirming the principles of the Charter of the United Nations and the Universal Declaration of Human Rights, as well as the provisions of the United Nations International Covenants on Civil and Political Rights and Economic, Social and Cultural Rights and the Cairo Declaration on Human Rights in Islam

…

Article 5

Every individual has the right to life, liberty and security of person. These rights shall be protected by law.

Article 6

There shall be no crime or punishment except as provided by law and there shall be no punishment in respect of an act preceding the promulgation of that provision. The accused shall benefit from subsequent legislation if it is in his favour.

Article 10

The death penalty may be imposed only for the most serious crimes and anyone sentenced to death shall have the right to seek pardon or commutation of the sentence.

Article 11

The death penalty shall under no circumstances be imposed for a political offence.

Article 12

The death penalty shall not be inflicted on a person under 18 years of age, on a pregnant woman prior to her delivery or on a nursing mother within two years from the date on which she gave birth.

D. MONITORING BODIES

1. International

The UN Council on Human Rights
Human Rights Committee

2. Regional

    (a) The European Court of Human Rights
    (b) The European Commission of Human Rights
    (c) The Inter-American Commission on Human Rights
    (d) The Inter-American Court of Human Rights
    (e) The African Commission on Human and Peoples' Rights
    (f) The African Court on Human and Peoples' Rights

پ)صیانت از زندگی انسانی در زمان مقرر شده توسط خدا وظیفه ای است که به وسیله شریعت تجویز شده است.
ت)امنیت در برابر آسیب جسمانی یک حق تضمین شده است .وظیفه دولت است تا آنرا تأمین کند و نقض آن بدون تجویز آن در شریعت ممنوع است.

منشور حقوق بشر عرب در سال 1994

مقدمه

حکومتهای عضو دول اتحادیه عرب

با توجه به اعتقاد ملت های عرب به کرامت انسانی و این مسئله که خداوند جهان عرب را به عنوان مهد ادیان و زادگاه تمدن هایی قرار داده که حق حیات شرافتمندانه را بر اساس آزادی،عدالت و صلح تأیید کرده اند.

....

با شناخت مناسبات تنگاتنگ بین حقوق بشر و صلح جهانی

با تأکید بر اصول منشور ملل متحد و اعلامیه جهانی حقوق بشر و مقررات میثاقین بین المللی حقوق مدنی، سیاسی و اقتصادی، اجتماعی، فرهنگی و کنوانسیون قاهره در حقوق بشر اسلامی.

ماده 5

هر شخصی حق بر حیات، آزادی و امنیت شخصی دارد. این حق ها باید توسط قانون حمایت شده باشد.

ماده 6

هیچ جرم یا مجازاتی به استثناء آنچه در قانون مقرر شده نباید وجود داشته باشد و هیچ مجازاتی نباید نسبت به عملی که قبلاً جرم بودن آن اعلام نشده صورت گیرد. متهم باید از قوانین بعدی،در صورتی که به نفع او است بهره مند شود.

ماده 10

مجازات مرگ تنها برای جرایم خیلی جدی می تواند اعمال شود و شخص محکوم به مرگ باید حق طلب بخشش یا تخفیف مجازات از حکم را داشته باشد.

ماده 11

مجازات مرگ تحت هیچ شرایطی نباید بر جرایم سیاسی اعمال شود.

ماده 12

مجازات مرگ نباید بر افراد زیر 18سال، زنان حامله تا وقتی که وضع حمل کنند، مادر شیرده در ظرف دو سال از زمان زایمان اعمال شود.

گروه های ناظر

بین المللی: شورای حقوق بشر سازمان ملل
کمیته حقوق بشر

منطقه ای

-دادگاه اروپایی حقوق بشر
-کمیسیون اروپایی حقوق بشر
-کمیسیون داخلی آمریکایی حقوق بشر
-دادگاه داخلی آمریکایی حقوق بشر
-کمیسیون آفریقایی حقوق بشر و ملتها
-دادگاه آفریقایی حقوق بشر و ملتها

E. Case Law

1. *Gongadze v Ukraine*, European Court of Human Rights[194]

(a) Legal issues

Right to life; prohibition of inhuman and degrading treatment; right to an effective remedy.

(b) Facts

The applicant, Myroslava Gongadze is an Ukranian national whose late husband was a political journalist in Ukraine, engaged in raising awareness about lack of freedom of speech in his country. Her husband was receiving threats, was under surveillance, and his relatives, friends and colleagues were questioned about him by law enforcement officers with regards to an incident he knew nothing about. On 14 July 2000, Mr Gongadze wrote an open letter to the Prosecutor General to complain and ask for protection. Mr Gongadze disappeared on 16 September 2000 and the following day his wife, the applicant, notified the police. On 2 November 2000, the body of a decapitated man was found, and two weeks later relatives of Mr Gongadze recognized his body from jewellery and an old injury on his body. For a long period the authorities stated that the body belonged to Mr Gongadze and then denied the identification. The applicant lodged an application to the European Court of Human Rights complaining that the State authorities failed to protect the life of her husband and to investigate his disappearance and death, causing her serious moral suffering, in violation of ECHR Articles 2, 3 and 13. She also claimed that although the latest information confirmed the direct involvement of State agents in the murder of her husband, the investigation seemed to limit the case to the prosecution of direct offenders, and not those who ordered and organized it.

(c) Decision

The Court found that there was evidence demonstrating that there was a high probability that police officers were involved in the disappearance and murder of the applicant's husband. The question that the Court then examined was whether there was a positive obligation deriving from ECHR Article 2 to protect Mr Gongadze from a known risk to his life. The Court noted that despite the fact that the Prosecutor General had reasonable evidence to suspect that the life of Mr Gongadze was at risk, not only because of the general political situation and the risk to political journalists, but also because of the letter and the request of Mr Gongadze, the police's behaviour was formalistic and even negligent. Also, the Court observed that the alleged offenders, two of them active police officers, were identified and charged with the kidnap and murder of the journalist just a few days after the change in the country's leadership, a fact that raised doubt as to the real wish of the authorities under the previous government to investigate the case thoroughly. For these reasons, the Court found that Ukraine had violated ECHR Article 2 concerning the authorities' failure to protect the life of the applicant's husband, and also accepted the claims for violations of ECHR Articles 3 and 13.

2. *Mastromatteo v Italy*, European Court of Human Rights[195]

(a) Legal issues

Right to life; duty of the State to protect life.

---

[194] *Gongadze v Ukraine* (App No 34056/02) ECHR 2005-XI, 8 November 2005.

[195] *Mastromatteo v Italy* [GC] (App no 37703/97) ECHR 2002-VIII, 24 October 2002.

قضیه گونگادزه (Gongadze) علیه اکراین (Ukrain) دادگاه اروپایی حقوق بشر[194]

موضوعات حقوقی:حق برحیات ،منع رفتارهای غیر انسانی و وحشیانه، حق بر جبران خسارت

شرح پرونده:

خواهان، میراسلاو گونگادزه یک اکراینی است که شوهر متوفی او یک روزنامه نگار سیاسی در اکراین بوده که مردم را در مورد فقدان آزادی بیان در کشورش آگاه می‌کرده است. به همین جهت شوهرش تحت نظر بود و تهدیدات را تحمل می کرد و وابستگان، دوستان و همکارانش در مورد او با توجه به رویدادی که او هیچ چیز در مورد آن نمی دانست توسط مأموران اجرای قانون(پلیس) مورد سؤال قرار می گرفتند. در14 ژوئیه 2000 آقای گونگادز یک نامه سرگشاده به دادستان برای شکایت نوشت ودر خواست حمایت کرد. آقای گونگادز در16سپتامبر2000 ناپدید شد، بعد از چند روز همسرش (خواهان) ناپدید شدن او را به پلیس اطلاع داد. در دوم نوامبر 2000 جسد یک مرد سر بریده پیدا شد و دو هفته بعد بستگانش، آقای گونگادزه را از طریق جواهرآلات و یک زخم کهنه شناسایی کردند. برای مدتی طولانی مقامات تعلق جسد به آقای گونگادزه را تأیید و سپس هویت او را انکار کردند. خواهان به دادگاه اروپایی حقوق بشر شکایت کرد که دولت از زندگی شوهرش محافظت نکرده است و رسیدگی نسبت به ناپدیدی، مرگ و علت رنج جدی اخلاقی شوهرش انجام نشده است، امری که در تخلف از مواد3،2 و 13کنوانسیون اروپایی حقوق بشر است. او همچنین مدعی شد اگر چه اطلاعات دیررس ارتباط مستقیم مأمور دولت را در قتل همسرش تایید کرده است، ولی به نظر می رسد بازجویی محدود به پیگرد مستقیم متخلف می شود و نه به عنوان شخص دستوردهنده و سازمان دهی کننده.

رأی دادگاه: دادگاه دریافت که مدارک مدللی وجود دارد که این احتمال را که مأمور پلیس با ناپدیدی و قتل همسر متقاضی ارتباط دارد تقویت می کند. سپس سؤالی که دادگاه مطرح کرد این بود که آیا یک تعهد قطعی که از ماده2کنوانسیون اروپایی حقوق بشر نشأت گرفته باشد وجود دارد تا از آقای گونگادزه وقتی که زندگی اش در خطر است حمایت کند. دادگاه روشن کرد که با وجود این واقعیت که دادستان مدارک قابل قبولی را در تشکیک این که زندگی آقای گونگادزه در خطر بوده ، داشته است ولی آشکار است که نه تنها به دلیل شرایط عمومی‌سیاسی و خطری‌که متوجه روزنامه‌نگاران سیاسی بوده و بلکه به دلیل نوشته و درخواست آقای گونگادزهو برخورد تشریفاتی و حتی ناشی از بی مبالاتی پلیس نیز جان او در خطر بوده است. به علاوه،دادگاه اظهار عقیده کرد که تخلفات منتسب به دو مأمور پلیسی که تشحیص هویت کرده بودند و متهم به آدم ربایی و قتل روزنامه نگار بودند، درست چند روز بعد از تغییر در رهبری کشور، واقعیتی را آشکار ساخت و آن، این بود که مأموران کاملاً بر طبق خواسته دولت قبلی به پرونده رسیدگی کرده بودند. به این دلایل، دادگاه متوجه تخلف اکراین نسبت به ماده2 کنوانسیون اروپایی حقوق بشر در خصوص عجز مأمورانش در حمایت از زندگی همسر متقاضی شد، و همچنین ادعای تخلف نسبت به مواد 3 و13کنوانسیون اروپایی حقوق بشر را پذیرفت.

پرونده Mastromatteo علیه Italy، دادگاه اروپایی حقوق بشر[195]

موضوعات حقوقی: حق بر حیات،وظیفه دولت در حمایت از زندگی.

---

[194] *Gongadze v. Ukraine,* No. 34056/02, Judgment of 8 November 2005.

[195] *Bader and Kanbor v Sweden* (App no 13284/04) ECHR 2005-XI, 8 November 2005.

(b) Facts

The applicant, Raffaele Mastromatteo, is an Italian national who lives in Cinisello Balsamo (province of Milan). On 8 November 1989, the applicant's son was murdered by three criminals on their getaway after a bank robbery. Later, it was proved that two of the three criminals had been serving prison sentences pursuant to final criminal convictions for repeated violent offences. At the time of the robbery and the murder, one of these two, who had actually fired the fatal shot, had been released on prison leave, while the other was subject to a semi-custodial regime. The judges responsible for the execution of their sentences had granted prison leave and the semi-custodial measure on the ground that, according to the prison authorities' reports on their conduct in prison, they were not a danger to society. Consequently, the three criminals were sentenced to lengthy imprisonment terms. The applicant applied for compensation under an Italian law providing for aid to be paid to victims of terrorism and organized crime, but his claim was refused, first by the Minister of the Interior and then by the President of Italy.

The applicant then lodged an application before the European Court of Human Rights, alleging on the basis of ECHR Article 2, that the decisions of the judges who granted leave to the criminals were responsible for his son's death. He also complained that he received no compensation from the State.

(c) Decision

The Court acknowledged the aim of the policy of social reintegration and that Italian legislation rightly made provision for leave to prisoners who had served part of their sentences. The leave was granted under conditions and the assessment of the prisoners' dangerousness to society was left to the judge responsible for the execution of sentences, who took the decision after consulting the prison authorities and the police. On the grounds of evidence before it, the Court observed that the Italian system provided sufficient protective measures for society, and therefore nothing suggested that the system of reintegration measures applicable in Italy should be called into question under ECHR Article 2.

Subsequently, the Court examined whether the adoption and implementation of the alternative measures were in breach of the duty of care required by ECHR Article 2. The Court noted that the risk of the decision was a risk to life for members of the public at large rather than for one or more identified individuals. The judge took the measures on the basis of positive reports on the behaviour of the two prisoners. Moreover, there was nothing to make the national authorities fear that the release of these two men might pose a real and immediate threat to life, nor was there any sign to alert the authorities to take additional measures.

Hence, the Court found that it was not established that the decision to grant prison leave to the two criminals constituted failure of the judicial authorities in Italy to protect the applicant's son's right to life, and it concluded that there had been no violation of ECHR Article 2 with regards to the authorities' lack of diligence. Also, the Court found that the procedural obligations arising under ECHR Article 2 to guarantee criminal investigation had been satisfied.

3. *Bader v Sweden*, **European Court of Human Rights**[196]

(a) Legal issues

Right to life; torture; protection from inhuman and degrading treatment; aliens; deportation.

---

[196] *Bader and Kanbor v Sweden* (App no 13284/04) ECHR 2005-XI, 8 November 2005.

شرح ماوقع:
خواهان، رافایل ماسترومات، در کینیسلو بالساموی(استانی از میلان) ایتالیا زندگی می کند. در 8 نوامبر 1989 پسر خواهان بوسیله جنایتکارانی که بعد از سرقت بانک درحال فرار بودند کشته شد. سپس، اثبات شد که دو نفر از سه جنایتکار دوران محکومیتشان در زندان را سپری می کرده اند. متعاقباً جنایتکار آخری نیز پی در پی به علت ارتکاب جرایم شدید مجرم شناخته شده بود. در زمان سرقت و قتل، یکی از این دو که در واقع شلیک منجر به مرگ را انجام داده بود از زندان مرخصی گرفته بود، در حالیکه دیگری تابع سیستم محافظت محدود بود. خواهان درخواست پرداخت غرامت بر طبق قانون مساعدت به منظور پرداخت غرامت به قربانیان تروریسم و جرایم سازمان یافته ایتالیا را کرد، اما این ادعا ابتدا توسط وزیر کشور و سپس توسط رییس جمهور ایتالیا رد شد.

خواهان شکایتش را به دادگاه اروپایی حقوق بشر تسلیم کرد، و بر اساس ماده 2 کنوانسیون اروپایی حقوق بشر ادعا کرد که تصمیم قاضی برای اعطای اجازه مرخصی به مجرمین زندانی دلیل مرگ فرزندش بوده است. او همچنین شکایت کرد که ادعای درخواست غرامتش توسط دولت پذیرفته نشده است.

رأی دادگاه:
دادگاه تصدیق کرد که هدف از سیاست تلفیق مجدد اجتماعی و قانونگذاری ایتالیا به طور صحیح قوانینی برای زندانیان ایجاد می کند که بعد از گذراندن بخشی از محکومیتشان زندان را ترک کنند. اجازه مرخصی بر طبق اوضاع و احوال و ارزیابی وضعیت خطرناکی زندانیان در جامعه، از سوی قاضی مسؤول اجرای حکم صادر می شود. او این تصمیم را بعد از مشورت با مأموران زندان و پلیس صادر می کند. بر اساس مدارک قبلی دادگاه نظر داد که سیستم ایتالیایی اقدامات محافظتی کافی برای جامعه مقرر داشته است، بنابراین نسبت به این که سیستم استقرار مجدد اقدامات قابل اجرا در ایتالیا باید به عنوان مسأله ای تحت عنوان ماده 2 کنوانسیون اروپایی حقوق بشر نامیده شود هیچ اظهار عقیده ای نکرده است.

سپس دادگاه رسیدگی کرد که آیا اتخاذ و اجرای اقدامات تناوبی، نقض قانون مراقبت که توسط ماده 2 درخواست شده، بوده است. دادگاه بررسی کرد که خطر رأی دادگاه به عنوان خطری برای زندگی تمامی اعضای جامعه خیلی بیشتر از یک نفر یا بیشتر است. قاضی تصمیماتی بر اساس گزارشات مثبت از رفتار دو زندانی گرفته بود.اگر چه هیچ بیمی نسبت به مرخص کردن این دو مردی که می توانستند تهدیدی مستقیم بر زندگی افراد بشر باشند وجود نداشت .هیچ علامت دیگری برای افزایش اقدامات مواظبتی مأمورین وجود نداشت .

بنابر این،دادگاه دریافت که تصمیم اجازه مرخصی به دو جنایتکار ناشی از ناتوانی مأموران قضایی ایتالیا در حمایت از حق بر حیات پسر متقاضی نیست، مقرر داشت که تخلف نسبت به ماده 2 کنوانسیون اروپایی حقوق بشر با رعایت نقض کوشش مأموران صورت نگرفته است .همچنین دادگاه دریافت که الزامات رویه ای نشأت گرفته از ماده 2 کنوانسیون اروپایی حقوق بشر وجود دارد تا ضمانت کند که بازجویی متهم راضی کننده بوده است.

Bader و غیره علیه کشور سوئد **دادگاه اروپایی حقوق بشر**[196]

موضوعات حقوقی:حق بر حیات، شکنجه کردن،حمایت از رفتار های غیر انسانی و تزدیلی، بیگانگان، تبعید.

---

[196] *Bader & Others v Sweden,* European Court of Human Rights No. 13284/04, Judgment of 8 Nov. 2005

(b) Facts

The applicants, Kamal Bader Muhammad Kurdi, Hamida Abdilhamid Mohammad Kanbor and their two minor children, are Syrian nationals. They arrived in Sweden in August 2002, and all their requests for asylum were rejected, while a deportation was ordered. In January 2004, they submitted a new application of asylum, this time referring to a judgment in 2003 by a Syrian Court, which convicted Mr Bader *in absentia* for complicity in the murder of his brother-in-law and sentenced him to death. Mr Bader denied all the charges, and said that in 1999–2000 he had to spent nine months in custody on suspicion of complicity. In 2004, his appeal was rejected on the grounds that the research of the local lawyer engaged by the Swedish Embassy in Syria, showed that, if Mr Bader returned to Syria, the case would be reopened and retried; if he was convicted, he would not be sentenced to death, because it was an honour killing.

In 2004, the applicant lodged an application to the European Court of Human Rights, complaining that if he was deported to Syria, there was a real risk that he would be arrested and executed contrary to ECHR Articles 2 and 3.

(c) Decision

The Court observed that there was no guarantee from the Syrian authorities that Mr Bader's case would be reopened and that he would not be re-sentenced to death. For this reason Mr Bader had a justified and well-founded fear that the death sentence would be executed, and the circumstances surrounding the execution would cause the other applicants—his family—intolerable uncertainty about when, where and how the execution would take place. Furthermore, the summary nature of the trial and the complete disregard for the rights of the defender, were a blatant indication of the denial of the rights to a fair trial, adding to the uncertainty of the applicants as to the outcome of any retrial upon return to Syria. Therefore, the Court found that the ECHR implied the illegality of deporting a person to a country where he would be at risk of being subjected to treatment contrary to ECHR Article 3, while ECHR Article 2 allows the imposition of the death penalty in some cases, but only as the outcome of a fair trial. The Court added that there were substantial grounds for believing that Mr Bader would be exposed to a real risk of being executed and subjected to treatment contrary to ECHR Articles 2 and 3, and Sweden's decision to deny asylum would raise issues of violation of these articles.

FREEDOM FROM TORTURE AND INHUMAN OR DEGRADING TREATMENT OR PUNISHMENT

A. DEFINITION AND SCOPE

Torture is innately associated with the right to life and certain methods of depriving a person of their lives in the name of justice may equate to torture. In the past, torture was recognized as a lawful means of extracting confessions from certain individuals, when there was evidence. In the 19th century, de jure torture was abolished in most, if not in all, countries, but there are still numerous violations taking place today.

The practice of torture is widely despised in the international community as both a gross violation of fundamental human rights entailing State liability and an international crime giving rise to individual responsibility. The abolition of torture is today enshrined in a number of international instruments, and the prevalent international legal opinion holds that the prohibition of torture and ill-treatment is a **rule of customary international law** binding upon all States, regardless of treaty obligation. This is based on a) the absolute and non-

شرح پرونده:

متقاضیان کمال بادر محمد کردی، حمیده عبد الحمید محمد کنبور و دو فرزند کوچکشان سوریه ای هستند.آنها در اوت 2002 وارد سوئد شدند و تمامی تقاضاهایشان مادامی که در تبعید بودند برای حق پناهندگی سیاسی رد شد، .در ژوئن 2004 آنها یک درخواست جدید برای حق پناهندگی سیاسی تحویل دادند، در همین زمان به رای صادره در سال 2003 توسط یک دادگاه سوریه ای استناد شد که آقای بادر را در یک رای غیابی به علت شرکت در قتل برادرش طبق قانون به مرگ محکوم کرده بود. آقای بادر همه اتهامات را رد کرد و گفت در سال 1999 تا 2000 9 ماه را به خاطر مظنون بودن به شرکت در جرم در زندان به سر برده است. در سال 2004 تجدید نظر خواهی او رد شد. به این جهت که تحقیقات محلی توسط سفارت سوئد در سوریه نشان داد که اگر آقای بادر به سوریه بازگردد پرونده مورد رسیدگی مجدد واقع خواهد شد و اگر او مقصر شناخته شود به خاطر این که قتل ناموسی بوده او به مرگ محکوم نخواهد شد.

در سال 2004 خواهان شکوائیه ای را به دادگاه اروپایی حقوق بشر تسلیم کرد مبنی بر این که استرداد او به سوریه یک خطر جدی برای او به سبب دستگیری و اجرای حکم اعدام مغایر با مواد 2 و 3 کنوانسیون اروپایی حقوق بشر است.

رأی دادگاه:

دادگاه دریافت که هیچ ضمانتی از جانب مقامات سوریه ای وجود ندارد که پرونده آقای بادر مورد رسیدگی مجدد واقع و او مجددا به مرگ محکوم نشود. به این دلیل اقای بادر ترسی قانع کننده و موجه داشت مبنی بر این که حکم مرگ اجرا شود ، بعلاوه شرایطی که اجرای حکم را تحت تأثیر قرار داده بود به حدی بود که متقاضیان دیگر (اعضای خانواده) را نیز در موقعیتی غیر قابل تحمل قرار می داد مبنی بر این که حکم اعدام کی و در کجا انجام خواهد شد .ازاین رو دادگاه دریافت که کنوانسیون اروپایی حقوق بشر به خلاف بودن قانون استرداد یک شخص به کشور دیگر، وقتی که او در معرض خطر انجام رفتاری خلاف ماده 3کنوانسیون باشد تأکید کرده است. در حالیکه ماده 2 کنوانسیون به تحمیل مجازات مرگ در بعضی موارد اشاره کرده است ولی تنها به عنوان نتیجه ی محاکمه‌ای منصفانه . دادگاه افزود که زمینه های اساسی برای این عقیده وجود دارد که آقای بادر در مقابل خطر واقعی اجرای اعدام و در معرض رفتار خلاف مواد 2و3 کنوانسیون بی پناه باشد و تصمیم سوئد به رد کردن حق پناهندگی سیاسی او تخلف از این مواد را پیش می‌کشد.

آزادی از شکنجه و رفتار یا مجازات خوارکننده یا غیرانسانی

تعریف و قلمرو

شکنجه ذاتا مربوط به حق حیات است و رویه‌های مشخصی از ممانعت و محررومیت شخص از حق حیات، که به نام عدالت اجرا می‌شود نیز مکن است شکنجه تلقی شود. در گذشته شکنجه به عنوان وسیله اخذ اقرار از اشخاص معینی زمانی که مدرکی در آن مورد وجود داشت، قانونی شناخته می‌شد. در قرن نوزدهم شکنجه رسماً در اکثر کشورها لغو شد اگرچه نه در تمام کشورها، اما هنوز در جاهایی خشونت‌هایی متعددی صورت می گیرد.

عمل شکنجه در جامعه بین المللی به طور گسترده‌ای مورد تنفر است هم به عنوان نقض فاحش حقوق بنیادین بشر که به عنوان یک جرم بین المللی مستلزم مسئولیت کیفری دولت است و هم از نظر مسئولیت شخص مرتکب. لغو شکنجه امروزه در بعضی از اسناد بین المللی مقدس تثبیت شده و در نظریه حقوقی بین المللی رایج، ممنوعیت شکنجه یک قاعده عرفی حقوق بین‌الملل است که شامل همه کشورها صرف نظر از تعهدات بین‌المللی آن‌ها می‌شود. . اساس این حکم عبارت است از: الف) خصوصیت مطلق و غیرقابل اغماض قواعد اسناد بین المللی حقوق بشر، که رهایی ازشکنجه را در هر شرایطی مقرر می‌دارد، حتی اگر موقعیت‌های استثنایی مانند تضاد با ضرورتهای عمومی پیش بیاید. ب) کردار هم‌آهنگ نهادهای بین المللی، در اعمال قواعد آزادی از شکنجه ج) این واقعیت که ممنوعیت شکنجه در حوزه اکثر کشورها ممنوع است.

derogatory character of the rules in international human rights instruments, which dictate freedom from torture under any circumstances, even if exceptional situations arise such as armed conflicts or public emergencies; b) the consistent practice of international bodies when they apply the rule on freedom from torture; and c) the fact that torture is prohibited in the majority of States' jurisdictions.

The most authoritative definition of the term 'torture' is found in the **1984 CAT**:

> ... any act by which severe pain or suffering, whether physical or mental, is intentionally inflicted on a person for such purposes as obtaining from him or a third person information or a confession, punishing him for an act he or a third person has committed or is suspected of having committed, or intimidating or coercing him or a third person, or for any reason based on discrimination of any kind, when such pain or suffering is inflicted by or at the instigation of or with the consent or acquiescence of a public official or other person acting in an official capacity. It does not include pain or suffering arising only from, inherent in or incidental to lawful sanctions.[197]

The CAT definition displays that torture is:
a) an **act**;
b) involving the **intention** to cause **severe physical or mental pain or suffering** upon a person;
c) committed for **purposes** such as interrogation, punishment, intimidation, coercion or for discriminatory reasons;
d) implying the involvement at some level of **public officials**; and
e) **not tied to lawful** sanctions.

The following clarifications may be useful for a better understanding of the meaning of torture:

1. What is an 'Act'?
An act involves not only the commission of a positive action, but also the omission of action. An omission, such as the intentional failure to provide a prisoner with certain necessities, could be construed as an act under the CAT.

2. Suffering, Torture and 'other cruel, inhuman or degrading treatment'
While the 1950 ECHR, the 1966 ICCPR and the 1981 Banjul Charter make a general reference against torture, the 1985 CAT is clear on torture being caused by either physical or mental suffering. Hence, a treatment, with little or no physical injury, such as a mock execution, may infringe the provisions on maltreatment and human dignity.

It is still very difficult to define the borderline, where pain or suffering turn into torture and international courts opt for a case-by-case definition, rather than State general principles regarding the scope of torturous behaviour. At the same time it is very difficult to define what constitutes 'cruel, inhuman or degrading treatment'.

(a) Example 1
In the *Delalic* case, the ICTY Trial Chamber recognized that it 'is difficult to articulate with any degree of precision the threshold level of suffering at which other forms of mistreatment become torture' and rejected the use of creating an exhaustive list of acts constituting torture and neatly categorizing the prohibition of torture, because such a list would 'simply provide a challenge to the ingenuity of the torturers'.[198]

---

[197] CAT Article 1(1).
[198] *Prosecutor v Delalic* ICTY-96-21-T (1998) para 469.

اصیل‌ترین تعریف از اصطلاح شکنجه در **کنوانسیون منع شکنجه ۱۹۸۴** دیده می‌شود،

... هر عملی که به وسیله آن درد و رنج فیزیکی یا روانی عمدا بر روی یک شخص وارد آید خواه با هدف تحصیل اطلاعات یا اخذ اقرار از او یا شخص ثالثی، خواه به عنوان مجازات او برای عملی که او یا شخص ثالث مرتکب شده یا مظنون به ارتکاب آن است، یا برای مرعوب کردن یا اقرار او یا شخص ثالثی، یا بنا به هر دلیل تبعیض آمیزی از هر نوع، زمانی که اعمال یا تحریک به اعمال درد یا ضرری با رضایت یا با تن در دادن به یک مقام عمومی یا عمل شخص دیگری در یک نهاد عمومی باشد. شکنجه، رنج و زیان ذاتی یا تبعی را **که فقط ناشی از** یک ضمانت اجرای قانونی باشد شامل نمی‌شود[197].

تعریف کنوانسیون منع شکنجه موراد ذیل را به عنوان **عناصر شکنجه** بیان می‌دارد:

a) یک **عمل**

b) شامل **قصد** اعمال ضرر یا **درد شدید فیزیکی یا روانی** بر شخصی

c) ارتکاب عمل مذکور برای **اهدافی** مثل بازجویی، مجازات، مرعوب کردن، اجبار یا برای دلایل تبعیض آمیز

d) اعمال به نوعی ناشی از **مقامات رسمی** باشد و

e) ناشی از اعمال یک عمل مجاز **قانونی نباشد**.

توضیحات ذیل ممکن است برای فهم بهتر معنی شکنجه مفید باشد:

یک عمل (فعل): یک عمل تنها شامل انجام یک عمل مثبت نمی‌باشد بلکه شامل ترک فعل نیز می‌باشد. یک ترک فعل نظیر قصور عمدی در تأمین نیازهای خاص یك زندانی ، نیز بر طبق CAT یک عمل محسوب می‌شود.

رنج دادن، شکنجه و دیگر رفتارهای بی رحمانه، و خوار کننده (ترذیلی): در حالی که کنوانسیون اروپایی حقوق بشر مصوب 1950، میثاق بین المللی حقوق مدنی و سیاسی مصوب 1966 و منشور بانجول مصوب 1981، یک مرجع عام بر ضد شکنجه ایجاد کرده، کنوانسیون منع شکنجه 1985 به وضوح شکنجه را رنج فیزیکی (مادی) یا روانی می‌داند. از این رو یک رفتار کم آسیب یا بدون آسیب از نظر فیزیکی مانند اعمال تمسخرآمیز ممکن است مصداق مقررات ناظر به بدرفتاری یا کرامت انسانی باشد.

هنوز تعریف و تعیین حدود مشخصی که، درد یا رنج را تبدیل به شکنجه می‌کند مشکل است و دادگاه‌های بین المللی بیش از بیان اصول کلی در جهت محدوده رفتارهایی که شکنجه محسوب می‌شوند، به تعریف مورد به مورد می‌پردازند. در همین حال تعریف عناصر مولفه یک رفتار بی‌رحمانه غیرانسانی یا تحقیرآمیزنیز خیلی مشکل است.

مثال ۱: در پرونده ***Delalic***، هیات قضایی دادگاه بین المللی کیفری برای یوگسلاوی سابق تشخیص داد که تعیین دقیق آستانه ای از درد و رنج که شکنجه محسوب شود مشکل است و استفاده از یک لیست تهیه شده از اعمال موجب شکنجه را رد کرد، زیرا چنین لیستی "به سادگی مبتکران انواع جدید شکنجه گر را به چاتش دعوت می‌کند"[198].

---

[197] - ماده (1) 1 کنوانسیون علیه شکنجه

[198] *Prosecutor v. Delalic and others* (1998), Case No. IT-96-21-T (International Criminal Tribunal for the Former Yugoslavia, Trial Chamber II) at 469.

(b) Example 2

In *Ireland v United Kingdom*, the European Court of Human Rights has seen inhuman treatment as requiring less severe pain or suffering than torture and also not requiring the purposive element.[199] This threshold of **minimum level of severity** has been considered rather high for other bodies.

In practice, 'torture' tends to be reserved for the most serious offences against human dignity and personal integrity, while cruel, inhuman or degrading treatment involves a lesser degree of severity, intensity and cruelty than torture.

International human rights bodies have characterized as torture behaviour involving severe physical beatings, forcible standing for hours, electrocutions and shocks, enforcement of malnutrition and starvation, disappearances, prolonged periods of *incommunicado* detention, rape, suffocation, and mock burials and mock executions.

3. Motivation

The 1985 CAT definition of torture identifies the following prohibited purposes of torture: extraction of information or a confession; punishment; intimidation or coercion; or discrimination of any kind. The words introducing the list, 'such purposes as', indicate that this list is not exhaustive, but additional purposes should be of a similar nature to the purposes in the text of the CAT provision.

4. Torture and 'Lawful Sanctions'

According to CAT, torture does 'not include pain or suffering arising only from, inherent in or incidental to lawful sanctions'.[200] This exception was inserted in order to achieve as much acceptance of the CAT from States as possible. A very restrictive understanding of what would be an authorized 'lawful sanction' is advocated by international human rights bodies: since international human rights law, particularly ICCPR Article 7, prohibits corporal punishment, the 'lawful sanctions' of CAT Article 1 cannot be invoked by any government to justify corporal punishment. In view of that, States with domestic laws or judicial decisions prescribing punishments of amputation, birching, branding, flogging and stoning have been found in breach of the freedom from torture and other cruel, inhuman or degrading treatment.[201]

B. TORTURE IN INTERNATIONAL CRIMINAL LAW

A slightly different and broader definition of the act of torture is given in international criminal law: the **subjective element** of the act directly or indirectly perpetrated by a State agent is not a constitutive element of torture.[202] At the same time, the application of the ban of torture in the area of international criminal law is more restricted, as international criminal responsibility is triggered under certain circumstances: torture must be practised within the context of war crimes and crimes against humanity or genocide.

---

[199] *Ireland v United Kingdom* Series A No 25 (1980) 2 EHRR 25.

[200] CAT Article 1(1).

[201] United Nations General Assembly. *Interim report of the Special Rapporteur of the Commission on Human Rights on Torture and Other Cruel, Inhuman or Degrading Treatment* UN Doc A/60/316 (30 August 2005) 19–27; Human Rights Committee Forty-fourth Session *General Comment No. 20, Replaces General Comment 7 concerning prohibition of torture and cruel treatment or punishment (Art 7): 10/03/92, A/47/40 (1992)* Annex VI, 5.

[202] Rome Statute Article 7(2)(e); see also Report of the Preparatory Commission for the International Criminal Court, Addendum: Finalized Draft Text of the Elements of Crimes, UN Doc PCNICC/2000/INF/3/Add.2 (2000) Article 7 (1) (f) Crime against humanity of torture—elements.

مثال ۲: در پرونده ایرلند علیه کشور پادشاهی (بریتانیا)، دادگاه اروپایی حقوق بشر دید رفتارهای غیرانسانی را مشاهده کرد که شامل درد و عذابی کمتر از شکنجه و نیز فاقد عنصر اهداف شکنجه بودند.[199] این کف "حداقلی میزان سنگینی" درد و رنج برای دیگر نهادها نسبتا بالاتلقی می‌شود.

در عمل، شکنجه برای جدی ترین موارد جرایم علیه کرامت انسانی و تمامیت شخصی، در نظر گرفته شده، در حالی که رفتار بی رحمانه، خوارکننده یا غیرانسانی، شامل رفتاری با درجه سختگیری، بی رحمی و شدت کمتری نسبت به شکنجه می‌باشد.

نهادهای بین المللی حقوق بشر مشخصات شکنجه را چنین بیان می‌کنند: زدن فیزیکی سخت، اجبار به ایستادن روی پا برای ساعت‌های زیاد، شوکهای الکتریکی، اجبار به سوء تغذیه یا گرسنگی، ناپدیدی، بازداشت طولانی، تجاوز به عنف، خفگی، تدفین تمسخر آمیز و اعدام تمسخر آمیز.

انگیزه: قانون ۱۹۸۵ شکنجه را برای هر هدفی ممنوع اعلام می‌دارد ازقبیل استخراج اطلاعات یا اعتراف، مجازات، تهدید یا اجبار، یا تبعیض به هر نوعی. عبارت «اهدافی از قبیل» در ابتدای لیست دلالت بر کامل نبودن لیست دارد اما اضافه کردن اهداف دیگر باید با ملاحظه شباهت با اهداف پیش بینی شده در متن باشد.

شکنجه و جوازهای قانونی: برطبق کنوانسیون منع شکنجه، شکنجه شامل درد و رنج یا اضرار ذاتی یا تبعی ناشی از اعمال جوازهای قانونی نمی‌شود[200]. این استثنا برای آن در نظر گرفته شد برای آنکه تا حد ممکن حمایت اکثر کشورها را از کنوانسیون منع شکنجه فراهم کند. یک تفسیر بسیار مضیق و محدود از آنچه به عنوان "جوازهای قانونی" شناخته می‌شود، توسط نهادهای بین المللی حقوق بشر بیان شده: است. از آنجا که حقوق بشر بین المللی، به طور خاص ماده ۷ میثاق بین المللی حقوق مدنی و سیاسی، مجازات بدنی را ممنوع کرده است، هیچ کشوری نمی‌تواند با استناد به "ضمانت اجرای قانونی" در ماده **1** کنوانسیون منع شکنجه مجازات بدنی را مشروعیت بخشیده و توجیه کند. در این دیدگاه کشورهایی با حقوق داخلی یا تصمیمات قضایی دال بر مجازات قطع عضو، دار زدن، داغ کردن، شلاق زدن و سنگسار کردن، آزادی از شکنجه یا دیگر رفتارهای بی رحمانه و غیرانسانی و خوار کننده را نقض می‌کنند[201].

شکنجه در حقوق جزای بین الملل

یک تفاوت جزئی یا کلی در تعریف شکنجه در حقوق جزای بین الملل ,جود دارد. **عنصر موضوعی** ارتکاب مستقیم یا غیرمستقیم عمل توسط مامور دولتی یک عنصر تشکیل دهنده شکنجه نیست[202]. در همین حال اعمال ممنوعیت شکنجه در حقوق جزای بین الملل محدودتر است، چراکه مسئولیت جزایی بین المللی در اوضاع و احوال خاصی ایجاد می‌شود: شکنجه می‌بایست در ضمن جرایم جنگی و جرایم علیه بشریت و نسل کشی اعمال شده باشد. تفاوت جزئی تعریف شکنجه از منظر حقوق بشر بین المللی و حقوق جزای بین المللی موجب تناقض این دو نیست بلکه یکدیگر را کامل می‌کنند. حقوق بشر بین المللی **رفتار و مسئولیت دولتها** را در جهت ترویج و حمایت از حقوق بشر معین می‌کند، در حالی که حقوق جزای بین‌المللی به مسئولیت شخصی ناشی از اعمال شناخته شده به عنوان جرایم بین المللی نظر دارد.

---

[199] *Ireland v. United Kingdom,* European Court of Human Rights (1980) 2 EHRR 25

[200] - ماده اول (الف) کنوانسیون علیه شکنجه

[201] - مجمع عمومی سازمان ملل، گزارش داخلی مخبراختصاصی کمیسیون حقوق بشر درخصوص شکنجه و دیگراعمال بی رحمانه، غیرانسانی و خوارکننده، سند شماره A/60/316 مورخ 30 اوت 2005، ص 19 تا 27؛ جلسه 44 ام کمیته حقوق بشر، تفسیرعمومی شماره 20، جایگزین تفسیرعمومی شماره 7 درارتباط با منع شکنجه و دیگر اعمال و مجازات بی رحمانه (ماده 7) بشماره (1992) A/47/40 ,*10/03/92*، پیوست ششم، پاراگراف 5.

[202] - ماده 7(2)(e) اساسنامه رم؛ همچنین مراجعه شود به گزارش کمیسیون آزمایشی برای دادگاه بین المللی کیفری، ضمیمه متن طرح پایانی عناصر جرم، سند شماره PCNICC/2000/INF/3/Add.2 (2000)، ماده 7 (1) (f)، جرایم علیه بشریت و شکنجه (عناصر جرم)

The slightly different definitions of 'torture' for the purposes of international human rights law and of international criminal law are not contradictory, but complement each other: international human rights law defines the **conduct and responsibility of the State** for the promotion and protection of human rights, while international criminal law focuses on the *liability of the individual* for acts recognized as international crimes.

The following **examples** clarify the relationship between international human rights and international criminal law:

(a) A public official orders the genocide of an ethnic or religious minority—the situation may entail State responsibility under international human rights law *and* individual responsibility under international criminal law.

(b) A State agent perpetrates torture in ordinary circumstances—the situation may entail *State* responsibility under international human rights law *only*.

(c) A non-State actor perpetrates torture such as a form of genocide—the situation may entail *individual* responsibility under international criminal law *only*.

C. CURRENT ISSUES

1. Judicial Punishment

Sometimes the extent to which punishments laid down by domestic laws and courts can properly be characterized as 'inhuman' and 'degrading' and can amount to 'torture' has been problematic. Today, given the non-derogatory character of the prohibition of torture and the binding character of the rule as a customary norm, governments cannot invoke 'lawful punishments' according to domestic law to justify torture, such as amputation, birching, branding, flogging and stoning.

2. Death Penalty

Matters relating to the death penalty, such as delays in the carrying out of the death sentence or the manner in which the death penalty is executed may amount to cruel, inhuman or degrading treatment, or even torture. The **death row phenomenon** cannot per se be regarded as a human rights violation, but prolonged detention on death row may culminate in cruel, inhuman and degrading treatment or punishment in the presence of circumstances concerning the conditions of detention or the detainee, such as improper conditions of detention or very long detention that causes psychological harm. Also, the methods with which the death penalty is executed may constitute torture or cruel, inhuman or degrading treatment per se, and the death penalty, when applied for the most serious crimes, must be carried out in a way that involves the least possible physical and mental suffering.[203]

3. Extradition or Deportation

According to the **principle of *non-refoulement*** States are required to prevent and punish the practice of torture and other cruel, inhuman or degrading treatment within their jurisdiction or by their agents, and also to ensure that they do not contribute to the practice of such human rights violations by other States, where a person is extradited, expelled, returned (*refouler*) or otherwise transferred.[204] The application of this principle is conditioned upon 'substantial grounds' that the individual is in danger of being subjected to torture. Indicators that can help the State to evaluate the danger of the individual are the existence of a consistent pattern or grave human rights violations in the concerned State, previous threats

---

[203] Human Rights Committee Forty-fourth Session, General Comment No 20, Replaces General Comment 7 concerning prohibition of torture and cruel treatment or punishment (Art 7): 10/03/92, A/47/40 (1992) Annex VI, para 6.

[204] 1985 CAT Article 3; 1985 Inter-American Convention to Prevent and Punish Torture Article 13; 1951 Convention on the Status of Refugees Article 33.

مثال‌های ذیل ارتباط بین حقوق بشر بین المللی و حقوق جزای بین المللی را تبیین می‌کند.

الف) یک مقام رسمی ترتیب نسل کشی یک قوم یا یک اقلیت مذهبی را می‌دهد - این حالت (وضعیت) ممکن است از منظر حقوق بشر بین المللی، باعث مسئولیت کشور و از منظر حقوق جزای بین‌المللی موجب مسئولیت شخصی مرتکب بشود.

ب) مامور دولتی در شرایط عادی مرتکب شکنجه بشود - این وضعیت *تنها* ممکن است مسئولیت دولت را بر اساس حقوق بشر بین المللی در پی داشته باشد.

ج) یک فرد غیردولتی به عنوان نوعی از نسل کشی مرتکب شکنجه شود - این وضعیت *تنها* مسئولیت شخصی را براساس حقوق جزای بین المللی در پی دارد.

موضوعات رایج

مجازات قضایی

بعضی مواقع محدوده مجازات های اعمال شده در حقوق داخلی و دادگاه‌ها می‌توانند دارای ویژگی‌های غیرانسانی و خوارکننده و... باشند و در حد شکنجه باشند. امروزه با توجه به خصوصیت غیرقابل اغماض بودن ممنوعیت شکنجه و نیز با توجه به ویژگی الزام آوری قواعد عرفی، دولت نمی‌تواند با استناد به «مجازاتهای قانونی» برطبق حقوق داخلی خود شکنجه و قطع عضو، داغ کردن، شلاق زدن و سنگسار را توجیه کند.

مجازات مرگ

موضوعات مرتبط با مجازات مرگ، مانند تأخیر اجرای حکم مجازات مرگ یا طریقه اعمال مجازات مرگ ممکن است رفتار خوارکننده (ترذیلی)، غیرانسانی یا بی رحمانه یا حتی شکنجه را درپی داشته باشد. پدیده **در انتظار مرگ بودن** بخودی خود نمی‌تواند به عنوان نقض حقوق بشر تلقی شود، اما بازداشت طولانی در انتظار مرگ ممکن است منجر به رفتار پست، غیرانسانی و بی رحمی یا مجازات با وجود اوضاع و احوال مرتبط با شرایط بازداشت یا زندان باشد، شرایطی نامتناسب یا انتظار خیلی طولانی که سبب آسیب روانی شود. همچنین روش‌های اعمال مجازات مرگ ممکن است موجب شکنجه یا رفتار تحقیرآمیز(تنزل دهنده) غیرانسانی، بی رحمانه شود، و مجازات مرگ، حتی زمانی که برای جدی‌ترین جرایم اعمال می‌شود، باید به گونه ای اجرا شود که حداقل درد و رنج مادی و معنوی ممکن را در بر داشته باشد[203].

استرداد یا تبعید

طبق **اصل *منع استرداد*** دولت ها ملزم هستند تا از اعمال شکنجه یا دیگر رفتارهای بی رحمانه، غیرانسانی یا خوارکننده جلوگیری کرده و مامورین خود یا دیگر مرتکبین در حوزه قضایی خود را مجازات کنند، و همچنین تضمین دهند که ذبا استرداد یا اخراج یا برگرداندن یا انتقال به صورت دیگر یک شخص در نقض حقوق بشری که توسط دیگر کشور اعمال می‌شود شرکت نمی‌کنند[204]. اعمال این اصل مشروط به مساله‌ای ماهوی است، یعنی این که شخص در معرض خطر اعمال شکنجه باشد. شاخصه هایی که می‌تواند دولت را در ارزیابی خطری که برای اشخاص به وجود می‌آید کمک کند عبارت اند از وجود هماهنگ نقض فاحش حقوق بشر در کشور مورد نظر، اعمال

---

[203] - مجمع عمومی سازمان ملل، گزارش داخلی مخبر اختصاصی کمیسیون حقوق بشر درخصوص شکنجه و دیگر اعمال بی رحمانه، غیرانسانی و خوارکننده، سند شماره A/60/316 مورخ 30 اوت 2005، ص 19 تا 27؛ جلسه 44 ام کمیته حقوق بشر، تفسیر عمومی شماره 20، جایگزین تفسیر عمومی شماره 7 در ارتباط با منع شکنجه و دیگر اعمال و مجازات بی رحمانه (ماده 7) بشماره (1992) A/47/40, *10/03/92*، پیوست ششم، پاراگراف ششم.

[204] - ماده سوم کنوانسیون علیه شکنجه 1985، ماده 13 کنوانسیون آمریکایی منع و مجازات شکنجه 1985، ماده 33 کنوانسیون وضعیت پناهندگان 1951.

or suffering of torture or ill-treatment, and the practice of political or other activities that may put a person at risk in the receiving State.[205]

4. Child Discipline

Although the imposition of corporal punishment by court order is unacceptable, different views exist as to whether or not such punishment should be allowed in school or at home. Presently, the practice of 'disciplinary' or 'educational' punishment of children, including within private or family life, is considered possibly to amount to cruel, inhuman or degrading treatment, or even torture. States are thus required to adopt positive measures to ensure that no one, especially a child, is subjected to these forms of ill-treatment, including when inflicted by private individuals or their next of kin.[206]

D. KEY LEGAL INSTRUMENTS

1. Universal Instruments

(a) Universal Declaration of Human Rights 1948
Article 5
No one shall be subjected to torture or to cruel, inhuman or degrading treatment or punishment.

(b) International Covenant on Civil and Political Rights 1966
Article 7
No one shall be subjected to torture or to cruel, inhuman or degrading treatment or punishment. In particular, no one shall be subjected without his free consent to medical or scientific experimentation.

(c) Convention against Torture and Other Cruel, Inhuman or Degrading Treatment or Punishment (CAT) 1984
Article 1
1. For the purposes of this Convention, the term 'torture' means any act by which severe pain or suffering, whether physical or mental, is intentionally inflicted on a person for such purposes as obtaining from him or a third person information or a confession, punishing him for an act he or a third person has committed or is suspected of having committed, or intimidating or coercing him or a third person, or for any reason based on discrimination of any kind, when such pain or suffering is inflicted by or at the instigation of or with the consent or acquiescence of a public official or other person acting in an official capacity. It does not include pain or suffering arising only from, inherent in or incidental to lawful sanctions. 2. This article is without prejudice to any international instrument or national legislation which does or may contain provisions of wider application.
Article 2
1. Each State Party shall take effective legislative, administrative, judicial or other measures to prevent acts of torture in any territory under its jurisdiction. 2. No exceptional circumstances whatsoever, whether a state of war or a threat of war, internal political instability or any other public emergency, may be invoked as a justification of torture. 3. An order from a superior officer or a public authority may not be invoked as a justification of torture.

---

[205] Committee Against Torture. Nineteenth Session, General Comment No 01: Implementation of article 3 of the Convention in the context of article 22: 21/11/97. A/53/44, Annex IX, paras 1, 6 and 7.
[206] Committee on Economic, Social and Cultural Rights, General Comment No 13, The Right to Education. (Article 13 of the Covenant), Twenty-first Session (1999) 41.

شکنجه یا رفتار غیرمناسب یا تهدید به آن در گذشته، و اعمال سیاسی یا دیگر فعالیتهایی که ممکن است افراد را در کشور مورد نظر در معرض خطر قراردهد[205].

تأدیب بچه

اگرچه تحمیل مجازات جسمانی حتی به موجب دستور دادگاه غیرقابل قبول است، در مورد این که آیا چنین مجازات‌هایی در مدرسه و خانه مجاز است یا نه دیدگاههای متفاوتی وجود دارد. امروزه اعمال مجازات‌های انضباطی آموزشی در زندگی خصوصی و خانوادگی ممکن است رفتاری خوارکننده، غیرانسانی و بی رحمانه و حتی شکنجه آمیز تلقی شود. بنا براین لازم است دولت ها تدابیری اتخاذ کنند که تضمین دهد بر هیچ کس (به‌خصوص بچه‌ها) رفتارهای غیرمناسب اعمال نشود، از جمله زمانی که توسط اشخاص خصوصی یا اولیای خود تادیب می‌شوند[206].

اسناد مهم بین‌المللی

1- اسناد جهانی

اعلامیه جهانی حقوق بشر ۱۹۴۸

ماده 5

هیچ کس نباید مورد شکنجه، رفتارها یا مجازات‌های بی رحمانی، غیرانسانی و خوارکننده قرار گیرد.

کنوانسیون بین المللی حقوق مدنی و سیاسی ۱۹۶۶.

ماده 7

هیچ کس نباید مورد شکنجه یا مجازات و رفتار بی رحمی، غیرانسانی یا تنزل دهنده قرار گیرد. به ویژه، هیچ کس نباید بدون رضایت خود مورد آزمایشات پزشکی یا علمی قرار گیرد.

کنوانسیون علیه شکنجه و دیگر رفتارها و مجازات‌های بی رحمانه، غیرانسانی یا خوارکننده ۱۹۸٤

ماده ۱

۱- از نظر این کنوانسیون، اصطلاح «شکنجه» به معنی هر عملی است که به واسطه آن به طور عمدی درد یا آسیب سنگین جسمی یا روانی به شخصی تحمیل شود برای تحصیل اطلاعات از او یا شخص ثالثی، یا به عنوان مجازات برای عملی که او یا شخص ثالثی مرتکب شده است یا مظنون به ارتکاب آن است، یا برای این که او یا شخص ثالثی ترسانده شود یا مجبور شود، و یا به هر دلیل تبعیض آمیز دیگری از هر نوع، وقتی که چنین درد یا ضرری به وسیله یا با تحریک یا با رضایت یا عدم مخالفت یک مامور رسمی یا عمل شخص دیگری که یک صلاحیت عمومی و رسمی دارد تحمیل شود. شکنجه درد و ضرر ذاتی یا تبعی ناشی از کاربرد مجوزهای قانونی‌را در بر نمی گیرد . 2- این ماده به هیچ قانون ملی یا بین المللی را که تعریف وسیع تری از شکنجه ارائه دهد خدشه‌ای وارد نمی آورد.

ماده 2

۱- هر کشور عضو این کنوانسیون باید تدابیر موثر قانونگذاری، قضایی و اداری یا دیگر معیارها را برای مانع شدن از اعمال شکنجه در تمام قلمرو تحت صلاحیتش اتخاذ کند. ۲- هیچ اوضاع و احوال استثنایی مانند جنگ یا تهدید، جنگ، تثبیت اوضاع سیاسی داخلی یا هر حالت ضروری دیگری نمی‌تواند توسط دولت توجیه گر شکنجه شود.

---

205 - تفسیر عمومی شماره 1 کمیته علیه شکنجه، جلسه نوزدهم: اجرای ماده سوم کنوانسیون درزمینه ماده22، شماره A/53/44 .21/11/97، ضمیمه نهم، پاراگراف 1، 6 و 7.

206 - کمیته حقوق اقتصادی، اجتماعی و فرهنگی، نظریه عمومی شماره 13، حق تربیت (ماده 13 میثاق)، 21 جلسه، 1999ف پاراگراف 41.

(d) The Rome Statute of the International Criminal Court 1998
Article 7—Crimes against humanity
1. For the purpose of this Statute, 'crime against humanity' means any of the following acts when committed as part of a widespread or systematic attack directed against any civilian population, with knowledge of the attack: . . .
(f) Torture;

. . .

2. For the purpose of paragraph 1:
. . . (e) 'Torture' means the intentional infliction of severe pain or suffering, whether physical or mental, upon a person in the custody or under the control of the accused; except that torture shall not include pain or suffering arising only from, inherent in or incidental to, lawful sanctions.

Article 8—War Crimes
'War crimes' means: (a) Grave breaches of the Geneva Conventions of 12 August 1949, namely, any of the following acts against persons or property protected under the provisions of the relevant Geneva Convention:
. . . (ii) Torture or inhuman treatment, including biological experiments;

. . .

(b) Other serious violations of the laws and customs applicable in international armed conflict, within the established framework of international law, namely, any of the following acts:
. . . (xxi) Committing outrages upon personal dignity, in particular humiliating and degrading treatment;

. . .

(c) In the case of an armed conflict not of an international character, serious violations of article 3 common to the four Geneva Conventions of 12 August 1949, namely, any of the following acts committed against persons taking no active part in the hostilities, including members of armed forces who have laid down their arms and those placed *hors de combat* by sickness, wounds, detention or any other cause:

. . .

(i) Violence to life and person, in particular murder of all kinds, mutilation, cruel treatment and torture;
(ii) Committing outrages upon personal dignity, in particular humiliating and degrading treatment;

. . .

(d) Paragraph 2 (c) applies to armed conflicts not of an international character and thus does not apply to situations of internal disturbances and tensions, such as riots, isolated and sporadic acts of violence or other acts of a similar nature.

(e) Declaration on the Protection of All Persons from Being Subjected to Torture and Other Cruel, Inhuman or Degrading Treatment and Punishment[207]
Article 1
1. For the purpose of this Declaration, torture means any act by which severe pain or suffering, whether physical or mental, is intentionally inflicted by or at the instigation of a public official on a person for such purposes as obtaining from him or a third person information or confession, punishing him for an act he has committed or is suspected of having committed, or intimidating him or other persons. It does not include pain or suffering arising only from, inherent in or incidental to, lawful sanctions to the extent consistent with the Standard Minimum Rules for the Treatment of Prisoners.

---

[207] Declaration on the Protection of All Persons from Being Subjected to Torture and Other Cruel, Inhuman or Degrading Treatment or Punishment, UNGA Res 3452 (XXX), UN GAOR, Supp No 34, UN Doc A/10034 91 (1975).

اساسنامه دیوان کیفری بین‌المللی ۱۹۹۸ رم

ماده ۷. جرایم علیه بشریت

1- از نظر این اساسنامه «جرم علیه بشریت » به معنی هر یک از اعمال آتی است که به عنوان بخشی از یک حمله معمولی یا سیستماتیک مستقیم علیه هر جمعیتی با اطلاع از حمله انجام شود.

(f) شکنجه:

(...)

۲- از منظر پاراگراف ۱:

(...) (ه) "شکنجه" یعنی وارد آوردن هر درد و آسیب عمدی جسمی یا روانی بر شخصی در حبس یا در کنترل و اختیار متهم، به استثنای درد یا ضرر ذاتی یا تبعی ناشی از اعمال مجوزهای قانونی.

ماده ۸. جرایم جنگی

"جرایم جنگی" به معنی (الف) نقض فاحش کنوانسیون ۱۲ اوت ۱۹٤۹ ژنو، یعنی هر یک از اعمال ذیل علیه اشخاص یا اموال مورد حمایت کنوانسیون مربوطه ژنو.

(...) (ii) شکنجه یا رفتار غیرانسانی شامل آزمایشات زیست شناختی

(...)

(ب) نقض جدی مقررات و رویه‌های مجرا در مخاصمات مسلحانه بین‌المللی به موجب چهارچوب حقوق بین‌الملل، یعنی هر یک از اعمال ذیل:

(...) (xxi) ارتکاب اعمال مخالف کرامت انسانی، به طور خاص رفتار تحقیرآمیزخوار کننده.

(...)

(ج) در مورد یک مخاصمه مسلحانه فاقد ویژگی بین المللی، نقض جدی ماده ۳، چهار کنوانسیون ۱۲ اوت ۱۹٤۹ ژنو، یعنی ارتکاب هر یک از اعمال ذیل علیه اشخاص فاقد هرگونه نقش در یورش، شامل اعضای نیروهای نظامی که سلاح خود را زمین گذاشته‌اند و نیز کسانی که به خاطر معلولیت، مجروحیت و بیماری یا هر دلیل دیگر حاضر در نبرد نیستند:

(...)

(i) خشونت علیه اشخاص و حیات آنها به ویژه قتل از هر نوع، قطع عضو، رفتار بی‌رحمانه و شکنجه.

(ii) جرایم علیه کرامت انسانی به ویژه رفتار غیرانسانی و خوارکننده.

(...)

(د) پاراگراف ۲ (ج) در مخاصمات مسلحانه فاقد ویژگی بین‌المللی اعمال می‌شود و بنابراین درمورد وضعیت تنش یا زد و خورد داخلی، نظیر آشوب ها یا اعمال خشونت آمیز سازماندهی شده یا پراکنده مشابه آن اعمال نمی‌شود.

اعلامیه حمایت از همه اشخاص در جلوگیری ازشکنجه و دیگر رفتار و مجازات بی رحمانه، غیرانسانی حقیر کننده[207]

ماده ۱

1- از نظر این اعلامیه، شکنجه یعنی هرگونه اعمال درد یا ضرر، جسمی یا روانی عمدی یا تحریک یک مأمور رسمی برای به دست آوردن اطلاعات از فرد یا شخص ثالثی یا اخذ اعتراف یا مجازات او یا به خاطر عملی که او مرتکب شده یا مظنون به ارتکاب آن است، یا برای ترسانیدن او یا شخص دیگری. شکنجه شامل درد آسیب ذاتی یا تبعی اعمال ضمانت اجرای قانونی، تا جایی که متناسب با استاندارد حداقلی رفتار با زندانی باشد، نمی‌شود، .

---

[207] - اعلامیه حمایت از تمام افراد موضوع شکنجه و دیگررفتارو مجازات بی رحمانه، غیرانسانی و حقیرکننده، قطعنامه مجمع عمومی، شماره
3452 (XXX), UN GAOR, Supp. No. 34, UN Doc. A/10034 91

2. Torture constitutes an aggravated and deliberate form of cruel, inhuman or degrading treatment or punishment.

2. Regional Instruments

(a) European Convention for the Protection of Human Rights and Fundamental Freedoms 1950
Article 3
No one shall be subjected to torture or to inhuman or degrading treatment or punishment.

(b) European Convention for the Prevention of Torture and Inhuman or Degrading Treatment or Punishment 1987
Article 1
There shall be established a European Committee for the Prevention of Torture and Inhuman or Degrading Treatment or Punishment (hereinafter referred to as the 'Committee'). The Committee shall, by means of visits, examine the treatment of persons deprived of their liberty with a view to strengthening, if necessary, the protection of such persons from torture and from inhuman or degrading treatment or punishment.

(c) American Declaration of the Rights and Duties of Man of 1948
Article XXVI. Right to due process of law
Every accused person is presumed to be innocent until proved guilty.
Every person accused of an offense has the right to be given an impartial and public hearing, and to be tried by courts previously established in accordance with pre-existing laws, and not to receive cruel, infamous or unusual punishment.

(d) American Convention on Human Rights 1969
Article 5 (2)
No one shall be subjected to torture or to cruel, inhuman, or degrading punishment or treatment. All persons deprived of their liberty shall be treated with respect for the inherent dignity of the human person.

(e) Inter-American Convention to Prevent and Punish Torture 1985
Article 2
For the purposes of this Convention, torture shall be understood to be any act intentionally performed whereby physical or mental pain or suffering is inflicted on a person for purposes of criminal investigation, as a means of intimidation, as personal punishment, as a preventive measure, as a penalty, or for any other purpose. Torture shall also be understood to be the use of methods upon a person intended to obliterate the personality of the victim or to diminish his physical or mental capacities, even if they do not cause physical pain or mental anguish.
The concept of torture shall not include physical or mental pain or suffering that is inherent in or solely the consequence of lawful measures, provided that they do not include the performance of the acts or use of the methods referred to in this article.
Article 3
The following shall be held guilty of the crime of torture:
a. A public servant or employee who acting in that capacity orders, instigates or induces the use of torture, or who directly commits it or who, being able to prevent it, fails to do so.
b. A person who at the instigation of a public servant or employee mentioned in subparagraph (a) orders, instigates or induces the use of torture, directly commits it or is an accomplice thereto.
Article 4
The fact of having acted under orders of a superior shall not provide exemption from the corresponding criminal liability.

2- شکنجه عبارت است از رفتار عمدی یا مجازات جدی بی‌رحمانه، غیرانسانی یا خوار کننده.

2- اسناد منطقه‌ای

کنوانسیون اروپایی حمایت از حقوق بشر و آزادی‌های بنیادین ۱۹۵۰
ماده ۳
هیچ کس نباید مورد شکنجه یا مجازات و رفتار غیرانسانی یا خوار کننده قرار گیرد.
کنوانسیون اروپایی منع شکنجه و مجازات و رفتارغیرانسانی یا خوارکننده 1987
ماده 1
کمیته ای اروپایی برای ممانعت از شکنجه و مجازات یا رفتار غیرانسانی و تحقیر کننده تاسیس خواهد شد (که از این پس آن را کمیته می‌نامیم). کمیته از طریق سرکشی‌ها با دیدگاهی مبنی بر توسعه حمایت از اشخاص، در برابر شکنجه و مجازات و رفتار غیرانسانی یا تحقیر کننده به بررسی رفتار با اشخاص محروم شده از آزادی می پردازد.

اعلامیه آمریکایی حقوق وظایف انسانی 1948
ماده 26 حق برخورداری از دادرسی شایسته
در مورد هر متهم فرض بر بی گناهی او است تا وقتی گناهکاری (مجرمیت) او ثابت شود.
هر شخص که متهم به جرمی می‌باشد حق دارد یک دادرسی عمومی بی‌طرف داشته باشد و مطابق با قوانین از پیش تعیین شده و در دادگاههای سابقاً تأسیس شده به اتهامش رسیدگی شود و متحمل مجازاتهای غیرمعمولی و نامتعارف و بی‌رحمانه نشود.

کنوانسیون آمریکایی حقوق بشر ۱۹۶۹
ماده 5 (2)
هیچ کس نباید مورد شکنجه یا مجازات یا رفتار بی‌رحمانه، غیرانسانی یا تحقیر کننده قرار گیرد. با همه افراد محروم از آزادی با احترام کامل به شأن انسانی ایشان برخورد می‌شود.
کنوانسیون منع مجازات شکنجه ۱۹۸۵ بین کشورهای آمریکایی
ماده ۲
از نظر این کنوانسیون شکنجه هر عمل عمدی است که با اهداف بازجویی جزایی یا تهدید، به عنوان مجازات شخصی، به عنوان یک معیار پیشگیری، به عنوان یک مجازات یا برای هر هدف دیگری درد یا آسیب جسمی یا روانی بر شخص وارد آورد. همچنین اعمال روشهایی روی یک شخص با قصد محو شخصیتی قربانی یا کم کردن ظرفیت جسمانی یا روانی او، حتی اگر سبب درد یا رنج فیزیکی یا روانی نشود شکنجه محسوب می‌شود.
مفهوم شکنجه رنج و آسیب جسمی یا روانی ذاتی یا تبعی ناشی از اعمال قانون را شامل نمی‌شود مشروط بر این که اجرای قانون شامل اعمال یا روش های مذکور در این ماده نباشد.
ماده ۳
اشخاص ذیل مرتکب جرم شکنجه خواهند بود:
الف. یک مامور یا کارمند رسمی که اعمالی را در محدوده وظایفش در راستای تحریک یا وادارسازی و ترغیب به شکنجه انجام دهد یا کسی که به طور مستقیم مرتکب آن شود یا کسی که توانایی ممانعت از آن را داشته باشد و مانع انجام آن نشود.
ب. شخصی که به تحریک یک کارمند یا مامور رسمی مذکور در پاراگراف (الف) یه تحریک یا ترغیب به اعمال شکنجه بپردازد، مستقیما مرتکب آن شده یا در ارتکاب آن همدستی داشته باشد.
ماده ٤
این مساله که عمل شکنجه تحت دستور مقام عالی‌تر انجام شده موجب معافیت از تحمل مسئولیت جزایی نیست.

Article 5
The existence of circumstances such as a state of war, threat of war, state of siege or of emergency, domestic disturbance or strife, suspension of constitutional guarantees, domestic political instability, or other public emergencies or disasters shall not be invoked or admitted as justification for the crime of torture.

Neither the dangerous character of the detainee or prisoner, nor the lack of security of the prison establishment or penitentiary shall justify torture.

(f) African/Banjul Charter on Human and People's Rights 1981
Article 5
Every individual shall have the right to the respect of the dignity inherent in a human being and to the recognition of his legal status. All forms of exploitation and degradation of man, particularly slavery, slave trade, torture, cruel, inhuman or degrading punishment and treatment shall be prohibited.

(g) Cairo Declaration on Human Rights in Islam of 1990
Article 20
It is not permitted without legitimate reason to arrest an individual, restrict his freedom, to exile or to punish him. It is not permitted to subject him to physical or psychological torture or to any form of humiliation, cruelty or indignity. Nor is it permitted to subject an individual to medical or scientific experimentation without his consent or at the risk of his health or of his life. Nor is it permitted to promulgate emergency laws that would provide executive authority for such actions.

(h) Arab Charter on Human Rights
Article 13(a)
The States parties shall protect every person in their territory from being subjected to physical or mental torture or cruel, inhuman or degrading treatment. They shall take effective measures to prevent such acts and shall regard the practice thereof or participation therein, as a punishable offence.

E. MONITORING BODIES

1. International
    (a) The UN Committee against Torture (CAT)
    (b) The UN Subcommittee for the Prevention of Torture (to be established)
    (c) The UN Council on Human Rights
    (d) Human Rights Committee

2. Regional
    (a) The European Court of Human Rights
    (b) The European Commission of Human Rights
    (c) The European Committee for the Prevention of Torture (CPT)
    (d) The Inter-American Commission on Human Rights
    (e) The Inter-American Court of Human Rights
    (f) The African Commission on Human and Peoples' Rights
    (g) The African Court on Human and Peoples' Rights

ماده 5

وجود اوضاع و احوالی مانند وضعیت جنگ یا تهدید به جنگ، اشغال نظامی وضعیت اضطراری، نزاع یا آشوب داخلی، تعلیق تضمینات قانون اساسی، عدم ثبات سیاسی داخلی، یا دیگر ضرورتها یا نابسامانی‌های داخلی به عنوان توجیه برای جرم شکنجه قابل استناد نخواهد بود.

نه خطرناک بودن فرد در بازداشت یا زندان و نه مشکلات امنیتی تاسیسات یا بازداشتگاه، هیچکدام توجیه‌گرشکنجه نخواهد بود.

منشور حقوق بشر و مردم ۱۹۸۱ بانجول / آفریقا

ماده 5

هر شخصی حق دارد که از احترام ذاتی انسان و نیز به شناسایی وضعیت حقوقی‌اش برخودار باشد. همه اشکال استثمار و تحقیرانسان، به ویژه برده داری، تجارت برده، شکنجه، مجازات و رفتار تحقیر کننده غیرانسانی ممنوع خواهد بود.

اعلامیه قاهره در باره حقوق بشر در اسلام ۱۹۹۰

ماده ۲۰. بدون دلیل موجه دستگیری یک شخص، محدود کردن آزادی او، تبعید یا مجازات او مجاز نیست. شکنجه فیزیکی جسمی یا روانی یا اعمال هر شکل از تحقیر یا عمل بی رحمانه یا غیرانسانی مجاز نیست. مجاز نیست که شخصی را بدون رضایت مورد آزمایش علمی یا پزشکی قرار داد یا سلامتی یا زندگی وی را در معرض خطر گذاشت.

منشور عربی حقوق بشر

ماده 13 (الف)

دولت های عضو همه افراد در قلمرو خود را در مقابل اعمال شکنجه فیزیکی یا روانی یا رفتار بی رحمانه، غیرانسانی یا تحقیرآمیزمورد حمایت قرار خواهند داد. دولت ها راهکارهای موثری برای چنین اعمالی در پیش می‌گیرند و در آن جهت خواهند رفت که اعمال مجازات یا دخالت وشرکت در آن را به عنوان جرم قابل مجازات تلقی کنند.

نهادهای ناظر

بین المللی

- کمیته مبارزه (علیه) شکنجه سازمان ملل متحد
- کمیته فرعی منع شکنجه ملل متحد (که قرار است تاسیس شود)
- کمیته حقوق بشر

منطقه‌ای

- دادگاه اروپایی حقوق بشر
- کمیسیون اروپایی حقوق بشر
- کمیته اروپایی منع شکنجه
- کمیسیون حقوق بشر کشورهای آمریکایی
- دادگاه حقوق بشر کشورهای آمریکایی
- کمیسیون آفریقایی حقوق بشر و مردم
- دادگاه آفریقایی حقوق بشر و مردم

1. *E Blanco Abad v Spain*, Committee Against Torture[208]

(a) Legal issues
Torture; State obligation for 'prompt and impartial investigation' (CAT Articles 12 and 13).

(b) Facts
Encarnación Blanco Abad was detained with her husband on 29 January 1992 by officers of the Spanish Civilian Guard for alleged involvement with ETA. She claimed that while she was kept *incommunicado* under anti-terrorist legislation, she was mistreated between 29 January and 2 February 1992: she was struck with a telephone directory, had a bag put over her head and electrodes on her body, was forced to undress and threatened with rape, forced to stand for a long period against a wall with her arms raised and legs apart while being struck from time to time about the head and genitals, and received insults.

The Court of Criminal Investigation in Madrid received an official medical report of bruises on her upon Blanco Abad's arrival at a women's penitentiary centre and initiated preliminary investigations. Then, without considering that the incident reported was a penal offence, the Court determined a stay at the proceedings. Subsequent appeals to continue the criminal investigations and proceedings were dismissed. Blanco Abad stated that there was no impartial and independent inquiry during the conduct of the preliminary investigation, which was instituted as a result of what she had told the doctor at the penitentiary centre. The three specialized medical reports ordered by the court were contradictory over the dating of her bruises, a crucial indicator for the outcome of the inquiry. No statements were taken from those who might have been responsible for the alleged offence or from the person who had shared the cell with her while she was being held *incommunicado*. Blanco Abad alleged violations of CAT Articles 12 and 13.

(c) Decision
The Committee recalled that authorities have the obligation to proceed to an investigation *ex officio*, wherever there are reasonable grounds to believe that acts of torture or ill-treatment have been committed and whatever the origin of the suspicion. This investigation must be prompt and impartial, to ensure that the victim is no longer subjected to such acts and to have sufficient evidence, because unless the methods employed have permanent or serious effects, the physical traces of torture, and especially of cruel, inhuman or degrading treatment, soon disappear. The complaints made by the applicant in this case were sufficient for the initiation of an investigation, which did not, however, take place. The Committee found that the lack of prompt investigation upon the applicant's complaints and the delays between the reporting of the facts and the initiation of the proceedings were in violation of the CAT Articles 12 and 13. Also, the fact that no steps were taken to question the officers who might have taken part in or witnessed the acts claimed by the applicant, was in violation of the State obligation under CAT for impartial investigation.

2. *GRB v Sweden*, Committee Against Torture[209]

(a) Legal issues
Torture; ill-treatment; establishment of foreseeable, real and personal risk for the *non-refoulement* (CAT Article 3)

---

[208] *E Blanco Abad v Spain* (Committee Against Torture, 14 May 1998).
[209] *GRB v Sweden* (Committee Against Torture, 15 May 1998).

رویه ی قضایی

E. Blanco Abad علیه اسپانیا، کمیته ضد (علیه) شکنجه[208]

موضوعات حقوقی: شکنجه، تعهد کشور برای رسیدگی فوری و منصفانه (ماده ۱۲ و ۱۳ کنوانسیون علیه شکنجه)

شرح پرونده:

بلانکو عبد با همسرش در ۲۹ ژانویه ۱۹۹۲ به وسیله ماموران گارد شهری اسپانیا دستگر شد با این ادعا که با ETAهمکاری کرده‌اند. او ادعا کرد در حالی که بین ۲۹ ژانویه تا ۲ فوریه ۱۹۹۲ براساس قانون ضد تروریستی در حبس بوده مورد بد رفتاری قرارگرفته است: با یک دفترچه تلفن به او ضربه ای زده شده، که یک برآمدگی روی سر او به وجود آورده و شوک الکتریکی به بدنش وارد شده، مجبور به برهنگی و تهدید به تجاوز شده، برای مدت زیادی مجبور به ایستادن در برابر یک دیوار با دستهای بالا و پاهای باز (جدا از هم) شده در حالی که به سر و آلت تناسلی او زده می‌شده و به او فحش داده می‌شد.

دادگاه رسیدگی جزایی در مادرید یک گزارش پزشکی رسمی دریافت کرد دال بر کوفتگی روی بدن بلاکو عبد به هنگام ورود به یک مرکز اصلاح تبهکاران زن، و به بازجویی (رسیدگی) مقدماتی شروع کرد. بعدا، بدون ملاحظه این که آن گزارش دال بر یک جرم کیفری بود، دادگاه دستور توقف جریان را داد. تقاضاهای بعدی برای ادامه تحقیقات جنایی و دادرسی نادیده گرفته شد. در پی اظهار نظر پزشک در مرکز اصلاح تبهکاران، بلانکو عبد اظهار داشت که در طول جریان رسیدگی مقدماتی رسیدگی بی طرفانه و مستقل نبوده. سه گزارش پزشکی تخصصی دادگاه به عنوان نتیجه تحقیقات، در مورد تاریخ کوفتگی متناقض بود، مسئله‌ای که در نتیجه تحقیقات تأثیر حیاتی داشت. هیچ اظهاریه‌ای از کسانی که ممکن است مسئول ارتکاب جرم ادعایی بوده یا کسی که به هنگام زندانی شدن بدون ملاقات او همسلولش بوده گرفته نشد. بلانکو عبد ادعای نقض مواد ۱۲ و ۱۳ کنوانسیون علیه شکنجه را داشت.

رای

کمیته یادآور شد که در جایی که قراین و شواهد کافی در مورد برای ارتکاب شکنجه وجود دارد هرچند مبدأ آن سوء ظن بوده باشد، مراجع قانونی موظف بوده‌اند در مورد آن به تحقیق بپردازند. این رسیدگی باید فوری و منصفانه باشد، تا تضمین کند که قربانی دیگر تحت چنین اعمالی قرار نگرفته و دلایل کافی وجود داشته باشد، چرا که تنها در صورت اجرای چنین روش هایی است که اعمال شکنجه و به طور خاص رفتار تحقیر کننده بی رحمانه و غیرانسانی به زودی محو خواهند شد. شکایت انجام شده به وسیله شاکی برای شروع به رسیدگی در این مورد کافی بوده است که به هر حال این رسیدگی انجام نشده است. قصور در انجام تحقیقات فوری در پی اعلام شکایت شاکی و تأخیر بین گزارش واقعه و آغاز فرایند رسیدگی، از نظر کمیته نقض مواد ۱۲ و ۱۳ بوده است. همچنین این مسئله که مأمورانی در انجام اعمال مورد شکایت شاکی نقش داشته یا ارتکاب آن را اجازه داده اند و در این مورد هیچ اقدامی صورت نگرفته است نقض تعهد دولت در رسیدگی بی طرفانه است.

G.R.B علیه سوئد، کمیته مقابله با شکنجه[209]

موضوعات حقوقی: شکنجه، بدرفتاری؛ تامین قابلیت پیش بینی ریسک شخصی و واقعی عدم استرداد، ماده سوم کنوانسیون منع شکنجه

---

[208] *E. Blanco Abad v. Spain*, Committee Against Torture, 14 May 1998.
[209] *G.R.B. v. Sweden*, Committee Against Torture, 15 May 1998.

(b) Facts

GRB, a Peruvian citizen failed to be granted asylum in Sweden and faced deportation to Peru. She claimed that she was a supporter of the Shining Path from 1983 to 1985; then from 1985 to 1992 she went to study in Ukraine, at that time part of the Soviet Union. When she went to visit her family in Peru in 1991, she was told that her parents' house had been searched, publications she sent from Ukraine had been confiscated and her father had been arrested and tortured; she took a bus trip to visit her parents, and was taken by members of the Shining Path, raped and kept in prison for 2 days; then she managed to escape. GRB also claimed that the police had taken no interest in the matter and that a short time after her return to Ukraine, explosives went off at the doorstep of her parents' house in revenge for her escape, wounding her aunt and cousin. Hence, GRB argued that by returning her to Peru, Sweden would violate CAT Article 3, because she runs the risk of being tortured there by the Peruvian authorities or the Shining Path, and CAT Article 16 because it would aggravate the applicant's post-traumatic stress.

(c) Decision

The Committee found that GRB had never been subject to torture or ill-treatment by the Peruvian authorities; that she had not been politically active since 1985, when she left Peru to study abroad; and that she had been able to visit Peru on two occasions without any difficulties with the national authorities. The Committee recalled that, despite numerous reports of torture in Peru, a foreseeable, real and personal risk of GRB was not established. Also, the Committee considered that the aggravation of her state of post-traumatic stress disorder possibly caused by her deportation would not amount to the type of cruel, inhuman or degrading treatment envisaged by CAT Article 16.

3. *Parot v Spain*, Committee Against Torture[210]

(a) Legal Issues

Torture; ill-treatment; *non-refoulement* (CAT Article 3); prompt and impartial investigation (CAT Articles 12 and 13).

(b) Facts

Henri Unai Parot was arrested in Seville, Spain on 2 April 1990, by the Civil Guard. The Guard claimed he was carrying 300 kilograms of ammonal in his car, to be used to blow up the police headquarters of Seville. He was later found guilty of participation in terrorist acts, murder and attempted murder and on different counts was sentenced to consecutive terms of 30 years' imprisonment.

It was claimed that Parot was a victim of torture during interrogation by members of the Guard at their headquarters in Seville and Madrid and in prison. The interrogation lasted five full days, during which he was not allowed to eat or sleep and, inter alia, plastic bags were placed over his head, so as to provoke a sensation of suffocation; he was constantly beaten, not too hard so as not to leave visible marks; injected with an unknown substance by means of a syringe; and put into a straightjacket and then suspended by his hair. As a result, he lost hair and weight, was in a state of deep exhaustion and depression and suffered periodic bouts of amnesia. In prison, he was allegedly prevented from sleeping, beaten and threatened with death. Mr Parot, when brought before judges of the 'Audiencia Nacional', allegedly complained that he was a victim of torture.

The Spanish Government argued that although Mr Parot showed that he knew how to use the available complaint procedures for alleged deficiencies in the prison system he never submitted a complaint of torture or ill-treatment. The judge at the preliminary inquiry

---

[210] *Parot v Spain* (Committee Against Torture, 9 June 1995).

شرح پرونده:

GRB یک شهروند پرویی موفق به اخذ پناهندگی در سوئد نشده و با اخراج از سوئد به پرو مواجه گشت. او ادعا کرد که از 1983 تا 1985 حامی حزب کمونیست پرو بوده است. از ۱۹۸۵ تا ۱۹۹۲ برای تحصیل به اوکراین رفته. که در آن زمان قسمتی از اتحادیه جماهیر شوروی بود. وقتی که در سال 1991 برای ملاقات با خانواده اش به پرو رفت، به او گفته شد که خانه والدینش بازرسی شده، نشریاتی که او از اوکراین فرستاده توقیف شد و پدر او دستگیر و شکنجه شده است. او برای ملاقات خانواده اش بلیط اتوبوس گرفت، توسط اعضای حزب کمونیست ربوده شد، به او تجاوز شد و 2 روزدر زندان بود، سپس توانست فرار کند. GRB همچنین ادعا کرد که پلیس هیچ توجهی به این موضوع نکرد و کمی پس از بازگشت به اوکراین به عنوان انتقام از فرار وی، مواد منفجره در خانه والدینش منفجر شد که عمه و عمه زادش را مجروح ساخت. از این رو GRB استدلال کرد دولت سوئد با استرداد او به پرو، ماده ۳ کنوانسیون علیه شکنجه را نقض **خواهد** کردبه خاطر اینکه او (GRB) در معرض خطر شکنجه به وسیله مقامات پروئی یا حزب کمونیست خواهد بود، همچنین با این کار ماده ١٦ کنوانسیون علیه شکنجه نیز توسط دولت سوئد نقض شده چون فشار روانی وارد بر او را تشدید کرده است.

رای

کمیته احراز کرد که GRB هرگز تحت شکنجه یا بدرفتاری به وسیله مقامات پرو نبوده، او از سال ۱۹۸۵، هنگامی که پرو را برای تحصیل در خارج ترک گفته، هیچ فعالیت سیاسی نداشته، و در دو نوبت توانسته است بدون مواجهه با هیچ مشکلی از ناحیه مراجع دولتی پرو از آنجا دیدارکند. کمیته تاکید می‌کند به رغم گزارش های متعدد شکنجه از پرو، خطر واقعی و قابل پیش بینی برای GRB وجود نداشته است. همچنین از نظر کمیته تشدید حالت اضطراب قبلی وی که ممکن است ناشی از اخراج او از سوئد باشد، در حدی نیست که به عنوان یک عمل بی رحمانه، غیرانسانی و خوارکننده و ناقض ماده 16 کنوانسیون علیه شکنجه تلقی شود.

Parot علیه اسپانیا، کمیته مقابله با شکنجه[210]

موضوعات حقوقی: شکنجه، بد رفتاری، عدم استرداد (ماده 3 کمیته مقابله با شکنجه)، رسیدگی فوری و بی طرفانه (مواد 12 و 13 کمیته مقابله با شکنجه)

شرح پرونده: Henri unai Parot در سویای اسپانیا به تاریخ 2 آوریل 1990 توسط گارد غیرنظامی دستگیر شد. گارد ادعا کرد که او در خودروی خود 300 کیلوگرم آمونیاک جهت انفجار مرکز پلیس سویل حمل میکرده. متعاقبا وی محکوم به همکاری در عملیات تروریستی، قتل عمد و مبادرت به قتل عمد شناخته شد و در فقرات مختلف مجموعا به سی سال حبس متوالی محکوم شد.

ادعا شده که Parot در طول مدت بازجویی از سوی اعضای گارد مرکزی در سویل ، در مادرید و در زندان مورد شکنجه بوده است. بازجویی پنج روز تمام طول کشید که در طول آن وی اجازه خوردن یا خوابیدن و این قبیل امور را نداشته است. کیسه ای پلاستیکی روی سرش قرار گرفته تا حس خفگی در او ایجاد شود، پیوسته کتک میخورده اما نه خیلی سخت و نه طوری که علامت مشهودی از آن به جای بماند. موادی نامعلوم توسط سرنگ به او تزریق شده، درون یک کیسه قرار گرفته و از ومو هایش آویزان شده است. در نتیجه او موهایش را از دست داده در وضعیت خستگی و افسردگی عمیق قرار گرفته و از فراموشی ادواری رنج می برد. در زندان او به طوری که گفته شده از خواب ممنوع شده، مورد ضرب و شتم قرار گرفته و تهدید به مرگ شده است. آقای پرت وقتی موضوع را نزد قضات Audiencia Nacional مطرح کرد شکایت کرد که او قربانی شکنجه بوده است.

---

[210] *Parot. v. Spain,* Committee Against Torture' 9 June 1995.

did not observe any injuries requiring investigation. When Mr Parot eventually claimed he was tortured, the allegation was considered and rejected by the competent judge on the grounds that none of the five State-appointed lawyers observed any irregularity; that the medical reports referred only to bruises caused at the time of Mr Parot's arrest; that Mr Parot himself had declared to the medical doctor who examined him that he was not ill treated; and that he only made the allegation at the hearing at the end of his statement, after a specific question from his lawyer.

(c) Decision
The Committee considered that Mr Parot's allegations were properly investigated and rejected by the Spanish authorities, on the basis of five different medical reports during the time of the alleged ill-treatment and statements by Mr Parot himself to the medical examiner in Seville, to whom he denied suffering torture. There were no grounds to challenge the procedure followed by Spain, since not only did Mr Parot have the benefit of full assistance by counsel during the trial, but he also benefited frequently from his right to make other charges and complaints, which were also considered by the authorities of the State. No violations were found.

4. *Agiza v Sweden*, Committee Against Torture[211]

(a) Legal issues
Torture; *non-refoulement* (CAT Articles 12 and 13); diplomatic assurances; right to individual petition.

(b) Facts
Mr Agiza claimed he had been arrested in Egypt in 1982, on account of his family connection to his cousin, a suspect of being involved in the assassination of President Anwar Sadat. Before his release in March 1983, he claimed he was tortured. While at university, Mr Agiza was active with the Islamic movement. In 1998, he was found guilty as member of the terrorist group 'Al Gihad', in a trial *in absentia* before a 'Superior Court Martial'. He fled Egypt with his wife and requested asylum in Sweden on 23 September 2000. In December 2001, Sweden refused the asylum request of suspect terrorist Mr Ahmed Hussein Mustafa Kamil Agiza on national security grounds and expulsed him to Egypt. Before authorization of the expulsion to Egypt, the Swedish Government had sought and received assurances from the Egyptian Government that he would not face the death penalty, torture or ill-treatment and would be granted fair trial upon return. These diplomatic assurances included regular visits by Swedish diplomatic officials to Mr Agiza. Mr Agiza claimed that by doing so Sweden violated CAT Article 3. He also claimed that he had been treated brutally upon arrest by the Swedish authorities and that since being brought under Egyptian custody he had been a victim of torture and ill-treatment on a number of occasions, which the regular visits by Swedish diplomatic officials could not prevent.

The Swedish Government challenged the admissibility of the application, because almost two years had passed since the exhaustion of local remedies and Mr Agiza's rendition to Egypt, because it basically repeated claims of an earlier application on behalf of Mr Agiza's wife and because it was manifestly ill-founded. Sweden called attention to the need to comply with the UN Security Council Resolutions against terrorism and to the fact that the Committee should take into account only the information available to Sweden at the time of the expulsion. Sweden also described the domestic procedures regarding Mr Agiza's asylum request and the mechanism of regular visits by diplomatic officials while Mr Agiza was detained in Egypt.

---

[211] *Agiza v Sweden* (Committee Against Torture, 24 May 1995).

دولت اسپانیا اظهار داشت که هر چند آقای پرت نشان داده که می داند چطور از روشهای شکایت و دادخواهی موجود علیه معایب سیستم زندان استفاده کند، ولی او هرگز شکایتی مبنی بر شکنجه یا بد رفتاری ارائه نکرده است. قاضی در تحقیق مقدماتی هیچ صدمه ای را که نیازمند رسیدگی باشد مشاهده نکرد، وقتی که آقای پرت نهایتاً ادعا کرد که شکنجه شده بوده، به این دلیل که هیچ یک از پنج حقوقدان دولتی هیچ عمل خلاف قاعده‌ای مشاهده نکردند، ادعایش توسط قاضی صالح رسیدگی و رد شد. گزارشات پزشکی فقط کوفتگی ایجاد شده در زمان باز داشت آقای پرت را نشان می‌دهد. آقای پرت خودش به پزشکی که او را معاینه کرد اعلام کرده بود که با او بدرفتاری نشده بود و تنها بعد از سوال مشخص وکیلش در دادگاه آن را ادعا کرد.

رای

کمیته اظهار داشت که بر اساس 5 گزارش مختلف پزشکی در طول مدت مورد ادعای بد رفتاری ونیز باتوجه به اظهارات خود آقای پرت در مورد پزشک معاینه کننده در سویل ، که شکنجه را انکار کرده بود، ادعاهای آقای پرت کاملاً بررسی و رسیدگی شده و توسط مراجع اسپانیایی رد شد. هیچ دلیلی وجود نداشت که روند دنبال شده توسط اسپانیا مورد اعتراض واقع شود، چون نه تنها آقای پرت از کمک کامل وکیل در طول محاکمه برخوردار بوده بلکه او بارها از حقش در طرح اتهامات و شکایات دیگر سود برده، که توسط مقامات آن کشور رسیدگی شده وهیچ خشونتی کشف نشده است

Agiza علیه سوئد. کمیته مقابله با شکنجه[211]

موضوعات حقوقی: شکنجه، عدم استرداد (مواد 12 و 13 کمیته مقابله با شکنجه) تضمینات دیپلماتیک، حق دادخواهی فردی.

شرح پرونده:

آقای Agiza ادعا کرد که او در سال 1982 به دلیل ارتباط فامیلی با پسر عمویش، مظنون به قتل آقای رئیس جمهور انورسادات، در مصر دستگیر شده. او ادعا کرد که قبل از آزادیش در مارس 1983، شکنجه شده است. آقای Agiza موقعی که در دانشگاه یوده با جنبش اسلامی همکاری و فعالیت داشته است. در سال 1998، او به عنوان عضو گروه تروریستی الجهاد در یک محاکمه غیابی در دادگاه عالی انتظامی مقصر شناخته شد. او با همسرش از مصر فرار کرد و در 23 سپتامبر 2000 از سوئد تقاضای پناهندگی کرد. در دسامبر 2001 سوئد تقاضای پناهندگی تروریست مظنون آقای احمد حسین مصطفی کامل Agiza را به دلایل امنیت ملی رد کرد و او را به مصر اخراج کرد. قبل از تصویب اخراج به مصر، دولت سوئد از مصر استعلام کرده و اطمینان حاصل کرد که او با مجازات مرگ، شکنجه یا بدرفتاری مواجه نشود و در بازگشت امکان محاکمه‌ای عادلانه به اوداده خواهد شد. این تضمینات دیپلماتیک ملاقات‌های منظم مأموران دیپلماتیک سوئد با آقای Agiza را شامل می شد. آقای Agiza معتقد بود که با این عمل، دولت سوئد ماده 30 کمیته مقابله با شکنجه را نقض کرده. او همچنین ادعا کرد که در زمان دستگیری توسط مقامات سوئد و از زمانی که تحویل مصر شد با او همچون حیوان رفتار شده بود او در برخی مواقع قربانی شکنجه و بدرفتاری شده که ملاقات های منظم مأموران دیپلماتیک سوئد نمی توانست مانع از آن شود.

دولت سوئد به قابل قبول بودن درخواست اعتراض کرد، زیرا تقریباً دو سال از اتمام اقدامات محلی و فرستادن آقای Agiza به مصر گذشته بود زیرا اساساً ادعاهای درخواست قبلی توسط همسر آقای Agiza تکرار شده و آشکارا بی اساس بود. سوئد به ضرورت اعمال قطعنامه‌های شورای امنیت سازمان ملل علیه تروریسم توجه داد و این که کمیته باید فقط اطلاعات موجود در سوئد در زمان اخراج را مدنظر قرار دهد. سوئد همچنین رویه های داخلی در مورد تقاضای پناهندگی آقای Agiza و مکانیسم ملاقاتهای منظم توسط مأموران دیپلماتیک را در حالی که آقای Agiza درمصر بازداشت شده بود، شرح داد.

---

[211] *Agiza. v. Sweden*, Committee Against Torture, 24 May 1995.

(c) Decision

The Committee acknowledged that measures taken to fight terrorism deriving from binding Security Council Resolutions are legitimate and important. Their implementation, however, must be carried out in full respect of the applicable rules of international law, including the CAT provisions. The Committee also noted that the case must be decided in the light of the information available to Sweden at the time of the removal.

The Committee found a violation of CAT Article 3 in its substantive element. It observed that Swedish authorities should have known that at the time of removal that Egypt resorted to continuous and widespread use of torture against detainees, and that the risk of such treatment was particularly high in the case of detainees held for political and security reasons. Sweden knew that the applicant had been sentenced *in absentia* in Egypt and was wanted for alleged involvement in terrorist activities, also that the Swedish security intelligence services regarded the complainant as implicated in terrorist activities and a threat to its national security. The Committee noted that these elements indicated that Mr Agiza was at real risk of torture in Egypt in the event of expulsion and that the procurement of diplomatic assurances, which did not even provide for enforcement mechanisms, were insufficient to protect against this manifest risk.

The Committee also found a violation of CAT Article 3 in its procedural element, because Sweden did not make available to the victim the regular review mechanism to challenge the Swedish Government's decision not to grant him asylum. The Committee recalled that the absolute nature of the CAT protection highlights the importance of appropriate review mechanisms. While national security concerns may justify adjustments to the review process, the mechanism must be effective, independent and impartial.

The Committee also found Sweden to be in violation of CAT Article 22, which provides for the power of the Committee to receive and consider individual petitions regarding violations of the CAT. As Mr Agiza was arrested and removed immediately upon the Government's decision of expulsion, it was impossible for him to consider the possibility of invoking CAT Article 22, let alone seize the Committee. Hence, Sweden was in breach of its obligation to respect the effective right of individual communication. Finally, Sweden was found to be not fully cooperating with the Committee, because during the proceedings the Committee was made aware of official information that had been withheld by the State.

5. *Osbourne v Jamaica*, Human Rights Committee[212]

(a) Legal issues

Cruel, inhuman and degrading treatment; corporal punishment; lawful sanctions (ICCPR Article 7).

(b) Facts

George Osbourne, a Jamaican national, was convicted in 1994 for illegal possession of a firearm, robbery with aggravation and wounding with intent, and was sentenced to corporal punishment, by 10 strokes of the tamarind switch. He was also sentenced to 15 years' imprisonment with hard labour. His appeal was dismissed allegedly without written reasons. He claimed he could not pursue a constitutional motion before the Supreme Court of Jamaica because he had no private means and was not entitled to legal aid for such a motion. Osbourne complained that the use of the tamarind switch as a form of punishment is inherently cruel, inhuman and degrading and therefore in violation of ICCPR Article 7; that the procedures for the execution of corporal punishment are not extensively regulated and that the actual procedure is largely at the discretion of the implementing authorities in

---

[212] *Osbourne v Jamaica* (Human Rights Committee, 15 March 2000) UN Doc CCPR/C/68/D/759/1997.

رای
کمیته تصدیق کرد که اقدامات اتخاذ شده برای مبارزه با تروریسم به موجب قطعنامه های الزام آور شورای امنیت مشروع و مهم هستند، با وجود این تحقق آنها باید در کمال احترام به قواعد لازم الاجرای حقوق بین الملل از جمله مقررات کمیته ضد شکنجه، به عمل آید. کمیته همچنین خاطر نشان کرد که موضوع باید نظر به اطلاعات موجود نزد دولت سوئد در زمان اخراج بررسی شود.

کمیته یک مورد نقض عنصر ماهوی ماده 3 کمیته مقابله با شکنجه را تشخیص داد. از نظر کمیته مقامات سوئدی باید میدانستند که در زمان اخراج، دولت مصر به استفاده گسترده و پیوسته شکنجه علیه بازداشت شده ها متوسل می شده، و ریسک چنین رفتاری به طور خاص در موضوع بازداشت شده ها به دلایل سیاسی و امنیتی بالاست. سوئد میدانست که متقاضی در مصر به صورت غیابی محکوم شده بوده و برای شرکت در فعالیت های تروریستی تحت پیگرد بوده است. همچنین سرویس های خبری امنیتی سوئد می دانستند که شاکی در فعالیت های تروریستی داخل شده و امنیت ملی کشورش را تهدید کرده است.

کمیته خاطر نشان ساخت که این عوامل دلالت بران دارد که آقای Agiza در صورت اخراج درمعرض خطر واقعی شکنجه در مصر قرار داشته و تدارک تضمینات دیپلماتیک، که حتی برای آن مکانیسم اجرایی پیش بینی نشده، برای حمایت در مقابل این خطر به هیچ وجه کافی نبوده است.

کمیته همچنین یک مورد نقض ماده 3 کنوانسیون علیه شکنجه در عناصر رویه‌ای آن را تشخیص داد، از آنجا که سوئد مکانیسم تجدید نظر مرتب برای اعتراض به تصمیمات دولت مبنی بر عدم اعطای پناهندگی را در اختیار قربانی قرار نداده بود کمیته یاد آوری کرد ماهیت استثناناپذیر حمایت های برجسته کنوانسیون علیه شکنجه اهمیت مکانیسم های بازنگری را روشن و برجسته می‌سازد. گرچه ملاحظات امنیت ملی ممکن است تعدیل در رویه های بازنگری را توجیه کند، مکانیسم باید موثر، مستقل و بی طرفانه باشد.

کمیته همچنین دولت سوئد را ناقض ماده 22 کنوانسیون علیه شکنجه یافت، که صلاحیت کمیته را در دریافت و ملاحظه شکایات افراد در خصوص نقض کنوانسیون علیه شکنجه مقرر میدارد. همچنین برای آقای Agiza که فوراً و با تصمیم دولت مبنی بر اخراج بازداشت و اخراج شد او غیرممکن بود که امکان استفاده از ماده 22 کنوانسیون علیه شکنجه را بررسی کند چه رسد به استمداد از کمیته. از این رو سوئد تکالیف خود را جهت احترام به حق موثر دادخواهی فردی نقض کرده. در نتیجه سوئد همکاری کاملی با کمیته به عمل نیاورده زیرا در طول رسیدگی ها، کمیته اطلاعاتی رسمی را کسب کرد که توسط این کشور مضایقه شده بود.

آزبورن علیه جامائیکا، کمیته حقوق بشر.[212]

موضوعات حقوقی:

رفتار بی رحمانه، غیرانسانی، و تحقیرآمیز، مجازات بدنی، ضمانت اجراهای قانونی (ماده 7 میثاق مدنی - سیاسی)

شرح پرونده:

جورج آزبورن یک تبعه جامائیکا در سال 1994 به جهت تملک غیرقانونی سلاح گرم، سرقت با آزار و ایراد جرح عمدی، به مجازات بدنی 50 ضربه شلاق با ترکه تمر هندی محکوم گردید. او همچنین به 15 سال حبس با اعمال شاقه محکوم شد. اعتراض وی ظاهرا بدون دلیل مکتوبی رد شد. او ادعا کرد که نمی توانسته هیچ اقدام اساسی در دادگاه عالی جامائیکا به عمل آورد، چرا که خودش هیچ امکان و ابزاری برای این کار نداشت و مستحق مساعدت قانونی برای چنین اقدامی نیز شناخته نمی‌شد. آزبورن شکایت کرد که استفاده از ترکه تمرهندی به عنوان مجازات ذاتاً بی رحمانه، غیرانسانی و تحقیرآمیز و بنابراین ناقض ماده 7 میثاق بین المللی مدنی و سیاسی است، و نیز این که شیوه های اجرای مجازات بدنی در همه جا تعدیل شده ولی شیوه فعلی وسیعاً حسب نظر مقامات اجرایی در زندان مجرا است. در جامائیکا در اجرای مجازات شلاق برای ایجاد درد و رنج اضافه تأخیر شدیدی صورت میگیرد، مقرراتی برای ارائه شهود ازسوی زندانی وجود ندارد، و تحقیر ناشی از برهنه شلاق خوردن موجب وخامت و تشدید تحقیر ذاتی این مجازات است.

---

[212] *Osbourne. v. Jamaica,* Human Rights Committee Communication No. 759/1997, 13 April 2000.

prison; that there are great delays in the execution of whipping in Jamaica, causing additional anguish; that there are no provisions for witnesses on behalf of the prisoner; and that the humiliation of being strapped naked to a barrel aggravates the humiliation inherent in the punishment.

(c) Decision
The Human Rights Committee noted that the constitutionality of a sentence of corporal punishment in a State Party is not sufficient to secure its compliance with the ICCPR and that the permissibility of the sentence under domestic law cannot be invoked as justification under the ICCPR. The Committee maintained its 'firm opinion' that, irrespective of the nature of the crime that is to be punished, however brutal it may be, corporal punishment constitutes cruel, inhuman and degrading treatment or punishment contrary to ICCPR Article 7. The Committee found that by imposing a sentence of whipping with the tamarind switch, Jamaica had violated Osbourne's rights under ICCPR Article 7.

6. *Francis v Jamaica*, **Human Rights Committee**[213]

(a) Legal issues
Inhuman and degrading treatment; torture; death row.

(b) Facts
Mr Clement Francis, a Jamaican citizen, was arrested and charged in February 1980 for murder, and in January 1981 was sentenced to death. In November 1981, his first appeal was dismissed by the Jamaican Court of Appeals, but no written judgment was issued, only a note of the oral judgment. When Mr Francis requested a special leave to appeal to the Judicial Committee of the Privy Council, he found difficulties because of the absence of written judgment by the Jamaican Court of Appeals. In December 1992, the offence for which he was convicted was classified as a non-capital offence under the Offences against the Person (Amendment) Act 1992. He was removed from death row to serve a further 10 years' imprisonment at the General Penitentiary before becoming eligible for parole.

Mr Francis's mental condition allegedly deteriorated as a result of his stay on death row. He demonstrated a high level of cognitive impairment and general mental disturbance and paranoia. The mere fact that he would no longer be executed did not nullify the mental anguish of the 12 years spent on death row, facing the prospect of being hanged. After a warrant for his execution was issued in February 1988, Francis was placed in the death cell adjacent to the gallows, where condemned men are held prior to execution and he could hear the gallows being tested; he was subjected to round-the-clock surveillance; weighed in order to calculate the length of 'drop' required; and taunted by the executioner about the impending execution and about how long it would take for him to die. The cell was very small, dirty and infested with rats and cockroaches, and he was only allowed out for a few minutes per day, while sometimes he remained locked up for 24 hours. He was regularly beaten by warders and still suffered from headaches as a result of a severe wound to his head caused by the beatings, for which he was denied medical treatment.

(c) Decision
The Human Rights Committee affirmed its jurisprudence on the 'death row phenomenon', that prolonged delays in the execution of a sentence of death do not per se constitute cruel, inhuman or degrading treatment, but each case must be considered on its own merits, considering the delays in the administration of justice, the specific conditions of imprisonment and their psychological impact on the individual concerned. In this case, the

---

[213] *Francis v Jamaica* (Human Rights Committee, 3 August 1995) UN Doc CCPR/C/54/D/606/1994.

رای:

کمیته حقوق بشر چنین نظر داد که اساسا محکوم کردن به یک مجازات بدنی در یک کشور عضو میثاق برای عدم رعایت میثاق سیاسی و مدنی کافی است و طبق میثاق سیاسی و مدنی مجازبودن محکومیت به موجب قانون داخلی نمی تواند به عنوان توجیه مورد استناد واقع شود. کمیته بر عقیده قاطع خود تأکید کرد که صرفنظر از ماهیت جرمی که قابل مجازات است، مجازات های بدنی به عنوان رفتاری بی رحمانه، غیرانسانی و تحقیر آمیز، مغایر مفاد میثاق سیاسی - مدنی ارزیابی میشود. از نظر کمیته با تحمیل حکم شلاق به وسیله ترکه تمرهندی، جامائیکا حق آقای آزبورن را به موجب ماده 7 میثاق نقض کرده بود.

فرانسیس علیه جامائیکا،کمیته حقوق بشر.[213]

موضوعات حقوقی:

رفتار غیرانسانی و تحقیر آمیز، شکنجه، بند محکومان به مرگ.

شرح پرونده:

آقای کلمنت فرانسیس، یک شهروند جامائیکائی، در فوریه 1980 بازداشت و به قتل عمد متهم شد و در ژانویه 1981 به مرگ محکوم گردید. در نوامبر 1981، اولین اعتراض وی توسط دادگاه استیناف جامائیکا رد شد. اما هیچ حکم مکتوبی صادر نشده بود بلکه یک حکم شفاهی به صورت غیررسمی بود. وقتی آقای فرانسیس درخواست اجازه ویژه برای تجدید نظر از کمیته قضائی شورای سلطنتی نمود، به دلیل نداشتن حکم کتبی دادگاه استیناف جامائیکا با مشکلاتی مواجه شد. در دسامبر 1992، جرمی که او به آن محکوم شده بود طبق قانون جرایم علیه اشخاص (اصلاحی) مصوب 1992 به عنوان جرم غیراعدامی طبقه بندی شد. او پیش از آنکه مستحق آزادی مشروط شود، جهت گذراندن 10 سال حبس دیگر از بند محکومان به مرگ به ندامتگاه عمومی منتقل شد.

شرایط روحی آقای فرانسیس به دلیل ماندن وی در بند محکومین به مرگ آشکارا رو به وخامت گذاشت. او وجود سطح وسیعی از آسیب شناختی و اختلال روحی عمومی و پارانویا را اثبات کرد. این حقیقت که او دیگر اعدام نخواهد شد، آسیب روحی 12 سال گذراندن در بند محکومان به مرگ را از بین نبرد. پس از صدور مجوز برای اعدام وی در فوریه 1988، فرانسیس در سلول مرگ نزدیک به چوبه دار جای داده شد، جایی که محکومین قبل از اعدام نگهداری می شوند و میتوانند صدای تست کردن چوبه دار را بشنوند. او در معرض مراقبت شبانه روزی بود، جهت محاسبه اندازه مورد نیاز دریچه چوبه دار توزین شد و در خصوص اعدام قریب الوقوع و همچنین در مورد این که چقدر طول میکشد تا او بمیرد، توسط مجریان اعدام مورد طعنه و تمسخر واقع شد. سلول خیلی کوچک، کثیف و مملو از موش و سوسک بود او در هر روز فقط برای دقایقی کوتاه اجازه بیرون رفتن را داشت، در حالی که گا ه 24 ساعت را در حبس می ماند. او به طور مرتب توسط زندانبانان کتک می خورد و هنوز به دلیل جراحاتی که در سرش ایجاد شده از سردرد رنج میبرد. این کهو از انجام معالجات پزشکی در مورد او مضایقه شده بود.

رای :

کمیته حقوق بشر با تایید صلاحیت قضایی خود در خصوص مساله بند محکومین به مرگ، تصدیق کرد که طولانی شدن تأخیر در اجرای حکم اعدام گرچه فی نفسه رفتاری بی رحمانه، غیرانسانی یا تحقیرآمیز نیست اما با توجه به تأخیر در اجرای عدالت، شرایط ویژه زندان و تاثیر روان شناختی آنها در نگرانی فردی، هر موردی باید بر اساس ویژگی های خود آن مورد توجه قرار گیرد.

---

213 *Francis. v. Jamaica,* Human Rights Committee, 3 August 1995.

Committee found that Mr Francis was a victim of violations by Jamaica of his rights to freedom from torture and inhuman or degrading treatment and to humane treatment in detention. In its decision, the Committee considered the failure of the Jamaican Court of Appeal to issue a written judgment over a period of more than 13 years, despite repeated requests from Mr Francis. The Committee also noted that, whereas the psychological tension created by prolonged detention on death row may affect persons in different degrees, the evidence before the Committee and Fancis's confused and incoherent correspondence with the Committee, indicated the serious deterioration of his mental health during incarceration on death row. Finally, the Committee took into account the prison conditions as described by the author, including his allegations about regular beatings by warders, and the ridicule and strain to which he was subjected during the five days he spent in the death cell awaiting execution in February 1988.

7. *Denmark, Norway, Sweden, the Netherlands v Greece* ['the Greek case'], European Commission on Human Rights[214]

(a) Legal issues
Torture; inhuman and degrading treatment (ECHR Article 3); emergency measures.

(b) Facts
A series of human rights violations were perpetrated by Greek military regime after the Greek lawful government was overthrown and replaced by a junta of colonels in April 1967. These violations included, inter alia, torture; inhuman or degrading treatment; arbitrary detentions; unfair trials; interference with the independence of the judiciary branch; political discrimination; invasion of privacy; and violations of the freedoms of thought, expression, assembly and association. The Greek Government alleged the existence of a 'public emergency threatening the life of the nation', under the aegis of ECHR Article 15, as a justification for the coup d'état and related human rights violations; this emergency was the threat of a communist regime, a crisis of the constitution and a crisis of public order.

(c) Decision
The Commission found Greece's claims of public emergency unsubstantiated. The very ease with which the military junta seized power evidenced the absence of the alleged threats. There was no evidence supporting an imminent communist takeover, and even considering the situation of political instability and tension in Greece at that time, this did not have the scope and intensity to justify the forcible removal of the lawful government by the military and could be addressed by the regular police forces. Even if the facts constituted a public emergency as alleged, the measures taken were not strictly required by the exigencies of the situation and violated rights not subject to derogation—such as the freedom from torture and ill-treatment.

In the specific complaints against torture, the Commission considered the distinction between torture and other inhuman or degrading treatment or punishment of ECHR Article 3; it noted that torture had a specific purpose, such as obtaining information or confessions, or inflicting punishment, and was generally an aggravated form of inhuman treatment or punishment; inhuman treatment or punishment involved the deliberate infliction of severe physical or mental suffering to the victim; degrading treatment or punishment consisted of gross humiliation of the victim or the forcible practice of acts against his will or conscience. Among other violations, the Commission found that there was a widespread and politically motivated practice of torture and other ill-treatment, and that the Greek Government made no effort to prevent, stop, or punish any torturer, even

---

[214] *Denmark, Norway, Sweden, The Netherlands v Greece* (1969) 12 YB 1['the Greek case'].

در این مورد، کمیته اعلام کرد که حقوق آقای فرانسیس نسبت به منع شکنجه و رفتار غیرانسانی یا تحقیرآمیز و اعمال رفتار انسانی در بازداشت توسط دولت جامائیکا نقض شده است. کمیته در تصمیم خود، کوتاهی دادگاه استیناف جامائیکا برای صدور حکم قطعی را در مدت زمانی بیش از 13 سال برغم تکرار در خواست آقای فرانسیس مورد توجه قرار داد. کمیته همچنین به این توجه کرد این که، در حالی که تنش های روانی به دلیل طولانی شدن بازداشت در بند محکومین به مرگ ممکن است آثار با درجات متفاوتی ایجاد کند، مدارک قبلی کمیته و مکاتبات آشفته و بی ارتباط فرانسیس با کمیته، دلالت بر زوال جدی سلامت روحی او در طول مدت حبس در بند محکومین به اعدام دارد. و سرانجام، کمیته شرایط زندان را به نحوی که توسط نویسنده شرح داده شد، از جمله ادعاهای او در مورد کتک خوردن مرتب توسط زندانبانان و استهزا و آسیب‌هایی را این که او در فوریه 1988 مدت 5 روز در سلول مرگ منتظر اعدام تحمل کرده، مورد توجه قرار داد.

دانمارک، نروژ، سوئد و هلند علیه یونان، کمیسیون اروپایی حقوق بشر[214]

موضوعات حقوقی:

شکنجه، رفتار غیرانسانی و اهانت آمیز (ماده 3 کمیسیون اروپایی حقوق بشر)، اقدامات ضروری.

شرح پرونده:

رژیم نظامی یونان بعد از سرنگونی دولت قانونی یونان و جانشینی یک گروه سیاسی در آوریل 1967 مرتکب نقض یک سری از حقوق بشر شد. این نقض ها شامل مواردی از جمله شکنجه و رفتار غیرانسانی و تحقیرآمیز، بازداشت خودسرانه، محاکمات غیرمنصفانه، مداخله در قوه قضایی مستقل، تبعیض سیاسی، تجاوز به حریم خصوصی، نقض آزادی های عقیده، بیان، تجمع و تشکل بود. دولت یونان در این مورد وجود ضرورت عمومی ناشی از تهدید حیات ملی را به عنوان مجوزی برای کودتا و نقض حقوق بشر تحت حمایت ماده 15 کمیسیون اروپایی حقوق بشر مطرح کرد. این ضرورت عبارت بود از خطر رژیم کمونیستی، بحرانی پایه‌ای نظام و بحران نظم عمومی.

رای :

کمیسیون اعلام کرد که ادعاهای یونان در خصوص ضرورت عمومی واهی و بی اساس بود. قدرت حاکم گروه نظامی به راحتی فقدان تهدیدات ادعایی را ثابت میکند. هیچ دلیلی بر وجود سلطه قریب الوقوع کمونیستی نیست و حتی با توجه به وضعیت بی ثباتی و تنش سیاسی در یونان آن زمان، این این شرایط آن قدر شدت و وسعت نداشت که برکناری موثر دولت قانونی را از سوی نیروی نظامی توجیه کند و می توانست توسط نیروی انتظامی و پلیس به آن پرداخته شود. حتی اگر یک ضرورت عمومی همانطور که ادعا شده، وجود داشت، اقدامات انجام شده به واقعا لازم نبود و حقوق فسخ‌ناپذیری مانند منع شکنجه و بدرفتاری را نقض کرده است.

در شکایات خاص در خصوص شکنجه، کمیسون تفاوت بین شکنجه و سایر رفتارها یا مجازاتهای غیرانسانی یا تحقیرآمیز طبق ماده 3 را در نظر گرفت. کمیسون خاطر نشان کرد که شکنجه هدفی خاص همچون کسب اطلاعات یا اعترافات یا تحمیل مجازات دارد و کلاً شکل بدتری از رفتار یا مجازات غیرانسانی است و وارد کردن عمدی رنج و عذاب جسمی یا روحی شدید به قربانی را در بر میگیرد. رفتار یا مجازات تحقیر آمیز عبارت است از تحقیر شدید قربانی با انجام اعمال موثر بر اراده یا وجدان او. کمیسون اعلام کرد که در میان دیگر نقض ها، اعمال رایج و سیاسی موجب شکنجه و سایر بد رفتاریها وجود داشته که دولت یونان هم هیچ کاری برای ممانعت از آن، یا توقیف و مجازات شکنجه کننده، حتی وقتی که از اسم شکنجه کنندکان و قربانیان آگاهی پیدا کرده، انجام نداده است. کمیسون نتیجه گیری کرد که شکنجه زندانیان سیاسی یک شیوه رایج و استاندارد کنترل از سوی رژیم حاکم بود.

---

[214] *Denmark, Norway, Sweden, the Netherlands v. Greece* 'the Greek case', 12 YB 1 (1969).

when it was made aware of the names of the torturer and the victim; quite the opposite, the Commission concluded that torture of political prisoners was a standard method of control for the governing regime.

8. *Ireland v the United Kingdom*, European Court of Human Rights[215]

(a) Legal issues
Inhuman and degrading treatment; torture.

(b) Facts
The case concerned the practice of 'interrogation in depth' by British officers in Northern Ireland in 1971, involving the combined application of the following five 'disorientation' or 'sensory deprivation' techniques: (a) wall-standing—forcing the detainees to remain for periods of some hours in a 'stress position'; (b) hooding—putting a hood over the detainees' heads and, at least initially, keeping it there at all times, except during interrogation; (c) subjection to noise pending the interrogation—holding the detainees in a room where there was a continuous loud and hissing noise; (d) deprivation of sleep pending their interrogations—depriving the detainees of sleep; (e) deprivation of food and drink—subjecting the detainees to a reduced diet during their stay at the detention centre and pending interrogations. The Irish Government alleged violations of ECHR Articles 1, 3, 5 (in conjunction with Article 15), 6 (in conjunction with Article 15) and 14 (in conjunction with Articles 5 and 6). The United Kingdom did not contest the breaches of ECHR Article 3, but asked for the Court to decline to consider the case, since the facts were uncontroversial, the five techniques had been abandoned, the UK Government had solemnly undertaken not to reintroduce them and had been taking measures to prevent the recurrence of similar events and to provide reparations to the victims.

(c) Decision
Despite the position of the United Kingdom, the Court decided to remain seized of the matter, saying that the case was not totally uncontroversial and that the Court had the power to do so in order to elucidate the contents of the rights and obligations contained in ECHR. The Court followed the Commission's approach in the Greek case to assess evidence with the standard of proof 'beyond reasonable doubt' in allegations of torture or other ill-treatment. It further developed the definitional aspects of torture and other inhuman or degrading treatment or punishment. As was emphasized by the Commission in the Greek case, 'ill-treatment' must attain a minimum level of severity to fall within the scope of ECHR Article 3. The assessment of this minimum is relative; it depends on all the circumstances of the case, such as the duration of the treatment, its physical or mental effects and, in some cases, the sex, age and state of health of the victim. The combined five interrogation techniques constituted inhuman treatment, because they caused, if not actual bodily injury, at least intense physical and mental suffering to the persons subjected thereto, and also led to acute psychiatric disturbances during interrogation. They were also degrading because they were to arouse in the victims feelings of fear, anguish and inferiority, capable of humiliating them and breaking their physical or moral resistance. The Court considered, though, that the five techniques did not involve suffering of the particular intensity and cruelty implied by the word torture.

9. *Tyrer v the United Kingdom*, European Court of Human Rights[216]

---

[215] *Ireland v the United Kingdom* Series A No 25 (1978) 2 EHRR 25.
[216] *Tyrer v the United Kingdom* Series A No 26 (1978) 2 EHRR 1.

ایرلند علیه انگلستان، دادگاه اروپایی حقوق بشر[215]

موضوعات حقوقی:

رفتار غیرانسانی و تحقیر آمیز، شکنجه

شرح پرونده:

پرونده مربوط به شیوه بازجویی عمیق توسط مسئولان بریتانیا در ایرلند شمالی در سال 1971، شامل کاربرد ترکیبی پنج تکنیک برای سر درگمی یا محرومیت حسی عبارت از موارد ذیل:

الف) ایستادن کنار دیوار، اجبار بازداشتی ها به ماندن در یک مدت زمان چند ساعته در یک وضعیت استرس زا.

ب) کلاه گذاشتن، قرار دادن یک کلاه بر سر بازداشتی ها و لا اقل در آغاز، نگه داشتن فرد در آن حالت در تمام مدت به جز زمان بازجویی.

پ) قراردادن تحت فضای صداها تا هنگام باز جویی، نگه داشتن بازداشتی ها در اتاقی که صدای بلند متوالی و صدای سوت در آن وجود دارد.

ج) مانع شدن از خواب تا زمان باز جویی از آن ها، یعنی مانع شدن از خوابیدن بازداشتی.

د) محروم کردن از خوردن و آشامیدن، بازداشتی ها را تحت یک برنامه غذایی کاهشی در زمان نگهداری آنها در بازداشتگاه و تا هنگام باز جویی قرار می دهند.

دولت ایرلند ادعای نقض مواد 1، 3، 5، (به همراه ماده 15)، 6 (همراه با ماده 15) و 14 (همراه با مواد 5 و 6) کنوانسیون اروپایی حقوق بشر را داشت. انگلستان به نقض ماده اعتراض نکرد اما از دادگاه خواست که پرونده را از دستور خارج کند چرا که اینها موضوعاتی بی مناقشه بود، 5 تکنیک مذکور متروک شده بود، دولت انگلستان به طور رسمی تعهد کرد که آنها را دوباره بر قرار نکند و اقدامات لازم را جهت ممنوعیت بازگشت چنین وقایعی اتخاذ نماید و خسارت قربانیان را جبران کند.

رای

علیرغم موضع انگلستان، دادگاه تصمیم گرفت که موضوع را به جریان اندازد. با بیان این که موضوع کاملاً بی مناقشه نبود و دادگاه قدرت داشت که مجموعه حقوق و تکالیف در بر گرفته شده توسط دادگاه اروپایی حقوق بشر را روشن کند. دادگاه از عملکرد کمیسیون در پرونده یونان برای ارزیابی دلایل با استاندارد اثباتی بدون هیچ "شک معقول" در ادعاهای شکنجه یا سایر بدرفتاری ها تبعیت کرد. بعلاوه جنبه های تعریفی شکنجه و دیگر رفتار و مجازات های غیرانسانی و تحقیرآمیز توسعه یافت. همچنین بر نظر کمیسیون در موضوع یونان تأکید شد که بدرفتاری باید حداقلی از وخامت را برای قرار گرفتن در محدوده ماده 3 کنوانسیون اروپایی حقوق بشر دارا باشد. تخمین این حداقل نسبی است و بستگی به همه اوضاع و احوال پرونده دارد، همچون استمرار رفتار و آثار جسمی و روحی آن و در برخی پرونده ها جنس و سن و شرایط سلامتی قربانی. اجتماع 5 تکنیک بازجویی رفتاری غیرانسانی را ایجاد می‌کند، زیرا آنها اگر نه صرفاً صدمه بدنی، لااقل رنج و عذاب شدید جسمی و روحی برای شخص در بر دارد و نیز در طول مدت باز جویی فرد را به سوی اضطراب روانی حاد سوق میدهد. آنها همچنین تحقیر آمیزند زیرا این رفتارها احساسات قربانیان را به سوی ترس، درد، تحقیر توانایی آنها و شکستن مقاومت روحی و جسمی آنها تحریک میکند. در عین حال، دادگاه نتیجه گرفت که 5 تکنیک مذکور مستلزم رنج با شدت خاص و بیرحمی مفهوم از کلمه شکنجه نبوده است.

Tyrer علیه انگلستان، دادگاه اروپایی حقوق بشر[216]

---

215 *Ireland v the United Kingdom* Series A No 25 (1978) 2 EHRR 25.

216 *Tyrer v the United Kingdom* Series A No 26 (1978) 2 EHRR 1.

(a)Legal issues
Inhuman and degrading punishment; torture, lawful sanctions; juveniles.

(b) Facts
The case concerned the birching of a 15-year-old child, in 1972, on the Isle of Man, by determination of the local juvenile court, as a punishment for occasioning actual bodily harm to a senior pupil at the applicant's school. The applicant was sentenced on the same day to three strokes of the birch in accordance with the relevant local legislation. His appeals to overthrow the sentence were dismissed. Tyrer was made to take down his trousers and underpants and bend over a table, where he was held by two policemen whilst a third administered the punishment. The birching raised, but did not cut, his skin and he was sore for about a week and a half afterwards.

(c) Decision
The Court found that the punishment to which Mr Tyrer was subjected went beyond the element of suffering and humiliation of any legitimate sanction. The Court held that the level of severity of violation did not amount to torture or inhuman punishment, but it nonetheless constituted degrading punishment prohibited by ECHR Article 3. The Court held that the 'degrading' character of a punishment involves a level of humiliation and debasement beyond that implied in any conviction. This assessment is relative and depends on all the circumstances of the case and especially on the nature and context of the punishment itself, the manner and method of its execution and the personal conditions of the victim. In the Court's view, judicial corporal punishment, as a form of institutionalized State violence—prescribed by law, sentenced by a judge and executed by police officers—violates a person's dignity and physical integrity, the main objectives of ECHR Article 3. In Mr Tyrer's case, the delay in the execution of the sentence, the mental anguish associated with the anticipation of violence against him and the fact that the birching was executed on his bare posterior aggravated the degrading character of punishment.

10. *Soering v the United Kingdom*, **European Court of Human Rights**[217]

(a) Legal issues
Inhuman and degrading treatment; torture; *non-refoulement*.

(b) Facts
Jens Soering, a German national, was accused of committing murder in 1985 in Virginia, United States of America. He was arrested for cheque fraud in the United Kingdom in 1986. In the United States, Soering would eventually be sentenced to the death penalty if found guilty of the murder charges. When the United States and, later, Germany requested the extradition of Mr Soering, the United Kingdom authorities sought diplomatic assurances from the United States against the imposition or execution of the death penalty on Soering. The US assured that, should Soering be considered guilty, the US Government would inform the judge of the wish of the Government of the United Kingdom not to have him condemned to the death penalty or executed.

Soering claimed that if he were extradited to the United States there was a serious likelihood that he would be sentenced to death and that the circumstances related to the 'death row phenomenon' would subject him to inhuman and degrading treatment. He claimed that his right to a fair trial would be violated for lack of legal aid in Virginia to pursue appeals and that he had no effective remedy under the UK jurisdiction to pursue his allegations regarding the risk of ill-treatment, if extradited. The United Kingdom denied all allegations.

---

[217] *Soering v the United Kingdom* Series A No 161 (1989) 11 EHRR 439

موضوعات حقوقی:

مجازات غیرانسانی و تحقیرآمیز، شکنجه، جریمه قانونی، جوانی.

شرح پرونده: پرونده مربوط به موضوع چوب زدن کودک 15 ساله درسال 1972، در جزیره Man، با حکم دادگاه محلی اطفال به عنوان مجازات به خاطر صدمه بدنی است که بر یک شاگرد ارشد در مدرسه وارد کرده بود. شاکی در همان روز به 3 ضربه ترکه طبق مقررات محلی مربوطه محکوم شد. اعتراض او برای نقض حکم بی ثمر بود. تیرر مجبور شد که شلوار و شورت خود را پایین آورد و روی میزی خم شود که دو نفر پلیس او را نگه داشته بودند در حالیکه نفر سوم مجازات را اجرا کرد. چوب زده شد و پوست او را برید و وی تا حدود یک هفته و نیم بعد از آن مجروح بود.

رای:

دادگاه اعلام کرد که مجازاتی که در مورد تیرر اجرا شده، شکنجه و فراتر از عناصر رنج تحقیر جریمه های مشروع و قانونی است. دادگاه اظهار داشت سطح وخامت نقض در شکنجه و مجازات غیرانسانی با هم برابر نیست ولی معهذا مجازات تحقیر آمیز رخ داده به موجب ماده 3 منع شده است. دادگاه معتقد بود که ویژگی تحقیر آمیز بودن این مجازات شامل سطح تحقیر و اهانتی است که در مفهوم هر مجرمیتی وجود دارد. این ارزیابی مربوط و وابسته به تمام اوضاع و احوال موضوع و به طور خاص در ماهیت و زمینه خود مجازات، سبک و شیوه اجرای آن و شرایط شخصیتی قربانی میباشد. از نظر دادگاه، مجازات بدنی قضایی به عنوان شکل نهادینه خشونت دولتی با استفاده از قانون میباشد، که توسط قاضی حکم شده و توسط مامورین پلیس اجرا میشود، و ناقض کرامت انسان و تمامیت جسمانی است که هدف اصلی ماده 3 میباشد. در مورد آقای تیرر تاخیر در اجرای حکم درد روحی با انتظار خشونت علیه او جمع شد و واقعیت این است که چوب زدن بر پشت عریان او خصیصه تحقیر آمیزبودن مجازات را تشدید نمود.

Soering علیه انگلستان، دادگاه اروپایی حقوق بشر[217]

موضوعات حقوقی:

رفتار غیرانسانی و تحقیر آمیز، شکنجه، عدم استرداد

شرح پرونده:

آقای Jens Soering تبعه آلمان به ارتکاب قتل عمد در 1985 در ویرجینیای ایالات متحده آمریکا متهم شد. او در سال 1989 به خاطر کلاه برداری در انگلستان دستگیر شد. در آمریکا، اگر مقصر در قتل عمد شناخته می شد، نهایتاً به مجازات اعدام محکوم میشد. وقتی که امریکا و بعد آلمان تقاضای استرداد او را کردند، مقامات انگلستان در مقابل تحمیل یا اجرای مجازات اعدام برای Jens Soering از ایالات متحده تضمین های دیپلماتیک تقاضا کردند.

Jens Soering ادعا کرد که اگر او به ایالات متحده مسترد می شد احتمال قوی وجود داشت که او محکوم به مرگ شود و شرایط مربوط به پدیده بند محکومان به مرگ، رفتار غیرانسانی و تحقیرآمیز نسبت به او اعمال میشد. او ادعا کرد که حق وی بر محاکمه عادلانه با فقدان ابزار قانونی در ویرجینیا برای تقاضای تجدید نظرنقض میشود و در حوزه قضایی انگلستان راه مؤثری برای طرح و دنبال کردن ادعاهای مربوط به خطر بدرفتاری در صورت استرداد را ندارد. انگلستان همه این ادعاها را انکار کرد.

[217] *Soering v the United Kingdom* Series A No 161 (1989) 11 EHRR 439

(c) Decision

The Court stated that the general prohibition of torture and other inhuman or degrading treatment under ECHR Article 3 involves the obligation of States to ensure that a person under their jurisdiction in a given moment is not placed under any danger of being ill-treated or tortured by other States, through extradition, expulsion or similar means. It is contrary to the spirit of the ECHR principles to allow States to concur to the practice of torture or other ill-treatment by third States. The Court observed that what constitutes ill-treatment depends on the circumstances of each particular case. Even though the death penalty is not forbidden by the ECHR, it is exceptionally restricted to the most serious crimes, and the manner in which the death penalty is imposed or executed can in some circumstances amount to inhuman or degrading treatment, or even torture. The Court found that Soering was at real risk of the death sentence and that the assurances given by the United States Government had only limited effect in avoiding it. The 'death row phenomenon' that Soering would face in Virginia constituted forbidden ill-treatment. The Court considered the probable delays in appeals and review procedures after the eventual death penalty sentence would likely cause psychological trauma; the fact that the jury and the judge were not bound to consider his age or mental state in the sentencing phase; the risk of physical violence and sexual abuse by other inmates while on death row at the Mecklenburg Center in Virginia; the anguished anticipation of the execution itself; the alternative of extradition to Germany, where the death penalty had been abolished; and the purposes of the extradition request could equally be met without the danger of ill-treatment. Should Soering be extradited to the United States, the United Kingdom would violate ECHR Article 3.

11. *Aksoy v Turkey*, European Court of Human Rights[218]

(a) Legal issues

Torture; inhuman and degrading treatment.

(b) Facts

Zeki Aksoy, a Turkish metal worker who lived in Mardin, Kiziltepe, South-East Turkey, an area disturbed by conflicts between Turkish security forces and the PKK (Workers' Party of Kurdistan), was detained in late November 1992, allegedly because he was identified as a member of the PKK by a person called Metin. During interrogation, after denying he knew the person who identified him, he was told that 'if you don't know him now, you will know him under torture'.

Aksoy claimed that on the second day of his detention he was stripped naked, his hands were tied behind his back and he was strung up by his arms in the form of torture known as 'Palestinian hanging'; while he was hanging and blindfolded, the police connected electrodes to his genitals and threw water over him during the electrocution for approximately 35 minutes. During the next two days, he was beaten repeatedly at intervals of two hours or half an hour. The torture continued for four days and as a result he lost the movement of his arms and hands.

Despite the arrest of Aksoy, the prosecution concluded that there was no basis to present criminal charges against him. No criminal or civil proceedings were initiated in Turkey regarding the ill-treatment, even though he was brought to the prosecutor with evident signs of ill-treatment. In April 1994, after bringing the matter to the attention of the European Commission on Human Rights, he was shot dead. According to his relatives, he was receiving death threats in order to withdraw his application against Turkey.

The Turkish Government alleged that local remedies had not been exhausted, that there were doubts whether the applicant was ill-treated by the police and that his death was caused by a settling of scores between PKK factions.

[218] *Aksoy v Turkey* Series A 1996-VI (1996) 23 EHRR 553.

رای

دادگاه اظهار کرد که منع کلی شکنجه و سایررفتارهای غیرانسانی یا تحقیرآمیز طبق ماده 3 کنوانسیون اروپایی حقوق بشر کشورها را از جمله مکلف کند که اطمینان حاصل کنند این که شخصی که تحت صلاحیت قانونی آنهاست به واسطه استرداد، اخراج یا مفاهیم مشابه در خطر بدرفتاری یا شکنجه شدن توسط سایر کشورها قرار نگیرد. این مخالف روح اصول کنوانسیون اروپایی حقوق بشر است که به کشورها اجازه بدهد با کشورهای ثالث برای شکنجه و سایر بد رفتاریها همکاری کنند. دادگاه اظهار داشت که بد رفتاری بستگی به شرایط خاص هر پرونده دارد. هرچند مجازات اعدام در کنوانسیون اروپایی حقوق بشرممنوع نشده است، لیکن بطور استثنایی منحصر به سختترین جرایم است و شیوه اجرای مجازات اعدام در برخی شرایط میتواند رفتار غیرانسانی و تحقیرآمیز یا حتی شکنجه به حساب آید. دادگاه اعلام نمود که آقای Jens Soering در معرض خطر واقعی حکم اعدام قرار داشته و تضمینات داده شده توسط دولت ایالات متحده فقط تاثیر آن را محدود کرده بود. شرایط بند محکومین به مرگ، که آقای Jens Soering در ویرجنییا با آن روبرو میشد از نوع بدرفتاری ممنوع بود. دادگاه این نکات را مورد بررسی قرار داد: تاخیر احتمالی در استیناف و رسیدگی مجدد بعد از حکم اعدام احتمالی موجب ضربه روانی خواهد شد، حقیقت این که هیات منصفه و قاضی در مرحله محکوم کردن ملزم به رعایت سن و شرایط روحی وی نمی شوند، خطر خشونت فیزیکی و سوء استفاده جنسی توسط هم اتاقی ها در بند محکومین به مرگ در مرکز مکلنبرگ در ویرجنییا، خود انتظار درد اعدام، وجود شق دیگر مساله یعنی استرداد به آلمان که مجازات اعدام در آنجا لغو شده و تقاضای استرداد میتوانست بدون خطر بد رفتاری بر آورده شود، اگر آقای Jens Soering به ایالات متحده مسترد میشد، انگلستان ماده 3 را نقض می کرد.

Aksoy علیه ترکیه، دادگاه اروپایی حقوق بشر[218]

موضوعات حقوقی:

شکنجه، رفتار غیرانسانی و تحقیرآمیز

شرح پرونده:

آقای Zeki Aksoy یک فلزکار ترکیه ای که در شهر ماردین، قزل تپه در جنوب شرقی ترکیه زندگی میکرد، (منطقه ای آشفته به جهت درگیری نیروها ی امنیتی ترکیه و حزب کارگران کردستان) در نوامبر 1992 ظاهراً به دلیل این که توسط فردی به نام متین به عنوان عضو حزب کارگر کردستان شناخته شده بود، دستگیر شد. در طول بازجویی بعد از انکار آشنایی با شخصی که او را معرفی کرده بود، به او گفته شد که اگر حالا او را نمی شناسی، بعد از شکنجه خواهی شناخت.

آقای Zeki Aksoy ادعا کرد در روز دوم بازداشت او کاملاً برهنه شد، دست هایش از پشت بسته شد و از بازوانش با شکل شکنجه معروف به اعدام فلسطینی آویزان شده، در حالیکه آویزان و چشم بسته بوده، پلیس الکترودها را به اندام های تناسلی او متصل کرده و در مدت اتصال به برق تقریباً 35 دقیقه به او آب میپاشیدند. دو روز بعد، او مکرر در فواصل هر دو ساعت یا نیم ساعت کتک می خورد. شکنجه 4 روز ادامه یافته و در نتیجه او امکان حرکت بازوان و دستهایش را از دست داد. علیرغم دستگیری آقای Zeki Aksoy تعقیب منتج به دستگیری او برمبنای هیچ اتهام کیفری علیه او نبود. هر چند که او با علائم و دلایل مشهود بد رفتاری نزد قاضی آورده شد هیچ رسیدگی کیفری یا مدنی در ترکیه نسبت به بد رفتاری با او نشد. در آوریل 1994 پس از اقامه دعوا نزد کمیسیون اروپایی حقوق بشر، او با گلوله کشته شد. به عقیده خویشانش، او برای این که دعوای خود علیه دولت ترکیه را رها کند به مرگ تهدید می شد.

دولت ترکیه ادعا کرد که راههای رسیدگی در محل دنبال نشده است، تردید وجود داشته که آیا شاکی توسط پلیس مورد بد رفتاری قرار گرفته یا این که مرگ او به دلیل درگیری های رقابتی در بین گروههای سیاسی حزب کارگران کردستان بود.

---

[218] *Aksoy v Turkey* Series A 1996-VI (1996) 23 EHRR 553.

(c) Decision

The Court noted that where an individual is taken into police custody in good health, but is found to be injured at the time of release, it is incumbent on the State to provide a plausible explanation as to the causing of the injury; otherwise there is an issue under ECHR Article 3. The Court also highlighted that the freedom from torture and other ill-treatment is absolute, even in the most difficult of circumstances, such as the fight against organized terrorism and crime, or in case of a public emergency threatening the life of a nation. The Court considered that Mr Aksoy had been subjected to torture when he was stripped naked and suspended by his arms; the treatment was deliberately inflicted; a certain amount of preparation and exertion had been required to carry it out; and it appeared to have been administered with the aim of obtaining admissions or information from the victim. The cruel and serious nature of the treatment could only be described as torture. Turkey was also found to be in violation of ECHR Article 3 and also to have arbitrarily detained Mr Aksoy and violated his right to an effective remedy for the torture he suffered.

12. *A v the United Kingdom*, European Court of Human Rights[219]

(a) Legal issues
Inhuman and degrading treatment; torture; rights of the child.

(b) Facts
A boy born in 1984 ('A') was found, in February 1993, to have been repeatedly and strongly beaten by his stepfather with a garden cane. In 1990, he and his brother had already been put under child protection care after being physically abused by the same person, who was then cohabiting with their mother. The boy's stepfather was charged with assault occasioning actual bodily harm, but the jury acquitted him of the charges on the grounds that his conduct constituted 'reasonable chastisement', since the stepfather alleged A was a 'difficult boy who did not respond to parental or school discipline'.

(c) Decision
The Court observed that the obligation of States under ECHR Article 1 to secure everyone within their jurisdiction the rights and freedoms defined in the Convention, in conjunction with ECHR Article 3, requires States to take measures designed to ensure that individuals within their jurisdiction and particularly vulnerable individuals such as children, are not subjected to torture or inhuman or degrading treatment or punishment, including such ill-treatment administered by private individuals. In this case involving repeated and severe beatings of a nine-year-old boy, the severity threshold necessary for an act to be considered banned ill-treatment was reached. According to the Court, contrary to ECHR Article 3, the British law did not provide adequate protection to the applicant against treatment or punishment, since it admitted the defence of 'reasonable chastisement' and for this reason the State was in violation of ECHR Article 3.

13. *Selmouni v France*, European Court of Human Rights[220]

(a) Legal issues
Inhuman and degrading treatment; torture.

(b) Facts
A Dutch-Moroccan national, Mr Ahmed Selmouni, was detained in France for suspected involvement in drug trafficking. Upon arrest, Mr Selmouni denied all charges.

---

[219] *A v the United Kingdom* (App no 25599/94) ECHR 1998-VI 2699.
[220] *Selmouni v France* Series A No 411 (2000) 29 EHRR 403.

رای

دادگاه اظهار داشت جایی که شخص در سلامت کامل به دست پلیس می‌افتد وبعد از آزادی مصدوم دیده میشود، در این حالت لازم است که توضیح موجهی به عنوان دلیل مصدومیت بیان شود وگرنه به موجب ماده 3 مسئله‌ای پیش آمده است.. دادگاه همچنین روشن کرد که منع شکنجه و سایر بدرفتاریها حتی در سخت ترین شرایط مانند مبارزه با سازمانهای تروریستی و وقوع جرم یا در مورد ضرورت عمومی تهدید حیات ملی، مطلق غیرقابل استثنا و قطعی است. دادگاه اظها کرد که آقای Zeki Aksoy وقتی که به صورت برهنه از بازوانش آویزان بوده در معرض شکنجه قرار گرفته است، رفتاری عمداً صورت گرفته است، مستلزم مقداری آمادگی و اعمال زور بوده و به نظر می رسد با هدف اخذ اعترافات یا اطلاعات از قربانی اجرا شده است. ماهیت بی رحمانه و سخت این رفتار فقط به عنوان شکنجه می تواند توصیف شود. ترکیه ناقض ماده 3 است و همچنین با باز داشت خود سرانه آقای Zeki Aksoy حق وی بر جبران موثر شکنجه ای را که او متحمل شده، نقض کرده است.

A علیه انگلستان، دادگاه اروپایی حقوق بشر[219]

موضوعات حقوقی:

رفتار غیرانسانی و تحقیر آمیز، شکنجه، حقوق کودک.

شرح پرونده:

در سال 1984 پسری بنام A متولد شد. در فوریه 1993 معلوم شد که او بطور مکرر و به سختی توسط ناپدریش با یک نی باغبانی کتک زده میشود. در سال 1990 او و برادرش که پس از این که به وسیله همین شخص که در آن موقع با مادر کودکان همخانه بود تحت بدرفتاری قرار گرفته بودند. نا پدری به اعمال تهدید به ضرب که موجب صدمه بدنی بوده متهم شد. اما هیات منصفه به سبب این که ناپدری ادعا کرد که او یک پسر مشکل دار بوده که به تادیب والدین و مدرسه پاسخ نمیداد رفتار او را از مقوله "تنبیه متعارف تشخیص داد" و او را از این اتهام تبرئه کرد این که.

رای

دادگاه اظهار داشت که تکلیف دولت ها طبق ماده 1 کنوانسیون اروپایی حقوق بشر، تامین حقوق و آزادیهای افرادی است که در حوزه صلاحیت آنها قرار دارند، به علاوه ماده 3 کنوانسیون اروپایی حقوق بشر به کشورها تکلیف میکند اقداماتی اتخاذ نمایند تا مطمئن شوند که افراد تحت صلاحیتشان بویژه افراد آسیب پذیر همچون کودکان، در معرض شکنجه، رفتار یا مجازات غیرانسانی یا تحقیرآمیز و همچنین بدرفتاری توسط افراد خصوصی قرار نگیرند. در این پرونده، کتکهای مکرر وسخت یک پسر 9 ساله حد وخامت لازم را برای این که یک عمل بدرفتاری تلقی شود، داراست. به نظر دادگاه، انگلستان برخلاف ماده 3 قانون، حمایت کافی برای شاکی در مقابل رفتار یا مجازات اینچنینی را پیش بینی نکرده است چون این قانون جرم تنبیه متعارف را پذیرفته و به این دلیل دولت انگلستان ناقض ماده 3 کنوانسیون اروپایی حقوق بشر میباشد.

سلمونئ علیه فرانسه، دادگاه اروپایی حقوق بشر[220]

موضوعات حقوقی:

رفتار غیرانسانی و تحقیر آمیز، شکنجه

شرح پرونده:

آقای سلمونی، یک تبعه هلندی-مراکشی در فرانسه به اتهام قاچاق مواد مخدر دستگیر شد. بعد از باز داشت آقای سلمونی همه اتهامات را انکار کرد

[219] *A v the United Kingdom* (App no 25599/94) ECHR 1998-VI 2699.

[220] *Selmouni v France* Series A No 411 (2000) 29 EHRR 403.

He was held in police custody from 25 to 28 November 1991, where he alleged that he was a victim of severe torture and ill-treatment by police officers, in order to make him confess participation in drug trafficking. He said he was hit by approximately eight people, with an instrument similar to a baseball bat on the head; kicked and punched in the back; pulled by the hair; threatened with a blowlamp and then with a syringe; urinated on by a policeman who tried to force him to have oral sex; and raped with a small black truncheon into his anus, after being told 'You Arabs enjoy being screwed'. He also claimed he lost sight in his left eye because of the beatings.

The police officers denied the charges and claimed that Mr Selmouni was injured because he tried to resist arrest. Four policemen were condemned in the first instance for sexual and physical assault but not torture, but the Court of Appeals acquitted the policemen due to lack of evidence on the charge of indecent assault, holding them to be guilty only of the physical assault charges. All prison sentences were suspended and the police officers were released, except the chief inspector. Mr Selmouni alleged violations of ECHR Articles 3 and 6 (1) on freedom from torture and on right to a judgment in a reasonable time respectively. France acknowledged that the total length of the proceedings was excessive, but claimed, regarding the allegations of torture, that Mr Selmouni had failed to exhaust domestic remedies and, in the alternative, that the offences with which the police officers in question were charged could not be classified as 'torture'.

(c) Decision
In order to decide on the case, the European Court referred to its own jurisprudence but also to the definition of torture contained in the Convention against Torture and Other Cruel, Inhuman or Degrading Treatment or Punishment. The Court found that all the elements of the definition of torture were present in the case. The physical and mental violence considered as a whole, caused 'severe' pain and suffering to Mr Selmouni, was particularly serious and cruel, and had the purpose of obtaining a confession. The Court found that such conduct constituted torture for the purposes of ECHR Article 3. The Court also considered that the 'reasonable time' prescribed by ECHR Article 6 (1) was exceeded in the internal criminal proceedings against the police officers, since six years and seven months had passed without a final decision.

14. *Cyprus v Turkey*, **European Court of Human Rights**[221]

(a) Legal issues
Inhuman and degrading treatment; forced disappearances.

(b) Facts
The case concerned the situation in Cyprus since the start of Turkey's military operations in northern Cyprus in July 1974. The Government of Cyprus alleged a series of continued human rights violations committed by Turkey, notwithstanding previous reports of the European Commission on Human Rights and resolutions of the Committee of Ministers of the Council of Europe. The claims referred to violations of several articles of the ECHR and its Protocol regarding the situation of Greek-Cypriot missing persons and their relatives; the home and property of displaced persons; the right of displaced Greek Cypriots to hold free elections; the living conditions of Greek Cypriots in northern Cyprus; and the situation of Turkish Cypriots and the Gypsy community living in northern Cyprus.

Regarding the missing persons and their relatives, the Cypriot Government claimed that about 1,491 Greek Cypriots were still missing 20 years after the cessation of hostilities. These persons were last seen alive in Turkish custody and their fate has never been accounted for by the respondent State.

---

[221] *Cyprus v Turkey* [GC] (App no 25781/94) ECHR 2001-IV, 10 May 2001

در بازداشت پلیس از 25 تا 28 نوامبر 1991، جایی که او ادعا کرده که قربانی شکنجه شدید و بدرفتاری شدید توسط افسران پلیس شده تا به مشارکت در تحصیل مواد مخدر و خرید و فروش آن اقرار کند. او گفت: که تقریباً توسط هشت نفر کتک خورده است، همچنین با یک وسیله ای شبیه به یک چوگان بیس بال بر روی سر وی زده اند. به پشت او مشت و لگد زده‌اند. موهای سر وی را کشیده‌اند، وی را با مشعل جوشکاری و سپس با یک سرنگ تهدید کرده‌اند، بر روی وی توسط یک پلیس که تلاش داشته او را به جماع دهانی وادارد ادرار شده است، و بعد از این که گفته شده «تو عربی و از گائیده شدن لذت می بری » با یک چماق مشکی کوچک به داخل مقعد وی تجاوز شده است. این کهاو همچنین ادعا کرد که در اثر کتک خوردن بینایی چشم چپش را از دست داده است. افسران پلیس اتهامات را انکار کردند و ادعا کردند که آقای سلمونی به خاطر این که تلاش داشته در مقابل دستگیری پلیس مقاومت نماید مجروح شده است. در اولین مورد چهار افسر پلیس به خاطر تجاوز جسمی و جنسی نه برای شکنجه محکوم شدند ، اما دادگاه تجدید نظر افسران پلیس را به خاطر فقدان دلیل اتهام تجاوز خلاف عفت تبرئه کرد و به خاطر اتهامات تعرض جسمی آنها را مجرم شناخت. همه محکومیت‌های زندان معلق شدند و افسران پلیس به استثناء رئیس پلیس آزاد شدند. آقای سلمونی همچنین نقض ماده 3 و ماده 6 (1) را ادعا کرد که به ترتیب بر منع شکنجه و حق بر برخورداری از دادرسی در یک فرصت معقول و منطقی دلالت دارد. دولت فرانسه پذیرفت کرد که کل فرآیند دادرسی بیش از اندازه طولانی بوده است اما راجع به اتهامات شکنجه ادعا کرد که آقای سلمونی دادرسی‌های داخلیرا دنبال نکرده، و به عنوان بدیل، جرائمی که به افسران پلیس نسبت داده شده نمی توانند به عنوان شکنجه در طبقه بندی جرایم قرار گیرند.

رای

برای تصمیم گیری در مورد این پرونده، دادگاه اروپایی به صلاحیت قضایی خود و همچنین به تعریف شکنجه در کنوانسیون منع شکنجه و دیگر اقدامات بیرحمانه؛ رفتار و مجازات غیرانسانی و تحقیر آمیز نیز ارجاع داد. دادگاه اظهار کرد که همه عناصر تعریف شکنجه در این پرونده بیان شده بود. خشونت روانی و جسمی به عنوان در کل که باعث رنج و محنت شدید و رنج کشیدن برای آقای سلمونی شده به خصوص این که جدی و بیرحمانه و برای گرفتن یک اقرار بوده است دادگاه اظهار داشت که چنین رفتاری بر اساس ماده 3 شکنجه تلقی می‌شود. همچنین از نظر دادگاه زمان منطقی تجویز شده در ماده 6 نقض شده چرا که در رسیدگی های کیفری داخلی علیه افسران پلیس، بیش از شش سال و هفت ماه بدون تصمیم نهایی سپری شده است.

دعوای کشور قبرس علیه ترکیه، دادگاه اروپایی حقوق بشر[221]

موضوعات حقوقی:

رفتار غیرانسانی و تحقیر آمیز، ناپدید شدن اجباری

شرح پرونده:

این پرونده ناظر به اوضاع قبرس است از زمانی که در ژوئیه 1974 ترکیه عملیات نظامی خود را در قبرس شمالی آغاز کرد. دولت قبرس مدعی یک سری از نقض های مستمر حقوق بشر توسط دولت ترکیه شد. علیرغم گزارشات قبلی کمیسیون اروپایی حقوق بشر و تصمیم های کمیته وزیران و شورای اروپا. این ادعاها به نقض چندین ماده از پیمان نامه و پروتکل آن راجع به محل و موقعیت اشخاص مفقود شده یونانی- قبرسی و بستگانشان، خانه و اموال اشخاص تبعیدی، حق داشتن انتخابات آزاد در قبرس شمالی و حق برخورداری از شرایط زندگی برای افراد و زندگی اجتماعی در این منطقه، اشاره داشت.

راجع به اشخاص مفقود شده و اقوامشان دولت قبرس ادعا کرد که تقریباً 1491 نفر از اتباعش پس از گذشت بیست سال از پایان جنگ و خصومت و عملیات نظامی هنوز مفقود هستند. این اشخاص که قبلاً در بازداشت دولت ترکیه در قید حیات بوده‌اند و سرنوشتشان هنوز به وسیله دولت معلوم نشده است.

[221] *Cyprus v Turkey* [GC] (App no 25781/94) ECHR 2001-IV, 10 May 2001

The failure of Turkish authorities to conduct an effective investigation on the whereabouts and fate of Greek-Cypriot missing persons who disappeared in life-threatening circumstances, was a violation of the right to life of missing persons, and amounted to a continuing and aggravated violation of ECHR Article 3 against their relatives, subject to the continuing suffering and anguish of not knowing what happened to their next of kin.

Turkey argued that the allegations concerned the 'Turkish Republic of Northern Cyprus', an independent State from Turkey, and that the case basically repeated matters already considered by the bodies of the Council of Europe system (*res judicata*).

(c) Decision
On the admissibility of the application, the Court, based on its previous jurisprudence relating to Cyprus and several decisions of the UN Security Council and the Council of Europe on the issue, refused to recognize the 'Turkish Republic of Northern Cyprus' as a State, and held that Turkey is the State responsible for any human rights violations in the occupied area of Northern Cyprus. The Court also held that the previous decisions of the Committee of Ministers of the Council of Europe did not constitute *res judicata*.

The Court found that there has been a continuing violation of ECHR Article 2 on account of the failure of Turkish authorities to conduct an effective investigation aimed at clarifying the whereabouts and fate of Greek-Cypriot missing persons who disappeared in life-threatening circumstances. The Court also found a violation of ECHR Article 3 on account of the silence and failure of Turkish authorities to clarify the fate and whereabouts of their missing relatives.

More specifically, the Court noted that the question whether a family member of a 'disappeared person' is a victim of treatment contrary to ECHR Article 3 depends on the existence of special factors, which give the suffering of the person concerned a dimension and character distinct from the emotional distress which may be regarded as inevitably caused to relatives of a victim of a serious human-rights violation. These special factors may include the proximity of the family tie, the particular circumstances of the relationship, the extent to which the family member witnessed the events in question, the involvement of the family member in the attempts to obtain information about the disappeared person and the way in which the authorities responded to those enquiries. The essence of such a violation, in the view of the Court, lies in the authorities' reactions and attitudes to the situation when it is brought to their attention. In this regard, the Court found that the Turkish authorities failed to undertake any investigation into the circumstances surrounding the disappearance of the missing persons. The relatives of the missing persons were condemned to live in a prolonged state of acute anxiety, not knowing whether family members were killed in the conflict or are still in detention or, if detained, have since died. The large number of Greek-Cypriots who had to seek refuge in the south, coupled with the continuing division of Cyprus, raised very serious obstacles to the quest of the relatives for information, and the supply of this information was the responsibility of the Turkish authorities.

15. *Raquel Martí de Mejía Egochaga v Peru*, **Inter-American Commission on Human**[222]

(a) Legal issues
Torture; honour; privacy; rape.

---

[222] *Raquel Martí de Mejía Egochaga v Peru* Inter-American Commission on Human Rights Case No 10.970, Report No 5/96, OEA/Ser.L/V/II.91 Doc 7 (1996).

قصور مقامات ترکیه ای در انجام یک تحقیق مؤثر از محل تقریبی و سرنوشت افراد مفقود شده در این منطقه، اشخاصی که در شرایط زندگی خطرناک ناپدید شده بودند، یک نقض حق زندگی افراد مفقود شده بود و به یک نقض مستمر و خشن ماده 3 کنوانسیون اروپایی حقوق بشر علیه اقوام این افراد منتهی شد. که استمرار رنج و نگرانی ناشی از عدم اطلاع از این که برای خویشاوندان آنان چه اتفاقی افتاده ناظر است.

ترکیه استدلال کرد که این ادعاها به دولت جمهوری ترکیه در منطقه شمالی قبرس مربوط می‌شود و آن یک دولت مستقل از ترکیه است و این پرونده اساساً موضوعاتی را در بر می‌گیرد که قبلا در نهادهای شورای اروپایی بررسی شده و واجد ویژگی امر مختومه است.

رای

در باب قابلیت رسیدگی دعوا، دادگاه بر اساس صلاحیت قضایی در رابطه با دولت قبرس و چند تصمیم شورای امنیت سازمان ملل متحد و شورای اروپا در این موضوع، از شناسایی جمهوری ترکیه در منطقه شمالی قبرس به عنوان یک دولت امتناع کرد و مقرر نمود که برای تمام موارد حقوق بشر نقض شده در منطقه اشغالی قبرس شمالی ترکیه مسئول است. این دادگاه همچنین مقرر کرد که تصمیمات قبلی کمیته وزیران شورای اروپا فاقد اعتبار امر مختومه است.

دادگاه اظهار داشت که نقض مستمر ماده 2 به علت کوتاهی مقامات ترکیه در انجام تحقیقی با هدف روشن سازی مکان تقریبی و سرنوشت اشخاص مفقود در این منطقه و کسانی که در شرایط زندگی ارعاب آمیز ناپدید شده بودند محرز است. دادگاه همچنین به علت سکوت و قصور مقامات ترکیه در روشن سازی سرنوشت و محل تقریبی اقوام افراد گم شده نقض ماده 3 را اظهار داشت.

دادگاه بالاخص بیان کرد این مساله که خانواده یک شخص ناپدید شده، درواقع قربانی رفتاری مغایر با ماده 3 هستند یا نه بیشتر به عوامل خاصی بستگی دارد که در ارتباط با شخص مورد نظر و با توجه به تفاوت های شخصیتی و ابعاد آن نظیز اندوه عاطفی شخص ممکن است به عنوان علتی آشکار برای نقض جدی حقوق بشر تلقی شود. این عوامل خاص ممکن است شامل نزدیکی پیوند خانوادگی، شرایط خاص این روابط، میزان تاثیری که این واقعه بر خانواده دارد، درگیری اعضای خانواده در تلاش هایی برای گرفتن اطلاعات در مورد شخص ناپدید شده و روشی که از طریق آن مقامات به آن تحقیقات پاسخ می دهند باشد. ماهیت این چنین خشونت هایی از نظر دادگاه، در واکنش ها و رفتار مقامات برای این وضعیت که توجهشان بدان جلب شده مستتر است. در این پرونده، دادگاه اظهار کرد که مقامات ترکیه ای در وظیفه انجام تحقیق در مورد شرایط پیرامونی ناپدید شدن اشخاص مفقود شده کوتاهی کرده اند. اقوام اشخاص گم شده، به زندگی در یک حالت ممتد اضطراب شدید، ندانستن این که آیا اعضای خانواده در مبارزه کشته شده اند یا هنوز در بازداشت هستند و اگر بازداشت شده اند خواهند مرد یا نه، محکوم شده‌اند. تعداد زیادی از این افراد یونانی - قبرسی کسانی هستند که با تقسیم مستمر قبرس بایستی در جستجوی پناهی باشند، به طور جدی جویای سرنوشت و ضعیت خویشانشان هستند و مسئول پاسخگویی به تمام این سوالات دولت ترکیه است.

خانم Raquel Mejía Egochaga علیه پرو، کمیسیون حقوق بشر کشورهای آمریکایی[222]

موضوعات حقوقی:

شکنجه، شرف، حریم شخصی، تجاوز

[222] *Raquel Martí de Mejía Egochaga v. Peru,* Inter-American Commission on Human Rights, Case No. 10.970, Report No. 5/96, OEA/Ser.L/V/II.91 Doc. 7 (1996).

(b) Facts

Ms Raquel Mejía Egochaga and her husband, Dr Fernando Mejía Egochaga, lived in Oxapampa, Peru. In June 1989, some soldiers were killed by the Shining Path in a nearby town, and some 100 military personnel were transported by helicopter into Oxapampa to conduct counter-insurgency operations in the region. On 15 June, a group of persons with their faces covered by ski masks and carrying submachine guns suddenly turned up at the Mejía Egochagas' home and demanded to see Dr Fernando Mejía Egocheaga. When he opened the door, he was struck with a weapon and abducted in front of his wife. Fifteen minutes later, the group returned and the person who had been in charge of the abduction of Dr Mejía Egochaga went into the house, apparently to ask Ms Mejía Egocheaga for her husband's identity documents. While she was looking for them he followed her into the room and told her she was also considered a subversive. He then showed her a list containing a number of names and said that they were people who were members of the Movimiento Revolucionario Tupac Amaru (MRTA—Tupac Amaru Revolutionary Movement). Ms Mejía Egochaga tried to explain to him that neither she nor her husband belonged to any subversive movements. The person then raped her. About 20 minutes later the same person returned to the Mejía Egochagas' home, apparently with the intention of telling Ms Mejía Egochaga that her husband might possibly be taken to Lima by helicopter the next day. He then dragged her into the room and raped her again. Ms Raquel Mejía Egochaga spent the rest of the night in a state of terror, fearing that the one who had assaulted her would come back and fearing for her safety, and for her husband's life.

When she went to report the disappearance of her husband, Ms Raquel Mejía Egochaga saw a large number of soldiers wearing the same uniforms as the men who had abducted her husband and the man who had abused her sexually. The body of Fernando Mejía Egochaga was later found, on 18 June, severely swollen, with cuts on the legs and arms and an open wound in the head, apparently caused by a bullet. Because she feared for her safety, Raquel left Peru in August 1989, first going to the United States and then to Sweden, where she was granted political asylum.

(c) Decision

The Inter-American Commission on Human Rights held that the rape that Ms Mejía Egochaga was twice subjected to was physical and psychological torture. The Commission observed that according to international law it is established that sexual abuse committed by members of security forces, whether as a result of a deliberate practice promoted by the State or as a result of failure by the State to prevent the occurrence of this crime, constitutes a violation of the victims' human rights, especially the right to physical and mental integrity.

The Commission held that all the elements of the definition of torture were present in the case. Rape is a physical and mental abuse that is perpetrated as a result of an act of violence, and its objective as a form of torture, in many cases, is not just to humiliate the victim but also the family or community. Raquel Mejía Egochaga was raped with the aim of punishing her personally and intimidating her, since the rapist had told her that she too was wanted as a subversive, like her husband. The sexual abuse was a violation of her physical and mental integrity, but also a violation of her right to honour, dignity and private life, as enshrined in ACHR Article 11. Peru was also found responsible for violations of rights to a fair trial and to judicial guarantees and of its general obligation to respect and guarantee the exercise of human rights.

16. *Velásquez-Rodríguez v Honduras*, Inter-American Court of Human Rights[223]

---

[223] *Velásquez-Rodríguez v Honduras* Inter-American Court of Human Rights Series C, No 4 (1988).

شرح پرونده:

خانم Raquel Mejía Egochaga و همسرش آقای Dr. Fernando Mejía Egochaga در اکساپاما در پرو زندگی می کردند. در ژوئن 1989، تعدادی از سربازان به وسیله ی گروه "مسیر درخشان" در نزدیکی شهر کشته شدند و بیشتر از 100 نفر شخصیت نظامی برای عملیات ضد شورشی با هلکوپتر وارد این منطقه شدند. در پانزدهم ژوئن، گروهی از افراد که چهره هایشان را با ماسک پوشانده بودند و مسلسل های خودکار حمل می کردند ناگهان وارد منزل خانم Raquel Mejía Egochaga شدند و خواهان دیدن Dr. Fernando Mejía Egochaga شدند Dr. Fernando Mejía Egochaga وقتی درب اتاق را باز کرد با یک اسلحه برخورد کرد و در مقابل چشمان همسرش دزدیده شد. پانزده دقیقه بعد این گروه بازگشتند و شخصی که مسئول ربودن Dr. Fernando Mejía Egochaga بود ظاهراً برای پرسیدن از خانم Raquel Mejía Egochaga درمورد اسناد هویت همسرش به داخل منزل رفت. در حالی که خانم Raquel Mejía Egochaga در جستجوی اسناد بود مرد وی را تا داخل اتاق تعقیب کرد و گفت که او همچنین نگران یک خرابکاری است. مامور سپس به او یک لیست شامل تعدادی نام نشان داد و گفت که آنها عضو گروه جریان های انقلابی هستند. خانم Raquel Mejía Egochaga تلاش کرد به او توضیح دهد که هیچکدام از آنها نه او و نه همسرش متعلق به هیچ جنبش خرابکارانه ای نیستند.آن شخص سپس به او تجاوز کرد. تقریباً 20 دقیقه بعد همان فرد به منزل خانم Raquel Mejía Egochaga بازگشت ظاهراً با این هدف که به خانم Raquel Mejía Egochaga بگوید که همسرش ممکن است با هیلوکپر روز بعد به لیما برده شود. او سپس خانم Raquel Mejía Egochaga را به داخل اتاقی کشید و دوباره به او تجاوز کرد. خانم Raquel Mejía Egochaga باقی شب را در حالت ترس گذراند ترس از این که آن کس که به او تجاوز کرده بود به آن خانه باز گردد، ترس از امنیت خود و ترس در مورد جان همسرش.

وقتی خانم Raquel Mejía Egochaga برای گزارش کردن ناپدید شدن همسرش رفت، تعداد زیادی از سربازان را دید که یونیفرم هایی مشابه آن چه که ربایندگان همسرش و مردی که به او تجاوز کرده بود پوشیده بودند. بدن Fernando Mejía بعداً در حالی که شدیدا ورم کرده با تاول هایی روی پا و دستان و یک زخم باز بر روی سر وی که ظاهراً به وسیله یک گلوله ایجاد شده بود در 18 ژوئن پیدا شد. ، خانم Raquel Mejía Egochaga بخاطر ترس از امنیت جانی اش پرو را در اوت 1989 ترک کرد، ابتدا به آمریکا و سپس به سوئد رفت، جایی که به او پناهندگی سیاسی اعطا شد .

رای

کمیسیون آمریکایی حقوق بشر مقرر کرد که تجاوزی که بر روی خانم Raquel Mejía Egochaga دو دفعه انجام شده شکنجه جسمی و روانی بوده است. کمیسیون بیان کرد که بر طبق حقوق بین الملل سوء استفاده جنسی به وسیله اعضای نیروهای امنیتی، خواه به عنوان یک عمل عمدی مورد تشویق و حمایت دولت یا در اثر قصور و کوتاهی دولت در اجرای مفاد اساسنامه دادگاه کیفری بین المللی انجام شود، یک نقض حقوق بشر به خصوص حق بر تمامیت جسمی و روانی قربانیان بشمار می‌رود.

کمیسیون مقرر کرد که همه عناصر تعریف کننده شکنجه در این پرونده موجود است. تجاوز جنسی، سوء استفاده روانی و جسمی ناشی از خشونت و شکلی از شکنجه بشمار می‌آید که در بسیاری از موارد نه فقط برای تحقیر قربانی و بلکه خانواده و جامعه او نیز به کار می‌رود.به خانم Raquel Mejía Egochaga با هدف تنبیه او به صورت شخصی و ترساندن وی تجاوز شده بود. مرتکب زمانی به او گفته بود که خانم Raquel Mejía Egochaga همچون همسرش یک خرابکار است. سوء استفاده جنسی یک نقض تمامیت روانی و جسمی او و همچنین یک نقض حق بر شرف و آبرو ویو کرامت و حریم شخصی زندگی است که در ماده 11 این پیمان نامه بدان اشاره شده است. دولت پرو همچنین به خاطر نقض سیستماتیک حقوق و برگزاری یک محاکمه منصفانه و برای تامین ضمانت های قضایی و تعهد کلی اش برای احترام و ضمانت اجرای حقوق بشر مسئول است.

Velásquez-Rodríguez علیه هندوراس، دادگاه حقوق بشر کشورهای آمریکایی:[223]

---

[223] *Velásquez-Rodríguez v. Honduras,* Inter-American Court of Human Rights, Series C, No.4 (1988).

143

(a) Legal issues
Inhuman and degrading treatment; torture; forced disappearances.

(b) Facts
Angel Manfredo Velásquez Rodríguez, a student at the National Autonomous University of Honduras, after being detained without a warrant by members of the National Office of Investigations and G-2 of the Armed Forces of Honduras, disappeared. According to the petition, several eyewitnesses reported that Manfredo Velásquez and others were detained and taken to the cells of Public Security Forces Station No 2, where Velásquez was accused of 'alleged political crimes and subjected to harsh interrogation and cruel torture'. He was then moved to the First Infantry Battalion, where the interrogation continued. The police and security forces denied that he had been detained. He has been missing since then.

The applicants claimed that Honduras had violated ACHR Articles 4 (Right to Life), 5 (Right to Humane Treatment) and 7 (Right to Personal Liberty). Honduras argued that local remedies were not exhausted and many of them might be invoked to clarify the whereabouts of Manfredo Velásquez and punish those eventually responsible for a violation against him.

(c) Decision
The Inter-American Court emphasized the differences in nature between criminal proceedings before domestic courts and human rights proceedings before international courts. In international legal proceedings, the standards of proof are less formal than in domestic legal proceedings. In proceedings to determine human rights violations, the State which controls the means to verify acts occurring within its territory cannot rely on the defence that the complainant has failed to present evidence when it cannot be obtained without the State's cooperation. Circumstantial evidence, *indicia*, and presumptions may be considered, as long as they lead to conclusions consistent with the facts, and are especially important in allegations of disappearances because this type of repression is characterized by an attempt to suppress all information about the kidnapping or the whereabouts and fate of the victims.

In the light of the above and the evidence before it, the Court concluded that from 1981 to 1984, there was a systematic practice of disappearances carried out in Honduras by military or police forces. For political reasons they began with the kidnapping of the victims by force, often in broad daylight and in public places, by armed men in civilian clothes and disguises, who acted with apparent impunity and who used vehicles without any official identification. The events surrounding the disappearance of Manfredo Velásquez followed this pattern of violation.

The Inter-American Court observed that the phenomenon of disappearances is a complex form of human rights violation to be understood and confronted in an integral manner. It is a multiple and continuous violation of many rights under the ACHR: the kidnapping of a person is an arbitrary deprivation of liberty; prolonged isolation and deprivation of communication constitute per se cruel and inhuman treatment, harmful to the psychological and moral integrity of the person and a violation of the right of any detainee to respect for his inherent dignity as a human being.

The Court held that, seven years after the disappearance of Mr Velásquez-Rodríguez without notice of his fate or whereabouts, there was a reasonable presumption that he was dead. Moreover, the State had failed its general obligation to respect and guarantee the rights of everyone under its jurisdiction and Mr Velásquez-Rodríguez's rights to judicial protection and judicial guarantees, by failing to prevent, investigate and punish the violations.

موضوعات حقوقی:

رفتار غیرانسانی و تحقیر آمیز و شکنجه و ناپدید شدن اجباری.

شرح پرونده:

آقای Angel Manfredo Velásquez Rodríguez یک دانشجوی دانشگاه خود گردان ملی هوندراس بعد از توقیف شدن بدون یک اخطار قبلی به وسیله اعضای اداره ملی تحقیقات و G2 از نیروهای نظامی هوندراس ناپدید شد. بر طبق داد خواست چندین شاهد عینی گزارش دادند که آقای Angel Manfredo Velásquez Rodríguez و دیگران بازداشت شدند و به سلول های ایستگاه و مقر نیروهای امنیتی عمومی شماره 2 برده شدند. در آنجا Velásquez به جرایم سیاسی متهم شده و تحت بازجویی خشن و شکنجه بی رحمانه قرار گرفته است. او سپس به اولین گردان پیاده نظام منتقل شده و بازجویی ادامه‌یافته است. پلیس و نیروهای امنیتی انکار کردند که او دستگیر شده است. او از آن وقت مفقود شده است.

شکات ادعا کردند که هوندراس ماده 4 (حق بر حیات) و ماده 5 (حق بر رفتار انسانی) و ماده 7 (حق بر آزادی شخصی) را نقض کرده است. هوندراس استدلال کرد که رسیدگی محلی فراگیر نبوده و بسیاری از آنها برای روشن شدن محل تقریبی آقای Angel Manfredo Velásquez Rodríguez و مجازات مسببین خشونت علیه وی بایستی انجام میشد.

رای

دادگاه حقوق بشر کشورهای آمریکایی تأکید کرد که بین ماهیت فرآیندهای کیفری در دادگاه داخلی و فرآیندهای حقوق بشری در دادگاه های بین المللی تفاوت هایی است. در فرآیندهای حقوقی بین المللی، استانداردهای دلیل اثبات رسمیت کمتری نسبت به فرآیندهای قانونی داخلی دارند. در این روند برای تعیین نقض های حقوق بشر از سوی دولت، که ابزارهای تحقیق اقدامات رخداده در داخل قلمروشان را تحت کنترل دارند، وقتی که شکات نمی توانند بدون مساعدت و همکاری دولت مدارک لازم را به دست آورند، نمی توان گفت که شکات درارائه دلیل ناکام ماندند. در این موارد دلایل موردی و فرض ها و احتمال ها بایستی تا آنجا که به نتایجی همآهنگ با واقعیات می‌رسند مورد توجه قرار گیرند. و این دلایل بخصوص در موارد ادعای ناپدید شدن افراد بسیار مهم هستند زیرا مشخصه این نوع از سرکوب، تلاشی است که برای مخفی کردن همه اطلاعات در مورد آدم دزدی یا کجایی و سرنوشت قربانیان صورت می‌گیرد.

با توجه به مطلب فوق و دلایل قبل از آن، دادگاه چنین نتیجه گرفت که از سال 1981 تا 1984 یک حرکت برنامه ریزی شده و برنامه ای برای ناپدید شدن به وسیله نیروهای نظامی و پلیس به دلایل سیاسی در هوندوراس وجود داشته است. به دلایل سیاسی، آنها با دزدیدن قربانیان به زور شروع کردند، که اغلب در روز روشن و در مکان های عمومی به وسیله نیروهای نظامی در لباس های شهروندی و با تغییر قیافه و افرادی بدون هیچ هویت رسمی و اداری، و بدون این که هیچ مزاحمتی برایشان باشد اقدام میکرده اند. حوادث پیرامونی ناپدید شدن آقای Angel Manfredo Velásquez Rodríguez همراه این چنین خشونت هایی بوده است.

دادگاه آمریکایی نظر داد که مساله ناپدید شدن شکل پیچیده‌ای از نقض حقوق بشر که باید فهمیده و به صورت عام با آن مقابله شود. این یک نقض مستمر و مضاعف بسیاری از حقوق تحت پیمان کنوانسیون آمریکایی حقوق بشر است: دزدیدن افراد کاری است موجب محرومیت از آزادی، و طولانی کردن انزوا و محرومیت از ارتباط- یک رفتار بی رحمانه و غیربشری موجب. اضرار به تمامیت اخلاقی و روانی شخص و نقض حق بر احترام به کرامت ذاتی یك بازداشتی به عنوان یك انسان است..

دادگاه مقرر کرد که هفت سال بعد از ناپدید شدن آقای Angel Manfredo Velásquez Rodríguez بدون دستیابی به سرنوشتش یا محل تقریبی وی، فرض منطقی آن است که او مرده است. بعلاوه دولت به دلیل کوتاهی و جلوگیری از انجام تحقیقات لازم و مجازات مرتکبین خشونت ها، در انجام تعهدش برای احترام و تضمین حقوق برای هر شخصی که تحت قلمرو آن است و نیز حق آقای Angel Manfredo Velásquez Rodríguez برای برخورداری از حمایت قضایی و ضمانت های قضایی، قصور ورزیده است.

17. *Loayza Tamayo v Peru*, Inter-American Court of Human Rights[224]

(a) Legal issues:
Inhuman and degrading treatment; torture.

(b) Facts
On 6 February 1993, María Elena Loayza-Tamayo, a Peruvian university professor, was arrested by officers of the National Counter-Terrorism Bureau (DINCOTE) without any arrest warrant, as an alleged collaborator of the 'Shining Path'. She claimed that she was held *incommunicado* for 10 days, and subjected to ill-treatment, rape and to threats of drowning at the beach at night, in order to force her to admit participation in the Shining Path. On 26 February 1993, Ms María Elena Loayza-Tamayo was exhibited to the press in 'prison stripes' and accused of the crime of treason. Later, she was detained at a women's maximum-security prison, where she was housed in a tiny cell, without natural light; was allowed only half an hour's sunlight each day; was in continuing isolation; and was subjected to a highly restrictive regime of visits, even from her children. Although a civilian, she was tried at a military court, composed of 'faceless judges', for the crime of treason. She was eventually acquitted of the charges of treason, but she remained detained, as the military court understood that the same facts represented a possible crime of terrorism and sent her case to civilian courts. She appealed this decision alleging the principle of *ne bis in idem* and violation of *res judicata*, but her claims were dismissed.

(c) Decision
The Inter-American Court found that during the period when Ms María Elena Loayza-Tamayo was detained, there was a widespread practice in Peru of cruel, inhuman and degrading treatment in investigations into the crimes of treason and terrorism. The Court held that *incommunicado* detention, exhibition through the media of the detainee wearing a degrading garment, solitary confinement in a tiny cell with no natural light, blows and maltreatment, including total immersion in water, intimidation with threats of further violence, and a restrictive visiting schedule constituted forms of cruel, inhuman or degrading treatment in the terms of ACHR Article 5(2). The Court also found that Peru had violated Ms Loayza-Tamayo's right to personal liberty, her right to an independent and impartial tribunal, her right to be presumed innocent and her judicial guarantee not to be subject to double jeopardy (*ne bis in idem*).

18. *Hilaire, Benjamin, Constantine and others v Trinidad and Tobago*, Inter-American Court of Human Rights[225]

(a) Legal issues
Inhuman and degrading treatment; torture; conditions of detention; death row.

(b) Facts
The case resulted from a merger of three separate cases before the Inter-American Court on Human Rights concerning the situation of 32 persons sentenced to mandatory death penalty in Trinidad and Tobago. The applicants challenged several aspects of the death penalty system in the respondent State, the process for granting amnesty, pardon or commutation of sentence, the delays in the criminal proceedings, the deficiencies in the treatment and conditions of detention, violations of due process of law and denial of legal aid.

---

[224] *Loayza Tamayo v Peru* Inter-American Court of Human Rights, Series C, No 33 (1997).
[225] *Hilaire, Benjamin, Constantine and others v Trinidad and Tobago* Inter-American Court of Human Rights Series C No 94 (2002).

Loayza-Tamay علیه پرو، دادگاه حقوق بشر کشورهای آمریکایی[224]

موضوعات حقوقی:

رفتار غیرانسانی و حقیر آمیز، شکنجه

شرح پرونده:

در 6 فوریه 1993، خانم María Elena Loayza-Tamayo استاد دانشگاه پرویی، توسط افسران اداره ضد تروریسم ملّی به عنوان کسی که همدست گروه راه درخشان بوده است بدون هیچ حکم دستگیری دستگیر شد. خانم María Elena Loayza-Tamayo شکایت کرد که او برای ده روز بدون وسائل ارتباطی نگه داشته شده بوده و برای این که مجبور به پذیرفتن مشارکت در گروه مذکور شود در معرض بد رفتاری ، تجاوز و تهدید به غرق شدن در ساحل در شب، قرار گرفته است. . در 26 فوریه 1993، خانم María Elena Loayza-Tamayo به عنوان متهم به خیانت به کشور در رسانه ها معرفی شد. بعداً او در یک زندان امنیتی شدید زنان در یک سلول انفرادی کوچک بدون نور طبیعی توقیف شد، او هر روز اجازه داشت تنها نیم ساعت از نور خورشید استفاده کند. در انزوای مداوم و تحت رژیم غذایی شدید دیدار وحتی محروم از ملاقات با کودکانش بود. سرانجام او به عنوان یک شهروند و فرد غیرنظامی مجبور بود در یک دادگاه نظامی و در مقابل قضاتی ناشناخته در برابر اتهام خیانت به کشور از خود دفاع کند. او از اتهام خیانت به کشور تبرئه شد اما همچنان در توقیف بود، چون دادگاه نظامی نظر داد که همین موارد ممکن است به عنوان جرم خیانت در محاکم غیرنظامی تلقی شود و بنابراین پرونده اش را به یک دادگاه عمومی فرستاد. او با استناد به اعتبار امر مختومه و نیز اصل منع رسیدگی مضاعف از این تصمیم تجدید نظرخواست که ادعایش رد شد.

رای

دادگاه حقوق بشر کشورهای آمریکایی اظهار کرد که در طول مدتی که خانم María Elena Loayza-Tamayo توقیف شده بود، در پرو جریانی گسترده از بی رحمی رفتار ضد بشری و تحقیرکننده در بازجویی ها به اتهام خیانت و تروریسم وجود داشته است. دادگاه مقرر کرد که توقیف بدون وسائل ارتباطی، نمایش فرد بازداشتی از طریق رسانه، پوشاندن یک لباس تحقیر آمیز، مجرد زندان بودن در یک سلول کوچک بدون هیچ نور طبیعی و جریان هوا و بد رفتاری شامل غوطه ور کردن کل بدن در آب، ارعاب با تهدید به خشونت بیشتر، و محدودیت در ملاقات ها نوعی از بی رحمی، رفتار ضد انسانی و تحقیر آمیز و شکنجه را آنچنان که در ماده 5 (2) کنوانسیون آمریکایی حقوق بشر آمده، باعث شده است. دادگاه همچنین اعلام کرد که دولت پرو حق خانم María Elena Loayza-Tamayo را برای آزادی شخصی، حق او برای یک محاکمه مستقل و منصفانه، حق بر اثبات بی گناهی، و برخورداری از تضمینات قضایی برای محکوم نشدن به مجازات های مضاعف را نقض کرده است.

هیلاری، بنیامین، کنستانتین و دیگران علیه ترینیدا و توباگو، دادگاه حقوق بشر کشورهای آمریکایی[۲۲۵]

موضوعات حقوقی:

رفتار غیرانسانی و خوارکننده، شکنجه، شرایط تعلیق، مرگ

شرح پرونده:

این پرونده حاصل ادغام سه پرونده مجزا نزد دادگاه آمریکایی حقوق بشر است که مربوط به وضعیت 32 شخص محکوم به مجازات اعدام اجباری در ترینیداد و توباگو می باشد.شاکیان این پرونده چندین جنبه از سیستم مجازات اعدام در کشور خوانده را مورد چالش قرار داده اند که عبارتند از: شیوه اعطای عفو عمومی، نحوه بخشش یا تخفیف مجازات، تاخیر در جریان دادرسی کیفری، رفتار ناصحیح و شرایط نامناسب بازداشت، تخلف در شیوه رسیدگی قانونی و ممانعت از معاضدت قضایی.

---

[224] *Loayza Tamayo v. Peru,* Interamerican Court of Human Rights, Series C, No. 33 (1997).
[225] *Hilaire, Benjamin, Constantine and others v. Trinidad and Tobago,* Inter-American Court of Human Rights, Series C, No. 94 (2002).

With regards to the allegations of ill-treatment, the applicants claimed that the victims were subject to cruel, inhuman or degrading treatment. During the pre-trial detention, they were held in cells which were seriously overcrowded, which forced them to sleep sitting or standing up, and lacked adequate hygiene, natural light and sufficient ventilation. They were confined in these conditions for at least 23 hours a day. After their conviction, the victims were kept in solitary confinement, had no opportunities to reform or socially readapt, had restricted opportunities to get fresh air or exercise, had no educational or recreational facilities and had inadequate medical and dental services.

The Inter-American Commission stated that for persons sentenced to death, the possibility of the death sentence being revoked or commuted continues until all appeals have been exhausted. For this reason, during this transitional period there should be no discrimination in providing opportunities for reform or social re-adaptation based solely on the fact that these prisoners were sentenced to death.

(c) Decision

The Inter-American Court noted that holding a person *incommunicado*, in isolation in a small cell, without ventilation or natural light and restricting visiting rights constitute forms of cruel, inhuman and degrading treatment. The Inter-American Court also referred to the jurisprudence of its European counterpart in *Soering v United Kingdom*, regarding the 'death row phenomenon'. As a result of legislation and judicial procedures contrary to the ACHR, the Court found that all the victims lived under the constant threat that they might be taken to be hanged at any moment. The conditions of those in death row constituted cruel, inhuman and degrading treatment. Although the Commission had claimed violations of freedom from torture against only 21 of the 32 alleged victims, the Court, considering the evidence before it and the general principle of *iura novit curia*, held that all of them had been subjected to cruel, inhuman or degrading treatment. Further, the Court also found human rights violations of the right to life, the right to a fair trial, the right to judicial guarantees, and of the general obligations to respect and guarantee human rights and to adopt internal measures to implement human rights.

19. *Marritza Urrutia v Guatemala*, Inter-American Court of Human Rights[226]

(a) Legal issues

Inhuman and degrading treatment; torture; mental torture.

(b) Facts

Ms Marritza Ninette Urrutia was abducted by three armed people in civilian clothes on 23 July 1992, in Guatemala City. She was hooded and transferred to the installations of the Guatemalan Army's clandestine detention centre known as '*La Isla*', remaining captive there for eight days, locked in a room, handcuffed to a bed, hooded and with the light on in the room and the radio always on at full volume. There, she was subjected to long and continuous interrogations regarding her link and that of her former husband to the *Ejército Guerrillero de los Pobres* ('Guerrilla Army of the Poor'). During the interrogations, she was threatened with physical torture and told that she or members of her family would be killed if she did not collaborate.

During the abduction, her captors forced her to make telephone calls to her family and lie about her situation and also to make a filmed statement where she referred to her participation, and that of her former husband and her brother in the *Ejército Guerrillero de los Pobres*, she justified her disappearance as a way of abandoning this organization, she thanked all those who had helped her to do this and she urged her companions to abandon the armed fight.

---

[226] *Marritza Urrutia v Guatemala* Inter-American Court of Human Rights Series C, No 103 (2003).

علاوه بر طرح اتهام بدرفتاری، شاکیان ادعا کردند که قربانیان مورد رفتار مشقت بار، غیرانسانی و تحقیرآمیزقرار گرفته اند. در خلال بازداشت پیش از محاکمه، آنها را در سلول های بسیار شلوغ که در آنجا مجبورشان میکردند بخوابند، بنشینند و یا ایستاده باشند و این سلول ها فاقد بهداشت کافی، نور طبیعی و تهویه مناسب بودند، نگهداری میشدند. آنها حدود 23 ساعت از شبانه روز را در این شرایط سپری میکردند. پس از محکومیت، قربانیان در سلول های انفرادی نگهداری میشدند که به هیچ وجه فرصت اصلاح و اجتماع پذیری مجدد را نداشته و به علاوه سلول ها دارای امکانات محدود از لحاظ هوای تازه بوده و فاقد تسهیلات آموزشی و تفریحی بوده و خدمات دارویی و دندانپزشکی آنجا نامناسب بود.

طبق اظهار نظر کمیسیون آمریکایی در خصوص متهمین به سلب حیات، امکان لغو یا بخشش مجازات مرگ باید تا انجام همه مراحل فرجام خواهی فراهم باشد. به این دلیل در خلال مرحله تحقیق، هیچ تبعیضی در برخورداری از امکان اصلاح و بازتولید اجتماعی که صرفا" مبتنی بر محکوم به اعدام بودن فرد بازداشت شده باشد، نباید وجود داشته باشد.

رای

دادگاه آمریکایی چنین بیان داشت که نگهداشتن یک فرد بدون ارتباط با بیرون در یک سلول کوچک فاقد تهویه و نور طبیعی و با حق محدود ملاقات، شکلی از رفتار مشقت بار، غیرانسانی و تحقیرآمیزی باشد. دادگاه همچنین به تصمیم همتای اروپایی خود در پرونده Soering علیه انگلستان در باب "اعدام به عنوان یک استثنا" ارجاع داد. دادگاه احراز کرد که در نتیجه قانونگذاری و رویه قضایی مغایر با کنوانسیون آمریکایی حقوق بشر، قربانیان در یک حالت تهدید دایمی که ممکن است هرآن به دار آویخته شوند، قرار داشتند. شرایط مجازات اعدام برای آنها به مثابه ایجاد رفتار مشقت بار، غیرانسانی و تحقیرآمیزبود. هرچند کمیسیون ادعای نقض منع شکنجه را تنها در مورد 21 نفر از 32 نفر مطرح کرده بود ولی دادگاه با بررسی دلایل مطروحه و اصول کلی، بیان داشت که همه آنها موضوع رفتار مشقت بار، غیرانسانی و تحقیرآمیزقرار گرفته بودند. به علاوه دادگاه نقض حقوق بشر از جمله حق حیات، حق بر دادرسی عادلانه، حق برخورداری از تضمینات قضایی و تعهد کلی بر احترام و تضمین حقوق بشر و اتخاذ تصمیمات داخلی در راستای انجام حقوق بشر را احراز کرد.

دعوای **Marritza Urrutia** علیه گواتمالا دادگاه حقوق بشر کشورهای آمریکایی [226]

موضوعات حقوقی:

رفتار غیرانسانی و تحقیرآمیز- شکنجه و شکنجه روحی

شرح پرونده:

خانم Marritza Urrutia در 23 ژوئیه 1992 در شهر گواتمالا توسط سه مامور نظامی که در لباس شخصی بودند دزدیده شد. او در حالی که سرپوشیده بود به تاسیسات سری ارتش گواتمالا موسوم به "LA ISLA" برده شد و برای 8 روز در یک اتاق بسته در حالی که دستانش به تخت بسته شده بود و سر او را پوشانده بودند قرار گرفت. در آن اتاق لامپی روشن بود و یک رادیو با صدای همیشه بلند. وی در آنجا در خصوص رابطه خود و همسر سابقش با گروه "GUERRILLA ARMY OF THE POOR"، مورد بازجویی های طولانی و مکرر قرار گرفت. در خلال بازجویی ها او با شکنجه جسمی و اینکه در صورت عدم همکاری او یا اعضای خانواده اش کشته خواهند شد، تهدید می شد.

در خلال بازداشت، آدم رباها وی را مجبور کردند که با خانواده اش تماس گرفته و درباره محل حضورش به آنها دروغ بگوید. همچنین وی را مجبور کردند بر روی فیلم اظهاراتی در خصوص مشارکت خود و همسر سابق وبرادرش با "GUERRILLA ARMY OF THE POOR" بیان کند و ناپدید شدنش را راهی برای رهایی از این سازمان توجیه کند، از تمام کسانی که وی را برای انجام این کار یاری کردند، تشکر کند و از یاران خود بخواهد که جنگ مسلحانه را رها سازند.

---

[226] *Marritza Urrutia v. Guatemala,* Inter-American Court of Human Rights, Series C, No. 103 (2003).

She was forced to communicate with two television channels to ask them to broadcast the video. She was liberated following death threats that forced her to request amnesty and to give a press conference confirming the contents of the video. She eventually fled the country with her family and was recognized as a refugee in Mexico.

(c) Decision

The Court observed that, according to the circumstances of each particular case, some acts of aggression inflicted on a person may be classified as mental torture, particularly acts that have been prepared and carried out deliberately against the victim to eliminate his mental resistance and force him to accuse himself of or confess to certain criminal conducts, or to subject him to other punishments, in addition to the deprivation of freedom itself. Even though Ms Urrutia was not attacked physically, the acts to which she was subjected were intended to cause severe mental suffering and to force her to practice a series of acts against her will, and therefore the Court found that Ms Marritza Urrutia was a victim of cruel, inhuman and degrading treatment and of mental torture while detained.

The Court also held that the next of kin of Maritza Urrutia also suffered psychological torture as a result of her disappearance, at the hands of the security forces in disguise.

The Court held that Guatemala was in violation of ACHR Article 5(2) on freedom from torture and other cruel, inhuman or degrading treatment, and also Articles 1 and 6 of the Inter-American Convention to Prevent and Punish Torture, which oblige States Parties to take all effective measures to prevent and punish all acts of torture within their jurisdiction. Besides the torture-related violations, the Court found that Guatemala had violated Marritza Urrutia's right to personal liberty, by unlawfully and arbitrarily detaining her and keeping her outside judicial control, and her right to freedom of expression, by forcing her to make phone calls, record a video, ask for amnesty and give a press conference against her will. The Court also found violations of the victim's rights to judicial protection and judicial guarantees, and also of the general obligation of States to respect and guarantee human rights.

20. *International PEN and others v Nigeria*, African Commission on Human and People's Rights[227]

(a) Legal issues
Torture; inhuman and degrading treatment.

(b) Facts
The case concerned the detention and trial of Kenule Beeson Saro-Wiwa, a writer and president of the Movement for the Survival of the Ogoni People (MOSOP), and other Ogoni leaders. The MOSOP represented the rights of the Ogonis who lived in oil-producing areas of Ogoni land, Nigeria. During a public meeting organized by the MOSOPo 21 May 1994, a riot broke out and four Ogoni leaders were murdered. Mr Saro-Wiwa and many hundreds of others were arrested.

According to the application, during the first days of his detention, Mr Saro-Wiwa was severely beaten and was held for several days in leg irons and handcuffs; he was denied access to his lawyer and the medicine he needed to control his blood pressure; at times prevented from seeing his family; and held in very poor conditions. The other arrested Ogoni leaders were also beaten while detained, chained to the cell walls and held in very poor conditions. Mr Saro-Wiwa and his fellow Ogoni leaders were detained without any charge or bail for months.

---

[227] *International PEN and others v Nigeria* African Commission on Human and People's Rights, (1998).

او همچنین وادار شد که با دو کانال تلوزیونی ارتباط برقرار کرده و از آنها بخواهد که فیلم ساختگی اش را پخش کنند. او در حالی که با تهدید به مرگ مجبور شده بود که تقاضای عفو نماید و در یک کنفرانس مطبوعاتی محتوای فیلم را تصدیق نماید، آزاد شد. وی نهایتا" با خانواده اش از کشور فرار کرد و به عنوان پناهنده در مکزیکو پذیرفته شد.

رای

دادگاه اظهار کرد که مطابق شرایط هر پرونده خاص برخی تجاوزات وارد شده به یک شخص ممکن است تحت عنوان شکنجه روحی طبقه بندی شود؛ علی الخصوص اعمالی که عمدا" برای از بین بردن تحمل روحی قربانیان به مورد اجرا در می آید و آنها را وادار به متهم نمودن خود یا اعتراف به برخی اعمال مجرمانه یا مستحق شمردن خود برای برخی مجازات های دیگر علاوه بر سلب آزادی می نمایند. حتی اگر خانم Urrita مورد حمله فیزیکی قرار نگرفته بود، اعمالی که وی موضوع آنها بود باعث رنج شدید روحی و اجبار وی به انجام یک سری اعمال بر خلاف میل وی شده است و بنابراین دادگاه احراز نمود که خانم Urrita قربانی رفتار مشقت بار، غیرانسانی و تحقیرآمیزو شکنجه روحی حین بازداشت بوده است.

دادگاه همچنین اظهار داشت که خویشاوندان خانم urrita هم به دلیل ناپدید شدن وی و اجبار امنیتی اش به تغییر رفتار، تحت تاثیر شکنجه روانی قرار گرفته اند.

دادگاه بیان داشت که گواتمالا بند 2 از ماده 5 کنوانسیون آمریکایی حقوق بشر در خصوص منع شکنجه و سایر رفتار مشقت بار، غیرانسانی و تحقیرآمیزو همچنین ماده 1 و 6 کنوانسیون منع و مجازات شکنجه را که کشورهای متعاهد را ملزم به انجام کلیه اقدامات در راستای جلوگیری و مجازات تمام اعمال شکنجه در محدوده صلاحیت خود می نماید نقض کرده است. علاوه بر شکنجه، دادگاه احراز کرد که گواتمالا با بازداشت غیرقانونی و خودسرانه وی و نگهداری او خارج از کنترل قضایی، حق بر آزادی خانم Urrita را نقض کرده است. همچنین حق آزادی بیان او را با اجبار وی به تلفن کردن، ضبط نوار ویدیویی، تقاضای عفو و دادن یک کنفرانس مطبوعاتی علیرغم میل باطنی، نقض نموده است. دادگاه همچنین نقض حق برخورداری از حمایت قضایی و تضمینات قضایی برای قربانیان و همینطور نقض تعهد کلی کشورها در احترام و تضمین حقوق بشر را احراز نمود.

دعوای PEN و سایرین علیه نیجریه در کمیسیون آفریقایی حقوق بشر و خلق ها[227]

موضوعات حقوقی:

شکنجه، رفتار غیرانسانی و پست کننده

شرح پرونده:

پرونده مربوط به بازداشت و محاکمه Kennule Beeson Saro- Wiwa ؛ نویسنده و رهبر گروه MOSOP و سایر رهبران این گروه می باشد. گروه MOSOP نماینده مردم ساکن در مناطق تولید نفت در سرزمین Ogoni در نیجریه بود. در خلال یک نشست عمومی که به وسیله MOSOP در 21 مه 1994 سازماندهی شده بود، یک آشوب به پا شد و 4 نفر از رهبران MOSOP کشته شدند. آقای Saro- Wiwa و صدها تن دیگر بازداشت شدند.

مطابق شکواییه، آقای Saro- Wiwa در خلال نخستین روزهای بازداشت به شدت مورد ضرب وشتم قرار گرفته و برای چندین روز به حالت دست و پا بسته نگهداری می شد. او از دسترسی به وکیل خود و داروهایی که برای کنترل فشار خونش لازم داشت، محروم بود و همچنین نمی توانست خانواده خود را ملاقات کند و در شرایط بسیار بدی نگهداری می شد. سایر رهبران MOSOP نیز هنگامی که در بازداشت بودند مورد ضرب و شتم قرار گرفته و به دیوارهای زندان زنجیر شده بودند و در شرایط بسیار بدی نگهداری می شدند. آقای Saro- Wiwa و سایرین، ماه ها بدون آنکه محاکمه شوند یا با قید کفالت آزاد شوند در بازداشت بودند.

---

227 *International PEN and others v. Nigeria,* African Commission on Human and People's Rights, (1998).

They were eventually charged with inciting the murder of the four Ogoni leaders and tried before a military tribunal established under the Civil Disturbances Act. The applicants claimed a series of human rights violations in the trial itself, such as the lack of independence and impartiality of the court, harassment of defence counsel, and presence of a military officer at what should have been confidential meetings between defendants and their counsel and bribery of witnesses. Mr Saro-Wiwa and eight others were sentenced to death, while six of the defendants were acquitted. On 10 November 1995, all the sentenced persons were executed in secret at the Port Harcourt Prison, despite provisional measures determined by the African Commission on Human and People's Rights to have a stay in the execution until the Commission decided on the case. The applicants claimed violations of Banjul Charter Articles 1, 4, 5, 7, 9, 10, 11, 16 and 26.

(c) Decision
The African Commission found that Nigeria violated all the articles alleged by the applicants. Concerning the treatment of Mr Saro-Wiwa and the other Ogoni leaders while detained, the Commission concluded that there had been a violation of Banjul Charter Article 5. The Commission noted that Nigeria did not refute the allegations that Ken Saro-Wiwa was kept in leg irons and handcuffs and subjected to ill-treatment, including beatings and being held in airless and dirty cells, then denied medical attention, and that all the victims were manacled in their cells, beaten and chained to the walls in their cells.

21. *Ouko v Kenya*, African Commission on Human and People's Rights[228]

(a) Legal issues
Inhuman and degrading treatment; humane conditions of detention; freedom of information; freedom of speech.

(b) Facts
John D Ouko, students' union leader at the University of Nairobi, Kenya, alleged he was forced to leave his country because of his fight for effective investigation of the deaths of his uncle and former Kenyan Minister of Foreign Affairs, Robert Ouko, and his predecessor to the students' union leadership, Mr Solomon Muruli; because of his political activity as a students' union leader; and because of his criticism of Kenyan Government. Prior to fleeing the country, Ouko was arrested and detained with no trial for 10 months in the basement cells of the Secret Service Department headquarters in Nairobi. His cell was two by three metres in size and had a 250-watt electric bulb which was always on. He claimed that during his detention, he was denied bathroom facilities and was subjected to physical and mental torture. After fleeing Kenya and being denied political asylum in Uganda, he went to live in the Democratic Republic of Congo. He was recognized as a refugee under UNCHR mandate and in accordance with the provisions of the OAU. He claimed violations by Kenya of Banjul Articles 5, 6, 9, 10 and 12.

(c) Decision
The African Commission found that the conditions of detention described by the applicant, which were not challenged by the respondent State, violated his human dignity and his freedom from inhuman and degrading treatment according to Banjul Charter Article 5. The Commission also held such conditions to be contrary to the minimum standards contained in the UN Body of Principles for the Protection of All Persons under Any Form of Detention or Imprisonment. With regards to the allegations of torture, however, the Commission could not find a violation as petitioned by the applicant, due to the absence of substantiated information on his claims of suffering physical and mental torture.

---

[228] *Ouko v Kenya* (African Commission on Human and People's Rights, 2000).

آنها نهایتا" به تحریک برای قتل 4 تن از رهبران MOSOP متهم شدند و در یک دادگاه نظامی که به موجب قانون آشوب شهری ایجاد شده بود، محاکمه گردیدند. شاکیان مدعی یک سری نقض های حقوق بشر در پرونده خود شده‌اند؛ از جمله فقدان استقلال و بی طرفی دادگاه، آزار وکیل مدافع، حضور یک مامور نظامی حین نشست های محرمانه بین وکلا و متهمین و رشوه دادن به شاهدان. آقای Saro- Wiwa و 8 نفر دیگر به مرگ محکوم شدند و 6 نفر از متهمین نیز تبرئه شدند. در 10 نوامبر سال 1995 علیرغم اقدامات موقتی که توسط کمیسیون برای توقف در اعدام متهمین تا تصمیم کمیسیون مقرر شده بود، همه محکومین در زندان Port Horcourt به طور مخفیانه اعدام شدند. شاکیان مدعی نقض مواد 4،1، 5، 7، 9، 10، 11، 16 و 26 منشور Banjul بودند.

رای

کمیسیون آفریقایی احراز کرد که نیجریه همه مواد مورد ادعای شاکیان را نقض کرده است. در مورد سوء رفتار با آقای Saro- Wiwa و سایر رهبران MOSOP در حین بازداشت، کمیسیون نقض ماده 5 منشور بانجول را محرز دانست. کمیسیون بیان داشت که نیجریه این ادعا را رد نکرده که Saro- Wiwa به صورت دست و پا بسته در معرض سوء رفتار شامل ضرب و شتم و نگهداری در سلول های کثیف و فاقد هوای مناسب بوده است. همچنین عدم رسیدگی دارویی و این امر را که همه قربانیان دست و پا بسته در سلول های خود بوده و مورد ضرب و شتم قرار گرفته و به دیوار های سلول خود زنجیر بودند رد نکرده است.

دعوای Ouko علیه کنیا در کمیسیون آفریقایی حقوق بشر و مردم[228]

موضوعات حقوقی:

رفتار غیرانسانی و پست کننده، شرایط بازداشت، آزادی دسترسی به اطلاعات و آزادی بیان

شرح پرونده:

Ouko رهبر انجمن دانشجویان دانشگاه نایروبی کنیا؛ ادعا کرد که به دلیل مبارزاتش برای رسیدگی مؤثر به مرگ عمویش که وزیر امور خارجه سابق کنیا بود و همچنین مرگ متصدی پیشین انجمن دانشجویان، آقای Solomon Muruli؛ و همچنین به خاطر فعالیت های سیاسی اش به عنوان رهبر انجمن دانشجویی و انتقاداتش از حکومت کنیا، مجبور به ترک کشورش گردیده است. آقای Ouko قبل از فرار از کشور بدون محاکمه دستگیر و برای 10 ماه در سلول های زیرزمینی ستاد خدمات محرمانه نایروبی بازداشت شد. سلول او 2 تا3 متر اندازه داشت و یک لامپ 250 وات همیشه در سلول وی روشن بود. او مدعی شد که در خلال بازداشتش از تسهیلان حمام محروم شده و مورد شکنجه جسمی و روحی قرار گرفته است. او پس از فرار از کنیا و رد درخواست پناهندگی اش در اوگاندا، برای زندگی به جمهوری دموکراتیک کنگو رفت. او در آنجا مطابق مقررات کمیسیون حقوق بشر سازمان ملل متحد و تسهیلات سازمان اتحادیه آفریقا به عنوان پناهنده شناخته شد. وی مدعی نقض مواد 10،9،6،5 و 12 منشور بانجول توسط کنیا بود.

رای

کمیسیون آفریقایی احراز کرد که شرایط بازداشتی که توسط شاکی توصیف شده و توسط کشور خوانده مورد مناقشه قرار نگرفته است، کرامت انسانی و آزادی وی از رفتار غیرانسانی و تحقیرآمیزرا به استناد ماده 5 منشور بانجول نقض کرده است. کمیسیون همینطور چنین شرایطی را مغایر با حداقل استانداردهای سازمان ملل در خصوص اصول حمایت از همه اشخاص تحت بازداشت یا زندانی تشخیص داد. اگر چه کمیسیون به دلیل فقدان دلایل کافی نتوانست ادعای خواهان در خصوص رنج جسمانی و شکنجه روحی را احراز کند

---

[228] *Ouko v. Kenya,* (African Commission on Human and People's Rights 2000).

The African Commission also held violations of his right to liberty and his freedoms of information, association, expression and movement. Kenya was found responsible for the violations, and the Commission urged the Government of the Republic of Kenya to facilitate the safe return of Mr Ouko to its territory, if he so wished.

RIGHT TO LIBERTY AND SECURITY

A. DEFINITION AND SCOPE

Human rights law treats the rights to liberty and security collectively as one single right. Strictly speaking, the right to security is separate and distinct from the right to liberty. One may have personal freedom in the absence of personal security, or conversely, one may be afforded personal security which constrains his or her liberty. However, the two rights are complementary in nature and for this reason they are treated jointly by human rights instruments.

The right to liberty and security can be broadly defined as the right of the individual to act according to his or her own will and live in safety. The State is called on to act positively to afford such protection to the individuals within its jurisdiction.

1. Liberty

The right to liberty focuses on physical liberty of the person. At the domestic level, liberty is a fundamental value determining the relationship between the individual and the State in a democratic society. At the international level, liberty is construed in a much narrower sense and means freedom from arbitrary arrest and detention. International human rights instruments and national constitutions tend to divide the right to liberty into distinct elements, which detail the circumstances of arrest or detention under which an individual's liberty may be lawfully deprived. The purpose of such prescription is to protect the individual against arbitrary arrest or detention. This shows that the right to liberty is not an absolute right, but a person may be deprived of his or her liberty on grounds and procedures detailed in law. The right to liberty involves the following elements:[229]

(a) The freedom from arbitrary arrest and detention;
(b) The right to suffer deprivation of liberty only when this is according to the law;
(c) The right to be informed of the reasons for arrest;
(d) The right to judicial control of arrest and detention;
(e) The right to an opportunity to test the legality of arrest or detention;
(f) Compensation for unlawful arrest and detention.

2. Security

The right to security applies in situations of formal deprivation of liberty, and this is the primary reason the two rights are treated jointly. The right to security may also have broader application, beyond situations of lawful deprivation of liberty: the right to security imposes an obligation on States to take reasonable and appropriate steps to protect the security of persons within its jurisdiction, and does not allow for refusal of the right merely because such persons are not arrested or detained. Conventionally, the scope of the right to security was limited to the protection of the individual from direct physical trauma, but contemporary interpretations are increasingly expanding its scope to include the supply of the necessities of life, the protection of general health and safety, especially in employment, and the right to social security.[230]

---

[229] ICCPR Article 9.

[230] N Jayawickrama, *The Judicial Application of Human Rights Law—National, Regional and International Jurisprudence* (Cambridge University Press, Cambridge, 2002).

ولی با این حال نقض حق آزادی، نقض حق برخورداری از اطلاعات، نقض آزادی مشارکت، نقض آزادی بیان و آزادی تردد برای کمیسیون آفریقایی محرز شد. کنیا برای این نقض ها مسول دانسته شد و کمیسیون از حکومت جمهوری کنیا خواست که در صورت تمایل آقای **Ouko**، ترتیب بازگشت امن وی به کشورش را فراهم سازد.

حق آزادی و امنیت

تعریف و قلمرو

قواعد حقوق بشر شامل حق بر امنیت و آزادی است که مجموعا به عنوان یک حق در نظر گرفته می شود . اگر بخواهیم دقیق شویم حق بر امنیت و آزادی از هم متمایز هستند . یک نفر در فقدان امنیت ممکن است آزادی شخصی داشته باشد و برعکس گاهی ممکن است امنیت وجود داشته باشد در حالی که آزادی شخص از بین رفته است. بهر حال این دو حق به طور طبیعی مکمل همدیگرند و بهمین دلیل توامان جزو ابزار حقوق بشر محسوب می شوند. حق بر آزادی و امنیت بطور موسع می تواند اینگونه تعریف شود: حق فرد در عمل مطابق اراده شخصی اش و زندگی در امنیت. دولت وظیفه دارد بگونه ای عمل کند که بتواند چنین حمایتهایی را در خلال رسیدگیها ی قضایی بعمل آورد .

آزادی:

حق آزادی بر آزادی های جسمی فرد تاکید دارد . آزادی در سطح داخلی ارزش اساسی است که روابط بین افراد و حکومت را در یک جامعه دموکراتیک تعیین می کند . در سطح بین المللی آزادی در مفهوم باریکتری تفسیر میشود و به معنی آزادی از بازداشت و توقیف خودسرانه است .

ارگانهای حقوق بشر ملی و سازمانهای بین المللی تمایل دارند که حقوق را بر اساس عناصر متمایزی تقسیم کنند که در چگونگی بازداشتها و یا توقیفهایی که ممکن است باعث محروم شدن شخص از آزادی شود تدقیق میکند . این نشان می دهد که حق بر آزادی یک حق مطلق نیست و یک شخص ممکن است از آزادیهایش در جریانهای پیچیده دادرسی های قانونی محروم گردد.
حق بر آزادی این عناصر را در بر دارد[229] :

- آزادی از بازداشت و توقیفهای خودسرانه
- حق قانونی تحمل محرومیت از آزادی فقط هنگامیکه مطابق قانون باشد.
- حق اطلاع از علت بازداشت
- حق کنترل های قضایی بر بازداشت و توقیف
- حق بررسی قانونی بودن بازداشت یا توقیف
- جبران خسارت برای بازداشت یا توقیفهای غیر قانونی

امنیت:

حق بر امنیت در وضعیتهای محرومیت رسمی از آزادی ایجاد میشود و این اولین دلیل است که این دو حق مشترک محسوب میشود . همچنین ممکن است حق بر امنیت کاربرد وسیعتری داشته باشد فراتر از وضعیتهای محرومیت قانونی. حق بر امنیت وظایفی را بر دولتها تحمیل میکند که گامهای معقول و مناسبی را برای حمایت از امنیت اشخاص در خلال دادرسی بردارند و اجازه نمیدهد که اشخاص فقط به این دلیل که بازداشت یا توقیف نشده اند این از این حق محروم شوند. در گذشته، محدوده حق بر امنیت به حمایت فرد در برابر جراحتهای فیزیکیمحدود می شد ، اما تفاسیر امروزه بطور فزاینده ای گسترده هستند و مرزهای آنها تأمین ضروریات زندگی، حمایت از سلامت و ایمنی عمومی خصوصا در اشتغال و حق امنیت اجتماعی را در بر می‌گیرد[230].

---

[229] - ماده 9 میثاق بین المللی حقوق مدنی و سیاسی

[230] - *ن. جایاویک راما، اعمال قضایی حقوق بشر، حقوق الهی ملی، محلی و بین المللی (انتشارات دانشگاه کمبریج، انگلستان 2002)*

3. Liberty, Security and Fair Trial

Clearly, the right to liberty and security is closely related to the guarantees of fair trial, the right of the detained/arrested to be brought before a judge or officer authorized by law to exercise judicial power, and the length of detention pending trial. When criminal charges are brought, the guarantees of ICCPR Articles 9 (liberty and security) and 14 (fair trial) should both be followed. According to ICCPR Article 9, the following conditions should be met in cases of preventive detention for public security reasons (before criminal charges are brought):

(a) the detention must not be arbitrary and must be based on grounds and procedures established by law;
(b) there must be adequate information of the reasons of detention and the detention should be under court control; and
(c) compensation should be given in the case of a breach.

The application of the right to liberty and security covers 'all deprivations of liberty, whether in criminal cases or in other cases such as, for example, mental illness, vagrancy, drug addiction, educational purposes, immigration control, etc.'[231]

B. STATUS/ISSUES

Violations of the right to liberty and security are widespread. The contravention of the responsibility to uphold the right manifests itself in various ways, such as conditions in police prisons and cells, torture, degradation and inhuman and degrading treatment in places of detention, extended periods of time spent on remand, and the denial of a prompt and just trial.

1. Judicial Control over Detention

The length of and the circumstances surrounding the detention period give rise to a number of problems and disputes.

2. Rights before Being Brought before the Court

After the arrest of an individual and before his or her trial, he or she may be held in police detention for a considerable period of time and the right to liberty implies that during the detention period the detainee has access to his or her lawyer and that the procedures for the review of the detention are available.

3. Immigration and Terrorism Policies

Immigration and integration policies, border controls, and more recently the fight against terrorism are characteristic examples undermining the right to liberty and security. The circumstances surrounding the detention of immigrants and asylum seekers often violate the liberty and security of persons, and reasons of administrative convenience, public policy and security are invoked to loosely interpret the guarantees of the right to liberty and security and justify the policies.

---

[231] Human Rights Committee, General Comment No 08: Right to liberty and security of persons (30 June 1982) Art 9.

آزادي، امنيت و محاكمه منصفانه:

مسلما حق بر آزادی و امنیت با تضمینهای مربوط به دادرسی منصفانه، حق فرد بازداشت یا حبس شده جهت حضور در برابر قاضی یا مقام مجاز قانونی برای به کار بردن قدرت قضایی، و طول مدت حبس در طی محاکمه ارتباط نزدیکی دارد. زمانی که اتهام جنایی وارد می شود، تضمینات ماده 9 (آزادی و امنیت) و ماده 14 (محاکمه منصفانه) باید رعایت گردند. بر اساس ماده 9، شرایط زیر در موارد حبس پیش گیرانه به دلایل مربوط به امنیت، باید مد نظر قرار گیرند:

- توقیف نباید خودسرانه بوده و باید مبتنی بر اوضاع و رسیدگیهایی باشد که طبق قانون مقرر شده است.
- اطلاعات کافی باید از دلایل توقیف وجود داشته و توقیف باید زیر نظر دادگاه باشد.
- در موارد نقض باید خسارت پرداخت شود.

کاربرد حق بر آزادی و امنیت، "همه محرومیتهای از آزادی را چه در موارد کیفری یا در موارد دیگر مانند بیماریهای روانی، ولگردی، اعتیاد به مواد مخدر، اهداف آموزشی، کنترلهای مهاجرتی و..." تحت پوشش قرار می دهد[231].

مسائل و موضوعات

موارد نقض بر آزادی و امنیت وسیع و متعددند. تجاوز از مسئولیت حمایت از حق در موارد متعددی مانند شرایط زندانها و سلولهای پلیس،شکنجه، حرمت شکنی و رفتارهای غیر انسانی و خوارکننده در محلهای بازداشت، دوره هایی از زمان که در بازداشت سپری میشود و عدم محاکمه منصفانه و سریع، آشکار می گردد.

كنترل هاي قضايي بر بازداشت:

مدت و اوضاع دوره بازداشت باعث بروز مشکلات واختلاف هایی میشود.

حقوق موجود قبل از قرار گرفتن در مقابل دادگاه:

شخص ممکن است قبل از محاکمه اش، دوره قابل ملاحظه ای را در بازداشت در اداره پلیس بگذراند؛ حق بر آزادی اشاره دارد که در خلال مدت بازداشت، حق فرد بازداشت شده در دسترسی به وکیلش و سازو کارهای بازبینی دوره بازداشت شناخته شود.

سیاستهای مهاجرتی و تروریستی:

سیاستهای مهاجرتی و ائتلافی، کنترل های مرزی و گسترش اخیر جنگ با تروریسم مثال های مشخصی هستند که حق بر آزادی و امنیت را کاهش می دهند. شرایطی که موجب بازداشت مهاجرین و پناهندگان می شوند، غالبا امنیت و آزادی اشخاص را نقض می کنند و دلایل تسهیل اداری و سیاستهای عمومی و امنیت برای تفسیر ضمانت حق آزادی و امنیت و توجیه سیاست ها به کار گرفته می‌شوند.

---

[231] - کمیته حقوق بشر، تفسیر عمومی شماره 8: حق آزادی و امنیت اشخاص (ماده 9، 30 ژوئن 1982)

C. KEY LEGAL INSTRUMENTS

1. Universal Instruments

(a) Universal Declaration of Human Rights (UDHR) 1948
Article 3:
Everyone has the right to life, liberty and security of person.
Article 9
No one shall be subjected to arbitrary arrest, detention or exile.

(b) International Covenant on Civil and Political Rights (ICCPR) 1966
Article 9
1. Everyone has the right to liberty and security of person. No one shall be subjected to arbitrary arrest or detention. No one shall be deprived of his liberty except on such grounds and in accordance with such procedure as are established by law.
2. Anyone who is arrested shall be informed, at the time of arrest, of the reasons for his arrest and shall be promptly informed of any charges against him.
3. Anyone arrested or detained on a criminal charge shall be brought promptly before a judge or other officer authorized by law to exercise judicial power and shall be entitled to trial within a reasonable time or to release. It shall not be the general rule that persons awaiting trial shall be detained in custody, but release may be subject to guarantees to appear for trial, at any other stage of the judicial proceedings and, should occasion arise, for execution of the judgment.
4. Anyone who is deprived of his liberty by arrest or detention shall be entitled to take proceedings before a court, in order that that court may decide without delay on the lawfulness of his detention and order his release if the detention is not lawful.
5. Anyone who has been the victim of unlawful arrest or detention shall have an enforceable right to compensation.
Article 10
1. All persons deprived of their liberty shall be treated with humanity and with respect for the inherent dignity of the human person.
2. (a) Accused persons shall, save in exceptional circumstances, be segregated from convicted persons and shall be subject to separate treatment appropriate to their status as unconvicted persons;
  (b) Accused juvenile persons shall be separated from adults and brought as speedily as possible for adjudication.
3. The penitentiary system shall comprise treatment of prisoners the essential aim of which shall be their reformation and social rehabilitation. Juvenile offenders shall be segregated from adults and be accorded treatment appropriate to their age and legal status.

(c) Convention on the Rights of the Child (CRC) 1989
Article 37
State Parties shall ensure that:
…
(b) No child shall be deprived of his or her liberty unlawfully or arbitrarily. The arrest, detention or imprisonment of a child shall be in conformity with the law and shall be used only as a measure of last resort and for the shortest appropriate period of time;
(c) Every child deprived of liberty shall be treated with humanity and respect for the inherent dignity of the human person and in a manner which takes into account the needs of persons of his or her age. In particular, every child deprived of liberty shall be separated from adults unless it is considered in the child's best interest not to do so and shall have the right to maintain contact with his or her family through correspondence and visits, save in exceptional circumstances;

اسناد مهم بین‌المللی

1. اسناد جهانی

اعلامیه جهانی حقوق بشر 1948

ماده 3:

هر کس حق بر زندگی آزادی و امنیت دارد .

ماده 9:

هیچکس نباید موضوع بازداشت یا توقیف یا اخراج خودسرانه قرار گیرد .

کنوانسیون بین المللی حقوق مدنی و سیاسی 1966:

ماده 9:

1. هر کس حق بر آزادی و امنیت شخصی دارد و هیچکس نباید موضوع بازداشت یا توقیف خودسرانه قرار گیرد . هیچکس نباید از آزادی اش محروم شود مگر با دلایل و مطابق دادرسی ای که قانون مقرر کرده است.

2. هر کسی که بازداشت شده باید سریعا از طول مدت بازداشت، دلایل آن و اتهامات موجود بر علیه خود آگاه شود.

3. هر کس به اتهام کیفری بازداشت یا توقیف شده، باید سریعا نزد قاضی یا مأمور مجاز از سوی قانون برای اعمال قدرت قضایی آورده شود ه در خلال یک زمان معقول یا حداقلی محاکمه یا آزاد شود. در حبس ماندن افرادی که منتظر محاکمه می باشند، نباید به یک قاعده کلی تبدیل شود؛ اما آزادی ممکن است موکول به این تضمین شود که شخص در محاکمه یا در هر مرحله دیگر از رسیدگی قضایی و یا حسب المورد برای اجرای حکم حاضر شود.

4. هر کس که از آزادی بوسیله بازداشت یا توقیف محروم می شود، مستحق خواهد بود که مرحله ای از رسیدگی را قبل از دادگاه طی کند تا دادگاه مزبور بدون تاخیر در مورد قانونی بودن بازداشت تصمیم گرفته و در صورت غیر قانونی بودن آن، دستور آزادی صادر نماید.

5. هرکس که قربانی یک بازداشت غیر قانونی شده، یک حق قابل اجرا برای جبران خسارت دارد.

ماده 10:

1. با همه اشخاصی که از آزادیهایشان محروم میشوند، به دلیل خصیصه انسان بودنشان، باید با انسانیت و احترام رفتار شود.

2. الف) افراد متهم به جز در موارد استثنایی، باید در امنیت نگه داشته شده، از محکومین مجزا باشند و با آن ها رفتار مناسبی و مجزایی متناسب با وضعیت آنها بعنوان یک شخص غیر محکوم صورت گیرد.

ب) نوجوانان متهم باید جدا از بزرگسالان بوده و هرچه سریعتر برای دادرسی آماده شوند.

3. کانون اصلاح باید ترتیباتی برای زندانیان اتخاذ کند که هدف اساسی آن اصلاح آنها و بازتوانی اجتماعی است. مجرمین نوجوان باید از بزرگسالان جدا شوند و متناسب با سن و وضعیت قانونی آن ها با ایشان رفتار شود.

کنوانسیون حقوق کودک 1989

ماده 37:

دولت های عضو باید اطمینان دهند که ...

ب) هیچ کودکی نباید به طور غیر قانونی و یا خودسرانه از آزادی خویش محروم گردد. بازداشت، توقیف یا حبس یک کودک باید بر اساس قانون و فقط به عنوان آخرین راه حل، آن هم برای کوتاه ترین زمان ممکن و مناسب باشد؛

ج) با هر کودکی که از آزادی محروم می شود، باید با انسانیت و احترام نسبت به شان ذاتی نوع بشر رفتار شود به طوری که متناسب با مقتضیات افراد هم سن او باشد. به طور مشخص، هر کودکی که از آزادی محروم می شود، باید از بزرگسالان جدا شود مگر این که منفعت بیشتر وی اقتضای چنین امری را نداشته باشد؛ کودک باید حق داشته باشد که ارتباط خود با خانواده اش را از طریق مکاتبه و ملاقات حفظ کند مگر در شرایط استثنایی؛

(d) Every child deprived of his or her liberty shall have the right to prompt access to legal and other appropriate assistance, as well as the right to challenge the legality of the deprivation of his or her liberty before a court or other competent, independent and impartial authority, and to a prompt decision on any such action.

(d) International Convention on the Elimination of all Forms of Racial Discrimination (CERD) 1965
Article 5
'State Parties undertake to prohibit and to eliminate racial discrimination…to guarantee the right of everyone, without distinction as to race, colour, or national or ethnic origin, to equality before the law, notably in the enjoyment of the following rights:
…
(b) The right to security of person and protection by the State against violence or bodily harm, whether inflicted by government officials or by any individual group or institution;'

(e) The International Convention on the Protection of the Rights of All Migrant Workers and Members of Their Families (MWC) 1990
Article 16
Migrant workers and members of their families shall have the right to liberty and security of person.

2. Regional Instruments

(a) European Convention for the Protection of Human Rights and Fundamental Freedoms (ECHR) 1950
Article 5
1. Everyone has the right to liberty and security of person. No one shall be deprived of his liberty save in the following cases and in accordance with a procedure prescribed by law:
(a) the lawful detention of a person after conviction by a competent court;
(b) the lawful arrest or detention of a person for non-compliance with the lawful order of a court or in order to secure the fulfilment of any obligation prescribed by law;
(c) the lawful arrest r detention of a person effected for the purpose of bringing him before the competent legal authority on reasonable suspicion of having committed an offence or when it is reasonably considered necessary to prevent his committing an offence or fleeing after having done so;
(d) the detention of a minor by lawful order for the purpose of educational supervision or his lawful detention for the purpose of bringing him before the competent legal authority;
(e) the lawful detention of persons for the prevention of the spreading of infectious diseases, of persons of unsound mind, alcoholics or drug addicts or vagrants;
(f) the lawful arrest or detention of a person to prevent his effecting an unauthorised entry into the country or of a person against whom action is being taken with a view to deportation or extradition.
2. Everyone who is arrested shall be informed promptly, in a language which he understands, of the reasons for his arrest and of any charge against him.
3. Everyone arrested or detained in accordance with the provisions of paragraph 1.c of this article shall be brought promptly before a judge or other officer authorised by law to exercise judicial power and shall be entitled to trial within a reasonable time or to release pending trial. Release may be conditioned by guarantees to appear for trial.
4. Everyone who is deprived of his liberty by arrest or detention shall be entitled to take proceedings by which the lawfulness of his detention shall be decided speedily by a court and his release ordered if the detention is not lawful.
5. Everyone who has been the victim of arrest or detention in contravention of the provisions of this article shall have an enforceable right to compensation

د) هر کودکی که از آزادی خویش محروم می شود، باید حق داشته باشد که راه های قانونی و دیگر مساعدت های مناسب را به کار گیرد؛ همانطور که حق دارد به قانونی بودن محرومیت خود از آزادی قبل از حضور در برابر دادگاه یا دیگر مراجع ذیصلاح و مقامات بیطرف و مستقل متعرض شود و همچنین حق تصمیم سریع برای هرگونه رفتار از این قبیل را داراست.

کنوانسیون بین المللی رفع هر نوع تبعیض نژادی 1965

ماده 5:

کشورهای عضو متعهد می شوند که تبعیض نژادی را ممنوع و حذف نمایند ... تا حق هر فرد را بدون در نظر گرفتن برتری نژادی، رنگی، ملیتی و یا اصالت قومیتی تضمین کرده و افراد را در برابر قانون مساوی قرار دهند؛ علی الخصوص در مورد حقوق ذیل: ...

ب) حق امنیت فردی و حمایت دولت در برابر خشونت یا صدمات جسمی خواه از سوی مناصب حکومتی و خواه از سوی هر گروه یا نهاد خصوصی.

کنوانسیون بین المللی حمایت از حقوق کلیه کارگران مهاجر و اعضای خانواده آن ها 1990

ماده 16:

کارگران مهاجر و اعضای خانواده آن ها باید از حق آزادی و امنیت فردی برخوردار باشند.

2. اسناد منطقه ای

کنوانسیون اروپایی حمایت از حقوق بشر و آزادی های اساسی 1950

ماده 5:

1- هر فرد از حق آزادی و امنیت شخصی برخوردار است؛ هیچ کس نباید از آزادی خویش محروم شود مگر در موارد ذیل و مطابق با پروسه ای که قانون معین می نماید:

الف) حبس قانونی فرد پس از محکومیت توسط یک دادگاه ذیصلاح؛

ب) بازداشت یا حبس قانونی فرد به دلیل عدم اجابت احضار قانونی دادگاه یا به منظور تامین انجام هرگونه تعهد تعیین شده توسط قانون؛

ج) بازداشت یا حبس قانونی فرد که به منظور قرار دادن او در برابر مقام ذیصلاح قانونی بر اساس سوء ظن معقول ارتکاب جرم صورت می گیرد و یا زمانی که ممانعت وی از ارتکاب جرم یا فرار پس از انجام آن، به طور عقلایی لازم تشخیص داده شود؛

د) حبس صغیر بر اساس دستور قانونی و با هدف نظارت پرورشی و یا حبس قانونی وی با هدف قرار دادن او در برابر مقام ذیصلاح قانونی؛

ه) حبس قانونی افراد برای جلوگیری از گسترش بیماری های مسری و حبس قانونی افرادی که دارای اختلالات ذهنی هستند، الکلی ها، معتادان دارویی و یا اوباش.

و) بازداشت یا حبس قانونی فرد برای ممانعت وی از ورود غیر مجاز به کشور یا بازداشت و حبس قانونی فردی که این رویه بر اساس نظریه تبعید یا استرداد مجرمین علیه او اتخاذ می شود.

2- هر فرد که بازداشت می شود، باید سریعا نسبت به دلایل بازداشت و تمامی اتهامات علیه خویش، به زبانی که می فهمد، آگاه گردد.

3- هر فرد که مطابق شرایط پاراگراف 1.ج این ماده بازداشت یا حبس می شود، باید سریعا در حضور یک قاضی یا سایر مقامات مجاز قانونی قرار گیرد تا قدرت قضایی را به کار گیرد و باید مستحق محاکمه در طول مدت زمان معقول و یا آزادی در طول محاکمه باشد. آزادی می تواند مشروط باشد به تضمینات مقتضی جهت حاضر شدن برای محاکمه.

4- هر فرد که به دلیل بازداشت یا حبس از آزادی خویش محروم گشته است، مستحق روندی است که توسط آن مشروعیت حبس او باید سریعا از سوی دادگاه تصمیم گیری شده و در صورت غیر قانونی بودن حبس، دستور آزادی وی صادر گردد.

5- هرکس بر خلاف شرایط این ماده، قربانی یک بازداشت یا حبس بوده است، باید یک حق اجرایی برای جبران داشته باشد.

(b) Protocol No 4 to the Convention for the Protection of Human Rights and Fundamental Freedoms, securing certain rights and freedoms other than those already included in the Convention and in the first Protocol thereto)[232]

Article 1

No one shall be deprived of his liberty merely on the ground of inability to fulfil a contractual obligation.

(c) American Declaration on the Rights and Duties of Man 1948

Article 1

Every human being has the right to life, liberty and the security of his person.

Article 25

No person may be deprived of his liberty except in the cases and according to the procedures established by pre-existing law. No person may be deprived of liberty for non-fulfilment of obligations of a purely civil character. Every individual who has been deprived of his liberty has the right to have the legality of his detention ascertained without delay by a court, and the right to be tried without undue delay, or otherwise to be released.

(d) American Convention on Human Rights (ACHR) 1969

Article 7

(1) Every person has the right to personal liberty and security.

(2) No one shall be deprived of his physical liberty except for the reasons and under the conditions established beforehand by the constitution of the State Party concerned or by a law established pursuant thereto.

(3) No one shall be subject to arbitrary arrest or imprisonment.

(4) Anyone who is detained shall be informed of the reasons for his detention and shall be promptly notified of the charge or charges against him.

(5) Any person detained shall be brought promptly before a judge or other officer authorized by law to exercise judicial power and shall be entitled to trial within a reasonable time or to be released without prejudice to the continuation of the proceedings. His release may be subject to guarantees to assure his appearance for trial.

(6) Anyone who is deprived of his liberty shall be entitled to recourse to a competent court, in order that the court may decide without delay on the lawfulness of his arrest or detention and order his release if the arrest or detention is unlawful. In States Parties whose laws provide that anyone who believes himself to be threatened with deprivation of his liberty is entitled to recourse to a competent court in order that it may decide on the lawfulness of such threat, this remedy may not be restricted or abolished. The interested party or another person in his behalf is entitled to seek these remedies.

(7) No one shall be detained for debt. This principle shall not limit the orders of a competent judicial authority issued for nonfulfillment of duties of support.

(e) Charter of Fundamental Rights of the European Union 2000

Article 6

Everyone has the right to liberty and security of person.

(f) African [Banjul] Charter on Human and Peoples' Rights 1981

Article 6

---

[232] Protocol No 4 to the Convention for the Protection of Human Rights and Fundamental Freedoms, securing certain rights and freedoms other than those already included in the Convention and in the first Protocol thereto, (adopted 16 September 1963, entered into force 2 May 1968).

پروتکل شماره 4 کنوانسیون حمایت از حقوق انسانی و آزادی های اساسی متضمن حقوق معین و آزادی هایی غیر از آنچه در کنوانسیون و پروتکل الحاقی اول ذکر شده است[232].

ماده 1:

هیچ کس نباید از آزادی خویش تنها به دلیل ناتوانی از انجام یک تعهد قراردادی محروم گردد.

اعلامیه آمریکایی حقوق و وظایف فرد 1984

ماده 1:

نوع بشر حق زندگی، آزادی و امنیت فردی دارد.

مده 25:

هیچ کس از آزادی خویش محروم نخواهد شد مگر در مواردی و بر اساس آیین دادرسی ای که توسط قانون از پیش موجود برقرار گشته است. هیچ کس به دلیل عدم انجام تعهدات مدنی محض، از آزادی محروم نمی گردد. هر فردی که از آزادی خویش محروم گشته است، حق دارد درخواست تعیین بدون تاخیر مشروعیت حبس خود را از دادگاه داشته باشد و همچنین حق دارد بدون تاخیر غیر ضروری محاکمه و در غیر اینصورت آزاد گردد.

کنوانسیون امریکایی حقوق بشر 1969

ماده 7:

(1) هر فردی حق آزادی شخصی و امنیت دارد .

(2) کسی نباید از آزادی فیزیکی خود محروم شود مگر بنا به دلایل و شرایطی که از قبل توسط قانون اساسی کشور و یا قوانین قبلی تعیین شده اند.

(3) کسی نمی تواند مورد بازداشت خودسرانه یا حبس قرارگیرد.

(4) کسی که بازداشت شده، باید از دلایل بازداشت خود و اتهام یا اتهامات علیه خود آگاه گردد.

(5) فرد بازداشت شده باید سریعاً نزد قاضی یا سایر مقامات قضایی برده شود تا قدرت قضایی اعمال گردد؛ وی مستحق محاکمه در زمان منطقی است و یا باید برای ادامه دادرسی، آزاد شود . آزادی وی منوط به ضمانت‌هایی است که حضور وی در دادگاه را تضمین کنند.

(6) هرکسی که از آزادی خود محروم می شود، مستحق مراجعه به دادگاه صالح است تا آن دادگاه بدون هیچگونه تأخیری، در مورد قانونی بودن بازداشت یا حبس وی تصمیم گرفته و در صورت غیر قانونی بودن آن، دستور آزادی او را بدهد. در کشورهای عضو که بر اساس قوانین آن‌ها فردی که احساس می کند با محرومیت از آزادی خود، تهدید شده است، مستحق مراجعه به دادگاه صالح است تا در مورد قانونی بودن این عمل تصمیم بگیرد، نمی توان این حق را محدود یا لغو کرد. فرد ذینفع یا هر شخص دیگری از طرف او می تواند این حق را دنبال کند.

(7) نمی توان کسی را برای بدهکاری بازداشت کرد. این اصل، نباید دستورات یک مقام ذیصلاح قضایی را که به دلیل عدم انجام وظایف حمایتی صادر شده اند، محدود کند.

منشور حقوق بنیادی اتحادیه اروپا 2000

ماده 6:

هر فردی حق آزادی و امنیت شخصی دارد.

منشور آفریقایی حقوق بشر و مردم 1981

ماده 6:

---

[232] - پروتکل شماره 4 کنوانسیون حمایت از حقوق انسانی و آزادی های اساسی متضمن حقوق معین و آزادی هایی غیر از آنچه در کنوانسیون و پروتکل الحاقی اول ذکر شده است، مصوب 16 سپتامبر 1963، لازم الاجرا شده در 2 می 1968

Every individual shall have the right to liberty and to the security of person. No one may be deprived of his freedom except for reasons and conditions previously laid down by law. In particular, no one may be arbitrarily arrested or detained.

C. Monitoring Bodies

(a) Human Rights Committee (ICCPR)
(b) Committee Against Torture (CAT)
(c) European Court of Human Rights (ECHR)
(d) United Nations Human Rights Council
(e) African Commission on Human and Peoples' Rights

D. Case Law

1. *William Eduardo Delgado Páez v Colombia*, Human Rights Committee[233]
(a) Legal issues
Ambit of the right to security.

(b) Facts
In March 1983, Páez was appointed by the Ministry of Education as a teacher of religion and ethics at a secondary school in Leticia, Colombia and was elected vice-president of the teachers' union. Páez was an advocate of 'liberation theology' and hence his views differed from the views of the Apostolic Prefect of Leticia. In October 1983, the Apostolic Prefect sent a letter to the Education Commission withdrawing support to Paez and in December 1983 the Apostolic Prefect sent a letter to the Police Inspector accusing Páez of having stolen money from a student. In August 1984, the Circuit Court dismissed all charges against Páez, on the grounds that the accusation of theft was unfounded. In the meantime, in February 1984, Páez was told that he would no longer teach religion, but instead a course in manual labour and handicrafts. Páez had no training or experience to teach the course; however, he made an effort to teach the subject so as not to lose his employment. Also, Páez requested from the Ministry two weeks' leave in summer to attend an advance course in Bogota to further his teaching qualifications. He and other teachers were admitted to the course, but in the end, Páez was denied leave. He considered this to be unjustified discrimination and decided to attend the course. Subsequently, by administrative decisions made by the Ministry of Education, Páez was suspended from his post for 60 days and a six-months' salary salary freeze was imposed on him, on the grounds that he abandoned his post without permission. When Páez requested the annulment of these administrative decisions, arguing that he had not abandoned his post, but that the law allowed teachers to take such special courses and that he had been duly admitted to the course with the approval of the Ministry, his action was dismissed. He then submitted an appeal, and on 3 December 1985, by decision of the Ministry of Education, the prior decisions of suspension and salary freeze were annulled.

Páez considered himself a victim of discrimination by the ecclesiastical and educational authorities of Leticia, and he proceeded to several actions: he submitted a complaint to the Office of the Regional Attorney on grounds of alleged irregularities committed by the Regional Education Fund; made a complaint to the penal court of Leticia, accusing the Apostolic Prefect of slander and abuse; and repeatedly wrote to the Office of the Attorney General of the Republic, expressing concern about the denial of justice at the regional level, attributable to the alleged influence of the Apostolic Prefect and also describing in detail the pressures to which he had been and was being subjected to force him to resign.

---

[233] *Paez v Colombia* (Human Rights Committee, 1985) UN Doc CCPR/C/39/D/195/1985.

هرکسی حق آزادی و امنیت شخصی دارد. کسی را نمی توان از آزادی محروم کرد، مگر به دلایل و شرایطی که توسط قانون تصریح شده باشد . در کل نمی توان کسی را به صورت خود سرانه بازداشت یا بازجویی کرد.

نهادهاي ناظر

- کمیته حقوق بشر
- کمیته ضد شکنجه
- دادگاه اروپایی حقوق بشر
- شورای حقوق بشر سازمان ملل
- کمیسیون آفریقایی حقوق بشر

رویه قضایی

ویلیام ادورادو دلگادو پائز علیه کلمبیا، کمیته حقوق بشر [233]

موضوعات حقوقی:

نقض حق امنیت

شرح پرونده:

در مارس 1983، پائز توسط وزارت آموزش و پرورش به عنوان معلم مذهبی و اخلاقیات مدارس راهنمایی در لتیسیای کلمبیا منصوب و به عنوان قائم مقام اتحادیه معلمان برگزیده شد. پائز طرفدار "الاهیات آزادی‌بخش" بود و بنابراین دیدگاه های وی با دیدگاه اسقف لاتیسیا متفاوت بود. در اکتبر 1983 اسقف اعظم نامه ای به کمیسیون آموزش فرستاد و حمایت از پائز را پس گرفت و در دسامبر 1983، اسقف نامه ای به بازرس پلیس نوشت و پائز را به سرقت پول از دانش آموزان متهم کرد. در اوت 1984، دادگاه تمام اتهامات علیه پائز را بر این اساس که اتهام سرقت بی پایه است، رد کرد؛ در عین حال در فوریه 1984 به پائز گفته شد که دیگر نمی تواند مذهب تدریس کند و باید به جای آن کاردستی و صنایع آموزش دهد . پائز تجربه یا آموزشی برای تدریس آن نداشت اما تلاش کرد درس بدهد تا کار خود را از دست ندهد. همچنین پائز از وزارت خانه دو هفته مرخصی در تابستان درخواست کرد تا در دوره پیشرفته در بوگوتا شرکت کرده و کیفیت آموزش خود را افزایش دهد. او و سایر معلمان در این دوره پذیرفته شدند اما در نهایت پائز نتوانست به مرخصی برود. او این مسأله را تبعیضی توجیه نشده می دانست و تصمیم گرفت در این دوره شرکت کند. در نتیجه با تصمیم وزارت آموزش، به این دلیل که پائز پست خود را بدون اجازه ترک کرده است، حقوقش به مدت 6 ماه لغو و کار او به مدت 60 روز، معلق شد. وقتی پائز بر این اساس که او پست خود را رها نکرده است بلکه قانون به معلمان این اجازه را داده بود تا در دوره های خاص شرکت کنند و او در این دوره با اجازه وزیر آموزش شرکت کرده است، درخواست لغو این تصمیم اجرایی را داد اقدام وی رد شد. وی سپس به دادگاه استیناف شکایت کرد و در 3 دسامبر 1985 با تصمیم وزارت آموزش، تصمیمات قبلی در مورد تعلیق و مسدود شدن حقوق تأیید شد.

پائز خود را قربانی تبعیض مقامات آموزشی و روحانی لتیسیا می دانست و چندین اقدام را انجام داد: وی شکایتی به اداره وکالت ناحیه ای بر مبنای بی قانونی های انجام شده توسط بنیاد آموزش منطقه ای ارائه کرد. شکایتی هم به دادگاه جنایی لتیسیا تسلیم کرده و اسقف را متهم به تقلب و سوء استفاده نمود. وی مرتباً به اداره کل و دادستان کل نامه نوشته، بر اهمیت نادیده گرفتن عدالت در سطح منطقه ای که مستند به نفوذ اسقف می بود، تاکید کرده و به صورت مفصل جزئیات فشارهای موجود بر روی وی که او را مجبور به استعفا می کردند، شرح می داد.

---

[233] *Paez v. Colombia* Human Rights Committee Communication No.195/1985

165

While in Bogota, Páez received anonymous phone calls threatening him with death if he returned to Leticia and did not withdraw his complaint against the Apostolic Prefect and the education authorities. He also received death threats at the teachers' residence at Leticia, which he reported to the military authorities at Leticia, the teachers' union, the Ministry of Education and the President of Colombia.

In May 1986, a work colleague, Ms Valencia, was shot to death outside the teachers' residence in Leticia by unknown killers and later Páez was attacked in Bogota and, fearing for his own life, left the country and obtained political asylum in France in June 1986. In June 1986, Páez tendered to the Ministry of Education his resignation from his post, justifying his decision on account of the pressures and threats he had received. His resignation was rejected 'in those terms'. He resubmitted his resignation on 27 June 1986, without referring to any reasons, and this time it was accepted, effective from 14 July 1986.

Páez claims to be a victim of violations by Colombia of ICCPR Articles 14, 18, 19, 25 and 26 in conjunction with Article 2. He argued that he was subjected to persecution by the Colombian authorities, he received death threats, was physically attacked, and a colleague was shot to death outside the teachers' residence where he lived.

(c) Decision
Although the applicant did not explicitly refer to ICCPR Article 9, the Committee found that the case of Páez raised serious concerns of violation of this provision. It noted that the right of security of person is to be found in ICCPR Article 9, and there is no evidence that it was intended to narrow the concept of the right to security only to situations of formal deprivation of liberty. The Committee added that States have an obligation to guarantee the rights enshrined in the ICCPR and they cannot ignore known threats to the life of a person under their jurisdiction, just because the person is not arrested or otherwise detained. Hence, it is the States' responsibility to take reasonable and appropriate measures to protect all individuals within their jurisdiction. In the case of Páez, the Committee found that Páez Delgado had been engaged in a protracted confrontation with the authorities over his teaching and his employment, that criminal charges against him were determined unfounded and that he had been suspended and his salary frozen; he had also brought about a number of complaints against the ecclesiastical and school authorities in Leticia and received threats to his life. For these reasons, the committee held that there was an objective need for Páez to be provided by the State with protective measures to guarantee his security. By failing to take appropriate measures to ensure his right to security, Columbia was in violation of ICCPR Article 9(1).

2. *C v Australia*, Human Rights Committee[234]

(a) Legal issues
Immigration detention; torture; *non refoulement*.

(b) Facts
C, an Iranian national born in 1960, had close family ties in Australia and none in Iran. In August 1990, C arrived in Australia with a Visitor's Visa but no return air ticket and was detained according to Australian migration law as a 'non-citizen' without an entry permit, in immigration detention, pending removal. In 1992, he submitted an application for refugee status, on the basis of a well-founded fear of religious persecution in Iran as an Assyrian Christian; his application was refused by the authorities, and C appealed to the Federal

---

[234] *C v Australia* (Human Rights Committee, 1999) UN Doc CCPR/C/76/D/900/1999.

این در حالی بود که پائز در بوگوتا تماس های تلفنی زیادی دریافت کرد مبنی بر این که اگر به لتیسیا بازگشته و شکایت خود را پس نگیرد کشته خواهد شد. وی همچنین در محل اقامت معلمان در لتیسیا تهدید به مرگی را دریافت کرد که آن را به مقامات نظامی لتیسیا، اتحادیه معلمان، وزارت آموزش و رئیس جمهور کلمبیا گزارش داد.

در ماه مه 1986 همکار وی خانم والنسیا در خارج از اقامتگاه معلمان در لتیسیا با شلیک قاتلان ناشناس کشته شد؛ پائز در بوگوتا مورد سوء قصد قرار گرفت و از جان خود بیمناک شد. وی کشور را ترک کرد و در ژوئن 1986 از فرانسه پناهندگی سیاسی گرفت. در ژوئن 1986 استعفای خود را به وزارت آموزش داده و تصمیم خود را براساس فشار و تهدیدات صورت گرفته توجیه کرد. استعفای وی در آن شرایط رد شد. وی مجدداً استعفای خود را در27 ژوئن 1986 ارائه کرد، بدون اینکه به دلایلی اشاره کند و در14 ژوئیه 1986 استعفای او پذیرفته شد.

پائز مدعی بود قربانی نقض قوانین میثاق بین المللی حقوق مدنی و سیاسی مواد 14 ، 18، 19، 25 و 26 شدهه است .

وی مدعی بود که مقامات کلمبیا وی را تحت تعقیب قرار داده اند و تهدید به مرگ شده است؛ به او حمله فیزیکی شده و همکارش در خارج از محل اقامت معلمان کشته شده است.

رای

اگرچه این درخواست به صورت صریح به ماده 9 میثاق بین المللی حقوق مدنی و سیاسی اشاره نمی کند اما کمیته دریافت که مورد پائز نگرانی جدی در مورد نقض این قانون پیش آورده است. این کمیته متوجه شد که حق امنیت فرد در ماده 9 میثاق بین المللی حقوق مدنی و سیاسی قرار دارد و شواهدی وجود ندارد که منظور این بوده که مفهوم حق امنیت فقط به شرایط سلب رسمی آزادی محدود گردد. این کمیته می افزاید که دولت ها به تضمین حقوق مشخص شده در میثاق بین المللی حقوق مدنی و سیاسی متعهدند و نمی توانند به دلیل این که فردی دستگیر یا بازداشت نشده است تهدیدات شناخته شده به زندگی او را نادیده بگیرند، . با این حال این مسئولیت دولت است تا اقدامات منطقی و مناسب برای حفاظت از تمام افراد در حوزه خود اتخاذ کند. در مورد پائز کمیته فهمید که پائز دلگادو درگیر مواجهه با مقامات بر سر تدریس و شغل خود بوده اما اتهامات جنایی علیه وی بی پایه و اساس بوده و وی بی جهت معلق شده و حقوقش قطع شده است. وی شکایت هایی علیه مقامات روحانی و مدرسه در لتیسیا مطرح کرده و تهدید به مرگ شده است. بنا به این دلایل، کمیته مقرر داشت که نیاز قطعی وجود دارد تا اقدامات حفاظتی توسط دولت برای تضمین امنیت پائز فراهم شود. با ناتوانی در اتخاذ اقدامات مناسب و اطمینان از حق امنیت، کلمبیا ماده (1) 9 میثاق بین المللی حقوق مدنی و سیاسی را نقض کرده است.

C علیه استرالیا، کمیته حقوق بشر[234]

موضوعات حقوقی:

بازداشت، مهاجرت، شکنجه

شرح پرونده:

C یک ایرانی است که در سال 1960 متولد شده و خویشاوندان نزدیکی در استرالیا دارد و خویشاوندی در ایران ندارد. در اوت 1990، C با ویزای توریستی وارد استرالیا شد اما بلیط برگشت نداشت و بر طبق قانون مهاجرت استرالیا به عنوان نداشتن اجازه ورود، بازداشت شد . در1992 وی بر مبنای ترس از تعقیب مذهبی در ایران به عنوان آشوری – مسیحی درخواست پناهندگی داد . ، درخواست وی توسط مقامات رد شد و وی به دادگاه فدرال شکایت کرد.

---

[234]*C v Australia* Human Rights Committee Communication no 900/1999.

Court. In 1993, C applied for interim release from detention pending the decision of the Federal Court; his application was dismissed and later the appeal of C against the refusal of the authorities to grant his refugee status was also rejected. In 1993, C was psychologically assessed because of concerns raised for his emotional and physical health; he attempted to commit suicide more than once and was depressed. He was prescribed tranquilizers and would not accept visits of his family. C's psychiatric condition was deteriorating and reassessed. He suffered significant depression and delusional disorder due to the prolonged stress of remaining in detention, and the expert recommended release and external treatment. Subsequently, C was released on the basis of special health needs. He applied again for refugee status and was granted it on 8 February 1995, in view of the author's experiences in Iran as an Assyrian Christian, along with the deteriorating situation of that religious minority in Iran.

Subsequently, being mentally deluded, he was charged with being unlawfully on premises and intentionally damaging property, threatening to kill a friend and relative by marriage and was arrested and detained in custody. In May 1996, C was convicted in the Victoria County Court of aggravated burglary and threats to kill, and was sentenced cumulatively to a term of three and a half years' imprisonment. The author did not appeal the sentence. In December 1996, C was interviewed by a delegate of the Minister with a view to possible deportation as a non-citizen who had been in Australia less than 10 years and who had committed a crime and been sentenced to at least a year in prison. C then underwent two psychiatric assessments which found a decreasing risk of future acts based on his illness but an ongoing need for careful psychiatric supervision. In April 1997, the Minister ordered the deportation of C.

C appealed the deportation order to the Administrative Appeals Tribunal (AAT), which dismissed the appeal, but accepted that C's mental ill health was caused by his protracted immigration detention. On 29 July 1998, C succeeded on appeal to the Federal Court of Australia, on the basis that his mental disturbance and personal circumstances had not sufficiently been taken into account in assessing whether the author's offence of threatening to kill was a 'particularly serious crime', which under Article 33 of the Convention on the Status of Refugees 1951 could justify *refoulement*. The case was accordingly remitted to the Administrative Appeals Tribunal (AAT). In the meantime, C's condition improved, thanks to a particular drug, and the AAT affirmed the deportation decision.

C appealed the AAT's decision to the Federal Court again, which in January 1999 allowed C's appeal, on the grounds that the AAT had improperly construed the protection of the Convention on the Status of Refugees Article 33 and had failed to properly consider C's state of mind at the time he committed the offences. The case was remitted to AAT for urgent hearing. The decision of the Federal Court was appealed by the Minister at the Full Court in 1999, which allowed the Minister's appeal, and as consequence the deportation order stood.

C then applied to the Minister for revocation of the deportation order and for release from immigration detention, supplying a substantial body of medical opinion in support of his application. This was unsuccessful, and his application for judicial review of the Minister's decision was also dismissed by the Federal Court.

He claims to be a victim of violations by Australia of Articles 7 and 9(2) in conjunction with Article 2, paragraph 1, of the Covenant. He is represented by counsel.

(c) Decision

The Committee held that the applicant's mandatory immigration detention was arbitrary as it was unnecessary and Australia failed to demonstrate that there were reasons to justify C's continued detention, especially in the light of C's particular health circumstances. Australia could have imposed less invasive means of achieving compliance with its immigration policies, which would take into account C's condition. Hence, Australia was in violation of ICCPR Article 9(1).

در سال 1993، C تا تصمیم دادگاه فدرال درخواست آزادی موقت کرد. درخواست وی رد شده و استیناف C علیه رد شدن و اعطا نشدن وضعیت پناهندگی به وی هم به جایی نرسید. در سال 1993، چون نگرانی هایی در مورد سلامت عاطفی و جسمی C مطرح گردید و چند بار اقدام به خودکشی کرده و افسردگی داشت ، وی از نظر روانی مورد ارزیابی قرار گرفت. به وی آرام بخش داده شده و ملاقات های خانوادگی اش لغو گردید. شرایط روانی C بدتر می‌شد و او مورد ارزیابی مجدد قرار گرفت. وی از افسردگی شدید رنج می برد و اختلال توهمی داشت چون استرس طولانی در بازداشت ماندن بر وی تأثیر گذاشته بود و کارشناسان، آزادی و درمان وی در خارج را توصیه کردند. در نتیجه C بر مبنای نیازهای خاص سلامتی آزاد شد . وی مجدداً درخواست پناهندگی کرد و در 8 فوریه 1995 با توجه به تجربیات موجود، وضعیت وی به عنوان یک آشوری- مسیحی در ایران و موقعیت بد این اقلیت مذهبی در ایران مورد پذیرش قرار گرفت .

بعدا او که از نظر ذهنی دچار توهم بود به اتهام آسیب رساندن به اموال عمومی و تهدید به قتل دوستان و خویشاوندان ، دستگیر و زندانی شد . در ماه مه 1996، C در دادگاه ویکتوریا متهم به ولگردی و تهدید به مرگ شد و به 3 سال و نیم زندان محکوم شد. وی دادخواست استیناف نداد. در دسامبر1996، نماینده وزیر با C ملاقات کرد تا احتمال برگشت وی به عنوان یک فرد غیر شهروند با مدت اقامت کمتر از ده سال در استرالیا و انجام جرم و مجازات بیش از یک سال زندان را بررسی کند . C تحت دو ارزیابی روانی قرار گرفت که کاهش خطر اقدامات آتی بر اساس بیماری وی را نشان می داد؛ اما نیاز به نظارت روانی دقیق داشت. در آوریل 1997 وزیر دستور برگشت C را داد.

C علیه این تصمیم به دادگاه استیناف (AAT) شکایت کرد، استیناف رد شد اما پذیرفتند که بیماری روحی C به خاطر بازداشت وی درزمان مهاجرت ایجاد شده است. در29 ژوئیه 1998 تقاضای استیناف او در دادگاه فدرال استرالیا براین اساس قبول شد که اختلال روحی و شرایط شخصی وی به اندازه کافی در ارزیابی تهاجم و تهدید به مرگ، در نظر گرفته نشده است تا بتوان تحت ماده 33 کنوانسیون پناهندگی 1951 استرداد او را توجیه کرد. این مورد به دادگاه استیناف اجرایی ارجاع داده شد. در این میان شرایط C با توجه به داروهای خاص بهبود یافت و AAT تصمیم به اخراج وی را تأیید کرد.

C مجدداً به تصمیم AAT به دادگاه فدرال شکایت کرد که در ژانویه 1999 درخواست وی را پذیرفت، بر مبنای این دلایل که AAT حفاظت از کنوانسیون در مورد وضعیت مهاجرت ماده 33 را مشخص نساخته و نتوانسته وضعیت روحی C را درزمان انجام جرم در نظر بگیرد. این مورد برای اقدام اضطراری به AAT ارجاع داده شد . تصمیم دادگاه فدرال توسط وزیر در دادگاه عالی در سال 1999 مورد استیناف قرار گرفت و اجازه استیناف داده شد و تصمیم به اخراج بر سر جای خود باقی ماند .

C سپس خواهان لغو دستور اخراج و آزادی از زندان مهاجرت شد و نظرات پزشکی زیادی را در حمایت از این مطلب ارائه کرد. اما درخواست وی ناموفق بود و درخواست وی برای بررسی قضایی تصمیم وزیر، توسط دادگاه فدرال رد شد.

وی مدعی بود قربانی نقض مواد 7 و (2)9 توسط استرالیا و ماده 2 پاراگراف 1 بود. او نماینده جقوقی داشته است.

رای

کمیته مقرر داشت که بازداشت اجباری وی، خودسرانه بوده چون ضروری نبوده است. استرالیا نتوانست نشان دهد که دلایلی برای توجیه ادامه بازداشت C وجود دارد، مخصوصاً با توجه به شرایط سلامتی خاص وی. استرالیا می توانست اقدامات کمتر تهاجمی را برای تأمین سیاست های مهاجرت انجام دهد که شرایط C را هم در نظر بگیرد. بنابراین استرالیا ماده (1)9 میثاق بین المللی حقوق مدنی و سیاسی را نقض کرده است.

The Committee also found Australia in violation of ICCPR Article 9(4) for lack of availability of substantive review. The Committee noted that during the detention the judicial review available to C was limited to a formal assessment of the question whether the person in question was a 'non-citizen' without an entry permit.

Finally, the Committee found that Australia violated ICCPR Article 7 (prohibition of torture, inhuman or degrading treatment), because it had continued to detain C even after becoming aware of his deteriorating mental state, which was a direct result of his detention. As C feared persecution if he were returned to Iran, the Committee warned that to deport him would be another violation of ICCPR Article 7.

3. *Engel and others v the Netherlands*, **European Court of Human Rights**[235]

(a) Legal issues
Liberty; authorised deprivation; military service.

(b) Facts
When they submitted their applications, the applicants were conscript soldiers serving in different non-commissioned ranks in the Netherlands armed forces. They claimed that on various occasions, various penalties were imposed upon them by their respective commanding officers for offences against military discipline. The applicants had appealed to the complaints officer (*beklagmeerdere*) and finally to the Supreme Military Court (Hoog Militair Gerechtshof) which in substance confirmed the decisions challenged but, in two cases, reduced the punishment imposed.

(c) Decision
The Court held that the fact that the list of exceptions to the right to liberty and security was exhaustive was evidenced by the words 'save in the following cases' in ECHR Article 5, and that these words are to be interpreted strictly. It held that 'in order to determine whether someone has been "deprived of his liberty" within the meaning of Article 5, the starting point must be his "concrete situation"'. The Court observed that military service does not on its own in any way constitute a deprivation of liberty or forced labour, as already provided under ECHR Article 4(3)b. It falls within the discretion of States to organize and regulate their military systems. Also, it noted that military services due to its specific demands and character entail broad limitations of freedom of movement, which are stricter than normal restrictions. The Court decided for each punishment and applicant on the basis of the following factors: nature, duration, effects and manner of execution of the penalty or measure in question.

4. *Loukanov v Bulgaria*, **European Court of Human Rights**[236]

(a) Legal issues
Right to liberty and security; lawful arrest or detention; abuse of authority; just satisfaction.

(b) Facts
The applicant, formerly a Minister, then Deputy Prime Minister and, in 1990, Prime Minister of Bulgaria, was a member of the Bulgarian National Assembly. On leaving Sofia for Moscow on 7 March 1992, the applicant was informed by the border police at Sofia Airport that an order had been made to withdraw his diplomatic passport. The order was not shown to him, and he therefore refused to hand over his passport.

---

[235] *Engel and others v the Netherlands* Series A No 22 (1976) 1 EHRR 647.
[236] *Loukanov v Bulgaria* Series A 1997-II (1997) 24 EHRR 121.

این کمیته همچنین استرالیا را مسؤول نقض ماده 9(4) میثاق بین المللی حقوق مدنی و سیاسی به خاطر فقدان بررسی جامع دانست. کمیته متوجه شد که درزمان بازداشت، ارزیابی قضایی موجود C محدود به ارزیابی رسمی وضعیت شهروندی بدون اجازه ورود بوده است.

در نهایت کمیته متوجه شد که استرالیا ماده 7 میثاق بین المللی حقوق مدنی و سیاسی (ممنوعیت شکنجه، رفتار غیر انسانی) را نقض کرده است، چون حتی وقتی که از شرایط بد روحی وی که از بازداشتش ناشی می شده، آگاهی یافته، به بازداشت او ادامه داده است. چون C می ترسید که موقع عودت به ایران تحت تعقیب قرار بگیرد، کمیته هشدار داد که اخراج وی نقض ماده 7 میثاق بین المللی حقوق مدنی و سیاسی می باشد.

انجل و دیگران علیه هلند، دادگاه اروپایی حقوق بشر[235]

موضوعات حقوقی:

آزادی، محرومیت قانونی، خدمت نظام وظیفه

شرح پرونده:

وقتی آنها درخواستهای خود را تقدیم کردند، سربازهایی بودند که در رتبه های مختلف در نیروهای مسلح هلند خدمت می کردند. آنها مدعی شدند که در مواقع مختلف، مجازات های مختلفی توسط فرماندهان به دلیل **تخلف** علیه نظم ارتش به آنها تحمیل شده است . آنها به افسران و بعد به دادگاه عالی نظامی شکایت کردند که در مواردی، تصمیمات را تأیید کرد اما در دو مورد، تنبیهات را کاهش داد.

رای:

دادگاه مقرر داشت این حقیقت که استثناهای حق آزادی و امنیت در ماده 5 کمیسیون اروپایی حقوق بشر با کلمات "به غیر از موارد زیر" همراه شده **نشان می‌دهد که** این لیست کامل است، و باید به دقت تفسیر شوند . **این امر پذیرفته شده است که** به منظور تعیین این که آیا **در مفهوم ماده 5** کسی از آزادی خود محروم شدهنقطه آغاز باید موقعیت عینی وی باشد دادگاه مشاهده کرد که خدمت نظام وظیفه به خودی خود، محروم کردن آزادی یا کار اجباری که قبلاً توسط ماده 4(3) کمیسیون اروپایی حقوق بشر بیان شده است، نمی باشد.و **این تصمیم به عهده حکومت‌ها است** که سیستم های نظامی خود را سازماندهی و منظم کنند. دادگاه همچنین، متوجه شد که خدمت نظام وظیفه به خاطر نیازهای خاص و ماهیت ویژه، مشمول محدودیت های گسترده آزادی حرکت می شود که سخت تر از محدودیت های عادی است . دادگاه برای هر یک از مجازات‌ها و شاکیان براساس عوامل زیر تصمیم گیری کرد: ماهیت، مدت، تأثیرات و روش اجرای مجازات یا تعدیل در خواسته.

لوکانو علیه بلغارستان، دادگاه اروپایی حقوق بشر[236]

موضوعات حقوقی:

حق آزادی و امنیت، بازداشت یا حبس قانونی، سوء استفاده از اختیارات، رضایت منصفانه.

شرح پرونده:

متقاضی، قبلا یک وزیر و بعد جانشین نخست وزیر و در 1990 نخست وزیر بلغارستان، یکی از اعضای مجلس ملی بلغارستان بود. در سفر از سوفیا به موسکو در 7 مارس 1992، متقاضی از طریق پلسی مرزی در فرودگاه سوفیا مطلع شد که دستوری مبنی بر گرفتن پاسپورت دیپلماتیک وی صادر گشته است. دستور به او نشان داده نشد و در نتیجه وی از تسلیم کردن پاسپورت خود امتناع کرد.

---

[235] *Engel and others v the Netherlands* Series A No 22 (1976) 1 EHRR 647.

[236] *Loukanov v Bulgaria* Series A 1997-II (1997) 24 EHRR 121.

A similar incident followed that made him lodge an appeal with the Supreme Court, which was rejected on the ground that there was no administrative decision to form the subject of it. On 1 July 1992, the Prosecutor General requested the National Assembly to authorize the institution of criminal proceedings against the applicant for a number of decisions granting large amounts of money during the time he served as Deputy Prime Minister. The National Assembly waived the applicant's parliamentary immunity and authorized criminal proceedings and detention on remand. Several days later, the Public Prosecutor charged the applicant for misappropriation of funds allocated to developing countries and ordered his detention on remand, citing as grounds the need to show to the public the danger that the offences in question represented to society, the applicant's identity and the need to secure his appearance before the trial court. The applicant's lawyer lodged an appeal against the order on the basis that the arrest warrant did not specify the grounds of the arrest, which was dismissed by the court, in absence of the applicant or his lawyer. Another application for release on the basis of health reasons was dismissed again. Several other efforts to release the detainee were made; all were dismissed. On 29 December 1992, the National Assembly reversed its decision and on 30 December 1992, the applicant was released on bail. On 2 October 1996, the applicant was shot dead. His widow and two children pursued the application on his behalf.

(c) Decision
The Court stated that its jurisdiction was confined to the period after 7 September 1992, when Bulgaria ratified ECHR and accepted the Court's compulsory jurisdiction. However, in order to find out whether the detention after 7 September 2002 was lawful, the Court, in its examination, took into account whether the grounds for the applicant's detention from July until December 1992 remained the same. There was no doubt that the applicant had participated in decisions to misappropriate the money; however, his detention could not be justified by the Bulgarian criminal law provision. The Court was not convinced by the evidence shown that the conduct for which the applicant was prosecuted constituted a criminal offence. For this reason, the Court found that the detention at issue was not 'lawful' or effected '"on reasonable suspicion" that he indeed had committed an offence'. Bulgaria was in a violation of ECHR Article 5(1).

5. *Kemmache v France*, **European Court of Human Rights**[237]

(a) Legal issues
Liberty and security; fair hearing; length of criminal proceedings; pre-trial detention.

(b) Facts
Kemmache and two other persons had been charged with various counterfeiting offences in France and Kemmache had been remanded in custody from 16 February to 29 March 1983. He had then been released subject to court supervision and the payment of a security of half a million French francs. He then failed to appear at an examination before a judge, inquiring about an allegation that he had bought off a witness, and was remanded in custody again from 22 March 1984 until 19 December 1986. In the meantime, a number of applications to be released had been rejected on the grounds that, given previous behaviour, there was no guarantee that he would appear for trial and there was a risk he would put pressure on witnesses. In the end, the case could not be heard because Kemmache's co-accused had been extradited to Switzerland, and Kemmache was released subject to Court supervision and security payment. Court supervision was lifted and securities were repaid by October 1988.

---

[237] *Kemmache v France* Series A No 218 (1991) 14 EHRR 520 .

در ادامه یک حادثه مشابه اتفاق افتاد که وی را مجبور ساخت درخواست استینافی به دیوان عالی تسلیم کند؛ درخواست مزبور به این عنوان رد شد که هیچ تصمیم اجرایی برای موضوعیت آن وجود ندارد . در اول ژوئیه 1992 مدعی العموم از مجلس ملی خواست تا به دلیل تصمیمات متعددی که وی در اعطای مبالغ زیادی پول در موقعیت جانشین نخست وزیر اتخاذ کرده اقدام کیفری علیه متقاضی صورت داده شود. مجلس ملی مصونیت پارلمانی خواهان را اسقاط کرده و اجازه اقدامات کیفری و حبس و احضار را صادر کرد. چند روز بعد مدعی العموم خواهان را به جرم اختلاس سرمایه هایی که به پیشرفت شهرها اختصاص یافته بود متهم کرده و دستور توقیف وی را صادر کرد. برای نشان دادن خطری که جرایم مذکور در دادخواست برای جامعه به بار می آوردند و هویت خواهان به عموم و برای تامین حضور وی در برابر دادگاه جهت محاکمه. وکیل خواهان بر این مبنا که سند بازداشت، زمینه های آن را مشخص نکرده بود یک دادخواست استیناف علیه این دستور تقدیم کرد. دادخواست مزبور در نبود خواهان یا وکیل وی توسط دادگاه رد شد. یک دادخواست دیگر جهت آزادی بر مبنای دلایل مربوط به سلامتی مجددا رد شد. تلاش های متعدد دیگری برای آزادی وی انجام شد که همگی رد شدند. در 29 دسامبر 1992 مجلس ملی تصمیم خود را برگرداند و در 30 دسامبر 1992 خواهان با قید ضمانت آزاد شد. در 2 اکتبر 1996 خواهان به ضرب گلوله کشته شد. بیوه وی و دو فرزندش دادخواست را از طرف او دنبال کردند.

رای

دادگاه بیان کرد که صلاحیت دادگاه به دوره پس از 7 سپتامبر 1992 زمانی که بلغارستان معاهده دادگاه اروپاییحقوق بشر را تصویب کرده و صلاحیت قهری آن را پذیرفته، محدود می‌شود. در هر حال، برای دریافتن این امر که آیا توقیف بعد از 7 سپتامبر 2002 قانونی بودا، دادگاه در رسیدگی خود به این نکته توجه کرد که اسباب توقیف خواهان از ژوئیه تا دسامبر 1992 یکسان باقی ماندند. هیچ شکی نبود که خواهان در تصمیماتی برای اختلاس پول شرکت داشته است؛ ولی در هر حال توقیف وی نمی توانست با قوانین جزایی بلغارستان توجیه شود. دادگاه با مدارکی که نشان می داد رفتاری که خواهان به دلیل انجام آن مورد تعقیب بود، یک جرم کیفری را تشکیل می داد، متقاعد نشد. به همین دلیل، دادگاه تشخیص داد که توقیف در این مورد قانونی و یا متاثر از سوء ظن عقلایی مبنی بر این که وی واقعا مرتکب جرمی شده ، نبوده است. بلغارستان از ماده 5(1) کمیسیون اروپایی حقوق بشر تخلف کرده بود.

کماک علیه فرانسه (1991) دادگاه اروپایی حقوق بشر[237]

موضوعات حقوقی:

رسیدگی بیطرفانه، طول مدت اقدامات کیفری و توقیف پیش از محاکمه

شرح پرونده:

کماک و دو نفر دیگر در فرانسه به جرایم گوناگون جعل متهم و از 16 فوریه تا 29 مارس 1983 توقیف گشتند. وی بعدا مشروط بر نظارت دادگاه و پرداخت نیم میلیون فرانک فرانسه به عنوان تامین، آزاد شد. وی بعدا از جضور در یک بازپرسی مقابل یک قاضی که در مورد ادعای مبنی بر این که وی یک شاهد را تطمیع کرده است، بازجویی می کرد، خودداری کرد و مجددا از 22 مارس 1984 تا 19 دسامبر 1986 توقیف شد. در این ضمن تعدادی از دادخوست ها جهت آزادی وی بر این مبنا که با توجه به رفتار قبلی وی هیچ تضمینی وجود نداشت که وی پس از آزادی، برای محاکمه در دادگاه حاضر شود و همچنین خطر این وجود داشت که شاهدین را تحت فشار قرار دهد، رد شدند. در نهایت، پرونده نمی توانست رسیدگی شود چرا که متهم هم ردیف کماک بر اساس اصل استرداد مجرمین به سویزرلند بازگشته بود و کماک مشروط بر نظارت دادگاه و پرداخت تامین، آزاد شد. نظارت دادگاه برداشته شد و وثیقه ها تا اکتبر 1988 برگردانده شدند.

---

237 *Kemmache v France* Series A No 218 (1991) 14 EHRR 520 .

The investigation into the main offence was closed and the file forwarded to the prosecuting authorities in 1984, but the investigation into the subornation offence had opened on 18 June 1984 and on 20 February 1986 Kemmache faced charges. In 1985, decisions committing Kemmache for trial on the counterfeiting charge were put aside and in the end the trial was postponed because of the related charge of witness subornation.

In October 1987, Kemmache was acquitted of the subornation charge and in June 1990, the proceedings against Kemmache and one of the co-accused for the counterfeiting offences were separated from those against the other co-accused. At that time, Kemmache had been remanded in custody and had only been released for two months, subject to court supervision and security payment. After he paid two instalments, he declared he could not pay the rest and was taken into custody.

In the meantime, the proceedings against Kemmache and his co-accused had been postponed. In December 1990, Kemmache had been asked to report to prison in order to be taken into custody before the hearing, and he provided a medical certificate, but the court issued the order to custody and separated the proceedings against Kemmache from those against his co-accused. The case was ultimately heard on 25 April 1991. Kemmache was convicted and sentenced to 11 years' imprisonment and a fine. Pending the appeal, Kemmache complained that he had not been informed promptly of the reasons for his arrest and of the charges against him, the length of his detention on remand, the infringement of the principle of the presumption of innocence and the excessive length of the counterfeiting proceedings.

(c) Decision

The European Commission on Human Rights found a breach of ECHR Articles 5(3) and 6(1). The European Court of Human Rights held that the nature of the offences and the investigation requirements justified the first period of detention of approximately six weeks, but found that the serious indications of guilt could not justify the second period of pre-trial detention of nearly two years and nine months. It noted that certain offences, because of their gravity and public reaction, give rise to a social disturbance capable of justifying pre-trial detention, which must be based on facts showing the release of the accused will actually disturb public order; in this case, Kemmache's detention had been continued merely from an abstract point of view or from the need to have confidence that any costs or fines would be paid. The Court found that after the conclusion of the investigation into the counterfeiting offences on 29 June 1984, the risk of Kemmache putting pressure on witnesses and the co-accused did not exist and could not justify detention and the contested detention infringed ECHR Article 5(3). The Court held that where an arrest is based on reasonable suspicion that the person concerned has committed an offence, persistence of that suspicion is a condition *sine qua non* for the validity of the continued detention, but, after a certain lapse of time, it no longer suffices; the Court must then establish whether the other grounds cited by the judicial authorities continued to justify the deprivation of liberty. Further, the Court held that the lengthy subornation proceedings, although they had some effect on the course of the main proceedings, could not justify their length; that although the main proceedings were ready for trial from 20 October 1987, they were delayed by the extradition of the co-accused to Switzerland for two years and eight months; and that there was not an insurmountable obstacle preventing the trial being held in the first half of 1988, since there was no reason why the cases could not have been separated.

6. *Enhorn v Sweden*, European Court of Human Rights[238]

(a) Legal issues
Deprivation of liberty; spreading of infectious diseases.

---

[238] *Enhorn v Sweden* Series A 2005-I (2005) 41 EHRR 633.

تحقیقات برای جرم اصلی اتمام یافت و پرونده در 1984 به مقامات تعقیب کننده ارجاع داده شد؛ ولی تحقیق در مورد جرم اغوا در 18 ژوئن 1984 آغاز شد و در 20 فوریه 1986 کماک با اتهاماتی مواجه گشت. در سال 1985، تصمیماتی که کماک را برای محاکمه جهت اتهام جعل تسلیم دادگاه می کردند، کنار گذاشته شده و در نهایت، به دلیل اتهام مرتبط اغوای شهود، محاکمه به تاخیر افتاد.

در اکتبر 1987، کماک از اتهام اغوا تبرئه شد و در ژوئن 1990 اقدامات علیه کماک و یکی از متهمین هم ردیفش جهت جرایم جعل از اقدامات علیه هم ردیف دیگر جدا شد. در آن زمان، کماک توقیف بود و تنها دو ماه مشروط بر نظارت دادگاه و پرداخت وثیقه آزاد شده بود. بعد از این که وی دو قسط را پرداخت کرد، اظهار داشت که تواناای پرداخت مابقی وثیقه را ندارد و مجددا بازداشت شد.

در این ضمن، اقدامات علیه کماک و متهم هم ردیفش به تعویق افتاد. در دسامبر 1990، از کماک خواسته شد که جهت توقیف پیش از رسیدگی در دادگاه، خود را به زندان معرفی کند. کماک یک گواهی پزشکی تهیه کرد ولی دادگاه دستور توقیف صادر کرد و اقدامات علیه کماک را از اقدامات علیه متهم هم ردیفش جدا ساخت. سرانجام پرونده در 25 آوریل 1991 رسیدگی شد. کماک مجرم شناخته شد و به 11 سال زندان و جریمه محکوم گردید. در طول زمان استیناف، کماک از تأخیر در ابلاغ دلایل بازداشت و اتهامات علیه خویش، طول مدت بازداشت و توقیف، تخلف از اصل فرض برائت و طولانی بودن بیش از حد پروسه مربوط به جعل شکایت کرد.

رای

کمیسیون اروپایی حقوق بشر، موضوع را نقض مواد (3)5 و (1)6 کمیسیون اروپایی حقوق بشر تشخیص داد. دادگاه اروپایی حقوق بشر بیان کرد که ماهیت جرایم و ملزومات بازجویی، دوره اول توقیف شامل حدود 6 هفته را توجیه می کند؛ ولی تشخیص داد که اماره های جدی مجرمیت نمی توانند دوره دوم توقیف پیش از محاکمه را که حدود 2 سال و 9 ماه به طول انجامید، توجیه نمایند. کمیسیون یادآور شد که جرایم خاصی به دلیل شدتشان و عکس العمل عمومی، به یک اختلال اجتماعی می‌انجامد که توقیف قبل از محاکمه را توجیه می کنند. توقیف مزبور باید بر اساس حقایقی بنا شده باشد که نشان دهند آزادی متهم واقعا نظم عمومی را بر هم خواهد زد. در این پرونده، توقیف کماک تنها بر اساس یک نقطه نظر انتزاعی یا بر اساس نیاز به داشتن اطمینان مالی ادامه یافته بود. دادگاه دریافت که پس از پایان تحقیق جهت جرایم جعل در 29 ژوئن 1984، خطر فشار بر شهود و متهم هم ردیف وجود نداشته و نمی‌توانسته توقیف را توجیه کند و این توقیف ماده (3)5 کمیسیون اروپایی حقوق بشر را نقض کرده است. دادگاه بیان داشت که هر جا یک بازداشت بر اساس سوء ظن منطقی مبنی بر این بنا شده باشد که فرد مربوطه مرتکب جرمی شده است، پیگیری آن سوء ظن یک شرط لاینفک اعتبار ادامه توقیف است ولی پس از مدت زمان معینی این امر دیگر کفایت نمی کند. بنابراین دادگاه باید اثبات کند که آیا باقی زمینه های مورد استناد مقامات قضایی، همچنان محرومیت از آزادی را توجیه می کنند یا خیر؛ به علاوه، دادگاه بیان کرد که دادرسی طولانی مدت مربوط به اغوا، اگرچه تاثیراتی بر روی جریان دادرسی اصلی دارند، ولی نمی توانند طولانی بودن زمانشان را توجیه کنند؛ همچنین اگرچه دادرسی اصلی جهت محاکمه از 20 اکتبر 1987 آماده بودند، ولی به دلیل استرداد متهم هم ردیف به سویزرلند، 2 سال و 8 ماه به تعویق افتادند. همچنین دادگاه بیان داشت مانع برطرف ناشدنی وجود نداشت که جلوی برگزاری محاکمه در نیمه اول سال 1988 را بگیرد فلذا دلیلی برای عدم امکان جدا ساختن پرونده ها وجود نداشت.

انورن علیه سوئد، دادگاه اروپایی حقوق بشر[238]

موضوعات حقوقی:

محرومیت از آزادی، گسترش بیماری های مسری

---

[238] *Enhorn v Sweden* Series A 2005-I (2005) 41 EHRR 633.

(b) Facts

Enhorn, a Swedish national, is homosexual and in 1994 it was discovered that he was infected with the HIV virus and that he had transmitted the virus to a 19-year-old man with whom he had first had sexual contact in 1990. On 1 September 1994, a county medical officer issued instructions to Enhorn following the Swedish 1988 Infectious Diseases Act: Enhorn was not allowed to have sexual intercourse without first informing his partner about his HIV infection; he was required to use a condom; to abstain from consuming such amount of alcohol that would impair his judgment and put others at risk; to inform his dentist and medical staff about his infection if he was to have a physical examination, an operation, a vaccination or a blood test or was bleeding for any reason; he was prohibited from giving blood and donating organs or sperm; and was compelled to visit his consulting physician and keep to appointments set up by the county medical officer.

Enhorn failed to keep five appointments with the county medical officer, and the latter applied to the County Administrative Court for an order that Enhorn be kept in compulsory isolation in a hospital for up to three months, according to the 1988 Act. The Court ordered this on 16 February 1995; orders to prolong his deprival of liberty were issued every six months until 12 February 2001.

Up to 2002, Enhorn's whereabouts were known, but the competent medical officer considered that there were no grounds for Enhorn's further involuntary isolation. On 3 April 2000, Enhorn lodged an application against Sweden arguing that the compulsory isolation orders and involuntary placement in hospital were unlawful and hence in violation of ECHR Article 5(1).

(c) Decision

The Court held that there was no dispute between the parties that the compulsory isolation and involuntary placement of Enhorn in the hospital constituted 'deprivation of liberty' within the meaning of ECHR Article 5(1) and that the dispute could be examined under ECHR Article 5(1)e. The Court then stated that an essential element in defining whether the detention meets the standards of 'lawfulness' and absence of arbitrariness was that the conditions for deprivation of liberty under domestic law be clearly defined and that the law be foreseeable in its application, namely accessible and precise enough to allow the individual to foresee to a reasonable degree the consequences of his or her actions.

Further, the Court elaborated that absence of arbitrariness is not shown by the mere fact that the deprivation of liberty is in conformity with domestic law, but the deprivation must be necessary in the circumstances; in this regard, the Court found that Enhorn's detention was not arbitrary.

The Court then held that the assessment of the lawfulness of the detention of a person 'for the prevention of the spreading of infectious diseases', requires assessment of whether the spreading of the infectious disease is dangerous for public health or safety and whether detention of the infected person is the last resort in order to prevent the spreading of the disease, because less severe measures have been considered and found to be insufficient to safeguard the public interest. In this respect, there is no doubt that the HIV virus is dangerous for public health and safety; however, the Court noted that the Enhorn's compulsory isolation was not a last resort in order to prevent him from spreading the HIV virus because less severe measures had been considered and found to be insufficient to safeguard the public interest. The Court found that the Swedish authorities had failed to strike a fair balance between the need to ensure that the HIV virus did not spread and Enhorn's right to liberty in breach of ECHR Article 5(1).

شرح پرونده:

انورن، یک فرد سوئدی، یک همجنس گرااست و در سال 1994 کشف شد که او به ویروس ایدز آلوده شده و ویروس را به یک جوان 19 ساله که برای اولین بار در سال 1990 رابطه جنسی با او داشته، انتقال داده است. در اول سپتامبر 1994، یک مامور بهداشت محلی، دستور العمل هایی را بر مبنای تصویب نامه بیماری های مسری 1988 سوئد به وی ارائه داد:

انورن اجازه نداشت بدون اطلاع قبلی به شریک جنسی اش درباره آلودگی خود بهویروس ایدز با او آمیزش جنسی داشته باشد؛ وی ملزم شد که از کاندوم استفاده کرده و از مصرف مقادیر زیاد الکل که قدرت تصمیم گیری او را زایل ساخته و دیگران را در معرض خطر قرار می داد، پرهیز نماید؛ اگر مجبور به دادن آزمایش جسمی، انجام عمل جراحی، واکسن، تست خون می شد و یا به هر دلیلی خون می داد، باید دندانپزشک و پرسنل پزشکی را درباره آلودگی خویش مطلع می ساخت؛ او از دادن خون و اهدای عضو یا اسپرم ممنوع بود و ملزم شد به پزشک مشورتی خود رجوع کرده و در قرار ملاقات هایی که مامور بهداشت محلی قرار می داد، شرکت کند.

انورن در 5 جلسه ملاقات با مامور بهداشت محل شرکت نکرد و بعدا مامور بهداشت از دادگاه اجرایی بخش خواست که دستوری صادر نماید تا انورن بر اساس تصویب نامه 1988، در یک بیمارستان برای حداکثر مدت 3 ماه در انزوای قهری نگهداری شود. دادگاه در 16 فوریه 1995 به این خواسته پاسخ مثبت داد دستورات مبنی بر ادامه محرومیت وی از آزادی، تا 12 فوریه 2001، هر 6 ماه یکبار صادر می‌شد.

تا سال 2002، معلوم بود که انورن کجا است، ولی مامور بهداشت ذیصلاح تشخیص داد که دیگر سببی برای انزوای قهری بیشتر انورن وجود ندارد. در 3 آوریل 2000 انورن یک دادخواست استیناف علیه سوئد تنظیم کرد و بیان داشت که دستورات انزوای قهری و سکونت ناخواسته در بیمارستان نقض ماده (1)5 کمیسیون اروپایی حقوق بشر و غیر قانونی بوده است.

رای

دادگاه بیان داشت که اختلافی بین طرفین بر سر این مسئله که انزوای قهری و سکونت ناخواسته انورن در بیمارستان، محرومیت از آزادی موضوع ماده (1)5 کمیسیون اروپایی حقوق بشر است، و این که اختلاف موجود می تواند تحت عنوان همین ماده بررسی شود، وجود ندارد. سپس دادگاه بیان داشت که یک عنصر اساسی در تعیین این که آیا توقیف، معیارهای مشروعیت و فقدان خودسری را داشته یا خیر، این است که شرایط محرومیت از آزادی، تحت قانون بومی به روشنی تعریف شوند و این که قانون در کاربردهای خود قابل پیش بینی باشد؛ یعنی فی المثل در دسترس و دقیق و معین باشد تا به فرد اجازه دهد نتایج عمل خود را تا درجات معقولی پیش بینی نماید.

علاوه بر این، دادگاه به دقت شرح داد که به صرف این که این کهمحرومیت از آزادی مطابق قانون بومی بوده فقدان خودسری نشان داده نشده است ، ولی محرومیت باید در آن شرایط ضرورت داشته باشد ؛ در این زمینه، دادگاه نظر داد که توقیف انورن خودسرانه نبوده است.

دادگاه سپس اظهار داشت که تشخیص مشروعیت توقیف یک نفر به منظور جلوگیری از گسترش بیماری های مسری، مستلزم تشخیص این مطلب است که آیا گسترش بیماری های مسری برای سلامت یا امنیت عمومی خطرناک است؛ و این که آیا توقیف فرد آلوده، آخرین راه حل ممکن برای جلوگیری از گسترش بیماری های مزبور است چرا که اقدامات کمتر سخت گیرانه برای حفظ منفعت عمومی ناکافی تشخیص داده شده اند. در این پرونده، شکی نیست که ویروس ایدز برای سلامت و امنیت عمومی خطرناک است؛ ولی، دادگاه یاد آوری کرد که انزوای قهری انورن آخرین راه حل برای ممانعت وی از شیوع ویروس ایدز به دلیل مذکور نبوده است بر این مبنا که اقدامات خفیف‌تر مورد بررسی قرار گرفته باشند و معلوم شده باشد که برای حفظ منافع عمومی‌کافی نیستند..داگاه دریافت که مقامات سوئدی با نقض ماده (1)5 کمیسیون اروپایی حقوق بشر، نتوانستند به یک تعادل بین نیاز به این کهجلوگیری از گسترش ویروس ایدز و حق انورن برای آزادی دست یابند.

RIGHT TO A FAIR TRIAL

A. DEFINITION AND SCOPE

'Due process' and the 'rule of law' are fundamental for the protection of human rights. The right to a fair trial represents a bundle of rights and safeguards related to the proper administration of justice and the rights of the accused, and its objective is the implementation of all other rights.

A number of provisions in the **1948 Universal Declaration of Human Rights (UDHR)** [239] guarantee: a fair and public hearing by an independent tribunal in the determination of everyone's rights and obligations in any criminal charge against him; the presumption of innocence; public trial and the right to be free from retroactive punishment or penalties; protection from arbitrary arrest; the right to an effective remedy or legal redress; the right to be fee from torture; the right to personal security; and the right to privacy. The **1966 International Covenant on Civil and Political Rights (ICCPR)** further elaborates upon the right to a fair trial identified in the UDHR, and represents the minimum fair trial requirements under international law in a comprehensive manner. [240]

1. Trial

The 'trial' refers to the time of arrest or detention, pre-trial periods, or trial itself, including appeal, procedures and sentencing. The right to a fair trial is applicable to all the stages of the trial and to all kinds of proceedings, criminal and civil, and to all parties affected by the trial.

More specifically, the safeguards deriving from the right to a fair trial can be summarized as follows: [241]

2. Right of Access to a Court

The right to a fair trial is not restricted in the guarantees for the administration of the *action*, but it extends to securing that a right to access the court exists for every individual who wishes to commence the action. Universal and regional instruments do not refer explicitly to the right of access to a court, but it would not make any sense to provide for all the procedural guarantees if this right was not considered as granted. Domestic law may prescribe procedural requirements, forms and reasonable limitations *rationae materiae* or *rationae loci*, but such laws must not be applied so as to hinder or deny access to court, as long as there is a legitimate aim pursued and the means employed are proportional to the aim sought. Economic obstacles may not make ineffective the right of access to a court and legal aid provisions must ensure equal access to courts and tribunals for those in financial distress.

3. Equality before Courts and Tribunals

The right to a fair trial is to be granted to all individuals without discrimination. [242] State Parties have the duty to protect the rights entrenched in the ICCPR towards all persons within their jurisdiction, and if these rights do not exist under domestic law, amendments should be conducted to give effect to them.

---

[239] UDHR Articles 10 and 11.

[240] ICCPR Articles 14 and 15, but also Articles 2, 6, 7, 9 and 10.

[241] ICCPR Article 14 and Human Rights Committee General Comment No 13: equality before the courts and the right to a fair and public hearing by an independent court established by law (Art 14) (13 April 1984); ECHR Article 6; ACHR Article 8; Banjul Charter Article 7.

[242] ICCPR Article 14(1) in conjunction with Article 2.

حق دادرسي عادلانه

تعریف

پروسه حقوق و قواعد حقوقی برای حمایت از حقوق بشر، مهم هستند. حق محاکمه عادلانه شامل یک مجموعه از حقوق و تأمینات مربوط به اجرای مناسب عدالت و حقوق متهم است و هدف آن اجرای همه حقوق دیگر است.

از این رو تعدادی از مفررات اعلامیه جهانی حقوق بشر(1948)[239] حقوق زیر را تضمین کرده‌اند: رسیدگی دعوی به صورت عادلانه و عمومی توسط یک دادگاه مستقل در تعیین حقوق و تعهدات هر شخص و هر اتهام مجرمانه ای علیه او. اصل برائت، محاکمه ی علنی و حق ایمنی از مجازات و تنبیه عطف به ماسبق، حمایت از توقیف خودسرانه، حق درخواست جبران خسارت موثر یا جبران قانونی، حق امنیت فردی و حقوق مربوط به زندگی خصوصی. علاوه بر این، میثاق بین المللی حقوق مدنی و سیاسی (1966) حق محاکمه عادلانه را که در اعلامیه جهانی حقوق بشر معین شده است به دقت شرح می دهد و حداقل شرایط محاکمه عادلانه را که تحت قوانین بین المللی مورد نیاز است با روشی جامع بیان می کند[240].

محاکمه:

"محاکمه" به زمان دستگیری یا توقیف یا دوره پیش از محاکمه یا خودمحاکمه و از جمله تجدید نظر، آئین های دادرسی و زندان اطلاق می‌شود. حق محاکمه عادلانه در همه مراحل محاکمه و انواع رسیدگی ها اعم از جنایی و مدنی برای طرفین دعوا (که از محاکمه متأثر شده اند)، قابل اعمال است. به طور مشخص‌تر، تأمینات مأخوذه از حق محاکمه عادلانه می تواند در موارد زیر خلاصه شود:[241]

حق دسترسی به یک دادگاه:

حق محاکمه عادلانه در ضمانت نامه ها به اجرای دعوی محدود نمی شود بلکه این حق به تضمین حق دستیابی به دادگاه برای هر فردی که خواهان شروع دعوی است نیز گسترش می یابد. اسناد منطقه ای و جهانی به روشنی به حق دستیابی به یک دادگاه اشاره ندارد، ولی اگر این حق تأمین نشده نباشد، فراهم آوردن ضمانت های مربوط به دادرسی مفهومی نخواهد داشت. قوانین داخلی ممکن است نیازهای مربوط به پروسه دادرسی، اشکال و محدودیتهای منطقی را به دلیل ماهیت و یا امکان آن مشخص کنند. اما چنین قوانيني تا آنجا که هدف مشروعی وجود دارد و ابزارهای به کار گرفته شده برای جستجوی هدف مناسب اند، ا. نباید به عنوان مانعی برای دستیابی به دادگاه به کار گرفته شوند. موانع اقتصادی نمی‌توانند حق دستیابی به دادگاه را بی‌اثر کنند و مساعدت قانونی به منظور دستیابی عادلانه و برابر به دادگاه ها و محاکم، برای کسانی که در مضیقه ی مالی واقع هستند، باید تضمین شود.

برابری در محضر دادگاه ها و محاکم

حق محاکمه عادلانه به همه افراد بدون تبعیض اعطا شده است.[242] براین اساس کشورهای امضاکننده وظیفه دارند حقوقی را که در میثاق بین المللی حقوق مدنی و سیاسی برای همه افراد در حدود صلاحیتشان ترتیب داده شده است، حفظ کنند و اگر چنین حقوقی تحت لوای قوانین داخلی وجود ندارد باید اصلاحاتی به منظور موثر ساختن این قوانین اعمال گردد.

---

[239]- مواد 10 و 11 اعلاميه جهاني حقوق بشر

[240]- مواد 14 و 15 بين المللي حقوق مدني وسياسي، ولي مواد 2، 6، 7، 9 و 10 را نيز ببينيد.

[241]- ماده 14 بين المللي حقوق مدني وسياسي و نظر عمومي شماره 13 كميته حقوق بشر: برابري در مقابل دادگاه و حق محاكمه عادلانه و علني به وسيله يک دادگاه مستقل تأسيس شده بر اساس قانون (ماده 14) (13 آوريل 1984)؛ ماده 6 ميثاق اروپايي حقوق بشر، ماده 8 ميثاق آمريكايي حقوق بشر؛ ماده 7 منشور بانجول.

[242]- ماده 14 بين المللي حقوق مدني وسياسي همراه با ماده 2.

4. Right to a Fair and Public Hearing

A '**fair** hearing' means that:

(a) the trial must be heard by a **competent, independent and impartial court** established by law;

(b) each party to criminal or civil proceedings must be given reasonable opportunity to provide the evidence needed to support his or her claim under conditions that do not place him or her at a substantial disadvantage vis-à-vis his or her opponent (**principle of equality of arms**);

(c) each party to criminal or civil proceedings must be aware of and comment on any evidence and observations provided by the other party (**principle of adversarial proceedings**); and

(d) justice should be rendered without undue delay (**principle of expeditious proceedings**).

A '**public** hearing' provides for transparency and public scrutiny and aims at the protection of the litigants and the accused from secret trials. However, there are certain **exceptions** to a public hearing: the press and the public may be excluded from all or part of the trial for reasons of moral, public order, national security, when the interests of the private lives of the parties so require or in special circumstances where publicity would prejudice the interests of justice. The exceptions to public hearing must be narrowly construed, and the tribunal must determine whether and to what extent the public interest in open proceedings is substantially outweighed by the rationale for the exception. A typical breach of the fair and public hearing standard is the trial of civilians before military courts in times of political crises.

The **following guarantees** further provided by universal and regional human rights instruments represent specific applications of the general right to a fair trial, in respect of criminal proceedings:

1) To be presumed innocent until proved guilty according to law;

2) To be informed promptly and in detail in a language that he or she understands of the nature and cause of the charge/accusation against him or her;

3) To have adequate time and facilities/means for the preparation of his or her defence;

4) To communicate in a free and adequate manner with a counsel he or she chooses;

5) To be tried without undue delay;

6) To be tried in his or her presence;

7) To defend himself or herself in person or with the lawyer he or she chose;

8) To be informed of his or her right to be tried in his or her presence and to defend himself or herself in person or with his or her lawyer;

9) To have legal assistance assigned to him or her in any case when the interests of justice so require, and without payment by him or her in any such case if he or she does not have sufficient means to pay for it;

10) To examine or have examined the witnesses against him or her;

11) To obtain the attendance and examination of witnesses of his or her behalf under the same conditions as witnesses against him or her;

12) To have assistance without charge of an interpreter/translator if he or she cannot understand the language used in court;

13) Not to be compelled to testify against himself or herself or to confess guilt;

14) To have the right to have his or her conviction and sentence reviewed by a higher tribunal according to the law;

حق رسیدگی عمومی و عادلانه

رسیدگی عادلانه به این معنی است که:

- محاکمه باید توسط دادگاه بی غرض و بی طرف، مستقل و شایسته که قانون ایجاد کرده است، برگزار شود.
- در دادرسی مدنی و کیفری باید به هر طرف فرصت منطقی و معقولی داده شود تا بتوانند سند و مدرک مورد نیاز خود را برای به کرسی نشاندن ادعای خود فراهم آورد، و در مقابل طرفش از شرایط محسوس نامناسب‌تری برخوردار نشود . (**اصل برابری امکانات**)
- هر طرف دادرسی کیفری یا مدنی باید به شواهد و مدارکی که طرف دیگر دادرسی ارائه می دهد، آگاه باشد و در باره آن نظر بدهد (**اصل دادرسی مقابله‌ای**).
- عدالت باید بدون تأخیر ناروا اجرا شود (**اصل تسریع دادرسی**)

رسیدگی علنی به منظور شفافیت و نظارت عمومی به وجود آمده و به منظور حمایت از شخص مورد تعقیب و خواهان از گزند محاکمات مخفی ایجاد شده است. با این وجود استثنائات خاصی برای رسیدگی علنی وجود دارد. مطبوعات و عموم مردم ممکن است از همه یا بخشی از محاکمه به دلایل مربوط به اخلاق حسنه، نظم عمومی، امنیت ملی زمانی منافع مربوط به زندگی شخصی افراد مد نظر است یا در شرایط خاصی که علنی بودن مصالح عدالت را تحت تأثیر قرار می‌دهد محروم شوند.استثنائات رسیدگی عمومی باید به صورت مضیق تفسیر شود و دادگاه باید معین کند که دلایل استثنا تا چه حد از منافع عمومی در محاکمات علنی سنگین تر است یک نمونه مشخص نقض استانداردهای رسیدگی عمومی و عادلانه، محاکمه افراد غیرنظامی در دادگاه های نظامی در بحبوحه ی بحران های سیاسی است.

تضمینات ذیل بیشتر با توجه به دستور العمل های جهانی و منطقه ای مربوط به حقوق بشر ایجاد شده است که کاربردهای خاصی از حقوق کلی مربوط به محاکمات عادلانه در دادرسی جنایی را ارائه می دهد.

1- تا زمانی که تقصیر متهم به موجب قانون اثبات شود وی باید بی گناه فرض شود.

2- با زبانی که فرد متوجه می شود و با تمام جزئیات باید بی درنگ متهم را نسبت به اتهام وارده مطلع ساخت و ماهیت و سبب اتهام علیه وی نیز باید بیان شود.

3- باید متهم زمان و ابزار کافی برای تدارک دفاعیاتش داشته باشد.

4- متهم باید بتواند با شیوه ای مناسب و به صورت آزادانه با مشاوری که خود انتخاب کرده است گفتگو کند.

5- متهم باید بتواند بدون تأخیر ناروا (غیرقانونی) محاکمه شود.

6- متهم باید در جلسات محاکمه (دادگاه) حضور داشته باشد.

7- متهم باید بتواند خودش به شخصه (بالاصاله) یاتوسط وکیلی که به نمایندگی از خودش انتخاب می کند از خود دفاع کند.

8- متهم باید نسبت به حق خود مبنی بر حضورش در مراحل مختلف دادرسی و دفاع از خودش (به شخصه) یا بوسیله وکیلش،آگاه باشد.

9- در همه پرونده هایی که عدالت ایجاب می کند متهم باید از مساعدت حقوقی‌برخوردار شود این مساعدت زمانی که متهم امکان کافی برای پرداخت نداشته باشد باید بدون پرداختن توسط فرد صورت گیرد.

10- متهم باید بتواند شاهدانی را که علیه وی شهادت داده اند مورد سوال واقع سازد و به چالش وا دارد.

11- شهود طرف خود را تحت شرایط مشابه شاهدان علیه وی بتواند به دادگاه بیاورد و به همان صورت مورد سوال و چالش قرار گیرند.

12- اگر زبان مورد استفاده در دادگاه را متوجه نمی شود مفسر یا مترجم داشته باشد.

13- متهم نباید علیه خودش وادار به شهادت یا اقرار به جرم و گناه شود.

14- متهم که به یک جرم محکوم می شود می بایست حق بازنگری و تجدید نظر از حکم و مجازاتش را به موجب قانون در دادگاه بالاتر داشته باشد.

15) Not to be held guilty of any criminal offence on account of any act or omission which did not constitute a criminal offence under national or international law at the time of its commission;

16) Not to have imposed upon him or her a heavier penalty than the one that was applicable at the time the criminal offence was committed;

17) To be compensated according to law in the event his or her conviction is reversed or he or she is pardoned because new or newly discovered facts show in a conclusive manner that there has been a miscarriage of justice, unless it is proved that the non-disclosure of the facts is wholly or partly attributable to him or her;

18) Not to be liable to be punished or tried again for an offence of which he or she has already been finally convicted or acquitted.

B. Issues

1. Limitations to the Right of Access to the Courts

States, in administering domestic justice, tend to regulate access to the courts in order to avoid vexatious claims through special procedures and special clauses that exclude several actions from judicial review and immunities. Sometimes it is disputable to what extent the interests pursued through such measures are proportionate to the right of access to the courts.

2. Criminal, Civil and Administrative Procedures

While it is accepted that the right to a fair trial and the safeguards it comprises are applicable to criminal and civil proceedings, there is disagreement on whether the same rights and guarantees are to be applied in administrative proceedings.

3. Impartiality Test

One of the main safeguards of the right to a fair trial is the hearing by a 'competent, independent and impartial' court. It is questionable, though, whether the concepts of 'independency' and 'impartiality' of the courts can be strictly defined and practical difficulties arise, such as, for instance, when in several jurisdictions members of the judiciary are appointed by the executive or serve on a temporary basis.

4. Juvenile Justice

In arresting and detaining, trying and sentencing a child or juvenile, all the procedural safeguards and guarantees of the right to a fair trial mentioned with relation to adults must be observed, with the addition of certain special provisions that particularly apply to children. International law on juvenile justice aims more at reintegrating and educating the child who has committed an offence into society than at punishing him or her.[243]

C. Key Legal Instruments

1. Universal Instruments

(a) The Universal Declaration of Human Rights 1948
Article 10
Everyone is entitled in full equality to a fair and public hearing by an independent and impartial tribunal, in the determination of his rights and obligations and of any criminal charge against him.

---

[243] See ICCPR Article 14(4) and the Convention on the Rights of the Child Article 40. See below at p 383

15- متهم نباید به خاطر فعل یا ترک فعل به جرمی محکوم شود که به موجب قانون ملی و بین المللی در زمان ارتکاب، به عنوان جرم به رسمیت شناخته نشده است.

16- نباید مجازات سنگین تری نسبت به آنچه که در زمان ارتکاب جرم قابل اعمال بوده است بر متهم تحمیل شود.

17- در صورتی که محکومیت فرد نقض (لغو) شود یا به دلیل کشف حقایق جدید که به طور غیرقابل انکار و مسلمی نشان می دهد که قاضی به خطا رفته است، عفو می شود، باید بتواند به موجب قانون غرامت بگیرد (یا خساراتش جبران شود)، مگر این که اثبات شود عدم افشا و عدم آشکار شدن حقایق در آن زمان کلاً یا بعضاً به محکوم منتسب بوده است.

18- متهم نباید برای جرمی که قبلاً به آن محکوم شده یا از آن تبرئه شده است مجدداً مورد محاکمه قرار گیرد.

مسائل و موضوعات

محدودیت در حق دستیابی به دادگاه

جکومت‌ها معمولا در اجرای عدالت داخلی برای دستیابی به دادگاه، به منظور پیشگیری از ادعاهای آزار دهنده از طریق آئین های دادرسی خاص و شرایط خاص، مقرراتی وضع می‌کنند که در نتیجه چندین دعوا از بازبینی و مصونیت های قضایی، مستثنا می‌شوند. اغلب اوقات این موضوع قابل بحث است که چه میزان از منافعی که از این استثنائات با این روش ها حاصل می شود برای دستیابی به حق دسترسی به دادگاه، مناسب است.

آئین دادرسی کیفری، مدني، اجرائي

حق دسترسی به محاکمه عادلانه و تضمین آن در آئین دادرسی های کیفری و مدنی پذیرفته شده است اما در باب پذیرفتن حقوق و تضمینات مشابه در خصوص آئین دادرسی اجرایی توافق حاصل نشده است.

بررسی بی طرفانه:

یکی از مهمترین تضمینات مهم حق محاکمه عادلانه، دادرسی توسط یک دادگاه صالح، مستقل و بی طرف است، این موضوع بحث برانگیز است که آیا مفاهیم استقلال و بی طرفی دادگاه را می توان دقیقا تعریف کرد و مشکلات عملی ناشی از آن مانند این که در چندین حوزه قضائی، اعضای قوه قضاییه توسط قوه مجریه به کار گمارده می شوند یا بر اساس شیوه ی موقتی خدمت رسانی می کنند.

دادرسی نوجوانان

در دستگیری و توقیف، محاکمه و زندانی کردن یک کودک یا نوجوان، همه تضمینات دادرسی و حق دسترسی به محاکمه عادلانه که در مورد بزرگسالان ذکر شد باید رعایت شود. علاوه بر این، در ارتباط با نوجوانان باید شرایط مشخصی که اختصاصاً در مورد کودکان به کار برده می شود، رعایت شود. حقوق بین الملل در زمینه ی ابزارهای اعمال عدالت بر نوجوانان بر اصلاح و تربیت کودکی که مرتکب یک جرم بر علیه اجتماع شده است بیشتر از مجازات او تأکید می کند.[243]

اسناد مهم بین‌المللي

1- اسناد جهانی

اعلامیه ی جهانی حقوق بشر 1948

ماده 10 : هرکس حق دارد با مساوات کامل ازامکان دادرسی منصفانه و علنی توسط یک محکمه مستقل و بی طرف برای تعیین حقوق وتکالیف خویش و یا اتهامات جزایی وارده بر خود برخوردار شود

.

---

[243] رجوع کنید به ماده 14 (4) میثاق بین المللي حقوق مدني وسیاسي و ماده 10 میثاق حقوق کودک. به صفحه 384 این کتاب مراجعه کنید

Article 11
(1) Everyone charged with a penal offence has the right to be presumed innocent until proved guilty according to law in a public trial at which he has had all the guarantees necessary for his defence.

(2) No one shall be held guilty of any penal offence on account of any act or omission which did not constitute a penal offence, under national or international law, at the time when it was committed. Nor shall a heavier penalty be imposed than the one that was applicable at the time the penal offence was committed.

(b) International Covenant on Civil and Political Rights 1966
Article 14
1. All persons shall be equal before the courts and tribunals. In the determination of any criminal charge against him, or of his rights and obligations in a suit at law, everyone shall be entitled to a fair and public hearing by a competent, independent and impartial tribunal established by law. The press and the public may be excluded from all or part of a trial for reasons of morals, public order (*ordre public*) or national security in a democratic society, or when the interest of the private lives of the parties so requires, or to the extent strictly necessary in the opinion of the court in special circumstances where publicity would prejudice the interests of justice; but any judgment rendered in a criminal case or in a suit at law shall be made public except where the interest of juvenile persons otherwise requires or the proceedings concern matrimonial disputes or the guardianship of children.
2. Everyone charged with a criminal offence shall have the right to be presumed innocent until proved guilty according to law.
3. In the determination of any criminal charge against him, everyone shall be entitled to the following minimum guarantees, in full equality:
(a) To be informed promptly and in detail in a language which he understands of the nature and cause of the charge against him;
(b) To have adequate time and facilities for the preparation of his defence and to communicate with counsel of his own choosing;
(c) To be tried without undue delay;
(d) To be tried in his presence, and to defend himself in person or through legal assistance of his own choosing; to be informed, if he does not have legal assistance, of this right; and to have legal assistance assigned to him, in any case where the interests of justice so require, and without payment by him in any such case if he does not have sufficient means to pay for it;
(e) To examine, or have examined, the witnesses against him and to obtain the attendance and examination of witnesses on his behalf under the same conditions as witnesses against him;
(f) To have the free assistance of an interpreter if he cannot understand or speak the language used in court;
(g) Not to be compelled to testify against himself or to confess guilt.
4. In the case of juvenile persons, the procedure shall be such as will take account of their age and the desirability of promoting their rehabilitation.
5. Everyone convicted of a crime shall have the right to his conviction and sentence being reviewed by a higher tribunal according to law.
6. When a person has by a final decision been convicted of a criminal offence and when subsequently his conviction has been reversed or he has been pardoned on the ground that a new or newly discovered fact shows conclusively that there has been a miscarriage of justice, the person who has suffered punishment as a result of such conviction shall be compensated according to law, unless it is proved that the non-disclosure of the unknown fact in time is wholly or partly attributable to him.

ماده 11

1 - هرکس که به ارتکاب جرمی متهم می شود این حق را دارد که بیگناه فرض شود تا زمانی که جرم او براساس قانون در یک دادگاه علنی که درآن تمامی ضمانت های لازم برای دفاع او وجود داشته باشد ثابت شود.

2 - هیچکس را نباید به دلیل انجام یا خودداری از انجام عملی که در هنگام ارتکاب، طبق قوانین ملی ویا بین المللی جرم محسوب نمی شده است مجرم شناخت ونیز کیفری شدیدتر از آن که درزمان ارتکاب جرم قابل اجرا بوده نباید اعمال شود

میثاق بین المللی حقوق سیاسی یا مدنی 1966

ماده 14 :

1- همه افراد در محضر دادگاه و دیوان محاکمات با یکدیگر برابرند.. هر فردی در صدور حکم نسبت به حقوق و تعهدات مدنی او یا هر اتهام جنایی علیه وی به یک رسیدگی عادلانه و علنی توسط یک دادگاه مستقل و عادل که به موجب قانون ایجاد شده باشد، محق است..
مطبوعات یا عموم مردم ممکن است از تمام یا بخشی از وقایع مربوط به جریان محاکمه به دلیل مصالح اخلاقی، نظم عمومی یا امنیت ملی در یک جامعه دموکراتیک یا جایی که حمایت از زندگی خصوصی افراد ایجاب می‌کند یا تا حدی که دادگاه تشخیص دهد در شرایط خاصی علنی‌بودن دادگاه ممکن است منافع قضایی را به خطر بیندازد ، محروم گردند ولی هر حکم صادره در یک دادگاه جنایی یا دعوای‌حقوقی باید اعلام شود جز هنگامی‌که منافع نوجوانان ایجاب کند، یا دعوا بر سر اختلافات خانوادگی یا قیومیت کودکان باشد.

2- هر شخصی که متهم به یک جرم است باید بی گناه فرض شود تا تقصیر وی به موجب قانون ثابت شود.

3- در تعیین اتهام کیفری علیه هر فرد، وی باید حداقل تضمینات ذیل را دارا باشد:

الف) با زبانی که فرد متوجه می شود و با تمام جزئیات باید بی درنگ متهم را نسبت به اتهام وارده مطلع ساخت و ماهیت و سبب اتهام علیه وی نیز باید بیان شود.

ب) متهم باید زمان و ابزار کافی برای تدارکات دفاعیاتش داشته باشد و بتواند با مشاور منتخبش گفتگو کند.

ج) بدون تأخیر ناروا محاکمه شود.

د) باید در حضور خودش محاکمه شود (در جلسات دادرسی حضور داشته باشد) و متهم می تواند خود بالشخصه یا توسط مشاور حقوقی منتخب خود از خود دفاع کند. متهم اگر کمک حقوقی نداشته باشد باید این حق را به او اطلاع داد و در همه شرایط، وقتی که مصالح قضا ایجاب می‌کند برای او وکیل تعیین شود

و اگر پول کافی برای پرداخت حق الزحمه به وکیل نداشته باشد این کار برای او به صورت رایگان انجام شود.

ه)متهم باید بتواند از شاهدانی که علیه وی شهادت داده اند، سوال کند و آنها را به چالش وادارد.

و) به شهودی که به نفع وی شهادت داده اند، تحت شرایط مشابهی مانند شاهدانی که علیه وی شهادت داده اند، توجه شود و آنها مورد سوال قرار گیرند.

ز) داشتن مساعدت رایگان یک مفسر و مترجم اگر او به زبان مورد استفاده در دادگاه آشنایی نداشته و یا نتواند به آن زبان صحبت کند.

ح) نمی بایست متهم را وادار کنند که علیه خودش شهادت دهد یا به جرم و گناه اقرار کند.

4- در پرونده افراد نابالغ، آیین دادرسی باید به گونه ای باشد که شرایط سنی آنها و تمایل به دستیابی و اعاده حیثیت را در نظر گیرد.

5- هر فردی که به یک جرم محکوم می شود می بایست حق بازنگری و تجدید نظر از حکم و مجازاتش را بر طبق قانون در دادگاه بالاتر داشته باشد.

6- زمانی که یک فرد به موجب تصمیم نهایی دادگاه به یک جرم جنایی محکوم شود و سپس محکومیت وی نقض شود یا به دلیل کشف حقایق جدید که به طور غیرقابل انکار و مسلمی نشان می دهد که قاضی به خطا رفته است بخشیده و عفو شود، فردی که از مجازات به عنوان نتیجه ی محکومیت متضرر شده و رنج برده است، می بایست به موجب قانون غرامت بگیرد یا خساراتش جبران شود مگر این که اثبات شود عدم افشا و عدم شناختن و آشکار شدن حقایق در آن زمان کلاً یا بعضاً به محکوم منتسب بوده است.

7. No one shall be liable to be tried or punished again for an offence for which he has already been finally convicted or acquitted in accordance with the law and penal procedure of each country.

Article 15

1 . No one shall be held guilty of any criminal offence on account of any act or omission which did not constitute a criminal offence, under national or international law, at the time when it was committed. Nor shall a heavier penalty be imposed than the one that was applicable at the time when the criminal offence was committed. If, subsequent to the commission of the offence, provision is made by law for the imposition of the lighter penalty, the offender shall benefit thereby.

2. Nothing in this article shall prejudice the trial and punishment of any person for any act or omission which, at the time when it was committed, was criminal according to the general principles of law recognized by the community of nations.

(c) Convention on the Rights of the Child 1989

Article 40

1. States Parties recognize the right of every child alleged as, accused of, or recognized as having infringed the penal law to be treated in a manner consistent with the promotion of the child's sense of dignity and worth, which reinforces the child's respect for the human rights and fundamental freedoms of others and which takes into account the child's age and the desirability of promoting the child's reintegration and the child's assuming a constructive role in society.

2. To this end, and having regard to the relevant provisions of international instruments, States Parties shall, in particular, ensure that:

(a) No child shall be alleged as, be accused of, or recognized as having infringed the penal law by reason of acts or omissions that were not prohibited by national or international law at the time they were committed;

(b) Every child alleged as or accused of having infringed the penal law has at least the following guarantees:

(i) To be presumed innocent until proven guilty according to law;

(ii) To be informed promptly and directly of the charges against him or her, and, if appropriate, through his or her parents or legal guardians, and to have legal or other appropriate assistance in the preparation and presentation of his or her defence;

(iii) To have the matter determined without delay by a competent, independent and impartial authority or judicial body in a fair hearing according to law, in the presence of legal or other appropriate assistance and, unless it is considered not to be in the best interest of the child, in particular, taking into account his or her age or situation, his or her parents or legal guardians;

(iv) Not to be compelled to give testimony or to confess guilt; to examine or have examined adverse witnesses and to obtain the participation and examination of witnesses on his or her behalf under conditions of equality;

(v) If considered to have infringed the penal law, to have this decision and any measures imposed in consequence thereof reviewed by a higher competent, independent and impartial authority or judicial body according to law;

(vi) To have the free assistance of an interpreter if the child cannot understand or speak the language used;

(vii) To have his or her privacy fully respected at all stages of the proceedings.

3. States Parties shall seek to promote the establishment of laws, procedures, authorities and institutions specifically applicable to children alleged as, accused of, or recognized as having infringed the penal law, and, in particular:

(a) The establishment of a minimum age below which children shall be presumed not to have the capacity to infringe the penal law;

- هیچ فردی نباید برای جرمی که قبلاً بر اساس قانون و آیین کیفری یک کشور به آن محکوم شده و یا از آن تبرئه شده است مجدداً مورد محاکمه قرار گیرد و مسئول شناخته شود یا مجازات شود.

ماده 15:

1- هیچ فردی نباید به خاطر فعل یا ترک فعل به جرمی محکوم شود که در قانون ملی یا بین المللی به عنوان جرم در زمان ارتکاب به رسمیت شناخته نشده است. همچنین بر هیچ فردی نباید مجازات سنگین تری نسبت به آنچه که در زمان ارتکاب جرم قابل اعمال بوده است تحمیل شود. اگر بعد از دادن حکم، کمیسیون جرایم، مقرراتی را وضع کند که جریمه و مجازات سبک تری را اعمال کند مجرمین می توانند از مزایای آن استفاده کنند.

2- هیچ چیزی نباید به محاکمه و مجازات افرادی که یک فعل یا ترک فعلی را انجام داده اند و در زمان ارتکاب آن براساس(یا بر طبق) اصول کلی حقوقی شناخته شده توسط جامعه ی ملی جرم شناخته می شده است لطمه بزنند.

کنوانسیون حقوق کودک 1989

ماده 40 :

1- کشورهای عضو حقوق هر کودکی را که علیه او شکایت یا اقامه دعوی شده است یا به عنوان فردی که قانون جزا را نقض کرده شناخته شود، یا سبک و طریقه ای از رفتارکه ارتقای شأن کودک و ارزش وی را به دنبال دارد، به رسمیت می‌شناسند. این امر احترام کودک به حقوق بشر و آزادی های اساسی دیگر را تقویت می کند و همچنین توجه به سن کودکان و مطلوبیت ارتقای بازسازی کودکان و ایجاد نقش های سودمند در اجتماع برای کودکان را به رسمیت بشناسند.

2- برای این اهداف و به منظور دستیابی به اسناد (ابزار) بین المللی در زمینه ی مقررات مربوط کشورهای عضو می بایست موارد خاص و ویژه ی ذیل را تأمین کنند:

الف) هیچ کودکی نباید به علت انجام فعل یا ترک فعلی که تخطی از آن در قانون کیفری ملی یا ب.م در زمان ارتکاب جرم منع و تحریم نشده است مورد اتهام واقع شود و از وی شکایت شود یا مسئول شناخته شود.

ب) هر کودک مورد اتهام که از قوانین کیفری تخطی کرده است می بایست حداقل حقوق ذیل را داشته باشد:

(i): تا زمانی که تقصیر متهم طبق قانون اثبات شود وی باید بی گناه فرض شود .

(ii): آگاهی دادن از اتهامات مطرح شده مستقیما یا ، اگر مناسب ومقتضی است از طریق (بواسطه ی)والدین یا قیم و سرپرست قانونی اش فوری و بی درنگ و آگاه گردد و برای تهیه و ارائه ی دفاعیاتش کمک‌های مناسب حقوقی و جز آن در اختیارش قرار گیرد. .

(iii): در مورد موضوع بدون تأخیر توسط مقام قضائی صالح و بی طرف و عادل در یک رسیدگی عادلانه بر طبق قانون و در پیشگاه قانون همراه با مساعدت های مناسب و قانونی دیگر تصمیم گرفته شود مگر این که بهترین مصالح و منافع کودک به ویژه مسائلی مانند در نظر داشتن سن و سال متهم یا موقعیتش، والدینش یا سرپرست قانونی اش این موضوع را برنتابد.

(iv): عدم اجبار برای گرفتن شهادت یا اقرار به گناهکاری از جانب متهم. برای رسیدگی و پرس و جو از شاهدان طرف مقابل و رسیدگی و کسب مشارکت شاهدانی که به نفع متهم شهادت می دهند شرایط می بایست مساوی باشد.

(V): اگر متهم، خاطی حقوق کیفری شناخته شود باید بتواند از این تصمیم در یک مقام قضایی یا دادگاه صالح، مستقل و بی طرف و عادل بالاتر، طبق قانون بازنگری کند.

(Vi): اگر کودک به زبان مورد استفاده در دادگاه مسلط نباشد یا نتواند با آن صحبت کند باید بتواند از مساعدت رایگان یک مترجم بهره مند شود.

(Vii): در تمام مراحل دادرسی، حریم شخصی او محترم شمرده شود.

3 - کشورهای عضو می باید برای ایجاد قوانین، آیین دادرسی و اختیارات و نهادهای ویژهرا کربوط برای کودکان مورد اتهام که علیه آنها دعوی اقامه شده یا خاطی حقوق کیفری هستند، تلاش کنند بو به ویژه موارد ذیل را انجام دهند:

(a): تعیین حداقل سن که در کمتر از آن سن فرض براین است که کودکان ظرفیت و قوه ی تمیز تخطی از حقوق کیفری را ندارند.

(b) Whenever appropriate and desirable, measures for dealing with such children without resorting to judicial proceedings, providing that human rights and legal safeguards are fully respected.

4. A variety of dispositions, such as care, guidance and supervision orders; counselling; probation; foster care; education and vocational training programmes and other alternatives to institutional care shall be available to ensure that children are dealt with in a manner appropriate to their well-being and proportionate both to their circumstances and the offence.

(d) United Nations Standard Minimum Rules for the Administration of Juvenile Justice ('The Beijing Rules')

7. Rights of juveniles
7.1 Basic procedural safeguards such as the presumption of innocence, the right to be notified of the charges, the right to remain silent, the right to counsel, the right to the presence of a parent or guardian, the right to confront and cross-examine witnesses and the right to appeal to a higher authority shall be guaranteed at all stages of proceedings.

8. Protection of privacy
8.1 The juvenile's right to privacy shall be respected at all stages in order to avoid harm being caused to her or him by undue publicity or by the process of labelling.
8.2 In principle, no information that may lead to the identification of a juvenile offender shall be published.

14. Competent authority to adjudicate
14.1 Where the case of a juvenile offender has not been diverted (under rule 11), she or he shall be dealt with by the competent authority (court, tribunal, board, council, etc.) according to the principles of a fair and just trial.
…

15. Legal counsel, parents and guardians
15.1 Throughout the proceedings the juvenile shall have the right to be represented by a legal adviser or to apply for free legal aid where there is provision for such aid in the country.
15.2 The parents or the guardian shall be entitled to participate in the proceedings and may be required by the competent authority to attend them in the interest of the juvenile. They may, however, be denied participation by the competent authority if there are reasons to assume that such exclusion is necessary in the interest of the juvenile.

2. Regional Instruments

(a) European Convention for the Protection of Human Rights and Fundamental Freedoms 1950

Article 6
1. In the determination of his civil rights and obligations or of any criminal charge against him, everyone is entitled to a fair and public hearing within a reasonable time by an independent and impartial tribunal established by law. Judgment shall be pronounced publicly by the press and public may be excluded from all or part of the trial in the interest of morals, public order or national security in a democratic society, where the interests of juveniles or the protection of the private life of the parties so require, or the extent strictly necessary in the opinion of the court in special circumstances where publicity would prejudice the interests of justice.
2. Everyone charged with a criminal offence shall be presumed innocent until proved guilty according to law.
3. Everyone charged with a criminal offence has the following minimum rights:
(a) to be informed promptly, in a language which he understands and in detail, of the nature and cause of the accusation against him;
(b) to have adequate time and the facilities for the preparation of his defence;

(b): رسیدگی به رفتار چنین کودکانی بدون توسل به آیین دادرسی قضائی، هرجا که مناسب و مطلوب باشد.با فرض این که حقوق بشر و و تضمین‌های قانونی کاملا رعایت شود.

4- راه های حل و فصل متنوعی از قیل مراقبت، راهنمایی کردن و دستورات نظارتی، مشاوره، تعلیق مجازات، آموزش، برنامه های کارآموزی برای شغل و بدیل‌های دیگری در برابر مراجع رسمی مراقبتی برای تأمین رسیدگی به دعاوی کودکان با یک روش و طریقه ی متناسب با اوضاع و جرایم آنان . باید در دسترس باشند.

قوانین استانداردهای سازمان ملل متحد برای اجرای دادرسی جوانان

7- حقوق جوانان

7/1 : تأمین (یا حفظ) مقررات شکلی اساسی مانند فرض بی گناهی، حق آگاه کردن متهم از اتهاماتش، حق سکوت متهم، حق مشورت کردن، حق حضور والدین یا سرپرست قانونی، حق روبرو شدن با شاهدان، حق تجدید نظر خواهی در یک دادگاه بالاتر باید در تمام مراحل دادرسی تضمین شود.

8- حمایت از حریم شخصی:

8/1 : حق نوجوانان در مسائل مربوط به حریم شخصی باید در تمام مراحل دادرسی به منظور اجتناب از آسیبی که به سبب علنی بودن غیر ضروری یا برچسب زدن هایی در طی مراحل دادرسی ایجاد می شود، مورد احترام واقع شود.

8/2 : طبق قاعده کلی هیچ اطلاعاتی در مورد هویت نوجوانان متخلف نباید منتشر شود.

14- مرجع صالح و دارای اهلیت برای احقاق حق کردن

14/1 : تا جایی که پرونده نوجوان متخلف منحرف نشود می بایست به دعوی او در یک مرجع صالح طبق اصول دادرسی و محاکمه عادلانه رسیدگی شود (مانند دادگاه، دیوان، شورا و غیره) .

15- مشاوره حقوقی والدین و سرپرستان قانونی

15/1 : درتمام مراحل دادرسی نوجوان باید حق داشته باشد یک مشاور حقوقی را به نمایندگی از خود برگزیند یا حق درخواست مساعدت حقوقی رایگان داشته باشد البته تا جایی که در مورد چنین مساعدتی، مقرراتی در کشورمساعدت دهنده وجود داشته باشد.

15/2 : والدین یا سرپرستان باید در مراحل دادرسی حضور یافته و مشارکت کنند و ممکن است حضور مقامات صالح در جلسات دادرسی به منظور رسیدگی و توجه به منافع نوجوان مورد نیاز باشد با این وجود اگر دلایلی وجود داشته باشد که این چنین ممانعتی برای منافع نوجوان لازم و ضروری است آن ها ممکن است مانع حضور مقام صالح گردند.

2- اسناد منطقه ای

کنوانسیون های اروپایی برای حمایت حقوق بشر و آزادی های انسانی 1950

ماده 6

1- در صدور حکم نسبت به حقوق و تعهدات مدنی فرد یا هر اتهام جنایی علیه وی هر فردی محق است یک رسیدگی عادلانه و علنی در یک زمان معقول توسط یک دادگاه مستقل و عادل به موجب قانون داشته باشد. جکم دادگاه باید به نحو علنی و عمومی توسط مطبوعات بیان شود و مردم ممکن است از تمام یا قسمتی از وقایع مربوط به جریان محاکمه به دلیل منافع اخلاقی؛ نظم عمومی یا امنیت ملی در یک جامعه دموکراتیک یا جایی که منافع جوانان یا حمایت از زندگی خصوصی افراد ایجاب می‌کند ک یا تا حدی که دادگاه تشخیص دهد در شرایط خاصی علنی‌بودن دادگاه ممکن است منافع قضایی را به خطر بیندازد ، محروم گردند.

2- هر فردی که متهم به یک جرم است بی گناه فرض می شود تا تقصیر وی به موجب قانون ثابت شود.

3- هر فردی که متهم به جرم است حداقل حقوق ذیل را باید دارا باشد:

(a): با زبانی که فرد متوجه می شود و با تمام جزئیات باید بی درنگ متهم را نسبت به اتهام وارده مطلع ساخت و ماهیت و سبب اتهام علیه وی نیز باید بیان شود.

(b): باید متهم زمان و ابزار کافی برای تدارک دفاعیاتش داشته باشد.

(c) to defend himself in person or through legal assistance of his own choosing or, if he has not sufficient means to pay for legal assistance, to be given it free when the interests of justice so require;

(d) to examine or have examined witnesses against him and to obtain the attendance and examination of witnesses on his behalf under the same conditions as witnesses against him;

(e) to have the free assistance of an interpreter if he cannot understand or speak the language used in court.

Article 7

1. No one shall be held guilty of any criminal offence on account of any act or omission which did not constitute a criminal offence under national or international law at the time when it was committed. Nor shall a heavier penalty be imposed than the one that was applicable at the time the criminal offence was committed.

2. This article shall not prejudice the trial and punishment of any person for any act or omission which, at the time when it was committed, was criminal according the general principles of law recognized by civilized nations.

(b) Protocol No 7 to the Convention for the Protection of Human Rights and Fundamental Freedoms as amended by Protocol No 11[244]

Article 2 Right of appeal in criminal matters

1 Everyone convicted of a criminal offence by a tribunal shall have the right to have his conviction or sentence reviewed by a higher tribunal. The exercise of this right, including the grounds on which it may be exercised, shall be governed by law.

2 This right may be subject to exceptions in regard to offences of a minor character, as prescribed by law, or in cases in which the person convicted following an appeal against acquittal.

Article 3 Compensation for wrongful conviction

When a person has by a final decision been convicted of a criminal offence and when subsequently his conviction has been reversed, or he has been pardoned, on the ground that a new or newly discovered fact shows conclusively that there has been a miscarriage of justice, the person who has suffered punishment as a result of such conviction shall be compensated according to the law or the practice of the State concerned, unless it is proved that the non-disclosure of the unknown fact in time is wholly or partly attributable to him.

Article 4 Right not to be tried or punished twice

1 No one shall be liable to be tried or punished again in criminal proceedings under the jurisdiction of the same State for an offence for which he has already been finally acquitted or convicted in accordance with the law and penal procedure of that State.

2 The provisions of the preceding paragraph shall not prevent the reopening of the case in accordance with the law and penal procedure of the State concerned, if there is evidence of new or newly discovered facts, or if there has been a fundamental defect in the previous proceedings, which could affect the outcome of the case.

3 No derogation from this Article shall be made under Article 15 of the Convention.

(c) Charter of Fundamental Rights of the European Union 2000

Article 4

Everyone whose rights and freedoms guaranteed by the law of the Union are violated has the right to an effective remedy before a tribunal in compliance with the conditions laid down in this Article. Everyone is entitled to a fair and public hearing within a reasonable time by an independent and impartial tribunal previously established by law. Everyone shall have the possibility of being advised, defended and represented. Legal aid shall be made available to those who lack sufficient resources in so far as such aid is necessary to ensure effective access to justice.

---

[244] Protocol No 7 to the Convention for the Protection of Human Rights and Fundamental Freedoms as amended by Protocol No 11 (adopted 22 November 1984, entered into force 1 November 1988).

(c): متهم می تواند خودش بالشخصه یا توسط مشاور حقوقی که خودش انتخاب کرده است از خودش دفاع کند و اگر پول کافی برای پرداخت حق الزحمه به مشاور حقوقی نداشته باشد و منافع مربوط به عدالت اقتضا کند می بایست برای او به صورت رایگان مشاور برگزینند.
(d): متهم باید بتواند شاهدانی را که علیه وی شهادت داده اند مورد سوال واقع سازد و گفته های آنها را بررسی کند و بتواند شاهدانی را که به نفع وی شهادت داده اند مانند شاهدانی که علیه وی شهادت داده اند نیز به چالش وادارد.
(e): اگر متهم زبان مورد استفاده در دادگاه را متوجه نشود یا نتواند به آن زبان صحبت کند باید مترجمی که به صورت رایگان در اختیار او قرار داده اند به او کمک کند.
ماده 7 :
1- هیچ فردی نباید به خاطر فعل یا ترک فعل صورت گرفته توسط وی به جرمی محکوم شود که در قانون ملی یا بین‌المللی به عنوان جرم در زمان ارتکاب به رسمیت شناخته نشده است. همچنین نباید بر هیچ فردی مجازات سنگین تری نسبت به آنچه که در زمان ارتکاب جرم قابل اعمال بوده است تحمیل شود.
پروتکل شماره 7 برای کنوانسیون حمایت حقوق بشر و آزادی های اساسی، اصلاح شده توسط پروتکل شماره 11.[244]

ماده 2- حق تجدید نظر خواهی در موضوعات کیفری
1- هر فردی که توسط دادگاه به یک جرم کیفری محکوم می شود باید حق بازنگری از محکومیت یا مجازاتش را در دادگاه بالاتر داشته باشد، عمل کردن به این حق از جمله زمینه ها و مواردی می‌توان آن را به کار گرفت، باید بر اساس قانون باشد.
2- حق پیش گفته ممکن است در مورد جرائم دارای خصوصیت حداقلی به تعریف قانون و یا پرونده هایی که متهم پس از تجدید نظر در حکم برائت، محکوم می شود، مورد استثنا قرار بگیرد
ماده 3- گرفتن خسارت و غرامت به دلیل اشتباه (خطا) در محکومیت متهم:
زمانی که یک فرد با تصمیم نهایی دادگاه به یک جرم کیفری محکوم می شود و سپس محکومیت وی لغو می گردد یا به دلیل کشف حقایق جدید که به طور غیرقابل انکار و مسلمی نشان می دهد که قاضی به خطا رفته است بخشیده و عفو شود، فردی که از مجازات در اثر محکومیت متضرر شده و رنج برده است می بایست بر طبق قانون یا رویه حکومت مربوطه غرامت بگیرد و یا (خساراتش جبران شود) مگر این که اثبات شود که عدم افشا و عدم شناختن و آشکار شدن حقایق در آن زمان کلاً یا بعضاً به محکوم منتسب بوده است.
ماده 4- ممنوعیت مجازات مضاعف
1- کسی که برای جرمی طبق قانون و آئین کیفری کشور تبرئه یا محکوم شده نباید مجدداً طبق رویه کیفری همان کشور محاکمه یا مجازات شود.
2- اگر مدارک جدیدی که به روشن شدن حقایق کمک می کند به دست آید یا عیبی اساسی در رسیدگی های کیفری قبلی وجود داشته که بتوانند نتیجه پرونده را تحت تأثیر قرار دهند شروط پاراگراف قبلی نباید مانع بازگشایی پرونده مطابق با قانون و رویه کیفری کشور مربوطه شود.
3- ماده 15 کنوانسیون نباید بهانه ای برای عدم تبعیت از این ماده شود.

منشور حقوق اساسی اتحادیه اروپا، سال 2000
ماده 4 :
هر کس که حقوق و آزادی هایش که توسط قانون اتحادیه تضمین شده است مورد تجاوز قرار گیرد حق دارد که مطابق شرایط وضع شده در این ماده نزد یک محکمه جبران خسارت موثر خود را مطالبه کند.
هر کسی محق است که یک دادرسی منصفانه و عمومی را در یک زمان معقول و توسط یک محکمه بی طرف و مستقل که از قبل به موجب قانون ایجاد شده، داشته باشد. هر کس محق است از امکاناتی همچون مشورت گرفتن، دفاع کردن و نمایندگی داشتن برخوردار شود. برای آنهائی که تسهیلات کافی در اختیار ندارند باید مساعدت های قانونی در نظر گرفته شود البته تا زمانی که چنین مساعدتی برای دستیابی به عدالت ضرورت دارد.

(d) American Declaration of the Rights and Duties of Man 1948

---

[244]- پروتکل شماره 7 کنوانسیون حمایت از حقوق بشر و آزادي هاي اساسي اصلاح شده توسط پروتکل شماره 11 در 22 نوامبر 1984 تصویب شد و در 1 نوامبر 1988 لازم الاجرا گردید

(d) American Declaration of the Rights and Duties of Man 1948

Right to a fair trial.

Article XVIII. Every person may resort to the courts to ensure respect for his legal rights. There should likewise be available to him a simple, brief procedure whereby the courts will protect him from acts of authority that, to his prejudice, violate any fundamental constitutional rights.

Right to due process of law.

Article XXVI. Every accused person is presumed to be innocent until proved guilty.

Every person accused of an offense has the right to be given an impartial and public hearing, and to be tried by courts previously established in accordance with pre-existing laws, and not to receive cruel, infamous or unusual punishment.

(e) American Convention on Human Rights 1969

Article 8. Right to a Fair Trial

1. Every person has the right to a hearing, with due guarantees and within a reasonable time, by a competent, independent, and impartial tribunal, previously established by law, in the substantiation of any accusation of a criminal nature made against him or for the determination of his rights and obligations of a civil, labor, fiscal, or any other nature.

2. Every person accused of a criminal offense has the right to be presumed innocent so long as his guilt has not been proven according to law. During the proceedings, every person is entitled, with full equality, to the following minimum guarantees:

a. the right of the accused to be assisted without charge by a translator or interpreter, if he does not understand or does not speak the language of the tribunal or court;

b. prior notification in detail to the accused of the charges against him;

c. adequate time and means for the preparation of his defense;

d. the right of the accused to defend himself personally or to be assisted by legal counsel of his own choosing, and to communicate freely and privately with his counsel;

e. the inalienable right to be assisted by counsel provided by the state, paid or not as the domestic law provides, if the accused does not defend himself personally or engage his own counsel within the time period established by law;

f. the right of the defense to examine witnesses present in the court and to obtain the appearance, as witnesses, of experts or other persons who may throw light on the facts;

g. the right not to be compelled to be a witness against himself or to plead guilty; and

h. the right to appeal the judgment to a higher court.

3. A confession of guilt by the accused shall be valid only if it is made without coercion of any kind.

4. An accused person acquitted by a nonappealable judgment shall not be subjected to a new trial for the same cause.

5. Criminal proceedings shall be public, except insofar as may be necessary to protect the interests of justice.

(f) African Charter on Human and People's Rights 1981

Article 7

Every individual shall have the right to have his cause heard. This comprises: (a) the right to an appeal to competent national organs against acts of violating his fundamental rights as recognized and guaranteed by conventions, laws, regulations and customs in force; (b) the right to be presumed innocent until proved guilty by a competent court or tribunal; (c) the right to defence, including the right to be defended by counsel of his choice; (d) the right to be tried within a reasonable time by an impartial court or tribunal. 2. No one may be condemned for an act or omission which did not constitute a legally punishable offence at

اعلامیه ی آمریکایی حقوق و تکالیف بشر سال 1948
حق برخورداری از محاکمه عادلانه
ماده XVIII: هر کس می تواند برای تضمین احترام به حقوق قانونی اش به دادگاه متوسل شود. همچنین باید برای او یک آئین دادرسی مختصر و ساده در نظر گرفته شود تا دادگاه به موجب آن بتواند او را از اعمال برخواسته از قدرتی که بر زیان او ، هر حقوق اساسی بنیادی را مورد تجاوز قرار می دهد، حفاظت کند.
حقوق مربوط به رسیدگی صحیح قانونی
ماده XXVI: هر متهم تا زمانی که جرمش به اثبات نرسیده باید بی گناه فرض شود.
هر متهم به جرمی حق دارد که از دادرسی بی طرفانه و عمومی برخوردار شود و توسط یک دادگاه از قبل تاسیس شده و قانون از قبل موجود محاکمه شود و نباید مجازات بی رحمانه، ناپسند و غیر معمول بر او اعمال شود.

کنوانسیون آمریکایی حقوق بشر سال 1969
ماده 8 : حق برخورداری از محاکمه عادلانه
1- هر کسی حق دارد تا برای اثبات نادرستی هر اتهام علیه وی یا برای حقوق و تعهدات مدنی، کاری، مالی و یا هر ماهیت حقوقی دیگری از یک دادرسی با تضمین مقتضی و در یک مدت معقول و از طریق یک محکمه صالح مستقل و بی طرف که قبلاً به موجب قانون ایجاد شده برخوردار شود.
2- هر متهم به جرم کیفری این حق را دارد که تا زمانی که جرمش طبق قانون به اثبات نرسیده فرض بر بی گناهی اش شود. در مدت رسیدگی هر شخصی با برخورداری از تساوی کامل حقوق از این حداقل تضمین ها بهره مند است:
a: متهم حق دارد در صورتی که زبان مورد استفاده دادگاه را نمی فهمد و یا نمی تواند به آن صحبت کند از مساعدت قانونی مربوط به استفاده بدون هزینه از مترجم یا مفسر برخوردار شود.
b: اعلام قبلی اتهامات به متهم به طور مفصل
c: در اختیار گذاشتن زمان و ابزار کافی به متهم جهت تدارک دفاعیاتش
d: حق متهم در دفاع از خود به صورت شخصی یا از طریق وکیل حقوقی با انتخاب خود او و حق گفتگوی آزاد و خصوصی با وکیل
e: حق غیرقابل تفویض استفاده از مشاور/وکیل فراهم شده توسط دولت بر اساس قوانین داخلی چه پرداخت صورت گیرد چه نگیرد هنگامی که متهم خود به دفاع از خود برنخزد یا در مدت معینی‌که قانون تعیین می‌کند وکیل انتخاب نکند
f: حق متهم به بررسی شاهدانی که در دادگاه حاضر شده اند = و همچنین به دست آوردن متخصصان و سایر اشخاصی که می توانند در روشن شدن حقیقت نقش داشته باشند.
g: حق این که مجبور نشودعلیه خود شهادت دهد و یا اقرار به گناه کند.
h: متهم محق است از رای بدوی به دادگاه بالاتر تجدید نظر خواهی کند.
3- اعتراف متهم فقط در صورتی معتبر است که بدون تهدید و اجبار آن هم از هر نوعی بدست آمده باشد.
4- متهمی که با یک رأی غیرقابل استیناف تبرئه شده نباید موضوع محاکمه جدیدی با همان علت قرار گیرد.
5- رسیدگی کیفری باید عمومی (علنی) باشد مگر زمانی که حمایت از منافع مربوط به عدالت ضروری باشد.

منشور آفریقایی در زمینه ی حقوق مردم و بشریت 1981
ماده 7
هر شخصی حق دارد که دلایلش شنیده شود که این شامل
a : حق پژوهش خواهی در یک سازمان ملی صالح بر ضد اعمال تجاوز کارانه به حقوقی که بوسیله کنوانسیون، قانون، مقررات و یا عرف رایج به رسمیت شناخته شده و تضمین شده است.b : حق بی گناه فرض شدن تا زمانی که جرم در یک دادگاه و یا محکمه صالح اثبات نشده است.c : حقوق مربوط به دفاع که شامل حق دفاع کردن توسط یک مشاور منتخب خود فرد می باشد.d :حق مربوط به محاکمه شدن در زمان معقول از طریق یک دادگاه یا محکمه بی طرف

the time it was committed. No penalty may be inflicted for an offence for which no provision was made at the time it was committed. Punishment is personal and can be imposed only on the offender.

Article 26

States parties to the present Charter shall have the duty to guarantee the independence of the Courts and shall allow the establishment and improvement of appropriate national institutions entrusted with the promotion and protection of the rights and freedoms guaranteed by the present Charter.

D. MONITORING BODIES

1. International
   (a) United Nations Human Rights Committee
   (b) Committee against Torture
   (c) Committee on the Rights of the Child

2. Regional
   (a) African Commission on Human and People's Rights
   (b) Inter-American Commission on Human Rights
   (c) Inter-American Court of Human Rights
   (d) The European Court of Human Rights

E. CASE LAW

1. *Steadman v Jamaica*, Human Rights Committee[245]

(a) Keywords
Right to be tried within reasonable time; legal representation; legal aid.

(b) Facts
Steadman was arrested on 22 July 1983 and charged with murder on 30 July 1983, after having been detained for eight days without recourse to legal representation, family and friends. Preliminary examinations were held in August 1983 and September 1984 and the trial took place in December 1985; Steadman was in detention throughout this period. Steadman was convicted and sentenced to death. He appealed unsuccessfully. Steadman complained about the delay in the trial, the inadequate time and facilities to prepare his defence, the judge's directions and the prison conditions.

More specifically, Steadman claimed that because of the delays in holding the trial, witnesses no longer remembered the facts very well and that local gossip and publicity might have influenced them. Moreover, Steadman argued that his legal aid lawyer did not appear at the preliminary examinations and that he had no contact with his lawyer until the day of the trial; only at the first examination was he represented by a junior lawyer whom he had no opportunity to instruct, while at the appeal proceedings he was represented by a different lawyer, who did not properly handle the case. Also, Steadman claimed that the judge had failed to direct the jury properly as to certain key issues in the case: identification, joint enterprise and manslaughter. Finally, Steadman alleged that while in prison, he was not provided with sufficient food, medical or dental care and basic necessities for personal hygiene.

---

[245] *Steadman v Jamaica* (Human Rights Committee, 1997) UN Doc CCPR/C/59/D/528/1993.

2. هیچ کس نباید برای فعل یا ترک فعلی که در زمان ارتکاب قانوناً قابل مجازات نبوده محکوم شود. هیچ مجازاتی نباید برای جرمی که در زمان ارتکاب هنوز جرم شناخته نشده تحمیل شود. مجازات شخصی است و فقط بر مجرم تحمیل می شود.

ماده 26 :

کشورهای طرفین تعهد که منشور را می پذیرند مکلف اند که استقلال دادگاه ها را تضمین کنند و ملزمند که مجوز تأسیس و نوسازی موسسات ملی مناسب را که ارتقاء و حمایت از حقوق و آزادی های تضمین شده بوسیله این منشور به آنها سپرده شده صادر کنند.

نهادهاي ناظر

بین المللی

* کمیته بین المللی حقوق بشر سازمان ملل متحد
* کمیته ضد شکنجه
* کمیته ناظر بر حقوق کودک

منطقه ای

* کمیسیون منطقه ای آمریکایی حقوق بشر و مردم
* کمیسیون بین آمریکایی حقوق بشر
* دادگاه بین آمریکایی حقوق بشر
* دادگاه اروپایی حقوق بشر

رویه قضایی

استیدمن علیه جامائیکا، کمیته حقوق بشر[245]

موضوعات حقوقی:

حقوق محاکمه شدن در زمان معقول، نمایندگی و مساعدت قانونی

شرح پرونده:

استیدمن در 22 ژوئیه 1983 بازداشت شده و پس از 8 روز بازداشت بدون داشتن حق مراجعه به نماینده حقوقی خانواده و دوستان در 30 ژوئیه 1983 متهم به قتل شد. بررسی های مقدماتی در اوت 1983 و سپتامبر 1984 انجام شد و محاکمه در دسامبر 1985 انجام گرفت و او تمام این مدت را در بازداشت به سر برد. استیدمن محکوم به مجازات مرگ شد، پژوهش خواهی او با شکست مواجه شد او از تأخیر در محاکمه، مدت زمان و کمبود امکانات برای تدارک دفاع، مدیریت قاضی و شرایط زندان شکایت کرد.

استیدمن بویژه این را ادعا نمود که به دلیل تأخیر در برگزاری محاکمه شهود وقایع را به خوبی به یاد نیاوردند و شایعات و تبلیغات ممکن است روی آنها تأثیر گذاشته باشد بعلاوه او مطرح نمود که وکیل تسخیری اش در بررسی های مقدماتی حاضرنشده و او هیچگونه ارتباطی تا روز محاکمه با وکیلش نداشته فقط در بررسی های مقدماتی یک وکیل درجه دو که فرصتی را هم برای راهنمایی کردن نداشته بعنوان نماینده او برگزیده شد و در رسیدگی استینافی او وکیل دیگری که دسترسی مناسبی به پرونده نداشت نماینده او در دادگاه بود. استیدمن همچنین ادعا کرد که قاضی موفق نشده بود که هیأت منصفه را به نحوی شایسته راجع به موضوعات کلیدی خاص موجود در پرونده مثل تشخیص هویت، سرمایه گذاری مشترک و آدم کشی راهنمایی کند. استیدمن در نهایت این ادعا را کرد که در زندان برای او غذای کافی، مراقبت پزشکی یا دندان پزشکی و ضروریات اساسی بهداشت شخصی تدارک دیده نشده بود.

---

[245] *استیدمن علیه جامائیکا* کمیته حقوق بشر سازمان ملل متحد شماره 528/1993 (2آوریل 1998)

(c) Decision

The Committee found that Jamaica, by delaying Steadman's 26 months after the adjournment of the preliminary enquiry, was in breach of ICCPR Articles 9(3) and 14(3)c. Also, considering that Steadman was represented at the trial by the lawyer who had represented him at the preliminary examination and that neither Steadman nor the lawyer ever requested more time in the preparation of the defence, the Committee did not find any violation of ICCPR Article 14(3)(b). Further, on Steadman's legal representation, the Committee found that Steadman was not effectively represented on appeal in breach of ICCPR Article 14(3)(b) and (d), and as the final sentence of death had been passed without effective representation on appeal, there was also a violation of ICCPR Article 6. The Committee stated that Steadman was entitled to an appropriate remedy and Jamaica should ensure that similar violations did not occur in the future.

2. *Wright and Harvey v Jamaica*, UN Human Rights Committee[246]

(a) Keywords

Fair trial and capital punishment; legal representation; delay in trial.

(b) Facts

The applicants, Wright and Harvey, were charged with murder in December 1980. Wright depended on legal aid and had no legal representation at the preliminary hearing. The trial took place in July 1983, but the jury could not reach a unanimous verdict and the retrial was ordered, which was postponed from February 1984 until eventually taking place in April 1988, 22 months after Wright's re-arrest. At the trial both Wright and Harvey were convicted and sentenced to death. Their subsequent appeals were unsuccessful.

The applicants complained that the legal aid they received was inadequate. Harvey said that he had seen his lawyer at the retrial only, and that the lawyer said that he would not represent him at the appeal, and although in the end he did, he conceded he could not support it. Wright said that he had not been informed about the date of the appeal or consulted by the lawyer in advance, but the lawyer did support the appeal.

Apart from the inadequate legal aid, Harvey and Wright complained about the length of the proceedings, the conduct of the trial and the prison conditions. They claimed that the judge was biased, had not allowed them to call witnesses for their defence and had given improper guidance to the jury. Also, while on death row they were given little food and spent excessive time locked up in their cell.

(c) Decision

The Committee found that Wright was not legally represented at the preliminary hearing and since the absence of legal representation was not attributable to him, there was a violation of ICCPR Article 14(3)(d). However, as Wright was represented at the appeal by the lawyer who had defended him at the trial and filed and argued grounds of appeal, there was no breach of Article 14(3)(d) in this regard. Also, the Committee found that the delay in holding the retrial constituted a violation of ICCPR Article 14(3)(c). Further, as Harvey had not been informed about the concession made by his lawyer and had not been given the opportunity to engage another lawyer, there was a violation of ICCPR Article 14(3)(b) and (d). Finally, there was a violation of ICCPR Article 6, because the final sentence of death was passed without due respect for the requirements of ICCPR Articles 14. The Committee stated that an effective remedy for the applicants would be their release.

---

[246] *Wright and Harvey v Jamaica* (UN Human Rights Committee, 1994) UN Doc CCPR/C/50/D/459/1991.

رای:

کمیته پی برد که جامائیکا با تأخیر 26 ماهه بعد از خاتمه یافتن پرس و جوی مقدماتی در حال نقض 9 (3) و 14 (3) ICCPR بوده و همچنین کمیته با بررسی این موضوع که از استیدمن در محکمه همان وکیلی دفاع کرده است که در بررسی مقدماتی نیز نمایندگی او را به عهده داشته است و این که نه استیدمن و نه وکیل او هرگز زمان بیشتری برای تدارکات دفاعیات درخواست نکرده‌اند، این نتیجه را گرفت که از ماده 14 (3) (ب) میثاق بین المللی حقوق مدنی و سیاسی تخطی نشده است.

علاوه بر این، در مورد نمایندگی قانونی استیدمن، کمیته پی برد که از استیدمن به طور جدی در مرحله استیناف توسط وکیل خبره دفاع نشده است و این نقض ماده 14 (3) (ب) و (د) میثاق بین المللی حقوق مدنی و سیاسی می باشد. و آخرین حکم مرگ بدون نمایندگی مؤثر در مرحله استیناف صادر شده و این نیز تخطی از ماده 6 میثاق بین المللی حقوق مدنی و سیاسی است.

کمیته اعلان کرد که استیدمن حق دریافت جبران خسارت متناسب را داراست و جامائیکا باید تضمین کند که تخطی های مشابه در آینده اتفاق نمی افتد.

رایت و هاروی علیه جامائیکا، کمیته حقوق بشر سازمان ملل متحد[246]

موضوعات حقوقی:

محکمه عادلانه هر تنبیه و مجازات مالی، نمایندگی قانونی، تاخیر در محاکمه

شرح پرونده:

متقاضیان، رایت و هاروی در دسامبر 1980 به جرم قتل محکوم شدند. رایت به مساعدت حقوقی نیاز داشت و در رسیدگی مقدماتی مربوط به پرونده هیچ نماینده حقوقی و وکیل یا مشاوری نداشت، محکمه در ژوئیه 1983 برپا شد. اما هیأت منصفه نتوانست به صورت متفق القول نسبت به موضوع رأی صادر کند و نسبت به تشکیل مجدد محکمه دستور صادر شد که از فوریه 1984 تا آوریل 1988 این موضوع به تعویق افتاد یعنی 22 ماه پس از دستگیری مجدد رایت. در محاکمه رایت و هاروی، هر 2 به مجازات مرگ محکوم گردیدند. تجدید نظر متعاقب صدور رأی نیز بی نتیجه و ناموفق بود.

متقاضیان از این موضوع شکایت داشتند که مساعدت های قانونی ای که به آن ها رسیده بود ناکافی بوده است. هاروی بیان داشت که وکیلش را فقط در دادرسی مجدد دیده است و همچنین اعلام کرد که وکیلش در تجدید نظر به عنوان نماینده او حاضر نشده است و از او دفاع نکرده است و اگر چه در پایان او (وکیل) دفاع خود را انجام داده است او (وکیل) نتوانسته است از او حمایت کند.

رایت عنوان کرد که در مورد زمان تجدید نظر اطلاع نداشته است یا توسط وکیلش از ابتدا نسبت به موضوع به او مشاوره حقوقی داده نشده است اما وکیلش او را در مرحله تجدید نظر همراهی کرده است.

جدای از مساعدت های قانونی ناکافی، هاروی و رایت از مدت زمان پروسه دادرسی، هدایت محکمه شرایط زندان شکایت کردند. آنها ادعا کردند که قاضی بی طرف نبوده است و به آنان اجازه نمی داده که برای دفاع کردن با شهود صحبت کنند و به هیأت منصفه راهنمایی های نا مناسب می داده است. همچنین آنها وقتی در انتظار اعدام به سر می برده اند به آنها غذای کمی داده می شده و زمان زیادی را در سلولهای قفل شده به سر می برده اند.

رأی:

کمیته پی برد که رایت در رسیدگی مقدماتی به صورت قانونی دارای نماینده (وکیل) نبوده است و فقدان نمایندگی قانونی نیز به او ارتباط نمی‌یافته است که یک نقض از ماده (d) (3) 14 صورت پذیرفته است با این وجود رایت در مرحله تجدید نظر دارای وکیل بوده است و این وکیل کسی بوده که از او در محکمه دفاع کرده است و در زمینه تجدید نظر نیز بحث و تبادل نظر کرده است و در این ضمیمه نقضی از ماده (d) (3) 14 صورت نپذیرفته است.

همچنین کمیته پی برد که تأخیر در برگزاری دادرسی مجدد نقض ماده (c) (3) 14 میثاق بین المللی حقوق مدنی و سیاسی است و علاوه بر این، هاروی از اختیاری که توسط وکیلش ایجاد شده بود اطلاعی نداشت و فرصت کافی نداشته که وکیل دیگری برگزینند.

این موضوع نقض ماده (c) (3) 14 است و بالاخره نقض ماده 6 میثاق بین المللی حقوق مدنی و سیاسی نیز رخ داده است زیرا مجازات نهایی مرگ بدون توجه به شرایط میثاق بین المللی حقوق مدنی و سیاسی برای صدور این رأی صادر شده است. کمیته عنوان کرد که میزان خسارت موثر برای متقاضیان،آزادی آن ها خواهد بود.

---

[246] *رایت و هاروی علیه جامائیکا*، کمیته حقوق بشر سازمان ملل متحد شماره 459/1991 17 مارس 1994

3. *Abubakar v Ghana*, African Commission of Human and People's Rights[247]

(a) Legal issues
Excessive length of pre-trial detention and or criminal proceedings; permission for withdrawal of the case.

(b) Facts
Abubakar was arrested in 1985 in connection with political offences and detained without charge or trial until he escaped from a prison hospital in Ghana seven years later in 1992. His wife and sister had been visiting him at the time of his escape and were arrested and held for two weeks in order to provide information on the escape. His brother informed him that the police had been given false information about his whereabouts and had on several occasions surrounded his house looking for him. The following year, 1993, the United Nations High Commissioner for Refugees in Cote d'Ivoire, where Abubakar had resided since his escape, informed him that the Government of Ghana had sent a report stating that he was free to return to the country without risk of prosecution for his escape and that all political detainees had been released. Abubakar, however, explained that a law existed that subjected all those who had escaped to two years' imprisonment, regardless of whether they were guilty or not of the crime with which they were charged.

Abubakar complained about his detention. Ghana did not provide any details of the laws relevant to Abubakar's detention but conceded that he could be tried for criminal offences (other than the escape) which he had committed.

(c) Decision
The Commission held that Abubakar's detention for seven years without trial exceeds the reasonable time and was in breach of Banjul Charter Articles 6 and 7(1)(d). Finally, although Abubakar provided evidence of other escapees who were arrested on their return and there were clear signs that he would also be subjected to the same treatment, the Commission found that the facts were not sufficient to find a violation of Abubakar's right to return to his country under Banjul Charter Article 12(2) and hence Ghana should take steps to repair the prejudice.

4. *Maxwell v United Kingdom*, European Court of Human Rights[248]

(a) Keywords
Legal aid for appeal.

(b) Facts
Maxwell was found guilty of assault and sentenced to five years in prison. He sought to appeal against the conviction on the basis of several grounds: that he had not been able to prove his contention that a witness was giving false evidence against him as that would have involved revealing a prior conviction, that certain witnesses had not been called by the prosecution or the defence; that key evidence had been fabricated; that the jury's verdict was not supported by the evidence; that his lawyers disregarded his instructions; and that there was not sufficient evidence on the effect of the assault on the victim. On three occasions Maxwell sought legal assistance, but all three were refused on the grounds that they could not find a basis to bring an appeal. A fourth firm applied for legal aid on his behalf despite being advised of the lack of grounds for the appeal. The body that decides whether to assign legal aid refused to grant it and Maxwell had to present his case before the Court although he had no legal knowledge and he received no legal assistance. The appeal was dismissed because there was no substance in the grounds and reached the conclusion that there was a miscarriage of justice.

---

[247] *Abubakar v Ghana* (African Commissino of Human and People's Rights, 1996) 20th Ordinary Session.
[248] *Maxwell v The United Kingdom* Series A No 300 (1994) 19 EHRR 97.

ابوبکر علیه غنا.کمیته آفریقایی حقوق بشر و مردم[247]

موضوعات حقوقی:

مدت زمان طولانی توقیف به منظور برگزاری محکمه و یا پروسه دادرسی کیفری،مجوز استرداد پرونده

شرح پرونده:

ابوبکر در سال 1985 در ارتباط با جرایم سیاسی دستگیر شد و حبس او بدون تا این که7 سال بعد در سال 1992 که او از یک بیمارستان زندانی در غنا فرار کرد ادامه یافت. .همسر و خواهرش، در زمان فرار به ملاقات او آمده بودند و به همین علت برای دادن اطلاعاتی در زمینه فرار متهم دستگیر شده و به مدت 2 هفته زندانی بودند. برادرش به او اطلاع داد که اطلاعات غلطی درباره محل تقریبی اختفایش به پلیس داده شده است و آنها چند بار خانه اش را برای جستجوی وی محاصره کردند. سال بعد، 1993، نماینده عالی سازمان ملل در امور پناهندگان در ساحل عاج جایی که ابوبکر در زمان فرارش در آن جا مستقر بود به او اطلاع داد که دولت غنا طی گزارشی بیان داشته که او آزاد است که بدون خطر تعقیب به علت فرارش به کشور خود بازگردد و همچنین همه زندانیان سیاسی آزاد شده‌اند. .با این وجود ابوبکر توضیح داد که در کشورش قانونی وجود دارد که بر اساس آن، ،همهی کسانی که فرار کرده اند، بدون توجه به این که در مورد جرمی که به آن متهم شده بودند مجرم شناخته شده باشند یا خیر به دو سال زندان محکوم می شوند ر.

ابوبکر درباره بازداشتش شکایت کرد. غنا هیچ گونه جزئیاتی در رابطه با بازداشت ابوبکر در قوانین ارائه نداده امّا تصدیق کرده که او ممکن است بدلیل ارتکاب تخلفات جنایی که به آن متهم شده (غیر از فرار) مورد محاکمه واقع شود.

رای:

کمیته عنوان کرد که بازداشت 7 سال بدون محاکمه ابوبکر ،از مدت زمان معقول و منطقی بیشتر بوده است و این موضوع نقض ماده (د) (1) 7 و 6 منشور بانجول است.

وبالاخره، اگر چه ابوبکر شواهدی در پرونده های سایر فرار کنندگان ارائه داده است که انها در بازگشت به کشورشان دستگیر شدند و نشانه های واضحی نیز وجود داشت که با ابوبکر رفتار مشابه این رفتارها صورت پذیرد، امّا کمیته عنوان کرد که واقعیات ارائه شده برای نشان دادن نقض حقوق ابوبکر در بازگشت به کشورش طبق ماده (2)12 منشور بانجول،کافی نیست و از این رو غنا باید برای جبران زیان وارده به ابوبکر پیش قدم شود.

ماکسول ماکسولعلیه انگلستان،دادگاه اروپایی حقوق بشر[248]

موضوعات حقوقی:

مساعدت قانونی برای تجدید نظر

شرح پرونده:

ماکسول ماکسولبه دلیل حمله بدنی به قصد آزار دیگری مقصر شناخته شده بود و به 5 سال زندان محکوم شد.او برای نقض محکومیتش بر اساس چندین دلیل به دنبال تجدید نظر خواهی از رای صادره بود: یکی از این دلایل این بود که او نتوانسته بود مشاجره (نزاعش) را به دلیل این که یکی از شاهدان علیه او شهادت غلط داده بود ،اثبات کند که این موضوع آشکارا محکومیت ابتدایی او را به دنبال داشت. شاهدان معین به منظور تعقیب یا دفاع فراخوانده شده بودند، شهادت اصلی و کلیدی به ضرر ماکسول ماکسولجعل شده بود و رأی هیأت منصفه با شهادت شهود حمایت نمی شد، وکلایش دستورالعمل ها و راهنماییهایش را نادیده گرفتند. و در مورد تأثیرضرب و شتم بر قربانی دلیل کافی وجود نداشت ،سه مرتبه ماکسول ماکسولکمک حقوقیخواست ولی هر سه بار این تقاضا و با این استدلال که آنها نتوانستند پایه و اساسی برای تجدید نظر خواهی پیدا کنند ،رد شده بود.

یک مؤسسه حقوقی چهارمی علارغم این که به آن‌ها گفته شده بود دلیلی برای فرجامخواهی وجود ندارد از طرف او تقاضای کمک حقوقی کرد. مؤسسه‌ای‌که کمک‌های حقوقی را تصویب می‌کند این تقاضا را رد کرد، و ماکسول مجبور شد خودش در دادگاه دفاع کند با این که دانش حقوقی نداشت و وکیل هم نداشت.

تجدید نظر خواهی به دلیل فقدان دوام و استحکام در زمینه های آن رد شد و نتیجه ای که حاصل می شد این بود که عدالت نقض شده است.

---

[247] *ابوبکر علیه غنا* کمیته آفریقایی حقوق بشر و مردم بیستمین جلسه اکتبر 1996

[248] *مکسل علیه انگلستان* دادگاه اروپایی حقوق بشر دادخواست شماره xxx صادره در 28 اکتبر 1994

Maxwell complained about the refusal of legal aid, his lawyer's conduct of his defence and other matters arising out of his trial.

(c) Decision
The Court only found admissible the complaint on legal aid. Further, it found that there was no doubt that Maxwell lacked sufficient means to pay for legal assistance, and although the legal issue was not particularly difficult and Maxwell managed to formulate the grounds for his appeal, he was not able to address the court on those matters in a competent manner and defend himself effectively without the assistance of a legal practitioner. Also, Maxwell had to defend himself on a very important matter as the decision and the five-year imprisonment would then be final. For these reasons, Maxwell should have been granted legal aid for representation at the appeal hearing and hence the UK was in violation of ECHR Articles 5 and 6(3)c.

5. *Sander v United Kingdom*, European Court of Human Rights[249]

(a) Legal issues
Right to be tried by an independent and impartial tribunal.

(b) Facts
Sander appeared with two other people before the Birmingham Crown Court and was charged with conspiracy to defraud. Before the judge summed up, a juror handed over a complaint expressing his concerns over racist remarks made by two of the jurors and his fear that the accused would be convicted because of their Asian origins rather than on the basis of evidence, and he asked for advice from the judge. The judge dismissed the jury for danger of bias, and then called them back to Court to inform them about the complaint and ask them whether they felt they could not set aside racial prejudices. The members of the jury assured him that there were no such prejudices and the judge decided not to discharge the jury. Sander was found guilty but his co-accused, who was also Asian, was acquitted. He then appealed unsuccessfully against the conviction on the grounds that the jury should have been dismissed and that the contents of the complaint should not have been disclosed.

(c) Decision
The Court found that the tribunal that sentenced the applicant was not independent and impartial and that the judge should have acted more robustly than he did in merely seeking assurances from the jury. The jury trial was marred by allegations of racism on the part of the jurors and the judge had failed to take adequate action to exclude legitimate doubts that the applicant might be condemned because of his ethnicity. There was hence a violation of ECHR Article 6(1).

6. *Algur v Turkey*, European Court of Human Rights[250]

(a) Legal issues
Right to be tried by an independent and impartial tribunal; military courts; torture.

---

[249] *Sander v United Kingdom* Series A No 323 (2000)31 EHRR 1003.
[250] *Algur v Turkey* (App no 32574/96) ECHR 22 October 2002.

ماکسول نسبت به رد مساعدت قانونی و رفتار وکیلش در دفاع از او و دیگر موضوعاتی که از محاکمه اش ناشی می شد شکایت کرد.

رأی:

دادگاه فقط شکایت در زمینه ی مساعدت حقوقی را وارد دانست. .علاوه بر این دادگاه بیان داشت که شکی وجود ندارد که ماکسول منابع کافی نداشته تا برای مساعدت حقوقی بپردازد و اگر چه موضوع حقوقی مطرح شده خیلی سخت نبوده است و ماکسول تمام تلاش خود را در جهت ایجاد زمینه هایی برای تجدید نظر خواهیش انجام داده است،اما او قادر نبوده دادگاه را در این مسائل به شیوه ی شایسته ای مورد خطاب قرار دهد و از خودش به صورت موثری بدون همکاری وکیل حرفه ای آشنا به مسائل حقوقی دفاع کند .همچنین ماکسول باید از خودش در مورد مسئله مهمتری دفاع می ک چرا که رأی دادگاه و مجکومیت پنج‌ساله‌اش نهایی می‌شد .به این دلایل باید مساعدت حقوقی برای نمایندگی از ماکسول در جلسه تجدید نظرخواهی به او اعطا می شد و از این رو بر اساس دلایل پیش گفته انگلستان مادهc(3)6و ماده5 کنوانسیون اروپایی حقوق بشر را نقض کرده است.

سندر علیه انگلستان.دادگاه اروپایی حقوق بشر[249]

موضوعات حقوقی:

حق محاکمه توسط یک محکمه مستقل و بی طرف

شرح پرونده:

سندر همراه با 2 فرد دیگر به جرم تبانی در محضر دادگاه عالی بیرمنگام حاضر شدند.در حضور دادگاه به طور خلاصه یکی از اعضاء هیأت منصفه شکایتی را مبنی بر نگرانیش از اظهارات نژاد پرستارانه ی 2 عضو دیگر هیأت منصفه تقدیم کرد و در این شکایت نگرانی خود را از این که متهم به دلیل نژاد آسیایش و نه بر مبنای دلایل اساسی موجود در پرونده محکوم شود، عنوان کرد و از قاضی درباره این مسئله راهنمایی خواست.قاضی،هیأت منصفه را به دلیل خطر جانبداری مرخص کرد و بعد از آنان خواست به دادگاه برگردند تا موضوع شکایت را مطرح کند و از آنان بپرسد که آیا آنها احساس می کنند که می‌توانند تعصبات نژادی خود را کنار بگذارند.اعضای هیأت منصفه به او اطمینان دادند که این چنین تعصبی وجود ندارد و قاضی تصمیم گرفت که هیئت منصفه را عزل نکند. سندر مقصر شناخته شد امّا شریک جرمش که او نیز آسیایی بود تبرئه شد .او پس از صدور رأی -علیه محکومیتش در این مورد که هیأت منصفه باید از کار برکنار می شد.ومحتویات شکایت نباید افشا می شد. از تجدید نظر خواست که نا موفق بود.1

رأی:

دادگاه تشخیص داد که دادگاه محکوم کننده متهم مستقل و بی طرف نبوده است و قاضی باید قوی تر از این عمل می کرد که فقط از هیأت منصفه اطمینان بخواهد. دادگاه هیأت منصفه با ادعای نژاد پرستی یکی از اعضای هیأت منصفه وجاهت قانونی خود را ازدست داده و قاضی نتوانسته به صورت شایسته ای در زمینه از بین بردن ظن های مشروع یکی از اعضای هیأت منصفه و متهم عمل کند تا شک مربوط به این را که متقاضی ممکن بوده به علت نژادش محکوم شود رفع کند.و از این رو دولت انگلستان مواد(1)6 کمیسیون اروپایی حقوق بشر را نقض کرده است.

الگور علیه دولت ترکیه.دادگاه اروپایی حقوق بشر[250]

موضوعات حقوقی:

حق محاکمه توسط دادگاه مستقل و بیطرف، دادگاه نظامی، شکنجه

---

[249] *سندر علیه انگلستان* دادگاه اروپایی حقوق بشر (9 مه 2000)

[250] *الگور علیه دولت ترکیه* دادگاه اروپایی حقوق بشر دادخواست شماره 32574/96 صادره در 22 اکتبر 2002

(b) Facts

On 21 March 1995, during an operation carried out against the Party of Workers of Kurdistan (PKK), Algur, a Turkish national, was arrested by officers from the anti-terrorist branch of the security police of Istanbul. She was found in possession of false identification papers and was taken into police custody as she was suspected to be member of the illegal organization PKK. During custody, she received no legal assistance and on 29 March 1995, she signed a statement that the police had drafted giving details on PKK activities. In the presence of the public prosecutor and the Judge of the National Security Court, Algur retracted her initial statement and admitted that she knew of the organization through relatives but denied being a member or participating in its activities. She added that she had been forced to sign the statement by the police.

While in custody, Algur said that she was subjected to physical and psychological violence by police officers: she was beaten, threatened with death and rape, insulted and tortured and was subjected to 'Palestinian hanging', electroshocks and kicks.

In 1996, she was sentenced to 15 years in prison on account of being a member of an illegal organization. A report by a forensic doctor on 3 April 1995 did not mention any injury, but a report by the prison doctor on the same day noted several injuries and pain.

On 25 May 1995, Algur filed a criminal complaint against the police officers with regard to her treatment while in custody. The prosecuting attorney directed a non-suit for insufficiency of evidence, and the subsequent appeal of Algur against this judgment was rejected by the President of the Assize Court.

On 15 October 1996, Algur was tried by the National Security Court, which includes a military judge among its members. She was sentenced to 15 years in prison according to Article 168 of the Turkish Criminal Code, which makes membership of an illegal organization a criminal offence. On the 16 June 1997, the Court of Cassation affirmed the judgment.

On 19 December 1995, Algur lodged an application to the European Commission of Human Rights, complaining that her treatment while in custody constituted torture or inhuman or degrading treatment and that her right to access to legal assistance and a fair hearing had been violated. Her application was then transmitted to the European Court of Human Rights.

(c) Decision

The Court noted that ECHR Article 3 requires States to protect all persons in custody against torture and inhuman or degrading treatment, a duty which they have even under the most difficult circumstances, such as the fight against organized crime and terrorism. There must be a minimum level of severity to justify ill-treatment, a criterion that is relative and depends on a series of factors, such as the duration of the treatment, its physical and/or mental effects and, in some cases, the sex, age and state of health of the victim. Also, the State bears the burden to provide an explanation for the injuries of the persons. Despite the two contradictory reports, as no additional examination took place and Turkey did not provide plausible explanation for the cause of Algur's injuries, the Court found a violation of ECHR Article 3. Also, Algur had been accused of a terrorist offence and her complaint that the trial before the National Security Court, which included a military judge, was not independent and impartial was legitimate. The Court found that there was a violation of ECHR Article 6, and did not examine further the lack of access to a lawyer while in custody.

شرح پرونده:

در 21 مارس 1995 در یک عملیات که علیه گروه کارگر کردستان به راه افتاده بود، الگور- تبعه ترکیه- توسط مامورین شاخه ضد تروریستی سیاست امنیتی استامبول، دستگیر شد و در حالی این اتفاق افتاد که او اسناد تشخیص هویت جعلی به همراه داشت و نیروهای حفاظت پلیس به او مشکوک بودند و حدسشان بر این بود که او عضو سازمان غیر قانونی گروه کارگر کردستان است . در زمان توقیف او هیچ گونه همراه آشنا به مسائل حقوقی نداشت و در 29 مارس 1995، او اظهاریه را امضا کرد که در آن اطلاعاتی در مورد جزئیات فعالیت های گروه کارگر کردستان داده شده بود . در محضر دادستان عمومی و سپس در حضور قاضی دادگاه امنیت ملی الگور اظهارات ابتدایی خود را پس گرفت و این را پذیرفت که در میان آشنایانش افرادی را می شناخته که عضو این گروه بوده اند امّا در مورد خودش هرگونه عضویت و همکاری با فعالیتهای این سازمان را انکار کرد و در پایان افزود که او از سوی پلیس مجبور به امضای اظهاریه شده است .

الگور ادعا کرد که در دوره حبس او مورد شکنجه های جسمی و روحی از سوی ماموران پلیس واقع می شده، کتک می خورده و به مرگ و هتک حرمت و تجاوز به عنف، تهدید می شده است، به او بی احترامی می کرده اند و مورد شکنجه واقع می شده و با الکترو شوک او را شکنجه می داده اند .

در سال 1996، او به علت عضویت در یک سازمان غیر قانونی به 15 سال زندان محکوم شد.گزارش دکتر دادگاه هیچ شکنجه ای را در 13آوریل 1995علیه الگور نشان نمی داد ولی یک گزارش دیگر از طرف دکتر زندان در همان روز چندین شکنجه را علیه او عنوان می کرد.در 25 می 1995،الگور یک شکایت علیه مأموران پلیس به علت تهدید او در طول مدت حبس اش تنظیم کرد.دادستان تعقیب کننده ی پرونده، شاکی را به پس گرفتن شکایتش بدلیل عدم کفایت شواهد ترغیب کرد و تجدید نظر الگور متعاقب این دستور توسط دادگاه جنایی رد شد.

در 15 اکتبر 1996، الگور،در دادگاه امنیت ملی توسط قضاتی که درمیان آنها قضات نظامی نیز بودند، محاکمه شد و به موجب ماده 168 قانون کیفری ترکیه به علت عضویت در یک سازمان غیر قانونی به 15 سال زندان محکوم شد.در 16 ژوئن 1997،دادگاه رسیدگی فرجامی رأی را تأیید کرد.

در 19 دسامبر1995، الگور تقاضا نامه ای به کمسیون اروپایی حقوق بشر تقدیم کرد و در آن از طرز برخورد مأموران که همراه با شکنجه و تهدیدات غیر انسانی و پست بوده ،شکایت کرد و عنوان داشت که دولت ترکیه حق دستیابی به همیار حقوقی و یک دادرسی عادلانه را نقض کرده است. تقاضای او به دادگاه اروپایی حقوق بشر فرستاده شد.

رای:

دادگاه خاطرنشان ساخت که طبق شرایط ماده 3 کمیسیون اروپایی حقوق بشر حفظ هر شخصی در دوره توقیفش علیه شکنجه و رفتارهای غیر انسانی و تحقیرآمیز ، یک وظیفه است که ماموران پلیس در شرایط سخت مانند برخورد علیه جرائم سازمان یافته و تروریسم نیز باید به آن بپردازند.باید حداقل هایی درزمینه شدت خشونت وجود داشته باشد که بدرفتاری ها را توجیه می کند ولی این ضابطه ها نسبی است و به یک سری فاکتورها مربوط می شوند مانند مدت زمان برخوردها، تأثیرات جسمی و یا روحی آن، در برخی پرونده ها، جنسیت، سن و وضعیت سلامتی قربانی. همچنین حکومت مسئولیت آن را دارد که که در مورد جراحات توضیح بدهد. .با وجود 2 گزارش ضد و نقیض و عدم توضیح اضافه در باب این تناقض و عدم ارائه توضیح پذیرفتنی و محتمل در باب علت جراحات الگور از جانب دولت ترکیه دادگاه به نقض ماده 3 کمیسیون اروپایی حقوق بشر رای داد.

همچنین الگور به اتهامات تروریستی متهم شده بود و شکایتش در زمینه ی وجود یک قاضی نظامی در دادگاه امنیت ملی ترکیه که نشان از عدم استقلال و بی طرفی دادگاه داشت ،قانونی و مشروع بود. دادگاه تشخیص داد که ماده 6 کمیسیون اروپایی حقوق بشر نقض شده و رسیدگی بیشتری در زمینه عدم دسترسی متهم به وکیل در مدت توقیف انجام نداد.

RIGHT TO PRIVACY AND FAMILY LIFE

A. Definition and Scope

The right to privacy as the fundamental right of protection of the private sphere embraces the protection of physical integrity and space, honour and reputation; private life comprises marriage and family.

The right to privacy and respect for the home is not so well established in the international law of human rights as other civil rights, such as the rights to life, liberty and security. For instance, while the right to be secure in one's home from arbitrary and unlawful searches is well established, the limits of the right of individuals to 'privacy' or 'private life' are not clearly defined. In fact, it was the advent of information technology (IT) and its increasing sophistication in collecting, analysing and disseminating information on individuals that triggered legal activity in a number of nations to specifically protect the privacy of their citizens. This reality urges a growing understanding that privacy is a fundamental right.

The modern privacy benchmark is entrenched in the **1948 Universal Declaration of Human Rights (UDHR)**, which states that 'no-one should be subjected to arbitrary interference with his privacy, family, home or correspondence, nor to attacks on his honour or reputation. Everyone has the right to the protection of the law against such interference or attacks.'[251]

1. Privacy

At the heart of the right to privacy lies the notion of personal liberty and autonomy. It is a value that underlies human dignity and other key values, such as freedom of expression, freedom of association, freedom of thought, conscience and religion, and freedom to create a family.

The origins of the right to privacy are found in the protection of the individual from State interference, in the form of unreasonable home inspections, phone interception and surveillance, and have evolved to include the protection of the individual from intrusion from private individuals and entities. Especially in the present technology era, the right to privacy acquires special meaning and calls for greater protection. Activities violating the right to privacy give rise to causes of action in private law. There is a positive State obligation to take measures to ensure that the private lives of its citizens are protected. At the same time, the protection afforded to the right to privacy is subject to certain restrictions imposed by the State, as long as the interference is lawful and prescribed by law.

However, mere accordance with the law does not mean that interference may not be 'arbitrary', and as such in breach of ICCPR Article 8. The Human Rights Committee stated that '[t]he introduction of the concept of arbitrariness is intended to guarantee that even interference provided for by law should be in accordance with the provisions, aims and objectives of the Covenant and should be, in any event, reasonable in the particular circumstances.'[252]

Beyond the general definition of 'privacy' as the 'right to be left alone', the scope of the right to privacy includes:

---

[251] UDHR Article 12.

[252] Human Rights Committee, General Comment No 16: the right to respect of privacy, family, home and correspondence, and protection of honour and reputation (Art 17) (8 April 1988) para 4.

حق بر زندگی خصوصی و خانوادگی

تعریف و قلمرو

حق بر زندگی خصوصی بعنوان حق اساسی برای حما یت از حوزه فردی افراد شامل حمایت از تمامیت جسمانی، حیثیت، شهرت و زندگی خصوصی شامل ازدواج و خانواده می باشد.

حق بر زندگی شخصی و احترام به حریم خانه افراد درقوانین بین المللی حقوق بشر به اندازه سایر حقوق شهروندی مثل حق بر زندگی،آزادی و امنیت تثبیت نشده است. برای مثال در حالی که حق شخص بر این که خانه اش از تحقیقات خود سرانه وغیر قانونی مصون باشد، به خوبی جا افتاده است، حدود حق اشخاص در حوزه فردی یا زندگی خصوصی به روشنی تعریف نشده است. درحقیقت ظهور تکنولوژی اطلاعات و افزایش مهارت در جمع آوری ،تحلیل و انتشار اطلاعات در مورد افرادی بود که فعالیت قانونی گسترده‌ای را در تعدادی از ملل دارند برای این که مشخصا از از زندگی خصوصی شهروندانشان حمایت کنند ایجاد کرد. این واقعیت بر رشد این درک این که زندگی خصوصی یک حق اساسی است، مهر تایید می گذارد.

ملاک حق بر زندگی خصوصی در بیانیه جهانی حقوق بشر (1948) تعیین و مورد حمایت قرار گرفته است، جاییکه بیان می دارد:"نه تنها حق بر زندگی فردی، خانوادگی و حق بر حریم خانه یا مکاتبات هیچ کس نباید مورد دخالت مطلق و خود سرانه قرار گیرد،بلکه حیثیت، شهرت و اعتبار او نیز نباید مورد تعرض واقع شود."لذا هر کس حق دارد در برابر چنین مداخلات و تعرضات مورد حمایت قانونی قرار گیرد[251].

حریم خصوصی

در مرکز حق بر زندگی خصوصی، مفهوم استقلال و آزادی فردی قرار گرفته است.این ارزشی است که پایه شان انسانی و سایر ارزشهای مهم مثل آزادی بیان،آزادی انجمن،آزادی فکر،عقیده و مذهب وآزادی تشکیل خانواده را تشکیل می‌دهد..

منشاء حق بر زندگی خصوصی از حمایت شخص در برابر مداخلات دولت از بازرسی غیر منطقی خانه و استراق سمع و قطع مکالمات تلفنی پایه‌گذاری شده و به سوی حمایت از اشخاص در برابر تعدیات افراد و اشخاص رشد و نمو کرده است. مخصوصا در عصر تکنولوژی جق زندگی خصوصی به معانی خاصی نیاز دارد و حمایتهای وسیعتری را می‌طلبد. . کوششهایی که برای بی اعتبار ساختن حق بر زندگی شخصی انجام میشود، موجب شده تلاشهایی در زمینه حقوق خصوصی انجام گیرد. یک تعهد مثبت بر عهده دولت قرار دارد وآن اینست که برای حفظ این کهزندگی خصوصی شهروندان اقدامات لازم را انجام دهد .در عین حال حمایتهایی که ازحق بر زندگی خصوصی می شود،به قیود خاصی که توسط دولت مقرر میشود، تا آنجا که دخالت دولت قانونی باشد و بوسیله قانون تجویز شده باشد مشروط گردیده است..

به هر حال صرف مطابقت با قانون به آن معنا نیست که دخالت دولت ممکن نیست خودسرانه و استبدادی باشد و همچنانکه کمیته حقوق بشر در نقض ماده 8 میثاق بین المللی حقوق مدنی و سیاسی مقرر میدارد، در معرفی مفهوم خودسرانه تمایل بر اینست که تضمین کند، که حتی دخالتهایی که به وسیله قانون تجویز گردیده، باید مطابق با مقررات باشد .اهداف و منظورهای این شرط در هر رویدادی بایستی تحت شرایط ویژه ای معقول و منطقی باشد[252]

اضافه بر تعریف عمومی از زندگی شخصی به عنوان حق آزاد بودن از دخالت ، حوزه حق بر زندگی شخصی شامل موارد زیر میباشد:

---

[251] - ماده 12 اعلامیه جهانی حقوق بشر

[252]- تفسیر عمومی شماره 16، کمیته حقوق بشر ، حق احترام به حریم خصوصی، خانواده، مسکن و مکاتبات و حمایت از حیثیت و حرمت (ماده 17)، مصوب 8 آوریل 1988، پاراگراف 4.

(a) Privacy of the **body**: protection of peoples' physical selves against invasive procedures, such as drug tests and experiments;
(b) Privacy in **space**: protection from intrusion within the personal space and environment, at work, or in public in general;
(c) Privacy of **communications**: meaning security and protection of any form of communication, such as mail, email, or telephone conversations;
(d) Privacy of **information on the individual**: protection of personal data related, for instance, to credit and medical records.

From these fundamental areas, 'privacy' expands to include protection of the individual from the media and from harassment from photographers and journalists; birth control and abortion; clothing and appearance; establishment and development of emotional relationships with other individuals; sexual conduct; and finally the freedom to marry and raise family.

2. Family
The right to family, in particular, is specifically protected by international instruments and domestic laws. The term 'family' is to be given a broad interpretation, embracing the understanding of the concept in different cultural settings, while home should be understood as 'the place where a person resides or carries out his usual occupation'.[253]

The right to family embraces:
(a) The right to **marry** and create **family**;
(b) The right to **fully and freely consent** to the act of marriage and to the choice of spouse;
(c) **Equality** of the rights of the spouses after marriage;
(d) The right of **protection of the family and the children**.

A number of international and domestic instruments, such as the instruments focused on women and children,[254] and the general principles of non-discrimination[255] and equality of rights aim at the protection of the family through the protection of its individual members.

B. ISSUES

1. Limitations of Privacy and Lawful Searches
The right to privacy may be derogated and public officials and police may conduct body, personal data and home searches, when these are prescribed by law, especially with regards to criminal offences and investigation. However, there is no universal agreement as to the conditions, circumstances and requirements for such searches. Also, a large volume of personal information is held by public bodies and there is a risk of misuse. The situation concerning the violation of the right to privacy is more acute today with the fight against organized crime and terrorism.

2. The Right to Family
There is disagreement as to the extent to which the right to family may be taken into account by administration officials in decisions related to immigration policies.

3. Marriage, Cultural and Legal Pluralism

---

[253] Human Rights Committee, General Comment No 16: the right to respect of privacy, family, home and correspondence, and protection of honour and reputation (Art 17) (8 April 1988) para 5.
[254] See below at pp 336 et seq and 383 et seq respectively.
[255] See below at pp 278 et seq.

- مصونیت **جسمانی.** حمایت از تمامیت فیزیکی در برابر رفتارهای تهاجمی مانند تستها و آزمایشات دارویی
- مصونیت **حریم**. حمایت در برابر تجاوز به حریم اشخاص و محیط کار یا به طور کلی **در فضای عمومی**
- مصونیت روابط و **ارتباطات**.به معنای امنیت و حمایت از هر شکل **ارتباطات** مثل نامه،ایمیل و مکالمات تلفنی
- مصونیت **اطلاعات شخصی.** حمایت از اطلاعات مربوط به شخص مثل سوابق پزشکی و اعتباری

از این مسائل اساسی، حریم خصوصیبه حمایت از افراد در برابر رسانه های گروهی و مزاحمت عکاسان و روزنامه نگاران، جلوگیری از بارداری و سقط جنین، طرز پوشش و ظاهر،، ایجاد و گسترش روابط عاطفی با افراد دیگر، رفتارهای جنسی و نهایتا ازدواج آزادانه و تشکیل خانواده گسترده شده است.

خانواده

حق بر زندگی خانوادگی بطور ویژه تصریحا.بوسیله اسناد بین المللی وقوانین محلی حمایت شده است. برای اصطلاح خانواده باید یک تعبیر کلی داده شود،که معنا و مفهوم آن در فرهنگهای مختلف را در بر گیرد .در جالی که خانه به مفهوم جائیست که یک شخص اقامت میکند، یا در آنجا کارهای معمولی خود را انجام میدهد[253].

حق بر زندگی خانوادگی شامل موارد زیر میشود:

- حق ازدواج و تشکیل خانواده
- حق رضایت کامل و آزادانه برای ازدواج و انتخاب همسر
- تساوی حقوق همسران بعد از ازدواج
- حق برخورداری از حمایت از خانواده و فرزندان

تعدادی از قوانین بین المللی ومحلی مثل قوانینی که روی حمایت از زنان و کودکان متمرکز شده است[254].همچنین اصول اساسی مربوط به عدم تبعیض[255] وتساوی حقوق،حمایت از خانواده را از طریق حمایت از اعضای آن هدف قرار داده است.

مسائل

حدود حق بر زندگی خصوصی و بازرسیهای قانونی

حق بر زندگی خصوصی ممکن است محدود شود. و ماموران رسمی و پلیس ممکن است در مواردی که قانون تجویز کرده است به منظور تحقیقات در مورد جرائم کیفری.بازرسی بدنی انجام دهند،یا منزل و اطلاعات شخصی افراد را تفتیش کنند. به هر حال یک توافق عمومی در خصوص شرایط،اوضاع واحوال و موارد لزوم چنین بازرسیهایی وجود ندارد .همچنین حجم بزرگی از اطلاعات بوسیله قوای عمومی نگه داشته میشود و خطر آن وجود دارد که مورد استفاده غیر قانونی قرار بگیرد. موقعیتهایی که امروزه برای نقض حق بر زندگی خصوصی وجود دارد، با وجود جنگ علیه جنایات سازمان یافته و تروریسم حادتر و ظریفتر شده است.

حق بر زندگی خانوادگی یک عدم توافق در مورد محدوده حق برزندگی خانوادگی وجود دارد و آن این است که در تصمیمات مرتبط با سیاستهای مهاجرت، تا چه جد این حق مکن است بوسیله ماموران دولتی مورد توجه قرار گیرد.

ازدواج،تعدد فرهنگی وحقوقی

---

253 ـ تفسیر عمومی شماره 16، کمیته حقوق بشر، حق احترام به حریم خصوصی، خانواده، مسکن و مکاتبات و حمایت ازحیثیت و حرمت (ماده 17)، مصوب 8 آوریل 1988، پاراگراف پنجم.

254 ـ مراجعه شود به صفحات 337. و.بعد از ان و 384 و بعد از ان.

255 ـ مراجعه شود به صفحات 279 و بعد از ان...

The institution of marriage is strongly embedded in cultural, customary and religious traditions, which challenge the universality of human rights protecting the rights related to the institutions. There are practices such as forced marriage, child marriage and restrictions to marrying somebody of a different religious faith, which are prohibited by international human rights instruments. For instance, in many jurisdictions the State puts restrictions on the ability of certain couples to marry because of close family bonds between the individuals, because they are too young, or because one of the parties is already married. Setting a **minimum age of marriage** has the objective of ensuring that there is valid, **full and free consent** of both parties to marriage, while in many societies marriage is subjected to the consent of the parents and families of the parties and child marriage is a frequent phenomenon. Further, **polygamy** is approved by religion and tradition and practised in many countries. A number of signatories to the Convention on the Elimination of All Forms of Discrimination (CEDAW) have entered reservations to its Article 16 on the elimination of discrimination in any matters related to marriage and family relations, in so far as it contradicts Sharia law. At the same time, the extent to which Sharia law allows polygamy is contested, and several countries, where Islam is the dominant religion (such as Turkey, Tunisia and Cote d'Ivoire, for example) have abolished polygamy.

C. KEY LEGAL INSTRUMENTS

1. Universal Instruments

(a) Universal Declaration of Human Rights

Article 12

No one shall be subjected to arbitrary interference with his privacy, family, home or correspondence, nor to attacks upon his honour and reputation. Everyone has the right to the protection of the law against such interference or attacks.

Article 16

1. Men and women of full age, without any limitation due to race, nationality or religion, have the right to marry and to found a family. They are entitled to equal rights as to marriage, during marriage and at its dissolution.

2. Marriage shall be entered into only with the free and full consent of the intending spouses.

3. The family is the natural and fundamental group unit of society and is entitled to protection by society and the State.

(b) International Covenant on Civil and Political Rights

Article 17

1. No one shall be subjected to arbitrary or unlawful interference with his privacy, family, home or correspondence, nor to unlawful attacks on his honour and reputation.

2. Everyone has the right to the protection of the law against such interference or attacks.

Article 23

1. The family is the natural and fundamental group unit of society and is entitled to protection by society and the State.

2. The right of men and women of marriageable age to marry and to found a family shall be recognized.

3. No marriage shall be entered into without the free and full consent of the intending spouses.

4. States Parties to the present Covenant shall take appropriate steps to ensure equality of rights and responsibilities of spouses as to marriage, during marriage and at its dissolution. In the case of dissolution, provision shall be made for the necessary protection of any children.

نهاد ازدواج قویا بوسیله آداب و رسوم مذهبی،عرفی و فرهنگی احاطه شده است که عمومیت حقوق بشر را که حامی قواعد راجع به نهادهای حقوقی است،به چالش می کشاند. برخی عادات مثل ازدواج اجباری، ازدواج کودکان، منع ازدواج افراد با عقاید مذهبی مختلف، بوسیله قوانین بین المللی حقوق بشر ممنوع شده است. برای مثال دولت در بسیاری از حوزه های قانونی موانعی را مثلا بعلت ارتباط فامیلی نزدیک بین اشخاص یا به دلیل این که آنها خیلی جوان هستند ! به خاطر این که یکی از طرفین قبلا ازدواج کرده است در برابر زوجهایی که در صدد ازدواج هستند، قرار میدهد، این که، یاین که. وضع حداقل سن برای ازدواج هدف تامین اعتبار آن را با رضایت کامل وآزاد هریک از طرفین، دنبال می‌اکند، در حالی که در بسیاری از جوامع ازدواج به رضایت والدین و خانواده آنها منوط است ّ و ازدواج کودکان یک پدیده متناوب است. علاوه بر این، در بسیاری از کشورها چندزنی به وسیکه مذهب و سنت مجاز شناخته شده و رواج دارد. تعدادی از امضا کنندگان کنوانسیو رفع تبعیض علیه زنان به ماده 16آن که خواستار رفع هر گونه تبعیض در موضوعات راجع به ازدواج و روابط خانوادگی شده وارد کرده اند تا حدی که با حقوق شرعی تعارض دارد، استثناهایی قایل شده‌اند . در عین حال، حدودی که حقوق شرعی برای تعدد زوجات اجازه میدهد ،مورد تردید قرار گرفته و چندین کشور که اسلام در آنها مذهب رسمی است، مثل ترکیه، تونس و ساحل عاج تعدد زوجات را منسوخ کرده اند.

اسناد مهم بین‌المللي

1-اسناد جهانی

اعلامیه جهانی حقوق بشر:

ماده 12

مطالب محرمانه،زندگی خانوادگی،منزل ویا مکاتبات هیچ کس نباید مورد مداخله خودسرانه قرار بگیرد.همچنین آبرووشهرت افراد نباید مورد تجاوز قرار بگیرد هر شخص این حق را دارد که بوسیله قانون در مقابل این مداخلات وتجاوزات مورد حمایت قرار بگیرد.

ماده 16

1-زنان و مردان بالغ،بدون هیچ محدودیتی بواسطه نژاد،ملیت یا مذهب حق ازدواج وتشکیل خانواده را دارند.آنها مستحق برخورداری از حقوق برابر برای ازدواج،درطول دوران زناشویی وبرای فسخ ازدواج هستند.

2-عقد ازدواج باید با رضایت کامل وآزادانه طرفین منعقد گردد.

3-خانوده گروه اصلی وطبیعی جامعه ومستحق حمایت ازطرف جامعه ودولت است.

میثاق بین المللی حقوق سیاسی و مدنی:

ماده 17

1-مطالب محرمانه،زندگی خانوادگی،منزل ویا مکاتبات هیچ کس نباید مورد مداخله خودسرانه یا غیر قانونی قرار بگیرد.همچنین آبرو وشهرت افراد نباید مورد تجاوز غیر قانونی قرار بگیرد.

2-هر شخص حق دارد که بوسیله قانون علیه این مداخلات وتجاوزا ت مورد حمایت قرار بگیرد.

ماده23

1-خانواده گروه اصلی وطبیعی جامعه ومستحق حمایت از طرف جامعه ودولت است.

2-حق زنان ومردان بالغ برای ازدواج وتشکیل خانواده به رسمیت شناخه شده است.

3-هیچ ازدواجی نباید بدون رضایت کامل وآزادانه طرفین منعقد شود.

4-دولت های شرکت کننده درپیمان حاضر باید اقدامات مقتضی را جهت تأمین حقوق مساوی برای ازدواج،در طول دوران زناشویی وفسخ ازدواج، انجام دهند.در مورد فسخ ازدواج، مقرراتی باید جهت حمایت لازم از بچه ها وضع شود.

(b) International Covenant on Economic, Social and Cultural Rights
Article 10
The States Parties to the present Covenant recognize that:
1. The widest possible protection and assistance should be accorded to the family, which is the natural and fundamental group unit of society, particularly for its establishment and while it is responsible for the care and education of dependent children. Marriage must be entered into with the free consent of the intending spouses.
2. Special protection should be accorded to mothers during a reasonable period before and after childbirth. During such period working mothers should be accorded paid leave or leave with adequate social security benefits.

2. Regional Instruments

(a) The European Convention on Human Rights 1950
Article 8
Everyone has the right to respect for his private and family life, his home and his correspondence.
There shall be no interference by a public authority with the exercise of this right except such as is in accordance with the law and is necessary in a democratic society in the interests of national security, public safety or the economic well-being of the country, for the prevention of disorder or crime, for the protection of health or morals, or for the protection of the rights and freedoms of others.
Article 12
Men and women of marriageable age have the right to marry and to found a family, according to the national laws governing the exercise of this right.

(b) Charter of Fundamental Human Rights of the European Union 2000
Article 7—Respect for private and family life
Everyone has the right to respect for his or her private and family life, home and communications.
Article 8—Protection of personal data
1. Everyone has the right to the protection of personal data concerning him or her.
2. Such data must be processed fairly for specified purposes and on the basis of the consent of the person concerned or some other legitimate basis laid down by law. Everyone has the right of access to data which has been collected concerning him or her, and the right to have it rectified.
3. Compliance with these rules shall be subject to control by an independent authority.
Article 9—Right to marry and right to found a family
The right to marry and the right to found a family shall be guaranteed in accordance with the national laws governing the exercise of these rights.
Article 33—Family and professional life
1. The family shall enjoy legal, economic and social protection.
2. To reconcile family and professional life, everyone shall have the right to protection from dismissal for a reason connected with maternity and the right to paid maternity leave and to parental leave following the birth or adoption of a child.

(c) American Convention on Human Rights 1969
Article 11. Right to Privacy
1. Everyone has the right to have his honor respected and his dignity recognized.
2. No one may be the object of arbitrary or abusive interference with his private life, his family, his home, or his correspondence, or of unlawful attacks on his honor or reputation.
3. Everyone has the right to the protection of the law against such interference or attacks.
Article 17. Rights of the Family

میثاق بین المللی حقوق اقتصادی،اجتماعی وطبیعی:

ماده 10

دولت های شرکت کننده در پیمان حاضر بایدموارد زیر را به رسمیت بشناسند:

1-بیشترین حمایت ومساعدت ممکن باید به خانواده داده شود که گروه اصلی وطبیعی جامعه است خصوصاً برای ایجاد وتأسیس آن در حالی که خانواده مسؤول مراقبت و تربیت کودکان وابسته به آن است .ازدواج باید با رضایت کامل وآزاد طرفین منعقد شود.

2-حمایت خاص باید به مادران در طی یک دوره معقول قبل و بعد از وضع حمل داده شود. در طی این دوره دستمزد مادران به همراه مزایای کافی امنیت اجتماعی باید پرداخت شود.

2. اسناد منطقه ای

کنوانسیون اروپایی حقوق بشر1950

ماده 8

مطالب محرمانه،زندگی خانوادگی ومکاتبات هر شخص باید مورد احترام واقع شود.این حقوق نباید بویسله قدرت عمومی مورد مداخله قرار بگیرند بجز در موارد لزوم وبر طبق قانون که در جوامع دموکراتیک این امر به نفع امنیت ملی،سلامت عمومی ویا رفاه اقتصادی کشوروبه منظور جلوگیری ازهرج ومرج یا جرایم،برای حمایت از سلامت واخلاق وآزادی های دیگران،صورت می گیرد.

ماده 12

زنان ومردان بالغ حق ازدواج و تشکیل خانواده دارند. بر طبق قوانین بین المللی دولت این حقوق را اعمال می کند.

منشور حقوق بشر اتحایه اروپا 2000

ماده 7 احترام به زندگی خانوادگی و شخصی :

هر شخص حق داردکه بخاطر زندگی شخصی وخانوادگی،منزل ومکاتبات خود مورد احترام واقع شود.

ماده 8 حمایت از اطلاعات شخصی:

1-هر شخص حق دارد که بخاطر زندگی شخصی ومکا تبات خود مورد احترام واقع شود.

2-این اطلاعات باید از مجرای کاملا قانونی و بر اساس رضایت افرادعلاقه مند ویا سایر مراجع قانونی مشخص شده به وسیله قانون مورد استفاده قرار گیرد. هر شخص حق دسترسی وداشتن اطلاعاتی را که راجع به او جمع آوری شده دارد.

3- رعایت این قوانین موکول به کنترل یک نهاد مستقل است.

ماده 9 حق ازدواج و تأسیس خانواده:

حق ازدواج و تأسیس خانواده باید بر اساس قوانین بین المللی ضمانت شود وحکومت باید این حقوق را اعمال کند.

ماده 33 زندگی خانوادگی وشغلی:

1-خانواده باید از حمایت قانونی،اقتصادی واجتماعی بهره مند شود.

2-برای وفق دادن زندگی خانوادگی وشغلی،هر کس حق دارد که درمقابل انفصال از شغل بدلایل مرتبط با وظایف مادری یا ترک خدمت بواسطه تولد فرزند یا قبول فرزند خواندگی یک کودک، مورد حمایت قرار بگیرد.

کنوانسیون آمریکایی حقوق بشر 1969

ماده 11:حق حریم خصوصی

1-هر کس حق دارد مقامش مورد احترام ومنزلتش به رسمیت شناخته شود.

2-هیچ کس نباید مورد مداخله خودسرانه یا خشونت آمیزنسبت به زندگی خصوصی،خانه یا مکاتبات یا تجاوز غیر قانونی به مقام یا اعتبار وشهرتش قرار گیرد.

3-هر کس حق حمایت قانونی علیه چنین مداخلات یا تجاوزاتی را دارد.

ماده 17:حقوق خانواده

1. The family is the natural and fundamental group unit of society and is entitled to protection by society and the state.

2. The right of men and women of marriageable age to marry and to raise a family shall be recognized, if they meet the conditions required by domestic laws, insofar as such conditions do not affect the principle of nondiscrimination established in this Convention.

3. No marriage shall be entered into without the free and full consent of the intending spouses.

4. The States Parties shall take appropriate steps to ensure the equality of rights and the adequate balancing of responsibilities of the spouses as to marriage, during marriage, and in the event of its dissolution. In case of dissolution, provision shall be made for the necessary protection of any children solely on the basis of their own best interests.

5. The law shall recognize equal rights for children born out of wedlock and those born in wedlock.

(d) African [Banjul] Charter on Human and Peoples' Rights 1981
Article 18
1. The family shall be the natural unit and basis of society. It shall be protected by the State which shall take care of its physical health and moral.

2. The State shall have the duty to assist the family which is the custodian of morals and traditional values recognized by the community.

…

Article 27
1. Every individual shall have duties towards his family and society, the State and other legally recognized communities and the international community.

2. The rights and freedoms of each individual shall be exercised with due regard to the rights of others, collective security, morality and common interest.

Article 29
The individual shall also have the duty:
1. To preserve the harmonious development of the family and to work for the cohesion and respect of the family; to respect his parents at all times, to maintain them in case of need.

…

(e) African Charter on the Rights and Welfare of the Child 1990
Article 10: Protection of Privacy
No child shall be subject to arbitrary or unlawful interference with his privacy, family home or correspondence, or to the attacks upon his honour or reputation, provided that parents or legal guardians shall have the right to exercise reasonable supervision over the conduct of their children. The child has the right to the protection of the law against such interference or attacks.

Article 18: Protection of the Family
1. The family shall be the natural unit and basis of society. It shall enjoy the protection and support of the State for its establishment and development.

2. States Parties to the present Charter shall take appropriate steps to ensure equality of rights and responsibilities of spouses with regard to children during marriage and in the even of its dissolution. In case of the dissolution, provision shall be made for the necessary protection of the child.

3. No child shall be deprived of maintenance by reference to the parents' marital status.

-خانواده یک واحد طبیعی واساسی جامعه است واستحقاق حمایت توسط جامعه ودولت را دارد.
2- حق مردان وزنان بالغ جهت ازدواج وتشکیل خانواده به رسمیت شناخته شده. مشروط یر ابن که مقررات قوانین داخلی را تا حدی که ابن مقررات اصل غیر تبعیضی این معاهده را نقض نکند ملاحظه کنند.
3-هیچ ازدواجی نباید بدون رضایت آزاد وکامل زوجین منعقد شود.
4-طرف های دولتی این معاهده باید گام های مناسبی جهت تضمین برابری حقوق و تعادل کافی مسولیت های همسران جهت ازدواج در جریان زندگی مشترک ودر صورت انحلال آن بردارند در مورد انحلال ازدواج، باید جهت حمایت لازم بویژه از فرزندان براساس منافع ومصلحت بیشتر آنان مقرراتی وضع شوند.
5-قوانین باید برابری حقوقی فرزندان متولد از روابط نا مشروع وآنان را که از زناشویی متولد می شوند به رسمیت بشناسند.

منشو ر آفریقایی حقوق بشر و مردم 1981

ماده 18:

1-خانواده واحد طبیعی واساسی جامعه است و باید توسط دولت که مراقب سلامت فیزیکی و اخلاقی است حمایت شود.
2-دولت به مساعدت به خانواده که متصدی ارزش های سنتی و اخلاقی شناخته شده توسط جامعه است موظف می باشد.

ماده 27:

1-هر شخص در قبال خانواده وجامعه اش، دولت وسایر جوامع قانونی به رسمیت شناخته شده بین المللی تکالیفی دارد.
2-حقوق وآزادی های هر فرد باید با توجه به حقوق سایر اشخا ص،امنیت جمعی ومنافع اخلاقی اعمال شود.

ماده 29:

افراد همچنین وظیفه دارند:
1-از توسعه وگسترش هماهنگ خانواده محافظت و برای انسجام واحترام خانواده کار کنند و به والدین همیشه احترام بگذارند واز آنها در موارد نیاز نگهداری کنند.

منشور آفریقایی حقوق ورفاه کودک 1990

ماده 10:حمایت از حریم خصوصی

هیچ کودکی نباید مورد مورد مداخله خودسرانه یا غیر قانونی به حریم شخصی،خانوده یا مکاتبات یا تجاوز به مقام یا اعتبارش قرار گیرد وهمچنین والدین یا سرپرست قانونی باید نظارت معقول بر رفتار فرزندانشان اعمال کنند.
کودک حق حمایت از سوی قانون علیه چنین مداخلات یا تجاوزاتی را دارد.

ماده 18:حمایت از خانواده

1-خانواده واحد طبیعی واساسی جامعه می باشد وتأسیس وگسترش آن،باید از سوی دولت حمایت وپشتیبانی شود.
2-طرف های دولتی در منشور حاضر باید گام های اساسی برای تضمین کیفیت حقوق ومسؤلیت همسران با توجه به فرزندان در طول ازدواج ودر صورت انحلال آن بردارند ودر مورد انحلال بایستی مقرراتی برای حمایت ضروری از کودک ایجاد شود.
3-هیچ کودکی نباید از سرپستی و حضانت واگذار شده به والدین طبق قوانین موضوعه ازدواج، محروم شود.

D. MONITORING BODIES

(a) United Nations Human Rights Committee
(b) Committee on Economic, Social and Cultural Rights
(c) African Commission on Human and People's Rights
(d) The Inter-American Commission on Human Rights

E. CASE LAW

1. *Coeriel and Aurik v Netherlands*, Human Rights Committee[256]

(a) Legal issues
Privacy; conscience; religion.

(b) Facts
Coeriel and Aurik adopted the Hindu religion and wished to study to become priests. They were allowed to change their first names but not their surnames into Hindu names. It was stated that it was not necessary for them to change their surnames to become priests. Coeriel and Aurik argued that Indian Hindu leaders would not ordain them as priests without a Hindu surname on their official identification documents, hence the refusal by the Dutch authorities to allow them to change their surnames prevented them from furthering their studies for the priesthood and interfered with their privacy.

(c) Decision
The Committee found that since the grounds for limiting Coeriel's and Aurik's right to choose and change their names were not reasonable, the refusal of their request by the authorities constituted a violation of ICCPR Article 17 and the State should provide for remedy.

2. *Niemetz v Germany*, European Court of Human Rights[257]

(a) Legal issues
Family and private life.

(b) Facts
During a pending trial, an 'insulting' letter was sent to a judge, which linked the alleged author of the letter, W, to a political party chaired by Niemietz, a lawyer. Consequently, the law offices of Niemietz were searched for documents related to the purported author of the letter, W. Various files concerning Niemietz's clients were searched and read, but no information on W was found. Niemietz attempted unsuccessfully to gain a warrant declaring the search unlawful. Consequently, Niemietz complained of the interference with his home, correspondence and possessions.

---

[256] *Coeriel and Aurik v Netherlands* (Human Rights Committee, 1994) UN Doc CCPR/C/52/D/453/1991, 1995 Report, Annex X.D.
[257] *Niemietz v Germany* Series A No 251-B (1992) 16 EHRR 97.

نهادهاي ناظر

1-کمیته حقوق بشر سازمان ملل
2-کمیته حقوق فرهنگی واجتماعی
3-کمیسیون آفریقایی حقوق بشر و مردم
4-کمیسیون آمریکایی حقوق بشر

رویه قضایي

کاریل و اریک علیه هلند،کمیته حقوق بشر[256]

موضوعات حقوقی:

حریم خصوصی،وجدان ومذهب

شرح پرونده:

کوریل و اریک مذهب هندورا پذیرفتند ومی خواستند برای کاهن شدن مطالعاتی انجام دهند. آنها مجاز به تغییر اسم کوچک شده بودند اما نام خانوادگی شان از نامهای هندو نبود وبیان شده بود که برای آنها ضروری نیست که نام خانوادگی شان را برای کاهن شدن تغییر دهند. کاریل و اریک استدلال می کردند که رهبران هندوی هندی بدون نام خانودگی هندوی در اسناد شناسایی رسمی شان آنها را کاهن نخواهند کرد و از این رو مراجع صلاحیتدار هلندی در ممانعت از تغییر نام خانوادگی آنان آنها را از پیش برد مطالعه شان برای مقام کشیشی مانع می شطد و و به این صورت در حریم خصوصی شان مداخله کرده‌اند.

رای:

کمیته تشخیص داد که از آن‌جا که دلایل محدود کردن حق کاریل و اریک در انتخاب وتغییر نامشان معقول نبودة رد کردن در خواستشان نقض ماده 17 میثاق بین المللی حقوق مدنی وسیاسی بود ودولت می بایست راه جبران خسارت را فراهم کند.

نیمتزعلیه آلمان:دادگاه اروپایی حقوق بشر[257]

موضوعات حقوقی:
خانواده وزندگی خصوصی

شرح پرونده:

در جریان یک محاکمه در حال تعلیق نامه ای توهین آمیز به قاضی فرستاده شده بود که نویسنده ادعایی نامه (و) را به یک حزب سیاسی که ریاست آن با نیمتزکه یک حقوقدان است مرتبط می‌کرد. اداره حقوقی نیمتز برای اسناد مربوط به نویسنده نامه (و) جستجو شد وهمچنین پرونده های مختلف مرتبط با موکلان نیمتز پیگیری وخوانده شد اما هیچ اطلاعاتی در مورد (و) پیدا نشد. نیمتز بطورنا موفقی تلاش کرد که جست وجو غیر قانونی اعلام شود. پس از آن، نیمتز از مداخله در خانه ،مکاتبات و دارا یی اش شکایت کرد.

---

[256] *Coeriel and Aurik v Netherlands* (Human Rights Committee, 1994) UN Doc CCPR/C/52/D/453/1991, 1995 Report, Annex X.D.
[257] *Niemietz v Germany* Series A No 251-B (1992) 16 EHRR 97.

(c) Decision

The Court held that the rights in ECHR Article 8 were not restricted to non-professional activities and the search was an interference with them. Despite the fact that the offence was not minor, the Court found that considering the lack of limits of the documents to be inspected under the warrant and the extent to which professional secrecy was infringed, the search was disproportionate to the legitimate aim of preventing crime in breach of ECHR Article 8.

3. *Guerra and Others v Italy*, **European Court of Human Rights**[258]

(a) Legal issues
Expression; family life; protection from pollution.

(b) Facts
The applicants, Guerra and 39 other persons, lived in a town one kilometre away from a chemical factory. In 1988, the factory produced fertilizers and a chemical compound used for the manufacture of synthetic fibres. In the Italian law implementing an EC directive on the major-accident hazards of certain industrial activities which are dangerous to the environment and the local population's well-being, it was classified as 'high risk'.

In November 1985, 420 residents of the town, among them the applicants, brought criminal proceedings against seven directors of the company for offences relating to pollution caused by emissions and non-compliance with a number of environmental protection regulations. A series of actions took place at the domestic and EC levels to ensure proper implementation of EC law in Italy, to assess the safety of the factory and its compliance with EC environmental and health standards and to further action from the government and the region.

In the end, instructions were given by the environment and health ministers in September 1993, giving the prefect instructions as to the emergency plan for which he was responsible and the measures required for informing the local population.

The applicants complained about the failure to take appropriate action to reduce the risk of pollution and to avoid the risk of major accidents, as well as the failure of the authorities to inform the public about the hazards and procedures to be followed in the event of a major accident. In a letter in 1995, the mayor stated that the investigation was still continuing and that he had not yet received any documents and that the district council was still awaiting directions on the safety measures and procedures in the event of an accident.

(c) Decision
The Court held that the grounds based on ECHR Articles 2 (life) and 8 (private and family life), although not expressly set out in the application, were closely connected with the pleadings and therefore they would be considered. In this regard, the Court observed that severe environmental pollution may affect individuals' well-being and prevent them from enjoying their homes in such a way as to affect their private and family life adversely. Until the permanent ceasing of fertilizer production, the applicants had been waiting for essential information that would have enabled them to assess the risks which they and their families might run if they had continued to live in a town particularly exposed to danger in the event of an accident at the factory. The Court found that Italy, by not fulfilling its obligation to secure the applicants' right to respect for their private and family life, was in violation of ECHR Article 8.

---

[258] *Guerra and Others v Italy* Series A 1998-I (1998) 26 EHRR 357.

رای:
دادگاه مقرر کرد که حقوق مقرر در ماده 8 کنوانسیون اروپایی حقوق بشر به فعالیت های غیرحرفه ای محدود نمی‌شود وتجسس یک مداخله در ارتباط با این حقوق بوده است. علی رغم این که جرم مربوطه کوچک نبوده دادگاه دریافت که فقدان محدودیت در اسناد بررسی شده طبق مجوز و حدی که اسرار حرفه ای نقض شده با جست وجوی به قصد قانونی جلو گیری از جرم نامتناسب بوده و نقض ماده 8 کنوانسیون اروپایی حقوق بشر تلقی می‌شود. .

گوئرا ودیگران در مقابل ایتالیا،دادگاه اروپایی حقوق بشر[258]

موضوعات حقوقی:

بیان،زندگی خانوادگی،حمایت

شرح پرونده:

درخواست کننده ها،گوئرا وسی و نه نفر دیگر در یک شهر به فاصله یک کیلومتر از یک کارخانه شیمیایی زندگی می کردند در سال 1988کارخانه کود ویک ترکیب شیمیایی که برای تولید بافت های ترکیبی استفاده می شد تولید می کرد. در حقوق ایتالیا در ،اجرای یک رهنمود جامعه اروپایی در مورد خطرات حادثه عمده فعالیت های صنعتی خاصی که بر روی محیط زیست ورفاه جمعیت محلی خطرناک است، این به عنوان یک خطر بالا تقسیم بندی شده بود.

در نوامبر 1985، چهارصدو بیست نفر از ساکنین شهر، که متقاضیان از میان آنها هستند، علیه هفت مدیر شرکت به خاطر جرایم مربوط به آلودگی ایجاد شده توسط فضولات وعدم تطابق با شماری از قواعد حمایتی محیط زیست دعاوی جنایی اقامه کردند. در سطوح قوانین داخلی و جامعه اروپایی یک سری از اقدامات برای تضمین اجرای مناسب قوانین جامعه اروپایی در ایتالیا و ارزیابی امنیت کارخانه ومطابقت آن با قواعد محیط زیستی جامعه اروپا وب استانداردهای سلامتی واقدامی فراتر از سوی دولت ومنطقه انجام شد. .

در پایان ،دستور العمل هایی بوسیله وزرای محیط زیست وبهداشت در سپتامبر 1993 داده شد که دستور العمل های کاملی به عنوان یک برنامه اضطراری در مواردی که او مسئول بود وبه عنوان اقدامات مورد نیاز برای اطلاع دادن به جمعیت محلی را در بر داشت.

متقاضیان در رابطه با قصوری که در انجام اقدامات مناسب برای کاهش خطر آلودگی واجتناب از خطرهای عمده باید صورت می گرفت شکایت کردند و همین طور قصور مقامات در اطلاع به عموم در باره ی پیشامدها وعواقبی که به دنبال رخ دادن یک حادثه عمده اتفاق می افتد . در یک نوشته در سا ل1995،شهردار بیان کرد که تحقیقات هنوز ادامه دارد وهیچ نوع سندی تا کنون دریافت نکرده است و این که شورای ناحیه ای هنوز منتظر راهنمایی هایی در زمینه اقدامات وروش های امنیتی در مورد وقوع یک حادثه است.

رای:

دادگاه مقرر داشت که دلایل مبتنی بر ماده 2 کنوانسیون اروپایی حقوق بشر(زندگی،حیات) وماده 8(زندگی خصوصی و خانوادگی) ،اگر چه بطور صریح در این درخواست نیامده است، دقیقاً با دفاعیات مرتبط هستند لذا آنها باید مورد بررسی قرار گیرند.

در این رابطه دادگاه مشاهده کرد که آ لودگی جدی محیط زیست ممکن است روی رفاه اشخاص تـاثیر بگذارد وآنها را از برخورداری از خانه هایشان که در چنین موردی بر زندگی شخصی وخصوصی شان به اشکال متنوعی تأثیر می گذارد،محروم کند.

تااین که قطع دائمی تولید کود، متقاضیان منتظر اطلاعات ضروری بودند که آنها را در ارزیابی خطراتی که در صورت وقوع یک حادثه در کارخانه آنها وخانواده هایشان را به فرض ادامه زندگی در شهرهایی که بطور خاصی در معرض خطر هستند ممکن است تهدید می‌کند قادر کند

داگاه دریافت که ایتالیا به واسطه عدم اعمال تعهداتش که حقوق متقاضیان رادر رابطه با زندگی شخصی و خانوادگی تضمین می کرد ماده 8 کنوانسیون اروپایی حقوق بشر را نقض کرده بود.

---

[258] *Guerra and Others v Italy* Series A 1998-I (1998) 26 EHRR 357.

4. *Selcuk and Asker v Turkey*, European Court of Human Rights[259]

(a) Legal issues
Privacy; unjustified destruction in anti-terrorist operation; destruction of home and household goods.

(b) Facts
The applicants, Selcuk and Asker, are Turkish citizens of Kurdish origin. They lived with their families in a village in south east Turkey. During the past 12 years, the conflicts between security forces and a Kurdish separatist movement had raged, many civilians lost their lives and the applicants' village had been under emergency rule since 1987.

The applicants claimed that their houses were deliberately burned by the *gendarmerie* in June 1993. Asker's house was set on fire first and he and his family managed to escape from asphyxia through the back door. Then, the *gendarmerie* went to Selcuk's house, took her out of it and set fire to it. In both cases, it was said that the soldiers prevented the villagers from trying to extinguish the fire and everything was destroyed.

Later, Asker lodged a petition with the district governor, explaining the losses and naming the commanding officer. The district governor accepted the petition, but Asker never received a response.

The applicants complained that their homes were burned and that they had been forced to leave the village. Selcuk also complained about the destruction of a mill of which she was a co-owner, and Asker about the risk to life he and his family took to save themselves.

In the European Commission of Human Rights' research, the commander of the *gendarmerie* explained that that he had visited the village, but he denied the allegations. Turkey also said that the applicants were under the influence of terrorists or they wanted money.

In fact, after the applicants lodged an application with the Commission, the Ministry of Justice took the initiative to look at the matter, but in the end, in 1994, the prosecutor issued a decision of non-jurisdiction.

(c) Decision
The Commission started investigating the issue and in its report found breaches of ECHR Articles 8 and Protocol 1 Article 1 and ECHR Articles 3, 6(1) and 13.

The Court examined the findings and evidence of the European Commission on Human Rights and considered the Commission's report was reasonable and credible, and the facts established were accepted beyond reasonable doubt. Taking into account the manner in which the applicants' homes were destroyed and the particular situation in the area, they were caused suffering of sufficient severity for the acts of the *gendarmerie* to be characterized as inhuman and degrading treatment according to ECHR Article 3. The Court further stated that even in the case that the acts of the *gendarmerie* were conducted with no intention to punish the applicants, but instead to prevent their homes being used by terrorists or to discourage others, this could not justify ill-treatment, and therefore there was a violation of ECHR Article 3.

Moreover, as the *gendarmerie* destroyed the applicants' homes and household property and a mill partly owned by Selcuk, and obliged them to leave the village, apart from torture there was additionally a breach of ECHR Article 8. These acts were serious and unjustified interferences with the applicants' rights to respect for their private and family lives and homes and the peaceful enjoyment of their possessions, in violation of ECHR Article 8 and Protocol 1 Article 1. Finally, as Turkey had not carried out a thorough and

---

[259] *Selcuk and Asker v Turkey* Series A 1998-II (1998) 26 EHRR 477.

سلکاک وآسکرعلیه ترکیه:دادگاه اروپایی حقوق بشر[259]

موضوعات حقوقی:

حریم شخصی،تخریب غیر موجه در عمل تروریستی وتخریب خانه وکالاهای خانگی

شرح پرونده:

متقاضیان،سلکاک وآسکر،شهروندان ترک منطقه ای کرد نشین هستند آنها با خانواده هایشان در یک روستا در جنوب شرقی ترکیه زندگی میکردند. درطول دوازده سال گذشته اختلافات ما بین نیروهای امنیتی ویک حرکت جدایی طلبانه ی کردی ادامه یافته بود و در روستای متقاضیان که تحت قانون اضطراری تا سال 1987 بود بسیاری از مردم زندگی هایشان را از دست دادند.

متقاضیان ادعا کردند که خانه هایشان عمداً به وسیله ژاندارمری در ژوئن 1993سوزانده شده خانه آسکر ابتدا در معرض آتش قرار گرفت واو خانواده اش توانستند از طریق در پشتی از خفگی فرار کنند . سپس ژاندارمری به سراغ خانه سلکاک رفت او را خانه بیرون کرد و خانه‌اش را آتش زد. در هر دو مورد گفته شد که سربازان روستاییان را از تلاش برای خاموش کردن آتش ممنوع کردند وهمه چیز ویران شد.

بعدا آسکر یک عرض‌حال با توضیح خسارات به فرماندار ناحیه دادواز ماموران دستور دهنده نام برد فرماندار ناحیه این عرض‌حال را پذیرفت اما آسکر هرگز پاسخی دریافت نکرد.

متقاضیان شکایت کردند که خانه هایشان سوزانده شده ومجبور شده اند که روستا را ترک کنند سلکاک همچنین در مورد تخریب آسیابی که او مالک شراکتی آن بود شکایت کرد وآسکر در مورد خطر زندگی او وخانواده اش که آنها خود را از آن نجات داده بودند .

در تحقیق کمیته اروپایی حقوق بشر فرمانده ژاندارمری بیان کرد که او روستا را دیده اما ادعاها را انکار کرد. ترکیه همچنان می گفت که متقاضیان زیر نفوذ تروریست ها یا کسانی بودند که پول می خواستند.

در حقیقت بعد ازاین که متقاضیان یک تقاضا را در کمیسیون مطرح کردند وزیر دادگستری برای بررسی موضوع اقدام کرد اما در پایان در سال 1994دادستان یک تصمیم مبتنی برعدم صلاحیت را صادر کرد.

رای:

کمیسیون به تحقیق در رابطه با موضوع شروع کرد و در گزارش خود موارد نقض ماده 8کنوانسیون اروپایی حقوق بشر وپروتکل 1 ماده 1،ماده 3، (1)6 و13را تشخیص داد

دادگاه یافته ها ومدارک کمیسیون اروپایی حقوق بشر را بررسی و گزارش کمیسیون را معقول ومعتبر تشخیص داد و حقایق بنا نهاده شده بدون هیچ شک معقولی پذیرفته شد.

با در نظر گرفتن روشی که در آن خانه های متقاضیان ویران شده وموقعیت خاص این ناحیه، آنها آن قدر شدیدا از اقدامات ژاندارمری متحمل رنج شده بودند که بر اساس ماده 3کنوانسیون ارپایی حقوق بشربه عنوان رفتارهایی غیر بشری و توهین آمیزتوصیف می شوند. علاوه بر این دادگاه بیان کرد که حتی این امرکه اقدامات ژاندارمری نه به نیت تنبیه متقاضیان و بلکه برای جلوگیری از استفاده تروریست ها از خانه هایشان هدایت شده است نیز نمی تواند این رفتار بیمارگونه را توجیه کند بنابراین نقض ماده 3 کنوانسیون اروپایی حقوق بشر صورت گرفته بود.

بعلاوه این که ژاندارمی خانه های متقاضیان ودارایی خانگی ویک آسیاب با مالکیت اشتراکی سلکاک را ویران کرد وآنها را ملزم کرد که روستا را ترک کنند افزون بر شکنجه، نقض ماده 8کنوانسیون اروپایی حقوق بشر بشمار می‌رود. این اقدامات دخالت های جدی وغیر موجهی بودند در مورد حقوق متقاضیان در احترام گذاشتن به زندگی خصوصی و خانوادگی وخانه هایشان و بهره‌گیری صلح آمیز از مایملک خود نقض ماده 8 و پروتکل 1 ماده 1 کنوانسیون اروپایی حقوق بشر بوده است.

---

[259] *Selcuk and Asker v Turkey* Series A 1998-II (1998) 26 EHRR 477.

effective investigation, despite communication of the facts, there was a violation of ECHR Article 13.

FREEDOM OF THOUGHT, CONSCIENCE AND RELIGION

A. DEFINITION AND SCOPE

The right of individuals to think, hold ideas and religious beliefs is not controversial per se. There are, however, issues deriving from to the extent to which individuals have the right to communicate their beliefs, manifest them and discuss them with other members of the community, and hence to what extent the community should tolerate them. The protection of the freedom of religion and belief was initiated at the beginning of the 20th century through the protection of religious minorities. Later, it was realized that the emphasis on community rights to belief and religion were not sufficient for the protection of the specific right, and hence the focus was gradually transferred from the community onto the **individual** in conjunction with the interpretative principle of non-discrimination.

The 1948 Universal Declaration of Human Rights (UDHR) is the first international instrument that introduced the **individual** freedom to belief and religion as opposed to the previous regime of community freedom. In 1981, the **UN Declaration on the Elimination of All Forms of Intolerance and of Discrimination Based on Religion or Belief**[260] was the only international instrument exclusively concerned with religion or belief. The objective of the 1981 Declaration is not to interpret the freedom of thought, conscience and religion, but to eliminate discrimination and intolerance on grounds of thought and religion; however, it gives no specific guidance on the measures that States should take to fight discrimination and the remedies that should be available to those discriminated against.

The freedom of thought, consciousness and religion includes:

(a) the freedom of the individual to believe what he or she thinks is best;
(b) the right to manifest his or her religion or belief, individually or in community, in public or in private, in teaching, practice, worship and observance; and
(c) the right to change his or her beliefs and religion.

The freedom of the individual to think and believe in something cannot be contested and no restriction can actually be placed upon this freedom. The scope of the right is to be construed broadly, encompassing freedom of thought in all matters, personal conviction and commitment to religion or belief. International instruments do not explicitly address the protection of theistic, non-theistic and atheistic beliefs, or the prohibition of pressure from the community against individuals who wish to adopt, abandon or change religion or belief. In this regard, the Human Rights Committee clarified that the scope of the freedom of thought, conscience and religion should be broadly understood so as to encompass theistic, non-theistic and atheistic beliefs and the right of the individual to change his or her beliefs.[261]

---

[260] UN Declaration on the Elimination of All Forms of Intolerance and of Discrimination Based on Religion or Belief, UNGA Res 36/55 (25 November 1981).

[261] Human Rights Committee, General Comment No 22: the right to freedom of thought, conscience and religion (Art 18) (30 July 1993) UN Doc CCPR/C/21/Rev.1/Add.4.

سرانجام همانطور که ترکیه، علیرغم این حقایق، یک تحقیق جامع وموثر انجام نداده ماده 13 کنوانسیون اروپایی حقوق بشر نقض شده است.

آزادی عقیده، وجدان و مذهب

تعریف و قلمرو

حقوق افراد در فکر کردن، داشتن عقیده و اعتقادات مذهبی به خودی خود بحث برانگیز نمی باشد. اما مسائلی مانند این که افراد تا چه حدی حق بیان، نشان دادن یا مطرح کردن عقایدشان را با دیگر اعضا جامعه دارند و پس از آن جامعه تا چه حدی باید این اعمال را تحمل کند، مورد توجه هستند. بحث حمایت از آزادی مذهب و عقیده در ابتدای قرن بیستم و در حمایت از اقلیت های مذهبی مطرح شد. بعدها مشخص شد که تاکید بر روی حق جوامع در داشتن آزادانه عقیده و مذهب جهت حمایت از حقوق خاصی کافی نبوده و بنابراین با اصل تفسیری عدم تبعیض، به تدریج تمرکز از جامعه به **افراد** منتقل شد.

بیانیه جهانی حقوق بشر(1948) اولین سند بین المللی است که آزادی **فردی** را در زمینه اندیشه و اعتقاد در مخالفت با رژیم سابق آزادی جامعه بیان می کند. **اعلامیه 1981 سازمان ملل در خصوص رفع هرگونه تعصب و تبعیض در زمینه مذهب و عقیده**[260] تنها سند بین المللی است که منحصراً به موضوع عقیده و مذهب پرداخته است. هدف اعلامیه 1981 تفسیر آزادی اندیشه، وجدان و مذهب نمیباشد بلکه مقصود آن رفع هرگونه تبعیض و تعصب در زمینه اندیشه و عقیده است اما این اعلامیه هیچگونه راهنمایی خاصی در خصوص اقداماتی که کشورها باید در راستای مبارزه با تبعیض و جبران خسارت افراد مورد تبعیض واقع شده اتحاذ نمایند ارائه نمی دهد.

آزادی اندیشه، وجدان و مذهب شامل موارد زیر می شود:

- آزادی افراد در اعتقاد به آنچه که فکر می کنند بهترین است.
- حق اظهار مذهب یا عقیده خواه به تنهایی یا به همراه دیگران وبه طور عمومی یا خصوصی از طریق آموزش، پرستش و عمل یا رعایت آئین و مراسم.
- حق تغییر عقاید یا مذهب.

آزادی افراد در اندیشیدن و اعتقاد داشتن به موضوعی نباید مورد اعتراض قرار گرفته یا محدودیتی بر آن اعمال شود. قلمرو این حق می بایست موسع تفسیر گردد تا شامل آزادی اندیشه در تمام زمینه ها و تعهد به مذهب یا عقیده باشد. اسناد بین المللی صریحاً حمایت از عقاید الهی، غیر الهی و ضد الهی یا ممنوعیت اعمال فشار از سوی جامعه بر کسانی که تمایل به پذیرفتن، ترک کردن یا تغییر دین یا عقیده ای را دارند مورد خطاب قرار نمی دهد. در این خصوص کمیته حقوق بشر روشن می سازد که دامنه شمول آزادی اندیشه، وجدان و مذهب باید موسع درک شود به گونه ای که شامل عقاید الهی، غیر الهی و ضد الهی و حق فرد بر تغییر عقایدش هم باشد[261].

---

[260] - اعلامیه سازمان ملل درخصوص رفع هرگونه تعصب و تبعیض درزمینه مذهب یا عقیده، قطعنامه مجمع عمومی بشماره 36/55 مورخ 25 نوامبر 1981.

[261] - کمیته حقوق بشر، تفسیر عمومی شماره 22 : حق آزادی فکر، عقیده و مذهب (ماده 18)، سند شماره 30/07/93 UN Doc. CCPR/c/21/Rev.1/Add.4

Even though the right to thought, conscience and religion is seen by many as inviolable, sacred and hence absolute, restrictions may be prescribed by law with regards to the way in which an individual manifests his or her thoughts and religion. Restrictions must be necessary in a democratic society and aim to protect public safety, order, health or morals or the fundamental rights and freedoms of others.

There are cases where freedom of thought, conscience and religion needs to be restricted in pursuance of the interests of public order, health and safety. Every time such a restriction is necessary, there is a requirement that the freedom of belief and the public interest pursued be balanced and the restriction well justified.

In several States the majority of the population represent the same religion and there is a State church system. Such a system is not in breach of the international instruments, but it should include provisions that safeguard the rights of the individual. This entails that no one should be forced to be involved in the religious manifestations or impeded from leaving.

B. Issues

1. Positive Obligation of the State

It is important to identify whether there is any *positive* obligation or duty on the State to protect the freedom of individuals to hold their beliefs or whether it should simply abstain from any imposition of unnecessary public constraints. The problem arising from the consideration of positive action towards the facilitation of the freedom of belief is that usually the population is not homogenous and there are difficulties in providing equal protection to the rights of the believers and accommodating conscientious objectors.

2. Secular Education and Religion

It has been the case in several European countries where laws introducing exclusive secular education banned the bearing of any religious symbols, such as the Christian cross, Sikh turbans or Jewish skullcaps, within the public school environment. The objective was to maintain neutrality in the domestic educational system.

C. Key Legal Instruments

1. Universal Instruments

(a) United Nations Charter 1945
Article 1
The Purposes of the United Nations are:

...

To achieve international co-operation in solving international problems of an economic, social, cultural, or humanitarian character, and in promoting and encouraging respect for human rights and for fundamental freedoms for all without distinction as to ... religion;
Article 13
1. The General Assembly shall initiate studies and make recommendations for the purpose of:

...

b. promoting international co-operation in the economic, social, cultural, educational, and health fields, and assisting in the realization of human rights and fundamental freedoms for all without distinction as to ... religion.

اگرچه حق آزادی اندیشه، وجدان و مذهب از سوی بسیاری به عنوان یک حق مطلق، غیرقابل تعرض و مقدس شناخته شده است، قانون می تواند محدودیت هایی را بر آن در خصوص چگونگی اظهار اندیشه ها و مذهب تجویز نماید. این محدودیت ها می بایست از دیدگاه جامعه مردم سالار ضروری بوده و با هدف حفظ امنیت، نظم، سلامت و اخلاقیات عمومی یا حقوق و آزادی های بنیادین دیگران وضع شده باشند.

در مواردی نیاز است که آزادی اندیشه، وجدان و مذهب در راستای حفظ نظم، سلامت و امنیت عمومی محدود شود. هر بار که اعمال چنین محدودیتی لازم به نظر برسد، نیاز است که آزادی عقیده و حفظ منافع عمومی به طور برابر مورد توجه قرار گرفته و اعمال هر نوع محدودیتی به خوبی توجیه شود.

در کشورهای بسیاری عموم مردم دارای مذهب مشترکی می باشند و در نتیجه درآن جامعه سیستم کلیسای دولتی حکم فرماست. این سیستم با این که اسناد بین المللی را نقض نمی کند اما باید حاوی مقرراتی جهت حفظ حقوق افراد باشد.

موضوعات و مسائل

تعهد مثبت کشور:

بسیار مهم است که معلوم شود، آیا کشور باید تعهد مثبت نسبت به حفظ آزادی افراد در زمینه عقایدشان داشته باشد یا این که فقط از هرگونه اعمال فشار عمومی غیرضروری خودداری کند. در راستای تسهیل آزادی عقیده مشکل از آنجایی آغاز می شود که عموماً جمعیت یک کشور یکدست نبوده و میسر ساختن حمایت یکسان از حقوق پیروان مذاهب و و جا باز کردن برای کسانی که به دلایل وجدانی تمرد می‌کنند ، بسیار سخت است.

آموزش سکولار(غیردینی) و مذهب: در بسیاری از کشورهای اروپایی قوانین آموزش سکولارحمل هرگونه سمبل مذهبی مانند صلیب مسیحیان، دستار سیک ها یا کلاه یهودیان در محیط مدارس دولتی را ممنوع کرده است. هدف از این کار برقراری بی طرفی در سیستم آموزش عمومی می باشد.

اسناد مهم بین‌المللی

1- اسناد جهانی

منشور سازمان ملل متحد 1945

ماده 1

اهداف ملل متحد به شرح زیر است:

...

حصول همکاری بین المللی در حل مسائل بین المللی دارای جنبه های اقتصادی، اجتماعی، فرهنگی یا بشردوستی و در پیشبرد و تشویق احترام به حقوق بشر و آزادی های اساسی برای همگان بدون تمایز از حیث {...} مذهب؛

ماده 13

1- مجمع عمومی نسبت به امور زیر موجبات انجام مطالعات و صدور توصیه هایی را فراهم می نماید:

...

ب: ترویج همکاری بین المللی در امور اقتصادی، اجتماعی، فرهنگی، آموزشی و بهداشتی و کمک به تحقق حقوق بشر و آزادی های اساسی برای همه بی هیچ تبعیض از حیث {...} مذهب.

Article 55
With a view to the creation of conditions of stability and well-being which are necessary for peaceful and friendly relations among nations based on respect for the principle of equal rights and self-determination of peoples, the United Nations shall promote:
...
c. universal respect for, and observance of, human rights and fundamental freedoms for all without distinction as to ... religion.

(b) Universal Declaration of Human Rights (UDHR) 1948
Article 18
Everyone has the right to freedom of thought, conscience and religion; this right includes freedom to change his religion or belief, and freedom, either alone or in community with others and in public or private, to manifest his religion or belief in teaching, practice, worship and observance.

(c) International Covenant on Civil and Political Rights (ICCPR) 1966
Article 18
1. Everyone shall have the right to freedom of thought, conscience and religion. This right shall include freedom to have or to adopt a religion or belief of his choice, and freedom, either individually or in community with others and in public or private, to manifest his religion or belief in worship, observance, practice and teaching.
2. No one shall be subject to coercion which would impair his freedom to have or to adopt a religion or belief of his choice.
3. Freedom to manifest one's religion or beliefs may be subject only to such limitations as are prescribed by law and are necessary to protect public safety, order, health, or morals or the fundamental rights and freedoms of others.
4. The State Parties to the present Covenant undertake to have respect for the liberty of parents and, when applicable, legal guardians to ensure the religious and moral education of their children in conformity with their own convictions.
Article 26
All persons are equal before the law and are entitled without any discrimination to the equal protection of the law. In this respect, the law shall prohibit any discrimination and guarantee to all persons equal and effective protection against discrimination on any ground such as ... religion, political or other opinion ...

(d) International Covenant on Economic, Social and Cultural Rights 1966
Article 13
3. The States Parties to the present Covenant undertake to have respect for the liberty of parents and, when applicable, legal guardians to choose for their children schools, other than those established by the public authorities, which conform to such minimum educational standards as may be laid down or approved by the State and to ensure the religious and moral education of their children in conformity with their own convictions.

(e) UN Declaration on the Elimination of All Forms of Intolerance and of Discrimination Based on Religion or Belief 1981
Article 1
1. Everyone shall have the right to freedom of thought, conscience and religion. This right shall include freedom to have a religion or whatever belief of his choice, and freedom, either individually or in community with others and in public or private, to manifest his religion or belief in worship, observance, practice and teaching.
2. No one shall be subject to coercion which would impair his freedom to have a religion or belief of his choice.

ماده 55
با توجه به ضرورت ایجاد شرایط ثبات و رفاه برای تامین روابط مسالمت آمیز و دوستانه میان ملتها بر پایه احترام به اصل تساوی حقوق و حق تعیین سرنوشت ملتها سازمان ملل متحد امور زیر را تشویق خواهد کرد:

...

ج) احترام جهانشمول به و رعایت حقوق بشر و آزادی های اساسی برای همه بدون تبعیض از حیث {...} مذهب.

اعلامیه جهانی حقوق بشر 1948

ماده 18
هر کس حق آزادی اندیشه، وجدان و مذهب دارد این حق متضمن آزادی تغییر مذهب یا حق اظهار مذهب یا عقیده خواه به تنهایی یا به همراه دیگران وبه طور عمومی یا خصوصی از طریق آموزش، پرستش و عمل یا رعایت آئین و مراسم می‌شود

میثاق جهانی حقوق سیاسی و مدنی 1966

ماده 18

1- همه افراد حق آزادی اندیشه، وجدان و مذهب دارند این حق متضمن آزادی داشتن یا پذیرفتن یک مذهب یا عقیده خواه به تنهایی یا به همراه دیگران وبه طور عمومی یا خصوصی از طریق آموزش، پرستش و عمل یا رعایت آئین و مراسم است.

2- هیچ فردی نباید در معرض اجباری قرار گیرد که به آزادی او در داشتن یا پذیرش یک مذهب یا عقیده به انتخاب خودش لطمه وارد کند.

3- آزادی فرد جهت ابراز مذهب یا عقیده، تنها تابع محدودیت های مقرر شده بموجب قانون است. محدودیت هایی که لازمه حفظ امنیت عمومی،حمایت از نظم، سلامت، اخلاقیات عمومی و حقوق وآزادی های بنیادین دیگران است.

4- کشورهای عضواین میثاق متعهد می شوند که آزادی والدین و بر حسب مورد سرپرستهای قانونی، در فراهم آوردن آموزش مذهبی و اخلاقی کودکان را مطابق با اعتقادات خودشان محترم بشمارند.

ماده 26
همه افراد در مقابل قانون برابر بوده و مستحق برخورداری از حمایت یکسان در برابر قانون می باشند. در این خصوص، قانون باید هر نوع تبعیضی را منع کرده و حمایت برابر و موثر از کلیه افراد در مقابل تبعیض از حیث عقاید مذهبی، سیاسی یا غیر آن را تضمین نماید.

میثاق بین المللی حقوق فرهنگی، اجتماعی و اقتصادی 1966

ماده 13
3- کشورهای عضو این میثاق متعهد می شوند که به آزادی والدین و بر حسب مورد سرپرستهای قانونی، در انتخاب مدارسی به غیر از مدارس دولتی احترام گذارند مشروط بر این که این مدارس با حداقل استانداردهای آموزشی که از طرف دولت تعیین یا تائید شده مطابقت داشته باشند و این افراد از آموزش کودکانشان مطابق با اعتقاداتشان اطمینان حاصل نمایند.

اعلامیه سازمان ملل در خصوص رفع هر گونه تعصب و تبعیض از حیث مذهب یا عقیده 1981

ماده 1

1- همه افراد حق آزادی اندیشه، وجدان و مذهب دارند این حق آزادی داشتن یک مذهب یا هر عقیده ای به انتخاب خود فرد و حق اظهار مذهب یا عقیده خواه به تنهایی یا به همراه دیگران وبه طور عمومی یا خصوصی از طریق آموزش، پرستش و عمل یا رعایت آئین و مراسم را شامل می‌شود

2- هیچ فردی نباید در معرض اجباری قرار گیرد که آزادی او را در داشتن یک مذهب یا عقیده به انتخاب خودش لطمه وارد کند.

3. Freedom to manifest one's religion or belief may be subject only to such limitations as are prescribed by law and are necessary to protect public safety, order, health or morals or the fundamental rights and freedoms of others.

(f) Convention on the Rights of the Child (CRC) 1989
Article 14
1. State Parties shall respect the right of the child to freedom of thought, conscience and religion.
2. State Parties shall respect the rights and duties of the parents and, when applicable, legal guardians, to provide direction to the child in the exercise of his or her right in a manner consistent with the evolving capacities of the child.
3. Freedom to manifest one's religion or beliefs may be subject only to such limitations as are prescribed by law and are necessary to protect public safety, order, health or morals, or the fundamental rights and freedoms of others.

(g) International Convention on the Elimination of All Forms of Racial Discrimination (CERD) 1965
Article 5
States Parties undertake to prohibit and to eliminate racial discrimination in all its forms and to guarantee the right of everyone, without distinction as to race, colour, or national or ethnic origin, to equality before the law, notably in the enjoyment of the following rights:
…
(d) Other civil rights, in particular:
…
(vii) The right to freedom of thought, conscience and religion.

(h) Convention relating to the Status of Refugees 1951[262]
Article 4
The Contracting States shall accord to refugees within their territories treatment at least as favourable as that accorded to their nationals with respect to freedom to practise their religion and freedom as regards the religious education of their children.

(i) Convention relating to the Status of Stateless Persons 1954[263]
Article 3
The Contracting States shall apply the provisions of this Convention to stateless persons without discrimination as to race, religion or country of origin.
Article 4
The Contracting States shall accord to stateless persons within their territories treatment at least as favourable as that accorded to their nationals with respect to freedom to practice their religion and freedom as regards the religious education of their children.

(j) International Convention on the Protection of the Rights of All Migrant Workers and Members of Their Families 1990

---

[262] Convention relating to the Status of Refugees adopted on 28 July 1951 by the United Nations Conference of Plenipotentiaries on the Status of Refugees and Stateless Persons convened under UNGA Res 429 (V) (adopted 14 December 1950, entered into force 22 April 1954).
[263] Convention relating to the Status of Stateless Persons, adopted on 28 September 1954 by a Conference of Plenipotentiaries convened by ECOSOC Res 526 A(XVII) (adopted 26 April 1954, entered into force 6 June 1960).

3- آزادی فرد جهت ابراز مذهب یا عقیده، تنها تابع محدودیت های مقرر شده بموجب قانون است. محدودیت هایی که لازمه حفظ امنیت عمومی،حمایت از نظم عمومی،بهداشت، اخلاقیات و حقوق وآزادی های بنیادین دیگران است.

معاهده حقوق کودک 1989

ماده 14

1- کشورهای عضو به حق کودک در زمینه آزادی اندیشه، وجدان و مذهب احترام خواهند گذاشت.

2- کشورهای عضو به حقوق و وظایف والدین و بر حسب مورد سرپرستان قانونی در راستای اعمال حق سرپرستی اشان به منظور فراهم آوردن آموزش به شیوه ای که باعث اعتلای توانایی ها و استعدادهای کودک شود احترام خواهند گذاشت.

3- آزادی فرد جهت ابراز مذهب یا عقیده، تنها تابع محدودیت های مقرر شده بموجب قانون است. محدودیت هایی که لازمه حفظ امنیت عمومی،حمایت از نظم عمومی،بهداشت، اخلاقیات و حقوق وآزادی های بنیادین دیگران باشد.

معاهده بین المللی رفع هر گونه تبعیض نژادی 1965

ماده 5

کشورهای عضو متعهد می شوند که هر گونه تبعیض نژادی را ممنوع و رفع کرده و حق افراد را به خصوص در بهرهمند شدن از حقوق زیر بدون تمایز از حیث نژاد، رنگ، ملیت و ریشه های قومی به گونه ای برابر در مقابل قانون تضمین نمایند،

...

د) حقوق مدنی دیگر و به طور خاص

...

7)حق آزادی اندیشه، وجدان و مذهب

معاهده مربوط به وضعیت پناهندگان 1951[262]

ماده 4

کشورهای عضو با پناهندگان داخل قلمروشان نسبت به آزادی آنان در اجرای امور دینی و آموزش مذهبی فرزندانشان رفتاری لااقل در حد رفتاری که نسبت به اتباع خود دارند، اتخاذ خواهند کرد.

معاهده مربوط به وضعیت افراد بدون سرزمین 1954[263]

ماده 3

کشورهای عضو، مقررات این معاهده را در مورد افراد بدون سرزمین بدون تمایز از حیث نژاد، مذهب و کشور محل تولد اعمال خواهند کرد.

ماده 4

کشورهای عضو با افراد بدون سرزمین داخل قلمروشان نسبت به آزادی آنان در اجرای امور دینی و آموزش مذهبی فرزندانشان رفتاری لااقل در حد رفتاری که نسبت به اتباع خود دارند، اتخاذ خواهند کرد.

معاهده بین المللی در خصوص حمایت از حقوق کلیه کارگران مهاجر و اعضا خانواده اشان 1990

---

262 - کنوانسیون مربوط به وضعیت پناهندگان مصوب 28 ژوئیه 1951 در کنفرانس سازمان ملل متحد وضعیت پناهندگان و اشخاص بی کشور تشکیل شده بموجب قطعنامه مجمع عمومی بشماره 429(V) مصوب 14 دسامبر 1950 که درتاریخ 22 آوریل 1954 به مرحله اجرا درآمد.

263 - کنوانسیون مربوط به وضعیت اشخاص فاقد سرزمین، مصوب 28 سپتامبر 1954 درکنفرانس تشکیل شده توسط شورای اقتصادی و اجتماعی، قطعنامه شماره 526 A(XVII) مصوب 26 آوریل 1954 که درتاریخ ششم ژوئن 1960 لازم الاجراشد.

Article 12
1. Migrant workers and members of their families shall have the right to freedom of thought, conscience and religion. This right shall include freedom to have or to adopt a religion or belief of their choice and freedom either individually or in community with others and in public or private to manifest their religion or belief in worship, observance, practice and teaching.
2. Migrant workers and members of their families shall not be subject to coercion that would impair their freedom to have or to adopt a religion or belief of their choice.
3. Freedom to manifest one's religion or belief may be subject only to such limitations as are prescribed by law and are necessary to protect public safety, order, health or morals or the fundamental rights and freedoms of others.
4. State Parties to the present Convention undertake to have respect for the liberty of parents, at least one of whom is a migrant worker, and, when applicable, legal guardians to ensure the religious and moral education of their children in conformity with their own convictions.

2. Regional Instruments

(a) European Convention for the Protection of Human Rights and Fundamental Freedoms (ECHR) 1950
Article 9
1. Everyone has the right to freedom of thought, conscience and religion; this right includes freedom to change his religion or belief and freedom, either alone or in community with others and in public or private, to manifest his religion or belief, in worship, teaching, practice and observance.
2. Freedom to manifest one's religion or beliefs shall be subject only to such limitations as are prescribed by law and are necessary in a democratic society in the interests of public safety, for the protection of public order, health or morals, or for the protection of the rights and freedoms of others.

(b) Protocol to the Convention for the Protection of Human Rights and Fundamental Freedoms 1952[264]
Article 2
No person shall be denied the right to education. In the exercise of any functions which it assumes in relation to education and to teaching, the State shall respect the right of parents to ensure such education and teaching in conformity with their own religions and philosophical convictions.

(c) EU Charter of Fundamental Rights 2000
Article 10
Everyone has the right to freedom of thought, conscience and religion. This right includes the freedom to change religion or belief and freedom, either alone or in community with others and in public or in private, to manifest religion or belief, in worship, teaching, practice and observance. The right to conscientious objection is recognised, in accordance with the national laws governing the exercise of this right.

(d) American Convention on Human Rights 1969

---

[264] Protocol to the Convention for the Protection of Human Rights and Fundamental Freedoms (adopted 20 March 1952, entered into force 18 May 1954).

ماده 12

1- کارگران مهاجر و اعضا خانواده آنها از حق آزادی اندیشه، وجدان و مذهب برخوردار خواهند بود. این حق شامل آزادی داشتن یا پذیرفتن یک مذهب یا عقیده به انتخاب خودشان وآزادی اظهار مذهب یا عقیده از طریق پرستش،آموزش،عمل به یا رعایت آئین و مراسم،خواه به تنهایی یا به همراه دیگران وبه طور عمومی یا خصوصی است.

2- کارگران مهاجر و اعضا خانواده آنها نباید در معرض اجباری قرار گیرند که به آزادی آنها در داشتن یا پذیرفتن یک مذهب یا عقیده به انتخاب خودشان لطمه وارد کند.

3- آزادی فرد جهت ابراز مذهب یا عقیده، تنها تابع محدودیت های مقرر شده بموجب قانون است. محدودیت هایی که لازمه حفظ امنیت عمومی،حمایت از نظم عمومی،بهداشت، اخلاقیات و حقوق وآزادی های بنیادین دیگران باشد.

4- کشورهای عضو این معاهده متعهد می شوند که به آزادی والدین که حداقل یکی از آنان کارگر مهاجر است و بر حسب مورد سرپرستان قانونی در اطمینان از فراهم آوردن آموزش مذهبی و اخلاقی برای فرزندانشان مطابق با اعتقادات مذهبی اشان احترام گذارند.

2- اسناد منطقه ای

کنوانسیون اروپایی حمایت از حقوق بشر وآزادی های بنیادین 1950

ماده 9

1-هر فردی حق آزادی اندیشه، وجدان ومذهب دارد; این حق شامل تغییر مذهب یا عقیده وآزادی ابراز مذهب یا عقیده از طریق پرستش،آموزش،عمل به و رعایت آئین و مراسم،خواه به تنهایی یا به همراه دیگران وبه طور عمومی یا خصوصی است.

2-آزادی فرد برای ابراز مذهب یا عقایدش، تنها تابع محدودیت های مقرر شده بموجب قانون است. محدودیت هایی که لازمه جامعه ی مردم سالار به منظور حفظ امنیت عمومی،حمایت از نظم عمومی،بهداشت یا اخلاقیات یا به منظور حمایت ازحقوق وآزادی های دیگران باشد.

پروتکل [الحاقی]کنوانسیون حمایت از حقوق بشر و آزادی های بنیادین1952[264]

ماده 2

حق آموزش و پرورش هیچ شخصی نباید انکار شود. دولت در اعمال وظایف و تعهداتش در رابطه با آموزش و پرورش و تعلیم به حق والدین در خصوص اطمینان از آموزش و پرورش طبق عقاید فلسفی و دینی شان احترام خواهدگذاشت.

منشور حقوق اساسی اتحادیه اروپا 2000

ماده 10

هرکس حق آزادی اندیشه، وجدان ومذهب دارد;این حق شامل تغییر مذهب یا عقیده وآزادی ابراز مذهب یا عقیده به هنگام پرستش،آموزش،عمل و رعایت،خواه به تنهایی یا به همراه دیگران وبه طور عمومی یا خصوصی است.حق تمرد وجدانی بر طبق حقوق ملی حاکم براعمال این حق به رسمیت شناخته شده است.

کنوانسیون امریکایی حقوق بشر 1969

264 - پروتکل کنوانسیون حمایت ازحقوق بشر و آزادی های اساسی مصوب 20 مارس 1952 که درتاریخ 18 می 1954 به مرحله اجرادرآمد.

Article 12
1. Everyone has the right to freedom of conscience and of religion. This right includes freedom to maintain or to change one's religion or beliefs, and freedom to profess or disseminate one's religion or beliefs, either individually or together with others, in public or in private.
2. No one shall be subject to restrictions that might impair his freedom to maintain or to change his religion or beliefs.
3. Freedom to manifest one's religion and beliefs may be subject only to the limitations prescribed by law that are necessary to protect public safety, order, health, or morals, or the rights or freedoms of others.
4. Parents or guardians, as the case may be, have the right to provide for the religious and moral education of their children or wards that is in accord with their own convictions.

(e) Inter-American Convention on the Protection, Punishment and Eradication of Violence Against Women 1994
Article 4
Every woman has the right to the recognition, enjoyment, exercise and protection of all human rights and freedoms embodied in regional and international human rights instruments. These rights include, among others:
i. The right of freedom to profess her religion and beliefs within the law…

(f) African Charter on Human and Peoples' Rights 1981
Article 8
Freedom of conscience, the profession and free practice of religion shall be guaranteed. No one may, subject to law and order, be submitted to measures restricting the exercise of these freedoms.

(g) African Charter on the Rights and Welfare of the Child 1990
Article 9
1. Every child shall have the right to freedom of thought conscience and religion.
2. Parents, and where applicable, legal guardians shall have a duty to provide guidance and direction in the exercise of these rights having regard to the evolving capacities, and best interests of the child.
3. States Parties shall respect the duty of parents and where applicable, legal guardians to provide guidance and direction in the enjoyment of these rights subject to the national laws and policies.

(h) Islamic Declaration on Human Rights 1990
Article 12
a) Every person has the right to express his thoughts and beliefs so long as he remains within the limits prescribed by the Law. No one, however, is entitled to disseminate falsehood or to circulate reports which may outrage public decency, or to indulge in slander, innuendo or to cast defamatory aspersions on other persons.
b) Pursuit of knowledge and search after truth is not only a right but a duty of every Muslim.
c) It is the right and duty of every Muslim to protest and strive (within the limits set out by the Law) against oppression even if it involves challenging the highest authority in the state.
d) There shall be no bar on the dissemination of information provided it does not endanger the security of the society or the state and is confined within the limits imposed by the Law.
e) No one shall hold in contempt or ridicule the religious beliefs of others or incite public hostility against them; respect for the religious feelings of others is obligatory on all Muslims.

ماده 12

1-هرکس حق آزادی وجدان و مذهب دارد.این حق شامل آزادی حفظ یا تغییر مذهب یا عقاید، وآزادی اظهار ایمان یا انتشار مذهب یا عقاید چه به صورت فردی یا همراه با دیگران،و به طور عمومی یا خصوصی است.

2- به هیچ کس نباید محدودیت هایی را وارد نمود که ممکن است به آزادی وی در حفظ یا تغییر مذهب یا اعتقاداتش لطمه وارد سازد.

3- تنها محدودیت های قابل اعمال بر آزادی ابراز مذهب یا اعتقاد، محدودیت هایی هستند که در قانون تجویز شده و جهت حمایت از امنیت،نظم،بهداشت یا اخلاق عمومی یا حقوق یا آزادی های دیگران ضروری هستند.

4-والدین و سرپرستهای قانونی بر حسب مورد،حق دارند که برا ی کودک یا فرزندان تحت سرپرستی شان آموزش مذهبی و اخلاقی که مطابق با اعتقاداتشان باشد فراهم آورند.

کنوانسیون امریکایی حمایت، مجازات و لغو خشونت علیه زنان

ماده4

هر زنی حق شناسایی،بهره‌مندی،اعمال و حمایت کلیه حقهای بشری و آزادی هایی مندرج در اسناد حقوق بشری بین المللی و منطقه ای را داراست.

این حقوق از جمله شامل:

I. حق آزادی ابراز مذهب و اعتقادات درحدود قانون...است

منشور افریقایی حقوق بشر و مردم 1981

ماده 8

آزادی عقیده، حرفه و انجام آزادانه اعمال مذهبی تضمین شده است.هیچ کس را نمیتوان جز به موجب نظم و قانون،در عمل به این آزادی ها محدود نمود.

منشورافریقایی حقوق و رفاه کودک 1990

ما ده 9

1-هر کودک دارای آزادی اندیشه، وجدان ومذهب است.

2-والدین و بر حسب مورد سرپرستان قانونی وظیفه دارند در اعمال این حقوق با در نظر گرفتن توانایی های در حال رشد و بهترین منافع کودک برای او راهنمائی و آموزش تامین نمایند.

3-کشور های متعاهد بایستی به وظیفه ی والدین، و بر حسب مورد سرپرستان قانونی برای فراهم نمودن رهنمود و ارشاد در بهره‌گیری از این حقوق و و با رعایت قوانینن و سیاست‌های ملی احترام گذارند.

اعلامیه اسلامی حقوق بشر 1990

ماده 12

الف)هر فردی حق دارد تا جائی که از حدود تجویز شده در قانون تجاوز نکند اندیشه ها و اعتقاداتش راابراز نماید. با وجود این هیچ کس حق ندارد سخن دروغ منتشر کند یا دست به انتشار گزارشهایی زند که ممکن است باعث هتک حرمت عفت عمومی گردد،یا اجازه تهمت زدن یا کنایه گفتن داشته باشد یا باعث هتاکی دیگران شود.

ب-دانش پژوهی و جستجوبرای دستیابی به حقیقت نه تنها یک حق محسوب می گردد بلکه وظیفه هر مسلمان است.

ج-این حق و وظیفه ی هر مسلمانی است که(در حدود معین شده در قانون) علیه ظلم و تعدی بکوشد و اعتراض کند حتی اگر مستلزم اعتراض به بلندترین مقامات دولت شود.

د-ممنوعیتی در خصوص انتشار اطلاعات وجود ندارد به شرط آنکه مخل امنیت جامعه یا دولت نباشد و در حدود تعیین شده بموجب قانون صورت گیرد.

ه-هیچ کس نبایستی اعتقادات مذهبی دیگران را تحقیر کند ویا به سخره بگیرد یا خشم عمومی را علیه آنها بر انگیزد; احترام به احساسات مذهبی دیگران از جانب مسلمانان الزامی است.

Article 13
Every person has the right to freedom of conscience and worship in accordance with his religious beliefs.

(i) Arab Charter on Human Rights 1994
Article 26
Everyone has a guaranteed right to freedom of belief, thought and opinion.
Article 27
Adherents of every religion have the right to practice their religious observances and to manifest their views through expression, practice or teaching, without prejudice to the rights of others. No restrictions shall be imposed on the exercise of freedom of belief, thought and opinion except as provided by law.

D. MONITORING BODIES

(a) Human Rights Committee (ICCPR)
(b) United Nations Human Rights Council (UDHR)
(c) Committee on the Elimination of Discrimination against Women
(d) The Committee on the Elimination of Racial Discrimination (CERD)
(e) Committee on the Rights of the Child (CRC)
(f) The Committee on Economic, Social and Cultural Rights
(g) Committee on the Elimination of Racial Discrimination
(h) Committee on Migrant Workers
(i) European Court of Human Rights (ECHR)
(j) Inter-American Commission on Human Rights
(k) African Commission on Human and Peoples' Rights

E. CASE LAW

1. *Larissis and others v Greece*, **European Court of Human Rights**[265]

(a) Legal issues
Freedom of religion; improper proselytism.

(b) Facts
The applicants, Larissis, M and S, were air force officers in Greece. They were engaged in evangelism as followers of the Pentecostal church. In May 1992, they were prosecuted for efforts of proselytism of three airmen and some civilians. Proselytism was defined as

> any direct or indirect attempt to intrude on the religious beliefs of a person of a different religious persuasion with the aim of undermining those beliefs, either by any kind of inducement or moral support or material assistance, or by fraudulent means or by taking advantage of the other person's inexperience, trust, need, low intellect or naivety.

More specifically, one of the airmen, among others, claimed that he was transferred to the applicants' unit under M's command at least seven times, where he was engaged in religious discussion and reading aloud extracts of the bible, and encouraged to hold their beliefs and join their church. He said he felt obliged to follow the applicants' commands because he was their inferior. The second airman testified that Larissis and S had also engaged him in numerous discussions, and encouraged him to hold their beliefs and join their church; that

---

[265] *Larissis and others v Greece* Series A No 65 (1999) 27 EHRR 329, para 45.

ماده *13*
هر شخصی مطابق اعتقادات مذهبیش حق آزادی وجدان و پرستش دارد.

منشور عربی حقوق بشر 1994
ماده *26*
هر فردی دارای حق تضمین شده ی آزادی ایمان، اندیشه،و عقیده است.
ماده *27*
پیروان هر مذهب حق دارند فرایض مذهبی شان را انجام دهند همچنین حق دارند نظراتشان رااز طریق بیان،عمل وآموزش بدون نقض حقوق دیگران ابراز نمایند. هیچ محدودیتی را بر حق آزادی ایمان،اندیشه و عقیده نمی توان اعمال نمود مگر آنکه به موجب قانون باشد.

نهادهای ناظر

- کمیته حقوق بشر
- شورای حقوق بشر سازمان ملل متحد
- کمیته لغو تبعیض علیه زنان
- کمیته لغو تبعیض نژادی
- کمیته حقوق کودک
- کمیته حقوق اقتصادی،اجتماعی و فرهنگی
- کمیته لغو تبعیض نژادی
- کمیته کارگران مهاجر
- دادگاه اروپایی حقوق بشر
- کمیسیون بین امریکایی حقوق بشر
- کمیسیون افریقایی حقوق بشر وملتها

رویه قضایی

دادگاه اروپایی حقوق بشر، Larissis and others v Greece[265]

موضوعات حقوقی:
آزادی مذهب،تبلیغات نامناسب دینی
شرح پرونده:
خواهان ها،Larissis،MوS افسران نیرو ی هوایی در یونان بودند.آنها به عنوان پیروان کلیسای **Pentecostal** به تبلیغ دین مسیحیت پرداخته بودند. .در ماه مه سال 1992 میلادی آنها به سبب تلاش برای دعوت دین به سه نظامی نیروی هوایی و تعدادی غیر نظامی تحت پیگرد قرارگرفتند. دعوت به دین عبارت است از

> "هر تلاش مستقیم یا غیر مستقیم جهت مداخله در اعتقادات مذهبی یک شخص که دارای عقیده مذهبی متفاوت است، با کمک به متزلزل کردن اعتقاداتش از طریق انواع تشویق یا حمایت اخلاقی یا کمک های مادی،ویا از طریق کلاهبرداری یا از طریق سوء استفاده کردن از بی تجربگی ،اعتماد،نیاز، کم عقلی یا نا پختگ شخص دیگری."

علی الخصوص، یکی از افراد نیروی هوایی در بین سایرین ادعا می نمود که او حداقل هفت بار به موجب دستور **M** به واحد خواهان ها منتقل شده، جایی که او مشغول مباحثه ی دینی و قرائت برگزیده های کتاب مقدس بود و او را تشویق به پذیرفتن دین آنها و پیوستن به کلیسایشان می کرد. این شخص مدعی بود که به سبب مادون بودن احساس الزام در پیروی از فرمان خواهان ها را کرده است. فرد دوم شهادت داد که **Larissis** وS دفعات زیادی او را هم به بحث کشیده بودند واو را جهت ملحق شدن به اعتقادات و کلیسایشان تشویق می نمودند

---
265 *Larissis and others v Greece* Series A No 65 (1999) 27 EHRR 329, para 45.

the applicants were always polite but he was bothered by their approach. The third airman said that he was encouraged to read the bible and that he sought the applicants' advice on questions concerning the bible, but that he was never given Pentecostal literature. His father, however, said that his son had converted from the Orthodox Church to the Pentecostal Church while in the air force under S's orders, but then he reconverted to the Orthodox Church. B witnessed that, when his brother-in-law thought he saw Satan in his wife, they called M, who preached a sermon and urged them all to convert to the Pentecostal religion. Finally, Z stated that her husband joined the Pentecostal Church and this broke down their family life; she made an effort to understand him and visited the church and M and S visited her and urged her to join the church, saying that they had received signs from God and could predict the future, as well as that she and her children were possessed by the devil. Eventually, she developed psychological problems and severed all links with the applicants and the church.

The applicants defended that the offence of proselytism was unconstitutional as it was not clearly defined. The court (air force) of first instance convicted the applicants of proselytising and sentenced them to imprisonment, but their penalties were to be converted to fines and not enforced provided they did not commit new offences in the following three years. The courts-martial appeal court upheld most of the convictions and reduced the sentences, which were automatically converted into pecuniary sentences under the same conditions that the penalties should not be enforced provided the applicants did not commit new offences in the following three years.

The applicants complained that the offence and their convictions were broad and vague.

(c) Decision

The European Commission on Human Rights found a part breach of ECHR Article 9 (freedom of thought, conscience and religion), no breach of ECHR Article 7 (no punishment without law), and held that no separate issue arose under ECHR Articles 10 (freedom of expression) and 14 (prohibition of discrimination).

The European Court of Human Rights first of all stated that the definition of proselytism satisfied the conditions of certainty and foreseeability required under ECHR Article 7 (no punishment without law). Then, it asserted that the prosecution, conviction and punishment of the applicants for prosetylism interfered with the exercise of their right to manifest their beliefs and religion; however, the measures against the applicants were prescribed by law with the specific legitimate aim of protecting the rights and freedoms of others. Hence, while religious freedom is first and foremost a matter of individual conscience, the implied freedom to manifest one's religion and one's right to convince through teaching is protected, but improper proselytism is not protected.

Moreover, the Court proceeded to distinguish between persons in the armed forces and civilians: it said that although the applicants did not use threats or inducements, it appeared that the airmen felt constrained and subject to a degree of pressure due to their status as officers, even if the pressure was not consciously applied.

On these grounds, the Court found that the authorities rightly took measures to protect the lower-ranking airmen from improper pressure applied to them by the applicants and actually the measures were not particularly strict—they were more preventative than punitive since the penalties were not enforceable unless the applicants re-offended within three years. Hence, the State was not in breach of ECHR Article 9 with regards to the measures taken for proselytizing the airmen.

The Court's judgment differed with regards to the offences of proselytism against the civilians. It argued that the civilians whom the applicants attempted to convert were not subject to pressures and constraints of the same kind as the airmen, that none of them felt obliged to listen to the applicants, and that although Z was in a state of distress following the breakdown of her marriage, the applicants did not apply any improper pressure to her.

و با این که خواهان ها همیشه برخورد مودبانه ای داشتند اما رفتارشان برای او آزاردهنده بوده است. فرد سوم اظهار داشت خواهانها او را به خواندن کتاب مقدس تشویق می کردند و او هم نظرات آنها را در خصوص مسائل مربوط به کتاب مقدس جویا می شده، اما به او هیچ نوشته ی pentecostral داده نشده، اما پدر همین شخص مدعی بود که پسرش در زمانی که در نیرو ی هوایی تحت فرماندهی S بوده است از آیین ارتودکس به pentecostral گرویده اما دوباره به آیین ارتودکس بازگشته است. B شهادت داد زمانی که برادر زنش تصور کرده است که شیطان را در زنش دیده، آنها M را فراخواندند،او برایشان موعظه نمود و آنها را تشویق کرد تا به مذهب pentecostral روی آورند. نهایتاً Z اظهار نمود که پیوستن شوهرش به کلیسای pentecostral باعث ویرانی زندگی خانوادگی شان شده در نتیجه او سعی کرد تا شوهرش را درک کند به همین جهت به کلیسا رفت. M وS با او ملاقات نموده و او را ترغیب نمودند تا به کلیسا بپیوندد با این ادعا که آنها علائمی از جانب خداوند دریافت کرده اند و آینده را نیز می توانند پیش بینی کنند، بعلاوه این که می دانند شیطان او و فرزندانش را تسخیر کرده است. در انتها مشکلات روانی این زن آنچنان شدت یافت که او ارتباطش را به کلی با خواهان ها و کلیسا قطع نمود.

خواهان ها دفاع نمودند که جرم تبلیغ دینی چون به روشنی تعریف نشده برخلاف قانون اساسی است. دادگاه (نیروی هوایی) در وهله ی اول مبلغان دینی را به حبس محکوم نمود،اما مجازاتشان به جزای نقدی تبدیل شد مشروط بر آنکه اگر تا سه سال متوالی پس از آن مرتکب جرم جدیدی نشوند به اجرا در نیاید. دادگاه فرجام نظامی بیشتر محکومیتها را تایید نمود ومجازات ها را کاهش داد، که آنها هم به طور خودکار تحت شرایط مشابهی به جزای نقدی تبدیل شدند که بر طبق آن اگر خواهان ها تا سه سال متوالی پس از آن مرتکب جرائم جدیدی نشوند مجازات ها به اجرا در نخواهد آمد.

خواهان ها شکایت نمودند که بزه و محکومیت هایشان کلی و مبهم می باشند.

رای دادگاه:

طبق تشخیص کمیسیون اروپائی حقوق بشر ماده 9 کنوانسیون اروپایی حقوق بشر (حق آزادی اندیشه، وجدان و مذهب) تا حدی نقض شده اما ماده 7(ممنوعیت مجازات بدون قانون) به هیچ عنوان نقض نشده است و هچنین با استناد به مواد 10 (حق آزادی بیان)و 14 (ممنوعیت تبعیض) کنوانسیون اروپایی حقوق بشر هیچ موضوع جدیدی قابل طرح نمی باشد.

دادگاه اروپایی حقوق بشر در وهله اول اظهار نمود که تعریف "دعوت به دین" کاملاً با این پرونده همخوانی داشته و در نتیجه شرایط لازم جهت قطعیت و قابلیت پیش بینی جرم بر طبق ماده 7 را تامین می نماید اما اعتقاد داشت که پیگرد قانونی، محکومیت و مجازات خواهان ها با حق آنها در اعلام اعتقادات و مذهبشان تداخل دارد با این حال اقدامات تجویز شده بر طبق قانون بر علیه خواهان ها با هدف خاص و مشروع حمایت از حقوق دیگران اتخاذ شده اند. بنابراین با این که آزادی مذهبی اولین و مهمترین مساله وجدان فردی است و آزادی فرد جهت اعلام مذهبش و حق او در تقنیع دیگران از طریق آموزش، حمایت شده است اما دعوت به دین به شیوه ای نادرست مورد حمایت نمی باشد.

علاوه بر این دادگاه در مراحل بعدی میان نظامیان و غیر نظامیان قائل به تفکیک شد و اظهار داشت با این که خواهان ها به تهدید یا زور متوسل نشده اند اما به نظر می رسد که افراد نیروی هوایی به دلیل مقام فرماندهی خواهان ها احساس می کردند تا حدی تحت اجبار و فشار بودند اگرچه این فشار آگاهانه اعمال نشده است.

بر این اساس، دادگاه نتیجه گرفت که مقامات ذی صلاح اقدامات مناسبی را جهت حمایت از افسران رده پایین در برابر فشارهای نادرست اعمال شده توسط خواهان ها اتخاذ نموده اند و در حقیقت این اقدامات بیشتر جنبه پیشگیرانه و تنبیهی داشته تا حالت سختگیرانه زیرا که مجازات های تعیین شده به شرط عدم تکرار جرم قابل اجرا نبوده اند. در نتیجه در زمینه اقدامات اتخاذ شده برای افراد نیروی هوایی مبلغ دین، کشور یونان ماده 9 کنوانسیون اروپایی حقوق بشر را نقض نکرده است.

رای دادگاه در خصوص جرایم ارتکابی تبلیغ دین علیه غیر نظامیان متفاوت است زیرا استدلال می کند که غیرنظامیانی که خواهان ها جهت تغییر دین آنان تلاش کرده اند در معرض فشارهایی از نوعی که بر افراد نیروی هوایی اعمال می شده نبوده اند و این که هیچکدام از آنان مجبور نبوده اند که به خواهان ها گوش کنند و اگرچه که Z در اثر از هم پاشیدگی زندگی زناشویی اش دچار حالت پریشانی بوده اما خواهان ها هیچگونه فشار نامناسبی را بر او اعمال نکرده اند.

Hence, the measures taken against the applicants for proselytizing civilians were in this case in breach of ECHR Article 9.

2. *Manoussakis and others v Greece*, **European Court of Human Rights**[266]

(a) Legal issues
Ban on the prohibition of certain religions.

(b) Facts
Manoussakis rented a room to be used for 'all kinds of meetings, weddings, etc. of Jehovah's Witnesses'. In June and September 1983, he filed complaints to the police against unknown persons because the room's windows were broken. In June 1983, he and three other Jehovah's witnesses (the applicants) filed an application to the ministry of religious affairs for authorization to use the room as a place of worship, as required for the construction and operation of any denomination's temples.

According to Greek law, temples were defined as 'buildings open to the public for the purpose of divine worship' but the term had been interpreted to include those in private buildings which were intended to be used for divine worship by a limited circle of persons. Also, 'operation' was defined as an action making the temple accessible to others for the purpose of worshipping God and was a criminal offence in the absence of prior authorization. Ministerial authorization was not required for temples governed by the law on the Orthodox Church.

The district council had refused to certify the signatures of the applicants on the grounds that they did not reside in the district, but the opposition was then withdrawn after interference of the prefect, the deputy interior minister and the speaker of the parliament and the council agreed to certify the signatures on a new application for ministerial authorization lodged in October 1983.

In the meantime, a local Orthodox Church notified the police that the room was used as an unauthorized place of worship for Jehovah's Witnesses and asked for inspection of the premises, imposition of punitive measures against those responsible and prohibition of further meetings until ministerial authorization had been granted. Between November 1983 and December 1984, the applicants received five letters from the ministry informing them that a decision could not be made because necessary information from the other departments concerned was still missing.

In March 1986, criminal proceedings were instituted against the applicants for having established and operated a place of worship for religious meetings and ceremonies of followers of another denomination and, in particular, the Jehovah's Witnesses denomination, without authorization from the minister and the ecclesiastical authority. The first-instance court acquitted the applicants in absence of any acts of proselytism; followers of any faith were free to meet even if they did not have the requisite authorization.

The appeal court found that they had converted the room into a temple without ministerial authorization; they had worshipped God at this place through acts of prayer and devotion; and they had not confined themselves to the mere holding of meetings for followers and the reading of gospel. The court sentenced the applicants to imprisonment convertible into pecuniary sentences. The Cassation court further dismissed an appeal on the grounds that the obligation to seek authorization to establish a place of worship was contrary to the Greek constitution and ECHR Articles 9 and 11. In September 1993, police sealed the front door of the room rented by the applicants.

---

[266] *Manoussakis and others v Greece* Series A 1996-IV (1997) 23 EHRR 387, para 47.

بنابراین اقدامات اتخاذ شده علیه خواهان ها به دلیل دعوت به دین غیر نظامیان در این مورد نقض ماده 9 کنوانسیون اروپایی حقوق بشر بوده است.

Manoussakis and others V Greece، دادگاه اروپایی حقوق بشر[266]

موضوعات حقوقی:

تحریم ممنوعیت مذاهب خاص

شرح پرونده:

Manoussakis اتاقی را جهت "برگزاری هر نوع گردهمایی، مراسم ازدواج و غیره فرقه Jehovah " اجاره کرد. در ماه ژوئن و سپتامبر سال 1983، او به دلیل شکسته شدن شیشه های اتاقش از افراد ناشناسی به پلیس شکایت کرد. در ژوئن 1983 او و سه تن دیگر از اعضا فرقه Jehovah(خواهان ها) جهت استفاده از اتاق مذکور به منظور محل عبادت از وزارت امور مذهبی تقاضای دریافت مجوز نمودند، این مجوز همانند همانی بود که معمولاً برای مجوز عملیات ساخت معابد مذهبی درخواست می شد.

مطابق قوانین یونان، معبد عبارت است از "ساختمانهایی که درب آنها جهت عبادت الهی به روی عموم مردم باز است" اما این عبارت به گونه ای تفسیر شده که در بر گیرنده آن دسته از اماکنی هم باشد که در ساختمانهای خصوصی واقع شده و گروه محدودی از آن به عنوان محل عبادت الهی استفاده می نمایند.

مطابق همین قانون "عملیات" عبارت است از هر اقدامی که باعث شود معبد برای استفاده دیگران جهت عبادت خداوند قابل دسترسی باشد و انجام آن بدون دریافت مجوز قبلی جرم است. دریافت مجوز جهت معابدی که زیر نظر قانون کلیسای ارتودوکس است مورد نیاز نمی باشد.

شورای بخش از تائید امضای خواهان ها با این استدلال که آنان در آن منطقه سکونت ندارند خودداری کرد اما بعداً از مخالفت خود به دلیل دخالت فرمانده ارشد، معاون وزیر امور داخلی و سخنگوی پارلمان صرفنظر کرد و موافقت نمود که امضا آنها را بر روی درخواست جدیدی که در اکتبر 1983 ارائه شد تائید نماید.

در این بین یک کلیسای ارتودوکس محلی به پلیس اطلاع داد که اتاق مذکور به عنوان محل غیرمجاز انجام مراسم عبادی افراد فرقه jehovah مورد استفاده قرار گرفته است. این کلیسا درخواست کرد که تحقیق صورت گیرد و اقدامات تنبیهی بر علیه افراد مسئول اتخاذ شود و گردهمائی های بعدی آنان تا دریافت مجوز از مقامات ممنوع گردد. از نوامبر 1983 تا دسامبر 1984 خواهان ها پنج نامه از وزارتخانه ذیربط دریافت کردند مبنی بر این که به دلیل دردسترس نبودن اطلاعات لازم از دیگر بخش ها آنها قادر به تصمیم گیری نمی باشند.

در مارس 1986 به دلیل تاسیس و اداره مکانی جهت انجام مراسم مذهبی و برگزاری مجالس پیروان مذهبی دیگر به خصوص فرقه jehovah بدون دریافت مجوز از مقامات ذی صلاح، دعوایی بر علیه خواهان ها اقامه شد. دادگاه بدوی خواهان ها را بدلیل فقدان هرگونه اقدام دعوت به دین تبرئه نمود با این استدلال که؛ پیروان هر دینی آزادند که حتی بدون داشتن مجوز لازم یکدیگر را ملاقات کنند.

دادگاه استیناف اعلام کرد که آنها بدون داشتن مجوز وزارتخانه اتاق مذکور را به معبد تبدیل کرده و نه تنها خود را محدود به برگزاری گردهمائی و روخوانی انجیل نکرده اند بلکه در آن با انجام نیایش و وقف، خداوند را پرستش کرده اند در نتیجه این دادگاه آنها را به حبس قابل تبدیل به جزای نقدی محکوم کرد.

دادگاه فرجام سپس با این استدلال که لزوم دریافت مجوز جهت تاسیس مکانی برای عبادت خلاف قانون اساسی یونان و ماده 9 و 11 کنوانسیون اروپایی حقوق بشر می باشد حکم قبلی را نقض نمود. در سپتامبر 1993 پلیس درب اتاق اجاره شده توسط خواهان ها را مهرو موم کرد.

---

[266] *Manoussakis and others v Greece* Series A 1996-IV (1997) 23 EHRR 387, para 47.

(c) Decision

The European Commission of Human Rights found a breach of ECHR Article 9 (freedom of thought, conscience and religion). The European Court of Human Rights stated that the validity of the agreement by the applicants for the premises was not in dispute and their conviction for using them interfered with their freedom to manifest their religion in worship and observance. It appeared that the applicants' complaints about the need for prior authorization, the 'inquisitorial' process involved and the difficulty in obtaining it were part of a general policy of obstruction of Jehovah's Witnesses when they were trying to establish a church or place of worship. The Court held that they have to verify whether a movement or association carries on supposedly religious activities, but essentially it harms the population. However, under Greek law, Jehovah's witnesses were a 'known religion' and there was no reason for pursuing the legitimate aim of protection of the public order. Further, the Court found that the scrutiny imposed on the applicants was very strict; that extensive case law indicated a clear tendency on the part of the administrative and ecclesiastical authorities to restrict activities of faiths outside the Orthodox Church; and that the minister's behaviour was unfair. Under these circumstances, Greece could not rely on the applicants' failure to comply with a legal formality to justify the conviction imposed and the degree of severity; the conviction had a direct effect on the applicants' freedom of religion and was not proportionate to the legitimate aim of protection of public order and was unnecessary in a democratic society. On the basis of the above, there was a violation of ECHR Article 9.

FREEDOM OF EXPRESSION

A. DEFINITION AND SCOPE

Freedom of expression is an operational element in a democratic society. It is perhaps one of the most contested human rights, as it is strongly related to the search for truth and exchange of ideas in scientific dialogue; to the expression of arts and advancement of cultural expression and civilizations; to personal development and fulfilment; and to the rights of free citizens to exercise their participatory rights in a democratic society.

Freedom of expression means the right to freely express one's opinions through public discourse, through the press and through other means. It is recognized by almost all international instruments as a multifaceted right that includes much more than merely the right to express or disseminate information and ideas; it embraces the right to 'seek, receive and impart information and ideas'.[267]

Moreover, it is interesting to observe the manner in which international standards treat freedom of expression. While the 1948 Universal Declaration of Human Rights (UDHR) and the 1950 European Convention on Human Rights (ECHR)[268] recognize the right to hold an opinion and the freedom of expression as a composite right, the 1948 American Convention on Human Rights (ACHR)[269] recognizes freedom of thought as an integral part of the right to freedom of expression, and finally the 1966 International Covenant on Civil and Political Rights (ICCPR)[270] distinguishes between the right to hold an opinion and the freedom of expression.

---

[267] ICCPR Article 19.

[268] UDHR Article 19 and ECHR Article 10.

[269] ACHR Article 13.

[270] ICCPR Article 19.

رای:
کمیسیون اروپایی حقوق بشر رای به نقض ماده 9 کنوانسیون اروپایی حقوق بشر (آزادی اندیشه، وجدان و مذهب) داد. این کمیسیون اظهار داشت که اعتبار توافق خواهان ها برای محل موضوع اختلاف نیست و محکومیت آنان به دلیل استفاده از آن مانع از آزادی آنان در اظهار دینشان از طریق عبادت و رعایت مسائل دینی می باشد. به نظر رسید که شکایت خواهان ها این بوده است که لزوم دریافت مجوز قبلی، پروسه تفتیش عقاید و سخت بودن دریافت مجوز، بخشی از سیاست عمومی جهت متوقف کردن تلاش اعضای Jehovahبرای تاسیس کلیسا یا محلی برای پرستش بوده است.

دادگاه نظر داد که کشورها ابتدا باید تحقیق کنند که آیا یک جنبش یا انجمن ظاهرا مذهبی است این کهولی در اساس به ضرر عموم مردم است یا خیر.

طبق قانون یونان Jehovah مذهبی شناخته شده بوده و دلیلی هم برای استفاده از حق قانونی حمایت از نظم عمومی وجود نداشته است. علاده بر این دادگاه تشخیص داد که تحقیق صورت گرفته در خصوص خواهان ها بسیار سختگیرانه بوده و رویه قضایی عمومی نشان دهنده تمایل آشکار مقامات امور مذهبی جهت محدود کردن هر نوع فعالیت مذهبی خارج از اعتقادات کلیسای ارتودوکس بوده و وزیر مربوطه نیز غیر عادلانه رفتار کرده است. بر اساس این شرایط یونان نمی تواند تنها با توسل به قصور خواهان ها در اجابت کردن شرایط شکلی قانون محکومیت شدیدی را که به خواهان ها تحمیل کرده توجیه کند. زیرا که محکومیت مذکور تاثیر مستقیمی بر آزادی مذهبی خواهان ها داشته و متناسب با هدف قانونی حمایت از نظم عمومی نبوده علاوه بر این که برای یک جامعه مردم سالار هم غیر ضروری بوده است. با توجه به آنچه که در بالا ذکر شد ماده 9 کنوانسیون اروپایی حقوق بشر نقض شده است.

آزادي بيان

تعریف و قلمرو

آزادی بیان عنصری با کارکردی اساسی در یک جامعه دموکراتیک است. احتمالاً آزادی بیان یکی از بحث انگیزترین حقوق بشری است زیرا قویاً با جستجوی حقیقت و تبادل نظرات در گفتگوی علمی مرتبط است؛ با ارایه هنرها و پیشبرد و ارتقای فرهنگی و تمدنی مرتبط است؛ با رشد و ارتقای فردی مرتبط است؛ با حقوق شهروندان آزاد برای اعمال حقوق مشارکتی در یک جامعه دموکراتیک مرتبط است.

آزادی بیان یعنی حق بیان آزادانه عقاید شخصی از طریق گفتمان عمومی، مطبوعات و سایر روش ها. تقریباً تمام اسناد بین المللی آزادی بیان را به عنوان حقی چند وجهی که شامل چیزی بیش از صرف آزادی بیان یا انتشار اطلاعات و نظرات است به رسمیت شناخته اند و دربرگیرنده حق بر "جستجو، دریافت و انتقال اطلاعات و نظرات" است[267].

علاوه بر آن مشاهده استاندارد بین المللی برخورد با آزادی بیان جالب است. در حالی که اعلامیه جهانی حقوق بشر 1948 و کنوانسیون اروپایی حقوق بشر 1950[268] حق بر داشتن عقیده و آزادی بیان را به عنوان یک حق مرکب شناسایی کرده اند، منشور آفریقایی حقوق بشر 1948[269] آزادی اندیشه را بخشی جدایی ناپذیر از حق بر آزادی بیان شناسایی کرده است و سرانجام میثاق بین المللی حقوق مدنی و سیاسی 1966[270] بین حق بر داشتن عقیده و آزادی بیان تمایز قایل شده است.

---

[267] - ماده 19 میثاق بین المللی حقوق مدنی و سیاسی
[268] - ماده 19 اعلامیه جهانی حقوق بشر و ماده 10 کنوانسیون اروپایی حقوق بشر
[269] - ماده 13 کنوانسیون آفریقایی حقوق بشر
[270] - ماده 19 میثاق بین المللی حقوق مدنی و سیاسی

1. Means of Freedom of Expression

The human rights instruments articulating the freedom of expression recognize the various ways that one may choose to exercise his or her right: orally; in writing; in print; through the Internet; or through various forms of art. This implies that the protection of the freedom of expression by international instruments extends to the protection of the means of expression and the content expressed.

2. Media

Media plays a manifold role with regards to the freedom of expression: it is a way to transmit ideas and opinions and contribute to democratic culture, by providing for open debate among politicians, reporting on their acts and posing questions, and thus it protects individuals from the State by constantly scrutinizing it. Freedom of expression does not relate only to journalists, but to all individuals who have a right to receive and communicate information and ideas.

3. Limitations

Freedom of expression and the ways it can be exercised are not absolute. Human rights instruments and constitutions protect the freedom of expression; typically, however, there are expressly defined limitations. According to ICCPR Article 19, the exercise of the freedom of expression 'carries with it special duties and responsibilities [and] may therefore be subject to certain restrictions'. In order to protect individuals from the abuse of such limitations by the State, the limitations must be provided by law and be necessary for the respect of the rights or reputation of other individuals or the protection of national security, public order, public health or morals.

B. ISSUES

The expression of one's opinion may violate the rights and freedoms of other individuals. The publication of information in the mass media may have the same impact. Hence, freedom of expression must be weighed against other public and private interests and it is the responsibility of the State to take measures to regulate press and broadcasting, a matter which raises serious concerns about the extent to which national authorities may control the production and distribution of information and the proportionality and necessity of such interference.

Often, governments limit the freedom of expression on the grounds that such limitation is justifiable for the protection of public and private interests. Violations of freedom to expression are widespread, and include censorship, interference of the State with the use of Internet and commercial and political pressure on independent news reporting. Weighing the different rights and freedoms is not an easy task. The relationship between freedom of expression and other rights causes debate on various issues:

1. Reputation and Privacy

Restrictions on freedom of expression are imposed for the protection of the reputation and privacy of other individuals. It is very difficult to weigh the importance of the rights in each case, especially when it involves public persons.

2. Injunctions against Publication Material

It is also extremely difficult to assess the extent to which material not yet published may be defamatory or in general in breach of private or public law, but once published it may lead to irreparable damage. Courts usually grant injunctions when there are such allegations, but there is much debate on the issue; as such injunctions constitute severe limitations on freedom of expression.

ابزارهای آزادی بیان:

اسناد حقوق بشر به وضوح بیان می کنند که آزادی بیان شامل راه های مختلفی است که بدون ملاحظات مرزی شخص می تواند برای اعمال حقوق خود آنها را انتخاب کند نظیر بیان شفاهی، کتبی، چاپی، اینترنتی و اشکال مختلف هنر. این بدین معناست که حمایت از آزادی بیان توسط اسناد بین المللی معنی گسترده ای دارد و شامل حمایت از ابزارهای بیان و محتوای آن شده است.

رسانه ها:

رسانه ها نقش مهمی در آزادی بیان دارند: آنها راهی برای تبادل نظرات و عقاید هستند؛ فرهنگ دموکراتیک را از طریق فراهم کردن مباحثات آزاد بین سیاستمداران، گزارش اعمال آنها و طرح سؤالات ترویج می کنند و بنابراین با موشکافی و ژرف نگری دایمی خود از افراد در برابر دولت حمایت می کنند. آزادی بیان تنها با روزنامه نگاران مرتبط نیست بلکه با تمام افراد که حق دریافت و انتشار اطلاعات و نظرات را دارند مرتبط است.

محدودیت ها:

آزادی بیان و راه های اعمال آن مطلق نیستند. اسناد حقوق بشری و قوانین اساسی از آزادی بیان حمایت می کنند، با این وجود نوعاً محدودیت هایتعریف شده‌ای را تعیین می کنند. طبق ماده 19 میثاق بین المللی حقوق مدنی و سیاسی اعمال آزادی بیان " با در نظر گرفتن وظایفی خاص و مسؤولیت هایی که ممکن است موضوع محدودیت هایی خاص قرار بگیرد اجرا می شود." به همین منظور برای حمایت از افراد در برابر سوء استفاده از چنین محدودیت هایی توسط دولت، این محدودیت ها باید توسط قانون مقرر شود و برای حفظ حقوق یا آبروی سایر اشخاص یا حفظ امنیت ملی، نظم عمومی، بهداشت عمومی و یا اخلاق ضروری باشند.

موضوعات و مسائل

گفته شده که بیان عقاید یک شخص ممکن است حقوق و آزادی های سایر اشخاص را نقض کند. ممکن است انتشار اطلاعات از طریق رسانه های جمعی نیز چنین اثری داشته باشد. با این وجود آزادی بیان باید در برابر سایر منافع عمومی و شخصی سنجیده شود و بر عهده دولت است که با اتخاذ تدابیری برای مطبوعات و رسانه ها قانون گذاری کند، این موضوع نگرانی های جدی را در مورد میزانی که مقامات محلی ممکن است در تولید و توزیع اطلاعات مداخله کنند و تناسب و ضرورت این مداخلات بر می انگیزد.

غالباً حکومت ها آزادی بیان را با بهانه هایی نظیر حمایت از منافع عمومی و فردی توجیه می کنند. نقض آزادی بیان توسط سانسور به نحو گسترده ای اعمال می شود؛ دخالت دولت در استفاده از اینترنت؛ فشار اقتصادی و سیاسی بر گزارشگران مستقل اعمال می شود. مقایسه حقوق و آزادی ها امر آسانی نیست. رابطه بین آزادی بیان و سایر حقوق سبب مباحثاتی در موضوعات مختلف شده است:

آبرو و حریم خصوصی:

محدودیت هایی بر آزادی بیان به منظور حفظ آبرو و حریم خصوصی سایر اشخاص مقرر شده است. بسیار مشکل است که اهمیت حقوق را در هر مورد مقایسه کرد مخصوصاً هنگامی که پای مقامات عمومی در میان باشد.

قرارهای صادره در مورد منع انتشار مطالب:

بسیار مشکل می توان مشخص کرد که موضوعی که هنوز انتشار نیافته ممکن است افترا آمیز یا به طور عام ناقض حریم خصوصی یا قوانین عام باشد اما به محض انتشار ممکن است سبب خسارات جبران ناپذیری شود. دادگاه ها اغلب قرارهای ممنوعیت انتشار را وقتی چنین ادعایی وجود داشته باشد صادر می کنند. اما این مسئله مورد بحث فراوانی است، چرا که این گونه ممنوعیت‌ها محدودیت هایی جدی بر آزادی بیان وارد می کنند.

3. Freedom of Expression and Freedom of Religion

It is debatable where exactly the line between freedom of expression and other important public and private rights and values can be drawn, such as respect for religion.

C. KEY LEGAL INSTRUMENTS

1. Universal Instruments

(a) The Universal Declaration on Human Rights (UDHR) 1948
Article 19
Everyone has the right to freedom of opinion and expression; this right includes freedom to hold opinions without interference and to seek, receive and impart information and ideas through any media and regardless of frontiers.

(b) International Convention on Civil and Political Rights (ICCPR) 1966
Article 19
1. Everyone shall have the right to hold opinions without interference.
2. Everyone shall have the right to freedom of expression; this right shall include freedom to seek, receive and impart information and ideas of all kinds, regardless of frontiers, either orally, in writing or in print, in the form of art, or through any other media of his choice.
3. The exercise of the rights provided for in paragraph 2 of this article carries with it special duties and responsibilities. It may therefore be subject to certain restrictions, but these shall only be such as are provided by law and are necessary:
(a) For respect of the rights or reputations of others;
(b) For the protection of national security or of public order (*ordre public*), or of public health or morals.
Article 20
1. Any propaganda for war shall be prohibited by law.
2. Any advocacy of national, racial or religious hatred that constitutes incitement to discrimination, hostility or violence shall be prohibited by law.

(c) International Convention on the Elimination of All Kinds of Racial Discrimination (CERD)
Article 5
States Parties undertake to prohibit and to eliminate racial discrimination in all its forms and to guarantee the right of everyone, without distinction as to race, colour, or national or ethnic origin, to equality before the law, notably in the enjoyment of the following rights:
...
(d) Other civil rights, in particular:
...
(viii) The right to freedom of opinion and expression.

(d) Convention on the Rights of the Child (CRC)
Article 2(2)
States Parties shall take all appropriate measures to ensure that the child is protected against all forms of discrimination or punishment on the basis of the status, activities, expressed opinions, or beliefs of the child's parents, legal guardians, or family members.
Article 12
1. State Parties shall assure to the child who is capable of forming his or her own views the right to express those views freely in all matters affecting the child, the views of the child being given due weight in accordance with the age and maturity of the child.
2. For this purpose, the child shall in particular be provided the opportunity to be heard in any judicial and administrative proceedings affecting the child, either directly, or through a

3- ازادی بیان و ازادی مذهب

این موضوع که دقیقاً مرز بین آزادی بیان و سایر حقوق عمومی و فردی مهم و ارزش ها نظیر احترام به مذهب را کجا می‌توان کشید، بحث انگیز است.

اسناد مهم بین‌المللي

1- اسناد جهانی

اعلامیه جهانی حقوق بشر 1948

ماده 19

هر فردی حق بر آزادی عقیده و بیان دارد. این حق شامل آزادی داشتن عقاید بدون مداخله و مزاحمت و آزادی در جستجو و کسب و نشر اطلاعات و افکار از طریق هر رسانه ای و بدون ملاحظات مرزی است.

میثاق بین المللی حقوق مدنی و سیاسی 1966

ماده 19

1- هر فردی حق بر داشتن عقاید بدون مداخله دارد .

2- هر فردی حق بر آزادی بیان دارد؛ این حق شامل آزادی جستجو و کسب و نشر اطلاعات و افکار از هر طریق، بدون ملاحظات مرزی، چه شفاهی، چه کتبی یا چاپی یا به شکل هنری یا از طریق هر رسانه ای به انتخاب شخص است.

3- اعمال حقوق مقرر در بند 2 این ماده با در نظر گرفتن وظایف و مسؤولیت هایی خاص صورت می گیرد. بنابراین ممکن است موضوع محدودیت هایی خاص قرار گیرد. اما این محدودیت ها باید تنها منحصر به مواردی باشد که در قانون تصریح شده و رعایت آن به یکی از دلایل زیر ضرورت داشته باشد. :

الف) حقوق و آبروی دیگران

ب) حفظ امنیت ملی یا نظم عمومی، بهداشت عمومی یا اخلاق

ماده 20

1- هر تبلیغی برای جنگ باید قانوناً ممنوع شود.

2- هرگونه حمایت از نفرت ملی، نژادی و مذهبی که سبب برانگیختن تبعیض، دشمنی یا خشونت شود باید قانوناً ممنوع شود.

کنوانسیون بین المللی محو هرگونه تبعیض نژادی

ماده 5

دولت های طرف این معاهده متعهد می شوند: هرگونه تبعیض نژادی را محو و ممنوع کنند؛ حقوق هر فرد را بدون تبعیضاتی نظیر نژاد، رنگ، ریشه های ملیتی یا قومی تضمین کنند؛ برابری در برابر قانون به خصوص در بهره مندی از حقوق زیر را تضمین نمایند:

....

ث) سایر حقوق مدنی به خصوص

...

8- حق بر آزادی عقیده و بیان

پیمان نامه حقوق کودک

ماده 2 پاراگراف 2

کشورهای عضو همه اقدامات مقتضی را جهت تضمین حمایت از کودک در مقابل کلیه اشکال تبعیض یا مجازات بر اساس وضعیت، فعالیت ها، عقاید ابراز شده، یا اعتقادات والدین، سرپرستان قانونی یا اعضای خانواده کودک به عمل خواهند آورد.

ماده 12

1- کشورهای عضو تضمین خواهند کرد که کودکی که قادر به شکل دادن به عقاید خود است حق ابراز آزادانه این عقاید را در کلیه اموری که به وی مربوط می شود داشته باشد و متناسب با سن و میزان رشد فکری کودک به نظرات وی اهمیت لازم داده شود.

2- بدین منظور باید به ویژه برای کودک این فرصت فراهم شود تا بتواند در کلیه مراحل رسیدگی قضایی و اجرایی مربوط به خود مستقیماً

representative or an appropriate body, in a manner consistent with the procedural rules of national law.'[271]

Article 13

1. The child shall have the right to freedom of expression; this right shall include freedom to seek, receive and impart information and ideas of all kinds, regardless of frontiers, either orally, in writing or in print, in the form of art, or through any other media of the child's choice.

(e) International Convention on the Protection of the Rights of All Migrant Workers and Members of Their Families

Article 13

1. Migrant workers and members of their families shall have the right to hold opinions without interference.

2. Migrant workers and members of their families shall have the right to freedom of expression; this right shall include freedom to seek, receive and impart information and ideas of all kinds, regardless of frontiers, either orally, in writing or in print, in the form of art or through any other media of their choice.

3. The exercise of the right provided for in paragraph 2 of the present article carries with it special duties and responsibilities. It may therefore be subject to certain restrictions, but these shall only be such as are provided by law and are necessary:

(a) For respect of the rights or reputation of others;

(b) For the protection of the national security of the States concerned or of public order (ordre public) or of public health or morals;

(c) For the purpose of preventing any propaganda for war;

(d) For the purpose of preventing any advocacy of national, racial or religious hatred that constitutes incitement to discrimination, hostility or violence.

2. Regional Instruments

(a) European Convention for the Protection of Human Rights and Fundamental Freedoms (ECHR) 1950

Article 10

(1) Everyone has the right to freedom of expression. This right shall include freedom to hold opinions and to receive and impart information and ideas without interference by public authority and regardless of frontiers. This article shall not prevent States from requiring the licensing of broadcasting, television or cinema enterprises.

(2) The exercise of these freedoms, since it carries with it duties and responsibilities, may be subject to such formalities, conditions, restrictions or penalties as are prescribed by law and are necessary in a democratic society, in the interests of national security, territorial integrity or public safety, for the prevention of disorder or crime, for the protection of health or morals, for the protection of the reputation or the rights of others, for preventing the disclosure of information received in confidence, or for maintaining the authority and impartiality of the judiciary.

(b) Charter of Fundamental Rights of the European Union 2000

Article 11

Everyone has the right to freedom of expression. This right shall include freedom to hold opinions and to receive and impart information and ideas without interference by public authority and regardless of frontiers.

---

[271] The child's views in a legal proceeding are balanced against their age and maturity.

یا از طریق یک نماینده یا مرجع مناسب، به روشی منطبق با مقررات آیین دادرسی و قوانین داخلی اظهارنظر نماید[271].

ماده 13

1- کودک باید آزادی بیان داشته باشد. حق مذکور آزادی جستجو، دریافت و ارایه اطلاعات و عقاید از هرگونهرا، بدون ملاحظات مرزی، به طور شفاهی، کتبی، چاپ شده یا به شکل آثار هنری، و یا از طریق هر رسانه ای که کودک انتخاب کند در بر می‌گیرد.

کنوانسیون بین المللی حمایت از حقوق کارگران مهاجر و اعضای خانواده آنها

ماده 13

1- کارگران مهاجر و اعضای خانواده آنها حق بر داشتن عقاید بدون مداخله را دارند.

2- کارگران مهاجر و اعضای خانواده آنها حق بر آزادی بیان دارند. این حق آزادی جستجو، دریافت و ارایه اطلاعات و عقاید از هرگونه، بدون ملاحظات مرزی، به طور شفاهی، کتبی، چاپ شده یا به شکل آثار هنری، و یا از طریق هر رسانه ای که شخص انتخاب کند در بر می‌گیرد.

3- اعمال حق ذکر شده در پاراگراف 2 این ماده ممکن است منوط به برخی محدودیت ها باشد اما این محدودیت ها باید تنها منحصر به مواردی باشد که در قانون تصریح شده و به یکی از دلایل زیر ضروری است:

الف) برای رعایت حقوق یا آبروی دیگران

ب) برای حفظ امنیت ملی دولت مربوطه، نظم عمومی، بهداشت عمومی یا اخلاق

پ) به منظور جلوگیری از هرگونه تبلیغ برای جنگ

ت) به منظور جلوگیری از هرگونه حمایت از تنفر ملی، نژادی، مذهبی که تبعیض، دشمنی یا خشونت را بر می انگیزد.

2- اسناد منطقه ای

کنوانسیون اروپایی حمایت از حقوق بشر و آزادی های بنیادین 1950

ماده 10

1- هر فردی حق بر آزادی بیان دارد. این حق شامل آزادی داشتن عقاید و کسب و نشر اطلاعات و عقاید بدون مداخله مقامات عمومی و بدون ملاحظات مرزی است. این ماده مانع از این نیست که دولت دریافت مجوز برای رادیو، تلویزیون یا سینما را لازم بشمارد.

2- اعمال این آزادی ها از آن‌جا که همراه با وظایف و مسؤولیت هایی صورت می پذیرد ممکن است موضوع تشریفات، شرایط، محدودیت ها یا مجازات هایی که قانوناً معین می شوند یا در یک جامعه دموکراتیک ضروری هستند قرار گیرند نظیر منافع ملی، تمامیت ارضی یا امنیت عمومی، برای جلوگیری از بی نظمی یا جرم، برای حمایت از بهداشت یا اخلاق، یا برای حمایت از آبرو یا حقوق دیگران، یا برای جلوگیری از افشای اطلاعاتی که بر مبنای اعتماد محرمانه بودن به دست آمده، یا برای حفظ اقتدار و بی طرفی قضایی .

منشور حقوق بنیادین اتحادیه اروپا 2000

ماده 11

هر فردی حق بر آزادی بیان دارد.این حق شامل آزادی داشتن عقیده و دریافت و انتشار اطلاعات و عقاید بدون دخالت مقامات عمومی و بدون ملاحظات مرزی است.

---

271 - نظرات کودک در رسیدگی قانونی با توجه به سن و قدرت تشخیص وی سنجیده می شود.

(c) American Declaration of the Rights and Duties of Man 1948
Article IV
Every person has the right to freedom of investigation, of opinion, and of the expression and dissemination of ideas, by any medium whatsoever.

(d) American Convention on Human Rights (ACHR) 1969
Article 13
1. Everyone has the right to freedom of thought and expression. This right includes freedom to seek, receive, and impart information and ideas of all kinds, regardless of frontiers, either orally, in writing, in print, in the form of art, or through any other medium of one's choice.
2. The exercise of the right provided for in the foregoing paragraph shall not be subject to prior censorship but shall be subject to subsequent imposition of liability, which shall be expressly established by law to the extent necessary to ensure:
a. respect for the rights or reputations of others; or
b. the protection of national security, public order, or public health or morals.
3. The right of expression may not be restricted by indirect methods or means, such as the abuse of government or private controls over newsprint, radio broadcasting frequencies, or equipment used in the dissemination of information, or by any other means tending to impede the communication and circulation of ideas and opinions.
4. Notwithstanding the provisions of paragraph 2 above, public entertainments may be subject by law to prior censorship for the sole purpose of regulating access to them for the moral protection of childhood and adolescence
5. Any propaganda for war and any advocacy of national, racial, or religious hatred that constitute incitements to lawless violence or to any other similar action against any person or group of persons on any grounds including those of race, colour, religion, language, or national origin shall be considered as offences punishable by law.

(e) African [Banjul] Charter on Human and Peoples' Rights 1981
Article 9
1. Every individual shall have the right to receive information.
2. Every individual shall have the right to express and disseminate his opinions within the law.

D. MONITORING BODIES

(a) Human Rights Committee (ICCPR)
(b) The European Court of Human Rights (ECHR)
(c) United Nations Human Rights Council (UDHR)

E. CASE LAW

1. *Victor Ivan Majuwana Kankanamge v Sri Lanka*, Human Rights Committee[272]

(a) Legal issues
Freedom of the press.

(b) Facts
The complainant is a newspaper journalist and editor in Sri Lanka. He had been indicted by the State multiple times for having allegedly defamed State officers in his articles.

---

[272] *Victor Ivan Majuwana Kankanamge v Sri Lanka* (Human Rights Committee, 2000) UN Doc CCPR/C/81/D/909/2000.

اعلامیه آمریکایی حقوق و تکالیف بشر 1948

هر شخصی حق بر آزادی تحقیق، عقیده و بیان و انتشار نظرات با هر وسیله ای را دارد.

کنوانسیون آمریکایی حقوق بشر 1969

ماده13

1- هر فردی حق بر آزادی اندیشه و بیان دارد. این حق آزادی جستجو، دریافت و انتشار اطلاعات و نظرات از هر نوع و بدون ملاحظات مرزی را به هر یک از طرق شفاهی، کتبی، چاپی، به شکل آثار هنری یا به هر روشی که فرد انتخاب نماید در بر می‌گیرد.

2-اعمال حق پیش بینی شده در پاراگراف قبلی نباید مورد سانسور پیش از انتشار قرار گیرد ولیکن می تواند موضوع اعمال مسؤولیت آتی قرار گیرد که بایستی صریحاً به موجب قانون در راستای ضرورت تضمین:

احترام به آبرو یا حقوق دیگران؛ یا

دفاع از امنیت ملی، نظم عمومی، بهداشت عمومی یا اخلاق

باشد.

3-آزادی بیان نباید توسط روش ها و وسایل غیر مستقیم مانند سوء استفاده دولت یا کنترلهای خصوصی بر اخبار چاپی، انتشار فرکانس های رادیو یا بر تجهیزاتی که در انتشار اطلاعات به کار می روند یا توسط هر وسیله ای دیگر در جهت ایجاد اخلال در گردش و انتقال نظرات و عقاید محدود گردند.

4- صرف نظر از شروط پاراگراف 2 بالا، نمایش عمومی ممکن است تنها به هدف کنترل آنها در جهت حمایت اخلاقی از دوره کودکی و بلوغ مورد سانسور اولیه قرار گیرد.

هرگونه تبلیغ برای جنگ و حمایت از تنفر ملی، نژادی یا مذهبی که خشونت غیر قانونی را ترغیب نماید یا هر اقدام مشابه دیگر علیه هر فرد یا گروهی از افراد در هر زمینه ای اعم از جنس، رنگ، مذهب، زبان یا ریشه ملی باید به عنوان جرایم قابل مجازات توسط قانون به شمار آورده شوند.

منشور آفریقایی حقوق بشر و مردم 1981

ماده9

1-هر فردی حق دریافت اطلاعات را دارد.

2-هر فردی حق بیان و انتشار عقاید خود را در چارچوب قانون دارد.

نهادهای ناظر

- کمیته حقوق بشر
- دادگاه اروپایی حقوق بشر
- شورای حقوق بشر سازمان ملل

رویه قضایی

Victor Ivan Majuwana Kankonoge v. Sri Lanka [272]، کمیته حقوق بشر

موضوعات حقوقی:

آزادی مطبوعات

شرح پرونده:

خواهان روزنامه نگار و سردبیر یکی از روزنامه ها در سری لانکا است. وی چندین بار توسط دولت با ادعای افترا زدن به مقامات دولتی در مقالاتش مورد تعقیب قرار گرفته است.

---

[272] *Victor Ivan Majuwana Kankanamge v Sri Lanka,* Human Rights Committee, Communication 909/2000 U.N. Doc. CCPR/C/81/D/909/2000.

(c) Decision

In making its decision as to whether his acts constituted a violation of his right to free expression, the Human Rights Committee looked at several facts. First, they noted the Attorney General only pursued defamation claims against this complainant if the 'defamed' person in question was a highly influential head of State, while claims by less influential persons or political dissidents were dropped. Secondly, this defendant was being tried by the high court, and thus was subject to a heftier penalty, even though defamation offences are normally tried in the Magistrate's Court. Thirdly, the indictments were pending for a prolonged and unexplained period of time, creating a 'chilling effect' that effectively kept this journalist from doing his job properly.

Finally, the Committee noted that all of the indictments against the complainant were related to the 'exercise of his profession of journalist and, therefore, to the exercise of his right to freedom of expression'. Accordingly, the Committee concluded that the indictments were a violation of Article 19 of the ICCPR and requested that Sri Lanka provide the complainant with an appropriate remedy and compensation.

2. *Rafael Marques de Morais v Angola*, **Human Rights Committee**[273]

(a) Legal issues
Freedom of press.

(b) Facts

The complainant, a journalist with an independent newspaper, was punished for criticizing the Angolan President, dos Santos, in several articles. The articles disparaged the President in his personal and official capacity, stating that the President was responsible 'for the destruction of the country and the calamitous situation of State institutions' and was 'accountable for the promotion of incompetence, embezzlement and corruption as political and social values'. The complainant was subsequently arrested at gunpoint and held incommunicado for 10 days without being formally charged. He was held as a UNITA (National Union for the Total Independence of Angola) prisoner, and on 29 October 1999, he was transferred to another prison and granted access to representation. The *habeas corpus* complaint filed by his lawyer was never acknowledged, assigned to a judge, or heard by Angolan courts. On 25 November, more than one month after his initial arrest, the complainant was released on bail and charged with 'materially and continuously commit[ing] the crimes characteristic of defamation and slander against His Excellency the President of the Republic and the Attorney General of the Republic...' with aggravating circumstances.

(c) Decision

The Committee noted that any restrictions on the right to freedom of expression must be provided for by law and must be necessary to achieve one of the aims set out in Article 19, paragraph 3 (a) and (b), of the ICCPR. The Human Rights Committee also pointed out that ICCPR Article 2 includes the right of individuals to publicly and openly critique and evaluate their government without fear of persecution, as limited by Article 3, without fear of persecution or interference. In its holding, the Committee stated:

---

[273] *Rafael Marques de Morais v Angola* (Human Rights Committee, 2002) UN Doc CCPR/C/83/D/1128/2002.

رای:

کمیته حقوق بشر در راستای اتخاذ تصمیم که آیا اقدامات صورت گرفته نقض حق آزادی بیان است به واقعیتهای گوناگونی توجه نمود. نخست آنها این نکته را مورد توجه قرار دادند که دادستان کل صرفاً آن ادعاهای افترایی را تحت تعقیب قرارداده است که شخص مورد افترا از مقامات با نفوذ و عالی دولتی باشد. در حالی که دعاوی اشخاص با نفوذ کم تر یا مخالفین سیاسی رد شده است. دوم این که متهم توسط دیوان عالی مورد محاکمه قرار گرفته است و بنابراین مورد مجازات سنگین تری قرار گرفته است زیرا جرایم افترا به طور معمول در دادگاه بخش مورد رسیدگی قرار می گیرند. سوم محاکمه به یک دوره زمانی بلند مدت غیر قابل توجیه به طول انجامیده است که باعث ایجاد " آثار رکود" گردیده که به طور موثری این روزنامه نگار را از انجام حرفه اش باز داشته است.

در پایان متذکر می شود که تمام اتهامات علیه خواهان مرتبط با "انجام حرفه روزنامه نگاری و در نتیجه در راستای اجرای حق وی در آزادی بیان بوده است."

نتیجتاً کمیته تصمیم می گیرد که تعقیب های صورت گرفته نوعی نقض ماده 19 است و از سری لانکا می خواهد که غرامت و خسارت مناسبی را برای روزنامه نگار در نظر بگیرد.

کمیته حقوق بشر Rafael Maques de Moris v Angola[273]

موضوعات حقوقی:

آزادی مطبوعات

شرح پرونده:

خواهان یک روزنامه نگار یک روزنامه مستقل است که به دلیل مورد انتقاد قرار دادن مکرر رییس جمهور آنگولا داس سانتوس در چندین مقاله تحت مجازات قرار گرفته است. مقالات مذکور قابلیتهای شخصی و اداری رییس جمهور را زیر سوال برده است و متذکر می شوند که شخص رییس جمهور مسؤول"ویرانی کشور و وضعیت مصیبت بار نهادهای دولتی است " و نیز "مسؤول رشد بی کفایتی، اختلاس و رشوه به عنوان ارزشهای اجتماعی و سیاسی بوده است."خواهان متعاقباً به زور اسلحه بازداشت و به مدت ده روز بدون هیچگونه تفهیم اتهام رسمی در حبس انفرادی نگه داشته می شود. او به عنوان یک زندانی اتحاد ملی برای استقلال کامل آنگولا توقیف شده بود و در 29 اکتبر 1999 به زندان دیگری انتقال یافت و امکان دسترسی به وکیل به او داده شد. اعتراض به بازداشت غیر قانونی او که توسط وکیل وی تنظیم شده بود هیچگاه مورد قبول یا ارجاع به یک قاضی و یا مورد رسیدگی توسط یک دادگاه آنگولایی قرار نگرفت. در 25 نوامبر، او بیش از یک ماه بعد از شروع بازداشت اولیه‌اش با تودیع وثیقه و اتهام "ارتکاب مادی و پیوسته جرم افترا و تهمت علیه رییس جمهور و دادستان کل" با شرایط مشدده آزاد شد.

رای:

کمیته در رای خود متذکر می شود که محدودیت ها بر آزادی بیان باید قانوناً مشخص شده باشند و به یکی از دلایل ذکر شده در ماده 19 پاراگراف 3 الف و ب میثاق حقوق مدنی و سیاسی باشد. همچنین کمیته اشاره می کند که ماده 2 میثاق دربرگیرنده حق انتقاد آزادانه و علنی افراد بدون ترس از تعقیب قانونی یا مداخله است. کمیته در رای خود اظهار می دارد:

---

[273] *Rafael Marques de Morais v Angola,* Human Rights Committee, Communication No 1128/2002, U.N. Doc. CCPR/C/83/D/1128/2002.

Given the paramount importance, in a democratic society, of the right to freedom of expression and of free and uncensored press or other media, the severity of the sanctions imposed on the author cannot be considered as a proportionate measure to protect public order or the honour and the reputation of the President, a public figure who, as such, is subject to criticism and opposition.

The Committee found that Angola was in violation of ICCPR Article 19 and requested the Government reimburse the complainant accordingly.

3. *Auli Kivenmaa v Finland*, Human Rights Committee[274]

(a) Legal issues
Freedom of expression and opinion.

(b) Facts
The Committee had to consider the application of ICCPR Article 19 to non-journalists. The complainant was found guilty of holding a 'public meeting' without giving the State prior notice, a violation of Finland's Act of Public Meetings, and was fined accordingly. The 'public meeting' allegedly occurred when the complainant organized 25 people to pass out fliers and hold up a banner condemning a visiting foreign head of State for his human rights record. The complainant argued that her actions were in fact an exercise of her right to freedom of protection provided for by the Finnish Freedom of the Press Act, and required no prior notification.

(c) Decision
The Human Rights Committee found two things: first, that the complainant exercised the right to free expression by raising a banner in condemnation of the visiting foreign head of State; and secondly, that the State Party failed to show how tearing down the banner safeguarded any of the legitimate government interests set forth in Article 19(3) of the ICCPR.

4. *Muslum Gunduz v Turkey*, European Court of Human Rights[275]

(a) Legal issues
Statements inciting religious hatred and hostility.

(b) Facts
The applicant was found guilty of making statements inciting religious hatred and hostility. He alleged a violation of Article 10 of the ECHR.

(c) Decision
The Court held that merely defending a religious group, without calling for the use of violence to introduce it, was not 'hateful discourse'. However, it noted that

> tolerance and respect for the equal dignity of all human beings is the foundation of a democratic and pluralist society. As a result, it may be judged necessary in democratic societies to sanction and prevent all forms of expression which propagate, incite, promote or justify hatred founded on intolerance, if steps are taken to ensure that the 'formalities', 'conditions', 'restrictions' or 'penalties' imposed are proportionate to the legitimate aim pursued....

---

[274] *Auli Kivenmaa v Finland* (Human Rights Committee, 1994) CCPR/C/50/D/412/1990.
[275] *Muslum Gunduz v Turkey* Series A 2003-XI (2005) 41 EHRR 59.

"در یک جامعه دموکراتیک که به آزادی بیان و مطبوعات آزاد و بدون سانسور اهمیت لازم داده می شود شدت مجازات تحمیل شده بر نویسنده را نمی‌توان برای حفظ نظم عمومی یا اعتبار و آبروی رییس جمهور که به عنوان یک شخصیت عمومی می‌تواند مورد انتقاد و مخالفت قرار گیرد ، متناسب تلقی کرد."

کمیته حکم داد آنگولا ماده 19 میثاق را نقض کرده و لازم است خسارت خواهان را جبران کند.

کمیته حقوق بشر Auli Kivenmaa v Finland[274]

موضوعات حقوقی:

آزادی بیان و عقیده

شرح پرونده:

کمیته می بایستی امکان اجرای ماده 19 میثاق بین المللی حقوق مدنی و سیاسی را بر غیر روزنامه نگاران مورد بررسی قرار می‌داد. خواهان به واسطه برگزاری " اجتماع عمومی " بدون اطلاع قبلی به دولت به عنوان نقض قانون اجتماعات عمومی فنلاند مجرم شناخته شده بود و متعاقباً مورد صدور حکم قرار گرفت. این "اجتماع عمومی" بنا بر ادعا زمانی برگزار شد که خواهان 25 نفر از مردم را برای انتشار اعلامیه و برافراشتن پرچمی که دیدار مقام اول یک کشور خارجی را به دلیل سوابق بد حقوق بشری اش محکوم می کرد سازمان دهی نمود. خواهان اظهار داشت که اقدامات انجام گرفته در واقع اعمال حق وی در آزادی بیان است که برای آزادی مطبوعات در قانون فنلاند در نظر گرفته شده و نیاز به هیچ گونه اطلاع قبلی نداشته است.

رای:

کمیسیون حقوق بشر دو نظر داد: اول این که خواهان حق آزادی بیان را به وسیله بالا بردن یک پرچم در اعتراض به دیدار مقام خارجی اعمال کرده است و دوم اینکه دولت امضا کننده [میثاق] نتوانسته نشان دهد که از بین بردن پرچم، منافع مشروع دولتی مقرره ماده 19(3) را تأمین می‌کرده است.

دادگاه اروپایی حقوق بشر Muslum Gundz v urkey،[275]

موضوعات حقوقی:

اظهارات محرک خصومت و تنفر مذهبی

شرح پرونده:

خواهان به علت ایراد اظهاراتی که محرک خصومت و تنفر مذهبی بودند گناهکار شناخته شد. وی مدعی نقض ماده10 از کنوانسیون اروپایی حقوق بشر شد.

رای:

دادگاه اینگونه تصمیم گرفت که حمایت صرف از یک گروه مذهبی بدون دعوت برای به کارگیری خشونت در معرفی آن یک

> "نطق تنفر انگیز" نبوده است. در هر صورت دادگاه متذکر شد که"تحمل و احترام به کرامت برابر تمام ابنا بشر، پایه و اساس یک جامعه دموکراتیک و کثرت گرا است. در نتیجه ممکن است در جوامع دموکراتیک لازم دانسته شود تمام اشکال بیان را که تنفر بر پایه عدم تساهل را تبلیغ، تحریک، اشاعه یا توجیه می نماید محدود یا ممنوع کرد به شرط این که برای تضمین متناسب بودن "تشریفات"،"شرایط"،"محدودیتها "یا " مجازاتها" با اهداف مشروع گام‌هایی برداشته شود.

---

274 *Auli Kivenmaa v Finland* (Human Rights Committee, 1994) CCPR/C/50/D/412/1990.

275 *Muslum Gunduz v Turkey* Series A 2003-XI (2005) 41 EHRR 59.

5. *Sunday Times v UK*, European Court of Human Rights[276]

(a) Legal issues
Freedom of press; prohibition on publication of information related to pending civil proceedings.

(b) Facts
This case concerned the publication of details of pending civil proceedings concerning a large drug company who had marketed a drug that had devastating effects on hundreds of individuals.

(c) Decision
The Court noted that 'whilst the mass media must not overstep the bounds imposed in the interests of the proper administration of justice, it is incumbent on them to impart information and ideas concerning matters that come before the courts...'. The Court thought it necessary to consider the public-interest aspect of the case when determining whether the interference complained of was based on 'sufficient' reasons which rendered it 'necessary in a democratic society'. It was held that in the present case, the families of numerous victims of the tragedy ... had a vital interest in knowing all the underlying facts and the various possible solutions. They could be deprived of this information...only if it appeared absolutely certain that its diffusion would have presented a threat to the authority of the judiciary.

6. *Ozgur Gundem v Turkey*, European Court of Human Rights[277]

(a) Legal issues
Positive obligation on States to protect freedom of expression.

(b) Facts
This case concerned the State of Turkey's failure to investigate acts of violence against a newspaper because of the belief that the paper was a tool for anti-government propaganda.

(c) Decision
The Court found that '[g]enuine, effective exercise of [the freedom of expression] does not depend merely on the State's duty not to interfere, but may require positive measures of protection.' Furthermore, it was found that even if the newspaper were in opposition to the Government, this was not a valid justification for failure to investigate and protect the paper against lawful acts.

---

[276] *Sunday Times v UK* Series A No 30 (1979) 2 EHRR 245.
[277] *Ozgur Gundem v Turkey* Series A No 190 (2001) 31 EHRR 49.

دادگاه اروپایی حقوق بشر Sunday Times v UK[276]

موضوعات حقوقی:
آزادی مطبوعات، ممنوعیت انتشار اطلاعات مربوط به جریان دادرسی مدنی غیرقطعی

شرح پرونده
این قضیه مربوط به انتشار جزییات جریان دادرسی مدنی غیر قطعی مربوظ به یک شرکت بزرگ دارویی است.

رای:
دادگاه متذکر می شود که"در حالی که رسانه های گروهی نبایستی از محدوده ای که در جهت مصلحت اجرای درست و کامل عدالت وضع شده است تجاوز نمایند لیکن موظفند اطلاعات و نظراتی را که در برابر دادگاه مطرح می شود منتشر کنند...دادگاه این را ضروری می داند که جوانب منافع عمومی دعوا را در نظر بگیرد که آیا دخالت مورد ادعا بر اساس دلایل کافی با توجه به این که ارایه آنها در یک جامعه دموکراتیک ضروری بوده است، موجه است یا خیر. اینگونه رای داده شد که در دعوای حاضر خانواده های قربانیان متعدد این تراژدی.... نفع حیاتی در دانستن تمام واقعیتهای اصلی و راههای متعدد احتمالی را داشته اند. تنها در صورتی می توان آنها را از این اطلاعات محروم نمود که انتشار آنها با اطمینان، خطری برای اقتدار قضایی باشد."

دادگاه اروپایی حقوق بشر Ozgur Gunden v Turkey[277]

موضوعات حقوقی:
تعهد مثبت دولت در حمایت از آزادی بیان
شرح پرونده
این دعوا در رابطه با کوتاهی دولت ترکیه در تحقیق از اعمال خشونت علیه یک روزنامه است به دلیل اعتقاد به این که روزنامه مذکور وسیله ای برای تبلیغات علیه دولت بوده است.

رای:
دادگاه اینگونه رای داد که اعمال صحیح ومؤثر "آزادی بیان"صرفاً مربوط به وظیفه دولت در عدم دخالت نیست و ممکن است نیازمند به تدابیر مثبت حمایتی باشد. به علاوه حکم داده شد که اگر چه روز نامه مخالف دولت بوده است ولیکن این توجیه معتبری برای قصور در تحقیقات و حمایت از روزنامه در برابر اقدامات غیر قانونی نبوده است.

---

[276] *Sunday Times v UK* Series A No 30 (1979) 2 EHRR 245
[277] *Ozgur Gundem v Turkey* Series A No 190 (2001) 31 EHRR 49.

FREEDOM OF ASSEMBLY AND ASSOCIATION

A. DEFINITION AND SCOPE

Freedom of assembly and association enables individuals to come together and collectively express, promote, pursue and defend **common interests**. It includes the rights of individuals to set up organizations, to join or not join organizations, as well as the right of associations that have already been established to function without obstacle. The idea is that citizens can meet **peacefully** to consult one another about public affairs and to petition for redress of grievances, respected by all public authorities as part of the very idea of genuine democracy. The right to assembly and association is related to the freedom of expression; in effect advocacy of political views requires organization.

Beyond the political facet of the right of freedom of assembly and association as a prerequisite of democratic organization of the society, in the form of the organization of the citizens in political parties, the scope of the right covers a wide range of activities, where citizens gather and organize themselves in pursuit of a vast array of interests: culture, recreation, sport, social and humanitarian assistance, etc. Presently, the role played by such bodies, commonly known as **non-governmental organizations (NGOs)**, has grown at the domestic and international levels.

1. What is an Association?

A grouping is seen as exercising the freedom of assembly and association if beyond the common interests of the individuals; it has an **institutional structure** and is either not intended to be a profit-making body or, where trading activities are undertaken, it does not distribute profits accruing to the members, but uses them in pursuit of the common objectives. Professional bodies, where membership is compulsory, such as the bar association, do not constitute a manifestation of the right to assembly and association, but **voluntary** groupings/committees formed within these bodies, do.

2. State Regulation

Legal personality of such groupings is necessary to enter into contracts, exercise ownership rights over property and protect rights by being able to bring and defend legal proceedings, with the ultimate goal to successfully pursue their objectives. There is a call for States to increase recognition of such groupings and establish the appropriate legal and financial environment for the functioning of the associations. Sometimes, specific requirements are set for particular types of groupings, such as trade unions, but these requirements should by no means impede their operation. In any case, State regulations should not be unduly cumbersome and bureaucratic, thus amounting to a violation of the right of assembly and association. The **membership** to such associations should not be a reason for penalty or other punishment, unless there is a legitimate reason to prohibit such association. Also, the State should guarantee protection of the members from harassment, intimidation and violence.

3. Limitations

It is debatable what types of assemblies are protected and what constitutes peaceful assembly for these purposes. International standards specify that the right to freedom of assembly and association is not absolute, but that may be restricted on certain occasions, such as in case of national security, public safety, public order, the protection of public health or morals or the protection of the rights and freedoms of others. In any event, the restrictions imposed on the right to freedom of assembly and association must be prescribed by law and the **principle of proportionality** must be applied. For instance, action against an association may be justified where it has not observed legal requirements, but technical failings should not have serious consequences; while situations in which the association undertakes anti-constitutional and illegal activities that may harm the rest of the society are legitimately prohibited by law.

آزادي اجتماعات و تشكيلات

تعریف و قلمرو

آزادی گردهمائی و اجتماعات افراد را قادر می سازد تا ضمن گردهمایی با یکدیگر، به صورت دسته جمعی **منافع مشترک** خود را ابراز، ترویج و دنبال کرده و از آنها دفاع نمایند. این آزادی شامل حقوق افراد در ایجاد سازمان ها، الحاق یا عدم الحاق به آن ها و همچنین حق اجتماعاتی است که قبلاً ایجاد شده تا بتوانند بدون هیچگونه مانعی به فعالیت خود ادامه دهند. منظور این است که شهروندان بتوانند به صورت **مسالمت آمیز** گرد هم بیایند تا در باره ی موضوعات عمومی با یکدیگر مشورت نمایند و به منظور جبران تظلمات دادخواهی نمایند، و این امر به عنوان بخشی از اندیشه ی دموکراسی حقیقی توسط تمام مراجع (عمومی) دولتی حمایت شود. حق برگزاری گردهمائی و اجتماعات به آزادی بیان مربوط است و به دلیل تاثیرپذیری از دیدگاه های سیاسی، به سازمان‌دهی نیاز دارد.

گذشته از منظر سیاسی، این حق به عنوان لازمه سازمان دمکراتیک یک جامعه، دامنه وسیعی از فعالیت ها را در قالب سازماندهی شهروندان در احزاب سیاسی، قلمرو حق گردهمائی و اجتماعات در بر می گیرد، جایی که شهروندان در دستیابی به سلسله گسترده ای از منافع از قبیل فرهنگ، تفریح، ورزش، کمک های بشردوستانه و اجتماعی و غیره گرد هم می آیند و سازماندهی می شوند. در حال حاضر نقش ایفا شده توسط چنین نهاد هایی که عموماً تجت عنوان **سازمان های غیر دولتی** شناخته شده‌اند، در سطح داخلی و بین المللی رشد چشمگیری داشته است.

یک اجتماع چیست

چنانچه گروهی علاوه بر منافع مشترک افراد، دارای یک **ساختار سازمانی** باشد ویا که قصد سود دهی مدنظر نباشد یا در صورت انجام فعالیت های اقتصادی، سودهای حاصله را میان اعضای خود توزیع ننماید بلکه آن سودهای حاصله را در راستای اهداف مشترک به کار گیرد، می توان آن را گروهی تلقی کرد که آزادی گردهمائی و اجتماعات را اعمال می کند. نهاد های حرفه ای مانند کانون وکلاء که عضویت در آن ها اجباری است، تجلی حق آزادی گردهمائی و اجتماعات محسوب نمی شوند لیکن گروه ها و کمیته های داوطلبانه (اختیاری) شکل گرفته در درون این نهادها از چنین وضعیتی برخوردار هستند.

مقررات دولت

وجود شخصیت حقوقی برای چنین گروه هایی جهت انعقاد قراردادها، اعمال حقوق مالکیتی بر روی اموال و حقوق حمایتی از طریق توانائی در اقامه دعوا و دفاع در روند رسیدگی قضایی در راستای هدف نهایی آنها که پیگیری موفقیت آمیز اهداف آنان است، ضرورت دارد. درخواست از کشورها این است که شناسایی اینگونه گروه ها و ایجاد فضای مالی و حقوقی مناسب، جهت انجام وظیفه این اجتماعات را توسعه دهند. در برخی مواقع الزامات ویژه ای برای انواع خاصی از گروه ها مانند اتحادیه های صنفی مدنظر قرار می گیرد اما این الزامات نباید به هیچ طریقی در عملکرد آن گروه ها مانع ایجاد نمایند. در هر صورت مقررات دولت نباید بی جهت دست و پا گیر و بوروکراتیک باشد تا منجر به نقض حق گردهمائی و اجتماعات گردد . عضویت در چنین اجتماعاتی نباید دلیلی برجریمه و مجازات های دیگر گردد مگر اینکه یک دلیل قانونی جهت ممنوعیت چنین اجتماعی وجود داشته باشد. همچنین دولت باید حمایت از اعضای اجتماعات را در مقابل آزار و اذیت، تهدید و اعمال خشونت تضمین نماید.

محدودیت ها

این مطلب که چه نوعی از اجتماعات مورد حمایت هستند و کدام یک از آن ها صلح آمیز بوده و در جهت این اهداف ایجاد می شوند، بحث برانگیز است . معیارهای بین المللی مشخص می نمایند که حق بر آزادی گردهمائی و اجتماعات مطلق نمی باشد بلکه آن حق ممکن است در موارد خاصی چون امنیت ملی، ایمنی عمومی، نظم عمومی، حمایت از سلامت یا اخلاق عمومی یا حمایت از حقوق و آزادی های دیگران محدود شود. در هر حال محدودیت های تحمیل شده بر حق آزادی گردهمائی و اجتماعات باید توسط قانون تعیین شده باشد و اصل تناسب نیز باید اعمال گردد . برای مثال اقدام علیه یک اجتماع در صورتی که الزامات قانونی را رعایت نکرده باشد، ممکن است توجیه پذیر باشد اما در حالی که اجتماع ،حاوی اقدامات ضد قانون اساسی و غیر قانونی که می تواند آرامش جامعه را برهم زند توسط قانون ممنوع می‌شود.

4. Burden of Proof

In assessing violations of international human rights norms, the courts establish whether the applicant has provided enough evidence that there had been a violation of his rights. Where such a violation has been established, the burden of proof is on the State to prove that the restriction of the right was prescribed by law, imposed pursuant to a legitimate aim, and necessary in a democratic society to achieve that aim. The court then has to establish whether the restriction imposed by the State was necessary; whether it met a pressing social need; whether it was proportionate to the aim pursued; and whether the reasons given to justify it are relevant and sufficient. In answering these questions, States enjoy a margin of appreciation.[278]

5. Workers' Rights

The freedom of assembly and association as a means to enable workers to fight for their economic and social status is protected by international human rights and international labour law. These rights are enshrined in the conventions convened under the auspices of the **International Labour Organization** (ILO). The ILO was created in 1919 in the Treaty of Versailles for the League of Nations and it is the only surviving body of that organization. As such, it was also the first specialized agency of the United Nations. Its objectives are to promote social justice and human and labour rights, and in the pursuit of these aims it works on the drafting of laws—international conventions and recommendations. The numerous ILO conventions support the right of all persons to join and form trade unions without interference from public authorities, the right to form national and international confederations and the right to strike. National legislation shall not impair or be applied in a manner that would impede the rights granted to workers under international law. The ILO conventions further uphold the right of workers to organize themselves in groups, and the State must take positive steps to assist.

B. Issues

1. What Kind of Protection Should the State Provide?

The extent to which the State is obliged to intervene positively to protect assemblies from the violent actions of other groupings or persons who oppose them is questionable. Sometimes, peaceful demonstrators provoke hostile responses from individuals or groupings that do not agree with their objectives, such as employers against trade unions.

2. Licensing

As already explained, it is necessary to regulate the creation and operation of groupings not only to facilitate their functioning in pursuance of their objectives but also to protect the public from organized unlawful activities and crime. However, this licensing powers can create severe restrictions to the exercise of the right to freedom of assembly and association as their basis may be contentious.

---

[278]*United Communist Party of Turkey and Others v Turkey* Series A 1998-I (1998) 26 EHRR 121, paras 35–47; *Lingens v Austria* Series A No 103-B (1986) 8 EHRR 407, paras 35–37.

اثبات ادعا

در بررسی نقض هنجارهای بین المللی حقوق بشری، دادگاه ها احراز می نمایند که آیا خواهان دلایل کافی را به منظور اثبات نقض این گونه حقوق ارائه داده است یا خیر؟ درصورتی که بروز چنین نقضی اثبات شده باشد، دیگر بر عهده ی دولت است تا اثبات نماید که محدودیت بر این حق که توسط قانون مقرر شده، در راستای یک هدف مشروع تحمیل شده و در یک جامعه دموکراتیک دستیابی به آن هدف ضروری بوده است . سپس دادگاه احراز می نماید که آیا آن محدودیت تحمیل شده توسط دولت ضروری بوده یا خیر؟ آیا این امر پاسخ گوی نیازهای اجتماعی بوده یا خیر و این که آیا این امر در راستای هدف دنبال شده قرار دارد یا خیر؟ و اینکه آیا دلایل ارائه شده برای توجیه آن محدودیت مرتبط و کافی هستند یا خیر . در پاسخ به این سؤالات، دولت ها از یک حاشیه تقدیری برخوردار هستند.[278]

حقوق کارگران

آزادی گردهمائی و اجتماعات به عنوان وسیله ای که کارگران را برای مبارزه در جهت دست یابی به جایگاه مناسب اقتصادی و اجتماعی خود، توانمند سازد، از سوی حقوق بشر بین المللی و حقوق کار بین المللی مورد حمایت است. این حقوق در معاهدات منعقده تحت حمایت سازمان بین المللی کار مورد توجه و تاکید قرار گرفته است . **سازمان بین المللی کار** در سال 1919 تحت معاهده ورسای برای جامعه ی ملل ایجاد شد و تنها نهاد باقی مانده از آن سازمان است. بدین ترتیب، این سازمان اولین نهاد تخصصی سازمان ملل نیز هست. اهداف این سازمان ترویج عدالت اجتماعی، حقوق بشر و کار می باشد و در راستای این اهداف سازمان به تهیه ی پیش نویس های حقوقی معاهدات و توصیه نامه های بین المللی اقدام می نماید . تعداد زیادی از معاهدات سازمان بین المللی کار از حق همه افراد مبنی بر الحاق و تشکیل اتحادیه های صنفی بدون مداخله مقامات دولتی و حق تشکیل کنفدراسیون های ملی و بین المللی و حق اعتصاب، حمایت می نمایند. قوانین داخلی نباید سبب تضعیف حقوق اعطا شده به کارگران توسط حقوق بین الملل شود و یا به نحوی اعمال شود که از اعمال حقوق اعطا شده به کارگران توسط حقوق بین الملل ممانعت نماید . علاوه بر آن، معاهدات سازمان بین المللی کار، حق کارگران را بر سازماندهی شدن مورد تایید قرار داده و اعلام می دارد که دولت ها باید گام های مثبتی به منظور کمک به این امر بردارند.

موضوعات و مسائل

چه نوعی از حمایت ها را دولت باید تامین نماید

میزانی که دولت موظف است به منظور حمایت از اجتماعات در مقابل اعمال خشونت آمیز گروه ها و اشخاص دیگری که با آنها مخالف هستند، مداخله نماید، نامشخص است. برخی مواقع تظاهر کنندگان صلح جو، سبب بروز واکنش های خصمانه ی افراد و گروه هایی که با اهداف آنان موافق نیستند، می گردند. مانند کارفرما ها در مقابل اتحادیه های صنفی .

صدور مجوز

همان طوری که که قبلاً توضیح داده شد، کنترل بر تاسیس و فعالیت های گروه ها نه تنها به منظور تسهیل عملکرد آنها در راستای دست یابی به اهدافشان بلکه به منظور حفظ عموم از فعالیت های غیر قانونی سازمان یافته و جرائم، ضروری است. با این وجود اختیار اعطای مجوز میتواند محدودیت های شدیدی را بر اعمال این حق به این دلیل که اساس محدودیت ممکن است مورد اعتراض باشد، ایجاد نماید .

---

[278] *United Communist Party of Turkey and Others v. Turkey, - 19392/92 [1998] ECHR 1 (30 January 1998) paras. 35-47; Lingens v Austria, 9815/82 [1986] ECHR 7 (8 July 1986), paras. 35-37.*

C. KEY LEGAL INSTRUMENTS

1. Universal Instrument
(a) Universal Declaration of Human Rights 1948
Article 20
(1) Everyone has the right to freedom of peaceful assembly and association.
(2) No one may be compelled to belong to an association.

(b) International Covenant on Civil and Political Rights 1966
Article 21
The right of peaceful assembly shall be recognized. No restrictions may be placed on the exercise of this right other than those imposed in conformity with the law and which are necessary in a democratic society in the interests of national security or public safety, public order (*ordre public*), the protection of public health or morals or the protection of the rights and freedoms of others.
Article 22
1. Everyone shall have the right to freedom of association with others, including the right to form and join trade unions for the protection of his interests.
2. No restrictions may be placed on the exercise of this right other than those which are prescribed by law and which are necessary in a democratic society in the interests of national security or public safety, public order (*ordre public*), the protection of public health or morals or the protection of the rights and freedoms of others. This article shall not prevent the imposition of lawful restrictions on members of the armed forces and of the police in their exercise of this right.
3. Nothing in this article shall authorize States Parties to the International Labour Organisation Convention of 1948 concerning Freedom of Association and Protection of the Right to Organize to take legislative measures which would prejudice, or to apply the law in such a manner as to prejudice, the guarantees provided for in that Convention.

(c) International Covenant on Economic, Social and Cultural Rights 1966
Article 8
1. The States Parties to the present Covenant undertake to ensure:
(a) The right of everyone to form trade unions and join the trade union of his choice, subject only to the rules of the organization concerned, for the promotion and protection of his economic and social interests. No restrictions may be placed on the exercise of this right other than those prescribed by law and which are necessary in a democratic society in the interests of national security or public order or for the protection of the rights and freedoms of others;
(b) The right of trade unions to establish national federations or confederations and the right of the latter to form or join international trade-union organizations;
(c) The right of trade unions to function freely subject to no limitations other than those prescribed by law and which are necessary in a democratic society in the interests of national security or public order or for the protection of the rights and freedoms of others;
(d) The right to strike, provided that it is exercised in conformity with the laws of the particular country.
2. This article shall not prevent the imposition of lawful restrictions on the exercise of these rights by members of the armed forces or of the police or of the administration of the State.
3. Nothing in this article shall authorize States Parties to the International Labour Organisation Convention of 1948 concerning Freedom of Association and Protection of the Right to Organize to take legislative measures which would prejudice, or apply the law in such a manner as would prejudice, the guarantees provided for in that Convention.

اسناد مهم بین‌المللی

1 . اسناد جهانی

اعلامیه جهانی حقوق بشر 1948

ماده 20

(1) هر کس حق دارد آزادانه گردهمائی و اجتماعات مسالمت آمیز تشکیل دهد .

(2) هیچ کس را نمی توان مجبور به شرکت در اجتماعی کرد .

میثاق بین المللی حقوق مدنی و سیاسی 1966

ماده 21

حق تشکیل گردهمائی مسالمت آمیز بایستی به رسمیت شناخته شود . اعمال این حق تابع هیچ گونه محدودیتی نمی تواند باشد جز آنچه بر طبق قانون مقرر شده و در یک جامعه ی دموکراتیک به مصلحت امنیت ملی یا ایمنی عمومی یا نظم عمومی یا برای حمایت از سلامت یا اخلاق عمومی یا حقوق و آزادیهای دیگران ضرورت داشته باشد .

ماده 22

1 . هر کس حق اجتماع آزادانه با دیگران را دارد از جمله حق تشکیل اتحادیه های صنفی و الحاق به آن برای حمایت از منافع خود .

2 .اعمال این حق تابع هیچ گونه محدودیتی نمی تواند باشد مگر آن که به موجب قانون مقرر گردیده و در یک جامعهی دموکراتیک به مصلحت امنیت ملی یا ایمنی عمومی یا نظم عمومی یا حمایت از سلامت یا اخلاق عمومی یا حمایت از حقوق و آزادیهای دیگران ضرورت داشته باشد . این ماده مانع از آن نخواهد بود که اعضای نیروهای مسلح و پلیس در اعمال این حق تابع محدودیتها ی قانونی بشوند .

3 . هیچ یک از مقررات این ماده کشورهای متعاهد کنوانسیون 1948 سازمان بین المللی کار در خصوص آزادی اجتماعات و حمایت از حق متشکل شدن را مجاز نمی داردکه با اتخاذ تدابیر قانونگذاری یا با نحوه ی اجرای قوانین به تضمینهای مقرر در آن مقاوله نامه لطمه وارد آورند .

میثاق بین المللی حقوق اقتصادی، اجتماعی و فرهنگی 1966

ماده 8

1 . کشورهای متعاهد، متعهد می شوند که مراتب زیر را تضمین کنند :

الف) حق هر کس به این که به منظور پیشبرد و حفظ منافع اقتصادی و اجتماعی خود با رعایت مقررات سازمان ذیربط مبادرت به تشکیل اتحادیه های صنفی نماید و به اتحادیه ی صنفی مورد انتخاب خود ملحق شود . اعمال این حق را نمی توان تابع هیچ محدودیتی نمود مگر آنچه که به موجب قانون تعیین شده و در یک جامعه ی دموکراتیک برای مصالح امنیت ملی یا نظم عمومی یا حمایت از حقوق و آزادی های افراد دیگر ضرورت داشته باشد .

ب) حق اتحادیه های صنفی به تشکیل فدراسیونها یا کنفدراسیون های ملی و حق کنفدراسیون ها به تشکیل سازمان های اتحادیه ای صنفی بین المللی یا الحاق به آن ها .

ج) حق اتحادیه های صنفی که آزادانه به فعالیت خود مبادرت نمایند بدون هیچ محدودیتی جز آنچه به موجب قانون تعیین شده و در یک جامعه ی دموکراتیک برای مصالح امنیت ملی یا نظم عمومی یا حمایت از حقوق و آزادی های افراد دیگر ضرورت داشته باشد .

د) حق اعتصاب مشروط بر این که با رعایت مقررات کشور مربوط اعمال شود .

2 . این ماده مانع از آن نخواهد بود که اعضای نیروهای مسلح یا پلیس یا مقامات اداری دولت در اعمال این حقوق تابع محدودیتها ی قانونی بشوند

3 . هیچ یک از مقررات این ماده کشورهای متعاهد کنوانسیون 1948 سازمان بین المللی کار مربوط به آزادی اجتماعات و حمایت از حق تشکیلات را مجاز نمی دارد که با اتخاذ تدابیر قانونگذاری یا با نحوه ی اجرای قوانین به تضمینهای مقرر در آن مقاوله نامه لطمه وارد آورند .

(d) Convention concerning the Rights of Association and Combination of Agricultural Workers 1921[279]

Article 1

Each Member of the International Labour Organisation which ratifies this Convention undertakes to secure to all those engaged in agriculture the same rights of association and combination as to industrial workers, and to repeal any statutory or other provisions restricting such rights in the case of those engaged in agriculture.

(e) Declaration concerning the aims and purposes of the International Labour Organization (Declaration of Philadelphia) 1944[280]

Principle I

The Conference reaffirms the fundamental principles on which the Organization is based and, in particular, that—

...

(b) Freedom of expression and of association are essential to sustained progress;

...

(f) Convention concerning the Right of Association and the Settlement of Labour Disputes in Non-Metropolitan Territories 1947[281]

Article 1

This Convention applies to non-metropolitan territories.

Article 2

The rights of employers and employed alike to associate for all lawful purposes shall be guaranteed by appropriate measures.

(g) Convention concerning Freedom of Association and Protection of the Right to Organise 1948[282]

Article 2

Workers and employers, without distinction whatsoever, shall have the right to establish and, subject only to the rules of the organisation concerned, to join organisations of their own choosing without previous authorisation.

Article 3

...

2. The public authorities shall refrain from any interference which would restrict this right or impede the lawful exercise thereof.

Article 5

Workers' and employers' organisations shall have the right to establish and join federations and confederations and any such organisation, federation or confederation shall have the right to affiliate with international organisations of workers and employers.

Article 8

1. In exercising the rights provided for in this Convention workers and employers and their respective organisations, like other persons or organised collectivities, shall respect the law of the land.

---

[279] Convention concerning the Rights of Association and Combination of Agricultural Workers (ILO C11) (1921).

[280] Declaration concerning the aims and purposes of the International Labour Organization (Declaration of Philadelphia), International Labour Organization (10 May 1944).

[281] Convention concerning the Right of Association and the Settlement of Labour Disputes in Non-Metropolitan Territories (ILO C84) (1947).

[282] Convention concerning Freedom of Association and Protection of the Right to Organise (ILO C87) (1948).

معاهده ی مربوط به حقوق اجتماعات و گردهمائی کارگران کشاورزی 1921 [279]

ماده 1

هر عضو سازمان بین المللی کار که این معاهده را تصویب نماید، متعهد به حمایت از حقوق اجتماعات و گردهمائی کشاورزان، همانند کارگران صنعتی بوده و همچنین متعهدند همه قوانین یا مقررات دیگری که چنین حقوقی را در مورد کشاورزان محدود می نماید، لغو نمایند.

اعلامیه مربوط به مقاصد و اهداف سازمان بین المللی کار (اعلامیه فیلادلفیا) 1944 [280]

اصل 1

کنفرانس اصول بنیادین را که سازمان بر اساس آن بنا شده است و به ویژه موارد زیر را مجدداً تصدیق می نماید ،-[...]

(ب) آزادی بیان و اجتماعات جهت توسعه پایدار ضروری است.

[...]

معاهده مربوط به حق اجتماعات و حل و فصل اختلافات ناشی از کار در سرزمین های غیر مرکزی 1947[281]

ماده 1

این معاهده بر سرزمین های غیر مرکزی اعمال می شود .

ماده 2

حقوق کارفرمایان و کارگران جهت تشکیل اجتماع برای تمام مقاصد قانونی باید به صورت یکسان به وسیله ی اقدامات مناسب تضمین شود .

معاهده مربوط به آزادی اجتماعات و حمایت از حق سازماندهی تشکیلات (مجامع) 1948 [282]

ماده 2

کارگران و کارفرمایان بدون هیچگونه تمایزی باید حق تاسیس و الحاق به سازمان های مورد انتخاب خودشان را، البته فقط به شرط رعایت قوانین سازمان مربوطه، بدون اجازه ی قبلی داشته باشند .

ماده 3

[...]

2 . (مراجع عمومی) مقامات دولتی باید از هرگونه مداخله ای که منجر به محدود نمودن این حق یا مانع اعمال قانونی آن شود، خودداری نمایند .

ماده 5

سازمان های کارگران و کارفرمایان باید حق تاسیس و الحاق به فدراسیون ها و کنفدراسیون ها و از این دست سازمان ها را داشته باشند و فدراسیون ها یا کنفدراسیون ها باید از حق برقراری ارتباط و پیوستن به سازمان های بین المللی کارگران و کارفرمایان برخوردار باشند.

ماده 8

1 . در اعمال حقوق قید شده در این معاهده، کارگران و کارفرمایان و سازمان های مربوطه آنان مانند سایر اشخاص یا اجتماعات سازمان یافته، باید قوانین حاکم بر کشور را رعایت نمایند .

---

279 - معاهده مربوط به حقوق اجتماعات و گردهمایی کارگران کشاورز مصوب 1921

280 - اعلامیه مربوط به مقاصد و اهداف سازمان بین المللی کار (بیانیه فیلادلفیا)، سازمان بین المللی کار، 10 می 1944.

281 - کنوانسیون مربوط به حق اجتماعات و حل و فصل اختلافات ناشی ازکار درسرزمین های غیرمرکزی ، (ILO C84)، 1947

282 - کنوانسیون مربوط به آزادی اجتماعات و حمایت از حق سازماندهی مجامع ,(ILO C87) ، 1948

2. The law of the land shall not be such as to impair, nor shall it be so applied as to impair, the guarantees provided for in this Convention.

Article 11

Each Member of the International Labour Organisation for which this Convention is in force undertakes to take all necessary and appropriate measures to ensure that workers and employers may exercise freely the right to organise.

(h) Convention concerning the Application of the Principles of the Right to Organise and to Bargain Collectively 1949[283]

Article 1

1. Workers shall enjoy adequate protection against acts of anti-union discrimination in respect of their employment.

2. Such protection shall apply more particularly in respect of acts calculated to—

(a) make the employment of a worker subject to the condition that he shall not join a union or shall relinquish trade union membership;

(b) cause the dismissal of or otherwise prejudice a worker by reason of union membership or because of participation in union activities outside working hours or, with the consent of the employer, within working hours.

Article 2

1. Workers' and employers' organisations shall enjoy adequate protection against any acts of interference by each other or each other's agents or members in their establishment, functioning or administration.

2. In particular, acts which are designed to promote the establishment of workers' organisations under the domination of employers or employers' organisations, or to support workers' organisations by financial or other means, with the object of placing such organisations under the control of employers or employers' organisations, shall be deemed to constitute acts of interference within the meaning of this Article.

Article 3

Machinery appropriate to national conditions shall be established, where necessary, for the purpose of ensuring respect for the right to organise as defined in the preceding Articles.

2. Regional Instruments

(a) The European Convention on Human Rights

Article 11

1. Everyone has the right to freedom of peaceful assembly and to freedom of association with others, including the right to form and to join trade unions for the protection of his interests.

2. No restrictions shall be placed on the exercise of these rights other than such as are prescribed by law and are necessary in a democratic society in the interests of national security or public safety, for the prevention of disorder or crime, for the protection of health or morals or for the protection of the rights and freedoms of others. This article shall not prevent the imposition of lawful restrictions on the exercise of these rights by members of the armed forces, of the police or of the administration of the State.

(b) Charter of Fundamental Human Rights of the European Union

Article 12

Freedom of assembly and of association

1. Everyone has the right to freedom of peaceful assembly and to freedom of association at all levels, in particular in political, trade union and civic matters, which implies the right of everyone to form and to join trade unions for the protection of his or her interests.

---

[283] Convention concerning the Application of the Principles of the Right to Organise and to Bargain Collectively (ILO C98) (1949).

2 . قوانین حاکم بر کشور نباید آنچنان باشد و نباید به نحوی اعمال شود که به تضعیف تضمین های مقرر شده در این معاهده بیانجامد .

ماده 11

هر عضوی از سازمان بین المللی کار که این معاهده نسبت به او لازم الاجرا است، متعهد می شود تا تمام اقدامات لازم و مناسب را جهت تضمین برخورداری آزادانه کارگران وکارفرمایان از حق سازماندهی تشکیلات (مجامع) اتخاذ نماید.

معاهده مربوط به اعمال اصول حق ایجاد تشکیلات (مجامع) و قراردادهای دسته جمعی 1949 [283]

ماده 1

1 . کارگران باید از حمایت کافی در مقابل تبعیضات ضد اتحادیه‌ای در رابطه با استخدام بهره مند باشند .

2 . چنین حمایتی باید به خصوص بیشتر در رابطه با اعمال جساب شده در موارد ذیل صورت گیرد :

(الف) شغل یک کارگر به این شرطوابسته شود که او به یک اتحادیه ملحق شود یا از عضویت یک اتحادیه ی صنفی صرف نظر نماید .

(ب) یک کارگر به دلیل عضویت در یک اتحادیه یا مشارکت در فعالیت های یک اتحادیه خارج از ساعات کاری یا در صورت رضایت کارفرما در طول ساعات کاری، باشد. اخراج یا به گونه دیگر متضرر شود.

ماده 2

1 . سازمان های کارگران و کارفرمایان باید از حمایت کافی در مقابل تمام اعمال مداخله گرانه توسط یکدیگر یا نمایندگان یا عوامل آنان در تاسیس و عملکرد یا اداره آن ها، بهره مند باشند .

2 . به ویژه اعمالی که به منظور ترویج ایجاد سازمان های کارگری تحت تسلط کارفرمایان یا سازمان های کارفرمایان، یا به منظور حمایت سازمان های کارگری از طریق مالی یا شیوه های دیگر با این هدف که این گونه سازمان ها را تحت کنترل کارفرمایان یا سازمان های کارفرمایان قرار دهند، طراحی شده اند ، باید براساس مفهوم این ماده، اعمال مداخله گرایانه تلقی شوند.

ماده 3

با هدف تضمین رعایت حق ایجاد تشکیلات (مجامع)، همان طوری که در مواد قبلی مشخص گردید، باید در سطح ملی ساختار مناسبی ایجاد شود.

2 . اسناد منطقه ای

کنوانسیون اروپایی حقوق بشر

ماده 11

1 . هر کس حق آزادی اجتماع صلح آمیز و آزادی مشارکت با دیگران، شامل حق تشکیل یا الحاق به اتحادیه های صنفی برای حمایت از منافع خود را دارد .

2 . هیچ تضییقاتی نسبت به اعمال این حقوق نباید اعمال شود مگر آنچه که قانوناً و در جامعه دموکراتیک برای منافع امنیت ملی یا سلامت عمومی، حفظ نظم و پیشگیری از جرائم، حمایت از بهداشت یا اخلاقیات یا حمایت از حقوق و آزادی های دیگران لازم باشد . این ماده مانع از آن نخواهد بود که در اجرای این حقوق توسط اعضای نیروهای مسلح، پلیس یا دولت تضییقاتی وضع شود .

منشور حقوق اساسی بشر اتحادیه اروپا

ماده 12

آزادی گردهمائی و اجتماعات

1 . هر کس حق آزادی اجتماع صلح آمیز و آزادی مشارکت، به ویژه در مسائل سیاسی، اتحادیه ای و شهروندی، را در همه سطوح دارد که بر حق هرکس بر تشکیل و الحاق به اتحادیه های صنفی به منظور حمایت از منافع خودش دلالت دارد .

---

[283] - کنوانسیون مربوط به اعمال اصول حق ایجاد مجامع و قراردادهای دسته جمعی ,(ILO C98)، 1949

2. Political parties at Union level contribute to expressing the political will of the citizens of the Union.

(c) African Charter on Human and People's Rights[284]
Article 10
1. Every individual shall have the right to free association provided that he abides by the law.
2. Subject to the obligation of solidarity provided for in 29 no one may be compelled to join an association.
Article 11
Every individual shall have the right to assemble freely with others. The exercise of this right shall be subject only to necessary restrictions provided for by law, in particular those enacted in the interest of national security, the safety, health, ethics and rights and freedoms of others.

(d) American Declaration on the Rights and Duties of Man[285]
Article XXI—Right of Assembly
Every person has the right to assemble peaceably with others in a formal public meeting or an informal gathering, in connection with matters of common interest of any nature.
Article XXII—Right of Association
Every person has the right to associate with others to promote, exercise and protect his legitimate interests of a political, economic, religious, social, cultural, professional, labor union or other nature.

(e) American Convention on Human Rights, OAS Treaty Series No 36, 1144 UNTS 123, *entered into force* 18 July 1978, *reprinted in* Basic Documents Pertaining to Human Rights in the Inter-American System, OEA/Ser.L.V/II.82 doc.6 rev.1, 25 (1992)
Article 15—Right of Assembly
The right of peaceful assembly, without arms, is recognized. No restrictions may be placed on the exercise of this right other than those imposed in conformity with the law and necessary in a democratic society in the interest of national security, public safety or public order, or to protect public health or morals or the rights or freedom of others.
Article 16—Freedom of Association
1. Everyone has the right to associate freely for ideological, religious, political, economic, labor, social, cultural, sports, or other purposes.
2. The exercise of this right shall be subject only to such restrictions established by law as may be necessary in a democratic society, in the interest of national security, public safety or public order, or to protect public health or morals or the rights and freedoms of others.
3. The provisions of this article do not bar the imposition of legal restrictions, including even deprivation of the exercise of the right of association, on members of the armed forces and the police.

---

[284] African Charter on Human and People's Rights (adopted 27 June 1981, entered into force 21 Oct 1986) OAU Doc CAB/LEG/67/3 rev 5 (1982) 21 ILM 58.
[285] American Declaration on the Rights and Duties of Man (approved by the Ninth International Conference of American States, Bogotá, Colombia, 1948).

. احزاب سیاسی در سطح اتحادیه **اروپا**، در بیان اراده ی سیاسی شهروندان اتحادیه مشارکت دارند .

منشور افریقایی حقوق بشر و مردم[284]

ماده 10

1 . هر فرد حق آزادی شرکت در انجمن ها را به شرط رعایت مقررات قانونی خواهد داشت .

2 . هیچ کس را نمی توان جز به منظور رعایت تعهد همبستگی مذکور در ماده ی 29 مجبور به عضویت در انجمنی کرد .

ماده 11

هر فرد حق اجتماع آزادانه با دیگران را خواهد داشت . اعمال این حق فقط مقید به محدودیت های ضروری معین شده در قانون و مقررات بخصوص قوانین تصویب شده در جهت حفظ منافع ملی، امنیتی، بهداشتی، اخلاقی یا رعایت حقوق و آزادی های دیگران خواهد بود .

اعلامیه آمریکایی حقوق و تکالیف بشر[285]

ماده 21 – آزادی گردهمائی

هر کس حق تشکیل اجتماع مسالمت آمیز با دیگران را در یک جلسه عمومی رسمی یا یک جمع غیر رسمی در رابطه با مسائلی از منافع مشترک از هر قسم را دارد .

ماده 22 – آزادی اجتماعات

هر کس حق تشکیل اجتماع با دیگران را به منظور ترویج، اعمال و حمایت از منافع قانونی خودش، در زمینه های سیاسی،اقتصادی، مذهبی، اجتماعی، فرهنگی، حرفه ای، اتحادیه های کارگری و دیگر اقسام، دارد .

کنوانسیون آمریکایی حقوق بشر

مصوب : 22 نوامبر 1969، لازم الاجرا از : 18 ژوئیه 1978

ماده 15 – حق اجتماع

حق تشکیل اجتماع مسالمت آمیز – بدون سلاح – به رسمیت شناخته می شود . اعمال این حق تابع هیچ گونه محدودیتی نمی تواند باشد مگر آنچه بر طبق قانون مقرر شده و در جامعه ی دموکراتیک به مصلحت امنیت ملی، سلامت عمومی یا نظم عمومی باشد یا برای حمایت از بهداشت عمومی یا اخلاق عمومی یا حقوق یا آزادی های دیگران ضروری باشد .

ماده 16 – آزادی تشکیل گردهمائی

1 . هر کس حق دارد با اهداف اعتقادی، مذهبی، سیاسی، اقتصادی، کاری، اجتماعی، فرهنگی، ورزشی و سایر اهداف آزادانه تشکیل انجمن دهد .

2 . اعمال این حق فقط تابع محدودیت هایی خواهد بود که قانون مقرر کرده است و در جامعه ای دموکراتیک به مصلحت امنیت ملی، ایمنی عمومی یا نظم عمومی باشد، یا برای حمایت از بهداشت یا اخلاق عمومی یا حقوق و آزادی های دیگران ضروری باشد .

3 . مقررات این ماده مانع از آن نخواهد بود که محدودیت های قانونی حتی سلب اعمال حق تشکیل انجمن برای اعضای نیرو های مسلح و پلیس وضع شود .

---

284 - منشور آفریقایی حقوق بشر و مردم مصوب 27 ژوئن 1981، سند شماره OAU Doc. CAB/LEG/67/3 rev. 5, 21 I.L.M. 58 (1982) که درتاریخ 21 اکتبر 1986 به اجرا درآمد.

285 - اعلامیه آمریکایی حقوق و تکالیف بشر (مصوب نهمین کنفرانس بین المللی کشور های آمریکایی)، بوگوتا، کولومبیا، 1948.

D. MONITORING BODIES

(a) United Nations Human Rights Committee

(b) Committee on Economic, Social and Cultural Rights

(c) **Committee on Freedom of Association** (CFA). This committee was set up in 1951 by the International Labour Organization, with the aim to ensure compliance with the principle of freedom of association in countries that had not ratified the ILO conventions. The Committee investigates complaints submitted to the Governing Body which allege violations of freedom of association and for representations that concern such issues whether or not the country concerned has ratified the relevant conventions. If it decides to consider the case it will establish the facts in a dialogue with the government concerned and, if after consideration it finds a violation of this right, it issues a report and makes recommendations on how they can be remedied. Governments then have to make reports on the implementation of the recommendations.[286] Where the country concerned has ratified the conventions, the case may be referred to the Committee of Experts or the CFA may suggest a 'Direct Contacts' mission to address the problem directly with government officials.

(d) European Social Charter

E. CASE LAW

1. *Kivenmaa v Finland*, Human Rights Committee[287]

(a) Legal issues
Freedom of expression and freedom of assembly (ICCPR Articles 19 and 21).

(b) Facts
The applicant and 25 other people gathered outside the Presidential Palace on the day a foreign official was to visit the country. They distributed leaflets and, when they raised a banner criticizing the human rights record of the dignitary's country of provenance, it was removed. Kivenmaa was arrested for holding a public demonstration without prior notification. Her conviction was upheld on appeal. Her complaint before the Commission was deemed admissible on the grounds of breaches of Articles 15, 19 and 21.

(c) Decision
The Committee held that a requirement of prior notification of a few hours could fall within the scope of limitations of Article 21; the gathering at the welcoming ceremony was not a demonstration and therefore there was a breach of the right to freedom of assembly; raising a banner constitutes the right to express one's opinion; and that since there was no law prohibiting its use, there had been a breach of Article 19.

2. *Plattform 'Ärtzen für das Leben' v Austria*, European Court of Human Rights[288]

(a) Legal issues
Freedom of association and assembly, ECHR Article 11.

---

[286] See also LibSynd for cases decided by the Committee on Freedom of Association at <http://webfusion.ilo.org/public/db/standards/normes/libsynd/index.cfm?hdroff=1> (last visited 21 August 2007).

[287] *Kivenmaa v Finland* (Human Rights Committee 1994) CCPR/C/50/D/412/1990.

[288] *Plattform 'Ärtzen für das Leben' v Austria* Series A No 139 (1986) 13 EHRR 204.

نهادهای ناظر

- کمیته حقوق بشر سازمان ملل متحد
- کمیته حقوق اقتصادی، اجتماعی و فرهنگی
- کمته آزادی اجتماعات

این نهاد در سال 1951 توسط سازمان بین المللی کار تاسیس شد و هدف آن تضمین رعایت اصول آزادی اجتماعات در کشورهایی است که معاهدات سازمان بین المللی کار را تصویب نکرده اند. کمیته مذکور شکایاتی را که در ارتباط با ادعای نقض آزادای اجتماعات به هیئت رئیسه تسلیم شده مورد بررسی قرار می دهد. صرف نظر از این که کشور موردنظر عضو معاهدات مربوطه باشد یا خیر. چنانچه تصمیم به بررسی موضوع گرفته شود، شرح پرونده مربوطه از طریق مذاکره با دولت ذیربط جمع آوری می شود و پس از بررسی آن ها چنانچه با موارد نقض این حقوق مواجه شد، گزارشی را در این خصوص ارائه می کندو توصیه هایی در خصوص چگونگی رفع این نگرانی ها و جبران خسارت ناشی از آن تهیه می کند. پس از آن دولت ها باید، گزارشاتی در خصوص چگونگی اجرای این توصیه ها ارائه نمایند. اگر کشور موردنظر معاهدات مربوطه را تصویب کرده باشد، ممکن است موضوع به کمیته متخصصین ارجاع شود[286]. همچنین کمیته آزادی اجتماعات می تواند پیشنهاد تشکیل گروه تماس مستقیم جهت رفع مشکل از طریق برقراری ارتباط مستقیم با مقامات دولت مذکور را ارائه نماید.

- منشور اجتماعی اروپا

رویه قضایی

کمیته حقوق بشر، پرونده کیونما Kivermaa علیه دولت فنلاند [287]

موضوعات حقوقی:

آزادی بیان، و آزادی اجتماعات (مواد 9 و 21 میثاق بین المللی حقوق مدنی و سیاسی)

شرح پرونده:

خواهان به همراه 25 نفر دیگر در هنگام دیدار یک مقام رسمی خارجی از آن کشور، در مقابل کاخ ریاست جمهوری تجمع کردند. آنان اقدام به توزیع نشریه و تراکت نموده و هنگام نصب پلاکارد در انتقاد علیه وضعیت حقوق بشر در آن کشور، پلاکارد مذکور پائین آورده شد. وی نیز به دلیل برگزاری تظاهرات عمومی بدون اطلاع قبلی دستگیر شد. محکومیت نامبرده در دادگاه استیناف نیز مورد تایید قرار گرفت. شکایت وی‌به‌کمیسیون در ارتباط با نقض مواد 13، 19 و 21 مورد قبول واقع شده است.

رای:

کمیته اعلام کرد نیاز به اطلاع قبلی ظرف چند ساعت می تواند در قلمرو محدودیت‌های یادشده ماده 21 قرار گیرد، گردهمایی در مراسم استقبال به مثابه تظاهرات تلقی نمی شود و لذا نقض حقوق آزادی اجتماعات صورت گرفته است. افراشتن پلاکارد به منظور ابراز عقاید افراد از حقوق اساسی آن بشمار می رود در حالی که قانون در جهت منع این امر وجود نداشته است، این امر نقض ماده 19 محسوب می شود.

پرونده Artzen fur das Leben علیه دولت اتریش – دادگاه اروپائی حقوق بشر [288]

موضوعات حقوقی:

آزادی گردهمائی و اجتماعات، ماده 11 دادگاه اروپائی حقوق بشر

---

[286] - همچنین پرونده هایی که کمیته آزادی اجتماعات درخصوص آنها تصمیم گرفته است درسایت زیر دیده شود: http://webfusion.ilo.org/public/db/standards/normes/libsynd/index.cfm?hdroff=1 (last seen 21 August 2007).

[287] .*Kivenmaa v Finland* (Human Rights Committee 1994) CCPR/C/50/D/412/1990

[288] *Plattform 'Ärtzen für das Leben' v Austria* Series A No 139 (1986) 13 EHRR 204.

(b) Facts

Ärtzen für das Leben is an association of doctors campaigning against abortion. In 1980 and 1982, they staged two demonstrations that were interrupted by counter-demonstrators despite the large number of police deployed.

(c) Decision

The court held that the effective freedom of peaceful assembly cannot be reduced to the duty on the part of the State not to interfere as this negative duty would not reflect the object and purpose of Article 11. The Court further held that Article 11 may require positive steps to be taken even in the relations between individuals and that the obligations on the authorities are with regard to measures to be taken rather than results to be achieved. In this specific case, however, it was decided that the Austrian authorities had not failed to take reasonable and appropriate measures.

3. *Young, James and Webster v United Kingdom*, European Court of Human Rights[289]

(a) Legal issues

Negative rights—right not to belong to an organization, ECHR Article 11.

(b) Facts

The applicants wanted to assert their right not to join a railway workers union. They argued that belonging to that organization would signify supporting political activities of which they did not approve.

(c) Decision

The Court decided that even though compulsion to join an organization would not always be contrary to Article 11, in this particular case the applicants faced the threat of losing their employment, meaning that it was a form of compulsion incompatible with ECHR Article 11.

4. *Sigurur A Sigurjonsson v Iceland*, European Court of Human Rights, 1993

(a) Legal issues

Freedom of association; negative rights.

(b) Facts

The applicant was a licensed taxi driver who was only allowed to work if he joined an association the Government had designated responsible for the regulation of the trade, which did not engage in collective bargaining or belong to the trade union federation. Sugurjonsson did not approve of some of the policies of this association. When he stopped paying membership fees to the association he was stopped from advertising his car. The Supreme Court in Iceland decided that in some cases membership to a certain organization may be compulsory, but that in the present case there was no legal basis for the requirement. A law was subsequently passed that made association compulsory. The applicant complained that membership was against his wishes and interests and complained of a breach of his freedom of association, thought, conscience and expression. The Commission found a breach of ECHR Article 11 and did not consider the possible breaches of ECHR Articles 9 and 10.

---

[289] *Young, James and Webster v United Kingdom* Series A No 44 (1982) 4 EHRR 38.

شرح پرونده :

Artzen fur das Leben انجمنی متشکل از پزشکان است که در جهت مقابله با سقط جنین فعالیت دارد. در سال 1980 و 1982 آنان دو مرحله تظاهرات برپا کردند که علیرغم استقرار شمار زیادی از نیروهای پلیس، از سوی نیروهای مخالف آنان در هم شکسته شد.

رای:

دادگاه اعلام کرد که آزادی موثر در برگزاری اجتماعات صلح آمیز نباید براساس عدم مداخله کاهش یابد و این اقدام سلبی ناشی از عدم مداخله با هدف و موضوع ماده 11 مغایر است. علاوه بر آن دادگاه اعلام کرد که ماده 11 حاکی از آن است که گام های مثبت حتی در ارتباط با روابط افراد باید برداشته شود و الزامات تعیین شده از سوی مراجع در این خصوص صرفاً در راستای اقداماتی است که باید انجام شود نه نتایجی که از آن حاصل می شود. در عین حال در خصوص این موضوع خاص، حکم بر آن شد که مقامات اتریشی در اتخاذ اقدامات متناسب و معقول کوتاهی نکرده‌اند.

پرونده یونگ، جیمز و وبستر علیه دولت انگلیس – دادگاه اروپائی حقوق بشر [289]

موضوعات حقوقی:

حقوق سلبی، عدم تعلق به یک سازمان، ماده 11 دادگاه اروپائی حقوق بشر

شرح پرونده:

خواهان ها تقاضا دارند از حق خود مبنی بر نپیوستن به اتحادیه کارگران راه آهن دفاع کنند. آنان معتقد هستند که تعلق به آن سازمان به مفهوم حمایت از نوعی از فعالیت های سیاسی است که مورد تایید آنان نیست.

رای:

دادگاه حکم کرد گرچه الزام به پیوستن به یک سازمان همواره مغایر با ماده 11 منشور نیست، در این دعوای خاص، خواهان ها با تهدید از دست دادن شغل خود مواجه شده اند و این امر بدین معناست که این شکل از الزام با ماده 11 سازگاری ندارد.

پرونده Sigurjonsson علیه دولت ایسلند، دادگاه اروپائی حقوق بشر 1993

موضوعات حقوقی:

آزادی اجتماعات، حقوق سلبی

شرح پرونده:

خواهان یک راننده تاکسی دارای مجوز است که اجازه فعالیت وی تنها منوط به پیوستن او به انجمنی است که دولت به عنوان مقام مسئول برای مقررات تجاری تعیین کرده، ولی از حقوق اعضای خود دفاع جمعی نمی‌کند و جز فدراسیون اتحادیه های صنفی نیز نیست. خواهان با برخی از سیاست های این انجمن موافق نبود. زمانی که پرداختن حق عضویت خود را متوقف کرد، اجازه بهره برداری از تاکسی به وی داده نشد. دادگاه عالی ایسلند حکم داد که در برخی موارد، عضویت در یک سازمان اصلی ممکن است اجباری باشد اما در مورد اخیر، منشاء قانونی در این خصوص وجود ندارد. قانونی متعاقب آن تصویب شد که عضویت در انجمن را الزامی دانسته است. خواهان مدعی است که عضویت در انجمن در تعارض با تمایلات و منافع وی بوده و نسبت به نقض آزادی اجتماعات و ابراز بیان و عقیده شکایت دارد. کمیسیون نقض ماده 11 دادگاه اروپائی حقوق بشر را تایید کرد ولی نقض احتمالی مواد 9 و 10 را وارد ندانست..

---

[289] *Young, James and Webster v United Kingdom* Series A No 44 (1982) 4 EHRR 38.

(c) Decision
The European Court of Human Rights held that the risk of losing licences for refusing membership was contrary to the very substance of the negative right of association, and that compulsory membership was not necessary in order to carry out its regulatory functions. The Court found a violation of ECHR Article 11.

5. *Ezelin v France*, European Court of Human Rights[290]

(a) Legal issues
Freedom of Association and Assembly (ECHR Article 11 ECHR); professional duties.

(b) Facts
The applicant had taken part in a demonstration in which slogans that were hostile to the police and the judiciary were chanted and graffiti was painted on administrative buildings. The identity of the perpetrator was unknown. The public prosecutor complained, however, that the fact that Ezelin had refused to answer questions when the investigation was being carried out showed willingness to be associated with the criticisms being made of the judiciary.

The bar council declined to impose disciplinary sanctions on the applicant but the Court of Appeal decided that attending the demonstration carrying a placard announcing his profession, he had been there in his capacity as an *avocat* and he had not dissociated himself from the demonstrators' offensive or insulting acts or left the procession. His refusal to answer questions was, moreover, held to be a breach of the criminal code and a disciplinary penalty was imposed on him. The applicant complained before the European Commission of Human Rights that his right of freedom of expression and assembly had been breached. While the Commission found no breach of Article 10, it found that Article 11 had been breached.

(c) Decision
The Court found that it would consider the breach of Article 10 jointly with Article 11 in this case since the protection of personal opinions as secured by Article 10 is one of the objectives of freedom of peaceful assembly (Article 11).

The Court held that there had been a breach of the applicant's right to assembly because he had carried out the offending acts and that 'restrictions' as provided under Article 11 (2) include measures taken before and after the demonstration.

The Court mentioned that while the interference was prescribed by law because *avocats* have the duty to respect judicial authorities and were in the pursuit of a legitimate aim (prevent disorder), the sanction was unlawful because the right to peaceful assembly cannot be restricted, even for an *avocat*, as long as he had not actually committed any of the acts that caused offence.

6. *United Communist Party of Turkey and Others v Turkey*, European Court of Human Rights[291]

(a) Legal issues
Dissolution of political parties; ECHR Article 11 on freedom of association.

---

[290] *Ezelin v France* Series A No 302 (1991) 14 EHRR 362.
[291] *United Communist Party of Turkey and Others v Turkey* Series A 1998-I (1998) 26 EHRR 121.

رای:

دادگاه اروپائی حقوق بشر حکم کرد که خطر لغو مجوز برای پذیرش عضویت با حقوق اساسی سلبی اجتماعات مغایرت دارد و عضویت اجباری برای انجام وظایف عادی، ضرورتی ندارد. دادگاه نقض ماده 11 را مورد تایید قرار داده است.

پرونده Ezelin علیه فرانسه – دادگاه اروپائی حقوق بشر [290]

موضوعات حقوقی:

آزادای اجتماعات، ماده 11 دادگاه اروپائی حقوق بشر – وظایف حرفه ای

شرح پرونده:

خواهان در یک تظاهرات شرکت داشته است که در آن شعارهائی علیه پلیس و قوه قضائیه سر داده شده و همچنین بر روی دیوار ساختمان های دولتی نیز شعارنویسی شده است که هویت مرتکبین اقدام مشخص نگردیده است. دادستان عمومی در شکوائیه خود اعلام کرده است که عدم تمایل خواهان برای پاسخ به سئوالات مطروحه در هنگام بازجویی هایی که به عمل آمده است نشانگر تمایل و رضایت وی برای پیوستن به انتقاداتی است که علیه قوه قضائیه مطرح شده است.

کانون وکلا، از تحمیل تنبیه انضباطی علیه خواهان خودداری کرد اما دادگاه استیناف، حکم کرد که پیوستن به یک تظاهرات و حمل پلاکاردی که بیانگر حرفه فرد باشد، به منزله حضور فرد به عنوان وکیل بوده و او خود را از اقدامات تهاجمی و توهین آمیز تظاهر کنندگان مبرا نکرده است. امتناع وی از پاسخ به سئوالات، نقض قوانین کیفری تلقی گردیده و جریمه انضباطی برای وی در نظر گرفته شد. خواهان شکایت خود را نزد کمیسیون اروپائی حقوق بشر در ارتباط با نقض حق آزادی بیان و اجتماعات مطرح کرد. گرچه کمیسیون موارد نقض ماده 10 را نپذیرفت لیکن موارد نقض ماده 11 مورد تایید قرار گرفته است.

رای:

دادگاه حکم کرد از آنجا که حمایت از عقاید شخصی به گونه ای که در ماده 10 تضمین شده است به عنوان یکی از اهداف آزادی اجتماعات صلح آمیز (ماده 11) تلقی می گردد، نقض ماده 10 و 11 به طور مشترک صورت گیرد. دادگاه تایید کرد که نقض حق اجتماعات برای خواهان صورت گرفته است و تضییقات صورت گرفته به گونه ای که در ماده 11 پیش بینی شده از جمله اقداماتی است که قبل و بعد از تظاهرات صورت گرفته است.

دادگاه خاطرنشان کرد که گرچه مداخله در این امور از سوی قانون منع گردیده است زیرا وکلا موظفند تا به مقامات قضائی احترام بگذارند و در راستای پیگیری اهداف مشروع و قانونی هستند، اعمال تنبیه غیرقانونی بوده است زیرا حق برگزاری اجتماعات صلح آمیز حتی برای یک وکیل مادامی که واقعاً مرتکب اقدامی که سبب تهاجم شود، نگردیده نمی تواند محدود گردد.

پرونده حزب متحده کمونیستی علیه دولت ترکیه – دادگاه اروپائی حقوق بشر [291]

موضوعات حقوقی:

انحلال احزاب سیاسی، ماده 11 دادگاه اروپائی حقوق بشر، آزادی اجتماعات

[290] . *Ezelin v France* Series A No 302 (1991) 14 EHRR 362.
[291] . *United Communist Party of Turkey and Others v Turkey* Series A 1998-I (1998) 26 EHRR 121.

(b) Facts

Mr Nihat Sargin and Mr Nabi Yagci of the United Communist Party of Turkey (TBPK) brought a complaint against the actions of the Turkish Government in dissolving the TBPK in 1991 on the grounds that it sought to establish the domination of one class over another, that it incorporated the word 'communist' in its name and that it aimed to undermine territorial integrity and national unity among other acts contrary to the law and/or the constitution. The Constitutional Court decided to dissolve the organization on the basis that it included in its name a word prohibited by political parties' law.

Following this dissolution, the party was liquidated and its assets were transferred to the State Treasury. The dissolution of the party was published in the official gazette, as a consequence of which the founders and managers of the organization were banned from holding a similar post in any other political body.

The applicants claimed that these actions amounted to a breach of their right to freedom of expression and assembly, their right to peaceful enjoyment of their property and the right to free elections.

(c) Decision

In 1994 the European Commission on Human Rights declared the complaints admissible with relation to Article 11 together with Articles 14 and 18, and under Articles 1 and 3 of Protocol No 1. The Commission's report on 3 September 1997 established the facts and expressed the unanimous opinion that there had been a violation of Article 11 and it was unnecessary to consider the other complaints.

The Court held that there had been a breach of Article 11 and in doing so expressed that there was no doubt that political parties come within the scope of Article 11 as associations essential to democracy, and that national authorities, when taking action to respect the rule of law, must ensure that their actions are compatible with their human rights obligations. Furthermore, it was stated that the restrictions applicable to the right to freedom of association under Article 11 must be applied strictly where political parties are concerned, since only convincing and compelling reasons could justify restrictions on their freedom of association.

شرح پرونده:

آقایان Nihat Sargin و Nabi Yagci از حزب متحده کمونیست ترکیه شکایتی علیه اقدامات دولت ترکیه در انحلال حزب مذکور مطرح کردند، دولت ترکیه مدعی گردیده بود که آن حزب در پی استیلاء یک طبقه بر سایر طبقات بوده و درج نام کمونیست در نام حزب با هدف تحت الشعاع قرار دادن تمامیت ارضی و اتحاد ملی از طریق اقدامات مغایر با قوانین عادی و قانون اساسی صورت گرفته است. دادگاه قانون اساسی ترکیه تصمیم به انحلال سازمان گرفت با استناد به این موضوع که این حزب نامی را انتخاب کرده است که براساس قانون احزاب سیاسی، استفاده از این نام ممنوع است.

در پی این انحلال، تشکیلات حزب برچیده شد و دارائی های آن به خزانه دولتی انتقال یافت. انحلال حزب در روزنامه رسمی دولتی درج شد و متعاقب آن بنیانگذاران و مدیران سازمان موصوف نیز از داشتن هرگونه سمت مشابه در هر حزب سیاسی دیگر منع گردیدند.

خواهان مدعی است که این اقدامات منجر به نقض حقوق آنان در ارتباط با آزادی بیان و اجتماعات، حق بهره گیری صلح آمیز از اموال و حق انتخاب آزاد گردیده است.

رای:

در سال 1994 کمیسیون اروپایی حقوق بشر اعلام کرد که شکایات براساس مواد 11، 14 و 18 و تحت مواد 1 و 3 پروتکل شماره 1، قابل پذیرش است. گزارش کمیسیون در تاریخ 3 سپتامبر 1997 این شرح پرونده را مورد اشاره قرار داده و به طور اجماع اعلام نمود که نقض ماده 11 در این موضوع صورت گرفته است و سایر موارد شکایت نیازی به بررسی ندارد.

دادگاه اعلام کرد که نقض ماده 11 صورت گرفته است و برای این امر اظهار داشت تردیدی نیست که احزاب سیاسی، به موجب ماده 11 نیاز اساسی برای استقرار دموکراسی در کشور هستند و مقامات ملی باید تضمین کنند که اتخاذ تصمیمات آنان با الزامات حقوق بشری آنان سازگار باشد. علاوه بر آن اذعان می دارد که تضییقات قابل اعمال بر حق آزادی اجتماعات تحت ماده 11 در مورد احزاب سیاسی باید بسیار محدود اعمال شود چرا که تنها دلایل متقاعد کننده و الزام آور می توانند تضییقات آنان را در ارتباط با آزادی اجتماعات توجیه کنند.

FREEDOM FROM DISCRIMINATION

A. Definition and Scope

The right of everyone to enjoy all human rights and fundamental freedoms without any distinction is the backbone of human rights law. For this reason we refer to the freedom from discrimination as the **principle of non-discrimination**. While the freedom from discrimination is applicable in parallel to the protection of any other human right, there are several international instruments targeted especially at the protection of non-discrimination. These instruments cover specific fields, such as employment and education, or aim at the protection of vulnerable groups, such as minorities and women.

Explicit references to discrimination are found in five main treaties: the 1979 CEDAW; the 1965 ICERD; the 1958 ILO Convention No 111 Concerning Discrimination in Respect of Employment and Occupation;[292] the 1962 UNESCO Convention Against Discrimination in Education;[293] and the 1999 Inter-American Convention on the Elimination of All Forms of Discrimination Against Persons with Disabilities.[294] All these treaties are consistent in defining 'discrimination' as a 'distinction', 'exclusion', 'restriction' or 'preference' based on different grounds, such as sex, race, religion, political opinion and nationality. The fact that international instruments protecting from discrimination refer to the grounds by adding 'such as' or 'other status' indicates that the list of the grounds is not exhaustive.

According the UN Human Rights Committee, discrimination is:

> … any distinction, exclusion, restriction or preference which is based on any ground such as race, colour, sex, language, religion, political or other opinion, national or social origin, property, birth or other status, and which has the purpose or effect of nullifying or impairing the recognition, enjoyment or exercise by all persons, on an equal footing, of all rights and freedoms.[295]

Discrimination can be direct or indirect.

1. Direct Discrimination

Direct Discrimination is when the **purpose** of a treatment is to treat an individual or a group of individuals differently, based on a certain ground, and the treatment is not justified. Direct discrimination can be committed through legislation, decisions, private employers or organizations by, for instance, giving a different salary to an individual belonging to a minority or refusing entry to public places.

---

[292] Convention Concerning Discrimination in Respect of Employment and Occupation (ILO 111) (adopted 25 June 1958, entered into force 15 June 1960).

[293] UNESCO Convention against Discrimination in Education (adopted 14 December 1960, entered into force 22 May 1962).

[294] Inter-American Convention on The Elimination Of All Forms Of Discrimination Against Persons With Disabilities, GAAS/ Res 1608 (XXIX-O/1999) (adopted 7 June 1999, entered into force 14 September 2001).

[295] Human Rights Committee, General Comment No 18: Non-discrimination (10 November 1989) para 7.

منع تبعیض

تعریف و قلمرو

حق هر فرد برای برخورداری از تمامی حقوق بشر و آزادی‌های اساسی بدون هر گونه تمایز، شالوده حقوق بشر است. بدین منظور، ما رهایی از تبعیض را، **اصل عدم تبعیض** می‌نامیم. درحالی که رهایی از تبعیض به اندازه محافظت از هر حق بشر دیگری مطرح است، چندین سند بین‌المللی وجود دارد که اختصاصاً محافظت از عدم تبعیض را هدف قرار داده‌اند. این اسناد زمینه‌های تخصصی نظیر استخدام و آموزش را پوشش داده یا محافظت از گروه‌های آسیب‌پذیر نظیر اقلیت‌ها و زنان را هدف قرار می‌دهند.

اشارات صریح به تبعیض در 5 معاهده اصلی یافت می‌شوند: کنوانسیون رفع تبعیض علیه زنان 1979،کنوانسیون بین المللی رفع هرگونه تبعیض نژادی 1965، کنوانسیون سازمان بین المللی کار 1958 شماره 111 در مورد تبعیض از نظر استخدام و شغل[292]، کنوانسیون 1962 یونسکو علیه تبعیض آموزشی[293]، و کنوانسیون 1999 بین‌آمریکایی در مورد حذف تمام اشکال تبعیض علیه معلولین[294]. تمامی این معاهدات از نظر تعریف «تبعیض» به عنوان «تمایز»، «طرد»، «محدودیت» یا «ترجیح» بر مبنای زمینه‌های متفاوتی نظیر جنسیت، نژاد، مذهب، عقیده سیاسی و ملیت، با هم همسو هستند. این نکته که اسناد بین‌المللی محافظت‌کننده در برابر تبعیض با افزودن اصطلاحات «نظیر» یا «سایر شرایط» به زمینه‌ها اشاره دارند، نشان می‌دهد که فهرست زمینه‌ها جامع نیست.

طبق نظر کمیته حقوق بشر سازمان ملل متحد، تبعیض عبارت است از: «[...] هرگونه تمایز، طرد، محدودیت یا ترجیحی که بر مبنای زمینه‌هایی نظیر نژاد، رنگ، جنسیت، زبان، مذهب، عقیده سیاسی یا سایر عقاید، ریشه ملی یا اجتماعی، مالکیت، تولد یا سایر شرایط بوده و منظور یا اثر باطل‌کننده یا آسیب‌زننده برای مقبولیت، برخورداری یا اعمال تمامی حقوق یا آزادی‌ها از جانب تمام افراد بصورت مساوی داشته باشد»[295]

تبعیض می‌تواند مستقیم یا غیرمستقیم باشد.

تبعیض مستقیم

تبعیض مستقیم زمانی است که منظور از یک عمل، رفتار متفاوت با فرد یا گروهی از افراد برمبنای زمینه‌ای خاص باشد و رفتار موجه باشد. تبعیض مستقیم می‌تواند از طریق قانونگذاری، تصمیمات، کارفرمایان یا سازمان‌های خصوصی بطور مثال با دادن حقوق متفاوت به یک فرد متعلق به یک اقلیت یا ممانعت از ورود به اماکن عمومی اعمال شود.

---

292 - کنوانسیون درمورد تبعیض از نظراستخدام و شعل مصوب 25 ژوئن 1958 که درتاریخ 15 ژوئن 1960 لازم الاجرا شد.

293 - کنوانسیون یونسکو علیه تبعیض آموزشی مصوب 14 دسامبر 1960 که بتاریخ 22 می 1962 به مرحله اجرا درآمد.

294 - کنوانسیون آمریکایی حذف تمام اشکال تبعیض علیه معلولین، قطعنامه شماره (XXIX-O/1999) 1608 مصوب 7 ژوئن 1999 که بتاریخ 14 سپتامبر 2001 لازم الاجرا شد.

295 - کمیته حقوق بشر، تفسیرعمومی شماره 18: عدم تبعیض، مورخ 10 نوامبر 1989، پاراگراف 7.

2. Indirect Discrimination

Indirect discrimination is when a rule or a condition is neutral prima facie but the **effect** of the treatment unjustifiably differentiates between people. As the effect of a treatment can lead to discrimination, no intention needs to be demonstrated for discrimination to have been committed. It is sufficient that the effect of the legislation or act is discriminatory.

States have a general obligation not to discriminate when they legislate (de jure discrimination) or apply the law (de facto discrimination).[296] Public authorities should work actively to implement the principle of non-discrimination within the State, and States should prevent private entities from discriminating. For example, CEDAW Article 2 requires State Parties to take all appropriate measures to eliminate discrimination against women by any person, organization or enterprise; also, if the State or a public authority delegates to private or autonomous entities or individuals, the State still has the obligation and responsibility not to discriminate.

3. Non-Discrimination and Equality

The principles of non-discrimination and equality complement each other, and in effect they are two sides of the same coin: absence of discrimination creates equality and equality means non-discrimination.

4. Negative and Positive Action

While in principle States are required to refrain from discrimination (**negative** action) in order to guarantee equality, sometimes there is a need for **affirmative** action from the State to reach the same goal of equality, such as preferential treatment of individuals belonging to an under-represented ethnic group over other equally qualified candidates for employment or education. Such affirmative actions to achieve equality are reasonable and aim at a legitimate purpose and are permitted by international law;[297] the created differentiation should not, though, create a situation of separate rights for different groups and should discontinue when the initially intended objective of equality has been achieved.[298]

5. Status of the Norms in International Law

While discrimination based on any ground is outlawed in international law, there is a hierarchy among the categories of discrimination. Prohibition of discrimination on the basis of race is considered a crime under international law and amounts to *jus cogens*.[299] But discrimination on the basis of sex, language or religion does not enjoy the same status under international law, even though UN Charter Article 1(3) attaches the same importance to all kinds of discrimination; CEDAW is the most reserved human rights instrument and the prohibition of linguistic and religious discrimination is not specifically protected by any treaty, with the exception of the European Charter for Regional or Minority Languages of 5 November 1992 within the Council of Europe.

---

[296] See ICCPR Article 26; Human Rights Committee General Comment No 18: Non-discrimination, para 12; Study of High Commissioner for Human Rights on the fundamental principle of non-discrimination in the context of globalization, UN Doc E/CN.4/2004/40, 60th Session, para 11 (d).

[297] See ICCPR Articles 2 and 26; ICERD Article 1(4); CEDAW Article 3; ILO Convention 111 Article 5; ECHR Article 14; ACHR Articles 1 and 24.

[298] Study of High Commissioner for Human Rights on the fundamental principle of non-discrimination in the context of globalization, para 11 (d); Human Rights Committee, General Comment No 4: Equality between the sexes (Art 3) 30/07/81 para 2; Human Rights Committee, General Comment No 18: Non-discrimination, (10 November 1989) para 13.

[299] See International Convention on the Suppression and Punishment of the Crime of Apartheid UNGA Res 3068 (XXVIII) (adopted 30 November 1973, entered into force 18 July 1976); Convention on the Prevention and Punishment of the Crime of Genocide UNGA Res 260A (III) (adopted 9 December 1948, entered into force 12 January 1951).

تبعیض غیرمستقیم

تبعیض غیرمستقیم زمانی است که یک وضعیت ظاهراً بی‌طرفانه است ولی اثر رفتار به گونه‌ای غیرموجه بین افراد تبعیض قائل می‌شود. چون اثر یک رفتار می‌تواند منجر به تبعیض شود، لازم نیست هیچ منظوری برای اعمال تبعیض نشان داده شود. کافی است که اثر قانون یا اقدام تبعیض‌آمیز باشد.

دولت‌ها به هنگام قانونگذاری (تبعیض قانونی) یا به هنگام اعمال قانون (تبعیض عملی)، تعهدی عمومی برای عدم تبعیض دارند[296]. مقامات دولتی باید جهت اجرای اصل عدم تبعیض در کشور فعالانه کار کنند و دولت‌ها باید از اعمال تبعیض توسط نهادهای خصوصی جلوگیری نمایند. بطور مثال، ماده 2 کنوانسیون رفع تبعیض علیه زنان کشورهای عضو را ملزم می‌نماید تا تمامی اقدامات مناسب جهت حذف تبعیض علیه زنان از جانب هر فرد، سازمان یا شرکتی را اتخاذ نمایند؛ همچنین، اگر دولت/ یک مقام دولتی اختیاراتی را به افراد یا نهادهای خصوصی/ خودمختار تفویض کند، دولت باز هم در قبال عدم تبعیض تعهد داشته و مسئول است.

عدم تبعیض و برابری: اصول عدم تبعیض و برابری مکمل همدیگر هستند، و در عمل آنها دو روی یک سکه‌اند: فقدانتبعیض موجب برابری شده و برابری به معنی عدم تبعیض است.

اقدام منفی و مثبت: در حالی که دولت‌ها اصولاً باید به منظور تضمین برابری از تبعیض خودداری نمایند (اقدام **منفی**)، گاهی اوقات نیاز به اقدام **مثبت** از جانب دولت برای رسیدن به هدف مشابه برابری وجود دارد: مانند ترجیح دادن افراد متعلق به یک گروه نژادی فاقد نماینده کافی نسبت به سایر نامزدهای دارای صلاحیت یکسان برای استخدام یا آموزش. این اقدامات مثبت برای رسیدن به برابری منطقی هستند و منظوری قانونی را هدف قرار می‌دهند و از نظر حقوق بین‌الملل مجاز هستند[297]؛ با این حال، تمایز ایجاد شده نباید وضعیتی از حقوق مجزا برای گروه‌های متفاوت را ایجاد نماید و زمانی که هدف اولیه مورد نظر برابری حاصل شد باید متوقف شود[298].

وضعیت هنجارها در حقوق بین‌الملل. در حالی که تبعیض بر مبنای هر زمینه‌ای در حقوق بین‌الملل غیرقانونی است، سلسله مراتبی بین انواع تبعیض وجود دارد. ممنوعیت تبعیض بر مبنای نژاد طبق حقوق بین‌الملل جرم محسوب شده و لازم‌الرعایه است. اگرچه ماده 1 (3) منشور سازمان ملل متحد اهمیت یکسانی برای انواع تبعیض قائل می‌شود[299]، ولی تبعیض بر مبنای جنسیت، زبان و مذهب در قانون بین‌الملل از وضعیت مشابهی برخوردار نیست؛ کنوانسیون رفع تبعیض علیه زنان محتاطانه‌ترین سند حقوق بشر است و ممانعت از تبعیض زبانی و مذهبی، اختصاصاً توسط هیچ معاهده‌ای، به استثنای منشور اروپایی زبان‌های محلی و اقلیت مورخه 5 نوامبر 1992 در شورای اروپا، مورد محافظت قرار نمی‌گیرد.

---

[296] - مراجعه شود به ماده 26 میثاق بین المللی حقوق مدنی و سیاسی؛ کمیته حقوق بشر، تفسیر عمومی شماره 18: عدم تبعیض، مورخ 10 نوامبر 1989، پاراگراف 12؛ مطالعه کمیته عالی حقوق بشر درزمینه اصل اساسی عدم تبعیض درزمینه جهانی، سند سازمان ملل متخد به شماره ,E/CN.4/2004/40، جلسه شصتم، پاراگراف 11(د)

[297] - ماده دوم و 26 میثاق بین المللی حقوق مدنی و سیاسی، ماده 1(4) کنوانسیون بین المللی رفع تبعیض نژادی، ماده 3 کنوانسیون رفع تبعیض علیه زنان، ماده 5 کنوانسیون 111 سازمان بین المللی کار، ماده 14 کنوانسیون اروپایی حقوق بشر و مواد 1 و 24 کنوانسیون آفریقایی حقوق بشر

[298] - مطالعه کمیته عالی حقوق بشر درزمینه اصل اساسی عدم تبعیض درزمینه جهانی، پاراگراف 11(د)؛ کمیته حقوق بشر، تفسیر عمومی شماره 4: تساوی بین دو جنس (ماده سوم) مورخ 30 ژوئیه 1981، پاراگراف دوم؛ کمیته حقوق بین الملل، تفسیر عمومی شماره 18: عدم تبعیض، مورخ 10 نوامبر1989، پاراگراف 13.

[299] - کنوانسیون بین المللی درخصوص حذف و مجازات جرم تبعیض نژادی 30 نوامبر 1973، قطعنامه مجمع عمومی سازمان ملل به شماره

(XXVIII) 3068 که در تاریخ 18 ژوئیه 1976 لازم الاجرا شد؛ کنوانسیون منع و مجازات جرم کشتاردسته جمعی 9 دسامبر 1948، قطعنامه مجمع عمومی سازمان ملل بشماره (III) 260A که درتاریخ 12 ژانویه 1951 لازم الاجرا شد.

1. Universal Instruments

(a) Charter of the United Nations 1945
Article 1.3
To achieve international cooperation in solving international problems of an economic, social, cultural, or humanitarian character, and in promoting and encouraging respect for human rights and for fundamental freedoms for all without distinction as to race, sex, language, or religion.

(b) Universal Declaration of Human Rights 1948
Article 7
All are equal before the law and are entitled without any discrimination to equal protection of the law. All are entitled to equal protection against any discrimination in violation of this Declaration and against any incitement to such discrimination.

(c) International Covenant on Economic, Social and Cultural Rights 1966
Article 2.2
The States Parties to the present Covenant undertake to guarantee that the rights enunciated in the present Covenant will be exercised without discrimination of any kind as to race, colour, sex, language, religion, political or other opinion, national or social origin, property, birth or other status.

(d) International Covenant on Civil and Political Rights 1966
Article 2
1. Each State Party to the present Covenant undertakes to respect and to ensure to all individuals within its territory and subject to its jurisdiction the rights recognized in the present Covenant, without distinction of any kind, such as race, colour, sex, language, religion, political or other opinion, national or social origin, property, birth or other status.
Article 24
1. Every child shall have, without any discrimination as to race, colour, sex, language, religion, national or social origin, property or birth, the right to such measures of protection as are required by his status as a minor, on the part of his family, society and the State.
Article 26
All persons are equal before the law and are entitled without any discrimination to the equal protection of the law. In this respect, the law shall prohibit any discrimination and guarantee to all persons equal and effective protection against discrimination on any ground such as race, colour, sex, language, religion, political or other opinion, national or social origin, property, birth or other status.

(e) International Convention on the Elimination of All Forms of Racial Discrimination 1965
Article 1
1. In this Convention, the term 'racial discrimination' shall mean any distinction, exclusion, restriction or preference based on race, colour, descent, or national or ethnic origin which has the purpose or effect of nullifying or impairing the recognition, enjoyment or exercise, on an equal footing, of human rights and fundamental freedoms in the political, economic, social, cultural or any other field of public life.
Article 3
States Parties particularly condemn racial segregation and apartheid and undertake to prevent, prohibit and eradicate all practices of this nature in territories under their jurisdiction.

اسناد مهم بین‌المللي

1- اسناد جهانی

منشور سازمان ملل متحد 1945
ماده 1-3
کسب همکاری بین‌المللی جهت حل مشکلات اقتصادی، اجتماعی، فرهنگی یا انسان‌دوستانه بین‌المللی و جهت ارتقا و ترغیب احترام به حقوق بشر و آزادی‌های اساسی برای همه بدون هرگونه تبعیض نژادی، جنسیتی، زبانی و مذهبی.

اعلامیه جهانی حقوق بشر 1948
ماده 7
همه در پیشگاه قانون برابر بوده و بدون هرگونه تبعیض، مستحق محافظت برابر توسط قانون هستند. همه مستحق محافظت برابر علیه هرگونه تبعیض ناقض این بیانیه و علیه هرگونه فتنه‌انگیزی برای اینگونه تبعیض هستند.

میثاق بین‌المللی حقوق اقتصادی، اجتماعی و فرهنگی 1966
ماده 2-2
دولت‌های عضو این پیمان متعهد می‌شوند تضمین نمایند که حقوق اعلام شده در پیمان حاضر بدون هر نوع تبعیضی از نظر نژاد، رنگ، جنسیت، زبان، مذهب، عقاید سیاسی یا سایر عقاید، ریشه ملی یا اجتماعی، مالکیت، تولد یا سایر شرایط اعمال شود.

میثاق بین‌المللی حقوق مدنی و سیاسی 1966
ماده 2
1- هر کشور عضو این پیمان متعهد می‌شود به تمامی افراد حاضر در سرزمین خود و مشمول حوزه قضائی خود احترام گذاشته و حقوق به رسمیت شناخته شده در پیمان حاضر را بدون هرگونه تبعیض از نظر نژاد، رنگ، زبان، مذهب، عقاید سیاسی یا سایر عقاید، ریشه ملی یا اجتماعی، مالکیت، تولد یا سایر شرایط تضمین نماید.

ماده 24
1- هر کودکی، بدون هرگونه تبعیض از نظر نژاد، رنگ، جنسیت، زبان، مذهب، ریشه ملی یا اجتماعی، مالکیت یا تولد باید مستحق اقدامات محافظتی مورد نیاز وضعیت وی به عنوان صغیر از جانب خانواده، جامعه و دولت خود باشد.

ماده 26
تمامی افراد در پیشگاه قانون برابر بوده و بدون هرگونه تبعیضی مستحق محافظت برابر توسط قانون هستند. در این راستا، قانون باید از هرگونه تبعیضی جلوگیری نموده و محافظت یکسان و موثر علیه تبعیض بر هر مبنایی مانند نژاد، رنگ، جنسیت، زبان، مذهب، عقاید سیاسی یا سایر عقاید، ریشه ملی یا اجتماعی، مالکیت، تولد یا سایر شرایط را برای تمام افراد تضمین نماید.

کنوانسیون بین‌المللی رفع تمامی اشکال تبعیض نژادی 1965
ماده 1
1- در این کنوانسیون، اصطلاح «تبعیض نژادی» به معنی تمایز، طرد، محدودیت یا ترجیح بر مبنای نژاد، رنگ، تبار، یا ریشه ملی یا نژادی است که منظور یا اثر باطل‌کننده یا آسیب‌زننده برای مقبولیت، برخورداری یا اعمال حقوق بشر و آزادی‌های اساسی در زمینه‌های سیاسی، اقتصادی، اجتماعی، فرهنگی یا هر زمینه دیگری از زندگی بصورت مساوی داشته باشد.

ماده 3
کشورهای عضو، سیاست جداسازی نژادی و نظام آپارتاید را محکوم نموده و متعهد می‌شوند از تمامی این نوع فعالیت‌ها در سرزمین‌های تحت حوزه قضائی خود جلوگیری نموده و آنها را ممنوع و ریشه‌کن نمایند.

(f) Declaration on the Elimination of All Forms of Racial Discrimination 1963[300]
Article 1
Discrimination between human beings on the ground of race, colour or ethnic origin is an offence to human dignity and shall be condemned as a denial of the principles of the Charter of the United Nations, as a violation of the human rights and fundamental freedoms proclaimed in the Universal Declaration of Human Rights, as an obstacle to friendly and peaceful relations among nations and as a fact capable of disturbing peace and security among peoples.

(g) Convention against Torture and Other Cruel, Inhuman or Degrading Treatment or Punishment 1975
Article 1
1. For the purposes of this Convention, the term 'torture' means any act by which severe pain or suffering, whether physical or mental, is intentionally inflicted on a person for such purposes as obtaining from him or a third person information or a confession, punishing him for an act he or a third person has committed or is suspected of having committed, or intimidating or coercing him or a third person, or for any reason based on discrimination of any kind, when such pain or suffering is inflicted by or at the instigation of or with the consent or acquiescence of a public official or other person acting in an official capacity. It does not include pain or suffering arising only from, inherent in or incidental to lawful sanctions.

(h) International Convention on the Suppression and Punishment of the Crime of Apartheid 1973
Article I
1. The States Parties to the present Convention declare that apartheid is a crime against humanity and that inhuman acts resulting from the policies and practices of apartheid and similar policies and practices of racial segregation and discrimination, as defined in article II of the Convention, are crimes violating the principles of international law, in particular the purposes and principles of the Charter of the United Nations, and constituting a serious threat to international peace and security.

(i) Convention on the Elimination of All Forms of Discrimination against Women 1979
Article 1
For the purposes of the present Convention, the term 'discrimination against women' shall mean any distinction, exclusion or restriction made on the basis of sex which has the effect or purpose of impairing or nullifying the recognition, enjoyment or exercise by women, irrespective of their marital status, on a basis of equality of men and women, of human rights and fundamental freedoms in the political, economic, social, cultural, civil or any other field.

(j) Declaration on the Elimination of All Forms of Discrimination against Women 1967[301]
Article 1
Discrimination against women, denying or limiting as it does their equality of rights with men, is fundamentally unjust and constitutes an offence against human dignity.

(k) Convention on the Rights of the Child 1989
Article 2

---

[300] UN Declaration on the Elimination of All Forms of Racial Discrimination (20 November 1963) UNGA Res 1904 (XVII).
[301] Declaration on the Elimination of All Forms of Discrimination Against Women (7 November 1967) UNGA Res 2263 (XXII).

بیانیه رفع تمامی اشکال تبعیض نژادی 1963 ³⁰⁰

ماده 1

تبعیض بین انسان‌ها بر مبنای نژاد، رنگ یا ریشه قومی، تخطی به شرافت انسانی است و باید به عنوان انکار اصول منشور سازمان ملل متحد، به عنوان نقض حقوق بشر و آزادی‌های اساسی اعلام شده در بیانیه جهانی حقوق بشر، به عنوان مانعی برای روابط دوستانه و صلح‌آمیز بین ملل و به عنوان مخل صلح و امنیت بین مردم محکوم شمرده شود.

کنوانسیون منع شکنجه و سایر رفتارها یا مجازات‌های بی‌رحمانه، غیرانسانی یا تحقیرکننده 1975

ماده 1

1- در این کنوانسیون، «شکنجه» به معنی هرگونه اقدامی است که بموجب آن درد یا ناراحتی شدید جسمانی یا روحی عامداً بر هر فردی برای مقاصدی نظیر کسب اطلاعات یا اعتراف از وی یا یک شخص ثالث، مجازات وی برای اقدام انجام شده توسط وی یا یک شخص ثالث، یا بنا به هر دلیل مبتنی بر هر نوع تبعیض، از جانب یک مقام دولتی یا سایر افراد دارای مقام رسمی، به تحریک آنها یا با رضایت یا موافقت آنها تحمیل می‌شود. شکنجه درد یا ناراحتی‌هایی را که فقط به طور ذاتی یا تبعی از تحریم‌های قانونی ناشی می‌شود در بر نمی‌گیرد..

کنوانسیون بین‌المللی منع و مجازات جنایت آپارتاید 1973

ماده 1

1- کشورهای عضو این کنوانسیون اشعار می‌دارند که آپارتاید جنایتی علیه بشریت است و اقدامات غیرانسانی ناشی از خط‌مشی‌ها و اقدامات آپارتاید و سیاست‌های مشابه و اقدامات جداسازی و تبعیض نژادی به شرح مذکور در ماده 2 کنوانسیون، جنایات ناقض اصول قانون بین‌الملل و خصوصاً مقاصد و اصول منشور سازمان ملل متحد بوده و تهدیدی جدی برای صلح و امنیت بین‌المللی است.

کنوانسیون رفع تمامی اشکال تبعیض علیه زنان 1979

ماده 1

در این کنوانسیون، اصطلاح «تبعیض علیه زنان» به معنی هرگونه تمایز، طرد یا محرومیت بر مبنای جنسیت است که منظور یا اثر باطل‌کننده یا آسیب‌زننده برای مقبولیت، برخورداری یا اعمال حقوق بشر و آزادی‌های اساسی در زمینه‌های سیاسی، اقتصادی، اجتماعی، فرهنگی، مدنی یا هر زمینه دیگری بصورت مساوی از جانب زنان، بدون توجه به وضعیت تاهل آنان، داشته باشد.

بیانیه رفع تمامی اشکال تبعیض علیه زنان 1967 ³⁰¹

ماده 1

تبعیض علیه زنان، انکار یا محدودسازی برابری حقوق آنها با مردان اساساً ناعادلانه بوده و تخطی به شرافت انسانی است.

کنوانسیون حقوق کودک 1989

ماده 2

---

³⁰⁰ - بیانیه سازمان ملل متحد درخصوص رفع تمامی اشکال تبعیض نژادی، قطعنامه مجمع عمومی سازمان ملل بشماره (XVII) 1904 مورخ 20 نوامبر 1963.

³⁰¹ - بیانیه رفع تمام اشکال تبعیض علیه زنان، قطعنامه مجمع عمومی سازمان ملل بشماره (XXII) 2263 بتاریخ 7 نوامبر 1967

1. States Parties shall respect and ensure the rights set forth in the present Convention to each child within their jurisdiction without discrimination of any kind, irrespective of the child's or his or her parent's or legal guardian's race, colour, sex, language, religion, political or other opinion, national, ethnic or social origin, property, disability, birth or other status.

2. States Parties shall take all appropriate measures to ensure that the child is protected against all forms of discrimination or punishment on the basis of the status, activities, expressed opinions, or beliefs of the child's parents, legal guardians, or family members.

(l) Declaration on the Rights of the Child 1959[302]

Principle 1

The child shall enjoy all the rights set forth in this Declaration. Every child, without any exception whatsoever, shall be entitled to these rights, without distinction or discrimination on account of race, colour, sex, language, religion, political or other opinion, national or social origin, property, birth or other status, whether of himself or of his family.

(m) ILO Convention No 111 concerning Discrimination in respect of Employment and Occupation 1958[303]

Article 1

1. For the purpose of this Convention the term 'discrimination' includes:

(a) Any distinction, exclusion or preference made on the basis of race, colour, sex, religion, political opinion, national extraction or social origin, which has the effect of nullifying or impairing equality of opportunity or treatment in employment or occupation;

(b) Such other distinction, exclusion or preference which has the effect of nullifying or impairing equality of opportunity or treatment in employment or occupation as may be determined by the Member concerned after consultation with representative employers' and workers' organisations, where such exist, and with other appropriate bodies.

Article 2

Each Member for which this Convention is in force undertakes to declare and pursue a national policy designed to promote, by methods appropriate to national conditions and practice, equality of opportunity and treatment in respect of employment and occupation, with a view to eliminating any discrimination in respect thereof.

(n) Convention against Discrimination in Education 1960

Article 1

1. For the purpose of this Convention, the term 'discrimination' includes any distinction, exclusion, limitation or preference which, being based on race, colour, sex, language, religion, political or other opinion, national or social origin, economic condition or birth, has the purpose or effect of nullifying or impairing equality of treatment in education and in particular:

(a) Of depriving any person or group of persons of access to education of any type or at any level;

(b) Of limiting any person or group of persons to education of an inferior standard;

---

[302] UN Declaration on the Rights of the Child (20 November 1959) UNGA Res 1386 (XIV).

[303] There is a number of other ILO Conventions proscribing discrimination with regards to labour, the provisions of which are not comprised here analytically, such as ILO Convention No 159 on Vocational Rehabilitation and Employment (Disabled Persons) (adopted 20 June 1983, entered into force 20 June 1985) Arts 1 and 4; ILO Convention No 175 on Part-Time Work (adopted 24 June 1994, entered into force 28 February 1998) Art 4; ILO Convention No 168 concerning Employment Promotion and Protection against Unemployment (adopted 21 June 1988, entered into force 17 October 1991) Arts 2 and 6; and ILO Convention No 169 concerning Indigenous and Tribal Peoples in Independent Countries (adopted 27 June 1989, entered into force 5 September 1991) Art 3.

1- کشورهای عضو باید به حقوق مطروحه در این کنوانسیون برای هر کودک حاضر در حوزه قضائی خود بدون هر نوع تبعیضی، بدون توجه به نژاد، رنگ، جنسیت، زبان، مذهب، عقیده سیاسی یا سایر عقاید، ملیت یا قومیت یا وضعیت اجتماعی، مالکیت، معلولیت، تولد یا سایر شرایط کودک، والدین یا قیم قانونی وی احترام گذاشته و آنها را تضمین نمایند.

2- کشورهای عضو باید تمامی اقدامات مقتضی جهت تضمین محافظت کودک در برابر تمامی اشکال تبعیض یا مجازات بر مبنای وضعیت، فعالیت‌ها، عقاید ابراز شده یا باورهای والدین، قیمین قانونی یا اعضای خانواده را اتخاذ نمایند.

بیانیه حقوق کودک 1959 [302]

اصل 1

کودک باید از تمامی حقوق مطروحه در این بیانیه برخوردار باشد. هر کودکی، بدون هیچ استثنائی و بدون هرگونه تمایز یا تبعیض مبتنی بر نژاد، رنگ، جنسیت، زبان، مذهب، عقاید سیاسی یا سایر عقاید، ریشه ملی یا اجتماعی، مالکیت، تولد یا سایر شرایط خود یا خانواده خود، باید مستحق این حقوق باشد.

کنوانسیون شماره ILO 111 در مورد تبعیض از نظر استخدام و شغل 1958 [303]

ماده 1

1- در این کنوانسیون، اصطلاح «تبعیض» شامل موارد ذیل است:

(الف) هرگونه تبعیض، طرد یا ترجیح بر مبنای نژاد، رنگ، جنسیت، مذهب، عقیده سیاسی، ریشه ملی یا اجتماعی، با اثر باطل‌کننده یا آسیب‌زننده به برابری فرصت یا رفتار در استخدام یا شغل

(ب) هرگونه تمایز، طرد یا ترجیح با اثر باطل‌کننده یا آسیب‌زننده به برابری فرصت یا رفتار در استخدام یا شغل که ممکن است توسط کشور عضو پس از مشاوره با سازمان‌های نماینده کارفرمایان و کارگران (در صورت وجود) و با سایر تشکیلات مناسب اعمال شود.

ماده 2

هر عضو این کنوانسیون متعهد می‌شود یک خط‌مشی ملی طراحی شده برای ارتقای برابری فرصت و رفتار از نظر استخدام و شغل را بوسیله روش‌های مناسب برای شرایط و فعالیت‌های ملی با هدف حذف هرگونه تبعیض در این رابطه اعلام و پی‌گیری نماید.

کنوانسیون علیه تبعیض آموزشی 1960

ماده 1

1- در این کنوانسیون، اصطلاح «تبعیض» شامل هرگونه تبعیض، طرد یا ترجیح بر مبنای نژاد، رنگ، جنسیت، زبان، مذهب، عقیده سیاسی یا سایر عقاید، ریشه ملی یا اجتماعی، شرایط اقتصادی یا تولد با منظور یا اثر باطل‌کننده یا آسیب‌زننده به برابری رفتار در آموزش و خصوصاً موارد ذیل می‌باشد:

(الف) محرومیت هر فرد یا گروهی از افراد از دسترسی به هر نوع یا هر سطحی از آموزش

(ب) محدودسازی هر فرد یا گروهی از افراد به آموزش با استاندارد پایین

---

[302] - بیانیه حقوق کودک سازمان ملل، قطعنامیه مجمع عمومی بشماره (XIV) 1386 مورخ 20 نوامبر 1959.

[303] - تعداد دیگری ازکنوانسیون های سازمان بین المللی کار وجوددارد که تبعیض درخصوص کار را ممنوع اعلام می نماید که مقررات آنها دراینجا تجزیه و تحلیل نشده است مثل کنوانسیون شماره 159 سازمان بین المللی کار درخصوص بازسازی حرفه ای و کاری (افراد معلول) مورخ 20 ژوئن 1983 که درتاریخ 20 ژوئن 1985 لازم الاجرا شد، ماده اول و چهارم، کنوانسیون شماره 175 سازمان بین المللی کار در خصوص کار نیمه وقت مصوب 24 ژوئن 1994 که در 28 فوریه 1998 به مرحله اجرا درآمد، ماده 4؛ کنوانسیون شماره 168 سازمان بین المللی کار درخصوص ترفیع کاری و حمایت ازبیکاران مورخ 21 ژوئن 1988 که درتاریخ 17 اکتبر 1991 به اجرا درآمد، مواد 2 و 6؛ کنوانسیون شماره 169 سازمان بین المللی کار درخصوص مردم بومی و قبیله ای درکشورهای مستقل مورخ 27 ژوئن 1989 که درتاریخ 5 سپتامبر 1991 لازم الاجرا شد، ماده سوم.

(c) Subject to the provisions of article 2 of this Convention, of establishing or maintaining separate educational systems or institutions for persons or groups of persons; or

(d) Of inflicting on any person or group of persons conditions which are incompatible with the dignity of man.

(o) Vienna Declaration and Programme of Action 1993[304]

15. Respect for human rights and for fundamental freedoms without distinction of any kind is a fundamental rule of international human rights law. The speedy and comprehensive elimination of all forms of racism and racial discrimination, xenophobia and related intolerance is a priority task for the international community. Governments should take effective measures to prevent and combat them. Groups, institutions, intergovernmental and non-governmental organizations and individuals are urged to intensify their efforts in cooperating and coordinating their activities against these evils.

18. The human rights of women and of the girl-child are an inalienable, integral and indivisible part of universal human rights. The full and equal participation of women in political, civil, economic, social and cultural life, at the national, regional and international levels, and the eradication of all forms of discrimination on grounds of sex are priority objectives of the international community.

19. The persons belonging to minorities have the right to enjoy their own culture, to profess and practise their own religion and to use their own language in private and in public, freely and without interference or any form of discrimination.

22. Special attention needs to be paid to ensuring non-discrimination, and the equal enjoyment of all human rights and fundamental freedoms by disabled persons, including their active participation in all aspects of society.

(p) Declaration on Race and Racial Prejudice 1978[305]
Article 4

1. Any restriction on the complete self-fulfilment of human beings and free communication between them which is based on racial or ethnic considerations is contrary to the principle of equality in dignity and rights; it cannot be admitted.

2. One of the most serious violations of this principle is represented by apartheid, which, like genocide, is a crime against humanity, and gravely disturbs international peace and security.

3. Other policies and practices of racial segregation and discrimination constitute crimes against the conscience and dignity of mankind and may lead to political tensions and gravely endanger international peace and security.

(q) Declaration on the Elimination of All Forms of Intolerance and of Discrimination based on Religion or Belief 1981
Article 2

1. No one shall be subject to discrimination by any State, institution, group of persons, or person on the grounds of religion or other belief.

2. For the purposes of the present Declaration, the expression 'intolerance and discrimination based on religion or belief' means any distinction, exclusion, restriction or preference based on religion or belief and having as its purpose or as its effect nullification or impairment of the recognition, enjoyment or exercise of human rights and fundamental freedoms on an equal basis.

---

[304] Vienna Declaration and Programme of Action, World Conference on Human Rights (Vienna 14–25 June 1993) UN Doc A/CONF.157/23 (12 July 1993).
[305] Declaration on Race and Racial Prejudice, adopted and proclaimed by the General Conference of the United Nations Educational, Scientific and Cultural Organization at its twentieth session on 27 November 1978.

(پ) منوط به مفاد ماده 2 این کنوانسیون، ایجاد یا حفظ سیستم‌ها یا موسسات آموزشی مجزا برای افراد یا گروه‌هایی از افراد یا

(ت) تحمیل شرایط ناسازگار با شرافت انسانی بر هر فرد یا گروهی از افراد.

بیانیه وین و برنامه عمل 1993 [304]

15- احترام به حقوق بشر و آزادی‌های اساسی بدون هرگونه تمایز، یک اصل اساسی از قانون بین‌المللی حقوق بشر است. حذف سریع و جامع تمامی اشکال نژادپرستی و تبعیض نژادی، بیگانه‌هراسی و تعصب مربوطه، یک اقدام عاجل برای جامعه بین‌المللی است. دولت‌ها باید اقدامات موثری را جهت پیشگیری و مبارزه با آنها اتخاذ نمایند. گروه‌ها، موسسات و سازمان‌های بین‌دولتی و غیردولتی و افراد ترغیب می‌شوند تلاش‌های خود جهت همکاری و هماهنگی فعالیت‌های خود علیه این بلایا را شدت بخشند.

18- حقوق بشر زنان و دختران جزء لاینفک و جدانشدنی حقوق بشر جهانی هستند. مشارکت کامل و برابر زنان در حیات سیاسی، مدنی، اقتصادی، اجتماعی و فرهنگی در سطوح ملی، منطقه‌ای و بین‌المللی و ریشه‌کنی تمامی اشکال تبعیض جنسیتی اهدافی عاجل برای جامعه بین‌المللی هستند.

19- افراد متعلق به اقلیت‌ها حق دارند از فرهنگ خود برخوردار باشند، مذهب خود را ابراز داشته و به آن بپردازند و زبان خود را بصورت خصوصی و در ملاء عام آزادانه و بدون دخالت یا هرگونه تبعیض استفاده نمایند.

22- توجه خاصی باید به تضمین عدم تبعیض و برخورداری یکسان معلولین از تمامی حقوق بشر و آزادی‌های اساسی شامل مشارکت فعال آنها در تمامی زمینه‌های اجتماع مبذول شود.

بیانیه نژاد و تعصب نژادی 1978 [305]

ماده 4

1- هرگونه محدودیت در مورد خودکامبخشی کامل انسان‌ها و ارتباطات آزاد بین آنها بر مبنای ملاحظات نژادی و قومی مغایر اصل برابری شرافت و حقوق است؛ و قابل پذیرش نیست.

1- یکی از جدی‌ترین موارد نقض این اصل از جانب نظام آپارتاید بوده است که مانند نسل‌کشی، جنایتی علیه بشریت بوده و صلح و امنیت بین‌المللی را جداً مختل می‌سازد.

2- سایر خط‌مشی‌ها و اقدامات جداسازی و تبعیض نژادی، جنایاتی علیه وجدان و شرافت نوع بشر به شمار می‌روند و ممکن است منجر به تنش‌های سیاسی و به خطر انداختن جدی صلح و امنیت بین‌المللی شوند.

بیانیه رفع تمامی اشکال تعصب و تبعیض مبتنی بر مذهب و عقیده 1981

ماده 2

1- هیچ کس نباید از طرف هیچ دولت، موسسه، گروهی از افراد یا یک فرد بر مبنای مذهب یا سایر عقاید مورد تبعیض قرار گیرد.

2- در این بیانیه، اصطلاح «تعصب و تبعیض مبتنی بر مذهب یا نژاد» به معنی هرگونه تمایز، طرد، محرومیت یا ترجیح بر مبنای مذهب یا عقیده با منظور یا اثر باطل‌کننده یا آسیب‌زننده به مقبولیت، برخورداری یا اعمال حقوق بشر و آزادی‌های سیاسی بصورت مساوی می‌باشد.

---

304 - بیانیه وین و برنامه عمل، کنفرانس جهان درخصوص حقوق بشر، وین، 14 تا 25 ژوئن 1993، سند شماره U.N. Doc. A/CONF.157/23 مورخ 12 ژوئیه 1993.

305 - بیانیه نژاد و تعصب نژادی، مصوب کنفرانس کلی سازمان ملل، سازمان تربیتی، علمی و فرهنگی، بیست و دومین جلسه مورخ 27 نوامبر 1978.

(r) Declaration on the Right to Development 1986[306]
Article 6
1. All States should co-operate with a view to promoting, encouraging and strengthening universal respect for and observance of all human rights and fundamental freedoms for all without any distinction as to race, sex, language or religion.

(s) Declaration on the Rights of Persons Belonging to National or Ethnic, Religious and Linguistic Minorities 1992[307]
Article 2
1. Persons belonging to national or ethnic, religious and linguistic minorities (hereinafter referred to as persons belonging to minorities) have the right to enjoy their own culture, to profess and practise their own religion, and to use their own language, in private and in public, freely and without interference or any form of discrimination.

2. Regional Instruments

(a) The European Convention on Human Rights and Fundamental Freedoms 1949
Article 14—Prohibition of discrimination
The enjoyment of the rights and freedoms set forth in this Convention shall be secured without discrimination on any ground such as sex, race, colour, language, religion, political or other opinion, national or social origin, association with a national minority, property, birth or other status.

(b) Protocol No 12 to the Convention for the Protection of Human Rights and Fundamental Freedom 2000[308]
Article 1—General prohibition of discrimination
1. The enjoyment of any right set forth by law shall be secured without discrimination on any ground such as sex, race, colour, language, religion, political or other opinion, national or social origin, association with a national minority, property, birth or other status.
2. No one shall be discriminated against by any public authority on any ground such as those mentioned in paragraph 1.

(c) European Social Charter 1996[309]
Article E
The enjoyment of the rights set forth in this Charter shall be secured without discrimination on any ground such as race, colour, sex, language, religion, political or other opinion, national extraction or social origin, health, association with a national minority, birth or other status.
Appendix to the European Charter
Part V regarding Article E
A differential treatment based on an objective and reasonable justification shall not be deemed discriminatory.

(d) Framework Convention for the Protection of National Minorities 1995
Article 4

---

[306] Declaration on the Right to Development (4 December 1986) UNGA Res 41/128.
[307] Declaration on the Rights of Persons Belonging to National or Ethnic, Religious and Linguistic Minorities (18 December 1992) UNGA Res 47/135.
[308] Protocol No 12 to the Convention for the Protection of Human Rights and Fundamental Freedoms (adopted 4 November 2000, entered into force 1 April 2005).
[309] See also the 1988 Additional Protocol to the European Social Charter, Article 1.

بیانیه حق بر توسعه 1986 [306]

ماده 6

1- تمامی دولت‌ها باید با هدف ارتقا، ترغیب و تقویت احترام جهانی به تمامی حقوق بشر و آزادی‌های اساسی و رعایت آنها برای همه بدون هرگونه تبعیض از نظر نژاد، جنسیت، زبان یا مذهب همکاری نمایند.

بیانیه حقوق افراد متعلق به اقلیت‌های ملی یا قومی، مذهبی و زبانی 1992 [307]

ماده 2

1- افراد متعلق به اقلیت‌های ملی یا قومی، مذهبی و زبانی (که منبعد افراد متعلق به اقلیت‌ها نامیده می‌شوند) حق دارند از فرهنگ خود برخوردار باشند، مذهب خود را ابراز داشته و به آن بپردازند و زبان خود را بصورت خصوصی و در ملاء عام آزادانه و بدون دخالت یا هرگونه تبعیض استفاده نمایند.

2- اسناد منطقه‌ای

کنوانسیون اروپایی حقوق بشر و آزادی‌های اساسی 1949

ماده 14- ممنوعیت تبعیض

برخورداری از حقوق و آزادی‌های مطروحه در این کنوانسیون باید بدون تبعیض مبتنی بر زمینه‌هایی نظیر جنسیت، نژاد، رنگ، زبان، مذهب، عقیده سیاسی یا سایر عقاید، ریشه ملی یا اجتماعی، ارتباط با یک اقلیت ملی، مالکیت، تولد یا سایر شرایط تضمین شود.

پروتکل شماره 12 کنوانسیون محافظت از حقوق بشر و آزادی اساسی 2000 [308]

ماده 1- ممنوعیت عمومی تبعیض

1- برخورداری از حقوق مطروحه در قانون باید بدون تبعیض مبتنی بر زمینه‌هایی نظیر جنسیت، نژاد، رنگ، زبان، مذهب، عقیده سیاسی یا سایر عقاید، ریشه ملی یا اجتماعی، ارتباط با یک اقلیت ملی، مالکیت، تولد یا سایر شرایط تضمین شود.

2- هیچ کس نباید توسط هر مقام دولتی بر مبنای زمینه‌های مذکور در بند 1 مورد تبعیض قرار گیرد.

منشور اجتماعی اروپا 1996 [309]

ماده ث

برخورداری از حقوق مطروحه در این منشور باید بدون تبعیض مبتنی بر زمینه‌هایی نظیر نژاد، رنگ، زبان، جنسیت، مذهب، عقیده سیاسی یا سایر عقاید، ریشه ملی یا اجتماعی، ارتباط با یک اقلیت ملی، مالکیت، تولد یا سایر شرایط تضمین شود.

ضمیمه منشور اروپا

بخش 5 در مورد ماده ث

یک رفتار افتراق‌آمیز مبتنی بر یک هدف و توجیه معقول نباید به عنوان تبعیض تلقی گردد.

کنوانسیون چارچوب کاری برای محافظت از اقلیت‌های ملی 1995

ماده 4

---

[306] - بیانیه حق بر توسعه، قطعنامه مجمع عمومی بشماره 41/128 مورخ چهارم دسامبر 1986

[307] - بیانیه حقوق افراد متعلق به اقلیت های ملی یا قومی، مذهبی و زبانی، قطعنامه مجمع عمومی بشماره 47/135 مورخ 18 دسامبر 1992.

[308] - پروتکل شماره 12 کنوانسیون حمایت ازحقوق بشر و آزادی های اساسی مورخ 4 نوامبر 2000 که در تاریخ اول آوریل 2005 به اجرا درآمد.

[309] - همچنین به ماده اول پروتکل الحاقی 1988 به منشور اجتماعی اروپا مراجعه شود.

1. The Parties undertake to guarantee to persons belonging to national minorities the right of equality before the law and of equal protection of the law. In this respect, any discrimination based on belonging to a national minority shall be prohibited.

2. The Parties undertake to adopt, where necessary, adequate measures in order to promote, in all areas of economic, social, political and cultural life, full and effective equality between persons belonging to a national minority and those belonging to the majority. In this respect, they shall take due account of the specific conditions of the persons belonging to national minorities.

3. The measures adopted in accordance with paragraph 2 shall not be considered to be an act of discrimination.

(e) Charter of the Fundamental Rights of the European Union 2000
Article 21
1. Any discrimination based on any ground such as sex, race, colour, ethnic or social origin, genetic features, language, religion or belief, political or any other opinion, membership of a national minority, property, birth, disability, age or sexual orientation shall be prohibited.

(f) Charter of the Organization of the American States 1967
Article 3
l) The American States proclaim the fundamental rights of the individual without distinction as to race, nationality, creed, or sex.

(g) American Declaration of the Right and Duties of Man 1948
Article II
All persons are equal before the law and have the rights and duties established in this Declaration, without distinction as to race, sex, language, creed or any other factor.

(h) The American Convention on Human Rights 1969
Article 1
The States Parties to this Convention undertake to respect the rights and freedoms recognized herein and to ensure to all persons subject to their jurisdiction the free and full exercise of those rights and freedoms, without any discrimination for reasons of race, color, sex, language, religion, political or other opinion, national or social origin, economic status, birth, or any other social condition.
Article 2
Where the exercise of any of the rights or freedoms referred to in Article 1 is not already ensured by legislative or other provisions, the States Parties undertake to adopt, in accordance with their constitutional processes and the provisions of this Convention, such legislative or other measures as may be necessary to give effect to those rights or freedoms.
Article 24
All persons are equal before the law. Consequently, they are entitled, without discrimination, to equal protection of the law.

(i) Additional Protocol to the American Convention on Human Rights in the Area of Economic, Social and Cultural Rights (Protocol of San Salvador) 1988
Article 3
The State Parties to this Protocol undertake to guarantee the exercise of the rights set forth herein without discrimination of any kind for reasons related to race, color, sex, language, religion, political or other opinions, national or social origin, economic status, birth or any other social condition.

(j) Inter-American Convention on The Elimination Of All Forms Of Discrimination Against Persons With Disabilities 1999

288

1- کشورهای عضو متعهد می‌شوند تضمین نمایند که افراد متعلق به اقلیت‌های ملی حق برابری در پیشگاه قانون و محافظت برابر توسط قانون را دارند. در این رابطه، هرگونه تبعیض مبتنی بر تعلق به یک اقلیت ملی ممنوع است.
2- کشورهای عضو متعهد می‌شوند در صورت لزوم اقدامات کافی را جهت ارتقای برابری کامل و موثر بین افراد متعلق به یک اقلیت ملی و افراد متعلق به اکثریت را در تمامی حیطه‌های حیات اقتصادی، اجتماعی، سیاسی و فرهنگی اتخاذ نمایند. در این رابطه، آنها باید توجه کافی به شرایط خاص افراد متعلق به اقلیت‌های ملی داشته باشند.
3- اقدامات اتخاذ شده طبق بند 2 نباید به عنوان یک اقدام تبعیضی در نظر گرفته شوند.

منشور حقوق اساسی اتحادیه اروپا 2000

ماده 21

1- هرگونه تبعیض مبتنی بر زمینه‌هایی نظیر جنسیت، نژاد، رنگ، ریشه قومی یا اجتماعی، خصوصیات ژنتیکی، زبان، مذهب یا عقیده، عقیده سیاسی یا سایر عقاید، تعلق به یک اقلیت ملی، مالکیت، تولد، معلولیت، سن یا جهت‌گیری جنسی ممنوع است.

منشور سازمان کشورهای آمریکایی 1967

ماده 3

1) دول آمریکایی حقوق اساسی فرد بدون تمایز از نظر نژاد، ملیت، آیین یا جنسیت را اشعار می‌دارند.

بیانیه آمریکایی حقوق و وظایف مردان 1948

ماده 2

تمامی افراد در پیشگاه قانون برابر بوده و بدون تمایز از نظر نژاد، جنسیت، زبان، آیین یا هر عامل دیگری، حقوق و وظایف مندرج در این بیانیه را دارا هستند.

کنوانسیون آمریکایی حقوق بشر 1969

ماده 1

کشورهای عضو این کنوانسیون متعهد می‌شوند به حقوق و آزادی‌های مطروحه در این کنوانسیون احترام گذاشته و اعمال آزادانه و کامل این حقوق و آزادی‌ها را برای تمامی افراد مشمول حوزه قضائی آنان بدون هر گونه تبعیض از نظر نژاد، رنگ، جنسیت، زبان، مذهب، عقیده سیاسی یا سایر عقاید، ریشه ملی یا اجتماعی، وضعیت اجتماعی، تولد یا سایر شرایط اجتماعی تضمین نمایند.

ماده 2

زمانی که اعمال هر یک از حقوق یا آزادی‌های مذکور در ماده 1 از قبل بموجب قانون یا سایر مقررات تضمین نشده باشد، کشورهای عضو متعهد می‌شوند طبق فرایندهای قانونگذاری خود و مفاد این کنوانسیون، اقدامات قانونگذاری و سایر اقدامات ضروری برای اجرایی نمودن این حقوق و آزادی‌ها را اتخاذ نمایند.

ماده 24

تمامی افراد در پیشگاه قانون برابرند. در نتیجه، آنها بدون تبعیض مستحق محافظت برابر توسط قانون هستند.

پروتکل الحاقی به کنوانسیون آمریکایی حقوق بشر در زمینه حقوق اقتصادی، اجتماعی و فرهنگی (پروتکل سانسالوادور) 1988

ماده 3

کشورهای عضو این پروتکل متعهد می‌شوند اعمال حقوق مطروحه در این پروتکل را بدون هر نوع تبعیض از نظر نژاد، رنگ، جنسیت، زبان، مذهب، عقیده سیاسی یا سایر عقاید، ریشه ملی یا اجتماعی، وضعیت اقتصادی، تولد یا سایر شرایط اجتماعی تضمین نمایند.

کنوانسیون آمریکایی در مورد رفع تمامی اشکال تبعیض علیه معلولین 1999

Article I

2. Discrimination against persons with disabilities

a. The term 'discrimination against persons with disabilities' means any distinction, exclusion, or restriction based on a disability, record of disability, condition resulting from a previous disability, or perception of disability, whether present or past, which has the effect or objective of impairing or nullifying the recognition, enjoyment, or exercise by a person with a disability of his or her human rights and fundamental freedoms.

b. A distinction or preference adopted by a state party to promote the social integration or personal development of persons with disabilities does not constitute discrimination provided that the distinction or preference does not in itself limit the right of persons with disabilities to equality and that individuals with disabilities are not forced to accept such distinction or preference. If, under a state's internal law, a person can be declared legally incompetent, when necessary and appropriate for his or her well-being, such declaration does not constitute discrimination.

Article II

The objectives of this Convention are to prevent and eliminate all forms of discrimination against persons with disabilities and to promote their full integration into society.

(k) The African (Banjul) Charter on Human and People's Rights 1981

Article 2

Every individual shall be entitled to the enjoyment of rights and freedoms recognised and guaranteed in the present Charter without distinction of any kind such as race, ethnic groups, color, sex, language, religion, political or any other opinion, national or social origin, fortune, birth or other status.

Article 3

1. Every individual shall be equal before the law.

2. Every individual shall be entitled to equal protection of the law.

Article 13

1. Every citizen shall have the right to participate freely in the government of his country, either directly or through freely chosen representatives in accordance with the provisions of the law.

2. Every citizen shall have the right of equal access to the public service of his country.

3. Every individual shall have the right of access to public property and services in strict equality of all persons before the law.

(l) Arab Charter on Human Rights 1994 (not ratified)

Article 2

Each State Party to the present Charter undertakes to ensure to all individuals within its territory and subject to its Jurisdiction the right to enjoy all the rights and freedoms recognized herein, without any distinction on grounds of race, colour, sex, language, religion, political opinion, national or social origin, property, birth or other status and without any discrimination between men and women.

Article 32

The State shall ensure that its citizens enjoy equality of opportunity in regard to work, as well as a fair wage and equal remuneration for work of equal value.

C. MONITORING BODIES

1. International

    (a) Human Rights Committee (HRC)

    (b) The Committee on the Elimination of Racial Discrimination (CERD)

    (c) The Committee on the Elimination of Discrimination Against Women (CEDAW)

    (d) The Committee on Migrant Workers (CMW)

ماده 1

2) تبعیض علیه معلولین

الف- اصطلاح «تبعیض علیه معلولین» به معنی هرگونه تمایز، طرد یا محدودیت بر مبنای معلولیت، سابقه معلولیت، شرایط ناشی از معلولیت قبلی، یا استنباط معلولیت فعلی یا قبلی با اثر یا هدف آسیب‌زننده یا باطل‌کننده مقبولیت، برخورداری یا اعمال حقوق بشر و آزادی‌های اساسی از جانب یک فرد معلول است.

ب- تمایز یا ترجیح اعمال شده توسط یک کشور عضو جهت ارتقای انسجام اجتماعی یا توسعه فردی معلولین به معنی تبعیض نخواهد بود مشروط بر اینکه تمایز یا ترجیح مذکور فی نفسه حق معلولین برای برابری را محدود ننموده و معلولین مجبور به قبول این تمایز یا ترجیح نباشند. چنانچه طبق قانون ملی هر کشور، یک فرد در صورت لزوم و اقتضا برای سلامت خود از نظر قانونی فاقد صلاحیت در نظر گرفته شود، این امر تبعیض محسوب نخواهد شد.

ماده 2

اهداف این کنوانسیون، پیشگیری و حذف تمامی اشکال تبعیض علیه معلولین و ارتقای انسجام کامل آنها با جامعه است.

منشور آفریقایی (بانجول) در مورد حقوق بشر و مردم 1981

ماده 2

هر فرد بدون هرگونه تمایز از نظر نژاد، گروه‌های قومی، رنگ، جنسیت، زبان، مذهب، عقیده سیاسی یا سایر عقاید، ریشه ملی یا اجتماعی، اقبال، تولد یا سایر شرایط، مستحق برخورداری از حقوق و آزادی‌های به رسمیت شناخته شده و تضمین شده در این منشور است.

ماده 3

1- هر فرد در پیشگاه قانون برابر است.

2- هر فرد مستحق محافظت برابر توسط قانون است.

ماده 13

1- هر شهروند حق دارد مستقیماً یا بطور غیرمستقیم یا از طریق نمایندگان آزادانه انتخاب شده طبق مفاد قانون، آزادانه در دولت کشور خود مشارکت نماید.

2- هر شهروند حق دسترسی برابر به خدمات عمومی کشور خود را داراست.

3- با برابری تمام افراد در پیشگاه قانون، هر فرد حق دسترسی به املاک و خدمات عمومی را داراست.

منشور عربی حقوق بشر 1994 (غیرمصوب)

ماده 2

هر کشور عضو این پیمان متعهد می‌شود تمامی حقوق و آزادی‌های به رسمیت شناخته شده در پیمان حاضر را بدون هرگونه تبعیض از نظر نژاد، رنگ، جنسیت، زبان، مذهب، عقیده سیاسی، ریشه ملی یا اجتماعی، مالکیت، تولد یا سایر شرایط و بدون هرگونه تبعیض بین مردان و زنان، برای تمامی افراد حاضر در سرزمین خود و مشمول حوزه قضائی خود فراهم نماید.

ماده 32

هر کشور باید تضمین نماید که شهروندان آن از برابری فرصت از نظر کار و همچنین دستمزد عادلانه و پرداخت برابر برای کار دارای ارزش یکسان برخوردار هستند.

نهادهای ناظر

بین‌المللی
- کمیته حقوق بشر
- کمیته حذف تبعیض نژادی
- کمیته حذف تبعیض علیه زنان
- کمیته کارگران مهاجر

2. Regional
   (a) European Court of Human Rights
   (b) Inter-American Commission on Human Rights
   (c) Inter-American Court on Human Rights
   (d) Mechanism to Follow-up on the Implementation of the Inter-American Convention
on   the Prevention, Punishment and Eradication of Violence against Women
   (e) (Inter-American) Committee for the Elimination of All Forms of Discrimination
        against Persons with Disabilities (not yet active)
   (f) African Commission on Human and Peoples' Rights
   (g) African Court of Human Rights

D. CASE LAW

1. *Shirin Aumeeruddy-Cziffra and 19 other Mauritian women v Mauritius*, **Human Rights Committee**[310]

(a) Legal issues
Discrimination on the ground of gender; violation of ICCPR Articles 2(1), 3, 26 and 17 of the ICCPR.

(b) Facts
Mauritius changed its immigration legislation in 1977 under which alien husbands of Mauritian women lost their residence status in Mauritius and had to apply for a 'residence permit' which could be refused or removed at any time by the Minister of Interior. The new laws did not affect the status of alien women married to Mauritian husbands. Twenty Mauritian women brought a claim on the grounds that the new laws violated the prohibition of sex-discrimination, the equal protection provision, the provision securing the right to participation in public affairs and the provisions for protection of the family in the ICCPR.

(b) Decision
The Committee concluded that it was not necessary to decide how far the restrictions imposed by the new legislation might conflict with the substantive provisions of the ICCPR if applied without discrimination of any kind.

> …Whether or not the particular interference could as such be justified if it were applied without discrimination does not matter here. Whenever restrictions are placed on a right guaranteed by the Covenant, this has to be done without discrimination on the ground of sex. Whether the restriction in itself would be in breach of that right regarded in isolation, is not decisive in this respect. It is the enjoyment of the rights which must be secured without discrimination. Here it is sufficient, therefore, to note that in the present position an adverse distinction based on sex is made, affecting the alleged victims in their enjoyment of one of their rights.

The differential treatment that was based on the ground of sex was not found to be justified by the Human Rights Committee and it was concluded that Articles 2(1), 3, 26 and 17(1) were violated.

---

[310] *Shirin Aumeeruddy-Cziffra and 19 other Mauritian women v Mauritius* (Human Rights Committee, 1984) (9 April 1981) UN Doc CCPR/C/OP/1, para 67.

منطقه‌ای

- دادگاه حقوق بشر اروپا
- کمیسیون حقوق بشر بین آمریکایی
- دادگاه حقوق بشر بین آمریکایی
- مکانیسم پیگیری اجرای پیمان بین آمریکایی در حیطه ممانعت، تنبیه و از بین بردن خشونت علیه زنان.
- کمیته بین آمریکایی برای حذف همه اشکال تبعیض در برابر افراد معلول .
- کمیسیون آفریقایی حقوق بشر و افراد .
- دادگاه آمریکایی حقوق بشر.

رویه قضایی

کمیته حقوق بشر Shirin Aumeeruddy-Cziffra and 19 other Mauritian women v. Mauritius,[310]

موضوعات حقوقی:

تبعیض براساس جنسیت، نقض مواد (۱)۲، ۳، ۲۶، ۱۷ میثاق بین المللی حقوق مدنی و سیاسی

شرح پرونده:

Mauritius مقررات مربوط به مسافرت را در سال ۱۹۷۷ تغییر داد که به موجب آن همسران خارجی زنان Mauritius وضعیت اقامتشان در Mauritius را از دست می‌داند و باید برای کسب اجازه اقامت درخواست می‌دادند که ممکن بود مجوز داده نشود یا در هر زمانی توسط وزارت کشور لغو گرفته شود. قوانین جدید بر وضعیت زنان خارجی که با مردان Mauritian به ازدواج کرده بودند تأثیری نداشت. ۲۰ زن Mauritian ادعاهایی را مطرح کردند بر این اساس که قوانین جدید ممنوعیت تبعیض جنسیتی، مقرره‌ی مربوط به حمایت یکسان، ماده‌ای که حق بر مشارکت در امور عمومی را تأمین می‌کند و ماده‌ی مربوط به حمایت از خانواده را که درمیثاق بین المللی حقوق مدنی و سیاسی بیان شده است. نقض کرده‌اند.

رأی:

کمیته نتیجه گیری کرد که ضروری نیست در مورد اینکه چقدر محدودیت‌های موجود در قانون جدید، اگر بدون هرگونه تبعیض در هر زمینه‌ای مقررات اساسی اعمال شود، ممکن است با میثاق بین المللی حقوق مدنی و سیاسی مغایرت داشته باشد، تصمیمی اتخاذ شود. .

> "این که مداخله‌ای ویژه در صورتی که بدون تبعیض اعمال گردد، می‌تواند قابل توجیه باشد یا خیر در این جا مهم نیست. هرگاه بو حقی که توسط میثاق تضمین شده است محدودیتی اعمال شود باید بدون تبعیض براساس جنسیت، اعمال شود. اینکه محدودیت به خودی خود در تناقض با آن حق تلقی خواهد شد در این رابطه تعیین کننده نیست بلکه بهره‌مندی (برخورداری) از حقوق است که باید بدون تبعیض تأمین شود. این موضوع قابل ذکر است که در وضعیت موجود (فعلی) تمایزی نامطلوب براساس جنسیت انجام شده است که بهره‌مندی از این حقوق توسط قربانیان ادعایی را تحت تأثیر قرار داده است."

لذا در اینجا رفتارهای متفاوت براساس جنسیت از سوی کمیته حقوق بشر قابل توجیه تشخیص داده نشدند و کمیته حقوق بشر نتیجه گرفت که مواد (۱)2، 3، ۲۶ و (۱)۱۷ نقض شده‌اند.

---

[310] - *Shirin Aumeeruddy-Cziffra and 19 other Mauritian women v Mauritius* (Human Rights Committee, 1984) (9 April 1981) UN Doc CCPR/C/OP/1, para 67.

2. *Dominique Guesdon v France*, **Human Rights Committee**[311]

(a) Legal issues
Fair trial; language; ICCPR Articles 14 and 26.

(b) Facts
The author, who was a French citizen, stated that he was a Breton and that his mother tongue was Breton, which was the language in which he could express himself best, although he also spoke French. He appeared before the Court for having damaged public property by defacing road signs in French. On the day of the hearing he requested that his testimony and that of his witnesses be heard through the assistance of an interpreter. This request was refused by the Court. It was considered that he was able to defend himself without interpretation before the trial Court. The author claimed that the French Courts violated his right to a fair hearing as stated in Article 14 of the ICCPR, and that he was not allowed to express himself in the language in which he normally expresses himself. Moreover, he claimed that the refusal of interpretation assistance constituted a violation of Article 26 of the ICCPR.

(c) Decision
The use of one official court language by State Parties to the Covenant did not, in the opinion of the Committee, violate Article 14. The requirement of a 'fair hearing' did not mandate State Parties to make the services of an interpreter available to a citizen whose mother tongue differs from the official court language if that citizen was capable of expressing himself adequately in the official language. The services of an interpreter should have been made available only if the accused or the defence witnesses had difficulties in understanding or in expressing themselves in the court language. The French Court was found to comply with their obligations under Article 14. The author had not shown that he or the witnesses called on his behalf were unable to address the tribunal in simple but adequate French. Article 14 did not imply that the accused be afforded the possibility to express himself in the language in which he normally speaks or speaks with a maximum degree of ease. If the court was certain that the accused was sufficiently proficient in the court's language, it was not required to ascertain whether it would be preferable for the accused to express himself in a language other than the court language. The French law did not give everyone a right to speak his own language in court. Those who were unable to speak or understand French were provided with the services of an interpreter. Since the author did not need this service, he suffered no discrimination under Article 26 on the ground of his language.

3. *Case of Abdulaziz, Cabales and Balkandali v The United Kingdom*, **European Court of Human Rights**[312]

(a) Legal issues
Discrimination on the ground of sex; immigration; ECHR Articles 8 and 14.

---

[311] *Dominique Guesdon v France* (Human Rights Committee, 1990), UN Doc CCPR/C/39/D/219/1986
[312] *Abdulaziz, Cabales and Balkandali v The United Kingdom* Series A No 94 (1985) 7 EHRR.

Dominique Guesdon v. France, [311]کمیته حقوق بشر

موضوعات حقوقی:
محاکمه عادلانه، زبان، درمیثاق بین المللی حقوق مدنی و سیاسی (مواد ۱۴ و ۲۶)

شرح پرونده:
شاکی که یک شهروند فرانسوی بود بیان داشت که او یک انگلیسی بوده و زبان مادری او نیز انگلیسی بوده است. زبانی که او می‌تواند خودش را بهتر تبیین کند اگر چه او فرانسوی نیز صحبت می‌کرد. او به دلیل تخریب اموال عمومی به شکل تخریب علایم جاده یه فرانسه نزد دادگاه حاضر شد. روز دادرسی او درخواست کرد که شهادت خود و شهودش با همکاری یک مترجم شنیده شود. این درخواست با این استدلال که او خود می‌تواند بدون ترجمه نزد دادگاه از خود دفاع کند توسط دادگاه رد شد.. شاکی ادعا کرد که دادگاه‌های فرانسوی حقوق او را در زمینه‌ی دادرسی عادلانه که در ماده ۱۴، درمیثاق بین المللی حقوق مدنی و سیاسی ذکر شده، نقض کرده است به این صورت که او اجازه نداشته به زبانی که معمولاً گفته‌های خود را بیان می‌کند، دفاعیات خود را اظهار کند. علاوه بر این او ادعا کرد که رد کمک مترجم، نقض ماده ۲۶ درمیثاق بین المللی حقوق مدنی و سیاسی است.

رأی:
استفاده از یک زبان رسمی توسط دادگاه در کشورهای طرف این میثاق از نظر کمیته نقض ماده ۱۴ درمیثاق بین المللی حقوق مدنی و سیاسی نبوده است. الزامات مربوط به دادرسی عادلانه، کشورهای طرف میثاق را متعهد نمی‌سازد که به شهروندانی که زبان مادریشان با زبان رسمی دادگاه متفاوت است، اگر قادر به بیان دفاعیات خود با زبان رسمی دادگاه به حد کافی باشند، مساعدت کنند. دستیابی به مترجم، فقط در صورتی که متهم یا شهود مدافع در فهم یا بیان مطالب به زبان دادگاه دچار مشکل می‌بودند باید فراهم می‌شد. دادگاه فرانسوی به تعهداتش در رابطه با ماده‌ی ۱۴ عمل کرده است. شاکی نشان نداده بود که او یا شاهدانی که به طرفیت او صحبت می‌کنند قادر نبوده‌اند که سخنشان را با فرانسه ساده و کافی در دادگاه عرضه کنند. ماده ۱۴ دلالت بر این ندارد که متهم باید این امکان را داشته باشد که دفاعیاتش را با همان زبانی که او معمولاً و یا آسانتر صحبت می‌کند، بیان کند. اگر دادگاه مطمئن بوده است که متهم به اندازه کافی به زبان دادگاه مسلط است دیگر ضرورتی نداشته که احراز کند آیا ترجیح داشته است که متهم به زبانی غیر از زبان رسمی دادگاه سخن بگوید. دادگاه فرانسوی به هر کس این حق را نداده است که به زبان خودش در دادگاه صحبت کند. کسانی که قادر نبودند فرانسوی صحبت کرده یا زبان فرانسه را بفهمند برایشان امکان به خدمت گرفتن یک مترجم، فراهم می‌شد. از آن جایی که شاکی به این امکان نیاز نداشته است، هیچ گونه تبعیضی را به موجب ماده ۲۶ در زمینه زبانش متحمل نشده است.

دادگاه اروپایی حقوق بشر،
Case of Abdulaziz, Cabales and Balkandali v. The United Kingdom [312]

موضوعات حقوقی:
تبعیض در زمینه جنسیت و تبعیض جنسیتی

[311] *Dominique Guesdon v France* (Human Rights Committee, 1990), UN Doc CCPR/C/39/D/219/1986
[312] *Abdulaziz, Cabales and Balkandali v The United Kingdom* Series A No 94 (1985) 7 EHRR..

(b) Facts

Three women, all lawful permanent residents of the United Kingdom, sought permission from immigration authorities to be joined by their husbands, all of them being non-nationals. The applications were refused based on immigration rules in effect at the time. In an effort to protect the domestic labour market during a time of high unemployment, the 1980 Rules contained provisions attempting to curtail 'primary immigration', that is immigration by someone who could be expected to seek full-time work in order to support a family. The State introduced strict conditions for the granting of leave to a 'non-partial' husband or fiancé seeking to join their partners in the UK. The new measures did not apply to the wives and fiancées of settled men and the United Kingdom asserted that this differential treatment relied on a statistical fact, that men were more likely to seek work than women and the differential treatment was thus justified. The authors claimed, inter alia, discrimination on the grounds of race and sex and, in the case of the third applicant, birth, referring to Article 14 of the ECHR and an infringement of their right to respect for family life in violation of Article 8.

(c) Decision

The Court held that immigration controls must be exercised consistently with Convention obligations. The duty imposed by Article 8 was not considered as extending to a general obligation on the part of the State to respect the choice by married couples of the country of their matrimonial residence and to accept non-national spouses for settlement. The court found that there was no violation of Article 8 taken alone as the applicants had not shown that there were obstacles to establishing family life in their own or their husbands' home countries or that there were special reasons why that could not be expected from them. It noted, however, that although there was a margin of appreciation to be respected, equality of the sexes is a major goal in the Member States. Very weighty reasons would have to be advanced before a difference of treatment on the ground of sex could be regarded as compatible with the Convention. The court did not find it convincing that the difference that may exist between the impact of men and women on the domestic labour market is sufficiently important to justify the difference of treatment. Thus, there was a violation of Article 14 together with Article 8 of the ECHR. No violation based on race or ethnic origin was found.

4. *G Danning v the Netherlands*, Human Rights Committee[313]

(a) Legal Issues
Discrimination; marital status.

(b) Facts

The author had, as a consequence of an accident, become disabled and received payments from his employer's insurance. After the first year, payments were received under another insurance programme for employees who had been medically declared unfit to work. That programme provided for higher payments to married beneficiaries. The author claimed that as he was engaged and lived with someone in a common-law marriage, he should be accorded insurance benefits as a married man and not a as single man, something that he had been denied. He claimed that there had been a violation of Article 26 of the ICCPR together with Article 2(1) of the ICCPR.

---

[313] *G Danning v the Netherlands* (Human Rights Committee, 1987) UN Doc Supp No 40 (A/42/40) 151.

شرح پرونده:

۳ زن که هر ۳ ساکنان دائمی و قانونی انگلستان هستند و خواستار اجازه ماموران دولتی بخش مهاجرت شدند که همسرانشان که هر ۳ آن‌ها ملیتی غیرانگلیسی داشتند بتوانند در کشور موطن زنان خود به آنها بپیوندند. درخواست‌های آنان به موجب قواعد مهاجرت موثر در زمان مورد بحث رد شد. به منظور حفظ بازار کار بومی در دوران بیکاری، قوانین ۱۹۸۰ شروطی را جهت اعمال محدودیت در زمینه مهاجرت ابتدایی یعنی مهاجرت افرادی که برای تأمین خانواده‌ی خود در جستجوی یک کار تمام وقت هستند درع نظر گرفت. دولت شرایط سختی را برای صدور اجازه اقامت در مورد شوهران و نامزدان بی‌طرف که می‌خواستند به همسران خود در کشور بپیوندند ایجاد کرد قوانین جدید شامل زنان و نامزدان مردانی که در این کشور سکونت یافته‌اند نمی‌شد. و دولت انگلستان این دفاع را کرد که این رفتارهای متفاوت برمبنای واقعیات آماری است که مردان احتمالاً بیش از زنان در جستجوی کارند و بنابراین، این قانون توجیه پذیر است. شاکیان ادعا کردند که از جمله در زمینه‌های نژاد و جنسیت و در مورد نفر سوم، تولد، با توجه به ماده ۱۴ کنوانسیون اروپایی حقوق بشر، تبعیضاتی صورت گرفته است و یک مورد نقض ماده ۸ در زمینه‌ی حقوق مربوط به زندگی خانوادگی آنان نیز صورت گرفته است.

رأی:

دادگاه عنوان کرد که کنترل‌های مهاجرتی باید مستمراً با توجه به تعهدات مذکور در معاهده اعمال شود تعهدات که به موجب ماده ۸ برای دولتها ذکر شده است شامل یک تعهد کلی احترام به انتخاب محل سکونت زوجها نمی‌شود. دادگاه همچنین تشخیص داد که ماده ۸ اگر به طور مجرد در نظر گرفته شود، نقض نشده است چرا که مدعیان دلایلی ارائه نکرده‌اند که موانعی در زمینه ثبات زندگی خانوادگی در کشورهای موطن خود یا شوهرشان وجود دارد یا اینکه دلایل خاصی وجود داشته که نباید این موارد را از آنان انتظار داشت..دادگاه خاطرنشان کرد که تساوی جنسیت‌ها یکی از اهداف مهم برای کشورهای عضو است و دلایل رفتار متفاوت در زمینه‌ی جنسیت که با مقررات عهدنامه نیز سازگار تلقی شود باید خیلی اساسی و جدی باشد. در مورد این پرونده، دادگاه تشخیص نداد که دلایل اظهار شده تفاوت بین زنان و مردان توجیه پذیر باشد. بنابراین ماده ۱۴ به همراه ماده ۸ نقض شده است ولی هیچ نقضی برپایه نژاد یا تعلق نژادی تشخیص داده نشد.

Danning علیه هلند، کمیته حقوق بشر[313]

موضوعات حقوقی:

تبعیض، وضعیت زناشویی

شرح پرونده:

شاکی در پی یک تصادف ناتوان (معلول) شد و مبالغی از بیمه‌ی کارفرمایش دریافت کرد. پس از گذشت سال اول این پرداخت‌ها به موجب برنامه‌ی بیمه دیگری برای کارگرانی که از لحاظ پزشکی برای کار کردن ناسالم تشخیص داده نشده بودند، دریافت می‌شد.این برنامه برای ذی نفعان متأهل مبالغ بالاتری در نظر گرفته بود. شاکی مدعی شد که او نامزد بوده است و او و نامزدش به موجب قوانین ازدواج موجود در حقوق عرفی، با یکدیگر زندگی می‌کردند و منافع بیمه‌ای باید به عنوان یک فرد متاهل پرداخت می‌شد نه یک فرد مجرد، که شاکی از آن محروم شده بود. او ادعا کرد که ماده ۲۶ میثاق بین المللی حقوق مدنی و سیاسی و ماده (۱)۲میثاق بین المللی حقوق مدنی و سیاسی نقض شده است.

---

313 - Danning v. the Netherlands, Human Rights Committee, (9 April 1987), U.N. Doc. Supp. No. 40 (A/42/40) at 151 (1987).

(c) Decision

The Human Rights Committee stated that although Article 26 requires that legislation should prohibit discrimination, it does not in itself contain any obligation with respect to the matters that may be provided for by legislation. For instance, it does not require a State to enact legislation to provide for social security. However, once such legislation is adopted, it has to comply with Article 26 of the ICCPR. The question was whether the legislation adopted violated Article 26 of the ICCPR or whether there was a reasonable and objective reason to differentiate. The Committee held that the decision to enter into a legal status by marriage, which provided in Netherlands law both for certain benefits and for certain duties and responsibilities, lay entirely with the cohabiting persons. By choosing not to enter into marriage, the author and his partner had decided not to assume the full extent of the duties and responsibilities incumbent on married people. There was no question of 'equal cases' being treated differently under the law. The Committee found that the differentiation complained of by the author was based on objective and reasonable criteria and that there had been no violation of Article 26 of the ICCPR.

5. *HAEDJ [name deleted] v The Netherlands*, Human Rights Committee[314]

(a) Legal issues
Discrimination; 'other status'.

(b) Facts

The author performed civilian service as a recognized conscientious objector to military service and received an income that was 10 per cent below the minimum subsistence nationwide to persons aged 27 who maintained their own household. The author was refused supplementary benefits by the executive body under the General Assistance Act and the appeals board with the argument that the regulations applicable to conscientious objectors provided adequate means of subsistence to individuals in the author's situation. The author claimed that the mere fact that a person performs alternative national service could not be a reason for treating that person differently from a civilian and that there need to be well-founded reasons to apply lower minima to certain groups, claiming a violation of Article 26 of the ICCPR.

(c) Decision

The Human Rights Committee found that there is no entitlement to be paid as if one were still in private civilian life, whether the compulsory national service is performed by way of military service or by alternative service. The scope of Article 26 did not extend to differences in result of the uniform application of laws in the allocation of social security benefits.

There was no indication that the General Assistance Act did not apply equally to all citizens performing alternative service and the communication was found to be incompatible with Article 26 of the ICCPR.

6. *SWM Broeks v The Netherlands*, Human Rights Committee[315]

(a) Legal Issues
Discrimination on the basis of sex; employment.

---

[314] *HAEDJ [name deleted] v The Netherlands* (Human Rights Committee, 1989) UN Doc CCPR/C/37/D/297/1988.

[315] *SWM Broeks v The Netherlands* (Human Rights Committee, 1990) UN Doc CCPR/C/OP/2, para 196.

رأی:
کمیسیون حقوق بشر عنوان کرد که اگرچه ماده ۲۶ ملزم کرده است که مقررات باید تبعیض را منع کنند ولی این مورد شامل هیچ تعهدی در رابطه با موضوعاتی که قوانین مقرر می‌دارند، نمی‌شود. برای مثال لازم نیست که یک کشور مقرراتی را برای تأمین اجتماعی وضع کند. با این وجود، چنانچه این چنین مقرراتی اتخاذ شود، باید با ماده ۲۶ میثاق بین المللی حقوق مدنی و سیاسی مطابقت داشته باشد. مسئله این است که آیا مقررات تصویب شده ماده ۲۶ میثاق بین المللی حقوق مدنی و سیاسی را نقض می‌کند یا دلیل معقول و منطقی برای این تفاوت وجود دارد. کمیته عنوان کرد که تصمیم برای ایجاد یک وضعیت حقوقی از طریق ازدواج جهت برخورداری از مزایای مسئولیت‌ها که در قانون هلند پیش بینی شده است، تنها برای افرادی که با یکدیگر زندگی می‌کنند منظور شده است. لذا شاکی و شریک زندگی او با گزینه عدم ازدواج این مزایا و مسئولیت‌ها را در واقع نپذیرفته‌اند. لذا موردی از برخورد نابرابر در موضوعات یکسان وجود ندارد. کمیته تشخیص داد که تفاوت‌هایی که شاکی نسبت به آن شکایت کرده است بر معیارهای معقول و منطقی استوار است و بدین صورت هیچ نقضی نسبت به ماده ۲۶ میثاق بین المللی حقوق مدنی و سیاسی صورت نگرفته است.

A.E.D.J.H [نام حذف شده است] علیه هلند کمیته حقوق بشر[314]

موضوعات حقوقی:
تبعیض، سایر وضعیت‌ها.

شرح پرونده:
شاکی که به عنوان معترض وجدانی شناخته شده بود، به جای خدمت نظام، خدمت غیرنظامی انجام داده است ولی مبلغ دریافتی او ۱۰٪ کمتر از میزانی بوه که برای افراد زیر ۲۷ سال که مسئولیت تأمین خانواده خود را دارند در نظر گرفته شده بود. تقاضای شاکی برای دریافت مزایای اضافی توسط هیات اجرایی قانون مربوطه رد شد با این استدلال که مقررات ناظر بر شرایط معترضان وجدانی کمکهای لازم را برای آنها در نظر گرفته است. ادعای شاکی این است که انجام خدمات غیرنظامی دلیلی برای رفتار متفاوت برای این اشخاص و دریافت حداقل کمکها نمی‌باشد.

رأی:
نظر کمیته این بود که صرف نظر از اینکه خدمت نظام به طور عادی یا خدمات غیرنظامی انجام گرفته هیچ استحقاق اشخاص دریافت کمک به عنوان یک غیرنظامی وجود نداشته است. قلمرو ماده ۲۶ شامل تفاوت‌های ناشی از اعمال قوانین تخصیصی و پرداخت یکسان مقررات تأمین اجتماعی نمی‌شود.

کمیته حقوق بشر S.W.M Broeks v. The Netherland[315]

موضوعات حقوقی:
تبعیض (یا بر مبنای) جنسیت، استخدام

---

[314] *HAEDJ [name deleted] v The Netherlands* (Human Rights Committee, 1989) UN Doc CCPR/C/37/D/297/1988.
[315] *SWM Broeks v The Netherlands* (Human Rights Committee, 1990) UN Doc CCPR/C/OP/2, para 196.

(b) Facts
The author who had been married at the time of the dispute and dismissed from her employment for reasons of disability, benefited from the Netherlands social security system until the unemployment payments were terminated in accordance with Netherlands law. She claimed that the law made a distinction based on grounds of sex and status. She claimed that if she had been a man, married or unmarried, the law in question would not have deprived her of her unemployment benefits, whereas because she is a woman and was married at the time in question, the law excluded her from continued unemployment benefits. She claimed that Article 26 of the ICCPR had been violated.

(c) Decision
According to the Unemployment Benefit Act, a married woman had to prove that she was a 'breadwinner' in order to receive the benefit. This condition did not apply to married men. The Human Rights Committee found that a differentiation that appears on one level to be one of status is in fact one of sex, placing married women at a disadvantage compared with married men. Such differentiation was not found to be reasonable and it was concluded that Article 26 of the ICCPR had been violated.

7. *Sprenger v The Netherlands*, **Human Rights Committee**[316]

(a) Legal issues
Discrimination; marital status.

(b) Facts
The author had lived with her companion and formally registered their relationship by notarial contract, providing for the shared costs of the common household, property and dwelling. As Sprenger's health insurance expired together with her unemployment benefit, she applied for alternative benefits whereby she would have received public health insurance. This was refused since she lived with a man whose income was higher than the benefits then applicable. At the time, the spouse of an insured person could also be insured if she shared the household and the insured person could be considered to be her breadwinner. The author's application to be registered as a co-insured person had been refused because the legislation did not provide for co-insurance of partners other than spouses. Sprenger had applied to be registered as a co-insured person but had been refused as the legislation did not provide for co-insurance of partners other than spouses. The author claimed that there was a distinction between married and unmarried couples despite the recognition of equal status for common law and official marriages in other social security legislation. The insurance law was changed to recognize the equality of common law and official marriages.

(c) Decision
It was found by the Human Rights Committee that although the ICCPR did not require the adoption of social security legislation, it had to comply with Article 26 and equality before the law implies that any distinctions in the enjoyment of benefits must be based on reasonable and objective criteria. The Committee held that there had been no general abolition of the distinction between married persons and cohabitants and that the differential treatment had been based on reasonable and objective grounds, applying its findings in *Danning v the Netherlands*, in which a difference of treatment between married and unmarried couples was found not to constitute discrimination within the meaning of Article 26 of the Covenant.

---

[316] *Sprenger v The Netherlands* (Human Rights Committee, 1992) UN Doc CCPR/C/44/D/395/1990.

شرح پرونده:
شاکی فردی است که در زمان اختلاف و نزاع متأهل بوده و به دلیل ناتوانی از کار برکنار شده، از تأمین اجتماعی هلند کمک مالی در زمان بیکاری دریافت می‌کند تا اینکه پرداخت‌ها و کمک‌های مالی برطبق قانون هلند خاتمه یافتند. وی ادعا می‌کند که قانون براساس جنسیت و موقعیت افراد تمایز قائل می‌شود. او ادعا می‌کند که اگر مرد بود، خواه متأهل یا مجرد، قانون در این مورد وی را از کمک‌های مالی در زمان بیکاری (یا حقوق و مزایا در زمان بیکاری) محروم نمی‌کرد در حالی که چون او یک زن است و در زمان مورد نظر متأهل بوده است قانون وی را از پوشش دریافت کمک‌های مالی یا مزایا در زمان بیکاری مستثنی کرده است. او مدعی شد که ماده ۲۶ میثاق بین المللی حقوق مدنی و سیاسی نقض شده است.

رأی:
برطبق قانون اخذ مزایا و کمک مالی در زمان بیکاری، یک زن متأهل ناچار است به اثبات برساند که کفیل خانواده است تا مزایای بیکاری را دریافت کد. این شرایط درخصوص مردان متأهل اعمال نمی‌شود. کمیته حقوق بشر تشخیص داد که تفاوتی که یک زن متأهل را در مقایسه با مرد متأهل از حقوق و مزایا محروم می‌کند صرفاً به دلیل تفاوت جنسیت آن‌ها است چنین تفاوت‌هایی منطقی به نظر نمی‌رسد و کمیته نتیجه گرفت که ماده ۲۶ ICCPR در این جا نقض شده است.

کمیته حقوق بشر Sprenger v. The Netherlands[316]

موضوعات حقوقی:
تبعیض، وضعیت زناشویی (نکاحی)

شرح پرونده: شاکی (زن) با دوستش زندگی می‌کرد و آن‌ها روابط‌شان را به طور رسمی به وسیله‌ی قراردادی در دفتر اسناد رسمی (یا قرارداد رسمی)، در زمینه‌ی فراهم آوردن هزینه‌های مشترک، مسکن مشترک، اموال و اقامت (سکونت) به ثبت رساندند. از آن جا که بیمه درمانی Sprengerهمراه با حقوق و مزایای بیکاری وی منقضی شده بود و تقاضای مزایای جایگزین را نمود تا به موجب آن بیمه درمانی همگانی (یا عمومی) دریافت کند. این تقاضا به دلیل اینکه او با فردی زندگی می‌کرد که درآمدش بیش‌تر از مزایای قابل اعمال بود رد شد. در آن زمان همسر یک شخص بیمه شده اگر در منزل همسرش اقامت می‌داشت و شخص بیمه شده می‌توانست به عنوان کفیل خانوار در نظر گرفته شود، می‌توانست بیمه باشد . درخواست شاکی برای ثبت بیمه مشارکتی رد شد چرا که قانون افرادی به غیر از همسر را تحت پوشش بیمه‌ی مشارکتی قرار نمی‌داد.
شاکی ادعا می‌کرد که میان متأهلان و زوج‌های غیرمتأهل، علی‌رغم شناسایی وضعیت‌های یکسان برای هر دو نوعِ عرفی و رسمی ازدواج در قانون‌های دیگر تأمین اجتماعی، تبعیض وجود دارد. قانون بیمه برای به رسمیت شناختن تساوی حقوق ازدواجهای عرفی و رسمی تغییر کرد.

رأی:
کمیسیون حقوق بشر تشخیص داد که اگرچه میثاق بین المللی حقوق مدنی و سیاسی نیازمند تصویب قانون تأمین اجتماعی نیست، اما باید از ماده ۲۶ تبعیت کند و تساوی در برابر قانون بر این امر دلالت دارد که هر تمایزی در برخورداری از مزایا می‌بایست برمبنای دلایل معقول و عینی باشد. کمیته اظهار داشت که هیچ لغو کلی تمایز میان اشخاص متأهل و افرادی که با یکدیگر زندگی می‌کنند وجود نداشته و بیان کرد که رفتار متفاوت برمبنای دلایل معقول و عینی بوده است. و نظرش در پرونده Danning علیه Netherland را که در آن تشخیص داده شد که تفاوت رفتاری میان متأهلان و زوج‌های غیرمتأهل تبعیض در معنای ماده ۲۶ میثاق نمی‌باشد به کار گرفت.

---

[316] *Sprenger v The Netherlands* (Human Rights Committee, 1992) UN Doc CCPR/C/44/D/395/1990.

8. *Toonen v Australia*, Human Rights Committee[317]

(a) Legal issues
Discrimination; sexual orientation.

(b) Facts
Toonen, an activist promoting the rights of homosexuals, complained about two provisions of the Tasmanian criminal code that criminalized all forms of sexual contact between consenting adult homosexual men in private. Although no proceedings had been instituted for over a decade, the public prosecutor had stated in 1988 that proceedings would be initiated if there was sufficient evidence. Toonen claimed that the criminalization of homosexuality did not permit him to expose his sexuality openly and that it had been difficult to spread information about the activities of a group advocating decriminalization of homosexuality. The author claimed that Articles 2 (1), 17 and 26 of the ICCPR had been violated.

(c) Decision
The Committee found that the author was actually and currently affected by the continued existence of the prohibition in the Tasmanian criminal code, although no criminal proceedings had been instituted for over a decade. There was no guarantee that action would not be taken against homosexuals in the future. The fact that the Tasmanian authorities justified the criminalization of homosexual acts on the ground of public health, to prevent the spread of HIV/AIDS, was not considered to be reasonable and proportionate. There was no proven link between continued criminalization of homosexual activity and control of the spread of HIV/AIDS. Furthermore, as the interference with Toonen's privacy could not be justified on public health or moral grounds and as sexual orientation was considered to be included in the reference to 'sex' in the Articles 2(1) and 26 of the ICCPR, there was a violation of Article 17 together with Articles 2(1). The Committee did not find it necessary to consider whether there was a violation of Article 26 of the ICCPR.

9. *Ms Juliet Joslin et al v New Zealand*, Human Rights Committee[318]

(a) Legal issues
Discrimination; same-sex marriage.

(b) Facts
The authors, being two homosexual couples, had a lesbian relationship, jointly sharing responsibility for their children from previous marriages. They applied under the Marriage Act 1955 to the local Registrar of Births, Deaths and Marriages for a marriage licence, by lodging a notice of intended marriage at the Registry Office. They application was, however, rejected as the Marriage Act was said to only apply between a man and a woman. The authors claimed that there was a violation of Article 26 of the ICCPR as the Marriage Act had failed to provide marriage for homosexuals. They claimed that they had been directly discriminated against on the basis of sex and indirectly discriminated against on the basis of sexual orientation, referring to Articles 16, 17, 23 (1), 2 and 26 of the ICCPR.

---

[317] *Toonen v Australia* (Human Rights Committee, 1994) UN Doc CPR/C/50/D/488/1992.
[318] *Ms Juliet Joslin et al v New Zealand* (Human Rights Committee, 2002) UN Doc A/57/40, para 214

کمیته حقوق بشر Toonen v. Australia[317]

موضوعات حقوقی:

تبعیض، گرایشهای جنسی

شرح پرونده:

Toonen، یک فعال زمینه‌ی ارتقای حقوق افراد هم جنس گرا، در رابطه با ۲ ماده از قانون کیفری Tasmanian شکایتی مطرح کرد که تمام تماس‌ها و برخوردهای جنسی میان مردان بزرگسال هم جنس گرا در خلوت را جرم تلقی کرده است. اگرچه بیش از یک دهه هیچ تعقیبی شکل نگرفته اما دادستان عمومی در سال ۱۹۸۸ بیان داشت که اگر شواهد و دلایل کافی وجود داشته باشد دادرسی آغاز خواهد شد. Toonen ادعا می‌کرد که جرم انگاشتن هم جنس گرایی به او اجازه نمی‌دهد تمایلات جنسی‌اش را به شکل آزاد و رها ابراز کند و این برای گسترش اطلاعات در مورد فعالیت‌های یک گروه مدافع عدم جرم انگاری هم جنس گرایی مشکل ساز و دردسر آفرین است.

شاکی ادعا می‌کند که مواد (۱)۲، ۱۷ و ۲۶ میثاق بین المللی حقوق مدنی و سیاسی نقض شده است.

رأی:

کمیته تشخیص داد که شاکی دقیقاً و مداوماً به دلیل وجود ادامه دار ممنوعیت در قانون کیفری Tasmanian تحت تأثیر بوده است، اگرچه هیچ اقدام کیفری در طول یک دهه صورت نگرفته است. هیچ تضمینی وجود ندارد که در آینده اعمال و اقداماتی علیه هم جنس گرایان اتخاذ نشود. این واقعیت که مقامات Tasmanian جرم انگاری اعمال هم جنس گرایانه را به علت بهداشت عمومی و برای جلوگیری از گسترش بیماری ایدز توجیه کرده‌اند، معقول و متناسب تلقی نشده است. هیچ ارتباط معنوی میان ادامه جرم انگاری فعالیت‌های هم جنس گرایانه و کنترل گسترش بیماری ایدز وجود ندارد. به علاوه، از آنجا که مداخله در حریم خصوصی Toonen نمی‌تواند به دلایل سلامت همگانی (عمومی) یا اخلاقی توجیه شود و از آنجا که گرایش‌های جنسی تحت پوشش «جنس» در مواد ۲ و ۱۱ و ۲۶ میثاق بین المللی حقوق مدنی و سیاسی درنظر گرفته می‌شود، نقض ماده ۱۷ به همراه مواد (۱)۲ صورت گرفته است کمیته ضروری ندانست نقض ماده ۲۶ میثاق بین المللی حقوق مدنی و سیاسی را نیز مد نظر قرار دهد.

کمیته حقوق بشر Ms. Juliet et al. v. New zealand[318]

موضوعات قانونی:

تبعیض، ازدواج با هم جنس.

شرح پرونده:

شاکیان ۲ مرد هم جنس گرا بودند و ارتباط جنسی با یکدیگر برقرار می‌کردند و به صورت مشترک مسئولیت بچه‌های حاصل از ازدواج‌های گذشته شان را برعهده داشتند. آن‌ها طبق قانون ازدواج ۱۹۵۵ نزد مقامات محلی اداره ثبت برای گرفتن اجازه‌ی ازدواج به وسیله‌ی ارائه‌ی یک عرض حال برای ازدواج مورد نظر اقدام کردند ولی به این دلیل که گفته شد قانون ازدواج فقط بین یک زن و یک مرد اعمال می‌شو، تقاضای آنها رد شد. شاکیان ادعا کردند که ماده ۲۶ میثاق بین المللی حقوق مدنی و سیاسی نقض شده است چرا که قانون ازدواج میان هم جنس گرایان را فراهم نکرده است. آن‌ها ادعا می‌کردند که به طور مستقیم برمبنای جنس و به طور غیرمستقیم براساس گرایش‌های جنسی با ارجاع به مواد ۱۶، ۱۷، (۱)۲۳، ۲ و ۲۶ میثاق بین المللی حقوق مدنی و سیاسی مورد تبعیض واقع شده‌اند.

---

317 - *Toonen v Australia* (Human Rights Committee, 1994) UN Doc CPR/C/50/D/488/1992.

318 - *Ms Juliet Joslin et al v New Zealand* (Human Rights Committee, 2002) UN Doc A/57/40, para 214

(c) Decision
The Committee noted that Article 23 (2) expressly addressed the issue of the right to marry. As there was a specific provision in the Covenant on the right of marriage, any claim that this right has been violated must be considered in the light of this provision. Article 23(2) is the only provision in the Covenant that uses the term 'men and women' when referring to a right, rather than 'every human being', 'everyone' and 'all persons'. The term 'men and women' has been consistently and uniformly understood as indicating that the treaty obligation of State Parties concerning Article 23 (2) of the ICCPR has been to recognize only the union between a man and a woman wishing to marry each other. The mere refusal to provide marriage between homosexual couples was not found to violate the rights of the authors under Articles 16, 17, 23 (1) and (2) or 26 of the ICCPR.

10. *Rasmussen v Denmark*, **European Court of Human Rights**[319]

(a) Legal issues
Discrimination on the grounds of sex; paternity.

(b) Facts
During the marriage of Mr Rasmussen, two children were born. The author suspected, even before one child's birth, that another man might be the child's father. In order to save the marriage, however, he took no steps to have paternity determined. Later, he and his wife got a divorce. The author wanted to determine the paternity of the girl in the family after her fifth birthday but his application was refused. According to the 1960 Act, the husband, the mother, the child or a guardian of the child could challenge paternity of a child but there was a time limit for the man to do so. The husband had to institute paternity proceedings within 12 months after he became cognizant of the circumstances which might have given grounds for his renunciation of paternity, and not later than five years after the birth of the child, with certain exceptions such as if the particular circumstances of the case especially warranted it and if it could be assumed that the re-opening would not cause the child any great distress. No restriction was imposed on the mother's right to institute paternity proceedings. The author complained of the fact that he was subjected to time limits, whereas his former wife could institute paternity proceedings at any time and thus claimed violation of Article 14 of the European Convention, in conjunction with Article 6 and Article 8 of the Convention. The applicant submitted that Article 6 was applicable to paternity proceedings and, further, that a husband's wish to have his family status determined fell within the scope of Article 8.

(c) Decision
The Court noted that Article 14 of the Convention has no independent existence as it has effect solely in relation to 'the enjoyment of the rights and freedoms' safeguarded by the provisions of the Convention. Article 6 was found to be applicable as an action contesting paternity; it was a matter of family law and civil in character. Article 8 protected not only family but also private life. The author's legal relations with the child concerned his private life and the case fell under the ambit of Article 8. It was held that there was a difference of treatment between the author and his former wife with regards to the possibility of instituting proceedings to contest the author's paternity. However, this differential treatment was justified. It was noted that States Parties enjoyed a margin of appreciation in assessing whether and to what extent differences in otherwise similar situations justified a different treatment in law. The legislation complained of was based on recommendations made after a careful study of the problem and that the legislature were entitled to think that the introduction of time limits for the institution of paternity proceedings was justified by the desire to ensure legal certainty and to protect the interests of the child. The difference of treatment between husbands and wives was based on the notion that such time limits were less necessary for wives than for husbands since the mother's interests usually coincided with those of the child. Thus, the treatment was not considered to be discriminatory.

---

[319] *Rasmussen v Denmark* Series A No 87 (1985) 7 EHRR 371.

رأی:

کمیته متذکر شد که ماده ۲۳(۲) صراحتاً در رابطه با موضوع حق ازدواج صحبت می‌کند. از آن جا که یک ماده خاص در کنوانسیون در رابطه با حق ازدواج وجود دارد هر ادعایی که در مورد نقض این حق باشد باید باتوجه به این ماده در نظر گرفته شود. ماده ۲۳(۲) تنها ماده‌ای در کنوانسیون است که هنگام اشاره به یک حق به جای «هر شخص»، «هر فرد»، «همه‌ی افراد» از عبارت «مردان و زنان» صحبت می‌کند کاربرد اصطلاح «مردان و زنان» به صورت پایدار و یکنواخت این گونه درک شده است که نشانگر آن است که تعهدات معاهده‌ای کشورهای عضو در ارتباط با ماده ۲۳(۲) ICCPR آن است که تنها پیوند میان زن و مردی را که قصد ازدواج با یکدیگر دارند به رسمیت بشناسند. پس صرف رد ثبت ازدواج میان زوج‌های هم جنس گرا نقض حقوق شاکیان طبق مواد ۱۶، ۱۷، ۲۳(۱) و (۲) یا ۲۶ میثاق بین المللی حقوق مدنی و سیاسی تشخیص داده نشد.

دادگاه اروپایی حقوق بشر Rasmussen v. Denmark[319]

موضوعات حقوقی:

تبعیض پیرامون جنسیت، اهلیت

شرح پرونده:

در طول ازدواج آقای Rasmussen ۲ فرزند به دنیا آمدند. شاکی حتی قبل از آنکه یکی از بچه‌ها متولد شود مظنون به این بود که مرد دیگری ممکن است پدر او باشد. به هر حال او به منظور حفظ خانواده و ازدواجش هیچ کاری برای تعیین هویت انجام نداد. بعد از مدتی او و همسرش از یکدیگر طلاق گرفتند. شاکی می‌خواست پدری دخترش را پس از گذشت ۵ سال از تولدش مشخص کند که این تقاضا رد شد. براساس قانون ۱۹۶۰ پدر، مادر، کودک و یا سرپرست کودک می‌توانند پدری یک فرزند را به چالش بکشند ولی این کار برای مردها محدودیت زمانی دارد. شوهر ۱۲ ماه پس از پیدایش شرایطی که زمینه شک و انکار پدری او را ایجاد می‌کرد فرصت این تقاضا را داشت. این اقدام همچنین می‌بایست قبل از پنج سال تولد فرزند انجام شود مگر در شرایط استثنایی محدود مانند این که شرایط پیرامونی خاص آن را بطلبد و بتوان فرض کرد که باز کردن پرونده نارفاحتی زیادی برای‌کودک ایجاد نکند.. برای تقاضای مادر دعوای پدری محدودیتی در نظر گرفته نشده بود. شاکی این تفاوت را نقض مواد ۱۴، ۶ و ۸ کنوانسیون اروپایی می‌داند. شاکی مدعی است که ماده ۶ قابل اعمال بر پرونده احراز پدری است و نیز خواست مرد مبنی بر احراز وضعیت خانوادگی در قلمرو ماده ۸ قرار دارد

رأی:

دادگاه خاطرنشان می‌سازد که ماده ٤ به تنهایی مورد توجه نیست و فقط در ارتباط با بهره‌مندی از حقوق و آزادیهایی که در سایر مواد کنوانسیون تضمین شده است معنا دارد. دادگاه ماده ٦ را در مورد احراز پدری که آن را موضوع قانون خانواده و از حقوق مدنی می‌داند قابل اعمال دانست و نیز ماده ۸ را که نه فقط خانواده بلکه زندگی خصوصی را نیز در بر دارد. رابطه حقوقی شاکی با فرزند نیز از موضوعات زندگی خصوصی و تحت شمول ماده ۸ دانسته شد. دادگاه اذعان داشت که نسبت به شاکی و همسرش در مورد امکان درخواست احراز هویت تفاوت رفتاری وجود دارد (جود رفتار متفاوت در موارد مشابه) اما این تفاوت رفتاری قابل توجیه است و دولتهای عضو می‌توانند در این موارد تشخیص دهند که تا چه میزان این تفاوتها در رفتار و در رابطه با موارد یکسان قابل توجیه است. لذا قانون مورد اعتراض که پس از مطالعه دقیق مسأله وضع شده است قابل توجیه است با این استدلال که محدوده زمانی مقرر در این قانون جهت اطمینان از قطعیت حقوقی و منافع کودک می‌باشد. تفاوت رفتاری میان زنان و شوهران نسبت به محدوده زمانی یر این استدلال قرار گرفته که این محدودیت برای زنان کمتر ضروری است، چرا که منافع مادر اغلب با منافع کودک توأم می‌باشد، و لذا تبعیض تلقی نمی‌شود.

---

[319] - *Rasmussen v Denmark* Series A No 87 (1985) 7 EHRR 371.

11. *Botta v Italy*, European Court of Human Rights[320]

(a) Legal issues
Discrimination; disability; right to private life.

(b) Facts
The author, Mr Botta, was physically disabled and went on holiday to a seaside resort and found that the bathing establishments there were not equipped with the facilities needed to enable disabled people to gain access to the beach and the sea. This was contrary to a law that required that a clause obliging private beaches to facilitate the access of disabled people to be added to concession contracts which had to be enforced by local authorities. The author asserted that he was able to gain access in his vehicle to certain public beaches without facilities until the point where a barrier was erected across the beaches. He did not get any response from the town's mayor or the cooperative running the beaches when complaining. He lodged a complaint against the shipping minister, the harbour-master and the town's mayor and deputy-mayor for having, contrary to the criminal code, omitted to perform an official duty in that they had failed to take any steps to oblige private beaches to install the facilities on pain of cancellation of their licences, but his complaint was discontinued. Mr Botta claimed, inter alia, that he was subjected to inhuman and degrading treatment, his liberty and security had been restricted and he had been subjected to discrimination.

(c) Decision
The Court found that there might be positive obligations inherent in effective respect for private or family life, including the adoption of measures designed to secure respect for private life even in the sphere of the relations between individuals themselves. The right of gaining access to the beach and the sea at a place distant from his normal place of residence during his holidays concerned interpersonal relations of such broad and indeterminate scope that there would be no conceivable direct link between the measures the State was urged to take in order to make good omissions of the private bathing establishments and his private life. Article 8 of the ECHR was not considered to be applicable. Article 14 of the Convention could not be applied as the facts of the case did not fall within the ambit of one of the ECHR's provisions, something that is required in order for Article 14 of the ECHR to be applied.

12. *Hugh Jordan v The United Kingdom*, European Court of Human Rights[321]

(a) Legal issues
Discrimination; national origin.

(b) Facts
The author's son had been shot three times in the back and killed in Belfast by the Royal Ulster Constabulary while unarmed. The Director of Public Prosecutions issued a direction of no prosecution on the basis of insufficient evidence to warrant prosecution. The author claimed, inter alia, that the death of his son was a result of the unnecessary and disproportionate use of force by a Royal Ulster Constabulary officer and that his son was a victim of a shoot-to-kill policy operated by the United Kingdom Government in Northern Ireland. He also claimed that his son had been subjected to discrimination, alleging that between 1969 and 1994, 357 people had been killed by members of the security forces and the overwhelming majority had been young men from the Catholic or nationalist community

---

[320] *Botta v Italy* Series A No 66 (1998) 26 EHRR 241.
[321] *Hugh Jordan v The United Kingdom* (App No 24746/94) ECHR 4 May 2001.

دادگاه اروپایی حقوق بشر [320] **Botta v. Italy,**

موضوعات حقوقی:

تبعیض، معلولیت و حق زندگی خصوصی

شرح پرونده:

شاکی، آقای بوتا، یک فرد معلول بود که در تعطیلات به کنار دریا سفر می‌کند و متوجه می‌شود که تجهیزات شنا در آن جا به امکانات ضروری برای استفاده افراد معلول از ساحل و دریا مجهز نمی‌باشد. این مسئله بر خلاف قانونی بود که افزودن یک ماده به قراردادهای امتیازی مبتنی بر الزام ساحل های خصوصی به تجهیز امکانات مورد نیاز افراد معلول را ایجاب می‌کرد. این الزام می بایست توسط مقامات محلی اجرا می شد. آقای بوتا بیان داشت که او بر روی صندلی خود قادر به استفاده از برخی سواحل عمومی بدون نیاز به امکانات خاص بوده است تا این که مانعی در جلوی سواحل قرار داده شد.او در برابر شکایت خود، پاسخی از شهردار یا مسئولینی که سواحل را اداره می کردند، دریافت نکرد. وی شکایتی علیه وزیر کشتیرانی، وزیر کار، شهردار و مامور مربوطه ارائه داد مبنی بر این که بر خلاف مواد قانون جزایی، آنها وظیفه رسمی خود را انجام نداده و سواحل خصوصی را متعهد به نصب تجهیزات نکرده اند و بر این اساس خواستار لغو مجوزهای آنها شد ولی شکایت او ادامه نیافت. آقای بوتا ادعا کرد که قربانی رفتار نامناسب و غیر انسانی بوده، آزادی و امنیتش محدود گشته و با تبعیض با وی برخورد شده است.

رای:

دادگاه دریافت که ممکن است تعهدات الزام آور اساسی نسبت به احترام موثر به زندگی شخصی یا فامیلی وجود داشته باشند که دربرگیرنده لزوم پذیرش معیارهای تنظیم شده برای تامین احترام به زندگی شخصی حتی در قلمرو ارتباطات اشخاص بین خودشان باشد؛ ولی حق استفاده از ساحل و دریا در مکانی دور از محل زندگی عادی در طول تعطیلات با ارتباطات گسترده و نامعینی بین اشخاص در محدوده‌ای وسیع بستگی دارد که هیچ پیوند مستقیمی بین معیارهای اخذ شده توسط دولت به منظور حذف تجهیزات شنا و زندگی شخصی او قابل تصور نیست. ماده 8 میثاق اروپایی حقوق یشرقابل اعمال به نظر نمی رسید. ماده 14 کنوانسیون هم قابلیت اجرا نداشت چرا که وقایع پرونده تحت تاثیر هیچ یک از مواد میثاق اروپایی حقوق یشر قرار نمی گرفت؛ چیزی که برای اعمال ماده 14 میثاق اروپایی حقوق یشر ضروری بود.

Hugh Jordan v. The United Kingdom [321]دادگاه اروپایی حقوق بشر

موضوعات حقوقی:

تبعیض، اصالت نژادی

شرح پرونده:

پسر شاکی با اصابت سه گلوله به پشت، توسط پلیس رویال آلستر در بلفاست در حالی کشته شد که غیر مسلح بود. دادستان به دلیل فقدان مدارک کافی برای ادامه تعقیب، حکم منع تعقیب صادر کرد. مدعی پرونده ادعا کرد که مرگ پسرش در اثر استفاده غیر ضروری و نامناسب از نیروی قهریه توسط مامور پلیس رویال آلستر بوده و این که پسرش یکی از قربانیان سیاست «شلیک برای کشتن» بوده است که توسط انگلستان در ایرلند شمالی اجرا می شد. وی همچنین ادعا کرد که فرزندش قربانی تبعیض نژادی بوده و این که بین سال های 1969 تا 1994، 357 نفر توسط اعضای نیروهای امنیتی کشته شده اند و تعداد زیادی از آن ها، بیشتر مردان جوان از جامعه کاتولیک یا ملی‌گرا بوده اند تا پروتستان. وی اظهار

[320] *Botta v Italy* Series A No 66 (1998) 26 EHRR 241

[321] *Hugh Jordan v The United Kingdom* (App No 24746/94) ECHR 4 May 2001.

compared to the people shot from the Protestant community. He asserted that this was a discriminatory use of lethal force and a lack of legal protection vis-à-vis a section of the community on grounds of national origin or association with a national minority. He thus claimed a violation of Article 14 of the ECHR.

(c) Decision

The European Court of Human Rights stated that where a general policy or measure has disproportionately prejudicial effects on a particular group, it is not excluded that this may be considered as discriminatory, notwithstanding that it is not specifically aimed or directed at that group. The Court held that although the statistics show that the majority of people shot by the security forces were from the Catholic or nationalist community, the statistics in themselves cannot disclose a practice which could be classified as discriminatory within the meaning of Article 14. There was no evidence before the Court to make it conclude that any of those killings, with a couple of exceptions, involved the unlawful or excessive use of force by members of the security forces. Thus, no violation of Article 14 of the ECHR was found.

13. *Nachova and Others v Bulgaria*, **European Court of Human Rights**[322]

(a) Legal issues
Discrimination; ethnic origin.

(b) Facts
The case concerned two Bulgarians of Roma origin. They had been killed by a military policeman who had tried to arrest them as they had escaped from their place of work, being military conscripts in a division of the army dealing with civilian projects. They had previously been arrested for repeated absences without leave, for which they had each been sentenced to a period of imprisonment. They had also earlier been convicted for theft. Neither man had been armed when escaping their work. Four military police officers had been sent to find and arrest the two men, being informed that they were criminally active and had escaped from detention, and were instructed to use all necessary force to arrest them. The police officers were instructed to carry hand guns and automatic rifles and to wear bullet-proof vests. The men tried to escape the military police and were shot dead by the officers after a warning that they would be shot if they did not surrender. One of the men was shot in the front. A criminal investigation was initiated and it was concluded that the police man shooting had warned the man several times and had shot fired shots in the air. The authors of the case, who were relatives of the two men, claimed that the men had been deprived of their lives in violation of Article 2 of the European Convention as it is prohibited to use lethal force without absolute necessity. They also claimed that the authorities had failed to have an effective investigation, referring to Articles 2 and 13 of the Convention and that there had been a violation of Article 14 as the events had been a result of hostile attitudes towards Roma.

(c) Decision
The ECHR held that Article 2 of the European Convention that safeguards the right of life and sets out the circumstances when deprivation of life may be justified, is one of the most fundamental provisions in the Convention and the circumstances must be strictly construed. It was found that the legitimate aim of effecting a lawful arrest could not justify putting a life at risk where the fugitive had committed a non-violent offence and did not pose a threat to anyone. Moreover, it was found that there had been a violation of the State's obligation

---

[322] *Nachova and Others v Bulgaria* [GC] (App nos 43577/98 and 43579/98) ECHR 2005-VII, 6 July 2005.

داشت که این مسئله، یک استفاده تبعیض آمیز از نیروی مرگبار و ناشی از فقدان یک حمایت قانونی در ارتباط با یک بخش از جامعه بر مبنای دلایل نژادی یا در ارتباط با اقلیت ملی بوده است؛ فلذا مدعی شد که از ماده 14 کنوانسیون اروپایی حقوق بشر تخطی شده است.

رای:

دادگاه اروپایی حقوق بشر بیان کرد که هر جا سیاست یا ضوابط عمومی، اثرات زیانبار زیادی بر روی یک گروه خاص داشته باشد، بعید نیست که این مسئله بتواند به عنوان تبعیض شناخته شود اگرچه به طور خاص یا مستقیم به سوی گروه مزبور جهت گیری نشده باشد.

دادگاه بیان داشت که اگرچه آمار حاکی از این است که تعداد زیادی از افراد مورد اصابت قرار گرفته توسط نیروهای امنیتی، از جامعه کاتولیک یا ملی‌گرا بوده اند، ولی آمار به خودی خود نمی تواند عملی را تحت عنوان تبعیض موضوع ماده 14 اثبات نماید. هیچ مدرکی در برابر دادگاه وجود نداشت که آن را به این نتیجه برساند که تمام آن قتل ها، به استثنای یکی دو مورد، استفاده غیر قانونی یا افراطی از نیروی قهریه توسط اعضای نیروهای امنیتی را در بر داشته اند. بنابراین، هیچگونه تخطی از ماده 14 کنوانسیون اروپایی حقوق بشر تشخیص داده نشد.

Nachova and Others v. Bulgaria[322]دادگاه اروپایی حقوق بشر

موضوعات حقوقی:

تبعیض، اصالت قومی

شرح پرونده:

پرونده به دو بلغاری با اصالت رمی مربوط است. آن ها توسط یک پلیس ارتشی که تلاش ذاشت آن ها را در حین فرار از محل کارشان بازداشت کند، کشته شدند. افراد مزبور در یک شاخه از ارتش که روی پروژه های غیر نظامی کار می کرد، مشغول به خدمت نظام وظیفه بودند. آن ها قبلا به خاطر دو غیبت بدون بازگشت، بازداشت و هر یک برای مدتی به زندان محکوم شده بودند. همچنین آن ها اخیرا به دلیل سرقت هم محکوم شده بودند. هیچکدام از آن ها در زمان فرار از کار مسلح نبودند. 4 افسر پلیس وظیفه مأموریت یافتند تا آن ها را پیدا و بازداشت نمایند. افسران مزبور درباره خطرناک بودن آن دو و فرارشان از بازداشت مطلع بوده و دستور داشتند که تمام اقدامات لازم برای بازداشت آن ها را انجام دهند. همچنین به آن ها دستور داده شد که سلاح های دستی و اتوماتیک حمل کرده و جلیقه ضد گلوله بپوشند. دو فراری سعی کردند از دست پلیس فرار کنند ولی سرانجام بعد از اخطار پلیس مبنی بر اقدام به شلیک در صورت عدم تسلیم، به ضرب گلوله کشته شدند. یکی از آن ها از جلو مورد اصابت گلوله قرار گرفت. بعد از یک بازجویی کیفری، نتیجه گیری شد که پلیسی که به آن ها شلیک کرده است، قبل از شلیک چندین بار اخطار داده و تیر هوایی شلیک کرده است. وکلای مقتولین در پرونده ادعا کردند که کشته شدن آن ها، نقض ماده 2 کنوانسیون اروپا بوده که استفاده از نیروی مرگبار بدون ضرورت کامل را منع می کند. آن ها همچنین ادعا کردند که مقامات در انجام تحقیقات موثر بر اساس مواد 2 و 13 کنوانسیون، کوتاهی کرده‌اند و این که ماده 14 نقض شده است چرا که اتفاقات رخ داده نتیجه نظرات خصومت آمیز نسبت به رمی‌ها بوده است.

رای:

دادگاه اروپایی حقوق بشر بیان کرد که ماده 2 کنوانسیون اروپا که حق زندگی را تامین کرده و شرایطی را نیز بیان می دارد که محرومیت از حق زندگی تنها تحت آن شرایط قابل توجیه است، یکی از اساسی ترین مواد کنوانسیون است و شرایط مزبور باید کاملا استنباط شوند. دادگاه تشخیص داد در موردی که فرد فراری مرتکب یک جرم غیر خشونت آمیز شده و تهدیدی را بر کسی تحمیل نکرده است، مشروعیت قانونی یک بازداشت ایجاد خطر مرگ را توجیه کند. علاوه بر این تشخیص داده شد که نقض تعهد دولت نسبت به تحقیق محرومیت از حق زندگی طبق ماده

---

[322] *Nachova and Others v Bulgaria* [GC] (App nos 43577/98 and 43579/98) ECHR 2005-VII, 6 July 2005.

under Article 2(1) to investigate deprivations of life effectively but that no separate issue under Article 13 arose. The evidence of racist verbal abuse by law enforcement officers during an operation involving the use of force against people from an ethnic or other minority was highly relevant to the question whether or not unlawful, hatred-induced violence had taken place. The authorities had failed in their duty under Article 14, together with Article 2 of the European Convention to take all possible steps to establish whether discriminatory attitudes might have played a role in events.

14. *Marta Lucia Alvarez Giraldo v Colombia*, Inter-American Commission on Human Rights[323]

(a) Legal issues
Discrimination; sexual orientation.

(b) Facts
The author was not permitted to have intimate visits in prison because of her sexual orientation. She alleged that her personal integrity, honour and equality were violated by the prison authorities' decision. The State of Colombia argued that allowing homosexuals to receive intimate visits would affect the internal disciplinary regime of prison establishments and that Latin American culture had little tolerance towards homosexual practices in general.

(c) Decision
The IACHR held that the claim of the author referred to facts that could involve, inter alia, a violation of Article 11(2) of the AmCHR, where it is stated that no one should be subjected to arbitrary or abusive interference with his private life. The case was declared admissible. It should be noted that Article 24 was not addressed in the admissibility decision.

15. *Simone André Diniz v Brazil*, Inter-American Commission on Human Rights[324]

(a) Legal issues
Discrimination; race; employment.

(b) Facts
The case concerned a young female of African descent who, upon reading a classified advert for a 'preferably white' domestic worker in a private household, presented her candidature for the job and had it immediately refused on the grounds that, being black, she did not meet the necessary requirements. A police investigation of the crime of racial discrimination by the potential employer was initiated and a report was issued. The public prosecutor, however, requested that the investigation be archived, considering it contained no basis to file criminal charges. The judge ruled the proceeding to be archived as requested. The authors claimed the State had violated the rights contained in Articles 1.1, 8, 24 and 25 of the ACHR.

(c) Decision
The IACHR decided that the petition referred to facts that could involve, inter alia, a violation of Articles 1.1, 8, 24 and 25 of the ACHR. The Commission observed that although the alleged facts of racial discrimination were not attributed directly to the State, but to a private person, there were violations of the ACHR alleged in relation to the State's response, through its organs, to the facts alleged. The case was declared admissible.

---

[323] *Marta Lucia Alvarez Giraldo v Colombia* Inter-American Commission on Human Rights 1999) Report No 71/99, Case OEA/Ser.L/V/II.106 Doc 3 rev, para 211.
[324] *Simone André Diniz v Brazil* (Inter-American Commission on Human Rights, 2002) Petition 12.001, Report No 37/02, Inter-Am CHR, OEA/Ser.L/V/II.117 Doc 1 rev 1.

(1)2، به طور موثری رخ داده ولی هیچگونه مسئله جداگانه ای مربوط به ماده 13 به وجود نیامده است. شواهد مربوط به ایراد جملات نژاد پرستانه مامورین اجرای قانون در زمان عملیات که شامل استفاده از نیروی قهری علیه افراد یک قوم یا دیگر اقلیت ها بوده کاملاً با این سوال که آیا خشونت غیر قانونی و بیش از حد و ناشی از نفرت و کینه اتفاق افتاده است یا خیر ارتباط دارد. مقامات در انجام وظیفه خود تحت ماده 14 و ماده 2 کنوانسیون اروپا که استفاده از تمام امکانات را جهت تشخیص این که دیدگاههای تبعیض آمیز در حوادث نقش داشته ضروری اعلام می دارد، کوتاهی کرده‌اند.

Marta Lucia Alvarez Giraldo v. Colombia,[323] **کمیسیون آمریکایی حقوق بشر**

موضوعات حقوقی:

تبعیض، انحراف جنسی

شرح پرونده:

شاکی (زن) به دلیل جهت گیریهای جنسی، حق ملاقات خصوصی نداشت. وی مدعی شد که تمامیت، احترام و حق برابری شخصی وی به خاطر این تصمیم مقامات زندان نقض شده است. دولت کلمبیا اظهار داشت که اجازه به افراد هم جنس گرا برای داشتن ملاقات خصوصی بر روی قوانین انضباطی داخلی سازمان زندان تاثیر می گذارد و این که فرهنگ آمریکای لاتین به طور کلی تحمل کمی نسبت به هم جنس گرایی دارد.

رای:

کمیسیون آمریکایی حقوق بشر اظهار داشت ادعای شاکی شامل مواردی می شود که مربوط به ماده (2)11 کمیسیون آمریکایی حقوق بشر می باشند. در آنجا بیان شده است که هیچکس نباید قربانی تصمیم خودسرانه و یا دخالت بی مورد در زندگی خصوصیش شود. شکایت وارد تشخیص داده شد . لازم به ذکر است که در تصمیم مبنی بر قابل پذیرش بودن پرونده، استنادی به ماده 24 صورت نگرفت.

Simone André Diniz v. Brazil[324] کمیسیون آمریکایی حقوق بشر

موضوعات حقوقی:

تبعیض، نژاد، استخدام

شرح پرونده:

پرونده مربوط به یک زن جوان آفریقایی است که برای یک آگهی درخواست یک کارگر خانگی «ترجیحا سفید» اعلام آمادگی کرد ولی درخواستش سریعا به دلیل سیاه پوست بودن فاقد شرایط لازم تشخیص داده شده و رد شد. تحقیقات پلیس در مورد وقوع جرم تبعیض نژادی توسط استخدام کننده کامل شده و گزارشی ارائه گردید. در هر حال، دادستان به دلیل این که پرونده هیچگونه اساسی برای اثبات اعمال مجرمانه ندارد، خواستار بایگانی آن شد. قاضی هم بنا بر خواسته وی، حکم به بایگانی پرونده داد. شاکی پرونده مدعی نقض مواد 1/1، 8، 24 و 25 کنوانسیون آمریکایی حقوق بشر توسط دولت شد.

رای:

کمیسیون آمریکایی حقوق بشر بیان کرد که شکایت مربوط به وقایعی است که می توانند در بر گیرنده نقض مواد 1/1، 8، 24 و 25 کنوانسیون آمریکایی حقوق بشر باشند. کمیسیون مشاهده کرد که اگرچه وقایع بیان شده مبنی بر تبعیض نژادی قابل استناد به دولت نبودند ولی برای یک شهروند، موارد نقض کنوانسیون آمریکایی حقوق بشر در ارتباط با پاسخ نهادهای دولتی به اقدامات مزبور، صورت گرفته است. شکایت وارد تشخیص داده شد.

---

323 *Marta Lucia Alvarez Giraldo v Colombia* Inter-American Commission on Human Rights 1999) Report No 71/99, Case OEA/Ser.L/V/II.106 Doc 3 rev, para 211.

324 *Simone André Diniz v Brazil* (Inter-American Commission on Human Rights, 2002) Petition 12.001, Report No 37/02, Inter-Am CHR, OEA/Ser.L/V/II.117 Doc 1 rev 1.

16. *Yatama v Nicaragua*, Inter-American Court on Human Rights[325]

(a) Legal issues
Discrimination; political rights; indigenous peoples.

(b) Facts
Candidates for the 2000 municipal elections in the South and North Atlantic Autonomous Regions of Nicaragua, presented by the indigenous organization Yapti Tasba Masraka Nanih Asla Takanka (Yatama), had their candidatures rejected by resolution of the Electoral Supreme Council. The Council held that Yatama did not fulfil the necessary requirements determined in Nicaraguan legislation on political parties. The authors claimed violations of Articles 1.1, 2 8, 23 and 25 of the ACHR.

(c) Decision
The Court judged that forcing Yatama to be converted into a political party, abandoning its traditional form of organization, was a form of discrimination and a violation of the political rights of the rejected candidates. The Court declared that '[a]t the current stage in the evolution of International Law, the fundamental principle of equality and non discrimination has entered the domain of *jus cogens*. Upon it national and international public orders are built and it permeates the whole juridical system' (paragraph 184). The IACtHR also judged that the State had failed to adopt domestic measures to implement the AmCHR, by not enacting legislation to facilitate political participation of indigenous organizations according to their own customs and traditions, and violated the rights of Yatama and its candidates to a fair trial and to judicial protection.

17. *Girls Yean y Bosico v Dominican Republic*, Inter-American Court on Human Rights[326]

(a) Legal issues
Discrimination; nationality.

(b) Facts
Girls Dilcia Yean and Violeta Bosico, children of Haitian fathers and Dominican mothers, born in the Dominican Republic, were denied birth registration by the Dominican civilian registry, despite *ius soli* provisions in the Dominican Constitution concerning nationality. The authors claimed their birth registration was denied because the girls were children of Haitian migrants. This situation left the girls in an undocumented, Stateless condition that exposed them to the threat of being expatriated and impeded one of the girls from attending school for one year. The State argued the documentation required for late birth registration of the girls was incomplete.

(c) Decision
The Commission held that the Dominican Republic violated, inter alia, Articles 3 (right to judicial personality), 18 (right to family protection), 19 (right of the child), 20 (right to nationality) and 24 (right to equality before the law) of the ACHR. The Court expressed that the 'principle of imperative law of equal and effective protection before the law and non discrimination determines that States, when ruling on mechanisms to grant nationality, must abstain from adopting provisions that are discriminatory or that have discriminatory results in the different groups of a population when exercising their rights' (paragraph 141). The

---

[325] *Yatama v Nicaragua* Inter-American Court on Human Rights Series C, No 127 (2005).
[326] *Girls Yean y Bosico v Dominican Republic* Inter-American Court on Human Rights Series C No 130 (2005).

Yatama v. Nicaragua[325]دادگاه آمریکایی حقوق بشر

موضوعات حقوقی:

تبعیض نژادی، حقوق سیاسی، افراد بومی

شرح پرونده:

صلاحیت کاندیداهای انتخابات شهرداری سال 2000 در مناطق خودمختار آتلانتیک شمالی و جنوبی در نیکاراگوئه که از طرف تشکیلات بومی Yapti, Tasba, Masraka, Nanith, Asla, Takanka (Yatama) معرفی‌شده بودند توسط شورای عالی انتخابات، رد شد. شورا بیان داشت که Yatama شرایط ضروری تعیین شده در قانون نیکاراگوئه در خصوص احزاب سیاسی را تامین نکرده است. افراد موضوع پرونده مدعی شدند که مواد 8، 23، 25، 1/1 و 2 کنوانسیون آمریکایی حقوق بشر نقض شده اند.

رای:

دادگاه بیان کرد که اجبار Yatama به مبدل شدن به یک حزب سیاسی، بدون توجه به قالب بومی تشکیلات آن، یک نوع تبعیض و نقض حقوق سیاسی کاندیداهای رد شده بوده است. دادگاه اظهار داشت که «در مرحله جاری سیر تکاملی حقوق بین الملل اصل اساسی برابری و منع تبعیض وارد قلمرو اصول عام حقوقی شده است. دستورات کلی ملی و بین المللی بر این اساس ساخته شده و این اصل به تمام نظام های حقوقی نفوذ کرده است». دادگاه آمریکایی حقوق بشر همچنین حکم کرد که دولت در تطبیق با ضوابط بومی اجرای کنوانسیون آمریکایی حقوق بشر، به دلیل عدم فراهم کردن مستلزمات قانونی مشارکت سیاسی سازمان های بومی که بر اساس رسومات و قواعد خودشان شکل گرفته اند، کوتاهی کرده و حقوق Yatama و کاندیداهای آن در برخورداری از محاکمه منصفانه و حمایت قانونی را نقض کرده است.

Girls Yean y Bosico v. Dominican Republic[326]دادگاه آمریکایی حقوق بشر،

موضوعات حقوقی:

تبعیض، ملیت

شرح پرونده:

دیلسیا ین و وایولتا بوسیکو، دختران پدرهای هائیتیایی و مادران دومنیکنی، در جمهوری دومنیکن به دنیا آمدند و ثبت تولدشان بر خلاف شروط بیان شده در قانون اساسی دومنیکن در ارتباط با ملیت، توسط مامور ثبت دومنیکنی رد شد. این دو ادعا کردند که ثبت تولدشان به این دلیل رد شده است که دختران یک مهاجر هائیتیایی بوده اند. این شرایط، دخترها را در یک موقعیت بی سند و بدون تابعیت قرار می داد که تهدید به اخراج از کشور و جلوگیری از حضور یکی از آن ها در مدرسه برای یک سال را به دنبال داشت. دولت بیان کرد که اسناد مورد نیاز برای ثبت دیر هنگام تولد دخترها، کامل نبوده است.

رای:

کمیسیون بیان کرد که جمهوری دومنیکن، مواد 3 (حق داشتن شخصیت حقوقی)، 18 (حق داشتن حمایت خانوادگی)، 19 (حق کودک)، 20 (حق ملیت) و 24 (حق تساوی در برابر قانون) کنوانسیون آمریکایی حقوق بشر را در ارتباط با این دو دختر نقض کرده است. دادگاه تایید کرد که اصل لازم الاجرای قانون در مورد حمایت برابر و موثر در برابر قانون و منع تبعیض، بیان می دارد که دولت ها در زمان قانون گذاری برای مکانیزم ضمانت تابعیت، باید از پذیرش شروطی که تبعیض آمیز هستند و یا نتایج تبعیض آمیز بر روی گروه های مختلف مردم در زمان اجرای

---

[325] *Yatama v Nicaragua* Inter-American Court on Human Rights Series C, No 127 (2005).

[326] *Girls Yean y Bosico v Dominican Republic* Inter-American Court on Human Rights Series C No 130 (2005).

IACtHR stressed that the migrant status of a person is not transmitted to his or her children and can not in any way represent a justification to deprive anyone of his or her right to a nationality or of the enjoyment of his or her rights.

18. *Amnesty International v Zambia*, African Commission on Human and Peoples' Rights[327]

(a) Legal issues
Equal right to protection; political or other opinions.

(b) Facts
Two prominent political figures in Zambia were deported to Malawi based on their alleged threat to peace and good order. They were represented by Amnesty International, claiming that they had been subjected to discrimination on the basis of ethnic group, social origin and political opinion and that there was a violation of Article 2 of the African Charter. The State of Zambia gave them limited recourse to the Zambian courts and attempted to deny their citizenship.

(c) Decision
The African Commission held that by forcibly expelling the two men from Zambia, the State had violated their right to enjoyment of all the rights enshrined in the African Charter. Article 2 of the African Charter was held to impose an obligation on the Zambian Government to secure the rights protected in the African Charter to all persons within their jurisdiction irrespective of political or any other opinion. Thus, there was a violation of Article 2.

19. *Kazeem Aminu v Nigeria*, African Commission on Human and Peoples' Rights[328]

(a) Legal issues
Equal protection of the law.

(b) Facts
The author, a citizen of Nigeria, claimed that he was arbitrary arrested, detained and tortured by Nigerian security officials on several occasions. He was also denied medical treatment and was subjected to inhuman treatment. The author claimed, inter alia, that Article 3(2) of the African Charter on Human and People's Rights had been violated.

(c) Decision
The Commission found that the rampant arrests and detention of Mr Kazeem Aminu by the Nigerian security officials, which eventually led to him hiding for fear of his life, have deprived him of his right to equal protection of the law, which is guaranteed under Article 3 of the Charter. Thus, a violation of Article 3 was found.

---

[327] *Amnesty International v Zambia* (African Commission on Human and Peoples' Rights, 1999).
[328] *Kazeem Aminu v Nigeria* (African Commission on Human and Peoples' Rights, 2000).

حقوقشان دارند، امتناع کند. دادگاه آمریکایی حقوق بشر تاکید کرد که وضعیت مهاجرت یک فرد، به فرزندان او منتقل نشده و به هیچ وجه نمی تواند محرومیت فردی از حق تابعیت یا از برخورداری از حقوقش را توجیه کند.

Amnesty International v. Zambia[327] کمیسیون آفریقایی حقوق بشر و مردم

موضوعات حقوقی:

حق برابری در برخورداری از حمایت، دیدگاه های سیاسی و غیر آن

شرح پرونده:

دو شخصیت برجسته سیاسی در زامبیا بر اساس بیاناتی که تهدید علیه صلح و نظم مطلوب تلقی شد به مالاوی تبعید شدند. عفو بین‌الملل نمایندگی آنها را با این ادعا که قربانی تبعیض بر اساس گروه قومی، اصالت اجتماعی و دیدگاه های سیاسی بوده اند پذیرفت و ادعا کرد که ماده 2 منشور آفریقایی نقض شده است. دولت زامبیا به آن ها اجازه محدود برای اقامه دعوا در دادگاه های زامبیا را داد و تلاش نمود شهروندی آن ها را انکار کند.

رای:

کمیسیون آفریقایی بیان داشت که با اخراج قهری این دو نفر از زامبیا، دولت حق برخورداری آن ها از تمامی حقوقشان را که در منشور آفریقایی مقدس انگاشته شده، نقض نموده است. ماده 2 منشور آفریقایی یک تعهد بر حکومت زامبیا مبنی بر حفاظت از حقوق حمایت شده در منشور نسبت به تمام افراد به خاطر صلاحیت ذاتیشان و بدون توجه به دیدگاه های سیاسی یا غیر آن را در نظر می‌گیرد. بنابراین، ماده 2 نقض شده بود.

Kazeem Aminu v. Nigerian[328] کمیسیون آفریقایی حقوق بشر ومردم،

موضوعات حقوقی:

حق برخورداری از حمایت برابر قانون

شرح پرونده:

شاکی، یکی از شهروندان نیجریه، ادعا کرد که توسط افسران امنیتی نیجریه به کرات به طور خودسرانه بازداشت، حبس و شکنجه شده است. همچنین درمان پزشکی از او سلب شده و قربانی رفتار غیر انسانی بوده است. وی مدعی بود ماده 3 منشور آفریقایی حقوق بشر و مردم نقض شده است.

رای:

کمیسیون دریافت که بازداشت های مکرر و حبس Kazeem Aminu توسط مامورین امنیتی نیجریه که در نهایت وی را مجبور به مخفی شدن از ترس جانش نمود، او را از حق برخورداری از حمایت برابر قانون که توسط ماده 3 منشور تضمین شده، محروم ساخته است. بنابراین مسئله، نقض ماده 3 تشخیص داده شد.

[327] *Amnesty International v Zambia* (African Commission on Human and Peoples' Rights, 1999).

[328] *Kazeem Aminu v Nigeria* (African Commission on Human and Peoples' Rights, 2000).

PART D—VULNERABLE GROUPS

بخش چهارم: گروه های آسیب پذیر

WOMEN'S RIGHTS

A. DEFINITION AND BACKGROUND

Women make up half of the world's population, and international human rights law applies equally to men and women. Both sexes are victims of human rights violations; there are, however, certain violations that mainly affect women. Women's circumstances vary around the world and the common problem of women's subordination and inequality with regards to human rights occurs because of cultural practices, societal order and tradition. Hence, State policies and legal norms do not effectively protect women from discriminatory treatment.

1. Sex and Gender
'Sex' refers to **biological facts** and differences, such as hormonal profiles and internal and external sex organs, and is divided into male and female. 'Gender' refers to the **features and behaviours** that a society and culture attribute to the person and is divided into masculine and feminine. Gender roles depend heavily on the sexes' facts. In most cultures male sex individuals or 'men' are expected to behave with masculine characteristics, and female sex individuals or 'women' with feminine characteristics.

2. International Bill of Human Rights and Women
The **1945 UN Charter** in its preamble states that the goal of the UN is 'to reaffirm faith in fundamental human rights, in the dignity and worth of the human person, in the equal rights of men and women'. Moreover, it is one of the purposes of the organization 'to achieve international cooperation in … promoting and encouraging respect for human rights and for fundamental freedoms for all without distinction as to race, sex …'.[329] The **principle of non-discrimination** on the basis of sex and **equality** was furthered in the **1948 UDHR** and the **1966 ICCPR and ICECSR**.[330]

The reality of discrimination against women was recognized by the international community and specific institutions were established and instruments were created for the protection of women as a vulnerable group. The enhanced protection of women's rights is due to the large number of women's rights violations and it should thus not be considered as discriminatory against men.

The **UN Commission on the Status of Women (CSW)** was established in 1946 initially as a Sub-Commission of the Commission on Human Rights, and soon acquired the status of a fully fledged Commission itself. Its objective was to define the principle of non-discrimination in the human rights instruments from a gender perspective. The CSW contributed significantly to the protection and promotion of women's rights by drafting instruments, such as the 1952 Convention on the Political Rights of Women,[331] the 1957 Convention on the Nationality of Married Women[332] and the 1962 Convention on Consent to Marriage, Minimum Age for Marriage and Registration of Marriages.[333]

---

[329] UN Charter Preamble and Article 1(3).

[330] UDHR Article 1, 2 and 7; ICESCR and ICCPR common Article 3 and also ICESCR Article 2 and ICCPR Articles 2, 4, 24, and 26.

[331] Convention of the Political Rights of Women UNGA Res 640(VII) (adopted 20 December 1952, entered into force 7 July 1954).

[332] Convention on the Nationality of Married Women UNGA Res 1040 (XI) (adopted 29 January 1957, entered into force 11 August 1958).

[333] Convention on Consent to Marriage, Minimum Age for Marriage and Registration of Marriages UNGA Res 1763 A (XVII) (adopted 7 November 1962, entered into force 9 December 1964). See also the Recommendation on Consent to Marriage, Minimum Age for Marriage and Registration of Marriages, UNGA Res 2018 (XX) (1 November 1965).

حقوق زنان

تعریف و پیشینه

زنان نیمی از جمعیت دنیا هستند و نظام حقوق بشر بین المللی به شکل برابر نسبت به مردان و زنان اعمال می شود. هر دو جنس قربانیان نقض حقوق بشر هستند، ولی نقضهای خاصی وجود دارد که عمدتا زنان را تحت تاثیر قرار می دهد .شرایط زنان در اقصی نقاط جهان متفاوت است و به دلیل رفتارهای فرهنگی، سنت و نظم اجتماعی مسئله رایج فرودستی و نابربری زنان در ارتباط با حقوق بشر به وقوع می پیوندد. بنابراین، سیاست های دولت و هنجارهای حقوقی حمایت موثری از زنان در برابر رفتار تبعیض آمیز نمی نماید .

در مورد جنس و جنسیت

«جنس» به حقایق و تفاوت های زیست شناختی همچون خصوصیات هورمونی و اندام های جنسی درونی و برونی اشاره دارد و به مذکر ومونث تقسیم می شود . « جنسیت » به آن **ویژگی ها و رفتارهایی** اشاره دارد که یک جامعه و فرهنگ به شخص نسبت می دهد و جنسیت به مردانه و زنانه تقسیم می شود . نقش های جنسیتی تا حد زیادی به حقایق جنس ها بستگی دارند . در بیشتر فرهنگ ها انتظار می رود که اشخاص با جنس مذکر یا « مردان » با خصلت های مر دانه , اشخاص با جنس مونث و یا « زنان » با خصلت های زنانه رفتار کنند .

منشور بین المللی حقوق بشر و زنان

منشور 1945 ملل متحد در مقدمه ی خود بیان می کند که هدف ملل متحد « تاکید دوباره بر اعتقاد به حقوق بنیادین بشر، اعتقاد به کرامت و ارزش انسان و اعتقاد به حقوق برابر مرد و زن می باشد . علاوه بر آن، یکی از اهداف سازمان «دستیابی به همکاری بین المللی در [....] ترویج و تشویق احترام به حقوق بشر و آزادی های بنیادین برای همه بدون تمایز از نظر نژاد، جنس [..] است[329] . **اصل منع تبعیض** بر اساس جنس و **برابری** در **اعلامیه جهانی حقوق بشر 1948 و میثاق بین المللی حقوق مدنی و سیاسی و میثاق بین المللی حقوق اقتصادی، فرهنگی، اجتماعی 1966** توسعه یافتند[330] .

واقعیت تبعیض علیه زنان توسط جامعه ی بین المللی شناخته شد و نهادهای خاصی تاسیس شدند و اسنادی برای حمایت از زنان به عنوان گروهی آسیب پذیر تهیه و تدوین شدند . حمایت وسیع از حقوق زنان به دلیل شمار زیاد نقض های حقوق زنان است و بنابراین نباید به عنوان تبعیض علیه مردان تلقی شود .

کمیسیون ملل متحد در باره مقام زن در ابتدا به عنوان یک کمیسیون فرعی کمیسیون حقوق بشر در سال 1946 پایه گذاری شد، و خیلی زود جایگاه یک کمیسیون تام و کامل را به دست آورد . هدف این کمیسیون تعریف اصل منع تبعیض در اسناد حقوق بشر از نقطه نظر جنسیتی بود . کمیسیون مقام زن با تدوین اسنادی چون کنوانسیون 1952 در مورد حقوق سیاسی زنان[331]، کنواسیون 1957 در مورد تابعیت زنان متاهل[332] و کنوانسیون 1962 در مورد رضایت به ازدواج ,حداقل سن برای ازدواج و ثبت ازدواج به طور چشمگیری در حمایت و ترویج حقوق زنان سهیم بود[333]

---

[329] - مقدمه و ماده 1(3) منشور سازمان ملل

[330] - مواد 1، 2 و 7 اعلامیه جهانی حقوق بشر؛ ماده سوم میثاق بین المللی حقوق اقتصادی، اجتماعی و فرهنگی و میثاق بین المللی حقوق مدنی و سیاسی، ماده دوم میثاق بین المللی حقوق اقتصادی، اجتماعی و فرهنگی و مواد 2، 4 ، 24 و 26 میثاق بین المللی حقوق مدنی و سیاسی.

[331] - کنوانسیون حقوق سیاسی زنان مصوب 20 دسامبر 1952، قطعنامه مجمع عمومی سازمان ملل بشماره 640(VII) که درتاریخ 7 ژوئیه 1954 به اجرا درآمد.

[332] میثاق ملیت زنان شوهردار، قطعنامه 1040 (11) مجمع عمومي سازمان ملل (مصوب 29 ژانویه 1957 که در 11 اوت 1958 به مرحله اجرا در آمد)

[333]- کنوانسیون رضایت به ازدواج، حداقل سن برای ازدواج و ثبت ازدواج مورخ 7 نوامبر 1962، قطعنامه مجمع عمومی بشماره 1763 A (XVII) که درتاریخ 9 دسامبر 1964 لازم الاجرا شد. همچنین مراجعه شود به توصیه نامه درخصوص رضایت به ازدواج، حداقل سن برای ازدواج و ثبت ازدواج، قطعنامه مجمع عمومی بشماره 2018 (XX) مورخ اول نوامبر 1965.

Later, the **1967 Declaration on the Elimination of Discrimination against Women**[334] stated in an all-inclusive manner the equal rights of women, but its moral and political character precluded the binding force of a treaty. In the end, all these international efforts did not bring about any significant improvement in the women's rights situation and the awareness of the growing role of women in society pushed forward the drafting by the CSW of a single, comprehensive and internationally binding instrument, the **1979 Convention on the Elimination of all Forms of Discrimination against Women (CEDAW)**.

By ratifying the **1999 Optional Protocol to the Convention on the Elimination of All Forms of Discrimination against Women**,[335] States recognize the competence of the **Committee on the Elimination of Discrimination against Women** to receive communications from individual women or groups of women, to submit claims of violations of rights protected under the CEDAW (**communications procedure**); and to initiate inquiries into situations of grave or systematic violations of women's rights (**inquiry procedure**). A clause in the Protocol allows for States to opt out of the inquiry procedure upon ratification or accession.

With the **1995 Beijing Declaration and Platform of Action**,[336] the international community showed its determination to fight against gender inequality. In an assessment of the Beijing Declaration at the **2005 Beijing+5**, States' reports showed considerable changes in the status and role of women since the 1970s, with women entering more and more into the labour force and participating in economic decision-making.[337] Also, women's empowerment is promoted more and more as a catalyst to poverty eradication and development.[338]

B. ISSUES

Statistics' indicators show that gender equality is still not fully achieved and inequality of the application of human rights is still a serious impediment to global economic development.[339] Also, no major breakthrough is observed on the participation of women in decision-making in political structures at national and international levels, while globalization has added new challenges in relation to women's rights violations, such as trafficking of women and girls and the consequences of the changing nature of armed conflict on women.

---

[334] UNGA Res 2263 (XXII) (7 November 1967).

[335] UNGA Res 54/4 (adopted 6 October 1999, entered into force 22 December 2000).

[336] Beijing Declaration and Platform for Action, Fourth World Conference on Women (15 September 1995) UN Doc A/CONF. 177/20 (1995).

[337] Report of the Secretary-General, 'Implementation of the Outcome of the Fourth World Conference on Women and of the Special Session of the General Assembly' entitled 'Women 2000: Gender Equality, Development and Peace in the Twenty-first Century', UN Doc A/55/341 (30 August 2000); see also Report of the Secretary-General on measures taken and progress achieved in the follow-up to and implementation of the outcomes of the Fourth World Conference on Women and the twenty-third special session of the General Assembly, with an assessment of progress made in mainstreaming a gender perspective within the United Nations system, UN Doc E/CN.6/2005/3 (10 December 2004).

[338] UN Millennium Declaration, UN Doc A/Res/55/2 (18 September 2000) and <http://www.un.org/millenniumgoals/> (22 May 2007).

[339] See Directory of UN Resources on Gender and Women's Issues—Statistics and Indicators: Reports, databases and archives relating to gender equality and women's human rights, at <http://www.un.org/womenwatch/asp/user/list.asp?ParentID=60> (18 June 2007).

بعدها **بیانیه محو تبعیض علیه زنان 1967**[334]حقوق برابر زنان را به شکل همه جانبه ای بیان کرد اما خصیصه ی اخلاقی و سیاسی آن مانع از قدرت الزام آور آن مانند یک معاهده شد . نهایتا تمام این تلاش های بین المللی, بهبود قابل ملاحظه ای در وضعیت حقوق زنان به بار نیاورد و آگاهی از نقش رو به رشد زنان در جامعه موجب تدوین یک سند واحد، جامع و الزام آور بین المللی توسط کمیسیون مقام زن شد، کنوانسیون **1979 در محو تمامی اشکال تبعیض علیه زنان**.

با تصویب **پروتکل اختیاری 1999 کنوانسیون محو هر گونه تبعیض علیه زنان**[335]، دولت ها صلاحیت **کمیته ی محو تبعیض علیه زنان** را در دریافت شکایات از زنان به شکل فردی و گروهی، تقدیم ادعاهای نقض حقوق مورد حمایت طبق کنواسیون محو تمامی اشکال تبعیض علیه زنان (**رویه شکایات**); ورود تحقیقات در موقعیت های نقض فاحش و نظام یافته ی حقوق زنان (**رویه تحقیق**) به رسمیت می شناسند . یک مقرره در پروتکل به دولت ها اجازه می دهد که رویه ی تحقیق را در زمان تصویب یا الحاق نپذیرند.

با **بیانیه و برنامه ی عمل پکن**[336] **1995**، جامعه ی بین المللی عزم خود را برای مبارزه با نابرابری جنسیتی نشان داد . در ارزیابی بیانیه ی پکن، در کنفرانس **پکن + 5 سال 2005**، گزارش های دولت ها تغییرات قابل ملاحظه ای را در جایگاه و نقش زنان از دهه 1970، با ورود روز افزون زنان در نیروی کار و مشارکت در تصمیم گیری اقتصادی نشان داد[337] . همچنین اختیار دادن به زنان به عنوان عامل سرعت بخش ریشه کنی فقر و توسعه بیش از پیش ترویج می شود[338] .

موضوعات و مسائل

شاخص های آماری نشان می دهند که هنوز برابری جنسیتی به طور کامل به دست نیامده است و نابرابری در تحقق حقوق بشر هنوز یک معضل جدی برای توسعه اقتصادی جهانی است[339]. همچنین در حالیکه جهانی شدن چالش های جدیدی را در نقض حقوق زنان، مانند قاچاق زنان و دختران و پیامدهای ماهیت در حال تغییر مخاصمات مسلحانه بر زنان، اضافه کرده است، هیچ دستاورد مهمی در مورد مشارکت زنان در تصمیم گیری در ساختارهای سیاسی در سطوح ملی و بین المللی ملاحظه نمی شود .

---

334 - قطعنامه مجمع عمومی سازمان ملل بشماره (XXII) .2263 مورخ 7 نوامبر 1967.

335 - قطعنامه مجمع عمومی سازمان ملل بشماره 54/4 مورخ 6 اکتبر 1999 که در تاریخ 22 دسامبر 2000 لازم الاجرا شد.

336 - بیانیه و برنامه عمل پکن، چهارمی کنفرانس جهانی زنان، 15 سپتامبر 1995، سند سازمان ملل بشماره A/CONF. 177/20 (1995)

337 گزارش دبیرکل "اجرای دست آوردهای چهارمی کنفرانس جهانی زنان و جلسه اختصاصی مجمع عمومی با نام زنان 2000: تساوی جنس، گسترش و صلح درقرن 21 " ، سند سازمان ملل متحد بشماره A/55/341 مورخ 30 اوت 2000؛ همچنین مراجعه شود به گزارش دبیرکل درخصوص اقدامات اتخاذ شده و پیشرفت های بدست آمده درپی اجرای دست آوردهای چهارمین کنفرانس جهانی زنان و بیست و سومین جلسه اختصاصی مجمع عمومی به همراه تخمین پیشرفت حاصله از اتخاذ دیدگاه جنسیتی درسیستم سازمان ملل، سند سازمان ملل متحد بشماره E/CN.6/2005/3 مورخ 10 دسامبر 2004.

338 اعلامیه هزارم سازمان ملل، سند شماره A/Res/55/2، مورخ 18 سپتامبر 2000 و سایت اینترنتی: http://www.un.org/millenniumgoals/ (22 May 2007

339 - به راهنماي منابع سازمان ملل در باره مسایل زنان - آمار و ارقام: گزارش ها، منابع اطلاعاتي و بايگاني هاي مربوط به برابري حقوق بشري زنان به نشاني زير مراجعه كنيد: <http://www.un.org/womenwatch/asp/user/list.asp?ParentID=60> (18 June 2007).

1. Marriage and Family Life

According to international human rights law, the right to family is to be fully enjoyed and exercised by men and women and involves full consent of the intending spouses and full realization of the rights and obligations deriving from their relationship after the marriage.[340] Still, in numerous contemporary societies and cultural settings, parents or families arrange the marriage of young boys and girls. Girls are particularly affected by the practice of **child marriage**, and usually are forced into marriage at a very early age (**forced marriage**), even though the minimum age of marriage should be 18 years for both men and women. Also, **polygamy**, the situation where one person has more than one spouses, is another common phenomenon allowed in several jurisdictions. These practices are widely condemned by the international community as incompatible with the right to marriage and family and the principle of non-discrimination.[341]

In marriage and family life, human rights norms and the general principles of equality and non-discrimination dictate that married men and women have the **same rights and responsibilities during marriage** with regards to family life (choice of residence, household issues, assets administration), family planning (contraception) and their children, the decisions for their education, guardianship and adoption issues, irrespective of their marital status.[342] Still, many traditions do not permit the same rights and responsibilities between the two spouses. In today's world the role of women in social structures has considerably changed, and is very similar to the role of men, and this reality prescribes full equality of the spouses in their family rights and obligations.

Finally, regarding **marriage dissolution**, the grounds and possibilities are by law not the same for each spouse. In this regard the Human Rights Committee has stated that

> [the] grounds for divorce and annulment should be the same for men and women, as well as decisions with regard to property distribution, alimony and the custody of children. Determination of the need to maintain contact between children and the non-custodial parent should be based on equal considerations. Women should also have equal inheritance rights to those of men when the dissolution of marriage is caused by the death of one of the spouses.[343]

2. Participation in Public and Political Life

In several countries, women do not have the right to vote or run as candidates or are excluded from influential positions in public administration and the judiciary,[344] or do not have exactly the same rights to nationality as men do, contrary to international law.[345] Their ability to participate in the conduct of public affairs is thus restricted.

---

[340] UDHR Article 16. See also the Right to privacy and family life, above.

[341] See Committee on the Elimination of Discrimination Against Women, General Recommendation No 21: Equality in marriage and family relations, 1994.

[342] UDHR Article 16.1, ICCPR Article 23.4 and CEDAW Article 16.

[343] Human Rights Committee, General Comment No 28: Equality of rights between men and women (Article 3) (2000) para 26.

[344] Human Rights Committee, General Comment No 25 The right to participate in public affairs, voting rights and the right of equal access to public service (Art 25), 1996; and Committee on the Elimination of Discrimination Against Women, General Recommendation No 23: Women in political and public life (1997).

[345] UDHR Article 15 in conjunction with Article 2.

ازدواج و زندگی خانوادگی

مطابق نظام حقوق بشر بین المللی حق بر خانواده بایستی توسط مردان و زنان به طور کامل و برابر اعمال شود و این حق مستلزم رضایت کامل طرفین و تحقق کامل حقوق و تکالیفی است که از رابطه ی آنها پس از ازدواج ناشی می شود[340] .هنوز، در بسیاری از جوامع معاصر و محیط‌های فرهنگی والدین و خانواده ازدواج پسران و دختران جوان را رقم می زنند .دختران صغیر مشخصاً تحت تاثیر سنت و رفتار ازدواج در کودکی هستند و معمولا مجبور به ازدواج در سن بسیار پائینی می شوند (**ازدواج اجباری**)، در حالیکه حداقل سن ازدواج برای مرد و زن بایستی 18 سال باشد . همچنین **چند همسری** حالتی که یک فرد بیش از یک همسر دارد پدیده ی رایج دیگری است که در برخی مناطق و فرهنگ ها مجاز می باشد . این رفتار ها بطور گسترده ای توسط جامعه ی بین المللی به دلیل ناسازگاری با حق بر ازدواج و خانواده و اصل منع تبعیض، رد و محکوم شده اند[341] .

در ازدواج و زندگی خانوادگی، هنجارهای حقوق بشر و اصول عام برابری و منع تبعیض امر می کند که مردان و زنان متاهل در رابطه با زندگی خانوادگی (انتخاب محل سکونت، مسائل خانوادگی، اداره ی اموال) تنظیم خانواده (جلوگیری از بارداری) و فرزندانشان، تصمیم برای آموزش و پرورش آنها و فاصله گذاری میان آنان، مسائل سرپرستی و فرزند خواندگی، صرف نظر از وضعیت زناشویی والدین، دارای **حق ومسئولیت های یکسان در طول ازدواج** هستند[342] . هنوز بسیاری از سنت ها حقوق و مسئولیت های یکسان میان دو همسر را اجازه نمیدهند. در دنیای امروز نقش زنان در ساختارهای اجتماعی تغییر شگرفی نموده است، و بسیار مشابه نقش مردان است و این واقعیت برابری کامل زجین را در حقوق و تکالیف خانوادگی شان ایجاب می کند.

و حضانت کودکان باشد. تصمیم گیری در مورد نیاز به حفظ تماس بین کودکان و والد یا والده ای که حضانت ندارد باید با رعایت برابری باشد. زنان هم چنین در هنگام فسخ ازدواج به دلیل مرگ یکی از زوجین باید از حقوق ارث برابر با مردان برخوردار باشند.[۳۴۳]

مشارکت در زندگی عمومی و سیاسی

در برخی از کشورها بر خلاف حقوق بین الملل، زنان حق رای یا حق رقابت به عنوان نامزد انتخاباتی را ندارند یا از مناصب مهمی در اداره ی عمومی و قضاوت استثنا شده اند[344] یا حقوق یکسانی برای تابعیت مانند مردان ندارند[345] . لذا توانایی آنها برای مشارکت در اداره ی امور عمومی محدود شده است .

---

[340] - ماده 16 اعلامیه جهانی حقوق بشر. همچنین مراجعه شود به حق حریم خصوصی و زندگی خانوادگی درقسمت قبلی.

[341] - ماده 16 اعلامیه جهانی حقوق بشر، ماده 23.4 میثاق بین المللی حقوق مدنی و سیاسی و ماده 16 کنوانسیون رفع تبعیض علیه زنان

[342] - مراجعه شود به کمیته رفع تبعیض علیه زنان، توصیه نامه عمومی شماره 21: تساوی درازدواج و روابط خانوادگی، 1994.

[343] - نظر عمومي شماره 28 کمیته حقوق بشر: برابري حقوق بین زنان و مردان (ماده 3) (2000) پاراگراف 26.

[344] - کمیته حقوق بشر، تفسیر عمومی شماره 25، حق شرکت درامور عمومی، حق رأی و حق دسترسی یکسان به سرویس عمومی (ماده 25)، 1996 و کمیته رفع تبعیض علیه زنان، توصیه نامه عمومی شماره 23: زنان در سیاست و زندگی عمومی، 1997.

[345] - ماده 15 به همراه ماده 2 اعلامیه جهانی حقوق بشر

3. Women and Humanitarian Law

Armed conflict situations often put women and children in a vulnerable position since they are 'disproportionately targeted in contemporary armed conflicts and constitute the majority of all victims'. [346] It appears that women are targeted in conflict so as to terrorize populations, commit genocide and destroy community pride. Under humanitarian law, women are generally protected as civilians and are granted additional protection in the humanitarian law treaties with provisions concerning personal safety, sexual violence and displacement. [347]

4. Women and Labour

Recent data show that women workers are engaged in informal employment more frequently than male workers. Also women are concentrated in more precarious types of informal employment than men, where the average earnings are very low, in the absence of other sources to raise households' welfare and eradicate poverty. [348]

5. Violence Against Women

Gender-based violence is 'violence that is directed against a woman because she is a woman or that affects women disproportionately' and 'impairs or nullifies the enjoyment by women of human rights and fundamental freedoms'. It includes acts that inflict physical, mental or sexual harm or suffering, threats of such acts, coercion and other deprivations of liberty and may take the forms of **domestic violence and family abuse**, **forced marriage and dowry deaths**, **female circumcision**, **rape** and **sexual assault**, **prostitution** and **trafficking of women and girls**. [349]

Violence against women is a worldwide phenomenon with high incidence rates, not strictly confined to a specific social or economic environment. The problem is that most issues relating to violence against women are seen as a private matter, are not reported and are thus difficult to mitigate. Also, the fact that in many cultures there are stereotyped roles of men and women and women are regarded as subordinate to men perpetuates practices as a form or control or protection of women which often involve violence and/or coercion.

Domestic violence occurs when physical, sexual, psychological or financial violence is inflicted upon a woman within an intimate or family-type relationship and forms a pattern of coercive and controlling behaviour.

In several cultures, marriage involves the payment of a **dowry** (or **trousseau**) by the bride's family to the groom's family at the time of the marriage. The dowry is seen as the contribution of the bride's family to the household expenses of the new couple. If this payment is not done or is considered insufficient, the bride may be a victim of severe violence by the groom and his family, who can disfigure or murder her.

The dowry should not be confused with the **dower** (or **morning gift** or ***mahr***), an essential part of current traditional Muslim marriages. The dower is property settled on the bride by the groom and the bride is usually entitled to the dower rights in the event of widowhood or divorce, depending on the conditions set in the domestic legislation.

---

[346] Report of the Secretary-General on women, peace and security, UN Doc S/2002/1154 (16 October 2002).

[347] Geneva Convention I, Article 12(4); Geneva Convention IV Article 27 (in conjunction with Additional Protocol I Article 76), and Article 49.

[348] M Chen et al, *Progress of the World's Women 2005: Women, Work and Poverty* (UNIFEM, New York, 2005) published on the Internet at <http://www.unifem.org/resources/item_detail.php?ProductID=48> (18 June 2007).

[349] Committee on the Elimination of Discrimination Against Women, General Recommendation No 19: Violence against women (1992) paras 6–7 and 11.

زنان و حقوق بشردوستانه

وضعیت های مخاصمات مسلحانه اغلب زنان و کودکان را در یک موقعیت آسیب پذیر قرار می دهد چرا که آنان « بیشتر آماج مخاصمات مسلحانه ی معاصر هستند و اکثریت همه ی قربانیان را تشکیل می دهند[346] » . به نظر می رسد که زنان به منظور ارعاب جمعیت، ارتکاب نسل کشی و نابودی غرور جامعه هدف مخاصمات قرار می گیرند . مطابق قوانین بشردوستانه، زنان عموما به عنوان غیر نظامیان حمایت می شوند، و در معاهدات حقوق بشردوستانه با مقرراتی در رابطه با امنیت شخصی، خشونت جنسی و آوارگی حمایت اضافی به آنان اعطا شده است[347] .

زنان و کار

داده های اخیر نشان می دهند که اغلب زنان کارگر نسبت به مردان کارگر بیشتر درگیر اشتغال غیر رسمی هستند . همچنین زنان نسبت به مردان بیشتر در انواع اشتغالات غیر رسمی بی ثبات و مخاطره آمیز با درآمدهای متوسط بسیار پایین متمرکز هستند، آن هم در غیاب سایر منابع برای افزایش رفاه خانواده ها و ریشه کنی فقر[348].

خشونت علیه زنان

خشونت بر مبنای جنسیت « خشونتی است که متوجه یک زن میشود چون او یک زن است یا خشونتی است که به طور نامتناسب نسبت به دیگران، زنان را تحت تاثیر قرار می دهد » و « به بهره مندی زنان از حقوق بشر و آزادی های بنیادین لطمه می زند یا آن را بی اعتبار می کند» . خشونت اعمالی که صدمه یا رنج و درد جسمی، روحی یا جنسی وارد کنند، تهدید به چنین اعمالی، اجبار و دیگر محرومیت های از آزادی را شامل می شود و میتواند شکل های **خشونت خانوادگی، سوء استفاده و بد رفتاری های خانوادگی، ازدواج تحمیلی و مرگ ناشی از مهریه/جهیزیه،ختنه زن، تجاوز به عنف و تعرض جنسی، روسپی گری، قاچاق زنان و دختران** را به خود بگیرد[349] .

خشونت علیه زنان یک پدیده ی جهانی با میزان وقوع بالاست، که محدود به یک محیط اجتماعی یا اقتصادی خاص نمی باشد. مشکل این است که بیشتر مسائل مربوط به خشونت علیه زنان به عنوان یک موضوع خصوصی نگریسته می شود، گزارش نمی شود و بنابراین تخفیف و کاهش آن مشکل است . همچنین این حقیقت که در بسیاری فرهنگ ها نقش های قالبی و کلیشه ای مردان و زنان وجود دارد و زنان فرودست مردان شمرده شده اند، اعمال و سننی به عنوان شکل یا کنترل یا حمایت از زنان را که اغلب مستلزم خشونت و/ یا اجبار است دامن می زند .

خشونت خانوادگی زمانی رخ می دهد که خشونت فیزیکی، جنسی،روانی یا مالی در یک نوع رابطه ی شخصی نزدیک یا خانوادگی بر یک زن وارد می شود و الگویی از رفتار زورگویانه و سلطه گرانه را شکل می دهد .

در برخی فرهنگ ها ازدواج مستلزم پرداخت **جهیزیه/پول** توسط خانواده ی عروس به خانواده ی داماد در زمان ازدواج است. این پول به عنوان کمک و بخشش خانواده ی عروس به مخارج خانواده ی زوج جوان فهمیده می شود . اگر این پرداخت انجام نگیرد یا ناکافی تلقی شود، عروس ممکن است قربانی خشونت شدید داماد و خانواده او قرار گیرد که می تواند او را بدریخت کنند و یا به قتل برسانند .

این رسم نباید با صداق(یا هدیه یا مهر)، یک قسمت ضروری ازدواج های سنتی کنونی مسلمانان اشتباه گرفته شود . صداق (مهریه) مالی است که توسط زوج به زوجه اعطا می شود و معمولا زوجه در مواقع بیوگی یا طلاق، بسته به شرایط مقرر در قانون داخلی مستحق حقوق مهریه است.

---

[346] - گزارش دبیرکل درخصوص زنان، صلح و امنیت، سند سازمان ملل متحد به شماره S/2002/1154 مورخ 16 اکتبر 2002

[347] - ماده (4)12 کنوانسیون ژنو ؛ ماده 27 کنوانسیون چهارم ژنو (به همراه ماده 76 پروتکل الحاقی اول) و ماده 49.

[348] M Chen et al, *Progress of the World's Women 2005: Women, Work and Poverty* (UNIFEM, New York, 2005) published on the Internet at <http://www.unifem.org/resources/item_detail.php?ProductID=48> (18 June 2007).

[349] - کمیته رفع تبعیض علیه زنان، توصیه نامه عمومی شماره 19: خشونت علیه زنان، 1992، پاراگراف 6، 7 و 11.

Also, **female circumcision**, otherwise referred to as **female genital mutilation**, is a procedure practised in many regions all over the world and involves the 'partial or total removal of the external female genitalia or other injury to the female genital organs whether for cultural, religious or other non-therapeutic reasons'. [350] Serious concerns have been raised regarding the practice and efforts are undertaken for its eradication.

Finally, regarding **trafficking,** it is estimated that in Europe alone there are some 200,000 to half a million illegal sex workers from Eastern Europe and developing countries. [351] While trafficking affects all human beings, women and children are the most affected groups. In response to this phenomenon, the **2000 Protocol to Prevent, Suppress and Punish Trafficking in Persons, especially women and children** was adopted with the objective to prevent and combat trafficking of persons, paying particular attention to women and children; to protect and assist victims of trafficking, with full respect for their human rights; and to promote cooperation among States in order to meet these objectives. [352]

C. KEY LEGAL INSTRUMENTS

1. Universal Instruments[353]

(a) Convention on the Elimination of all Forms of Discrimination against Women 1979
Article 1
For the purposes of the present Convention, the term 'discrimination against women' shall mean any distinction, exclusion or restriction made on the basis of sex which has the effect or purpose of impairing or nullifying the recognition, enjoyment or exercise by women, irrespective of their marital status, on a basis of equality of men and women, of human rights and fundamental freedoms in the political, economic, social, cultural, civil or any other field.
Article 5
States Parties shall take all appropriate measures:
(a) To modify the social and cultural patterns of conduct of men and women, with a view to achieving the elimination of prejudices and customary and all other practices which are based on the idea of the inferiority or the superiority of either of the sexes or on stereotyped roles for men and women.

(b) Optional Protocol to the Convention on the Elimination of all Forms of Discrimination against Women 1999
Article 2
Communications may be submitted by or on behalf of individuals or groups of individuals, under the jurisdiction of a State Party, claiming to be victims of a violation of any of the rights set forth in the Convention by that State Party. Where a communication is submitted on behalf of individuals or groups of individuals, this shall be with their consent unless the author can justify acting on their behalf without such consent.

---

[350] WHO Fact Sheet No 241, June 2000, published online at
<http://www.who.int/mediacentre/factsheets/fs241/en/> (19 June 2007); see also Committee on the Elimination of Discrimination Against Women, General Recommendation No 14: Violence against women (1990).
[351] United Nations Office of Drugs and Crime, at
<http://www.unodc.org/unodc/en/trafficking_protocol_background.html> (18 June 2007).
[352] Protocol to Prevent, Suppress and Punish Trafficking in Persons, Especially Women and Children, Supplementing the United Nations Convention Against Transnational Organized Crime, UNGA Res 55/25, UN Doc A/45/49 (Vol I) (adopted 15 November 2000, entered into force 9 September 2003).
[353] For some instruments, like CEDAW, the whole text is relevant, but here specifically the provisions related to non-discrimination and equality are mentioned.

همچنین **ختنه ی زن** یا آنچه که تحت عنوان **قطع آلت تناسلی** زنانه به آن اشاره می شود، رویه ای است که در مناطق بسیاری در سر تا سر دنیا انجام می شود و مستلزم « برداشتن جزئی یا کلی جهاز تناسلی برونی زنانه یا دیگر جراحت به اندام های تناسلی زن خواه به دلایل فرهنگی و مذهبی خواه دیگر دلایل غیر پزشکی » است[350]. نگرانی های جدی در ارتباط با این سنت بر انگیخته شده است و تلاش هایی برای ریشه کنی آن انجام می شود .

در نهایت در مورد **قاچاق** زنان، براورد شده است که فقط در اروپا حدودا دویست هزار تا نیم میلیون کارگر غیر قانونی جنسی از اروپای شرقی و کشورهای در حال توسعه وجود دارد[351] . در حالیکه قاچاق آدم همه ی انسان ها را تحت تاثیر قرار می دهد زنان و کودکان تاثیر پذیرترین گروه ها هستند. در پاسخ به این پدیده **پروتکل 2000 برای جلوگیری، الغا و مجازات قاچاق اشخاص خصوصا زنان و کودکان**، با اهداف جلوگیری و مبارزه با قاچاق انسان ها، با بذل توجه ویژه به زنان و کودکان; حمایت و کمک به قربانیان قاچاق با احترام کامل به حقوق بشر ;آنها و ترویج همکاری میان دولت ها به منظور دستیابی به این اهداف به تصویب رسید[352].

اسناد مهم بین‌المللی

1. اسناد جهانی[۳۵۳]

کنوانسیون حذف کلیه ی اشکال تبعیض علیه زنان 1979

ماده 1

از نظر کنوانسیون حاضر، اصطلاح تبعیض علیه زنان به معنی هر تمایز، استثنا یا محدودیتی که برمبنای جنس اعمال می شود خواهد بود که اثر یا هدف آسیب زدن یا ابطال شناسایی، بهره وری یا اعمال حقوق بشر و آزادی های بنیادین در زمینه های سیاسی، اقتصادی، فرهنگی، مدنی و دیگر زمینه ها توسط زنان صرفنظر از وضعیت زناشویی آنان بر اساس تساوی مردان و زنان، را دارد.

ماده 5

دول عضو همه ی اقدامات مناسب را برای موارد زیر به کار خواهند گرفت:

الف) تعدیل الگوهای رفتار اجتماعی و فرهنگی مردان و زنان با هدف دستیابی به حذف پیش داوری ها و تعصب ها و آداب و رسوم و همه ی اعمال دیگری که بر عقیده ی پستی یا برتری هر یک از جنس ها یا بر اساس نقش های کلیشه ای برای مردان و زنان بنا شده است ;

[.....]

پروتکل اختیاری بر کنواسیون حذف همه ی اشکال تبعیض علیه زنان 1999

ماده 2

شکایات ممکن است توسط اشخاص یا گروهی از افراد یا از طرف آنها، تحت صلاحیت هر دولت عضو با ادعای قربانی نقض هر یک از حقوق مندرج در کنوانسیون بودن توسط آن دولت عضو، ارائه شود . در موردی که یک شکایت به نمایندگی از افراد یا گروهی از افراد تسلیم و ارائه می شود، این امر باید با رضایت آنها باشد مگر انکه شاکی بتواند عمل کردن به نمایندگی از طرف آنها را بدون چنین رضایتی توجیه کند .

---

350 - برگه حقیقت سازمان بهداشت جهانیشماره 241، ژوئن 2000 منشره برروی سایت اینترنتی:
http://www.who.int/mediacentre/factsheets/fs241/en/
و همچنین کمیته رفع تبعیض علیه زنان، توصیه نامه عمومی شماره 14: خشونت علیه زنان، 1990.

351 - دفترمواد مخدرو جرم سازمان ملل :
http://www.unodc.org/unodc/en/trafficking_protocol_background.html (18 June 2007).

352 - پروتکل پیشگیری، حذف و مجازات تجارت انسان بخصوص زنان و کودکان، مکمل کنوانسیون سازمان ملل علیه جرائم سازمان یافته فراملی مورخ 15 نوامبر 2000، قطعنامه مجمع عمومی شماره A/45/49 (Vol. I) (2001) که درتاریخ 9 سپتامبر 2003 به مرحله اجرا درآمد.

353 - برای برخی اسناد مثل کنوانسیون رفع تبعیض علیه زنان ، تمام متن مرتبط است ولی در اینجا مقرراتی که به عدم تبعیض و تساوی مرتبط است ، ذکرگردیده اند.

(c) Convention on the Rights of the Child 1989
Article 2
1. States Parties shall respect and ensure the rights set forth in the present Convention to each child within their jurisdiction without discrimination of any kind, irrespective of the child's or his or her parent's or legal guardian's race, colour, sex, language, religion, political or other opinion, national, ethnic or social origin, property, disability, birth or other status.
2. States Parties shall take all appropriate measures to ensure that the child is protected against all forms of discrimination or punishment on the basis of the status, activities, expressed opinions, or beliefs of the child's parents, legal guardians, or family members.
Article 29
1. States Parties agree that the education of the child shall be directed to:
…

(d) The preparation of the child for responsible life in a free society, in the spirit of understanding, peace, tolerance, equality of sexes, and friendship among all peoples, ethnic, national and religious groups and persons of indigenous origin;

(d) Convention on the Political Rights of Women 1952
Article I
Women shall be entitled to vote in all elections on equal terms with men, without any discrimination.
Article II
Women shall be eligible for election to all publicly elected bodies, established by national law, on equal terms with men, without any discrimination.
Article III
Women shall be entitled to hold public office and to exercise all public functions, established by national law, on equal terms with men, without any discrimination.

(e) Convention on the Nationality of Married Women 1957
Article 1
Each Contracting State agrees that neither the celebration nor the dissolution of a marriage between one of its nationals and an alien, nor the change of nationality by the husband during marriage, shall automatically affect the nationality of the wife.
Article 2
Each Contracting State agrees that neither the voluntary acquisition of the nationality of another State nor the renunciation of its nationality by one of its nationals shall prevent the retention of its nationality by the wife of such national.
Article 3
1. Each Contracting State agrees that the alien wife of one of its nationals may, at her request, acquire the nationality of her husband through specially privileged naturalization procedures; the grant of such nationality may be subject to such limitations as may be imposed in the interests of national security or public policy.

(f) Convention on Consent to Marriage, Minimum Age for Marriage and Registration of Marriages 1962
Article 1
1. No marriage shall be legally entered into without the full and free consent of both parties, such consent to be expressed by them in person after due publicity and in the presence of the authority competent to solemnize the marriage and of witnesses, as prescribed by law.
…

کنوانسیون حقوق کودک 1989

ماده 2

1. دولت های عضو بایستی حقوق مندرج در این کنوانسیون را برای هر کودک درون حوزه ی صلاحیتشان بدون هر گونه تبعیضی محترم شمرده و تضمین نمایند، صرف نظر از نژاد، رنگ، جنس، زبان، مذهب، عقیده ی سیاسی یا دیگر عقیده اصالت ملی، قومی یا اجتماعی، مالکیت، ناتوانی، دلالت یا دیگر ویژگی های کودک یا والدین کودک یا سرپرست قانونی او .

2. دولت های عضو بایستی اقدامات مناسب را برای تضمین این که کودک در برابر همه ی اشکال تبعیض یا مجازات بر مبنای ویژگی، فعالیت ها نظرات اظهار شده یا عقاید والدین، سرپرستان قانونی یا اعضای خانواده ی کودک مورد حمایت قرار گیرد، اتخاذ نمایند .

ماده 29

1. دولت های عضو موافقت می کنند که آموزش و پرورش کودک باید با این اهداف باشد :

...

د) آماده سازی کودک برای زندگی مسئولانه در یک جامعه ی آزاد در پرتو درک و فهم، صلح، بردباری، تساوی جنس ها و دوستی میان همه ملت ها، گروه های قومی، ملی و مذهبی و افراد بومی .

کنوانسیون حقوق سیاسی زنان 1952

ماده 1

زنان استحقاق رای دادن در همه ی انتخابات را در شرایط برابر با مردان و بدون تبعیض خواهند داشت.

ماده 2

زنان برای انتخابات همه نهادهای انتخابی عمومی، که توسط قانون ملی پایه گذاری شده اند، در شرایط برابر با مردان، بدون تبعیض واجد شرایط خواهند بود .

ماده 3

زنان در مناصب عمومی و اعمال همه ی کارکردهای عمومی، که توسط قانون ملی پایه گذاری شده اند، در شرایط برابر با مردان و بدون تبعیض استحقاق اختیار سمت خواهند داشت .

کنوانسیون تابعیت زنان متاهل 1957

ماده 1

هر دولت متعاهد موافقت می کند که نه انعقاد و نه انحلال ازدواج میان یکی از اتباعش و یک بیگانه، و نه تغییر تابعیت زوج در دوران ازدواج، به طور خودکار تابعیت زوجه را تحت تاثیر قرار نمی دهد .

ماده 2

هر دولت متعاهد موافقت می کند که نه کسب ارادی تابعیت یک دولت و نه ترک تابعیت آن دولت توسط یکی از اتباع آن، مانع حفظ و نگهداری تابعیت آن دولت توسط زوجه ی چنین تبعه ای نخواهد بود .

ماده 3

1. هر دولت متعاهد موافقت می کند که زوجه ی بیگانه ی یکی از اتباعش، به تقاضای خودش، بتواند تابعیت شوهرش را از طریق رویه های اعطای تابعیت ممتازه کسب نماید. اعطای چنین تابعیتی ممکن است به محدودیت هایی که میتواند در راستای مصالح امنیت ملی یا سیاست عمومی اعمال شود مشروط گردد .

کنوانسیون رضایت به ازدواج، حداقل سن برای ازدواج و ثبت ازدواج 1962

ماده 1

1. هیچ ازدواجی بدون رضایت کامل وآزاد طرفین قانونا منعقد نخواهد شد، چنین رضایتی بایستی شخصا توسط طرفین پس از اعلان قانونی و در حضور مقام صالح قانونی برای رسمیت بخشیدن به ازدواج و در حضور شهود، بطوریکه قانون مقرر داشته است اظهار شود .

[...]

Article 2
States Parties to the present Convention shall take legislative action to specify a minimum age for marriage. No marriage shall be legally entered into by any person under this age, except where a competent authority has granted a dispensation as to age, for serious reasons, in the interest of the intending spouses.
Article 3
All marriages shall be registered in an appropriate official register by the competent authority.

(g) ILO Convention No 100 concerning Equal Remuneration for Men and Women Workers for Work of Equal Value 1951[354]
Article 2
1. Each Member shall, by means appropriate to the methods in operation for determining rates of remuneration, promote and, in so far as is consistent with such methods, ensure the application to all workers of the principle of equal remuneration for men and women workers for work of equal value.

(h) Protocol to Prevent, Suppress and Punish Trafficking in Persons, Especially Women and Children, supplementing the United Nations Convention against Transnational Organized Crime, 2000
Article 2—Statement of purpose
The purposes of this Protocol are:
(a) To prevent and combat trafficking in persons, paying particular attention to women and children;
(b) To protect and assist the victims of such trafficking, with full respect for their human rights; and
(c) To promote cooperation among States Parties in order to meet those objectives.

(i) Declaration on the Elimination of Violence against Women 1993[355]
Article 1
For the purposes of this Declaration, the term 'violence against women' means any act of gender-based violence that results in, or is likely to result in, physical, sexual or psychological harm or suffering to women, including threats of such acts, coercion or arbitrary deprivation of liberty, whether occurring in public or in private life.
Article 2
Violence against women shall be understood to encompass, but not be limited to, the following:
(a) Physical, sexual and psychological violence occurring in the family, including battering, sexual abuse of female children in the household, dowry-related violence, marital rape, female genital mutilation and other traditional practices harmful to women, non-spousal violence and violence related to exploitation.

---

[354] ILO Convention No 100 concerning Equal Remuneration for Men and Women Workers for Work of Equal Value (adopted 29 June 1951, entered into force 23 May 1953).
[355] Declaration on the Elimination of Violence against Women, UNGA Res 48/104 (20 December 1993). A comprehensive list of instruments and the work of the UN General Assembly on Violence against Women can be found at <http://www.un.org/womenwatch/daw/vaw/reports.htm> (24 November 2007); beyond the general topic of all forms of violence against women, the work of the GA covers the specific topics of trafficking in women and girls, crimes committed in the name of honour, violence against women migrant workers, traditional or customary practices affecting the health of women and girls and domestic violence.

ماده 2

دولت های عضو کنوانسیون حاضر بایستی اقدام قانونی برای اختصاص حداقل سن برای ازدواج اتخاذ نمایند و هیچ ازدواجی توسط هیچ کس زیر این سن قانونا منعقد نخواهد شد، به استثنای موردی که یک مقام صالح مجوزی را در مورد سن،به دلایل جدی،در جهت مصالح زوجین اعطا کردهکند.

ماده 3

همه ی ازدواج ها بایستی در یک ثبت رسمی توسط مقام صالح ثبت شود .

کنوانسیون شماره 100 سازمان بین المللی کار در مورد دستمزد برابر برای زنان و مردان کارگر برای کار برابر [354]

ماده 2

1. هر عضو بایستی از طریق ابزار مناسب شیوه های مورد استفاده برای تعیین نرخ های مزد، اعمال اصل مزد برابر برای مردان و زنان کارگر را در ازای کار برابر ترویج و تا جایی که با چنین شیوه هایی موافق است، آن را تضمین کند .

[.....]

پروتکل جلوگیری، سرکوب و مجازات قاچاق انسان خصوصا زنان و کودکان مکمل کنوانسیون ملل متحد علیه جرایم سازمان یافته ی فراملی 2000

ماده 2 – بیان هدف

اهداف این پروتکل عبارتند از :

الف) جلوگیری و مقابله با قاچاق انسان، با بذل توجه خاص به زنان و کودکان؛

ب) حمایت و کمک به قربانیان چنین قاچاقی با احترام کامل به حقوق بشر آنها ؛ و

ج) ترویج همکاری میان دولت های عضو به منظور دستیابی به آن اهداف.

اعلامیه رفع خشونت علیه زنان 1993 [355]

ماده 1

از نظر این اعلامیه، اصطلاح « خشونت علیه زنان » یعنی هر خشونت جنسیت محور که به صدمه یا رنج جسمی، جنسی و روانی نسبت به زنان، به شمول تهدید به چنین اعمالی، اجبار یا محروم ساختن خود سرانه از آزادی، منجر شود، یا محتمل است که منجر شود، خواه در عرصه عمومی یا در زندگی خصوصی اتفاق بیفتد .

ماده 2

خشونت علیه زنان شامل موارد ذیل خواهد بود ولی محدود به آنها نمی شود :

الف) خشونت جسمی، جنسی و روانی که در خانواده رخ می دهد، شامل ایراد ضرب، سوء استفاده ی جنسی از دختران در خانواده، خشونت مرتبط با جهیزیه، تجاوز زناشویی، قطع آلت تناسلی زنانه و دیگر اعمال سنن سنتی مضر به حال زنان، خشونت غیر همسری و خشونت مرتبط با بهره کشی .

ب) خشونت جسمی، جنسی و روانی که در جامعه ی عمومی رخ می دهد، شامل تجاوز، سوء استفاده ی جنسی، ارعاب، آزار و اذیت جنسی در محل کار، در نهادهای آموزشی و هر جای دیگر، قاچاق زنان و تن فروشی اجباری .

---

[354] ـ کنوانسیون شماره 100 سازمان بین المللی کار در ارتباط با دستمزد یکسان برای مردان و زنان برای کار با ارزش یکسان، مورخ 29 ژوئن 1951 که در تاریخ 23 می 1953 به اجرا در آمد.

[355] ـ اعلامیه رفع خشونت علیه زنان، قطعنامه مجمع عمومی سازمان ملل بشماره 48/104 مورخ 20 دسامبر 1993. یک لیست جامع از اسناد و فعالیت مجمع عمومی سازمان ملل درخصوص خشونت علیه زنان قابل دسترسی در این سایت اینترنتی است:

http://www.un.org/womenwatch/daw/vaw/reports.htm (24 November 2007)

علاوه بر موضوع کلی تمام اشکال خشونت علیه زنان، کارمجمع عمومی موضوعات خاص همچون تجارت زنان و دختران، جرایم ارتکابی به نام ناموس، خشونت علیه زنان کارگر مهاجر، اعمال سنتی یا عرفی متاثر بر سلامت زنان و دختران و خشونت های خانگی را شامل می شود.

(b) Physical, sexual and psychological violence occurring within the general community, including rape, sexual abuse, sexual harassment and intimidation at work, in educational institutions and elsewhere, trafficking in women and forced prostitution;

(c) Physical, sexual and psychological violence perpetrated or condoned by the State, wherever it occurs.

Article 3

Women are entitled to the equal enjoyment and protection of all human rights and fundamental freedoms in the political, economic, social, cultural, civil or any other field. These rights include, inter alia:

(a) The right to life;

(b) The right to equality;

(c) The right to liberty and security of person;

(d) The right to equal protection under the law;

(e) The right to be free from all forms of discrimination;

(f) The right to the highest standard attainable of physical and mental health;

(g) The right to just and favourable conditions of work;

(h) The right not to be subjected to torture, or other cruel, inhuman or degrading treatment or punishment.

Article 4

States should condemn violence against women and should not invoke any custom, tradition or religious consideration to avoid their obligations with respect to its elimination. States should pursue by all appropriate means and without delay a policy of eliminating violence against women …

(j) Security Council Resolution on Women, Peace and Security 2000[356]

…

1. Urges Member States to ensure increased representation of women at all decision-making levels in national, regional and international institutions and mechanisms for the prevention, management, and resolution of conflict;

…

3. Urges the Secretary-General to appoint more women as special representatives and envoys to pursue good offices on his behalf, and in this regard calls on Member States to provide candidates to the Secretary-General, for inclusion in a regularly updated centralized roster.

(k) Vienna Declaration and Programme of Action 1993

…

18. The human rights of women and of the girl-child are an inalienable, integral and indivisible part of universal human rights. The full and equal participation of women in political, civil, economic, social and cultural life, at the national, regional and international levels, and the eradication of all forms of discrimination on grounds of sex are priority objectives of the international community.

Gender-based violence and all forms of sexual harassment and exploitation, including those resulting from cultural prejudice and international trafficking, are incompatible with the dignity and worth of the human person, and must be eliminated. This can be achieved by legal measures and through national action and international cooperation in such fields as economic and social development, education, safe maternity and health care, and social support.

The human rights of women should form an integral part of the United Nations human rights activities, including the promotion of all human rights instruments relating to women.

---

[356] UNSC Resolution 1325 (31 October 2000).

ج) خشونت جسمی، جنسی و روانی که توسط دولت ارتکاب یافته باشد یا با اغماض دولت تائید شده باشد، هر جا که اتفاق بیفتد .

ماده 3

زنان استحقاق بهره مندی و حمایت برابر از همه ی حقوق بشر و آزادی های بنیادین را در زمینه های سیاسی، اقتصادی، اجتماعی، فرهنگی، مدنی و هر زمینه دیگر دارند .

این حقوق در میان سایر موارد شامل موارد زیر است:

لف) حق حیات ؛ ب) حق برابری؛ ج) حق آزادی و امنیت شخص:

د) حق حمایت برابر طبق قانون ؛ ه) حق آزادی از همه ی اشکال تبعیض ؛

و) حق بر بالاترین استاندارد قابل دستیابی سلامت جسمی و روحی ؛

ز) حق بر شرایط عادلانه و مطلوب کار؛

ح) حق شکنجه نشدن، یا در معرض دیگر رفتار یا مجازات ظالمانه، غیر انسانی یا موهن واقع نشدن .

ماده 4

دولت ها باید خشونت علیه زنان را محکوم کنند و نباید برای خودداری از تکالیفشان در ارتباط با حذف این خشونت به هیچ عرف، سنت یا درک مذهبی توسل نمایند . دولت ها باید با همه ی ابزار مناسب و بدون درنگ یک سیاست حذف خشونت علیه زنان را دنبال نمایند .

[....]

قطعنامه شورای امنیت در مورد زنان، صلح و امنیت 2000[356]

[.....]

1.   دولت های عضو را تشویق می کند که نمایندگی افزون زنان در همه ی سطوح تصمیم گیری در نهادها و مکانیزم های ملی، منطقه ای و بین المللی برای ممانعت، مدیریت و حل و فصل مخاصمات را تضمین نمایند .

2.   ...

3.   دبیر کل را برای نصب و تعیین بیشتر زنان به عنوان فرستادگان و نمایندگان خاص برای پیگیری مناصب خوب به جای او تشویق می کند، در این رابطه دولت های عضو را برای در اختیار گذاشتن نامزدهایی برای دبیر کل برای درج در یک فهرست متمرکز منظم به روز، فرا می خواند .

اعلامیه وین و برنامه ی عمل 1993

[...]

18. حقوق بشر زنان و دختران بخش غیر قابل سلب، ضروری و جدا ناپذیر حقوق بشر جهانی است . مشارکت کامل و برابر زنان در زندگی سیاسی، مدنی، اقتصادی، اجتماعی و فرهنگی در سطوح ملی، منطقه ای و بین المللی و محو کلیه ی اشکال تبعیض بر اساس جنس، اهداف اولویت دار جامعه ی بین المللی هستند . خشونت جنسیت محور و کلیه ی اشکال آزار و اذیت و بهره کشی جنسی، شامل آن مواردی که نتیجه ی تعصبات و پیش داوری های فرهنگی و قاچاق بین المللی می شود با کرامت و ارزش انسان ناسازگار است و باید حذف گردد . این امر می تواند بوسیله ی راهبردهای قانونی و از طریق اقدامات ملی و همکاری بین المللی در زمینه هایی همچون توسعه ی اقتصادی و اجتماعی، آموزش و پرورش، و مراقبت‌های مطمئن بارداری و سلامتی و حمایت اجتماعی به دست آید .

حقوق بشر زنان باید بخش جدایی ناپذیر فعالیت‌های حقوق بشری ملل متحد، شامل ترویج همه ی اسناد حقوق بشری مرتبط با زنان را شکل دهد
.

---

[356] ـ قطعنامه شماره 1325 شورای اجتماعی سازمان ملل مورخ 31 اکتبر 2000.

The World Conference on Human Rights urges Governments, institutions, intergovernmental and non-governmental organizations to intensify their efforts for the protection and promotion of human rights of women and the girl-child.

2. Regional Instruments

(a) Protocol No 7 of the Convention for the Protection of Human Rights and Fundamental Freedoms 1988[357]

Article 5

Spouses shall enjoy equality of rights and responsibilities of a private law character between them, and in their relations with their children, as to marriage, during marriage and in the event of its dissolution. This Article shall not prevent States from taking such measures as are necessary in the interests of the children.

(b) Inter-American Convention on the Prevention, Punishment and Eradication of Violence against Women (Convention of **Belém do Pará**) 1994

Article 1

For the purposes of this Convention, violence against women shall be understood as any act or conduct, based on gender, which causes death or physical, sexual or psychological harm or suffering to women, whether in the public or the private sphere.

Article 2

Violence against women shall be understood to include physical, sexual and psychological violence:

a. that occurs within the family or domestic unit or within any other interpersonal relationship, whether or not the perpetrator shares or has shared the same residence with a women, including, among others, rape, battery and sexual abuse;

b. that occurs in the community and is perpetrated by any person, including, among others, rape, sexual abuse, torture, trafficking in persons, forced prostitution, kidnapping and sexual harassment in the workplace, as well as in educational institutions, health facilities or any other places; and

c. that is perpetrated or condoned by the state or its agents regardless of where it occurs.

Article 3

Every woman has the right to be free from violence in both the public and private spheres.

Article 4

Every woman has the right to the recognition, enjoyment, exercise and protection of all human rights and freedoms embodied in regional and international human rights instruments. These rights include, among others:

f. The right to equal protection before the law and of the law;

j. The right to have equal access to the public service of her country and to take part in the conduct of public affairs, including decision-making.

…

Article 6

The right of every women to be free from violence includes, among others:

a. The right of women to be free from all forms of discrimination; and

b. The right of women to be valued and educated free of stereotyped patterns of behavior and social and cultural practices based on concepts of inferiority or subordination.

(c) African [Banjul] Charter on Human and People's Rights 1986

Article 18

---

[357] Protocol No 7 of the Convention for the Protection of Human Rights and Fundamental Freedoms as amended by Protocol No 11 (adopted 22 November 1984, entered into force 1 November 1998). On equality between women and men, see the work of the Council of Europe at <http://www.coe.int/T/E/Human_Rights/Equality/> (24 November 2007).

کنفرانس جهانی حقوق بشر دولت ها، نهاد ها، سازمان های غیردولتی و بین دولتی را تشویق می کند که تلاش های خود را در جهت حمایت و ترویج حقوق بشر زنان و دختران شدت بخشند .

2. اسناد منطقه ای

پروتکل شماره 7 کنوانسیون حمایت از حقوق بشر و آزادی های بنیادین 1988 [357]
ماده 5

زوجین بایستی از تساوی حقوق و تکالیف با خصیصه ی حقوق خصوصی برابر بین آنها، ودر روابطشان با فرزندانشان، در مورد ازدواج در طول ازدواج و در زمان انحلال آن برخوردار باشند . این ماده دولت ها را از اتخاذ اقداماتی که برای مصالح فرزندان ضروری هستند منع نمی کند .

کنوانسیون امریکایی جلوگیری، مجازات و محو خشونت علیه زنان (کنوانسیون بلم دو پارا) 1994
ماده 1

از نظر این کنوانسیون، خشونت علیه زنان بایستی به عنوان هر عمل یا رفتار مبتنی بر جنسیت که باعث مرگ یا صدمه یا رنج جسمی، جنسی و روانی نسبت به زنان می شود، تلقی شود، خواه در فضای عمومی یا خصوصی باشد .
ماده 2

خشونت علیه زنان بایستی به شمول خشونت‌های جسمی، جنسی و روانی تلقی شود :
الف) که درون خانواده یا واحد خانوادگی یا در هر گونه ارتباط بین شخصی دیگر رخ می دهد، خواه مرتکب در محل سکونت با زن سهیم باشد یا سهیم کبوده باشد یا خیر، شامل تجاوز، ایراد ضرب، سوء استفاده ی جنسی، در میان سایر موارد ؛
ب) که در جامعه اتفاق می افتد و توسط هر کسی ارتکاب می یابد، به شمول تجاوز، سوء استفاده جنسی، شکنجه،قاچاق انسان، تن فروشی اجباری، آدم ربایی و آزار و اذیت جنسی در محل کار، همچنین در نهادهای آموزشی، مراکز درمانی یا هر جای دیگر، در کنار سایر موارد
ج) که توسط دولت یا کارگزارانش ارتکاب می یابد یا با اغماض آنان تائید می شود صرف نظر از این که کجا اتفاق بیفتد .
ماده 3

هر زن حق آزادی و رهایی از خشونت در حوزه ی عمومی و خصوصی را داراست.
ماده 4

هر زن حق شناسایی، بهره مندی، اعمال و حمایت از حقوق بشر وآزادی هایی را که در اسناد حقوق بشر بین المللی و منطقه ای مندرج است دارد .

این حقوق در کنار سایر موارد شامل این موارد می شود :
و) حق حمایت برابر در برابر قانون و در قانون؛
ز) حق داشتن دسترسی برابر به خدمات عمومی کشورش و مشارکت در اداره ی امور عمومی، شامل تصمیم گیری.
ماده 6

حق هر زن در آزاد بودن از خشونت، در میان سایر موارد، شامل این موارد می شود :
الف) حق زنان در آزاد بودن از تمامی اشکال تبعیض؛
ب) حق زنان در این که فارغ و رها از الگوهای کلیشه ای رفتار و سنن اجتماعی و فرهنگی مبتنی بر پستی یا تبعیت و فرو دستی، ارزش گذاری شده و تعلیم و تربیت یابند .

منشور آفریقایی [بانجول] حقوق بشر و مردم 1986
ماده 18

---

[357] - پروتکل شماره 7 کنوانسیون حمایت ازحقوق بشر و آزادی های اساسی که توسط پروتکل 22 مورخ 22 نوامبر 1984 اصلاح شد و درتاریخ اول نوامبر 1998 به مرحله اجرا درآمد. درخصوص تساوی بین زن و مرد به کار شورای اروپا درسایت زیر مراجعه شود:
http://www.coe.int/T/E/Human_Rights/Equality/ (24 November 2007).

3. The State shall ensure the elimination of every discrimination against women and also ensure the protection of the rights of the woman and the child as stipulated in international declarations and conventions.

4. The aged and the disabled shall also have the right to special measures of protection in keeping with their physical or moral needs.

(d) Protocol to the African Charter on Human and Peoples' Rights on the Rights of Women in Africa (Kigali Protocol) 2003

Article 1—Definitions

f) 'Discrimination against women' means any distinction, exclusion or restriction or any differential treatment based on sex and whose objectives or effects compromise or destroy the recognition, enjoyment or the exercise by women, regardless of their marital status, of human rights and fundamental freedoms in all spheres of life;

g) 'Harmful Practices' means all behaviour, attitudes and/or practices which negatively affect the fundamental rights of women and girls, such as their right to life, health, dignity, education and physical integrity;

k) 'Women' means persons of female gender, including girls;

Article 2—Elimination of Discrimination Against Women

1. States Parties shall combat all forms of discrimination against women through appropriate legislative, institutional and other measures.

2. States Parties shall commit themselves to modify the social and cultural patterns of conduct of women and men through public education, information, education and communication strategies, with a view to achieving the elimination of harmful cultural and traditional practices and all other practices which are based on the idea of the inferiority or the superiority of either of the sexes, or on stereotyped roles for women and men.

Article 3—Right to Dignity

1. Every woman shall have the right to dignity inherent in a human being and to the recognition and protection of her human and legal rights;

...

4. States Parties shall adopt and implement appropriate measures to ensure the protection of every woman's right to respect for her dignity and protection of women from all forms of violence, particularly sexual and verbal violence.

D. MONITORING BODIES

1. International
    (a) Human Rights Committee (HRC)
    (b) Committee on the Elimination of Racial Discrimination (CERD)
    (c) Committee on the Elimination of Discrimination Against Women (CEDAW)
    (d) Committee on the Rights of the Child (CRC)
    (e) Committee on Migrant Workers (CMW)

2. Regional
    (a) European Court of Human Rights
    (b) Inter-American Commission on Human Rights
    (c) Inter-American Court on Human Rights
    (d) Mechanism to Follow-up on the Implementation of the Inter-American Convention on the Prevention, Punishment and Eradication of Violence against Women
    (e) (Inter-American) Committee for the Elimination of All Forms of Discrimination against Persons with Disabilities (not yet active)
    (f) African Commission on Human and Peoples' Rights
    (g) African Court of Human Rights

3. دولت محو هر تبعیض علیه زنان را تضمین خواهد کرد و همچنین حمایت از حقوق زن و کودک را بطوری که در کنوانسیون ها و اعلامیه های بین المللی قید و تصریح شده، تضمین خواهد کرد .

4. همچنین سالخورگان و معلولان حق اقدامات ویژه حمایتی مطابق با نیازهای جسمی یا روحی شان را خواهند داشت .

پروتکل منشور آفریقایی حقوق بشر و مردم در مورد حقوق زنان در آفریقا
(پروتکل کیگالی) 2003

ماده 1- تعاریف

و) « تبعیض علیه زنان » یعنی هر تمایز، استثنا یا محدودیت یا هر رفتار متفاوت مبتنی بر جنس و آنچه که اهداف یا آثارش، شناسایی، بهره مندی یا اعمال حقوق بشر و آزادی های بنیادین در همه ی عرصه های زندگی توسط زنان را، صرف نظر از وضعیت زناشویی آنان به خطر می اندازد یا نابود می کند;

ز) « رفتارهای مضر » یعنی همه ی رفتار ها، نگرش ها/ یا سننی که اثر منفی بر حقوق بنیادین زنان و دختران، مانند حق حیات، حق سلامتی، کرامت، آموزش و پرورش و تمامیت جسمانی شان به جای می گذارد;

ح) « زنان » یعنی اشخاص با جنسیت ماده، شامل دختران ;

ماده 2 – رفع تبعیض علیه زنان

1. دولت های عضو با کلیه ی اشکال تبعیض علیه زنان از طریق اقدامات تقنینی،سازمانی و سایر اقدامات مبارزه و مقابله خواهند کرد .

2. دولت های عضو خود را متعهد می نمایند که الگوهای اجتماعی، فرهنگی رفتار زنان و مردان را از طریق آموزش و پرورش عمومی،اطلاع رسانی، استراتژی های آموزشی و ارتباطی با هدف دستیابی به حذف سنن و رفتارهای سنتی و فرهنگی مضر و دیگر اعمالی که مبتنی بر عقیده ی پستی یا برتری هر یک از جنس هاست، یا مبتنی بر نقش های کلیشه ای زنان و مردان است تعدیل نمایند .

ماده 3 – حق کرامت

1. هر زنی حق کرامت ذاتی یک بشر وحق شناسایی و حمایت از حقوق قانونی و بشری اش را خواهد داشت; [...]

4. دولت های عضو اقدامات مناسب را برای تضمین حمایت از حق هر زن در احترام به کرامت او و حمایت از زنان در مقابل همه ی اشکال خشونت خصوصا خشونت جنسی و زبانی اتخاذ کرده و به کار خواهند بست .

نهادهای ناظر

بین المللی

- کمیته ی حقوق بشر
- کمیته ی حذف تبعیض نژادی
- کمیته ی خذف خشونت علیه زنان
- کمیته حقوق کودک
- کمیته ی کارگران مهاجر

منطقه ای

- دادگاه اروپایی حقوق بشر
- کمیسیون امریکایی حقوق بشر
- دادگاه امریکایی حقوق بشر
- مکانیزم پیگیری تحقق کنوانسیون امریکایی در پیشگیری مجازات و محو خشونت علیه زنان
- کمیته ی امریکایی برای حذف همه ی اشکال تبعیض علیه معلولان (هنوز فعال نیست)
- کمیسیون آفریقایی حقوق بشر و مردم
- دادگاه افریقایی حقوق بشر

E. CASE LAW

1. *Sandra Lovelace v Canada*, Human Rights Committee[358]

(a) Legal Issues
Discrimination on grounds of sex; women within racial and ethnic minority communities; the right of women to enjoy First Nation (Indian) culture; Minority Rights ICCPR Article 27.

(b) Facts[359]
The Canadian Indian Act was first passed in 1869 and still provides the legal framework for the relationship between First Nations people and the Canadian Government. For a long time, the Act reflected the patriarchal assumption that men are heads of the family and the household and that the legal status of women in the family is determined by the male spouse. As a consequence, if an Indian (or First Nation) woman married a non-Indian Canadian, she would lose her Indian status and her children would be non-Indian as well. However, Indian men married to non-Indian Canadians would not lose their Indian status, nor would their children.

Sandra Lovelace was born on the Tobique Reserve in New Brunswick, Canada, in 1947, and registered as 'Maliseet Indian'. In 1970, she married a non-Indian and moved to California. By marrying a non-Indian, Sandra lost her rights and status as an Indian, according to Section 12(1)(b) of the Indian Act.

The marriage ended a few years later and Sandra returned with her children to the Tobique Reserve, where she was denied housing, education and healthcare normally provided to Indians under the Indian Act on the grounds of her lost Indian status when she married a non-Indian.

Sandra Lovelace took her case to the Human Rights Committee of the United Nations. Pursuant to the Optional Protocol of the International Covenant on Civil and Political Rights, she submitted a communication to the Committee on 29 December 1977; she claimed the Indian Act to be discriminatory on the grounds of sex, because an Indian man marrying a non-Indian woman does not lose his Indian status. Hence, she claimed that the Act is contrary to ICCPR Articles 2(1), 3, 23(1) and (4), 26 and 27.

(c) Decision
On 30 July 1981, the United Nations Human Rights Committee reached its decision. Since the ICCPR entered into force after the marriage took place, the Committee did not rule on the claim of sex discrimination. But it ruled on ICCPR Article 27:

> In those States in which ethnic, religious or linguistic minorities exist, persons belonging to such minorities shall not be denied the right, in community with the other members of their group, to enjoy their own culture, to profess and practice their own religion, or to use their own language.

---

[358] *Sandra Lovelace v Canada* (Human Rights Committee, 1990) UN Doc CCPR/C/OP/2, para 224.
[359] 'Famous Women in Canada—Sandra Lovelace 1947', A study of The Centre for Canadian Studies at Mount Allison University, published online at:
<http://www.mta.ca/faculty/arts/canadian_studies/english/about/study_guide/famous_wome n/sandra_lovelace.html> (7 June 2007); the pertinent documents relating to the case are available at <http://www.usask.ca/nativelaw/unhrfn/lovelace.html> (7 June 2007).

رویه قضایی

ساندرا لاولیس علیه کانادا، کمیته ی حقوق بشر ملل متحد [358]

موضوعات حقوقی:
تبعیض به دلایل جنسی / زنان در جوامع با اقلیت قومی و نژادی،حق زنان در بهره مندی از فرهنگ بومی/ حقوق اقلیت ماده 27 میثاق بین المللی حقوق مدنی و سیاسی

شرح پرونده:
[359]قانون بومیان کانادا ابتدا در سال 1869 تصویب شد و هم‌چنان ساختار حقوقی روابط میان مردم بومی و دولت کانادا را فراهم می کند . برای مدت درازی، این قانون تصور مرد سالانه را انعکاس می داد که مردان رؤسای خانه و خانواده هستند و این که وضعیت حقوقی زنان در خانواده توسط شوهر تعیین می شود. در نتیجه، اگر یک زن بومی با یک کانادایی غیربومی ازدواج می کرد، او وضعیت بومی خود را از دست می داد و فرزندانش نیز غیر بومی می شدند . ولی ، مردان بومی که با کانادایی های غیر بومی ازدواج می کردند، نه وضعیت بومی و نه فرزندانشان را از دست نمی دادند. ساندرا لاولیس در سال 1947 در توبیک رزرو در نیوبرانزویک کانادا متولد شد و به عنوان « بومی مالیسیت » به ثبت رسید و در سال 1970 با یک مرد غیر بومی ازدواج کرد و به کالیفرنیا نقل مکان کرد. با ازدواج با یک غیر بومی ساندرا بر طبق ماده 12 (1)(ب) قانون بومیان، حقوق و وضعیت بومی اش را از دست داد.

چند سال بعد ازدواج خاتمه یافت و ساندرا به همراه فرزندانش به توبیک رزورو بازگشت که در آنجا به این سبب که وضعیت بومی او با ازدواج با یک غیر بومی از دست رفته بود او از اسکان، آموزش و پرورش و درمانی که معمولا برای بومیان طبق قانون بومیان فراهم بود، محروم شد.

ساندرا لاولیس پرونده ی خود را به کمیته ی حقوق بشر ملل متحد برد. پیرو پروتکل اختیاری میثاق بین المللی حقوق مدنی و سیاسی او شکایتی را در تاریخ 29 دسامبر 1977 به کمیته تقدیم کرد، او مدعی شد که قانون بومیان به علل جنسی تبعیض آمیز است چون یک مرد بومی که با یک زن غیر بومی ازدواج می کند وضعیت بومی اش را از دست نمی دهد . بنابراین، او مدعی شد که این قانون بر خلاف مواد (1) 2، 3، (4) و (1) 23 و 26 و 27 میثاق بین المللی حقوقی مدنی و سیاسی است .

رای:
در 30 ژوئیه 1981 کمیته ی حقوق بشر ملل متحد رای خود را صادر کرد . از آنجا که میثاق بین المللی حقوق مدنی و سیاسی پس از انعقاد ازدواج لازم الاجرا شده بود، کمیته بر مبنای ادعای تبعیض جنسی حکم نکرد . اما بر مبنای ماده 27 میثاق بین المللی حقوق مدنی و سیاسی حکم کرد:

> « در آن دسته دولت هایی که اقلیت های قومی، مذهبی و زبانی وجود دارند، اشخاص متعلق به چنین اقلیتهایی، به همراه دیگر اعضای گروهشان، از حق بهره مندی از فرهنگشان، حق ابراز و اعمال مذهبشان، یا حق استفاده از زبانشان محروم نخواهد شد »

بر این اساس کمیته اعلام کرد که قانون کانادا با تداوم محروم نمودن خانم لاولیس از فرصت زندگی در رزرو، تنها جایی که او میتوانست فرهنگ خود را به همراه دیگر اعضای گروه انجام دهد، نقض ماده 27 میثاق بین المللی حقوق مدنی و سیاسی می باشد .

---

[358] *Sandra Lovelace v. Canada,* Communication No. 24/1977, U.N. Doc. CCPR/C/OP/2 at 224 (1990).
[359] Famous Women in Canada – Sandra Lovelace 1947, A study of The Centre for Canadian Studies at Mount Allison University, published on the Internet at: http://www.mta.ca/faculty/arts/canadian_studies/english/about/study_guide/famous_women/sandra_lovelace.html (7/6/2007); the pertinent documents relating to the case are available at http://www.usask.ca/nativelaw/unhrfn/lovelace.html (7/6/2007).

Accordingly, the Committee found that Canada's legislation, by continuing to deny Ms Lovelace the opportunity to live on the reserve, the only place that she could practise her culture in community with other members of the group, was in breach of ICCPR Article 27. After the Human Rights Committee decision, the Canadian Government was hesitant to change the Indian Act, because it was concerned that the male leaders of the Indian communities would oppose the change. Finally, in 1985, and despite the opposition of the mail leadership of Indian bands, Canada revised its Indian Act: native women who married non-native men would no longer lose their status nor would their children.

2. *Morales de Sierra v Guatemala*, Inter-American Commission on Human Rights[360]

(a) Legal Issues
Gender discrimination; respect for private life; marriage and family life; rights and responsibilities of spouses; non-discrimination.

(b) Facts
According to the Guatemalan Civil Code the power to represent the marital union (Article 109) and the power to administer marital property (Article 131) was conferred upon the husband; the special 'right and obligation' to care for minor children and the home (Article 110), and to maintain employment only when it did not prejudice her role as mother and homemaker (Article 113) was conferred upon the mother; the husband has a right to oppose the wife's activities outside the home as long as he provides for her (Article 114), and to represent the interests of the children of the union and administer their property (Article 255); a woman would be excused from exercising certain forms of guardianship by virtue of sex (Article 317). The Guatemalan Constitutional Court had ruled that these provisions of the Civil Code were constitutional, on the grounds that they guaranteed 'juridical certainty in the allocation of roles within marriage'.
The Petitioners Center for Justice and International Law (CEJIL) and María Eugenia Morales de Sierra challenged the above provisions of the Civil Code before the Inter-American Commission on Human Rights on the ground that they were discriminatory against women within marriage. More specifically, the petitioners claimed that the provisions violated Article 11 on the right to privacy, Article 17 on the right to family, Article 24 on the right to equal protection and Articles 1 and 2 on the obligation to respect rights and their protection through domestic law of the American Convention on Human Rights.
The State of Guatemala did not controvert the substance of the petitioners' claims of the petitioners, it acknowledged that several provisions are 'out of date' and raise concerns with regards to discrimination against women and argued that it was taking steps to modify the provisions of the Civil Code in order to make them adhere to the ACHR and the CEDAW.

(c) Decision
The Inter-American Commission on Human Rights found several provisions of Guatemala's Civil Code to be discriminatory and more specifically that the Civil Code violated Articles 1, 2, 11, 17 and 24 of the American Convention on Human Rights. In its findings the Commission referred to CEDAW Articles 15 and 16 protecting women's rights to equality within the law and the family.

---

[360] *625 Morales de Sierra v Guatemala* Inter-American Commission on Human Rights, Report Nº 28/98, Case 11(2001).

پس از تصمیم کمیته حقوق بشر، دولت کانادا در تغییر قانون بومیان درنگ نمود، زیرا نگران بود که رهبران مذکر جوامع بومی با تغییر مخالفت کنند. نهایتا، در سال 1985 و علی رغم مخالفت رهبری مذکر گروه های بومی،کانادا در قانون بومیان خود تجدید نظر کرد : زنان بومی که با مردان غیر بومی ازدواج کرده اند، دیگر نه وضعیت و نه فرزندانشان را از دست نمی دهند .

مورالیس دی سیرا علیه گواتمالا، کمیسون امریکایی حقوق بشر[360]

موضوعات حقوقی:
تبعضی جنسیتی: احترام به زندگی خصوصی، ازدواج و زندگی خانوادگی، حقوق و تکالیف زوجین و منع تبعیض

شرح پرونده:
بر طبق قانون مدنی گواتمالا اختیار سرپرستی پیوند ازدواج (ماده 109) و اختیار اداره ی اموال خانواده (ماده 131) به شوهر اعطا شده بود ; « حق و تکلیف » خاص مراقبت از فرزندان صغیر و خانه (ماده 110) و تداوم اشتغال، تنها تا زمانی که به نقش او به عنوان مادر و خانه دار آسیب نرساند (ماده 113) به مادر اعطا شده بود; زوج حق مخالفت با فعالیتهای خارج از خانه ی زوجه را مادام که او را تامین می کند (ماده 114)،و حق نمایندگی منافع فرزندان پیوند و اداره ی اموالشان را داشت (ماده 255); یک زن به علت جنس از اعمال اشکال خاص سرپرستی معذور بود (ماده 317). دادگاه قانون اساسی گواتمالا این مقررات قانون مدنی را بر طبق قانون اساسی دانست، به این دلیل که آنها « اطمینان حقوقی در اختصاص نقش های درون خانواده را» تضمین می کردند .
مرکز دادخواهی برای عدالت و حقوق بین الملل و ماریا یوگنیا مورالس دی سیرا مقررات فوق قانون مدنی را در برابر کمیسیون امریکایی حقوق بشر به عنوان تبعضی آمیزی علیه زنان در درون ازدواج به چالش کشیدند . به طور مشخص دادخواهان ادعا کردند که این مقررات، ماده 11 در مورد حق حریم شخصی، ماده 17 در مورد حق خانواده و ماده 24 در مورد حق حمایت برابر و مواد 1 و 2 در مورد الزام به احترام به حقوق و حمایت از آنها در حقوق داخلی از کنوانسیون امریکایی حقوق بشر را نقض کرده اند.
دولت گواتمالا با ماهیت ادعاهای دادخواهان مخالفت نکرد . گواتمالا تصدیق کرد که برخی مقررات « قدیمی » هستند و نگرانی هایی در ارتباط با تبعیض علیه زنان را مطرح کرد و استدلال کرد که در حال برداشتن گام هایی برای تعدیل مقررات قانون مدنی به منظور رعایت کنوانسیون رفع تبعیض علیه زنان و کمیسینون آمریکایی حقوق بشر است .

رای:
کمیسیون آمریکایی حقوق بشر، برخی مقررات قانون مدنی گواتمالا را تبعیض آمیز اعلام کرد و مشخصا اعلام کرد که قانون مدنی، مواد 1 و 2 و 11 و 17 و 24 کنوانسیون امریکایی حقوق بشر را نقض کرده است. کمیسیون در رای خود به مواد 15 و 16 کنوانسیون رفع تبعیض علیه زنان در حمایت از حق برابری زنان در قانون و خانواده اشاره و ارجاع کرد .

---

[360] *625 Morales de Sierra v Guatemala* Inter-American Commission on Human Rights, Report Nº 28/98, Case 11(2001).

3. Brazil—Case number 12.051 (Maria da Penha Maia Fernandes), Inter-American Commission on Human Rights[361]

(a) Legal issues

Gender violence; domestic violence; gender discrimination; bodily integrity.

(b) Facts

In 1983, María da Penha María Fernandes's husband, Marco Antônio Heredia Viveiros, attempted to kill her by shooting her while she was asleep. As a result, María suffered irreversible paraplegia and other physical and psychological trauma. When she returned from the hospital, her husband attempted to electrocute her in the bath. The couple separated. Because of her injuries, María lost independence: she had to undergo constant physical therapy, medication and medical attention. Moreover, after their separation, she had no financial support from her ex-husband.

The public prosecutor in Brazil filed criminal charges against her husband, but eventually it took eight years until Mr Heredia Viveiros was found guilty and sentenced to 10 years in prison. The defence lodged a time-barred appeal and the court considered it, but the second trial found Mr Heredia Viveiros guilty again and sentenced him to 10 years' imprisonment. A later appeal had not been decided when the case was considered by the Inter-American Commission on Human Rights, and although 15 years had elapsed since the charges were brought, Mr Heredia Viveiros remained free from custody during this time.

The Center for Justice and International Law (CEJIL) and the Latin American and Caribbean Committee for the Defense of Women's Rights (CLADEM) brought the case before the Inter-American Commission on Human Rights. They asserted that Brazil violated the American Convention on Human Rights in its Article 1 on the obligation to respect rights, Article 8 on fair trial, and Articles 24 and 25 on the right to equal and judicial protection respectively.

Further, the petitioners claimed that Brazil violated Articles II and XVIII of the American Declaration on the Rights and Duties of Man, protecting the right to equality and a fair trial.

Finally, the petitions asserted violations of the Convention on the Prevention, Punishment and Eradication of Violence Against Women (Convention of Belém do Pará), in its Articles 3, 4, 5 and 7, which include the right to be free from violence, women's rights to enjoy all internationally protected human rights and the State's obligation to condemn violence against women.

(c) Decision

The Commission found that Brazil violated ACHR Articles 1, 8, 24 and 25; Articles II and XVIII of the American Declaration on the Rights and Duties of Man; and Articles 3, 4, 5 and 7 of the Convention of Belém do Pará. According to the Commission, Brazil's failure to prosecute the attempted murder more than 15 years after the criminal charges were filed, showed the State's disregard of domestic violence against women. It recommended that criminal proceedings be instituted against the perpetrator; an investigation be undertaken on the unwarranted delays in prosecution proceedings; that the victim be compensated; and that the judicial reform in Brazil be expanded so as to include awareness-raising and training on domestic violence, including special mechanisms for the victims of domestic violence.

4. *Doebbler v Sudan*, African Commission on Human Rights[362]

---

[361] *Maria da Penha Maia Fernandes v Brazil* Inter-American Commission on Human Rights, Report No 54/01, Case 12.051 (2001).

[362] *Doebbler v Sudan* (African Commission on Human Rights, 2003).

برزیل – پرونده شماره12/051 (ماریا داپنا ماریا فرناندز)،کمیسیون امریکایی حقوق بشر [361]
موضوعات حقوقی:
خشونت جنسیتی; خشونت خانوادگی،تبعیض جنسیتی، تمامیت جسمانی

شرح پرونده:
در سال 1983، شوهر ماریا داپنا ماریا فرناندز، مارکو آنتو نیو هردیا ویو یروس، هنگامی که ماریا خواب بود، به قصد قتل او، به او تیر اندازی کرد. در نتیجه ماریا دچار قطعی برگشت ناپذیر نخاع و دیگر ضایعات جسمی و روحی شد . پس از بازگشت ماریا از بیمارستان،شوهرش اقدام به برق گرفتگی او در حمام نمود. زوجین از یکدیگر جدا شدند. ماریا به دلیل جراحات و صدماتش استقلالش را از دست داد : او می بایست تحت فیزیوتراپی، دارو و مراقبت های درمانی دائم قرار می گرفت. علاوه بر آن، پس از جدایی، او از شوهر سابقش از هیچ حمایت مالی برخودار نبود .
دادستان کل در برزیل اتهامات کیفری او را علیه شوهرش ثبت کرد، اما نهایتا هشت سال طول کشید تا این که آقای هردیا ویویروس مجرم اعلام شد و محکوم به ده سال حبس شد . وکیل مدافع درخواست مرور زمان را مطرح کرد و دادگاه آن را مدنظر قرار داد، اما محاکمه ی بعدی آقای هردیا ویویروس را مجددا مجرم شناخت و او را به ده سال حبس محکوم کرد . هنوز در مورد یک درخواست تجدید نظر دیگر تصمیم گیری نشده بود که پرونده مورد توجه کمیسیون امریکایی حقوق بشر قرار گرفت، و اگرچه 15 سال از طرح اتهامات گذشته بود، آقای هردیا ویویروس، در طول این زمان در بازداشت نبود و در آزادی به سر می برد .
مرکز عدالت و حقوق بین الملل و کمیته ی امریکایی لاتین و کارائیب برای دفاع از حقوق زنان پرونده را نزد کمیسیون امریکایی بشر آورد . آنها اظهار داشتند که برزیل، کنوانسیون امریکایی حقوق بشر را در ماده 1 در مورد الزام رعایت حقوق، ماده 8 در محاکمه ی منصفانه، مواد 24 و 25 به ترتیب در مورد حق برابری و حمایت قضایی نقض کرده است .
به علاوه شاکیان ادعا کردند برزیل، مواد 2 و 18 اعلامیه ی امریکایی حقوق و تکالیف انسان را، در حمایت از حق برابری و محاکمه ی منصفانه نقض کرده است .
و بالاخره، شاکیان نقض های کنوانسیون پیشگیری، مجازات و محو خشونت علیه زنان(کنوانسیون بلم دو پارا) در مواد 3 و 4 و 5 و 7 را بیان کردند، که شامل حق رهایی از خشونت،حقوق زنان در بهره مندی از همه ی حقوق بشر مورد حمایت بین المللی و تکلیف دولت به محکوم کردن خشونت علیه زنان بود .

رای:
کمسیون اعلام کرد که برزیل مواد 1 و 8و 24 و 25 کنوانسیون آفریقایی حقوق بشر ; مواد 18 و 2 اعلامیه امریکایی حقوق و تکالیف انسان ; مواد 3 و 4 و 5 و 7 کنوانسیون بلم دوپارا را نقض کرده است . مطابق [نظر] کمیسیون، کوتاهی برزیل در تعقیب متهم تلاش به قتل برای مدت بیش از 15 سال پس از ثبت اتهامات، بی توجهی دولت به خشونت خانوادگی علیه زنان را نشان داد . کمیسیون توصیه کرد که دادرسی کیفری علیه مرتکب آغاز شود ; یک بازرسی در مورد تاخیر های غیر مجاز در رویه های تعقیب انجام گیرد ; از فرد قربانی جبران خسارت شود و اصلاحات قضایی در برزیل به منظور شمول آگاه سازی و تعلیم خشونت خانوادگی در مکانیزم های خاص برای قربانیان خشونت خانوادگی گسترش یابد .

دوئبلر علیه سودان، کمیسیون آفریقایی حقوق بشر [362]

---

361 *Maria da Penha Maia Fernandes v Brazil* Inter-American Commission on Human Rights, Report No 54/01, Case 12.051 (2001).
362 *Doebbler v Sudan* (African Commission on Human Rights, 2003).

(a) Legal issues

Lashing of women as cruel and unusual punishment; cruel, inhumane or degrading treatment.

(b) Facts

On 13 June 1999, students of the Nubia Association at Ahlia University held a picnic in Buri, Khartoum, along the banks of the river. Although not required by law, they had previously applied for and obtained permission from the local authorities. On the day of the picnic, security agents and policemen approached the students, beating some and arresting eight of them, on the grounds of violation of 'public order' because they were dressed and acted inappropriately. Among the inappropriate acts, offences included girls kissing, wearing trousers, dancing with men, crossing legs with men and sitting and talking with boys.

The following day, the eight students were convicted and sentenced to fines and to 25–40 lashes. The lashing on the bare backs of women was executed in public, under the supervision of the Court, with a bare wire and plastic whip, leaving permanent scars on the skin.

In March 2000, the complainant filed a complaint with the African Commission alleging that the lashings violated Article 5 of the African [Banjul] Charter, which prohibits cruel, inhuman and degrading punishment. She argued that the sentence was disproportionate and humiliating, because a woman must submit to bare her back in public and subject herself to physical harm, contrary to the high degree of respect accorded to women in Sudanese society.

(c) Decision

The African Commission on Human Rights, after declaring the complaint admissible, held that Article 5 of the Banjul Charter prohibiting inhumane and degrading treatment is to be interpreted widely in order to encompass any physical and mental abuses.

The Commission clarified that its inquiry of whether there was a violation of Article 5, was confined to the domestic application of the Banjul Charter by a State Party, and hence arguments concerning the interpretation of Islamic Shari in the Criminal Code in Sudanese would not be considered.

The Commission stated that there is no right attributed to individuals or governments to apply any kind of physical violence to individuals for offences. The recognition of such a right would amount to endorsing State-sponsored torture under the Banjul Charter and would contradict its very nature as a human rights treaty.

For this reason the Commission found that the Republic of Sudan had violated Article 5 of the Banjul Charter and requested the Sudanese Government to immediately amend its 1991 Criminal Law in accordance with its obligations under the Banjul Charter and other relevant international human rights instruments; abolish lashing as a sentence; and take appropriate measures to ensure compensation of the victims.

5. *Aydin v Turkey*, **European Court of Human Rights**[363]

(a) Legal issues

Gender violence; sexual violence, rape and sexual abuse; women of special concern; rights of those under State care; rights of those belonging to different races and ethnicities.

---

[363] *Aydin v Turkey* Series A No 273 (1998) 25 EHRR 251.

موضوعات حقوقی:
شلاق زدن زنان به عنوان مجازات ظالمانه و غیر معمول ; رفتار ظالمانه، غیر انسانی و موهن

شرح پرونده:
در 13 ژوئن 1999، دانشجویان انجمن نوبیا در دانشگاه اهلیه در بوری، خارطوم در سواحل رودخانه به گردش رفتند . اگرچه مطابق قانون لازم نبود، آنها از قبل درخواست دادند و از مقامات محلی مجوز کسب کردند. در روز گردش عوامل امنیتی و پلیس به دانشجویان نزدیک شدند، و بر مبنای نقض « نظم عمومی »، برخی را زدند و هشت تن از آنان را دستگیر نمودند، چرا که آنان به شکل نامناسبی لباس پوشیده بودند و عمل می کردند . در میان اعمال ناشایست جرایم شامل بوسیدن دختران، پوشیدن شلوار، رقص با مردان،پاروپا انداختن در کنار مردان و نشستن و گپ زدن با پسران بود .
روز بعد 8 دانشجو محاکمه شدند و به جریمه و 25 تا 40 ضربه شلاق محکوم شدند . شلاق بر پشت برهنه ی زنان در ملا عام، تحت نظارت دادگاه، با یک سیم لخت و شلاق پلاستیکی انجام می شد که آثار زخم دائم بر پوست آنها بر جای می گذاشت .
د ر مارس 2000، شاکی شکایتی را به کمیسیون افریقایی تقدیم کرد با این ادعا که شلاقها، ماده ی 5 منشور افریقایی [با نجول] را نقض کرده است، که مجازات ظالمانه، غیر انسانی و موهن را منع می کند . او استدلال کرد که مجازات نامتناسب و تحقیر کننده بود چرا که یک زن باید در ملاعام پشتش را برهنه می کرد و خود را در معرض صدمه فیزیکی قرار می داد، بر خلاف درجه ی والای احترام که جامعه ی سودان برای زنان قائل است .

رای:
کمسیون آفریقایی حقوق بشر پس از وارد دانستن شکایت، حکم نمود که ماده 5 منشور بانجول در منع رفتار غیر انسانی و موهن باید موسع تفسیر شود تا هر گونه سوء استفاده ی جسمی و روحی را در بر گیرد .
کمیسیون روشن نمود که تحقیقاتش در مورد این که آیا نقض ماده 5 وجود داشت یا نه، محدود به اعمال داخلی منشور بانجول توسط دولت عضو بود و بنابراین استدلالات در مورد تفسیر شریعت اسلامی در قانون کیفری در سودان مورد نظر نخواهد بود .
کمیسیون بیان کرد که هیچ حقی منتسب به اشخاص یا حکومت برای اعمال هر نوع از خشونت فیزیکی نسبت به اشخاص در قبال جرایم وجود ندارد . شناسایی چنین حقی منجر به تصدیق شکنجه با حمایت دولت طبق منشور بانجول خواهد شد و با ماهیت آن به عنوان یک معاهده حقوق بشری در تناقض خواهد بود .
از این رو کمسیون اعلام کرد که جمهوری سودان ماده 5 منشور بانجول را نقض کرده است و از دولت سودان خواست که فورا قانون مجازات 1991 را مطابق تعهداتش طبق منشور بانجول و دیگر اسناد بین المللی حقوق بشر اصلاح نماید; شلاق را به عنوان یک مجازات لغو کند ; اقدامات مناسب برای تضمین جبران خسارت قربانیان را اتخاذ نماید.

آیدین علیه ترکیه، دادگاه اروپایی حقوق بشر [363]
موضوعات حقوقی:
خشونت جنسیتی ; خشونت جنسی،تجاوز و سوء استفاده ی جنسی; زنان با مسئله ی خاص :حقوق آنهایی که تحت مراقبت دولت هستند و حقوق آنهایی که متعلق به نژادها و قومیت های مختلف هستند .

[363] *Aydin v Turkey* Series A No 273 (1998) 25 EHRR 251.

(b) Facts

The applicant is a Turkish citizen of Kurdish origin. The local police in south-east Turkey forcibly took the applicant, her father and her sister-in-law from their home, kept them in custody and questioned them on their association with the workers' party of Kurdistan, the PKK. The applicant claims that upon arrival at the police headquarters, she was separated from her father and sister-in-law, stripped, tortured, beaten and raped. She was then driven to the mountains to be questioned by security forces about PKK shelters and then released.

Later, the applicant reported the incident to the public prosecutor, who sent her to three physicians to determine whether there was evidence of injury. None of the physicians had experience of rape cases. The first physician found evidence of sexual violence and rape on the victim, while the other two confirmed the report of the first. No further action was taken by the public prosecutor.

The applicant brought the case before the European Commission of Human Rights and said that she and her family were intimidated and harassed; that she and her husband were continuously called to the police station; that their home had been searched twice; that her husband was taken into custody twice and beaten; and that her father-in-law's house had been stoned. The State challenged the consistency of the events alleged by the applicant as well as her credibility.

(c) Decision

The European Commission of Human Rights assessed the evidence and established facts on the basis of written and oral submissions and medical reports. The Commission found that the applicant was raped and beaten while in custody in violation of ECHR Article 3 prohibiting torture, inhuman or degrading treatment or punishment; that the applicant was denied an effective right of access to the Court according to ECHR Article 6; and that no separate issue arose under ECHR Article 13.

The European Court of Human Rights adopted the findings of the Commission and found that the applicant's treatment by police while in custody constituted violation of ECHR Article 3. Further, it found that the public prosecutor's failure to complete a proper investigation constituted violation of ECHR Article 13 on effective remedy by national authorities.

6. *Abdulaziz, Cabales and Balkandali v The United Kingdom*, European Court of Human Rights[364]

(a) Legal issues
Gender discrimination; immigration.

(b) Facts

UK immigration laws permitted wives of UK male permanent residents to join their husbands. However, the husbands of female permanent residents could only join their wives, if they or the parents of the wives were citizens of the UK or its colonies.

The three applicants are three female permanent residents of the UK, and sought permission from UK immigration authorities for their husbands, also non-nationals, to join them in the UK. The authorities did not grant permission on the grounds that, according to the existing legislation, the women or their parents must be UK citizens.

The applicants brought the case before the European Court of Human Rights, alleging discrimination on the grounds of race and sex, and also birth for the third applicant, in violation of ECHR Article 14. Further, the applicants claimed that UK immigration regulations constituted inhuman or degrading treatment to be in violation of ECHR Article 3

---

[364] *Abdulaziz, Cabales and Balkandali v The United Kingdom* Series A No 94 (1985) 7 EHRR 471.

شرح پرونده:
خواهان یک شهروند ترکیه ای با اصالت کردی است . پلیس محلی در جنوب شرقی ترکیه با توسل به زور خواهان، پدر خواهان و خواهر شوهر خواهان را از خانه شان می گیرد، در بازداشت نگه می دارد و آنها را درباره همکاری با حزب کارگران کردستان مورد بازجویی قرار می دهد . خواهان مدعی می شود که به محض رسیدن به مقر پلیس، او از پدر و خواهر شوهرش جدا شد، برهنه شد، مورد شکنجه قرار گرفت و مورد ضرب و شتم واقع شد و به او تجاوز شد. سپس او به سمت کوهستان برده شد تا توسط نیروهای امنیتی درباره ی پناه گاه های PKK بازجویی شود و سپس آزاد شد .
بعدها خواهان واقعه را به دادستان عمومی گزارش نمود که دادستان او را نزد 3 پزشک فرستاد تا آنها مشخص کنند که آیا مدرک و اثری از جراحت وجود دارد یا خیر . هیچ یک از پزشکان تجربه ای در مورد پرونده های تجاوز نداشتنند . پزشک اول نشانه های خشونت جنسی و تجاوز را بر روی قربانی یافت، در حالیکه دو پزشک دیگر گزارش پزشک اولی را تائید کردند . هیچ اقدام دیگری توسط دادستان عمومی انجام نشد .
خواهان پرونده رانزد کمیسیون اروپایی حقوق بشر آورد و گفت که او و خانواده اش ارعاب شده اند و مورد آزار و اذیت قرار گرفته اند; او و همسرش مکرر به دفتر پلیس فراخوانده شده اند ; خانه آنها دوبار مورد بازرسی قرار گرفته ;همسر او دوبار به بازداشت برده شده و مورد ضرب و شتم قرار گرفته; خانه ی پدر شوهر او مورد تعرض واقع شده است . دولت هم‌خوانی رخدادهای مورد ادعای خواهان و اعتبار او را به چالش کشید .
رای:
کمیسیون اروپایی حقوق بشر مدارک و وقایع را ارزیابی نمود و وقایع را بر اساس داده های کتبی و شفاهی و گزارش های پزشکی به اثبات رساند .
کمیسیون اعلام کرد که خواهان هنگام حضور در بازداشت در نقض ماده 3 کنوانسیون اروپایی حقوق بشر در منع شکنجه،رفتار یا مجازات غیر انسانی یا موهن، مورد تجاوز و ضرب و شتم واقع شده و خواهان از یک حق موثر در دسترسی به دادگاه طبق ماده 6 کنوانسیون اروپایی حقوق بشر محروم شده و هیچ موضوع جداگانه ای تحت ماده 13 کنوانسیون اروپایی حقوق بشر مطرح نشده است .
دادگاه اروپایی حقوق بشر یافته های کمیسیون را اتخاذ کرد و اعلام کرد که رفتار پلیس با خواهان در زمان بازداشت نقض ماده 3 کنوانسیون اروپایی حقوق بشر را شکل می دهد . به علاوه، اعلام کرد که فرو گذاری دادستان عمومی در تکمیل یک بازجویی مناسب، نقض ماده 13 کنوانسیون اروپایی حقوق بشر در مورد جبران موثر توسط مقامات ملی را تشکیل می دهد .

عبد العزیز کابالس و بالکاندالی علیه انگلستان، دادگاه اروپایی حقوق بشر [364]

موضوعات حقوقی :
تبعیض جنسیتی، مهاجرت
شرح پرونده:
قوانین مهاجرت انگلستان به زوجه های ساکنین دائم مرد انگلستانی اجازه می داد که به شوهرانشان بپیوندند . اما شوهران ساکنین دائم زن تنها وقتی می توانستند به زوجه هایشان بپیوندند، که آنها یا والدین زوجه هایشان شهروندان انگلستان یا مستعمرات ان بودند .
3 خواهان، 3 ساکن دائم زن انگلستان هستند و از مقامات مهاجرت انگلستان برای همسرانشان، که آنان نیز غیر تبعه هستند برای پیوستن به آنها در انگلستان درخواست مجوز نمودند . مقامات به این دلیل که مطابق قوانین موجود، زنان یا والدینشان باید شهروند انگلستان باشند، مجوز اعطا نکردند .
خواهان ها پرونده را با ادعای تبعیض به دلایل نژادی و جنسی و همچنین ولادت برای خواهان سوم در نقض ماده 14 کنوانسیون اروپایی حقوق بشر نزد دادگاه اروپایی حقوق بشر آوردند . علاوه بر آن، خواهان ها مدعی شدند که قواعد مهاجرتی انگلستان رفتار غیر انسانی یا موهن در نقض ماده 3 کنوانسیون اروپایی حقوق بشر و نقض احترام برای زندگی خانوادگی در نقض ماده 8 کنوانسیون اروپایی حقوق بشر را شکل می دهد . همچنین خواهان ها مدعی نقض ماده 13 کنوانسیون اروپایی حقوق بشر شدند، چون به آنها هیچ جبران حقوقی موثری برای شکایت هایشان داده نشد. انگلستان استدلال کرد که قواعد مهاجرتی برای برقراری کنترل های موثر مهاجرتی و حفظ بازار کار داخلی طراحی شده است.

---

[364] *Abdulaziz, Cabales and Balkandali v The United Kingdom* Series A No 94 (1985) 7 EHRR 471.

and infringement of respect for family life was in violation of ECHR Article 8. Also, the applicants claimed violation of ECHR Article 13, because they were afforded no effective legal remedy for their complaints.

The UK argued that the immigration regulations were designed to maintain effective immigration controls and protect the domestic labour market.

(c) Decision
The European Court of Human Rights in its findings held that violations of ECHR Article 8 in conjunction with Articles 13 and 14 took place. It argued that national immigration law should respect the ECHR and the UK immigration provisions, which allowed wives but not husbands of non-nationals but permanent residents to join their spouses, was not in accordance with the ECHR because it violated ECHR Article 14 in conjunction with Article 8 by discriminating on the basis of sex and denied the protection of the right to respect of family life. The Court also accepted the applicants' argument that no effective remedy was granted for their complaints in violation of ECHR Article 13, but denied the allegation that the UK immigration regulations were discriminatory on the basis of race or birth and found no violation of ECHR Article 3 (inhuman or degrading treatment). The decision was issued by a Plenary Court, which decided unanimously on the findings of the violations.

7. *Burghartz v Switzerland*, European Court of Human Rights[365]

(a) Legal issues
Gender discrimination; names.

(b) Facts
The applicants were both Swiss nationals who had been living in Basle since 1975. Mrs Burghartz also had German citizenship, and the couple married in Germany in 1984. According to German law, spouses have the right to choose what surname will be the family's surname; Mrs Burghartz and Mr Schnyder chose Mrs Burghartz's surname as the family name, and Mr Schnyder availed himself to put his own surname in front of the agreed family name and call himself 'Schyder Burghartz'.

Following Swiss law, the Swiss authorities registered the couple's joint name as 'Schnyder'. The couple repeatedly tried to change it, but their application was rejected by the Swiss Registry Office, Cantonal Department of Justice, and finally their complaint at the Federal Court did not satisfy their request: the Federal Court permitted Mrs Burghartz to use her family name, but denied Mr Burghartz's request to use his wife's name. The Federal Court claimed that Swiss law did not recognize absolute equality among spouses to choose the family name, in order to preserve family unity and avoid a clash with tradition.

The applicants brought a claim before the European Commission of Human Rights alleging violation of their right to respect for family life and discrimination, constituting breach of ECHR Article 14 in conjunction of Article 8. The Commission accepted the claim.

(c) Decision
The Court held that Switzerland, by refusing to recognize the right of a husband to choose his wife's name as the family name, discriminated on the basis of gender, thus violating ECHR Article 14 in conjunction with Article 8. The Court stated that names are a means of personal identification and family linkages and that the difference in treatment lacked a reasonable and objective justification.

---

[365] *Burghartz v Switzerland* Series A No 280-B (1994) 18 EHRR 101.

رای: دادگاه اروپایی حقوق بشر در احکام خود رای داد که نقض های ماده 8 کنوانسیون اروپایی حقوق بشر در رابطه با ماده های 13 و 14 تحقق یافته است و دادگاه استدلال کرد که قوانین مهاجرت ملی باید کنوانسیون اروپایی حقوق بشر را رعایت کنند، و قواعد مهاجرتی انگلستان،که به زوجه ها و نه شوهران غیر تبعه دارای سکونت دائم اجازه می داد که به همسرانشان بپیوندند، مطابق کنوانسیون اروپایی حقوق بشر نبود، زیرا ماده 14 کنوانسیون اروپایی حقوق بشر را در ارتباط با ماده 8 بوسیله تبعیض براساس جنس در حمایت از حق احترام به زندگی خانوادگی نقض می کرد . همچنین دادگاه استدلال خواهان ها را پذیرفت که هیچ جبران موثری برای شکایت هایشان در نقض ماده 13 کنوانسیون اروپایی حقوق بشر داده نشد، اما این ادعا را که قواعد مهاجرتی انگلستان بر اساس نژاد یا ولادت تبعیض آمیز بود نپذیرفت و هیچ نقضی از ماده 3 را تشخیص نداد (رفتار غیر انسانی یا موهن) . رای توسط یک دادگاه کامل صادر شد، که به اتفاق آرا در مورد نقض ها تصمیم گرفت .

بورگارتز علیه سوئیس، دادگاه اروپایی حقوق بشر[365]

موضوعات حقوقی :
تبعیض جنسیتی، نام ها

شرح پرونده:
هردو خواهان تبعه های سوئیسی هستند که از سال 1975 در بازل زندگی می کنند . خانم بورگارتز تابعیت آلمانی نیز داشت و زوجین در سال 1984 در آلمان ازدواج کردند و بر طبق قانون آلمان زوجین حق دارند که انتخاب کنند نام خانوادگیخانواده خانواده باشد ; خانم بورگاتز و آقای اشنایدر، نام خانوادگی خانم بورگارتز را به عنوان نام خانوادگی برگزیدند و آقای اشنایدر از قراردادن نام خانوادگی خودش جلوی نام خانوادگی مورد توافق بهره جست و خود را اشنایدر بورگارتز نامید .
پیرو قانون سوئیس مقامات سوئیسی اسم مشترک زوجین را اشنایدر ثبت کردند. زوجین مکررا سعی در تغییر آن داشتند، اما تقاضای آنان توسط اداره ی ثبت سوئیس، بخش کانتونال عدالت رد شد، و نهایتا شکایت آنها در دادگاه فدرال خواسته ی آنان را تامین نکرد: دادگاه فدرال به خانم بورگارتز اجازه ی استفاده از نام خانوادگی اش را داد اما تقاضای آقای بورگاتز در استفاده از نام همسرش را نپذیرفت . دادگاه فدرال مدعی شد که قانون سوئیس به منظور حفاظت از پیوند خانواده و خودداری از جدال با سنت، برابری کامل میان زوجین در انتخاب نام خانوادگی را به رسمیت نشناخته است .
خواهان ها دادخواستی را نزد کمیسیون اروپایی حقوق بشر اقامه کردند با این ادعا که حق آنها در احترام به زندگی خانوادگی نقض شده و همچنین ادعای تبعیض کردند، که نقض ماده 14 کنوانسیون اروپایی حقوق بشر را در ارتباط با ماده 8 شکل می داد. کمیسیون ادعا را پذیرفت .

رای :
دادگاه حکم نمود که سوئیس با رد شناسایی حق زوج در انتخاب نام همسرش به عنوان نام خانوادگی بر اساس جنسیت تبعیض قائل شده و بنابراین ماده 14 کنوانسیون اروپایی حقوق بشر را در ارتباط با ماده 8 نقض کرده است . دادگاه خاطر نشان کرد که نام ها یک روش شناسایی شخصی و پیوندهای خانوادگی هستند، و تفاوت در رفتار فاقد یک توجیه عقلانی و عینی است .

[365] *Burghartz v Switzerland* Series A No 280-B (1994) 18 EHRR 101..

8. *Marckx v Belgium*, European Court of Human Rights[366]

(a) Legal issue
Discrimination: family and marriage; marital status; birth and legitimacy.

(b) Facts
According to Belgian law maternal affiliation and the legal bond between a married mother to her child is established automatically upon birth. This legal bond between mother and child was not recognized automatically upon birth between the unmarried woman and her child, which was considered 'illegitimate'. In this case of an unmarried mother, the maternal affiliation to her born child could be established by voluntary recognition by the mother, or any interested party. Further, this affiliation would create a legal bond only between the child and the mother, but not between the child and the mother's family. As a result, children born by unmarried women would not become members of their mothers' families and their familial relations were considerably restricted.

A recognized 'illegitimate' child was excluded from inheritance rights on intestacy from the mother's family. The child would have the status of an 'exceptional heir' rather than a 'presumptive heir' and would have lesser inheritance rights than a 'legitimate' child; it would have fewer rights as to voluntary dispositions, either *inter vivos* or by will; and it would be able to receive what it was entitled to under restricted intestacy provisions.

Moreover, an unmarried mother could only bequeath a portion of her property to her recognized 'illegitimate' child. But if she had chosen not to legally recognize the child, she was able to bequeath of her estate to the child. By adoption, the illegitimate child would obtain the same intestacy rights as a legitimate child to the mother's estate, but not as to the estate of the mother's family.

In the end, only legitimation and legitimation by adoption, both requiring the mother's marriage, would put the 'illegitimate' child on the same legal footing as a legitimate child.

The applicants, an unmarried mother and her 'illegitimate' daughter challenged Belgian laws. Paula Marckx recognized her daughter, Alexandra, 13 days after birth in October 1973, and adopted her the following year.

The European Commission of Human rights found that the Belgian law constituted discrimination with respect to family life and violated ECHR Article 14 in conjunction with ECHR Article 8 and Article 1 of Protocol 1.

(c) Decision
The European Court of Human Rights held that Belgian law, by refusing to recognize the maternal affiliation to children born out of marriage and to confer the same patrimonial rights to children of unmarried mothers as children of married mothers, violated the rights of unmarried mothers and their children's rights with respect to family life, protected under ECHR Article 8, and were discriminatory under ECHR Articles 8, 14 and Article 1 of the Protocol 1, the latter on the protection of property.

9. *Wessels-Bergervoet v The Netherlands*, European Court of Human Rights[367]

(a) Legal issue
Discrimination: gender; marital status.

---

[366] *Marckx v Belgium* Series A No 31 (1979) 2 EHRR 330.
[367] *Wessels-Bergervoet v The Netherlands* Series A 2002-IV 239 (1992)38 EHRR 37.

مارکس علیه بلژیک، دادگاه اروپایی حقوق بشر[366]

موضوعات حقوقی :
تبعیض، خانواده و ازدواج، وضعیت زناشویی، ولادت و مشروعیت (حلال زادگی)

شرح پرونده:
مطابق قانون بلژیک وابستگی مادرانه و پیوند قانونی یک مادر متاهل با فرزندش به طور خودکار با ولادت ایجاد می شود . این پیوند حقوقی میان مادر و کودک بین زن غیر متاهل و کودک که « نامشروع » تلقی می شود، به طور خودکار با ولادت شناسایی نمی شود . در مورد مادر غیر متاهل، وابستگی مادرانه به فرزند تولد یافته از او، می تواند از طریق شناسایی اختیاری توسط مادر یا هر طرف ذینفع بنا شود . به علاوه، این وابستگی صرفا میان فرزند و مادر ایجاد پیوند حقوقی می کند، نه میان فرزند و خانواده ی مادر. در نتیجه، کودکان تولد یافته از زنان غیر متاهل اعضای خانواده های مادرانشان نخواهند شد و روابط خانوادگی آنها به طور قابل ملاحظه ای محدود می شود .
یک فرزند « نامشروع » شناسایی شده از حقوق ارثی از خانواده ی مادر در مورد بی وصیتی (فوت پیش از تنظیم وصیت نامه) استثنا می شود . این فرزند، یک وضعیت «وارث استثنایی» به جای« وارث فرضی» خواهد داشت و حقوق ارثی کمتری از یک فرزند« مشروع» خواهد داشت ; او حقوق کمتری در مورد انتقال اختیاری اموال خواهد داشت، خواه میان اشخاص زنده یا از طریق وصیت و می‌تواند چیزهایی را که طبق مقررات محدود بی وصیتی استحقاق دارد، دریافت کند. .
علاوه بر آن، مادران غیر متاهل می توانند فقط بخشی از دارایی خود را برای فرزند « نامشروع » شناسایی شده شان به ارث گذارند(وصیت کنند) . اما اگر او قانونا فرزند را به رسمیت نشناخته بود، قادر بود که تمام مایملکش را برای آن فرزند وصیت کند . با فرزند خانوادگی، فرزند نامشروع همان حقوق وصیتی یک فرزند مشروع از بابت اموال مادرش را بدست می آورد، اما نه از بابت مایملک خانواده ی مادر.
بالا خره، فقط مشروعیت و مشروعیت با فرزند خانودگی، که هر دو ازدواج مادر را لازم داشت،فرزند « نامشروع » را در وضعیت حقوقی مشابه یک فرزند مشروع قرار می داد.
خواهان ها یک مادر غیر متاهل و دختر « نامشروع » او قوانین بلژیک را به چالش کشیدند . پائولومارکس دخترش آلکساندرا را سیزده روز پس از تولد در اکتبر 1973 مورد شناسائی قرار داد و سال بعد او را به فرزندی پذیرفت. کمیسیون اروپایی حقوق بشر اعلام کرد که قانون بلژیک در ارتباط با زندگی خانوادگی تبعیض قائل شده وماده 14 کنوانسیون اروپایی حقوق بشر را در ارتباط با ماده کنوانسیون اروپایی حقوق بشر 8 و ماده 1 پروتکل 1 نقض کرده است .
رای :
دادگاه اروپایی حقوق بشر حکم کرد که قانون بلژیک با رد شناسایی وابستگی مادرانه به فرزندان متولد شده خارج از ازدواج و اعطا نکردن حقوق ارثی یکسان به فرزندان مادران غیر متاهل مشابه با فرزندان مادران متاهل،حقوق مادران غیر متاهل و فرزندانشان را در ارتباط با زندگی خانوادگی،که طبق ماده 8 کنوانسیون اروپایی حقوق بشر تحت حمایت است، نقض کرده، و قانون بلژیک طبق مواد 8 و 14 کنوانسیون اروپایی حقوق بشر و ماده 1 پروتکل 1، که مورد اخیر در مورد حمایت مالی است، تبعیض آمیز است .

وسلز – بر گروت علیه هلند، دادگاه اروپایی حقوق بشر[367]

موضوعات حقوقی :
تبعیض: جنسیت و وضعیت زناشویی

[366] *Marckx v Belgium* Series A No 31 (1979) 2 EHRR 330.
[367] *Wessels-Bergervoet v The Netherlands* Series A 2002-IV 239 (1992)38 EHRR 37.

(b) Facts

Under the general social security scheme in The Netherlands the level of a married woman's pension was determined on the basis of the level of her husband's, but the level of a married man's pension was not determined on the basis of that of his wife. Benefits did not depend on the level of contribution paid, but on the period of time during which the person had been insured. The pension was reduced by 2 per cent for each year the insured person lived abroad.

Also, until 1985, when the legislation was modified, a married man was entitled to a pension for a married couple equal to 100 per cent of the prevailing minimum wage; an unmarried man or woman was entitled to 70 per cent of the prevailing minimum wage; while a married woman had no entitlement in her own right.

At the age of 65 the applicant received a pension reduced by 38 per cent, reduced by the same amount as her husband's pension, due to the fact that he had worked for several years in Germany.

She brought the case to the Courts and challenged the Dutch social security scheme. The national-level Appeals Tribunal found the rules to be in conflict with ICCPR Article 26, which guarantees the right to equality. The Central Appeals Tribunal overturned the earlier court's decision, and the national Supreme Court affirmed so.

More specifically, the Supreme Court claimed that the legislation predated the entry into force of both ICCPR and Article 1 of the national Constitution promulgating the principle of equality and non-discrimination, while EC Directive 79/7/EEC relating to the gradual implementation of the principle of equality between men and women in the field of social security did not apply to the applicant. Moreover, the Supreme Court found that the objective of the exclusion sustained by the legislation in question was to prevent undesirable accumulation of benefits, as the man's pension was presumed to be destined for his spouse. It also held that the different treatment on the basis of sex was objective and reasonably justifiable, because according to the prevailing social attitudes at the time, men were the 'breadwinners' in the family.

The applicant filed an application with the European Court of Human Rights challenging the social security scheme in The Netherlands as discriminatory on the basis of sex, in violation of ECHR Article 14 (principle of non-discrimination) in conjunction with Article 1 of Protocol 1 to the ECHR (protection of property).

(c) Decision

The European Court of Human Rights found that a social security scheme that provided no entitlement to married women to benefits in their own right constituted discrimination on the basis of sex and marital status; such legislation thus violated ECHR Article 14 in conjunction with Article 1 of Protocol 1 to the ECHR. The Court, in its unanimous decision, found that the applicant's benefits were reduced based on the fact that she was married and that there were no objective reasons to justify the existing differentiation in treatment.

10. *X and Y v The Netherlands*, European Court on Human Rights[368]

(a) Legal issues

Gender violence; sexual violence: sexual abuse, rape; women of special concern: adolescents/girls; disability.

---

[368] *X and Y v The Netherlands* Series A No 91 (1985) 8 EHRR 235.

شرح پرونده:

طبق برنامه ی تامین اجتماعی عمومی در هلند سطح مستمری یک زن متاهل بر اساس سطح مستمری شوهرش تعیین می شد، اما سطح مستمری یک مرد متاهل بر اساس سطح مستمری همسرش تعیین نمی شد . یارانه‌اها به سطح پرداخت کسور بازنشستگی بستگی نداشت، بلکه به مدت زمانی که در طی آن،شخص بیمه شده بود بستگی داشت . مستمری در ازای هر سالی که بیمه شده، درخارج زندگی می کرد 2 درصد کاهش می یافت .

همچنین تا سال 1985 که قانون تعدیل شد، یک مرد متاهل استحقاق یک مستمری برای یک زوج متاهل برابر 100٪ حداقل حقوق متداول را داشت; یک مرد یا زن مجرد استحقاق 70٪ حداقل حقوق رایج را داشت ; در حالیکه یک زن متاهل هیچ استحقاقی در حق خودش نداشت .

خواهان در سن 65 سالگی یک مستمری 38 ٪ کاهش یافته را دریافت کرد، و به دلیل این واقعیت که شوهرش چندین سال در آلمان کار کرده بود همین مقدار از مستمری همسرش کاسته شد..

او پرونده را در دادگاه مطرح کردو برنامه ی تامین اجتماعی هلند را به چالش کشید . دادگاه تجدید نظر ملی اعلام کرد که این قواعد در تضاد با ماده 26 میثاق بین المللی حقوق مدنی و سیاسی است که حق برابری را تضمین می کند . دادگاه تجدید نظر مرکزی رای دادگاه اولی را کنار زد و دادگاه عالی ملی نیز تائید کرد .

به بیان دقیق تر، دادگاه عالی مدعی شد که این قانون قبل از لازم الاجرا شدن میثاق بین المللی حقوق مدنی و سیاسی و ماده 1 قانون اساسی ملی،که اصل برابری و منع تبعیض را مقرر می دارد، وجود داشته است، در حالیکه دستور العمل EEC / 79/7 جامعه اروپایی مربوط به تحقق تدریجی اصل برابری میان مردان و زنان در زمینه ی تامین اجتماعی، در مورد خواهان مجری نبود. علاوه بر آن، دادگاه عالی اعلام کرد که هدف استثنای قانون مورد بحث، جلوگیری از جمع آوری نامطلوب مزایا بود، چرا که فرض بر این بود که مستمری مرد به قصد همسرش در نظر گرفته شدهاست. همچنین دادگاه عالی حکم کرد که رفتار متفاوت بر اساس جنس، منصفانه و معقولا موجه بود، چون طبق دیدگاه های اجتماعی رایج در آن زمان، مردان « نان آور » خانواده بودند .

خواهان دادخواستی را در دادگاه اروپایی حقوق بشر با به چالش کشیدن برنامه ی تامین اجتماعی در هلند، در نقض ماده 14 کنوانسیون اروپایی حقوق بشر (اصل منع تبعیض) در ارتباط با ماده 1 پروتکل 1 کنوانسیون اروپایی حقوق بشر (حمایت مالی) تحت عنوان تبعیض بر مبنای جنس مطرح کرد.

رای :

دادگاه اروپایی حقوق بشر اعلام کرد که برنامه ی تامین اجتماعی که هیچ استحقاقی را برای زنان متاهل نسبت به مزایای حق خودشان فراهم نمی کند تبعیض بر اساس جنس و وضعیت زناشویی است; بنابراین چنین قانونی ماده 14 کنوانسیون اروپایی حقوق بشر را در ارتباط با ماده 1 پروتکل 1 کنوانسیون اروپایی حقوق بشر نقض کرده است .

دادگاه در تصمیم به اتفاق آرای خود اعلام کرد که مزایای متقاضی (خواهان) بر اساس این واقعیت که او متاهل است کاهش یافته است و اعلام کرد که هیچ دلایلی عینی و حقیقی برای توجیه تفاوت قائل شدن موجود در رفتار وجود ندارد .

Y,X علیه هلند، دادگاه اروپایی حقوق بشر[368]

موضوعات حقوقی :

خشونت جنسیتی; خشونت جنسی: سوء استفاده ی جنسی، تجاوز; زنان با شرایط خاص : نوجوانان / دختر بچه ;معلولیت

[368] *X and Y v The Netherlands* Series A No 91 (1985) 8 EHRR 235.

(b) Facts
The applicant was mentally handicapped and lived in a privately run home for mentally disabled children. One day after her 16th birthday she was raped by the son of the director of the institution. Due to her mental condition, she was not competent to file a complaint and her father did so on her behalf at a local police station. The public prosecutor decided not to prosecute and her father appealed, but his complaint was dismissed by the national court of appeal on the grounds that the criminal code did not permit a legal representative to file a claim on behalf of a minor in this case. The court refused to interpret the law broadly in order to allow the father to file a complaint on behalf of the victim.

Father and daughter filed an application to the European Commission on Human Rights, claiming that the daughter was subject to inhuman and degrading treatment in violation of ECHR Article 3; that a violation of ECHR Article 8, namely violation of their rights to respect for private life, also took place; that no effective remedy was granted by the national authorities in violation of ECHR Article 13; and that the criminal code in the Netherlands was discriminatory in violation of ECHR Article 14.

(c) Decision
The Commission found a violation of ECHR Article 8 protecting the right to respect for private and family life. Similarly, the European Court of Human Rights found that a father's impossibility to institute criminal proceedings on behalf of his mentally disabled daughter, a victim of rape, constituted violation of her rights under ECHR Article 8. The Court granted the applicants just satisfaction in the amount of 3,000 Dutch guilders. The judgment of the Chamber was unanimous. The Ministry of Justice in the Netherlands prepared a bill modifying the Criminal Code, making any sexual advances towards mentally disabled persons an offence.

11. *Case of MC v Bulgaria*, **European Court of Human Rights**[369]

(a) Legal issues
Gender violence: rape; gender discrimination: procedural issues, women adolescents (women of special concern), double victimization.

(b) Facts
The applicant was a Bulgarian national and claimed that she was forced into sexual intercourse by two male acquaintances when she was almost 15 years old, while 14 was the age of consent for sexual intercourse in Bulgarian legislation. In July 1995, the applicant went to a disco with an acquaintance and two unfamiliar men, and then continued to another disco with the two men and a group of people. On the way back, the men stopped to swim in a reservoir. The applicant stayed in the car, and one of the men returned to the car and forced her to have sex with him. The next morning she was taken to a private home where she was raped by the second male, a friend of the first perpetrator, and she claimed that she was not able to resist his strength. The applicant failed to return home for a second day, and her mother located her and accompanied her to the hospital, where a medical examination revealed bruises on her neck and evidence of sexual activity. The applicant's hymen was found to have been freshly torn. The family of the applicant decided to file a complaint with authorities and on the same day both perpetrators were arrested. The police conducted an investigation, including a psychological assessment of the applicant. The district attorney decided to close the case on the grounds of lack of evidence of residence and use of force or threats. In 1997, the applicant filed a petition with the ECHR.

---

[369] *MC v Bulgaria* Series A No 621 (2005) 40 EHRR 20.

شرح پرونده:

خواهان عقب مانده ذهنی بود و در یک خانه که به طور خصوصی اداره می شد و برای کودکان معلول ذهنی بود زندگی می کرد. او یک روز پس از جشن تولد شانزده سالگی اش توسط پسر مدیر موسسه مورد تجاوز قرار گرفت . به دلیل شرایط روانی او، او اهلیت طرح شکایت را نداشت، و پدرش به نمایندگی از او در یک واحد پلیس محلی این کار را انجام داد . دادستان عمومی تصمیم به عدم تعقیب گرفت و پدر دختر تجدید نظر خواهی کرد، اما شکایت او توسط دادگاه ملی تجدید نظر بر این اساس که قانون کیفری در این مورد اجازه ی طرح دعوا را به نمایندگی قانونی از یک صغیر نمی دهد رد شد. دادگاه تفسیر موسع از قانون را به منظور اجازه دادن به پدر برای طرح شکایت به نمایندگی از قربانی رد نمود .

پدر و دختر درخواستی را درکمیسیون اروپایی حقوق بشر مطرح کردند، با این ادعا که دختر در نقض ماده 3 کنوانسیون اروپایی حقوق بشر مورد رفتار غیر انسانی موهن واقع شده ؛ این که همچنین با نقض حقوق آنها دراحترام به زندگی خصوصی نقض ماده 8 کنوانسیون اروپایی حقوق بشر رخ داده است ؛ و این که هیچ جبران موثری توسط مقامات ملی در نقض ماده 13 کنوانسیون اروپایی حقوق بشر داده نشده ؛ و این که قانون کیفری در هلند در نقض ماده 14 کنوانسیون اروپایی حقوق بشر تبعیض آمیز است

رای :

کمیسیون نقض ماده 8 کنوانسیون اروپایی حقوق بشر را که از حق احترام به زندگی خصوصی و خانوادگی حمایت می کرد اعلام نمود . همچنین، دادگاه اروپایی حقوق بشری اعلام کرد که ناتوانی پدر در اقامه و پیگیری رویه کیفری به نمایندگی از دختر عقب مانده ی ذهنی اش، قربانی تجاوز، نقض حقوق دختر طبق ماده 8 کنوانسیون اروپایی حقوق بشر است . دادگاه به خواهان ها خسارت عادله به مبلغ 3 هزار گیلدر هلندی اعطا نمود . تصمیم دادگاه به اتفاق آرا بود . وزارت دادگستری هلند لایحه‌ای برای تعدیل قانون کیفری، که هر نوع پیشروی جنسی نسبت به اشخاص معلول ذهنی را جرم می‌شناسد تهیه کرد .

پرونده ی M.C علیه بلغارستان، دادگاه اروپایی حقوق بشر [369]

موضوعات حقوقی :

خشونت جنسیتی: تجاوز؛ تبعیض جنسیتی: مباحث آیین دادرسی، زنان،نوجوانان (زنان با شرایط خاص)، تعدی مضاعف

شرح پرونده:

خواهان یک تبعه ی بلغاری بود و مدعی می شود که زمانی که او تقریبا 15 سال داشته توسط 2 تن از مردان آشنایش مجبور به همخوابگی جنسی شده، درحالیکه سن رضایت برای همخوابگی جنسی در بلغارستان 14 سال بود. در ماه ژوئیه 1995 خواهان همراه یک مرد آشنا و دو مرد ناشناس به یک دیسکو رفت و سپس همراه آن دو مرد وعده ای از مردم راهی دیسکوی دیگر شد. در راه بازگشت، مردان برای شنا در منبع آب توقف کردند . خواهان در خودرو ماند و یکی از مردان به خودرو برگشت و او را به رابطه ی جنسی مجبور کرد. صبح روز بعد او به یک خانه ی خصوصی برده شد که توسط مرد دوم، دوست مرتکب اول، مورد تجاوز قرار گرفت و او ادعا کرد که او قادر به ایستادگی در برابر قدرت او نبود. خواهان از بازگشت به خانه در روز دوم ناکام ماند و مادرش مکان او را پیدا کرد و او را تا بیمارستان همراهی کرد که در آنجا آزمایش پزشکی کبودی هایی را روی گردن او و آثار عمل جنسی را نشان داد . تشخیص داده شد که پرده بکارت خواهان به تازگی پاره شده است و خانواده خواهان تصمیم به طرح شکایت به مقامات گرفتند و در همان روز هر دو مرد دستگیر شدند . پلیس تحقیقاتی شامل یک ارزیابی روان شناختی از خواهان را ترتیب داد . دادستان محل به دلیل فقدان مدرک سکونت و استفاده از زور یا تهدید، تصمیم به بستن پرونده گرفت . در سال 1997 خواهان شکایتی را در کنوانسیون اروپایی حقوق بشر طرح کرد .

---

[369] *MC v Bulgaria* Series A No 621 (2005) 40 EHRR 20.

(c) Decision
The European Court of Human Rights found violations of ECHR Article 3, prohibiting torture, inhuman or degrading treatment and punishment, and Article 8 protecting private and family life. The Court took its decision unanimously and awarded the applicant the amount of €12,110 in non-pecuniary damages and costs. In its decision it also highlighted the need to remove the requirement of force and proof of resistance from any definition of rape.

12. *Ünal Tekeli v Turkey*, European Court of Human Rights[370]

(a) Legal issues
Discrimination; marital status.

(b) Facts
Among the Member States of the Council of Europe, Turkey is the only country which by law mandates the use by married women of their husband's name. The applicant, a Turkish national, was a lawyer, and after her marriage to her husband she continued using her maiden name, especially because she was known in her professional surroundings by it. However, such use was not possible in official documents. For this reason, the applicant brought proceedings before the Court of First Instance in Turkey, asking for permission to use her maiden name solely. The Court dismissed her request on the grounds that it was not compatible with civil law. Later, the civil law provision was modified to include the possibility for married women to use their maiden name in front of their husband's surname. The applicant did not want to make use of this possibility, because she considered that this did not entirely satisfy her request.

The applicant brought a case before the European Court of Human Rights and claimed that the Turkish law constituted a violation of ECHR Articles 8 and 14 guaranteeing respect for private and family life and the principle of non-discrimination.

The Turkish Government challenged the applicant's arguments, saying that at the time the marriage took place, the applicant was still a trainee lawyer and she only became a practising lawyer after her marriage. Hence, changing her surname after the marriage would not cause problems in her professional development. Moreover, Turkey argued that the discrimination between men and women under Turkish legislation was well-justifiable, reasonable and necessary because the family name indicated family unity and that the choice of the husband's surname was selected because of the previous traditional societal arrangements.

(c) Decision
The European Court of Human Rights determined that the distinction between genders created by Turkish legislation amounted to unjustifiable discrimination on the grounds of sex, thus violating ECHR Article 14 in conjunction with Article 8.

The Court considered that the surname concerns and identifies a person not only in the professional and business contexts but also in the establishment and development of his or her social, cultural or other relationships with other human beings. And in this specific case, the applicant may have been affected in her non-professional activities. Article 8 implicitly concerns names as a means of personal identification and of linking to a family.

In general, discriminatory treatment within ECHR Article 14 is allowed only if there is objective and reasonable justification assessed in relation to the principles prevailing in democratic societies, and members of the Council of Europe enjoy a margin of appreciation in this regard. Discriminatory treatment by the domestic policy-maker and

---

[370] *Ünal Tekeli v Turkey* (App no 29865/96) ECHR 2004-X, 16 November 2004.

رای :
دادگاه اروپایی حقوق بشر نقض مواد 3 کنوانسیون اروپایی حقوق بشر در منع شکنجه، رفتار و مجازات غیرانسانی یا موهن و 8 در حمایت از زندگی خصوصی و خانوادگی را اعلام کرد. دادگاه تصمیم خود را به اتفاق آرا گرفت و مبلغ 12110 یورو بابت زیان های غیر مالی و مخارج به خواهان تقدیم کرد . همچنین دادگاه در تصمیم خود ضرورت کنار گذاشتن شرط اجبار و اثبات مقاومت از هر تعریف تجاوز را بر جسته نمود .

اونال تکلی علیه ترکیه، دادگاه اروپایی حقوق بشر [370]
موضوعات حقوقی :
تبعیض، وضعیت زناشویی
شرح پرونده:
در میان دول عضو شورای اروپا، ترکیه تنها کشوری است که قانوناً استفاده از نام شوهر را توسط همسران آنان الزامی می کرد . خواهان که تبعه ی ترکیه، یک وکیل بود، پس ازازدواج با شوهرش، به استفاده از نام اولیه اش ادامه داد، مخصوصا به این دلیل که او در محیط حرفه ای اش به این نام شناخته شده بود. هر چند، چنین استفاده ای در اسناد رسمی ممکن نبود . ازاین رو، خواهان نزد دادگاه بدوی در ترکیه اقامه ی دعوا کرد با این خواسته که اجازه ی استفاده از نام اولیه اش به تنهایی را صادر کند . دادگاه به این دلیل که درخواست او با قانون مدنی سازگار نبود، خواسته اش را رد کرد . بعدها، مقررات قانون مدنی تعدیل شد تا امکان استفاده نام اولیه زنان متاهل پیش از نام خانوادگی شوهرانشان برای زنان متاهل فراهم شود . خواهان نخواست که از این امکان استفاده کند،زیرا او اینگونه تشخیص داد که این امکان، خواسته ی او را به طور کامل برآورده نمی کند .
خواهان پرونده ای را نزد دادگاه اروپایی حقوق بشر اقامه کرد و مدعی شد که قانون ترکیه مواد 8 و 14 کنوانسیون اروپایی حقوق بشر را که تضمین کننده ی احترام به زندگی خصوصی و خانوادگی و اصل منع تبعیض هستند، نقض کرده است .
دولت ترکیه استدلال های خواهان را به چالش کشید . دولت گفت که در زمان تحقق ازدواج، خواهان هنوز یک وکیل تحت تعلیم بوده و او پس از ازدواج یک کارآموز شده است . بنابراین، تغییر نام خانوادگی او پس از ازدواج، در پیشرفت حرفه ای او ایجاد مشکل نمی کرده است. . علاوه بر آن، ترکیه استدلال کرد که تبعیض میان مردان و زنان طبق قانون ترکیه کاملا موجه، معقول و ضروری است، چرا که نام خانوادگی بیانگر پیوند خانوادگی است و این که انتخاب نام خانوادگی شوهر به دلیل ترتیبات سنتی اجتماعی پیشین برگزیده شده است .
رای :
دادگاه اروپایی حقوق بشر رای داد که تمایز میان جنسیت ها که توسط قانون ترکیه ایجاد شده است منجر به تبعیض ناموجه به دلیل جنسیت شده و بنابراین نقض ماده 14 در ارتباط با ماده 8 کنوانسیون اروپایی حقوق بشر است .
دادگاه تشخیص داد که نام خانوادگی نه تنها در زمینه های حرفه ای و شغلی بلکه در پایه گذاری و توسعه ی روابط اجتماعی، فرهنگی یا سایر روابط با دیگر انسانها، با فرد مرتبط است و او را شناسایی می کند . و در پرونده ی حاضر، خواهان ممکن است که در فعالیت های غیرحرفه ای اش تحت تاثیر واقع شده باشد. ماده ی 8 به طور ضمنی درباره ی نام ها به عنوان وسیله ی تشخیص هویت شخصی و وسیله ی پیوند به خانواده است .

در کل،رفتار تبعیض آمیز در ارتباط با ماده 14 کنوانسیون اروپایی حقوق بشر تنها زمانی مجاز است که توجیه معقول و واقعی ارزیابی شده در ارتباط با اصول حاکم در جوامع دموکراتیک وجود داشته باشد، و اعضای شورای اروپا در این ارتباط از یک حد فهمی برخوردارند. یک رفتار تبعیض آمیز توسط سیاستگذاری داخلی و قانون گذاری در راستای منفعت عمومی باید مبتنی بر استدلال های بسیار قوی باشد و باید با معیارهای ضرورت و تناسب همراه باشد .

---

[370] *Ünal Tekeli v Turkey* (App no 29865/96) ECHR 2004-X, 16 November 2004.

legislator in pursuance of public interest must be based on very strong arguments and must meet the criteria of necessity and proportionality.

In this regard, the Court admitted that traditionally many societies followed a patriarchal model of organization and family unity was represented by the general use of the father's surname. Nevertheless, the present advancement of the principles of gender equality and non-discrimination speak against the continuation of such traditional rules in support of family unity.

The Court emphasized the need to eliminate all forms of gender discrimination as one of the 'major goals' of the Member States.

13. *Jabari v Turkey*, European Court of Human Rights[371]

(a) Legal issues
Sexual and reproductive rights: virginity testing, sexual orientation/freedom; discrimination: asylum/non-deportation, gender; women of special concern: migrants.

(b) Facts
The applicant, Ms Hoda Jabari, is an Iranian national. In October 1997, she was arrested with her lover. Two years earlier, her family had opposed her marriage to X and in the meantime X married another woman. While in custody, the applicant underwent a 'virginity test' and after the intervention of her family, she was released a few days later.

In November 1998, the applicant entered Turkey illegally, and in February 1998 she took a plane to Canada from Istanbul, having a fake Canadian passport. During her trip, she was discovered by French police and sent back to Istanbul, where she was arrested for entering Turkey with a fake passport. The public prosecutor released her on the grounds that she had not entered the country on her own free will, and her deportation was ordered.

The Ankara branch of the United Nations Commissioner for Refugees (UNHCR) intervened and the applicant filed an asylum application, which was rejected as delayed; under Turkish law, asylum seekers must submit their applications within five days from their arrival in Turkey and the rejection decision was final and irreversible.

The applicant was then granted refugee status by the UNCHR on the basis that she had a well-founded fear of persecution if she returned to Iran, because there was the risk of inhumane punishment, such as death by stoning, whipping or flogging. The Ankara Administrative Court subsequently dismissed the applicant's petition against deportation.

The applicant appealed before the European Court on Human Rights, arguing that her deportation to Iran constituted a violation of ECHR Articles 3 and 13 because her deportation would result in cruel and inhuman treatment as a result of being accused of being an adulterer. She also asserted that she was denied an effective remedy before Turkish domestic courts.

(c) Decision
The Court found that an Iranian woman accused of adultery had a well-founded fear of persecution for the purposes of awarding her asylum, and that Turkey's decision to deport her violated ECHR Article 3, which aims to protect against cruel and inhumane treatment. Moreover, the Court found that Turkish deportation procedures violated ECHR Article 13, which requires effective remedy before national authorities. The decision of the Court was taken unanimously.

---

[371] *Jabari v Turkey* (App no 40035/98) ECHR 2000-VIII, 11 July 2000.

در این رابطه، دادگاه اذعان کرد که به طور سنتی بسیاری از جوامع از یک الگوی سازماندهی مرد سالارانه پیروی می کنند و واحد خانواده از طریق استفاده ی عمومی از نام خانوادگی پدر نمایندگی می شود. با این وجود، پیشرفت کنونی اصول برابری جنسیتی و منع تبعیض علیه بنیان چنین قواعد سنتی درحمایت از واحد خانواده سخن می گوید .
دادگاه بر ضرورت حذف کلیه ی تبعیض جنسیتی به عنوان یکی از اهداف مهم دول عضو تاکید کرد .

جباری علیه ترکیه، دادگاه اروپایی حقوق بشر [371]

موضوعات حقوقی :
حقوق تناسلی و جنسی : آزمایش بکارت، وضعیت جنسی / آزادی جنسی ; تبعیض: پناهندگی / منع اخراج از کشور، جنسیت; زنان با شرایط خاص: مهاجران
شرح پرونده:
خواهان، خانم هدی جباری یک تبعه ی ایرانی است. در اکتبر 1997، اوبه همراه معشوقش دستگیر شد. 2 سال پیشتر، خانواده اش با ازدواج او با X مخالفت کرده بودند و در این اثنا، X با زن دیگری ازدواج کرد. هنگام حضور در بازداشت خواهان تحت آزمایش بکارت قرار گرفت و پس از دخالت خانواده اش چند روز بعد آزاد شد .
در نوامبر 1998، خواهان به طور غیر قانونی وارد ترکیه شد، و در فوریه 1998، او از طریق استانبول با داشتن پاسپورت جعلی کانادا با هواپیما عازم کانادا شد. در طی سفر توسط پلیس فرانسه شناسایی شد و به استانبول بازگردانده شدکه در آنجا به دلیل ورود به ترکیه با پاسپورت جعلی دستگیر شد. دادستان عمومی او را به دلیل آن که با اراده ی آزاد خودش وارد کشور نشده بود، آزاد کرد، و دستور اخراج او از کشور صادر شد .
کمیسیونر سازمان ملل متحد برای پناهندگان شعبه آنکارا مداخله کرد و خواهان یک درخواست پناهندگی ارائه نمود که به دلیل تاخیر رد شد. طبق قانون ترکیه، پناهجویان باید درخواست های خود را ظرف مدت پنج روز از رسیدشان به ترکیه ارائه نمایند و رای رد، نهایی و غیرقابل تغییربود .
سپس به خواهان توسط کمیسیونرسازمان ملل متحد وضعیت پناهندگی داده شد بر این اساس که اگر او به ایران باز می گشته یک واهمه ی واقعی از تحت تعقیب واقع شدن داشته است، زیرا خطر مجازات غیر انسانی همچون رجم، شلاق یا تازیانه وجود داشت . دادگاه اداری آنکارا متعاقبا دادخواهی خواهان را علیه اخراج از کشور رد کرد .
خواهان نزد دادگاه اروپایی حقوق بشر تجدید نظر خواهی کرد با این استدلال که اخراج او به ایران نقض مواد 3 و 13 کنوانسیون اروپایی حقوق بشر است، زیرا اخراج او منجر به رفتار ظالمانه و غیرانسانی با او به عنوان زانی محصنه می شد . او همچنین اظهار داشت که از جبران موثر نزد دادگا ه های داخلی ترکیه محروم مانده است .
رای :
دادگاه اعلام کرد که یک زن ایرانی متهم به زنای محصنه ، یک ترس واقعی از تحت تعقیب واقع شدن به منظور دریافت پناهندگی داشته، و این که تصمیم ترکیه به اخراج او نقض ماده 3 کنوانسیون اروپایی حقوق بشر است که در مورد حمایت علیه رفتار ظالمانه و غیر انسانی است . به علاوه، دادگاه اعلام کرد که رویه های اخراج ترکیه نقض ماده 13 است که جبران موثر نزد مقامات ملی را مقرر می نماید . رای دادگاه به اتفاق آرا اتخاذ شد .

---

371 *Jabari v Turkey* (App no 40035/98) ECHR 2000-VIII, 11 July 2000.

JUVENILE JUSTICE

A. DEFINITION AND BACKGROUND

Because of their young age, juveniles are more sensitive than adults when their rights are violated or abused and thus the international community has given particular attention to the protection of the rights of children and adolescents. Sale of children; child prostitution and child pornography; child mortality; HIV/AIDS; violence against children; and armed conflict are among the issues related to children.[372]

The focus is placed here on the treatment of juveniles in systems of criminal justice, which varies considerably through regions and legal systems. Large numbers of teenagers and children become implicated in distressing situations as victims or witnesses to criminal offences, asylum-seekers and refugees, unaccompanied children or children incarcerated with their mothers.

Criminal justice matters relate inherently to basic rights, such as the right to life, prohibition of torture and ill treatment, right to fair trial and access to justice and finally the positive obligation of States to take all legislative and administrative measures for the protection of these rights.

1. Who is a Juvenile?

According to the **1989 Convention on the Rights of the Child (CRC)**, 'a child means every human being below the age of eighteen years unless under the law applicable to the child majority is attained earlier'.[373] This definition seems to indicate that States decide the age of attainment of majority; however, other international standards beyond the CRC define children as persons under 18,[374] to which States should commit.[375]

The 'juvenile' also falls under the definition of a 'child', but there exists no uniform specific definition apart from agreement on two broad criteria that determine the characterization of a human being as a 'juvenile': the biological and the juridical. During this phase in life, the pace of biological growth changes and human beings pass from childhood to adulthood and maturity. Brain development that starts at early childhood, continues through adolescence, and juveniles are not fully capable of realizing the consequences or the wrong of their actions (**biological element**). For this reason, children, including juveniles, are not in a position to make the same moral judgments as adults and are therefore prohibited to vote, drive or watch certain movies. Similarly, they may not be completely conscious of the criminal qualities of their actions and they are not punished if they do. This transition is reflected in domestic legislation concerning civil rights and criminal responsibility (**juridical element**).

The limits between early childhood and juvenile age are not fixed internationally and a certain degree of flexibility is afforded to States. The minimum age of criminal responsibility differs widely depending on history, culture and tradition. States are advised that the beginning of that age should not be too low, because if there is no limit on the age of criminal responsibility, or if this limit is very low, the concept of 'responsibility' becomes trivial.[376]

---

[372] On the work of the UN system with regards to children see <http://www.un.org/issues/m-child.html> (24 November 2007).

[373] CRC Art 1

[374] UN Rules for the Protection of Juveniles Deprived of their Liberty UNGA Resolution 45/113 (14 December 1990).

[375] CRC Committee, General Comment No 5, 'General Measures of Implementation of the Convention on the Rights of the Child' (3 November 2003) UN Doc CRC/GC/2003/5, Articles 4, 42, and 44, para 6.

[376] UN Standard Minimum Rules for the Administration of Juvenile Justice ('The Beijing Rules') UNGA Res 40/33 (29 November 1985) Article 4.

دادرسی نوجوانان

تعریف و پیش زمینه ها

نوجوانان به علت سن کم، به خصوص هنگامی که حقوقشان نقض میشود و یا مورد سوء استفاده قرار می گیرد،از بزرگسالان حساس تر بوده و به همین جهت، جامعه جهانی به موضوع حمایت از کودکان و نوجوانان توجه خاصی مبذول داشته است . مسائلی از قبیل فروش کودکان، فحشای کودکان، هرزه نگاری کودکان، کشتار کودکان، ایدز، خشونت علیه کودکان و موضوع کودکان در مخاصمات مسلحانه از جمله مسائل مربوط به کودکان میباشد[372] .

تمرکز اینجا بر روی شیوه رفتار با نوجوانان در نظام های عدالت جزائی است که در مناطق و نظام های حقوقی مختلف به طرز قابل توجهی متفاوت است . تعداد قابل توجهی از نو جوانان و کودکان درگیر وضعیت های دردناک و مصیبت باری از قبیل قربانی یا شاهد جرائم سنگین بودن، مسائل پناهجویان و پناهندگان، کودکان بدون همراه و یا کودکان محبوس شده با مادران شان میباشند[373].

مسائل عدالت جنائی اساسا به حقوق بنیادین انسان مربوط میشوند. مسائلی از قبیل : حق بر حیات، ممنوعیت شکنجه و بدرفتاری، حق بر دادرسی عادلانه و دسترسی به عدالت و در نهایت وظیفه ی دولت ها مبنی بر اتخاذ اقداماتی با ماهیت قانونگذاری و اداری در جهت حمایت از این حقوق[374] .

نوجوان کیست ؟

بر اساس **کنوانسیون 1989 حقوق کودک،** " کودک عبارت است از هر موجود انسانی با سنی کمتر از 18 سال مگر این که بر اساس قانون قابل اعمال بر فرد مورد نظر، بلوغ در سن کمتری بدست آمده باشد ." به نظر میرسد که این تعریف بیان کننده ی آزادی دولت ها در امر تعیین سن بلوغ میباشد اما در عین حال، استانداردهای بین المللی دیگری مبنی بر کودک قلم داد کردن هر فرد کمتر از 18 سال، ورای کنوانسیون حقوق کودک، وجود دارد که دولت ها موظف به رعایت آنها میباشند[375] .

" نوجوان " نیز مشمول تعریف کودک میشود اما هیچ تعریف دقیق و یکسانی در این باره وجود ندارد مگر دو معیار کلی و گسترده ی بیولوژیکی و قضائی . در طول این مرحله از زندگی سرعت رشد بیولوژیک تغییر میکند و موجود انسانی از مرحله کودکی به مرحله ی بزرگسالی و بلوغ قدم میگذارد . تکامل مغزی که در دوران کودکی شروع میشود، در مرحله ی نوجوانی ادامه می‌یابد و نوجوان به طور کامل قادر به درک عواقب و اشتباه بودن اعمال خود نیست (**عنصر بیولوژیک**) . به همیت علت، کودکان، به شمول نوجوانان در موقعیتی نیستند که بتوانند همانند بزرگسالان به قضاوت اخلاقی بپردازند ؛ بنا بر این از حق دادن رای، رانندگی یا تماشای فیلمهای خاص محروم میباشند . همچنین ممکن است به طور کامل از ماهیت بزهکارانه ی اعمال خود آگاه نباشند و به همین جهت، در صورت ارتکاب چنین اعمالی مجازات نمی شوند. این مرحله انتقال در قوانین داخلی مربوط به حقوق شهروندی و مسصولیت جنایی منعکس شده است **(عنصر قضائی)**

حد فاصل بین خردسالی و نوجوانی به طور بین المللی معین و مشخص نشده و میزان معینی از قابلیت انعطاف بر مبنای تاریخ، فرهنگ و سنت ها وجود دارد . لذا به کشور ها توصیه میشود که شروع سن نوجوانی نباید کم باشد چرا که اگر هیچ حدی ازسن مسئولیت کیفری در بین نباشد و یا بسیار نزدیک به سن خردسالی باشد، مفهوم مسئولیت کم اهمیت و لوث خواهد شد[376] .

---

372 - درخصوص کار سازمان ملل در ارتباط با کودکان مراجعه شود به سایت اینترنتی:
http://www.un.org/issues/m-child.html (24 November 2007).

373 - ماده اول کنوانسیون حقوق کودک

374 - قواعد سازمان ملل درحمایت ازنوجوانان محروم ازآزادی، قطعنامه مجمع عمومی سازمان ملل متحد بشماره 45/113 مورخ 14 دسامبر 1990.

375 - کمیته کنوانسیون حقوق کودک، تفسیرعمومی شماره 5" اقدامات کلی در اجرای کنوانسیون حقوق کودک (مواد 4، 42 و 44 پاراگراف 6)، مورخ سوم نوامبر 2003 بشماره CRC/GC/2003/5.

376 - استاندارد حداقل قواعد اداری عدالت نوجوانان سازمان ملل (قواعد پکن)،قطعنامه مجمع عمومی سازمان ملل بشماره 40/33 مورخ 29 نوامب 1985، ماده چهارم.

2. International Standards

The provisions of human rights instruments concerning children are equally applicable to juvenile offenders. But as juveniles are more prone to unlawful behaviour and more affected by the criminal justice systems in their rights, specific provisions have been developed. The **1966 International Covenant on Civil and Political Rights (ICCPR)** thus recognized the special needs of youths when facing a court, being detained to face charges, serving their punishment and undergoing rehabilitation, as compulsory considerations in juvenile justice, calling for them to be treated differently to adults.[377] Since then, an extensive **soft law** body has been set up to support standards awarding improved protection of the rights of juveniles, including the **1985 UN Standard Minimum Rules for the Administration of Juvenile Justice (Beijing Rules)**;[378] the **1990 UN Rules for the Protection of Juveniles Deprived of their Liberty**;[379] and the **1990 UN Guidelines for the Prevention of Juvenile Delinquency (Riyadh Guidelines)**.[380]

The **1989 Convention on the rights of the Child (CRC)** is the first international binding instrument under the auspices of the UN addressing the rights of the child, as a whole, including civil, political, economic, social and cultural rights. The CRC was ratified very quickly by the signatories, indicating the universality of its principles. It is ratifies by all Member States of the UN except Somalia (which has no effective government) and the United States.

The CRC sets clear standards for the special considerations and guarantees to be accorded to children and juveniles facing trial or detention of any kind. The treatment of children in criminal justice should take into consideration their age and the promotion of their rehabilitation, while it should remain consistent with the promotion of their sense of dignity and worth, thus strengthening their respect for human rights.[381]

The CRC is monitored by the **UN Committee on the Rights of the Child**,[382] composed of members from countries all over the world. Governments that have ratified the CRC are required to submit periodic reports to the Committee on the implementation of the CRC and the progress of domestic legislation in their country. It is also the only international human rights treaty that expressly gives non-governmental organizations (NGOs) a role in monitoring its implementation.[383]

---

[377] ICCPR Articles 10 and 14.

[378] UN Standard Minimum Rules for the Administration of Juvenile Justice ('The Beijing Rules') UNGA Res 40/33 (29 November 1985) Article 4.

[379] UN Rules for the Protection of Juveniles Deprived of their Liberty UNGA Resolution 45/113 (14 December 1990).

[380] UN Guidelines for the Prevention of Juvenile Delinquency (Riyadh Guidelines) UNGA Resolution 45/112 (14 December 1990).

[381] CRC Articles 37 and 40.

[382] CRC Article 43.

[383] CRC Article 45(a).

استانداردهای بین المللی .

مقررات اسناد حقوق بشری در باب کودکان بر نو جوانان نیز قابل اعمال می باشند اما از آنجا که نو جوانان بیشتر در معرض رفتارهای غیر قانونی بوده و حقوقشان بیشتر تحت تاثیر نظامهای عدالت جزائی قرار میگیرد،مقررات خاصی در این رابطه به وجود آمد است. در **میثاق بین المللی حقوق مدنی و سیاسی 1966**، نیازهای خاص نوجوانان در مواجهه با دادگاه، بازداشت شدن در جهت اعمال مجازات، تحمل مجازات و اقدامات بازپرسی مد نظر قرار گرفته است[377]. از آن زمان (1966) به بعد، مجموعه وسیعی از **قوانین نرم** برای تقویت استانداردهایی که حمایت بهتری از از حقوق نوجوانان ارائه میدهند مورد استقبال وضع شسه است.

به طور مثال : **قواعد جد اقل استاندارد سازمان ملل متحد برای اداره ی عدالت نوجوانان 1985 (قواعد پکن)**[378] **و یا قواعد 1990 سازمان ملل متحد برای حمایت از نوجوانان سلب آزادی شده**[379] **و اصول راهنمای 1990 سازمان ملل متحد برای جلوگیری از بزهکاری نوجوانان (اصول راهنمای ریاض)**[380]

کنوانسیون 1989 حقوق کودک اولین سند الزام آور بین‌المللی در سایه حمایت سازمان ملل متحد است که حقوق کودکان، حقوق مدنی، سیاسی، ااقتصادی، اجتماعی و فرهنگی را به عنوان یک مجموعه در نظر میگیرد. کنوانسیون حقوق کودک سریعا توسط امضا کنندگان آن به تصویب رسید که این موضوع نشان دهنده ی جهانشمولی اصول مندرج در آن می باشد[381]. این میثاق از سوی همه اعضای‌سازمان ملل به استثنای سومالی (که حکومت مؤثری‌ندارد) و آمریکا به تصویب رسیده است.

کنوانسیون حقوق کودک، استانداردهای مشخصی برای مسایل خاص در نظر میگیرد و ضمانت میکند که این استانداردها در مورد کودکانی که در معرض بازداشت یا شکنجه قرار میگیرند اعمال شود .در رفتار با نوجوانان باید به سن و بازپروری آنان توجه شود که در عین حال باید با تشویق حس کرامت و ارزش ذاتی آنها و در نتیجه تقویت حس احترام آنها برای حقوق انسان ها سازگار باشد .

کمیته حقوق کودک سازمان ملل متحد[382] بر اجرای کنوانسیون نظارت میکند . این کمیته متشکل از اعضایی از تمام کشورهای دنیاست . از دولت هایی که کنوانسیون را امضا کرده‌اند خواسته میشود گزارشهای ادواری در مورد اجرای کنوانسیون و پیشرفت قانونگذاری داخلی در کشورهایشان به کمیته تسلیم نمایند . دیگر این که، این سند، تنها معاهده ی حقوق بشری است که به سازمانهای غیر دولتی، در امر نظارت بر اجرای کنوانسیون، صراحتا نقشی محول میکند [383].

---

[377] - مواد 10 و 14 میثاق بین المللی حقوق مدنی و سیاسی

[378] - استاندارد حداقل قواعد اداری عدالت نوجوانان سازمان ملل (قواعد پکن)،قطعنامه مجمع عمومی سازمان ملل بشماره 40/33 مورخ 29 نوامب 1985، ماده چهارم.

[379] - - قواعد سازمان ملل درحمایت ازنوجوانان محروم ازآزادی، قطعنامه مجمع عمومی سازمان ملل متحد بشماره 45/113 مورخ 14 دسامبر 1990.

[380] - اصول راهنمای سازمان ملل برای جلوگیری ازبزهکاری جوانان (اصول راهنمای ریاض)، قطعنامه مجمع عمومی سازمان ملل بشماره 45/112 مورخ 14 دسامبر 1990

[381] - مواد 37 و 40 کنوانسیون حقوق کودک

[382] - ماده (3)10 میثاق بین المللی حقوق مدنی و سیاسی، ماده 37(ج) کنوانسیون حقوق کودک و ماده 19 کنوانسیون آمریکایی حقوق بشر

[383] - ماده 45(الف) کنوانسیون حقوق کودک

B. Issues

1. Juveniles in Detention

Provisions affording elevated protection standards to minor detainees have been included in almost all international and regional human rights instruments.[384] The principle flowing out of all of these provisions is that of **heightened responsibility of the State in cases of detained minors** and an obligation to treat them with special care as individuals falling under a more vulnerable category of citizens. States are called to establish **specialized judicial bodies and procedures** for juveniles; to ensure **adequate legal representation** and **expression of their views**, when capable of doing so; to protect the **right to privacy** of children and avoid their stigmatization; and to provide **specialized training to law enforcement personnel** and to the personnel of institutions where juvenile offenders are being held.[385]

Regarding punishment, the adjudicating authority must ensure that the well-being of the child is taken into account. Detention should be used as a measure of last resort, be for the minimum period of time and if possible replaced by alternative approaches aiming at the rehabilitation and reintegration of the child into society. Such approaches include care, guidance and supervision orders, counselling and foster care.[386]

Also, the vast majority of States today have introduced reforms in their domestic penitentiary and social welfare systems to respond to the needs of detained juveniles.[387] The primary idea is that children who commit crimes should not be punished as hardened criminals, but reformed into responsible adults. This is a rather difficult process and a major responsibility falls upon States: State organs are called to perform a key social function, while novel and more effective systems should be found to prevent juvenile criminal activities.

The agreement of international, regional and domestic regulators and practice, signifies the evolution of rules of customary international law in the treatment of juvenile detainees.

2. Death Penalty

International instruments outlaw corporal punishment, cruel, inhuman or degrading treatment and capital punishment.[388] With regards to capital punishment, while the prohibition of capital punishment to juvenile offenders has attained global recognition, child executions for criminal offences are still perpetrated in a small number of States. The execution of juveniles is outlawed in international law,[389] and it is the age of the offender at the time the offence was committed that determines whether he or she should be treated as a juvenile.[390]

---

[384] ICCPR 10(3); CRC Article 37(c); ACHR Article 19.

[385] See ICCPR Article 14(1); CRC Articles 12 and 40; and Beijing Rules 8 and 21.

[386] CRC Article 40(1) in conjunction with Article 40(1).

[387] UN HRC, 'Children and juveniles in detention: Report of the Secretary-General submitted pursuant to the Commission on Human Rights decision 1997/106', EcoSoC E/CN.4/1998/35 (5 January 1998).

[388] ICCPR Article 6; CRC Article 37; Beijing Rule 17(3).

[389] ICCPR Article 6(5); CRC Article 37(a); and ACHR Article 4(5).

[390] Inter alia *Johnson (Clive) v Jamaica* (Human Rights Committee, 1998) UN Doc CCPR/C/64/D/592/1994; and *Perkins v. Jamaica* (Human Rights Committee, 1998) UN Doc CCPR/C/63/D/733/1997.

نوجوانان بازداشت شده :

مقرراتی که اعطا کننده ی استانداردهای حمایتی سطح بالا و قابل اعمال بر بازداشت شدگان کم سن و سال است، تقریبا در تمام اسناد حقوق بشری بین المللی، گنجانده شده است[384]. اصلی که از تمام این مقررات ناشی میشود همانا **مسئولیت مضاعف دولت ها در مسئاله کودکان بازداشت شده** و همچنین تعهد دولت ها به رفتار با این گونه افراد به مثابه اشخاص آسیب پذیر است. هم چنین ، تاسیس **سازمان ها و آیین های قضایی خاص**، تضمیین **نمایندگی قضایی مناسب و کافی** برای **ابراز نظرات کودکان در دادگاه**، هنگامی که توان انجام آن را داشته باشند، حفظ حق حریم خصوصی‌کودکان و اجتناب از بد نام کردن آنها، در نظر گرفتن **دوره های آموزشی برای ان قسمت از نیروی انسانی که مسئول اجرای قوانین** بوده و یا در موسساتی که نوجوانان بزهکار نگهداری میشوند مشغول به کار هستند از حکومت‌ها خواسته شده است[385].

در هنگام تعیین مجازات، مقام صادر کننده رای باید اطمینان حاصل کند که سلامت کودک مد نظر قرار گرفته است . مجازات حبس باید به عنوان آخرین راه حل و برای کمترین زمان ممکن به کار گرفته شود و در صورت امکان باید از رویکردهای جایگزین با هدف بازپروری و سازگارسازی کودک با اجتماع مانند : مراقبت، راهنمایی و ترتیبات نظارتی، مشورت و امور پرورشی استفاده شود[386].

امروزه، اکثریت کثیری از کشورها،در جهت پاسخگویی به نیازهای نوجوانان زندانی، اصلاحات قابل توجهی را در سیستم های رفاه اجتماعی و رژیم های اداره ی زندانهای خود به عمل آورده اند[387]. اندیشه ی بنیادین این اصلاحات این است که نباید با کودکانی که مرتکب بزه میشوند همانند جنایتکاران گستاخ رفتار شود بلکه باید آنان را به بزرگسالانی مسوول تبدیل نمود که روندی بسیار مشکل بوده و مسوولیت بزرگی را بر عهده ی دولت ها می گذارد واجرای یک عملکرد اساسی و کلیدی اجتماعی را از ارگان های دولتی می خواهد در حالی که نظامهای نو ظهور و موثر باید بر اساس جلو گیری از اعمال بزهکارانه ی نوجوانان پایه گذاری شود .

توافق عملی قانونگذاران بین المللی، منطقه ای و ملی، نشانگر تکامل قواعد حقوق بین الملل عمومی در مساله‌ی رفتار با کودکان بازداشت شده است .

مجازات مرگ:

اسناد بین المللی، مجازات های بدنی، رفتارهای تحقیر آمیز و وحشیانه و مجازات اعدام را ممنوع و غیر قانونی اعلام کرده اند[388]. با این وجود، در حالی که ممنوعیت مجازات اعدام برای نوجوانان از یک اجماع بین المللی برخوردار است، هنوز در بعضی از کشورها اعدام نوجوانان در مسائل جنایی دیده میشود .اعدام نوجوانان در حقوق بین الملل ممنوع اعلام شده[389] و این سن بزهکار در زمان ارتکاب بزه است که تعیین میکند آیا وی باید نوجوان انگاشته شود یا نه .[390]

---

[384] - ماده 10(3) میثاق بین المللی حقوق مدنی و سیاسی، ماده 37(ج) کنوانسیون حقوق کودک و ماده 19 کنوانسیون آمریکایی حقوق بشر

[385] - مراجعه شود به ماده 14(1) میثاق بین المللی حقوق مدنی و سیاسی، مواد 12 و 40 کنوانسیون حقوق کودک و قواعد 8 و 21 اصول راهنمای پکن.

[386] - ماده 40(1) کنوانسیون حقوق کودک همراه با ماده 40(1)

[387] - کمیسیون حقوق بشر سازمان ملل، "کوکان و نوجوانان درزندان: گزارش دبیرکل ارائه شده به کمیسیون حقوق بشر، تصمیم شماره 1997/106"، بشماره EcoSoC E/CN.4/1998/35 مورخ 05/01/1998

[388] - ماده 6 میثاق بین المللی حقوق مدنی و سیاسی، ماده 37 کنوانسیون حقوق کودک و قاعده 17(3) اصول راهنمای پکن

[389] - ماده 6(5) میثاق بین المللی حقوق مدنی و سیاسی، ماده 37(الف) کنوانسیون کودک و ماده 4(5) کنوانسیون آمریکایی حقوق بشر

[390] Inter alia *Johnson (Clive) v Jamaica* (Human Rights Committee, 1998) UN Doc CCPR/C/64/D/592/1994; and *Perkins v Jamaica* (Human Rights Committee, 1998) UN Doc CCPR/C/63/D/733/1997.

Legal representation at all stages of the proceedings is a necessary procedural requirement applicable in cases of minors facing capital charges. Competent authorities must consider the rights of the offender while in death row, even if he or she has attained majority by that time.

C. KEY LEGAL INSTRUMENTS

1. Universal Instruments

(a) Universal Declaration of Human Rights 1948
Article 25
Motherhood and childhood are entitled to special care and assistance. All children, whether born in or out of wedlock, shall enjoy the same social protection.

(b) International Covenant on Civil and Political Rights 1966
Article 6
…
5. Sentence of death shall not be imposed for crimes committed by persons below eighteen years of age and shall not be carried out on pregnant women.
Article 10
2. …
(b) Accused juvenile persons shall be separated from adults and brought as speedily as possible for adjudication.
3. The penitentiary system shall comprise treatment of prisoners the essential aim of which shall be their reformation and social rehabilitation. Juvenile offenders shall be segregated from adults and be accorded treatment appropriate to their age and legal status.
Article 14
1 Any judgment rendered in a criminal case or in a suit at law shall be made public except where the interests of juvenile persons otherwise requires.
…
4 In the case of juvenile persons, the procedure shall be such as will take account of their age and the desirability of promoting their rehabilitation.

(c) Convention on the Rights of the Child 1989
Article 37
State Parties shall ensure that:
(a) No child shall be subjected to torture or other cruel, inhuman or degrading treatment or punishment. Neither capital punishment nor life imprisonment without possibility of release shall be imposed for offences committed by persons below eighteen years of age;
(b) No child shall be deprived of his or her liberty unlawfully or arbitrarily. The arrest, detention or imprisonment of a child shall be in conformity with the law and shall be used only as a measure of last resort and for the shortest appropriate period of time;
(c) Every child deprived of liberty shall be treated with humanity and respect for the inherent dignity of the human person, and in a manner which takes into account the needs of persons of his or her age. In particular, every child deprived of liberty shall be separated from adults unless it is considered in the child's best interest not to do so and shall have the right to maintain contact with his or her family through correspondence and visits, save in exceptional circumstances;
(d) Every child deprived of his or her liberty shall have the right to prompt access to legal and other appropriate assistance, as well as the right to challenge the legality of the deprivations of his or her liberty before a court or other competent, independent and impartial authority, and to a prompt decision on any such action.

نمایندگی حقوقی در تمام سطوح رسیدگی قضایی، از لوازم اساسی دادرسی است که باید در مورد کودکان مواجه با مجازات اعدام مورد توجه و اعمال قرار بگیرد .مسئولین ذی صلاح باید حقوق مجرمین نوجوانی را که در انتظار مجازات اعدام به سر میبرند رعایت نماید حتی اگر در این مدت بالغ شده باشند .

اسناد مهم بین المللی

1 . اسناد جهانی

اعلامیه ی جهانی حقوق بشر 1948

ماده ی 25 : مادران و کودکان حق دارند از مراقبت ها و کمکهای ویژه برخوردار باشند . همه ی کودکان چه بر اثر پیوند زناشویی به دنیا آمده باشند و چه غیر از آن، از حمایت اجتماعی یکسان برخوردار خواهند بود .

میثاق بین المللی حقوق مدنی و سیاسی 1966

ماده 6 بند 5 : مجازات اعدام در مورد جرایم ارتکاب یافته توسط افراد کمتر از 18 سال و همچنین در مورد زنان باردار نباید صادر شود. ماده 10 بند 2 / ب : نو جوانان متهم باید از بزرگسالان جدا نگهداری شده و در اسرع وقت برای محاکمه حاضر شوند .

بند 3 : رژیم اداره زندان باید شامل معالجه ی زندانیان با هدف اصلاح و بازپروری اجتماعی آنان باشد .نوجوانان بزهکار باید از بزرگسالان جدا شده و در معرض رفتار متناسب با سن و وضعیت حقوقی شان قرار بگیرند .

ماده 14 بند 1 : هر حکم صادره در یک پرونده ی جنایی برای اطلاع عموم نباید منتشر شود مگر در زمانی که منافع نوجوان موضوع حکم، به نحو دیگری اقتضا کند .

بند 4 : در پروندهای مربوط به نوجوانان آیین دادرسی باید به نحوی باشد که سن و علاقه مندی آنان به بازپروری شان را مد نظر قرار دهد .

کنوانسیون حقوق کودک 1989

ماده 37 : دول متعاهد تضمین مینمایند که :

الف) هیچ کودکی نباید تحت شکنجه و یا دیگر رفتارها و مجازات های غیر انسانی، وحشیانه و توهین آمیز قرار بگیرد . در مورد جرائم ارتکاب یافته توسط افراد کمتر از 18 سال، مجازات اعدام و یا حبس ابد بدون امکان آزادی نباید اجرا شود .

ب) از هیچ کودکی نباید به طور خود سرانه یا غیر قانونی سلب آزادی شود .بازداشت و زندانی کردن کودک باید در مطابقت کامل با قانون و تنها به عنوان آخرین راه حل و برای کوتاه ترین و مناسب ترین زمان ممکن، مورد استفاده قرار بگیرد .

ج) با هر کودک سلب آزادی شده باید با انسانیت و احترام به کرامت ذاتی انسان و به طریقی که نیازهای اشخاص مشابه وهمسالان او مد نظر قرار گیرد، رفتار شود علی الخصوص، هر کودک سلب آزادی شده باید از بزرگسالان جدا شود مگر تشخیص داده شود که منافع کودک به نحو دیگری اقتضا میکند .کودک باید از حق برقراری و حفظ تماس با خانواده اش از طریق مکاتبه و ملاقات، مگر در موارد خاص، برخوردار باشد .

د) هر کودک سلب آزادی شده حق دسترسی بی قید و شرط به کمک های حقوقی و دیگر موارد لازم و همچنین حق به چالش خواندن قانونیت سلب آزادی از وی را در مقابل یگ دادگاه یا دیگر مقامات صالح، مستقل و بیطرف و حق تصمیم گیری در مورد این اعمال را دارد .

Article 40

1. States Parties recognize the right of every child alleged as, accused of, or recognized as having infringed the penal law to be treated in a manner consistent with the promotion of the child's sense of dignity and worth, which reinforces the child's respect for the human rights and fundamental freedoms of others and which takes into account the child's age and the desirability of promoting the child's reintegration and the child's assuming a constructive role in society.

2. To this end, and having regard to the relevant provisions of international instruments, States Parties shall, in particular, ensure that:

(a) No child shall be alleged as, be accused of, or recognized as having infringed the penal law by reason of acts or omissions that were not prohibited by national or international law at the time they were committed;

(b) Every child alleged as or accused of having infringed the penal law has at least the following guarantees:

(i) To be presumed innocent until proven guilty according to law;

(ii) To be informed promptly and directly of the charges against him or her, and, if appropriate, through his or her parents or legal guardians, and to have legal or other appropriate assistance in the preparation and presentation of his or her defense;

(iii) To have the matter determined without delay by a competent, independent and impartial authority or judicial body in a fair hearing according to law, in the presence of legal or other appropriate assistance and, unless it is considered not to be in the best interest of the child, in particular, taking into account his or her age or situation, his or her parents or legal guardians;

(iv) Not to be compelled to give testimony or to confess guilt; to examine or have examined adverse witnesses and to obtain the participation and examination of witnesses on his or her behalf under conditions of equality;

(v) If considered to have infringed the penal law, to have this decision and any measures imposed in consequence thereof reviewed by a higher competent, independent and impartial authority or judicial body according to law;

(vi) To have the free assistance of an interpreter if the child cannot understand or speak the language used;

(vii) To have his or her privacy fully respected at all stages of the proceedings.

3. States Parties shall seek to promote the establishment of laws, procedures, authorities and institutions specifically applicable to children alleged as, accused of, or recognized as having infringed the penal law, and, in particular:

(a) The establishment of a minimum age below which children shall be presumed not to have the capacity to infringe the penal law;

(b) Whenever appropriate and desirable, measures for dealing with such children without resorting to judicial proceedings, providing that human rights and legal safeguards are fully respected.

4. A variety of dispositions, such as care, guidance and supervision orders; counseling; probation; foster care; education and vocational training programmes and other alternatives to institutional care shall be available to ensure that children are dealt with in a manner appropriate to their well-being and proportionate both to their circumstances and the offence.

ماده 40 :

1 . دول متعاهد، حق هر کودکی را که مورد اتهام وقع شده ویا مجرم شناخته شده مبنی بر برخورداری از رفتار متناسب با تشویق حس کرامت و ارزش کودک که باعث تشویق احترام کودک برای حقوق بشرو آزادیهای اساسی دیگران میشود و همچنین در نظر گرفته شدن سن و علاقه مندی کودک به بازاجتماعی شدن و به عهده گرفتن نقشهای سازنده در اجتماع به رسمیت میشناسند .

2. با این هدف و با در نظر گرفتن مقررات مربوطه ی اسناد بین المللی، دول متعاهد تضمین مینمایند که

الف) هیچ کودکی به مناسبت ارتکاب فعل یا ترک فعلی که در زمان انجام به موجب حقوق بین المللی یا داخلی جرم نبوده است، متهم یا مجرم شناخته نخواهد شد .

ب) هر کودک متهم به نقض قوانین جزایی حد اقل از تضمینات ذیل برخوردار خواهد بود :

ب /1 : تا زمان اثبات جرم از طریق قانونی بی گناه فرض شود .

ب /2 : باید اتهامات وارده بلافاصله و سریعا به کودک ودر صورت نیاز به والدین یا سرپرستان قانونی وی اطلاع داده شده و تسهیلات و کمکهای حقوقی مورد نیاز برای دفاع از وی فراهم شود .

ب /3 : دادگاه یا نهاد حقوقی ذیربط باید بلافاصله به پرونده کودک رسیدگی کرده و در صورتی که سن و شرایط کودک اجازه داده و منافع و آسایش وی مختل نشود، والدین یا سرپرست کودک نیز در دادرسی شرکت خواهند نمود .

ب /4 :کودک را نباید وادار به دادن شهادت یا اقرار به جرم و یا تاثیر گذاردن بر شاهدان از طریق مواجهه با آنان نمود .

ب / 5 : هر گاه حکم دادگاه اولیه مبنی بر نقض قوانین جزایی توسط کودک بود، این حکم و هر اقدام متعاقب آن باید توسط مقام صالح عالی، مستقل و بیطرف مورد بازبینی قرار بگیرد .

ب / 6 : در صورتی که کودک زبان مورد استفاده در دادرسی را نداند باید مترجم داشته باشد .

3 . دول متعاهد، ایجاد قوانین، نظامات دادرسی و مراجع و موسسه های لازم مشخصا برای‌کاربرد در مورد کودکان متهم یا محکوم به نقض قوانین جزایی را تشویق نموده و سرلوحه کار خود قرار خواهند داد. علی الخصوص :

3/1 : تعیین حداقل سنی که در کمتر از آن، کودک صلاحیت نقض قوانین جزایی (میئولیت کیفری) نداشته باشد .

3/2 : اتخاذ اقدامات مناسب برای مواجهه با مسائل کودکان بدون توسل به دادرسی قضایی مشروط به این که حقوق بشر و اصول حقوقی، کاملا رعایت شود .

4 . برای تضمین رفتاری متناسب با آسایش ، اوضاع و احوال و جرم کودک،باید ترتیباتی از قبیل تعیین سرپرست، نظارت و مشاوره، آزادی مشروط، قیمومت، آموزش و دیگر مسائل لازم مورد توجه قرار بگیرد .

(d) Geneva Convention relative to the Protection of Civilian Persons in Time of War (Fourth Geneva Convention) 1949[391]
Article 68
In any case, the death penalty may not be pronounced against a protected person who was under eighteen years of age at the time of the offence.

(e) Protocol Additional to the Geneva Conventions of 12 August 1949, and relating to the Protection of Victims of International Armed Conflicts (Protocol 1) 1977[392]
Article 77
...
5. The death penalty for an offence related to the armed conflict shall not be executed on persons who had not attained the age of eighteen years at the time the offence was committed.

(f) Protocol Additional to the Geneva Conventions of 12 August 1949, and relating to the Protection of Victims of Non-International Armed Conflicts (Protocol II) 1977[393]
Article 6
...
4. The death penalty shall not be pronounced on persons who were under the age of eighteen years at the time of the offence ...

(g) Declaration on the Rights of the Child 1959
Preamble
Whereas the child, by reason of his physical and mental immaturity, needs special safeguards and care, including appropriate legal protection, before as well as after birth.
Principle 2
The child shall enjoy special protection, and shall be given opportunities and facilities, by law and by other means, to enable him to develop physically, mentally, morally, spiritually and socially in a healthy and normal manner and in conditions of freedom and dignity. In the enactment of laws for this purpose, the best interests of the child shall be the paramount consideration.

(h) United Nations Standard Minimum Rules for the Administration of Juvenile Justice ('The Beijing Rules') 1985[394]
...
5 Aims of juvenile justice
5.1 The juvenile justice system shall emphasize the well-being of the juvenile and shall ensure that any reaction to juvenile offenders shall always be in proportion to the circumstances of both the offenders and the offence.
...
17. Guiding principles in adjudication and disposition
17.2 Capital punishment shall not be imposed for any crime committed by juveniles.

---

[391] Geneva Convention relative to the Protection of Civilian Persons in Time of War (adopted 12 August 1949, entered into force 21 October 1950).
[392] Protocol Additional to the Geneva Conventions (12 August 1949), and relating to the Protection of Victims of International Armed Conflicts (Protocol 1) (adopted 8 June 1977, entered into force 7 December 1979).
[393] Protocol Additional to the Geneva Conventions (12 August 1949), and relating to the Protection of Victims of Non-International Armed Conflicts (Protocol II) (adopted 8 June 1977, entered into force 7 December 1979).
[394] The whole text of the Beijing Rules, Havana Rules and Riyadh Guidelines is relevant, but only some provisions are mentioned here.

کنوانسیون چهارم 1949 ژنو در باره ی حمایت از افراد غیر نظامی در زمان جنگ[391]

ماده 68 : در هیچ صورتی نباید مجازات اعدام علیه شخص مورد حمایت این کنوانسیون که در زمان ارتکاب جرم کمتر از 18 سال داشته است، اعمال شود .

پروتکل 1977 الحاقی به کنوانسیون 12 اوت 1949 ژنو مربوط به حمایت از قربانیان مخاصمات مسلحانه بین المللی (پروتکل اول)[392]

ماده 77 : بند 5 : مجازات اعدام برای جرایم مربوط به مخاصمات مسلحانه نباید در مورد افرادی که در زمان ارتکاب جرم کمتر از 18 سال داشته اند اجرا شود

پروتکل 1977 الحاقی به کنوانسیون 12 اوت 1949 ژنو در رابطه با حمایت از قربانیان مخاصمات مسلحانه داخلی (پروتکل دوم) [393]

ماده 6 : بند 4 : مجازات اعدام علیه افرادی که در زمان ارتکاب جرم کمتر از 18 سال داشته اند / اجرا نخواهد شد .

اعلامیه حقوق کودک 1959

مقدمه :

ار آنجایی که کودک، به علت عدم بلوغ جسمانی و ذهنی، نیازمند حمایت و حفاظت های خاصی شامل اقدامات حقوقی مناسب، قبل و بعد از تولد میباشد :

اصل دوم :

کودک باید از حمایت های خاص برخوردار بوده و امکانات و تسهیلات لازم در جهت توانا ساختن وی برای پیشرفت فیزیکی، ذهنی، اخلاقی، روحی و اجتماعی درحالت سلامت کامل وبا رعایت آزادی و کرامت، فراهم شود. در تصویب قوانین بدین منظور، منافع عالیه کودک از اهمیت فراوان برخوردار است .

قواعد نمونه سازمان ملل متحد (1985) برای اداره ی عدالت نوجوانان (قواعد بی جینگ)[394]:

ماده 5 : اهداف عدالت نوجوانان :

5.1 : سیستم قضایی نوجوانان باید بر سلامت نوجوانان تاکید کرده و تضمین نماید که واکنش نسبت به نوجوانان بزهکار همیشه در تناسب با شرایط بزه و بزهکار باشد .

ماده 17 : اصول راهنما در قضاوت و نظارت :

17.2 : مجازات اعدام برای هیچ جرمی که توسط نوجوان ارتکاب یافته باشد اجرا نمی شود .

---

[391] - کنوانسیون ژنو درارتباط با حمایت ازاشخاص غیرنظامی درزمان جنگ مورخ 12 اوت 1949 که درتاریخ 21 اکتبر 1950 لازم الاجرا شد.

[392] - پروتکل الحاقی به کنوانسیون 12 اوت 1949 ژنو دررابطه با حمایت ازقربانیان مخاصمات مسلحانه داخلی (پروتکل اول) مصوب 8 ژوئن 1977 که درتاریخ 7 دسامبر 1979 لازم الاجراشد.

[393] - پروتکل الحاقی به کنوانسیون 12 اوت 1949 ژنو دررابطه با حمایت ازقربانیان مخاصمات مسلحانه داخلی (پروتکل دوم) مصوب 8 ژوئن 1977 که درتاریخ 7 دسامبر 1979 لازم الاجراشد.

[394] - تمام متن قواعد پکن، هاوانا و اصول راهنمای ریاض مرتبط است ولی تنها برخی ازمقررات دراینجا ذکرشده است.

(h) United Nations Rules for the Protection of Juveniles Deprived of their Liberty 1990 ('Havana Rules')

1. The juvenile justice system should uphold the rights and safety and promote the physical and mental well-being of juveniles. Imprisonment should be used as a last resort.

...

12. The deprivation of liberty should be effected in conditions and circumstances which ensure respect for the human rights of juveniles. Juveniles detained in facilities should be guaranteed the benefit of meaningful activities and programmes which would serve to promote and sustain their health and self-respect, to foster their sense of responsibility and encourage those attitudes and skills that will assist them in developing their potential as members of society.

...

14. The protection of the individual rights of juveniles with special regard to the legality of the execution of the detention measures shall be ensured by the competent authority, while the objectives of social integration should be secured by regular inspections and other means of control carried out, according to international standards, national laws and regulations, by a duly constituted body authorized to visit the juveniles and not belonging to the detention facility.

...

17. Juveniles who are detained under arrest or awaiting trial ('untried') are presumed innocent and shall be treated as such. Detention before trial shall be avoided to the extent possible and limited to exceptional circumstances. Therefore, all efforts shall be made to apply alternative measures. When preventive detention is nevertheless used, juvenile courts and investigative bodies shall give the highest priority to the most expeditious processing of such cases to ensure the shortest possible duration of detention. Untried detainees should be separated from convicted juveniles.

...

63. Recourse to instruments of restraint and to force for any purpose should be prohibited,

...

64. Instruments of restraint and force can only be used in exceptional cases, where all other control methods have been exhausted and failed, and only as explicitly authorized and specified by law and regulation. They should not cause humiliation or degradation, and should be used restrictively and only for the shortest possible period of time...

(i) UN Guidelines for the Prevention of Juvenile Delinquency ('The Riyadh Guidelines') 1990

...

46. The institutionalization of young persons should be a measure of last resort and for the minimum necessary period, and the best interests of the young person should be of paramount importance. Criteria authorizing formal intervention of this type should be strictly defined and limited to the following situations: (a) where the child or young person has suffered harm that has been inflicted by the parents or guardians; (b) where the child or young person has been sexually, physically or emotionally abused by the parents or guardians; (c) where the child or young person has been neglected, abandoned or exploited by the parents or guardians; (d) where the child or young person is threatened by physical or moral danger due to the behaviour of the parents or guardians; and (e) where a serious physical or psychological danger to the child or young person has manifested itself in his or her own behaviour and neither the parents, the guardians, the juvenile himself or herself nor non-residential community services can meet the danger by means other than institutionalization.

...

52. Governments should enact and enforce specific laws and procedures to promote and protect the rights and well-being of all young persons.

قواعد 1990 سازمان ملل متحد برای حمایت از کودکان سلب آزادی شده (قواعد هاوانا)

1 . سیستم قضایی نوجوانان باید حقوق، امنیت و سلامت جسمانی و روانی آنان را مورد حمایت قرار داده و از حبس به عنوان آخرین راه حل استفاده شود .

12 . سلب آزادی باید در شرایط و اوضاع و احوالی که حقوق انسانی نو جوان را تضمین مینماید، انجام شود . نوجوانانی که در موسسات نگهداری میشوند باید از حق انجام فعالیت های هدفمند و شرکت در برنامه هایی در جهت تشویق و حفظ سلامت و اعتماد به نفس، تشدید حس مسوولیت و تشویق رفتارها و مهارت هایی که در تکامل آنان به عنوان اعضای اجتماع مفید است، برخوردار می باشند .

14 . حفظ حقوق فردی نوجوانان با توجه خاص به قانونیت اعمال و اقدامات سالب آزادی باید توسط مقامات ذی صلاح تضمین شود ؛ در حالی که اهداف بازاجتماعی شدن و دیگر ترتیبات نظارتی باید توسط بازرسی های عادی و دیگروسایل نظارتی و بر اساس استانداردهای بین المللی و مقررات حقوق داخلی و توسط یک سازمان ذی صلاح مناسب و نه مامورین محل بازداشت ،انجام شود .

17 . نوجوانانی که بازداشت شده و یا منتظر محاکمه میباشند، بی گناه فرض شده و بر همین مبنا با آنان رفتار میشود .از بازداشت قبل از محاکمه تا حد امکان اجتناب شده و استفاده از آن محدود به موارد ضروری خواهد بود .

دادگاه های و سازمان های باز رسی باید الویت بیشتری به این پرونده ها داده تا کمترین زمان بازداشت را تضمین نمایند .بازداشت شدگان در انتظار محاکمه باید از محکومین نوجوان جدا نگاه داشته شوند .

63. توسل به اقدامات پیشگیرانه و توسل به زور در هر صورت باید ممنوع اعلام شود .

64 . از وسایل مهار کننده و اعمال زور تنها در موارد استثنایی و در جایی که تمام شیوه های کنترلی دیگر مورد استفاده قرار گرفته و از آن نتیجه ای حاصل نشده باشد میتوان ان استفاده نمود .این شیوه ها نباید باعث تحقیر و یا توهین شده و باید تحت ضوابط دقیق و تنها برای کوتاه ترین زمان ممکن استفاده شود .

اصول راهنمای سازمان ملل متحد برای جلو گیری از بزه کاری اطفال (اصول راهنمای ریاض)

46 . از انتقال و نگهداری نوجوانان در یک مؤسسه باید به عنوان اخرین راه کار و کمترین زمان ممکن استفاده شود و منافع عالیه انان باید مورد توجه خاص قرار گیرد. معیارهایی که چنین مداخلات رسمی را اجازه میدهند باید دقیقا تعریف شده و محدود به موارد زیر شود .

الف) هنگامی که کودک یا نوجوان لطمه ای دیده که توسط اولیا یا سرپرست وی وارد گشته است .

ب) هنگامی که کودک یا نوجوان توسط والدین یا سرپرستان مورد سوئ استفاده ی جنسی یا جسمانی یا روانی واقع شده است .

ج) هنگامی که کودک یا نوجوان توسط والدین یا سرپرستان نا دیده گرفته شده، رها شده، یا مورد بهره کشی قرار گرفته باشد

د) هنگامی که کودک یا نوجوان توسط والدین یا سرپرستان در معرض خطرات جسمانی یا روانی ناشی از رفتار والدین قرار گرفته باشند .

ه) هنگامی که یک خطر مهم جسمانی یا روانی در رفتار کودک یا نوجوان مشاهده شود که نه اولیا و نه سرپرستان و نه خود فرد نو جوان و نه مراکز خدماتی محل نتوانند بدون انتقال و نگهداری نوجوان در یک مؤسسه با آن خطر مقابله بکنند .

52 . دولت ها باید قوانین و آیین های رسیدگی در جهت تشویق و حمایت از حقوق و رفاه تمامی افراد نوجوان را به تصویب رسانده و اجرا بنمایند .

53. Legislation preventing the victimization, abuse, exploitation and the use for criminal activities of children and young persons should be enacted and enforced.

54. No child or young person should be subjected to harsh or degrading correction or punishment measures at home, in schools or in any other institutions.

...

56. In order to prevent further stigmatization, victimization and criminalization of young persons, legislation should be enacted to ensure that any conduct not considered an offence or not penalized if committed by an adult is not considered an offence and not penalized if committed by a young person.

(j) Guidelines for Action on Children in the Criminal Justice System 1997[395]

...

10. The importance of a comprehensive and consistent national approach in the area of juvenile justice should be recognized, with respect for the interdependence and indivisibility of all rights of the child.

(k) Safeguards Guaranteeing Protection of the Rights of Those Facing the Death Penalty ('ECOSOC Safeguards') 1984[396]

...

3. Persons below 18 years of age at the time of the commission of the crime shall not be sentenced to death ...

2. Regional Instruments

(a) European Convention for the Protection of Human Rights and Fundamental Freedoms 1950

Article 5—Right to liberty and security

1. Everyone has the right to liberty and security of person. No one shall be deprived of his liberty save in the following cases and in accordance with a procedure prescribed by law:

...

(d) the detention of a minor by lawful order for the purpose of educational supervision or his lawful detention for the purpose of bringing him before the competent legal authority.

Article 6—Right to a fair trial

1. In the determination of his civil rights and obligations or of any criminal charge against him, everyone is entitled to a fair and public hearing within a reasonable time by an independent and impartial tribunal established by law. Judgment shall be pronounced publicly but the press and public may be excluded from all or part of the trial in the interests of morals, public order or national security in a democratic society, where the interests of juveniles or the protection of the private life of the parties so require, or to the extent strictly necessary in the opinion of the court in special circumstances where publicity would prejudice the interests of justice.

(b) Charter of Fundamental Rights of the European Union 2000

Article 24

Children shall have the right to such protection and care as is necessary for their well being. They may express their views freely. Such views shall be taken into consideration on matters which concern them in accordance with their age and maturity. In all actions relating to children, whether taken by public authorities or private institutions, the child's best interest must be a primary consideration.

---

[395] Guidelines for Action on Children in the Criminal Justice System Recommended by Economic and Social Council Resolution 1997/30 (21 July 1997).

[396] Safeguards Guaranteeing Protection of the Rights of Those Facing the Death Penalty approved by Economic and Social Council Resolution 1984/50 (25 May 1984).

53 . باید قوانینی با هدف ممنوع نمودن آزار، سوئ استفاده، بهره کشی و استفاده از کودکان در فعالیت های مجرمانه . تصویب و اجرا شود .

54 . هیچ کودک و یا نو جوانی نباید مورد تادیب یا مجازات های سخت و موهن، در مدرسه، خانه و یا هر موسسه دیگری قرار بگیرد .

56 . برای جلو گیری از هر گونه بدنام کردن، آزار و جنایتکار قلمداد کردن افراد نوجوان، قانونگذار باید تضمین نماید که ارتکاب هر عملی که توسط بزرگسالان جرم نمی باشد، ارتکاب آن عمل توسط نوجوان نیز جرم قلمداد نمی گردد .

اصول راهنمای رفتار با کودکان در سیستم های کیفری 1997[395]

10 . اهمیت یک رویکرد دقیق و همه جانبه و سازگار با توجه به همبستگی و عدم قابلیت انفکاک حقوق کودک، باید در مسایل مربوط به نظامهای قضایی نوجوانان مورد توجه قرار گیرد .

تدابیر حفاظتی در جهت حمایت از حقوق افراد در معرض مجازات اعدام ..(تدابیر شورای اقتصادی و اجتماعی) 1984[396]

3 . افرادی که در هنگام ارتکاب بزه، کمتر از 18 سال سن داشته اند مشمول مجازات اعدام نمی شوند.

2 . اسناد منطقه ای

کنوانسیون اروپایی حقوق بشر برای حمایت از حقوق بشر و آزادی های اساسی

5 . حق بر آزادی و امنیت

5.1 . همه از حق بر آزادی و امنیت برخوردار می باشند. هیچ کس را نمی توان از آزادی اش محروم نمود مگر در موارد ذیل و آنهم در مطابقت با یک آیین دادرسی قانونی .

... د) باز داشت یک کودک به صورت قانونی به منظور نظارت تربیتی و یا بازداشت کودک به منظور حاضر نمودن وی در مقابل مقام صالح قضایی .

6 . حق بر دادرسی عادلانه .

1 . در جهت تعیین حقوق و وظایف مدنی و یا رسیدگی به اتهامات جزایی افراد، همه از حق بر دادرسی عادلانه و رسیدگی علنی در یک مدت معقول توسط یک دادگاه مستقل و بیطرف ایجاد شده توسط قانون، برخوردار می باشند . حکم صادره باید به طور عمومی توسط جراید اعلام شود مگر در صورتی که منافع اخلاقی، نظم عمومی،و یا امنیت عمومی در یک جامعه دموکراتیک اقتضا نماید و یا در صورتی که منافع نوجوانان یا حمایت از زندگی خصوصی اصحاب دعوا چنین ایجاب نماید همچنین در موارد خیلی ضروری که به نظر دادگاه احتمال داشته باشد تبلیغات در مصالح دادرسی را به خطر اندازد .

منشور حقوق اساسی اتحادیه اروپا 2000

24 . کودکان حق دارند از تمام حمایت های لازم برای رفاه بهره مند باشند . آنها میتوانند نظرات خود را آزادانه بیان کنند و این نظرات باید با توجه به سن و درجه بلوغشان در مسایل مربوط به آنها در نظر گرفته شود .در انجام تمام اعمال مربوط به کودکان چه توسط مقامات عمومی انجام شود و چه موسسات خصوصی،منافع عالیه کودک از اهمیت زیادی برخوردار است .

---

[395] ـ اصول راهنمای رفتار با کودکان در سیستم های کیفری پیشنهادی شورای اقتصادی و اجتماعی ، قطعنامه شماره 1997/30 بتاریخ 21 ژوئیه 1997
[396] ـ تدابیر حفاظتی در جهت حمایت از حقوق افراد در معرض مجازات اعدام مصوب شورای اقتصادی و اجتماعی طی قطعنامه 1984/50 بتاریخ 25 مه 1984

(c) American Convention of Human Rights 1985
Article 4

…

Capital punishment shall not be imposed upon persons who, at the time the crime was committed, were under 18 years of age or over 70 years of age, nor shall it be applied to pregnant women.
Article 5

…

5. Minors while subject to criminal proceedings shall be separated from adults and brought before specialized tribunals, as speedily as possible, so that they may be treated in accordance with their status as minors.
Article 19
Every minor child has the right to the measures of protection required by his condition as a minor on the part of his family, society and the state.

(d) African Charter on the Rights and Welfare of the Child 1990
Article 4
1 In all actions concerning children undertaken by any person or authority the best interest of the child shall be the primary consideration.
2 In all judicial or administrative proceedings affecting a child who is capable of communicating his/her views, an opportunity shall be provided for the views of the child to be heard either directly or through an impartial representative as a party to the proceedings and those views shall be taken into consideration by the relevant authority in accordance with the provisions of appropriate law.
Article 17
1 Every child accused or found guilty of having infringed penal law shall have the right to special treatment in a manner consistent with the child's sense of dignity and worth and which reinforces the child's respect for human rights and fundamental freedoms of others.
2 States Parties to the present Charter shall in particular: (a) ensure that no child who is detained or imprisoned or otherwise deprived of his/her liberty is subjected to torture, inhuman or degrading treatment or punishment; (b) ensure that children are separated from adults in their place of detention or imprisonment; (c) ensure that every child accused in infringing the penal law: (i) shall be presumed innocent until duly recognized guilty; (ii) shall be informed promptly in a language that he understands and in detail of the charge against him, and shall be entitled to the assistance of an interpreter if he or she cannot understand the language used; (iii) shall be afforded legal and other appropriate assistance in the preparation and presentation of his defense; (iv) shall have the matter determined as speedily as possible by an impartial tribunal and if found guilty, be entitled to an appeal by a higher tribunal; (d) prohibit the press and the public from trial.
3 The essential aim of treatment of every child during the trial and also if found guilty of infringing the penal law shall be his or her reformation, re-integration into his or her family and social rehabilitation.
4 there shall be a minimum age below which children shall be presumed not to have the capacity to infringe the penal law.

(e) Arab Charter on Human Rights 1994
Article 12
The death penalty shall not be inflicted on a person under 18 years of age, on a pregnant woman prior to her delivery or to a nursing mother within two years of the date on which she gave birth.

کنوانسیون امریکایی حقوق بشر 1985

ماده 4 . مجازات اعدام نسبت به افرادی که در زمان ارتکاب بزه کمتز از 18 سال و یا بیشتر از 70 سال داشته باشند یا در مورد زنان باردار، اعمال نمیشود .

ماده 5 . در جهت رفتاری متناسب با کودکان، آنان در جریان دادرسی باید از بزرگسالان جدا شده و در اسرع وقت نزد مقام قضایی حاضر شود .

ماده 19 . هر کودک حق دارد از اقدامات حمایتی لازم در مقابل خانواده، جامعه و دولت برخوردار باشد .

منشور افریقایی حقوق و رفاه کودکان 1990

ماده 4

1 . در هر عملی که کودکان را تحت تاثیز قرار میدهد، توسط هر کس که انجام گیرد باید منافع عالیه کودک مورد توجه قرار گیرد .

2 . در تمام رسیدگی های اداری و قضایی، باید به کودکانی که قادر به ابراز نظرات خود هستند، فرصت لازم برای بیان نظراتشان، مستقیما توسط خودشان یا توسط یک نماینده بی طرف داده شود و این نظرات باید توسط مقام ذیربط و بر اساس مقرات قانونی مورد توجه قرار گیرد .

ماده 17

17/1 . هر کودک متهم یا مجرم، حق بر خورداری از درمانهای خاص و متناسب با حس کرامت و ارزش انسان را که باعث افزایش احترام کودک برای حقوق و آزادیهای اساسی دیگران میشود، دارا می باشد .

17/2 . دول عضو این منشور اعمال ذیل را انجام خواهند داد

الف) تضمین این که هیچ کودک بازداشت شده و یا زندانی شده و یا سلب آزادی شده، مورد شکنجه قرار نخواهد گرفت .

ب) تضمین این که کودکان در محل بازداشت یا زندان از بزرگسالان جدا نگاه داشته میشوند .

ج) تضمین این که هر کودکی که متهم به نقض قوانین جزایی شده است :

(i). تا زمانی که قانونا مجرم شناخته نشده بی گناه فرض میشود .

(ii) . جزئیات مربوط به اتهامات وارده به کودک باید به زبانی قابل فهم به وی اطلاع داده شده و در صورت نیاز از مترجم استفاده شود .

(iii) . باید کمکهای حقوقی مناسب در جهت دفاع به وی اعطا شود .

(iv) . باید به موضوع در اسرع وقت توسط یک دادگاه بی طرف رسیدگی شده و در صورت مجرم شناخته شدن حق تجدیدنظر خواهی از دادگاه بالاتر را داشته باشد

د) مطبوعات و عموم مردم نباید از محاکمه اطلاعی داشته باشند .

3 - هدف اساسی برخورد با یک کودک در جریان دادگاه و هم چنین در صورتی که به نقض قانون جزا مقصر شناخته شود باید اصلاح، بازگشت به خانواده و توانبخشی اجتماعی باشد.

4 - باید یک حد اقل سن تعیین شود به این معنا که پذیرفته شود که کودکانی که زیر آن سن هستند توانایی نقض قانون جزا را ندارند.

منشور حقوق بشر عرب 1994

ماده 12

مجازات اعدام نباید علیه افراد با سن کمتر از 18 سال، زنان حامله قبل از زایمان، زنانی که از کودک شیر خوار خود مراقبت می کنند تا گذشت 2 سال از زمان تولد اجرا شود .

Article 38

...

(b) The State undertakes to provide outstanding care and special protection of the family, mothers, children and the aged.

Article 39

Young persons have the right to be afforded the most ample opportunities for physical and mental development.

D. MONITORING BODIES

1. The UN Committee on the Rights of the Child

Other universal monitoring bodies are:

2. The UN Commission on Human Rights
3. The International Committee of the Red Cross
4. Human Rights Committee

Also the **regional monitoring bodies** include:
1. The European Court of Human Rights
2. The European Commission of Human Rights
3. The EU Committee on Social Affairs and Citizens' Rights
4. The African Court on Human and Peoples' Rights
5. The African Commission on Human and People's Rights
6. The Inter-American Court of Human Rights
7. The Inter-American Commission on Human Rights

E. CASE LAW

1. *Johnson (Clive) v Jamaica*, **Human Rights Committee**[397]

(a) Legal issues

Minors and death penalty (ICCPR Articles 2(3), 6(5) and 7); domestic remedies; fair trial and legal representation (ICCPR Article 14); inhuman and degrading treatment; right to life.

(b) Facts

The applicant, Johnson Clive, born in August 1968, was arrested for a murder committed in October 1985, at the age of 17 years and seven weeks old. He claimed that he had no legal representative at the preliminary hearing, that he met the assigned legal aid lawyer for three minutes only a few days before the trial and once during the trial. In November 1995, he was convicted and sentenced to death.

Johnson then submitted a petition for special leave to appeal and an appeal, which were both dismissed, and he did not even meet with his lawyer before the appeal hearing, as he claimed. At the appeal hearing, the court found that the trial judge had misled the jury as to the method of determination of Johnson's intention; however, it decided that the same verdict would have been reached, in any event.

---

[397] *Johnson (Clive) v Jamaica* (Human Rights Committee, 1998) UN Doc CCPR/C/64/D/592/1994.

38 . دولت تعهد میکند که توجهات قابل ملاحظه و حمایت خاص از خانواده، مادران و کودکان و سالخوردگان به عمل آورد .
39 . باید گسترده ترین موقعیت ها برای پیشزفت جسمانی و روانی به جوانان داده شود .

نهادهاي ناظر

1. کمیته حقوق کودک سازمان ملل متحد

دیگر سازمانهای ناظر جهانی عبارت اند از :

2 . کمیسیون حقوق بشر سازمان ملل متحد
3 . کمیته بین المللی صلیب سرخ
4. کمیته حقوق بشر

همچنین سازمان های ناظر منطقه ای :
1 . دادگاه اروپایی حقوق بشر
2 . کمیسیمو اروپایی حقوق بشر
3. کمیته مسایل و حقوق اجتماعی اتحادیه اروپا
4 . دادگاه افریقایی حقوق بشر
5 . کمیسیون افریقایی حقوق بشر
6 . دادگاه امریکایی حقوق بشر
7 . کمیسون امریکایی حقوق بشر

رویه قضایي

دعوای جانسون کلایو در مقابل جامائیکا : کمیته حقوق بشر سازمان ملل متحد[397]

موضوعات حقوقی:
کودکان و مجازات اعدام، راه حل‌های داخلی، محاکمه عادلانه و نمایندگی حقوقی، رفتار غیرانسانی و موهن، حق بر حیات

شرح پرونده:
شاکی، جانسون کلایو، متولد اوت 1968 در رابطه با یک فقره قتل که در اکتبر 1985 واقع شده بود، در سن 17 سال و 7 هفتگی دستگیر شد. در رسیدگی بدوی وی اعلام نمود که وی نماینده حقوقی ندارد و وکیل تسخیری‌اش را تنها برای 3 دقیقه تنها چند روز قبل از محاکمه و 1 بار در طول محاکمه ملاقات کرده است. در نوامبر 1991، وی مجرم اعلام و محکوم به اعدام شد.
وی سپس یک درخواست اجازه خاص برای تجدیدنظرخواهی و یک درخواست تجدیدنظر تقدیم نمود که هر دو رد شدند و ادعا شده که او حتی قبل از رسیدگی به تجدیدنظر وکیل خود را ملاقات نکرده است. در رسیدگی تجدیدنظر، دادگاه تشخیص داد که قاضی، هیات منصفه را در امر تعیین قصد جانسون به بیراهه برده است. ولی اعلام نمود که در هر صورت، همان حکم (اعدام)، قابل دستیابی بود.

---

397 *Johnson (Clive) v. Jamaica,* Communication No. 592/1994, Views of the UNCHR, 20 October 1998.

While on death row, Johnson claimed that during a search in May 1993, soldiers had beaten him twice on his testicles with a metal detector and blood passed in his urine; it was only four days after he saw a doctor from an NGO and he never received the medication prescribed.

Johnson claimed that prison authorities had interfered with some mail he had sent to his lawyer's office, and the mail was thus never received. Also, he claimed that he did not apply to the Supreme Court of Jamaica for constitutional redress because there was no legal aid available and lawyers were not willing to act pro bono.

Johnson then complained to the Human Rights Committee about the conviction, the denial of adequate legal representation, the conduct of the trial, the absence of legal aid for a constitutional motion, ill-treatment, the interference with his mail and the length of time spent on death row.

Jamaica never denied the age of the applicant when he committed the crime. Jamaica also maintained that there was no injury report of the beating or record of medical treatment or medication but admitted that it was referred to in the minutes of a meeting between the NGO, the prison superintendent and death row inmates. Also, Jamaica claimed that a probation officer had twice tried to speak to Johnson about the alleged beating; Johnson had declined to do so.

The death sentence was reclassified as non-capital and was commuted to life imprisonment. Jamaica denounced the Optional Protocol (OP) to the ICCPR with effect from 23 January 1998.

(c) Decision
The Committee found Johnson's communication admissible, raising issues under ICCPR Articles (3)(b) and (d), (5), 6(5), 7, 10(1) and 14(1), but rejected as inadmissible under OP Articles 3 and 2 the claims on mail interference and the judge's direction, because of lack of accuracy and exhaustion of domestic remedies respectively.

The Committee then held the following:

(i) Legal representation
Legal assistance must be available to the accused charged with capital crime during the preliminary hearings and the trial. The investigating magistrate should have informed Johnson at the preliminary hearing of his right to legal representation. The absence of legal representation for Johnson at the preliminary hearing constituted violation of ICCPR Article 14(3)(d).

(ii) Minor committing a crime and death penalty/right to life
As Jamaica did not deny that Johnson was a minor when the crime was committed, and his birth certificate was never challenged, the imposition of the death penalty constituted a violation of ICCPR Article 6(5).

(iii) Inhuman and degrading treatment
Since the death sentence was void, Johnson's detention on death row and the ill-treatment in May 1993 violated ICCPR Article 7.

The Committee found that Johnson was entitled to an effective remedy and, given that he was a minor when arrested and the fact that he had spent almost 13 years in detention, of which more than seven were on death row, it recommended his immediate release.

The Committee also claimed that Jamaica had an obligation to ensure that similar violations did not occur in the future. This case was also submitted before Jamaica's denunciation of the OP and hence the OP was applicable to this case. The Committee also requested that Jamaica published these views.

در طول این جریانات جانسون اعلام کرد که در طول یک بازپرسی در ماه مه 1993، سربازان با یک فلزیاب دوبار بر روی بیضه‌های وی کوبیده‌اند که باعث شده وی خون ادرار کند و تنها روز بعد وی موفق به ملاقات یک دکتر از یک NGO شد و هیچ گاه لغوه داروی تجویز شده را دریافت نکرد.
وی ادعا نمود که مقامات زندان در مراسلات وی با دفتر وکیلش دخالت نموده و نتیجتاً نامه‌ها هیچگاه به دفتر وکیلش نرسیده است. همچنین ادعا نمود که در دادگاه عالی جامائیکا به علت فقدانفقدان کمک‌های حقوقی لازم و اینکه وکلا حاضر به انجام کار به طور مجانی نبوده‌اند، تجدید نظر خواهی نکرده است.
متعاقباً جانسون به کمیته حقوق بشر سازمان ملل متحد درباره محکومیت خود، عدم نمایندگی قضایی مناسب، شیوه محاکمه، فقدان کمک‌های حقوقی مناسب، بدرفتاری، مداخله در مراسلات و سپری نمودن مدت زیادی در انتظار مرگ، شکایت نمود.
دولت جامائیکا هیچگاه سن شاکی در زمان ارتکاب جرم را انکار نکرد اما اعلام نمود که هیچگونه گزارشی مبنی بر ضرب و شتم یا مبنی بر کمک پزشکی یا تجویز دارو وجود ندارد. اما قبول نمود که در ملاقاتی چند دقیقه‌ای بین سازمان غیردولتی مذکور، سرپرست زندان و همبندیان شاکی به این موضوع اشاره شده است. همچنین دولت جامائیکا ادعا نمود که یک مأمورد نظارت بر زندانیان دوبار با وی درباره ضرب و شتم مورد ادعا اقدام به صحبت کرده است که هر دوبار جانسون از صحبت امتناع نموده است.
حکم اعدام به عنوان یک حکم غیرجسمی طبقه‌بندی شد و به زندان ابد تخفیف یافت. جامائیکا در 23 ژانویه 1998 پروتکل الحاقی به میثاق حقوق مدنی و سیاسی را منتفی اعلام نمود.

رای:

کمیته شکایت جانسون را براساس مواد 6 بند 5، 7 ، 10 بند 1، 14 بند 1 و بند 3 قسمت های ب و د و بند 5، قابل رسیدگی اعلام کرد ولی براساس مواد 2 و 3 پروتکل الحاقی ادعای مداخله در مراسلات را به علت عدم وضوح کافی و عدم استفاده قبلی از مراجع داخلی غیرقابل رسیدگی اعلام نمود .

کمیته سپس اعلام نمود که :

نمایندگی حقوقی : کمکهای حقوقی باید برای متهمین به مجازات اعدام در طول رسیدگی بدوی و محاکمه مهیا باشد . قاضی تحقیق باید در رسیدگی‌های اولیه شاکی را از حق داشتن نماینده قانونی (وکیل) آگاه می‌ساخت. نبود نمایندگی حقوقی برای شاکی در رسیدگی اولیه باعث نقض قسمت « د » بند 3 ماده 14 میثاق حقوقی مدنی وسیاسی شده است.

کودکان مجرم و مجازات اعدام ؛ حق بر حیات : از آنجایی که جامائیکا سن جانسون بعنوان کودک را انکار ننموده و اعتبار مدارک تولد وی بدون اعتراض باقی مانده است، محکومیت وی به مجازات اعدام باعث نقض بند 5 ماده 6 میثاق حقوق مدنی و سیاسی شده است.

رفتار غیرانسانی و موهن : از آنجایی که محکومیت به مرگ غیرقانونی بوده بازداشت وی در بند اعدامیان و بدرفتاری با وی در ماه مه 1993 باعث نقض ماده 7 میثاق حقوق مدنی وسیاسی شده است.
کمیته با احراز اینکه جانسون به یک راه حل موثر دسترسی داشته و اعلام این نکته که وی در زمان دستگیری کودک بوده و تقریباً 13 سال در انتظار مرگ در بازداشت بسر برده و 7 سال آن در انتظار اعدام بوده است، آزادی فوری وی را توصیه نمود.
کمیته همچنین اعلام نمود که دولت جامائیکا وظیفه دارد تضمین نماید که نقض‌های مشابه در آینده واقع نخواهد شد . همچنین از آنجایی که این پرونده قبل از اعلام خروج جامائیکا از پروتکل الحاقی لسلیم شده بود، بنابراین پروتکل مزبور بر این پرونده قابل اعمال است. همچنین کمیته انتشار نظریات فوق الذکر را از دولت جامائیکا درخواست نمود.

2. *Perkins v Jamaica*, United Nations Human Rights Committee[398]

(a) Legal issues
Fair trial and length of criminal proceedings; legal representation; defence time and facilities; evidence (ICCPR Article 14); inhuman and degrading treatment; liberty and security; conditions of pre-trial and post-trial detention and length of pre-trial detention (ICCPR Articles 9(3) and 10(1)); death sentence and minors; right to life (ICCPR Article 6(5)).

(b) Facts
In March 1994, the applicant, A Perkins, was arrested for two murders committed at a time when he said he was only 17 years and six months old. In December 1995, he was then convicted of two charges of capital murder and sentenced to death.

Perkins said that he was threatened to be beaten and killed by the police if he did not sign a written statement, of which he ignored the content; because he did not sign it, he was beaten with batons by the officers he named. He had also contacted the ombudsman without any response until February 1996, at which time he was told that the matter was under investigation.

Perkins claimed that during the pre-trial period, he was detained in a cell with 23 people, where there was hardly space; he had to stand all the time and he slept on the floor. He met his legal-aid lawyer only at the third preliminary hearing and only once before the trial, while no contact was possible with his lawyer out of the court during the trial. Perkins alleged that the lawyer was absent during the trial, although this was not obvious in the transcript, and he never visited the scene of the crime. Also, Perkins claimed that his request to call his father as a character witness was not heard, while the judge misdirected the jury.

Perkins, however, admitted in a written sworn statement that he was guilty.

After the decision in December 1995, Perkins's appeal was dismissed in June 1996, as was his application for special leave to petition the judicial committee of the Privy Council in December 1996.

After the conviction, Perkins claimed he was kept in a very small single cell, where he used a bucket as a toilet and had to sleep on the floor. He was bullied by the warders, who said that the hangman was on his way and that he would be the next to go.

Perkins then filed a complaint with the Committee about his legal representation, the failure to call his father as a witness, the delay of his trial, the judge's directions to the jury, the conditions of pre- and after-trial detention, and the imposition of the death penalty for crimes he committed before he was 18 years old.

Jamaica submitted a copy of a birth certificate and a school admission record in Perkins's name, giving September 1971 as the date of his birth.

(c) Decision
The Committee accepted Perkins's complaint, in so far as it raised issues under ICCPR Articles 6(5), 7, 9(3), 10(1) & (2)(b) and 14(3)(b),(c) & (d), but found inadmissible the claims of not calling his father as a witness and found the claims of the judge misdirecting the jury not substantiated.

The Committee held the following:

---

[398] *Perkins v Jamaica* (Human Rights Committee, 1998) UN Doc CCPR/C/63/D/733/1997.

دعوای پرکینز در مقابل جامائیکا : کمیتهٔ حقوق بشر سازمان ملل متحد[398]

موضوعات حقوقی:
دادرسی عادلانه، طول مدت محاکمه جناحی، نماینده حقوقی، تسهیلات و زمان دفاع، دلایل، رفتار غیرانسانی و موهن، آزادی و امنیت، شرایط بازداشت قبل و بعد از محاکمه، محکومیت به مرگ و کودکان، حق بر حیات .
شرح پرونده:
در ماه مارس 1994 پرکینز به علت دو فقره قتل که بنا به ادعای وی در زمان ارتکاب آنها 17 سال و شش ماه سن داشته است، دستگیر شد و در دسامبر 1995 وی به علت ارتکاب این دو فقره قتل مجرم شناخته شده و به مرگ محکوم شد .
پرکینز ادعا نمود که پلیس وی را تهدید نموده بوده است که در صورت عدم امضای متنی که وی محتوای آن انکار می نمود، وی را مورد ضرب و جرح و مرگ قرار خواهد داد . به علت عدم امضای متن وی توسط افرادی که نامشان را فاش نموده، با باتوم مورد ضرب و شتم قرار گرفت. وی همچنین با بازپرس ویژه تماس گرفته که تا فوریه 1996 یعنی زمان رسیدگی به این پرونده بدون جواب باقی مانده .
پرکین مدعی شد که در دوران پیش از محاکمه، او همراه با 23 نفر دیگر در سلولی تنگ بازداشت شده بوده است؛ او باید همیشه در حال ایستاده به سر می برده و روی زمین می خوابیده است. او فقط در سومین دادرسی اولیه و تنها یک بار پیش از محاکمه، وکیلش را دیده است و در جریان محاکمه هم امکان تماس با وکیل در خارج از دادگاه را نداشته است. پرکین مدعی بود که در جریان دادگاه وکیلش غایب بوده، گرچه این امر در اسناد مشخص نشده است، و او هیچگاه از صحنه جنایت دیدن نکرده بوده است. پرکین هم چنین مدعی بود که خواست او که پدرش را به عنوان یک گواه شخصیت او به دادگاه بخوانند برآورده نشد و قاضی هیئت منصفه را بد راهنمایی کرده است.
در عین حال، پرکین پذیرفت که در یک اظهارنامه قسم خورده نوشته که در جرم مقصر بوده است.
بعد از صدور حکم در دسامبر 1995 تجدیدنظرخواهی وی در ژوئن 1996 و همچنین درخواست وی برای کسب اجازه مخصوص استیناف در محکمه شورای قضایی در دسامبر 1996 نیز راه به جایی نبرد.
بعد از محکومیت، وی ادعا نمود که در یک سلول انفرادی بسیار کوچک که در آن از یک سطل بعنوان توالت استفاده می کرده و مجبور به خوابیدن بر روی زمین بوده، نگه داشته می‌شده است. او توسط زندانبانان مورد تهدید قرار می گرفته که جلاد در حال آمدن است و نفر بعدی که برای اعدام برده می شود، مسلماً او خواهد بود.
متعاقباً وی شکایتی را دربارهٔ نمایندگی حقوقی، عدم موفقیت در احضار پدرش بعنوان شاهد، تاخیر محاکمه، رفتار جهت گیرانه قاضی با هیأت منصفه، شرایط بازداشت در مراحل قبل و بعد از دادرسی و محکومیت به مرگ در قبال ارتکاب جرائم قبل از سن 18 سال، خطاب به کمیته حقوق بشر سازمان ملل متحد تنظیم نمود..
دولت جامائیکا یک کپی از مدارک تولد وی و یک مدرک ثبت نام مدرسه به نام وی را تسلیم کمیته نمود که سپتامبر 1991 را بعنوان تاریخ تولد وی اعلام می کرد.

رای:
کمیته ادعای پرکینز را براساس مواد 6 بند 5، 7، 9 بند 3، 10 بند 1 و قسمت ب بند 2 و ماده 14 بند 3 قسمت های ب و ج و د پذیرفت. ولی ادعای وی مبنی بر عدم احضار پدر بعنوان شاهد و گمراه شدن هیأت منصفه توسط قاضی را اثبات نشده تلقی کرد.
کمیته اعلام نمود که:

[398] *Perkins v. Jamaica,* Communication No 733/1997, Views of the UNHRC, 30 July 1998.

(i) Length and conditions of detention

Jamaica did not supply any satisfactory information on the length of the pre-trial period, and a violation of ICCPR Article 9(3) took place. Because Jamaica did not respond to the issue, the Committee considered Perkins's allegations on the conditions of his pre-trial detention substantiated and found a violation of ICCPR Article 10(1). Also, the Committee found that the conditions of his after-trial detention and his treatment were in violation of ICCPR Article 10(1).

(ii) Legal representation

The material did not reveal that the applicant or his lawyer complained to the trial judge for not granting them enough time and hence no violation of ICCPR Article (3)(b) & (d) could be justified.

(iii) Minority

Since Perkins did not submit any evidence to support his assertion that the documents submitted by Jamaica with regards to his age were not valid and his lawyer did not challenge the documents, the claim that he was a minor at the time he committed the crimes was not sustained, and no violation of ICCPR Article 6(5) took place.

Jamaica had the obligation to provide Perkins with effective remedy, involving compensation and commutation of his death sentence.

3. *Bouamar v The Kingdom of Belgium*, European Court of Human Rights[399]

(a) Legal issues

Right to liberty; conditions of minors' detention; available remedies; legal assistance; time of judicial proceedings (ICCPR Article 5); prohibition of discrimination (ICCPR Article 14).

(b) Facts

The applicant, Naïm Bouamar, is a Moroccan national born in Oujda in 1963 and residing in Belgium since 1972.

Section 53 of the Belgian 'Children's and Young Persons' Welfare Act' of 8 April 1965 provides that a juvenile may, 'if it is materially impossible to find an individual or an institution able to accept [him] immediately', 'be provisionally detained in a remand prison for a period not exceeding fifteen days'. In 1980, the applicant was arrested and, according to the law, placed in a remand prison on nine occasions, for a total of 119 days. The provisional detentions were ordered on submissions of the Crown Counsel by the Liège Juvenile Court or the Liège Juvenile Court of Appeal. Each order mentioned that it was 'materially impossible' to find an individual or an institution able to accept Mr Bouamar immediately, except that the first order did not use the word 'materially'. The second, third, fourth, fifth, sixth and eighth orders referred to an institution 'appropriate to the juvenile's behaviour'; the seventh and ninth orders used only the adjective 'appropriate'.

On 22 January and 7 March 1980, the applicant appealed against the Juvenile Court's first and third orders of 18 January and 4 March 1980 which placed him in Lantin Prison. The juvenile chamber of the Court of Appeal joined the appeals and declared them inadmissible on the basis that they had become devoid on purpose after the termination of the placements in question on 31 January and 11 March 1980 respectively. The applicant submitted further applications of appeal to the Juvenile Chamber of the Court of Appeal and the Court of Cassation, but all were dismissed as they had all become devoid of purpose.

Bouamar then filed a suit to the European Court of Human Rights alleging violations of ECHR Articles 5(1)d, 5(4), 13 and 14.

---

[399] *Bouamar v Belgium* Series A No 129 (1988) 11 EHRR 1.

مدت و شرایط بازداشت:

جامائیکا هیچگونه اطلاعات کافی در مورد مدت قبل از محاکمه و نقض بند 3 ماده 9 میثاق ارائه ننموده است . به علت عدم پاسخگویی دولت جامائیکا نسبت به مسئله، کمیته ادعاهای پرکینز نسبت به وضعیت قبل از محاکمه را اثبات شده فرض نمود و لذا نقض ماده 10 بند 1 میثاق را توسط دولت جامائیکا احراز نمود. علاوه بر این کمیته اعلام نمود که شرایط بازداشت وی بعد از محاکمه و رفتار با وی در مخالفت آشکار با بند 1 ماده 10 میثاق بوده است.

نمایندگی حقوقی:

محتوایت پرونده نشان نمی‌دهد که متهم یا وکیل او در مورد ندادن وقت کافی به قاضی دادگاه شکایت کرده باشند، و از این رو، نقض ماده 3 (ب) و (د) میثاق بین‌المللی حقوق مدنی و سیاسی توجیه‌پذیر نیست.

صغر:

از آنجائیکه پرکنیز هیچ گونه دلیلی مبنی بر اثبات ادعایش در مورد عدم اعتبار اسناد ابرازی توسط دولت جامائیکا در مورد سن وی ارائه نداد و وکیلش این سند را به چالش نکشیده است، این ادعا که در زمان ارتکاب بزه کودک بوده است، غیروارد اعلام شد و در این مورد هیچ نقضی از مقرره بند 5 ماده 6 میثاق مشاهده نشد.

دولت جامائیکا موظف است راه حل مناسب برای این قضیه از جمله جبران خسارت و تخفیف حکم مرگدر اختیار پرکینز بگذارد..

دعوای بوعمار در مقابل پادشاهی بلژیک : دادگاه اروپایی حقوق بشر[399]

موضوعات حقوقی:

حق بر آزادی و شرایط بازداشت کودکان راه حل‌های موجود، کمک‌های حقوقی و مدت زمان دادرسی، ممنوعیت تبعیض .

شرح پرونده:

شاکی نعیم بوعمار یک تبعه مراکشی که در سال 1963 در اجدال به دنیال آمده و از سال 1972 ساکن بلژیک است.

بخش 53 قانون رفاه کودکان و نوجوانان بلژیک مصوب 9 آوریل 1965 مقرر می‌دارد که یک نوجوان " اگر اساسا نتوان فرد یا مؤسسه‌ای را پیدا کرد که نگهداری او را سریعاً قبول کنند، برای مدت زمانی که از 15 روز بیشتر نباشد، می توان او را در بازداشتگاه نگهداشت" . در سال 1980 وی دستگیر شده و بنا به مقرره فوق در زندان نوجوانان در 9 محل مختلف و برای مدت 119 روز بازداشت شد . این بازداشت ها بنابه تقاضای مشاور سلطنتی و دستور دادگاه نوجوانان لیژ و دادگاه تجدید نظر نوجوانان لیژ انجام می‌شد. هر دستور بیانگر این بود که اساسا غیرممکن بوده است که فرد یا موسسه‌ای برای نگهداری بوعمار پیدا شود به جز اینکه در اولین دستور از کلمه « اساسا » استفاده نشده بوده است . در دومین، سومین، چهارمین، پنجمین، ششمین و هشتمین دستور به مؤسساتی ارجاع شده بود که برای رفتار نوجوانان مناسب بوده ولی در هفتمین و نهمین دستور تنها از قید «مناسب» استفاده کرده بودند.

در 22 ژانویه و 7 مارس 1980 شاکی علیه اولین و سومین دستورهای دادگاه جوانان صادره به تاریخ 18 ژانویه و 4 مارس 1980 تجدیدنظرخواهی نمود که براساس این احکام وی را به زندان لانتین منتقل نموده بودند . شعبه نوجوانان دادگاه تجدید نظر با تجمیع هر دو دادخواست هر دو را بر این مبنا که بازداشت‌ها در تاریخ 31 ژانویه و 11 مارس 1980 پایان یافته‌اند، رد کرد . شاکی دادخواستهای دیگری به شعبه نوجوانان دادگاه تجدید نظر و به دیوان تمیز تسلیم نمود ولی بر همان اساس همگی رد شدند.

وی سپس دعوایی را در دادگاه اروپایی حقوق بشر مطرح کرد و در آن نقض قسمت د بند 1 ماده 5 – بند 4 ماده 5 و مواد 13 و 14 کنوانسیون اروپایی حقوق بشر را ادعا نمود.

---

399 - *Bouamar v. Belgium,* No 9106/80, ECHR 1988

(c) Decision
The Court found that there had been a breach of ECHR Article 5(1), as the detention of an adolescent in a remand prison, where he is actually isolated and receives no assistance by staff with relevant educational training, cannot be considered as furthering any educational aim in accordance to the requirements of Article 5.1 (d). Also, the Court found a violation of ECHR Article 5(4), because the available remedies against the placement orders had no practical effect in absence of Mr Bouamar's lawyer, the time lapses were much lengthier than the times required by the Article and all appeals failed to address the lawfulness of the placement measures. Further, the Court did not find any discrimination in violation of ECHR Article 14, because the difference in treatment of adults and juveniles aims specifically at the protection of juvenile detainees and is objectively and reasonably justified under the ECHR. Finally, the Court found that reparation was not ready, as an agreement was to be negotiated between Belgium and the applicant.

4. *DG v Ireland*, **European Court of Human Rights**[400]

(a) Legal issues
Right to liberty and security; unlawful detention of minors and no enforceable right to compensation (ECHR Article5); inhuman and degrading treatment (ECHR Article 3); right to private and family life (ECHR Article 8); freedom from discrimination (ECHR Article 14).

(b) Facts
DG was an Irish national, a minor with criminal history, and was considered to have a personality disorder and to be a danger to himself and others. On March 1997, it was decided that he should be placed in a high-support therapeutic unit. In the absence of such units in Ireland, the High Court decided that DG should be detained in St Patrick's Institution, a prison in Ireland, as the 'least offensive' option available.

The applicant filed a complaint to the European Court of Human Rights alleging that his detention in St Patrick's, from 27 June to 28 July 1997, was in breach of his constitutional rights under Articles 40 §1, 40 §3(1), 40 §3(2) and 42 §5 of the Irish Constitution, under the provisions of the 1991 Child Care Act, and of ECHR Article 5(1). Moreover, he alleged violation of ECHR Article 5(5) for no enforceable right to compensation; violations of ECHR Article 3 for inhuman and degrading treatment, as at the penal institution where he was detained other detainees believed that he was a serious sexual offender and they insulted, humiliated, threatened and abused him, while he was handcuffed to a prison officer each time he was brought before the courts; and finally violations of ECHR Articles 8, 13 and 14, alleging non-respect of his right to private life and discrimination against him vis-à-vis other detainees.

(c) Decision
The Court found that DG's complaint on unlawful detention in St Patrick's institution between 27 June and 28 July 1997 was in violation of ECHR Article 5(1)d. The Court considered that DG's detention during that time was not justified as an interim custody measure preliminary to a regime of supervised education, as is required by Article 5.1 (d). In this respect, even though the Court has found in other instances that the words 'educational supervision' must not be equated rigidly with notions of classroom teaching,[401] St Patrick's was a penal institution and the applicant was subjected to its disciplinary regime.

---

[400] *DG v Ireland* Series A No 264 (2002) 35 EHRR 1153.
[401] *Koniarska v The United Kingdom* (App no 33670/96) ECHR 12 October 2000.

رای:

دادگاه اعلام نمود که بند 1 ماده 5 کنوانسیون نقض شده است . چرا که نگهداری یک نوجوان در بازداشتگاه جایی که وی ایزوله شده و هیچگونه کمکی از طرف خدمه‌ای که دارای تحصیلات لازم باشند، دریافت نمی‌دارد، نمی‌تواند حاوی هیچگونه هدف تربیتی آنگونه که در بند 1 ماده 5 کنوانسیون مذکور است، باشد. همچنین دادگاه نقض بند 4 ماده 5 را اعلام نمود، چرا که راهکارهای موجود علیه این گونه احکام مبنی بر بازداشت هیچگونه اثر عملی در غیاب وکیل آقای بوعمار نداشته است،. زمان منقضی شده از زمان تعیین شده در این ماده بسیار طولانی‌تر بوده است، و هیچ یک از بازنگری‌ها به بررسی قانونی بودن این اقدامات نپرداخته‌اند. علاوه بر این دادگاه هیچگونه تبعیضی در جهت نقض ماده 4 کنوانسیون پیدا نکرد. چرا که تفاوتهای موجود بین رفتار با کودکان و بزرگسالان در جهت حمایت از زندانیان نوجوان است که کاملاً و به طور معقول تحت قوانین و مقررات کنوانسیون توجیه شده است . نهایتاً دادگاه اعلام نمود که در مورد خسارت، دولت بلژیک با شاکی برای رسیدن به توافق در حال مذاکره است، این امر هنوز آماده نیست.

دعوای د . ج علیه ایرلند، دادگاه اروپایی حقوق بشر : [400]

موضوعات حقوقی:

حق بر آزادی و امنیت، بازداشت غیرقانونی کودکان، فقدان حق قابل اعمال در مورد جبران خسارت، رفتار غیرانسانی و موهن، حق بر زندگی خصوصی و خانوادگی، عدم تبعیض .

شرح پرونده:

د . ج یک تبعه ایرلندی است، کودکی با سابقه کیفری که دارای ناهنجاری‌های شخصیتی بوده و خطری برای خود و دیگران محسوب می شود . در مارس 1997 تصمیم گرفته شد که وی را در یک واحد درمانی عالی بستری کنند . به علت فقدان چنین واحدی در ایرلند، دادگاه عالی تصمیم گرفت که وی باید در موسسه سنت پاتریک، زندانی در ایرلند، بعنوان "کمترین توهین آمیز" گزینه بازداشت شود.

شاکی شکایتی را خطاب به دادگاه اروپایی حقوق بشر تنظیم نمود و ادعا نمود که بازداشت وی در زندان سنت پاتریک از 27 ژوئن تا 28 ژوئیه 1997 ناقض حقوق اساسی وی مندرج در مواد 41 بند 1، 40 بند 3 قسمت 1 و 2 و ماده 43 از قانون اساسی ایرلند و همچنین مقررات قانون حمایت از کودکان 1991 و بند 1 ماده 5 کنوانسیون اروپایی حقوق بشر بوده است. علاوه بر این وی ادعا نمود که به علت فقدان حق قابل اجرا در مورد دریافت خسارت، رفتار غیرانسانی و موهن، قربانی نقض بند 5 ماده 5 و ماده 3 کنوانسیون اروپایی واقع شده، چرا که در زندان محل بازداشت، زندانیان دیگر این تصور را داشتند که وی یک بزهکار جنسی خطرناک بوده و لذا وی را مورد توهین، تحقیر، تهدید و سوء استفاده قرار می‌دادند و از طرف دیگر در هنگام حضور در دادگاه وی را با یک دستبند به یک پلیس زندان قفل می‌نمودند. و النهایه وی به عدم محترم داشتن حق بر زندگی شخصی و خانوادگی و تبعیض علیه وی در مقابل دیگر بازداشت شدگان را ناقض مواد 8 و 13 و 14 کنوانسیون اروپایی دانست.

رای:

دادگاه اعلام نمود که بازداشت وی در زندان سنت پاتریک بین 27 ژوئن تا 28 ژوئیه 1997 ناقض بخش د بند 1 ماده 5 کنوانسیون بوده است. دادگاه اعلام نمود که بازداشت وی در آن مدت براساس یک اقدام حفاظتی با اهداف آموزشی و تحت نظارت غیرقابل توجیه است. در این مورد اگرچه دادگاه بیان می‌کند که از عبارت نظارت آموزشی وجود یک کلاس درس را استنباط نمی‌کند [401]، اما سنت پاتریک یک مؤسسه کیفری بوده و شاکی تحت نظامات خاص حاکم بر آن موسسه قرار گرفته است.

[400] - DG v Ireland Series A No 264 (2002) 35 EHRR 1153
[401] - Koniarska v The United Kingdom (App no 33670/96) ECHR 12 October 2000.

Since Ireland had not incorporated the ECHR into domestic law, the Court concluded that the applicant had an enforceable right to compensation according to ECHR Article 5 (5). The ECHR actually lays down an obligation to comply with the substantive and procedural rules of national law and requires that any deprivation of liberty should be in keeping with the purpose of Article 5, which is to protect an individual from arbitrariness.[402]

Also, taking into consideration the fact that the conditions in St Patrick's were not, in themselves, inhuman or degrading, and taking into account the duration of the detention, the physical and mental state of the applicant and the physical and mental effects of detention on him, the Court found no evidence supporting inhuman and degrading treatment allegations, in violation of ECHR Article 3. In this respect, the orders of the High Court did not constitute 'punishment' within the meaning of that term in ECHR Article 3, as the purpose of the High Court in issuing them was recognized to be 'protective'.

Finally, the Court found that no violation of DG's private and family life protected under ECHR Article 8 took place, nor was there violation of the principle of non-discrimination under ECHR Article 14.

5. *T v The United Kingdom* and *V v The United Kingdom*, European Court of Human Rights[403]

(a) Legal issues

Juveniles; inhuman and degrading treatment (ECHR Article 3); detention; right to liberty; right to judicial review (ECHR Article 5); right to fair trial (ECHR Article 6); non-exhaustion of domestic remedies (ECHR Article 26).

(b) Facts

In November 1993, the applicants, British nationals, were convicted for the abduction and murder of a two-year-old boy. At the time of the offence, they were 10 years old and at the time of the trial they were 11. The trial was open to the public and attracted lots of public attention and press coverage.

The applicants were sentenced to detention indefinitely, 'at Her Majesty's pleasure'. Under UK law, children and young persons sentenced to be detained 'at Her Majesty's pleasure' must serve a 'tariff' period, set by the Home Secretary, to satisfy the requirements of retribution and deterrence. After expiry of the tariff detainees are released unless, in the view of the Parole Board, they represent a danger to the public. The Home Secretary set a tariff of 15 years for each applicant.

The applicants complained at the ECHR that, considering how young they were, their trial in public in an adult Crown Court and the punitive nature of their sentence constituted inhuman or degrading treatment or punishment and denial of a fair trial. Also, they claimed that the sentence imposed was in breach of their right to liberty, and the fact that a government minister rather than a judge was responsible for setting the tariff violated their right to a fair trial. Finally they complained that, to date, they had not had the opportunity to have the lawfulness of their detention examined by a judicial body, such as the Parole Board.

---

[402] *Winterwerp v the Netherlands* Series A No 33 (1979) 2 EHRR 387, §§ 39 and 45; *Bozano v France* Series A No 111 (1986),9 EHRR 297, § 54; and *Weeks v the United Kingdom* Series A no 114 (1987),10 EHRR 293, § 42.

[403] *T v The United Kingdom* and *V v The United Kingdom* Series A 1999-IX (2000) 30 EHRR 121.

از آنجایی که ایرلند کنوانسیون اروپایی حقوق بشر را بصورت قانون داخلی درنیاورده است، دادگاه تصمیم گرفت که شاکی حق دریافت خسارت براساس بند 5 ماده 6 کنوانسیون را داراست . کنوانسیون برقرار کننده مسئولیتی در مطابقت با قوانین ماهوی و شکلی حقوق داخلی است و مقرر می‌دارد که هرگونه سلب آزادی باید حفظ اهداف ماده 5 کنوانسیون را که همانا حمایت از افراد دربرابر خودسری‌هاست تأمین کند[402].

همچنین با در نظر گرفتن این که شرایط سنت پاتریک فی‌نفسه غیرانسانی یا موهن نبوده و با در نظر گرفتن مدت بازداشت، شرایط جسمانی و روانی شاکی و آثار جسمانی و روانی بازداشت بر وی، دادگاه هیچگونه مدرکی دال بر رفتار غیرانسانی و موهن که ناقض ماده 3 کنوانسیون اروپایی حقوق بشر باشد، پیدا نکرد. از این نظر، احکام دادگاه عالی نوعی از "مجازات" به معنایی که در کنوانسیون اروپایی حقوق بشر آمده است بشمار نمیرود، چرا که دادگاه عالی در صدور این احکام هدف "محافظتی" داشته است.

و سرانجام این که دادگاه تشخیص داد که هیچ نقضی در مورد زندگی خانوادگی و خصوصی د. ج. به صورتی که در ماده 8 کنوانسیون اروپایی حقوق بشر حمایت شده صورت نگرفته است، و هم چنین اصل عدم تبعیض موضوع ماده 14 کنوانسیون اروپایی حقوق بشر نقض نشده است.

دعوای ت در مقابل انگلیس و دعوای و در مقابل انگلیس دادگاه اروپایی حقوق بشر: [403]

موضوعات حقوقی:

نوجوانان، رفتار غیرانسانی و موهن، بازداشت، حق برآزادی، حق بر بازبینی قضایی، حق بر دادرسی عادلانه، عدم استفاده از راه حل‌های داخلی .

شرح پرونده:

در نوامبر 1993 شاکیان که تبعه انگلیس هستند، به اتهام ربایش و قتل یک کودک 2 ساله بازداشت شدند . در زمان ارتکاب بزه، آن‌ها ده ساله و در زمان رسیدگی قضایی یازده ساله بودند. دادگاه بصورت علنی برگزار شد و باعث جلب توجه عده زیادی از مردم و مطبوعات شد .

شاکیان محکوم به زندان با مدت نامحدود «به لطف علیا حضرت» شدند . براساس حقوق انگلستان کودکانی که محکوم به بازداشت « به لطف علیا حضرت» می‌شوند، باید یک دوره مشخص را که میزان آنرا وزارت کشور تعیین می‌کند، در زندان بگذرانند تا نیازهای مجازات و بازدارندگی تأمین شود. بعد از انقضای این مدت بازداشت شدگان آزاد می‌شوند، مگر این که براساس تشخیص هیأت آزادی مشروط دارای خطری برای اجتماع باشند . در این پرونده وزارت کشور برای هرکدام از متهمین پانزده سال بازداشت تعیین نمود.

شاکیان به دادگاه اروپایی حقوق بشر شکایت بردند که با توجه به سن کم‌شان، محاکمه علنی در یک دادگاه جزایی بزرگسالان و ماهیت جزایی حکم آنها باعث رفتار غیرانسانی و موهن شده و عدم دادرسی عادلانه شده است . آنها همچنین ادعا نمودند که حکم صادره ناقض حق آزادی آنهاست . همچنین اعلام نمودند این نکته که وزیر کشور بجای قاضی مسئول تعیین مدت مجازات آنهاست، ناقض حق بر دادرسی عادلانه است. نهایتاً اعلام نمودند که تا امروز موقعیت بازبینی قانونیت بازداشت آنها توسط یک سازمان قضایی مانند هیأت آزادی مشروط را نداشتند.

---

402 *Winterwerp v the Netherlands* Series A No 33 (1979) 2 EHRR 387, §§ 39 and 45; *Bozano v France* Series A No 111 (1986),9 EHRR 297, § 54; and *Weeks v the United Kingdom* Series A no 114 (1987),10 EHRR 293, § 42.

403 *T v The United Kingdom* and *V v The United Kingdom* Series A 1999-IX (2000) 30 EHRR 121.

(c) Decision

The Court found that the conditions of the trial did not constitute inhuman or degrading treatment or deprivation of the applicants' liberty. But, it found a violation of ECHR Article 5(4), because no possibility was given to the applicants to take proceedings to review the lawfulness of their detention. Finally, the Court found that the determination of the sentences by the Home Secretary constituted a violation of the right to fair trial.

6. *Bulacio v Argentina*, Inter-American Court of Human Rights[404]

(a) Legal issues

Minors and right to life; right to liberty; inhuman and degrading treatment; fair trial, judicial guarantees and protection of minors; violation of ACHR Articles 4, 5, 7, 8, 19 and 25.

(b) Facts

Walter David Bulacio, a 17-year-old Argentinean national, was arrested by the Federal Argentinean Police in Buenos Aires on 19 April 1991, on his way to a rock concert, together with another 80 people in the immediate vicinity to the stadium where the concert would take place. Bulacio was then held in custody in the youth section of a police station, where he was beaten by police. During his detention, neither the youth correctional judge nor his family were notified, as required under Argentinean law, and the reason for his detention was never communicated to him.

Because of the heavy beatings, Bulacio was transferred the following day to the hospital, where he was diagnosed with various injuries and cranial trauma and died on 26 April 1991.

Bulacio's family suffered financially and emotionally from his death. His father suffered from depression, attempted to commit suicide several times, became a drug addict and lost his job; he then abandoned the family home. His sister suffered from depression and bulimia, twice attempted to commit suicide, and was unable to form proper relationships outside the family environment.

His grandmother became actively involved in the campaign for justice in Bulacio's case and instituted proceedings at the local courts. In May 1997, an application was filed at the Inter-American Commission on Human Rights, which put forward a claim to the Inter-American Court of Human Rights on 24 January 2001, asking it to adopt various measures of pecuniary and non-pecuniary reparation. The claim alleged the following human rights violations under the ACHR: general obligation to respect human rights (Article 1); the right to life (Article 4); personal integrity (Article 5); personal liberty (Article 7); judicial guarantees (Article 8); judicial guarantees for minors (Article 19); and judicial protection (Article 25).

(c) Decision

The State of Argentina, Mr Bulacio's family and the Commission reached an agreement by way of a friendly settlement, where the State acknowledged its responsibility for the violation of Mr Bulacio and his family's human rights and its failure to comply with human rights norms under its international and domestic obligations. The State acknowledged that Mr Bulacio was a victim of violation of his rights because of the inappropriate exercise of duty while in custody and a victim of illegitimate arrest with failure to comply with procedural requirements.

The Court held that it was willing to approve the acknowledgement of responsibility by the State and that it would approve the settlement agreement.

---

[404] *Bulacio v Argentina* Inter-American Court on Human Rights Case 11,752 (2003).

رای:
دادگاه اعلام نمود که شرایط دادرسی باعث رفتار غیرانسانی و موهن و یا سالب آزادی شاکیان نبوده است اما به علت اینکه امکان بازبینی قانونی بودن بازداشت به شاکیان داده نشده است، بند 4 ماده 5 کنوانسیون اروپایی نقض شده است. نهایتاً دادگاه اعلام نمود که تعیین مجازات توسط وزارت کشور، ناقص حق بر دادرسی عادلانه است.

دعوای بولاچیو علیه آرژانتین، دادگاه آمریکایی حقوق بشر:[404]

موضوعات حقوقی:
کودکان و حق حیات، حق بر آزادی، رفتار غیرانسانی و موهن، دادرسی عادلانه، تضمینات قضایی و حمایت از کودکان، نقض کنوانسیون آمریکایی حقوق بشر در مواد 5،4، 7، 8، 19 و 25 .

شرح پرونده:
والتر دیوید بولاچیو یک تبعه 17 ساله آرژانتینی توسط پلیس فدرال آرژانتین در 19 آوریل 1991 در بوینس آیرس هنگامی که وی به همراه هشتاد نفر دیگر در حال رفتن به استادیوم محل برگزاری یک کنسرت موسیقی راک بود، دستگیر شد. او سپس در بخش کودکان ایستگاه پلیس نگهداری شد که در آنجا مورد ضرب و شتم پلیس قرار گرفت. در طول بازداشت وی نه قاضی اصلاح نوجوانان و نه خانواده وی از قضایا آنگونه که قانون آرژانتین مقرر می‌دارد، مطلع نشده و علت بازداشت هیچگاه به وی اعلام نشد.
به علت ضرب و شتم شدید روز بعد وی را به بیمارستانی منتقل کردند و جراحات وی تحت مداوا قرار گرفت و شدت جراحات باعث مرگ وی در 26 آوریل 1991 شد.
خانواده بولاچیو از مرگ وی به لحاظ عاطفی و مالی دچار لطمات شدید شدند. پدر وی دچار افسردگی شدید شده و بارها اقدام به خودکشی نموده و پس از ابتلا به اعتیاد شغلش را از دست داده و سپس خانواده را ترک گفت . خواهر وی دچار افسردگی و پراشتهایی روانی گشته، دوبار اقدام به خودکشی نموده و قادر به ایجاد روابط مناسب خارج از محیط خانواده نبوده است.
مادر بزرگ وی فعالانه درگیر یک گردهمایی برای عدالت در مورد پرونده نوه‌اش شد و دعاوی را در دادگاههای محلی طرح نمود . در ماه مه 1997 درخواستی به کمیته آمریکایی حقوق بشر داده شد که نتیجتاً تسلیم دادگاه آمریکایی حقوق بشر گشت. و در 24 ژانویه 2001 منجر به صدور حکمی مبنی بر اقدامات متعددی در باب جبران خسارت مالی و غیرمالی گشت. شکایت مورد نظر شاکی نقض حقوق حمایت شده ذیل تحت مقررات کنوانسیون آمریکایی حقوق بشر : تکلیف عمومی دولت‌ها به رعایت حقوق بشر (ماده یک)، حق برحیات (ماده 4)، تمامیت جسمانی (ماده 5)، آزادی شخصی (ماده 7)، ضمانت قضایی (ماده 8)، ضمانت قضایی برای حمایت از کودکان (ماده 19) و حمایت قضایی (ماده 25).
رای:
دولت آرژانتین، خانواده بولاچیو و کمیسیون آمریکایی حقوق بشر به یک توافق دوستانه رسیدند که براساس آن دولت مسئولیت خود در نقض حقوق انسانی آقای بولاچیو و خانواده‌اش و عدم موفقیت خود در مطابقت با هنجارهای حقوق بشری براساس تکالیف بین المللی و داخلی‌اش را به رسمیت شناخت . دولت اعلام نمود که بولاچیو به علت اعمال نامناسب وظایف مأموران دولت در هنگام بازداشت و بازداشت غیرقانونی و عدم تطابق مقتضیات دادرسی با وی، قربانی نقض حقوق انسانی خود گشته است. دادگاه اعلام نمود که، اعلام مسئولیت از طرف دولت و توافق انجام شده را معتبر می‌داند و در قضاوت خود نقض مواد 5،4، 7، 19 کنوانسیون امریکایی علیه بولاچیو نقض مواد 1 بند 1 – 2، 8 و 25 را علیه وی و خانواده‌اش توسط دولت احراز نمود.

---

[404] *Bulacio v Argentina* Inter-American Court on Human Rights Case 11,752 (2003).

In its judgment, the Court found violations by the State of ACHR Articles 4, 5, 7 and 19 against Mr Bulacio and violations of ACHR Articles 1(1), 2, 8 and 25 against him and his family. The State was thus under the obligation to investigate the case and sanction the person responsible for the incident, and to ensure that Mr Bulacio's family would have access at every stage of the investigation according to domestic law and the ACHR and that the results of the investigation were made public. The State should also promulgate legislative provisions to guarantee that police and judicial processes conform to international norms and that similar incidents would not happen. The State should also pay compensation for material damage to Mr Bulacio's grandmother, mother and sister; compensation for immaterial damage to Mr Bulacio's grandmother, mother, sister and Bulacio's half-brother and sister; and should cover the costs of the judgment within six months of the judgment.

7. *Children's Rehabilitation v Paraguay*, Inter-American Court of Human Rights[405]

(a) Legal issues
Obligation to separate minors from adults (ACHR Article 5(5)); inhuman treatment; fair trial and right to judicial protection; right to life during incarceration (ACHR Article 4); obligation of the State to establish a specialized judicial body (Articles 2, 8, and 19).

(b) Facts
The Panchito López Institute was a detention centre for minors in Paraguay operated by the Ministries of Justice and Labour. Between 1996 and 2001, the Institute's population grew to approximately 50 per cent beyond its maximum capacity. As a result, inmates had no beds, blankets or mattresses and were forced to sleep on the floor or share beds, which facilitated sexual abuse and violence among inmates. The conditions became unsafe and there were only very few hygienic facilities. Inmates were poorly fed and lacked adequate medical attention, educational opportunities and legal aid. The guards were not sufficient and had no special training to work with minors or respond to emergencies; often they proceeded to cruel and violent punishments to control the inmates, such as isolation, beatings, torture and transfers to adult prisons. Inmates were housed with adults and convicts were housed with inmates awaiting trial. The Institute was not prepared for fires and several inmates died or suffered burns and injuries in fires.

The Institute was denounced by several international and domestic organizations and on 14 August 1996, the Center for Justice in International Law (CEJIL) filed an application with the Inter-American Commission on Human Rights. On 27 August 1997, the petitioners declared that they were willing to reach friendly settlement and the Commission held three hearings, and the Government of Paraguay promised to close the Institute in a time specified in the settlement.

Because the Government failed to comply with its promise within the deadline, the Commission declared that Paraguay had violated Articles 5 (right to humane treatment), 7 (right to personal liberty), 8 (right to procedural guarantees), 19 (rights of the child) and 25 (right to judicial protection), all in connection with Article 1.1 of ACHR, and proceeded to declare a series of recommendations. On 20 May 2002, the Commission submitted the case to the Inter-American Court of Human Rights.

---

[405] *Children's Rehabilitation v Paraguay* Inter-American Court on Human Rights Case 11, 666 (2004).

لذا دولت مسئول بررسی لازم برای پیدا نمودن مسئول حادثه و اعمال مجازات مناسب می باشد . در حالی که خانواده بولاچیو حق دسترسی به همهٔ مراحل بازرسی را براساس حقوق داخلی و کنوانسیون دارا می‌باشند و نتایج بازرسی باید به طور عمومی منتشر شود. دولت همچنین می بایست مقرراتی را به منظور ضمانت اینکه پلیس و پروسه قضایی با هنجارهای بین‌المللی مطابقت داشته و اینکه اتفاقات مشابه مجدداً واقع نخواهد شد، به تصویب برساند. دولت می بایست برای جبران صدمات مادی به مادربزرگ بولاچیو، مادر و خواهر وی و همچنین جبران صدمات غیرمادی و همچنین جبران هزینه های دادرسی در طول شش ماه مبالغی را به آنها بپردازد.

توانبخشی کودکان، مورد پاراگوئه، دادگاه حقوق بشری قاره‌ای آمریکا[405]

(الف) مسایل حقوقی:

وظیفه جدا کردن کودکان از بزرگسالان (دادگاه حقوق بشری قاره‌ای آمریکا ماده 5(5))؛ رفتار غیر انسانی، محاکمه عادلانه و حق محافظت قضایی؛ حق حیات در دوران بازداشت (دادگاه حقوق بشری قاره‌ای آمریکا ماده 4)؛ وظیفه حکومت برای تأسیس نهاد قضایی تخصصی (مواد 2، 8، و 19).

(ب) واقعیت‌ها:

مؤسسه پانچیتو لوپز(the Panchito López Institute) یک بازداشتگاه کودکان در پاراگوئه بود که به وسیله وزارت دادگستری و کار اداره می‌شد. در فاصله سال‌های 1996 و 2001، جمعیت این مؤسسه تقریبا به 50 درصد بیش از حد اکثر ظرفیت آن رسید. در نتیجه، زندانیان تخت، پتو یا تشک نداشتند و مجبور بودند روی زمین یا تخت شریکی بخوابند، که امکان بدرفتاری جنسی یا خشونت در بین زندانیان را فراهم می‌کرد. شرایط ناامن شده بود و امکانات بهداشتی بسیار کمی وجود داشت. وضع تغذیه زندانیان بد بود و آنان به اندازه کافی توجهات پزشکی، فرصت‌های آموزشی و کمک‌های حقوقی دریافت نمی‌کردند. به اندازه کافی نگهبان نبود و آنان برای کار با کودکان یا رسیدگی به مسایل اضطراری آموزش ندیده بودند، و برای کنترل زندانیان غالبا به مجازات‌های بی‌رحمانه و خشن مانند منزوی کردن، زدن، شکنجه و انتقال به زندان بزرگسالان دست می‌زدند. زندانیان را با بزرگسالان هم‌خانه می‌کردند و مجرمان را با زندانیانی که هنوز در انتظار محاکمه به سر می‌بردند در کنار هم می‌گذاشتند. مؤسسه یادشده آمادگی برای مقابله با آتش‌سوزی نداشت، و در آتش‌سوزی‌ها چندین زندانی زخمی و سوخته یا مرده بودند.

این مؤسسه از سوی چندین سازمان بین‌المللی و داخلی مورد انتقاد قرار گرفت و در 14 اوت 1996، مرکز دادگستری در حقوق بین‌الملل عرض‌حالی به کمیسیون حقوق بشر قاره‌ای آمریکا تقدیم کرد. در 27 اوت 1997، عرض‌حال‌کنندگان اعلام کرند که مایلند موضوع را از طریق قراری دوستانه حل و فصل کنند، و کمیسیون سه جلسه دادرسی گذاشت، و حکومت پاراگوئه تعهد کرد که در زمان تعیین شده در قرار، مؤسسه یادشده را ببندد.

از آن جا که حکومت در انجام تعهد خود در ضرب‌الاجل تعیین شده قصور ورزید، کمیسیون اعلام کرد که پاراگوئه مواد 5 (حق رفتار انسانی)، 7 (حق آزادی شخصی)، 8 (حق تضمین دادرسی)، 19 (حقوق کودک) و 25 (حق محافظت قضایی) را، و همه در رابطه با ماده 1.1 دادگاه حقوق بشری قاره‌ای آمریکا، نقض کرده است، و یک سلسله توصیه‌هایی را اعلام کرد. در مه 2002، کمیسیون پرونده را به دادگاه حقوق بشری قاره‌ای آمریکا فرستاد.

---

405 *Children's Rehabilitation v Paraguay* Inter-American Court on Human Rights Case 11, 666 (2004).

(c) Decision

The Court analysed ACHR Article 19, on the rights of the child within the context of ACHR Articles 4 and 5 on the rights to life and to humane treatment respectively. In this respect, the Government has a positive obligation to ensure that persons deprived of their freedom are provided with the necessary conditions to preserve their dignity and a heightened responsibility arises for detained minors. The inmates in the Institute lived in conditions of violence, insecurity, corruption and promiscuity; did not have sufficient medical attention or educational opportunities, which were crucial for their physical, mental, psychological and moral development; and their physical, mental and moral integrity was not respected. Inmates' rights were violated because minors were not always separated from adults or they were transferred to adults' prisons for punishment. Finally, the State's failure to prevent fires and violent riots that lead to deaths and injuries violated the inmates' rights to physical, mental and moral integrity.

The Court also found that the State, by failing to establish a specialized judicial body or special judicial procedures for minor children, violated ACHR Articles 2 and 8 in conjunction with Article 19. However, the Court found it had no sufficient information to rule on violations of ACHR Article 8 (fair trial) for slowness and deficiencies in the procedure or of ACHR Article 7 (personal liberty) for preventive detention.

Further, the Court found that the State failed to take immediate measures to respond to writs filed by some victims' representatives.

Among other things, the Court ordered the State of Paraguay to pay lost wages and material damages to former inmates injured and to the families of inmates who died; to pay compensation for pain and suffering and for legal costs; and to provide free medical and psychological care and educational and vocational assistance to former inmates.

MINORITIES' RIGHTS

A. DEFINITION AND BACKGROUND

The protection of minorities' rights is a key element to the promotion of peace, security and sustainable economic development. Conflicts between and within States are often related to the existence of minorities, which suffer from discrimination. Under the overarching principle of non-discrimination, individuals belonging to minority groups have the right to be equally treated as the majority of the population. At the same time, to achieve full equality minorities need to enjoy differential treatment to the extent necessary to preserve the basic characteristics that distinguish them from the majority population. Individual members of minorities are protected by the non-discrimination provisions of the human rights instruments, and minority groups are additionally protected by specific provisions.

رأی:

دادگاه، ماده 19 دادگاه حقوق بشری قاره‌ای آمریکا در مورد حقوق کودک را، در چهارچوب مواد 4 و 5 دادگاه حقوق بشری قاره‌ای آمریکا که به ترتیب به حقوق حیات و رفتار انسانی مربوط می‌شوند، تحلیل کرد. در این رابطه، حکومت مثبتا وظیفه دارد تضمین کند افرادی که آزادیشان سلب شده است از شرایط لازم برای حفظ حیثیت برخوردارند، و در رابطه با بازداشت شدگان خردسال مسئولیت سنگین‌تری مطرح می‌شود. زندانیان این مؤسسه در شرایط خشن، ناامن، فاسد و بی‌بند و بار به سر می‌بردند، و به اندازه کافی توجهات پزشکی یا فرصت‌های آموزشی که برای رشد جسمی، مغزی، روانی و اخلاقی آنان حیاتی است دریافت نمی‌کردند؛ و تشخص جسمی، مغزی و اخلاقی آنان رعایت نشده است. حقوق زندانیان به این وسیله نقض شده است که خردسالان همیشه از بزرگسالان جدا نبودند یا برای تنبیه به زندان بزرگسالان منتقل می‌شدند. و بالاخره، کوتاهی حکومت در جلوگیری از آتش‌سوزی و شورش‌های خشونت‌آمیز به مرگ و جراحت منجر شده و حقوق مربوط به تشخص جسمی، مغزی و اخلاقی زندانیان نقض شده است.

دادگاه هم‌چنین تشخیص داد که حکومت به دلیل قصور در تأسیس یک نهاد قضایی تخصصی یا رویه مخصوص قضایی برای کودکان خردسال، مواد 2 و 8 دادگاه حقوق بشری قاره‌ای آمریکا در ارتباط با ماده 19 را نقض کرده است. ولی دادگاه تشخیص داد که اطلاعات کافی برای صدور حکم در مورد نقض ماده 8 (محاکمه عادلانه) به خاطر کندی و نقایص دادرسی، و ماده 7 (آزادی شخصی) به خاطر بازداشت‌های پیشگیرانه، در اختیار ندارد.

علاوه بر این، دادگاه تشخیص داد که حکومت در اتخاذ اقدامات فوری برای پاسخگویی به شکایاتی که از سوی برخی از نمایندگان قربانیان عرضه شده کوتاهی کرده است.

از جمله موارد دیگر، دادگاه دستور داد که حکومت پاراگوئه به زندانیان سابق که مجروح شده بودند و به خانواده زندانیانی که درگذشته‌اند، خسارت‌های مادی و مزدهای از دست رفته آنان را بپردازد؛ به خاطر درد و رنج‌هایی وارده و هزینه‌های حقوقی غرامت بدهد؛ و مراقبت‌های پزشکی و روانی رایگان و کمک‌های آموزشی و حرفه‌ای در اختیار زندانیان سابق قرار دهد.

حقوق اقلیت ها

۱

تعریف و پیشینه

حمایت از حقوق اقلیت ها یک عنصر کلیدی برای ترویج صلح،امنیت و توسعه ی با دوام اقتصادی است.تعارضات بین و درون دولت ها اغلب مربوط به حیات اقلیت هاست که از تبعیض رنج می برند. به موجب اصل فراگیر عدم تبعیض اشخاصی که به گروههای اقلیت تعلق دارند حق دارند که مانند جمعیت اکثریت به طور برابر با آنها رفتار شود. در زمان مشابه برای رسیدن به برابری کامل لازم است که اقلیت ها از رفتار متمایز به حد لازم برخوردار شوند تا ویژگیهای اساسی که آنها را از جمعیت اکثریت متمایز می کند حفظ کنند. اعضای اقلیت ها به وسیله مقررات عدم تبعیض اسناد حقوق بشری مورد حمایت قرار می گیرند و گروههای اقلیت علاوه بر این از طریق مقررات خاص حمایت می شوند.

1. What is a 'Minority'?[406]

A minority is a 'non-dominant group of individuals who share certain national, ethnic, religious or linguistic characteristics which are different from what the majority population has'; individuals belonging to a minority group are bound among themselves by a solidarity to preserve their culture, traditions, religion and language. The definition of a 'minority' involves objective and subjective elements, explained in the following paragraphs.

The **objective elements** are the differences of the minority group from the majority in terms of **ethnicity, religion** and **language**, and also in terms of the **number** of persons in the minority group. A minority group must be smaller in numbers than the rest of the population of the State and non-dominant. For instance, foreigners and dominant minorities, such as the white minority in South Africa under apartheid, do not fall under the definition of a 'minority' under international human rights law. In cases where a State is composed of large numbers of groups with certain national, ethnic, religious or linguistic characteristics, none of which make a majority, all those groups should be protected as minorities. Regarding their **status,** individuals belonging to a minority need to be citizens of the State;[407] international human rights law protects the rights of minorities de facto existing in a State, even if they are not nationals of that State.

The **subjective** element of the definition relies on the **principle of self-determination**, according to which it is for the individual to decide whether he or she wants to belong to the group in question and preserve the characteristics of the group. The principle of self-determination is applied leniently in that frequently the subjective element is deduced by the objective existence of a minority, in order to protect individuals of a group from eventual pressure from the State authorities to keep silent and not declare their solidarity.[408]

Also, minority groups which have been in existence for a very long time do not need to express their solidarity in a positive manner to protect their minority rights.

2. What are Minority Rights?[409]

The differential treatment of minority groups aims at the equality of all individuals within the territory of a State and, consequently, minority rights are not privileges. Minority rights are granted to the individual members of a minority group in addition to individual rights.

---

[406] OHCHR Fact Sheet No 18 (Rev 1), Minority Rights, published online at: <http://www.ohchr.org/english/about/publications/docs/fs18.htm#N_1_> (last visited 10 August 2007); Francesco Capotorti, 'Étude des droits des personnes appartenant aux minorités ethniques, religieuses et linguistiques', Doc E/CN 4/Sub. 2/1979/384 (Publications des Nations Unies, Genève, 1979) 119; Fransesco Capotorti , 'Minorities' (1985) 8 Encyclopaedia of Public International Law 385.

[407] OHCHR General Comment No 23: the rights of minorities (Art 27) UN Doc CCPR/C/21/Rev.1/Add.5 (8 April 1994); OHCHR General Comment No 15: the position of aliens under the Covenant CCPR, UN Doc (22 July 1986).

[408] See also Commission on Human Rights, Specific Groups and Individuals: Minorities, Report of the independent expert on minority issues, Gay McDougall, UN Doc E/CN.4/2006/74 (6 January 2006) 23.

[409] Commentary of the Working Group on Minorities to the United Nations Declaration on the Rights of Persons Belonging to National or Ethnic, Religious and linguistic minorities, Note by the Secretary-General, UN Doc E/CN.4/Sub.2/AC.5/2005/2 (4 April 2005).

اقلیت چیست؟[406]

اقلیت یک گروه غیر مسلط از اشخاصی است که در ویژگیهای خاص ملی، قومی، مذهبی یا زبانی مشترکند که متفاوت از ویژگیهایی است که گروه اکثریت دارد. اشخاص متعلق به گروه اقلیت در میان خودشان به اتحاد ملزم می شوند تا فرهنگ، سنت، مذهب و زبانشان را حفظ کنند. تعریف اقلیت شامل عناصر عینی و ذهنی می شود که در پاراگراف های زیر توضیح داده می شود.

عناصر عینی تفاوت های گروه اقلیت از اکثریت در **قومیت، مذهب و زبان** و همچنین در **تعداد** اشخاص گروه اقلیت است. ی ک گروه اقلیت باید در تعداد کمتر از بقیه جمعیت کشور و غیر مسلط باشد. برای نمونه بیگانگان و اقلیت های مسلط،مانند اقلیت سفید پوست در آفریقای جنوبی در دوران آپارتاید، داخل در تعریف اقلیت به موجب حقوق بشر بین المللی نمی گردد. در مورد یک کشور که از تعداد زیادی از گروهها با ویژگیهای ملی، قومی، مذهبی یا زبانی خاص تشکیل شده است که هیچ یک اکثریت ندارند، تمام گروهها باید به عنوان اقلیت مورد حمایت واقع شوند .اشخاص متعلق به گروه اقلیت با توجه به وضعیتشان باید شهروندان دولت باشد[407]. حقوق بشر بین المللی از حق های اقلیت هایی که در یک کشور وجود دارند حتی اگر تبعه آن کشور نباشند بصورت دو فاکتو حمایت می کند.

عنصر **ذهنی** تعریف بر **اصل تعیین سرنوشت** متکی است.که طبق آن فرد باید تصمیم بگیردکه آیا او می خواهد متعلق به گروه مورد نظر باشد و ویژگیهای گروه را حفظ کند؟ اصل تعیین سرنوشت با نرمش بکار گرفته می شود به این ترتیب که در آن غالباً عنصر ذهنی از طریق وجود عینی یک اقلیت استنباط می شود تا افراد یک گروه را از فشار مقامات دولت برای سکوت و عدم اعلام اتحادشان حفظ کند[408].

همچنین گروههای اقلیتی که برای مدت زمان طولانی وجود داشته‌اند ، برای حفظ حقوق اقلیتشان نیازی به بیان هم‌بستگی‌شان به روشی قاطع ندارند.

حقوق اقلیت چه چیزهایی هستند؟[409]

رفتار متفاوت با گروه اقلیت به طور دقیق برابری تمام افراد در سرزمین یک کشور را هدف قرار داده است. بنابراین،حقوق اقلیت امتیاز نیستند. حقوق اقلیت به اعضا گروه اقلیت به علاوه حقوق فردی اعطا می شود.

---

406 - برگه شماره 18 دفتر کمیسیون عالی حقوق بشر، حقوق اقلیت ، منتشرشده درسایت اینترنتی: http://www.ohchr.org/English/about/publications/docs/fs18.htm#N_1_(last visited 10 August 2007) و مراجع زیر:

Francesco Capotorti,Etude des droits des personnes appartenant aux minorites ethniques,religieuses et linguistiques, Doc.E/CN.4/Sub.2/1979/384,Publications des Nations Unies,Geneve,1979,119;Fransesco Capotori, "Minorities" 8Encyclopedia of Public International Law 1985 p.385.

407 - تفسیر عمومی شماره 23 دفترکمیسیون عالی حقوق بشر: حق اقلیت ها (ماده 27)، سند شماره CCPR/C/21/Rev.1/Add.5 مورخ 8 آوریل 1994، تفسیر عمومی شماره 15: جایگاه خارجیان تحت میثاق حقوق مدنی و سیاسی مورخ 22 ژوئیه 1986.

408 - هم چنین به کمیسیون حقوق بشر، گروه ها و افراد مشخص: اقلیت ها، گزارش متخصص مستقل در مسایل اقلیتي مراجعه کنید: Gay McDougall, UN Doc E/CN.4/2006/74 (6 January 2006) 23

409 - گزارش کارگروه اقلیت ها برای اعلامیه سازمان ملل درخصوص حقوق افراد متعلق به اقلیت های ملی یا گروهی، مذهبیی و زبانی، ذکرشده توسط دبیرکل سازمان ملل، سند شماره E/CN.4/Sub.2/AC.5/2005/2 مورخ 4 آوریل 2005.

Minority rights are **collective rights** granted to the individual members of a minority group 'in community with the other members of their group' (ICCPR Article 27) in order to prevent individuals from abusing minority rights for causes that are not desired by the minority as a unit. Minority rights are thus additional to all other individual rights.[410]

The Human Rights Committee explains the relationship between ICCPR Articles 2(1) and 26 on non-discrimination and Article ICCPR 27 on minority rights as follows:

> The entitlement, under article 2.1, … applies to all individuals within the territory or under the jurisdiction of the State whether or not those persons belong to a minority. In addition, there is a distinct right provided under article 26 … It governs the exercise of all rights, whether protected under the Covenant or not, which the State party confers by law on individuals within its territory or under its jurisdiction, irrespective of whether they belong to the minorities specified in article 27 or not.[411]

The rights of minority groups are the protection of existence, protection from non-exclusion, protection from discrimination and protection from non-assimilation:

(a) **Protection of existence** means protection of the physical existence of the minority group,[412] namely the continued existence on the territory where it lives and its continued access to the material resources needed to exist on that territory. The right also includes respect for and protection of the religious and cultural heritage of a minority, such as buildings and sites.

(b) **Protection from non-exclusion** refers to the protection of a minority group from exclusion from the national society. Apartheid is one extreme version of such exclusion, where different groups were excluded from participating in the society.

(c) **Protection from discrimination** implies that individuals belonging to a minority shall not be discriminated in any way other than the differential treatment they enjoy to preserve their basic characteristics.

(d) Finally, **protection from non-assimilation** aims to protect and promote conditions for the group identity of a minority, thus working towards cultural diversity both internationally and nationally.

B. LIMITATIONS

The character of minority rights is not absolute, and thus States may impose justified limitations, as long as these are objective and reasonable and especially if minority rights collide with other protected human rights; for instance, individuals of a minority group using their language to advocate religious hatred in violation of ICCPR Article 20 are restricted in the exercise of their minority rights. Derogations are also permitted in the case of a public emergency threatening the life of the nation, but only to the extent needed to respond to the situation and under the condition that the measures are not inconsistent with other obligations of the State under international law and do not involve discrimination solely on the grounds of race, colour, sex, language, religion or social origin.[413]

---

[410] OHCHR General Comment No 23: The rights of minorities (Art 27) UN Doc CCPR/C/21/Rev.1/Add.5 (8 April 1994) paras 1 and 9.

[411] ibid 4.

[412] The right to physical existence is provided by the Convention on the Prevention and Punishment of the Crime of Genocide (adopted 9 December 1948, entered into force 12 January 1951).

[413] ICCPR Article 4.

حقوق اقلیت حق‌های جمعی هستند که به اعضا یک گروه اقلیت«در اجتماع با دیگر اعضای گروه اقلیت» به منظور جلو گیری از بکارگیری نابجای حقوق اقلیت برای اهدافی که توسط اقلیت به عنوان یک واحد درخواست نمی شود، اعطا می شود. حقوق اقلیت بنابراین مازاد بر تمام حقوق فردی دیگر هستند[410].

کمیته حقوق بشر ارتباط بین مواد 2 (1) از میثاق بین المللی حقوق مدنی و سیاسی و 26 در مورد عدم تبعیض و ماده 21 میثاق بین المللی حقوق مدنی و سیاسی در مورد حقوق اقلیت را آن گونه که در ذیل می آید تو ضیح می دهد:

«استحقاق، به موجب بند 1 ماده ی 2 و[...] در مورد تمام اشخاص در سرزمین یا تحت صلاحیت کشور اعمال می گردد چه آن اشخاص متعلق به اقلیت باشند یا نباشند. علاوه بر این، یک حق متمایز که به موجب ماده 26 مقرر گردیده، وجود دارد[...].که بر اعمال تمام حقوقی جاکم است که دولت به وسیله ی قانون به اشخاص در سرزمینش یا تحت صلاحیتش،بدون توجه به این که آیا به اقلیت های مشخص شده در ماده27 تعلق دارند یا نه، اعطا می کند چه این حقوق تحت میثاق حمایت گردند یا حمایت نگردند[411].

حقوق گروههای اقلیت حمایت از حیات، حمایت از عدم محرومیت، حمایت در برابر تبعیض و حمایت از عدم همگونی است.

-**حمایت از وجود** : به معنای حمایت از وجود فیزیکی گروه اقلیت است.[412] یعنی وجود مداوم در سرزمینی که اقلیت در آن زندگی می کند.و دسترسی مداوم گروه به منابع مادی که برای حیات در آن سرزمین لازم است تا در سرزمین به حیات خود ادامه دهد. این حق همچنین شامل احترام گذاشتن و حمایت از میراث فرهنگی و مذهبی اقلیت مانند ساختمان ها و مکان هاست.

-**حمایت از عدم محرومیت:** به حمایت در برابر محرومیت گروه اقلیت از جامعه ملی اشاره می کند. آپارتاید نمونه ی اوج چنین محرومیتی است که گروههای مختلف از مشارکت در جامعه محروم می شدند.

-**حمایت از تبعیض:** حاکی از این است که افرادی که به گروه اقلیت تعلق دارند از هیچ لحاظی مورد تبعیض قرار نمی گیرند غیر از برخورد متفاوتی که برای حفظ ویژگیهای اساسی شان از آن بهره‌مند می گردند .

-سرانجام **حمایت از عدم مشابه سازی:** حمایت و ترویج شرایط برای هویت گروه اقلیت را در راستای تنوع فرهنگی هم در سطح بین المللی هم در سطح داخلی مد نظر قرار می دهد.

محدودیت ها

ویژگی حقوق اقلیت ها مطلق نیست بنابراین دولت ها ممکن است محدودیت‌های موجهی را به شرطی که عینی و منطقی باشند، مد نظر قرار دهند، مخصوصاً اگر حقوق اقلیت ها با سایر حقوق انسانی مورد حمایت در تضاد قرار گیرد. برای نمونه افراد یک گروه اقلیت که زبانشان را برای تنفر مذهبی بر خلاف ماده 20 میثاق بین المللی حقوق مدنی و سیاسی استفاده می کنند، در اعمال حقوق اقلیت محدود می شوند. محدودیت‌هاهمچنین در مورد حالت اضطراری عمومی تهدید کننده زندگی ملل اجازه داده شده است، اما فقط تا حدی که برای پاسخ دادن به آن وضعیت لازم است.و تحت شرایطی که آن اقدامات در تضاد با تعهدات دیگرکشور به موجب حقوق بین الملل نیست و شامل تبعیض بر اساس نژاد، رنگ، پوست، جنسیت، زبان، مذهب یا منشأ اجتماعی نمی گردد[413].

---

410 - تفسیر عمومی شماره 23 دفترکمیسیون عالی حقوق بشر: حق اقلیت ها (ماده 27)، سند شماره CCPR/C/21/Rev.1/Add.5 مورخ 8 آوریل 1994، پاراگراف یک و نه.

411 - همان منبع، پاراگراف 4.

412-حق بر حیات فیزیکی در کنوانسیون جلوگیری و مجازات جرم نسل کشی تصویب شده در 9 دسامبر 1948 و لازم الاجراشده در12 ژانویه 1951 مقرر شده است.

413 - ماده 4 میثاق بین المللی حقوق مدنی و سیاسی

C. ISSUES

1. Ethnic Minorities

An ethnic minority is a group of individuals belonging to a country's population, which is different from the majority of the population because it has its own **history** and **culture** and often distinct **biological** features. Ethnic minorities may be migrant populations, indigenous communities or landless nomadic populations and presently they characterize most large societies.

While culture is one of the main features of ethic minorities, cultural rights in general, including religion and language, are not exclusively associated with ethnic minorities. Common language is not a necessary feature of an ethnic minority, and ethnic minorities can simultaneously be linguistic or religious minorities.

ICCPR Article 27 on minority rights refers to the rights of **indigenous peoples**. There has been a growing trend for the protection of indigenous rights in the international arena and indigenous peoples are now granted specific protection through a number of international instruments, among them the International Labour Organization Convention No 107 and, later, No 169,[414] and most importantly the UN Declaration on the Rights of Indigenous Peoples, the draft of which had been debated for 11 years, and was finally adopted by the Human Rights Council on 29 June 2006 and the UN General Assembly on 7 September 2007.[415]

2. Religious Minorities

The rights of religious minorities under ICCPR Article 27 come to complement the freedom of religion guaranteed under ICCPR Article 18 and the practice of the freedom of religion by a group. Consequently, if a person is prevented from enjoying the religious and cultural life of the minority group to which he or she belongs **in community** with the other community members, ICCPR Article 27 on the protection of minority rights is violated; if a person is prevented from **individually** professing the religion of the minority, ICCPR Article 18 on the freedom of religion is violated.

Religious minorities are groups of individuals with different religious beliefs from the majority population. Religious minorities may be ethnic and/or linguistic minorities at the same time. However, religious minorities are distinct from ethnic and linguistic minorities, because they are established on a voluntary basis. Also, the freedom of religion (ICCPR Article 18) protects not only individuals who choose to have a religion, but also those who choose not to have any religion and/or convert from one religion to another; on the basis of this rationale, the rights of irreligious, atheist and agnostic groups are equally protected under the human rights provisions on minority rights.

---

[414] Convention Concerning the Protection and Integration of Indigenous and Other Tribal and Semi-Tribal Populations in Independent Countries (ILO No 107) (26 June 1957) 328 UNTS 247, (entered into force 2 June 1959); Convention Concerning Indigenous and Tribal Peoples in Independent Countries (ILO No 169) (27 June 1989) 28 ILM 1382 (entered into force 5 September 1991).

[415] Declaration on the Rights of Indigenous Peoples, Human Rights Council Resolution 2006/2 (29 June 2006) and Sixty-first General Assembly, Plenary, UN Doc A/61/L.67.

اقلیت های قومی:

یک اقلیت قومی گروهی از اشخاص است که به جمعیت کشور تعلق دارد که متفاوت از اکثریت جمعیت است به این دلیل که ویژگی **تاریخی و فرهنگی** و اغلب **بیولوژیکی** متمایز به خود دارد. اقلیت های قومی ممکن است جمعیت مهاجر، اجتماعات بومی یا جمعیت آواره بدون زمین باشند و در حال حاضر معرف اجتماعات بسیار بزرگی هستند. در حالی که فرهنگ یکی از مهم ترین ویژگی های اقلیت های قومی است، حقوق فرهنگی در کل به شمول زبان و مذهب ،صرفاً به اقلیت های قومی مرتبط نیست. زبان مشترک یک ویژگی ضروری اقلیت قومی نیست و اقلیت های قومی می توانند هم زمان اقلیت زبانی یا مذهبی باشند.

همچنین ماده 27 میثاق بین المللی حقوق مدنی و سیاسی در مورد حقوق اقلیت به حقوق **مردم بومی** هم اشاره می کند.یک گرایش فزاینده برای حمایت از حقوق بومیان در صحنه بین المللی وجود داشته است و اکنون به مردم بومی حمایت مخصوصی از طریق تعدادی اسناد بین المللی اعطا شده است. از جمله ی این اسناد کنوانسیون سازمان بین المللی کار شماره 107 و بعدا شماره 169[414] و مهمتر از همه، اعلامیه سازمان ملل متحد در مورد حقوق مردم بومی است که پیش نویس آن مدت 11 سال مورد بحث قرار گرفت و سرانجام توسط شورای حقوق بشر در 29 ژوئن 2006 و مجمع عمومی سازمان ملل در 7 سپتامبر 2007 تصویب شد[415].

اقلیت های مذهبی:

حقوق اقلیت های مذهبی به موجب ماده 27 میثاق بین المللی حقوق مدنی و سیاسی، آزادی مذهبی تضمین شده به موجب ماده 18 میثاق بین المللی حقوق مدنی و سیاسی، و اعمال آزادی مذهب توسط یک گروه را تکمیل می کند. بنابر این اگر یک شخص از برخورداری از زندگی فرهنگی و مذهبی گروه اقلیتی که به آن تعلق دارد **به صورت دسته جمعی** با دیگر اعضای گروه محروم شود، ماده 27 میثاق بین المللی حقوق مدنی و سیاسی در مورد حمایت از حقوق اقلیت نقض شده است. اگر شخصی از اظهار مذهب اقلیت به طور **فردی** منع شود، ماده 18 میثاق بین المللی حقوق مدنی و سیاسی در مورد آزادی مذهب نقض شده است.

اقلیت های مذهبی گروهی از افراد با اعتقادات مذهبی متفاوت از گروه اکثریت هستند .اقلیت های مذهبی ممکن است همزمان اقلیت قومی یا زبانی باشند. در هر حال اقلیت های مذهبی به دلیل این که بر یک مبنای ارادی بنیان گذاشته شده متمایز از اقلیت های قومی و زبانی هستند. .همچنین آزادی مذهب ماده 18 میثاق بین المللی حقوق مدنی و سیاسی نه تنها از اشخاصی که داشتن یک مذهب را انتخاب می کنند حمایت می کند بلکه همچنین آنهایی را که نداشتن هر گونه مذهبی را انتخاب می کنند و یا از یک مذهب به مذهب دیگر تغییر عقیده می دهند،مورد حمایت قرار می دهد. بر اساس این منطق حقوق گروههای بی دین و ملحد و لا ادری به طور مساوی به موجب مقررات حقوق بشری در مورد حقوق اقلیت ها مورد حمایت قرار می گیرد.

---

[414] - کنوانسیون مرتبط با حمایت و ائتلاق بومیان و دیگراقوام قبیله ای و شبه قبیله ای درکشورهای مستقل، شماره 107 سازمان بین المللی کار، مورخ 26 ژوئن 1957، 328 U.N.T.S 247، درتاریخ دوم ژوئن 1959 لازم الاجرا شد؛ کنوانسیون مرتبط با حمایت و ائتلاق بومیان و دیگراقوام قبیله ای و شبه قبیله ای درکشورهای مستقل، شماره 107 سازمان بین المللی کار، مورخ 27 ژوئن 1989، 28 I.L.M.1382، درتاریخ 5 سپتامبر 1991 لازم الاجراشد.

[415] - اعلامیه حقوق مردم بومی، قطعنامه شماره 2006/2 شورای حقوق بشرمورخ 29 ژوئن 2006 و شصت و یکمین مجمع عمومی، شامل تمام اعضا، سند سازمان ملل بشماره A/61/L.67

3. Linguistic Minorities

A linguistic minority is a group that internally and publicly uses a language different from the language used by the majority of the population. There is no requirement that the minority language be written. Groups of individuals whose language differs slightly in pronunciation from the majority group language are not linguistic minorities. The identification of a linguistic minority group becomes a difficult task in cases where there is debate on the characterization of a language as a 'dialect' or a 'language'.

The rights of linguistic minorities under ICCPR Article 27 should be distinguished from the right of freedom of expression (ICCPR Article 19), which is provided to all individuals, independently of whether they are members of a minority group or not. It should also be distinguished from the right to assistance of an interpreter as a prerequisite of the right to a fair trial (ICCPR Article 14.3f) in case the accused cannot understand or speak the language used in court.

4. Gender and Sexual Minorities

Because of discrimination against women and inequality of rights in a great number of contemporary societies, women can be seen as a minority group (**gender minority**).[416]

Also, existing discrimination against lesbian, gay, bisexual and transgender individuals on the basis of sexual orientation qualifies them as minority groups (**sexual minorities**). Sexual minorities are discriminated against on the basis of lifestyles, intimate associations, or other forms of self-identification or expression considered to be derogating from what in contemporary societies has become the widespread dominance of normative heterosexuality.[417] Sexual minorities also include anybody with non-normative sexuality and gender expression. International human rights instruments are designed to embrace the sexual diversity in everyone and prohibit and eradicate discrimination based on the sexual characteristics of a group or individual.

Two basic issues are related to sexual orientation today: (a) the prohibition of any kind of discrimination on the basis of sexual orientation; and (b) the recognition of same-sex relationships, and the extension to them of the same benefits and rights accorded to heterosexual relationships, such as medical treatment, custody and adoption of children.

The emphasis of the gay rights movement has shifted from decriminalization of specific sexual acts in its earlier days, to the wider acceptance of equal rights for gay individuals. In a small number of countries, protection against discrimination on the basis of sexual orientation or gender identity has been institutionalized, but in most countries the status of homosexuals has not changed or even homosexual relations constitute criminal assaults.

5. Disabled Minorities

The disability rights movement has contributed to an understanding of disabled people as people not only disadvantaged by their impairments, but also as a minority disadvantaged by society, in which social institutions and technologies are designed for the dominant group.

Difference in physical or psychological functioning is presently emphasized over disability. The deaf community is often regarded as a linguistic minority.

A disabled person is a person with 'long-term physical, mental, intellectual or sensory impairments which in interaction with various barriers may hinder their full and effective participation in society on an equal basis with others.'[418] The World Health Organization (WHO) makes a distinction between impairment, disability and handicap:[419]

---

[416] See in detail the section on Women's Rights in International Law p 176 et seq.

[417] Eric Heinze, *Sexual Orientation: A Human Right* (Martinus Nijhoff, Dordrecht/Boston/London, 1995) 12.

[418] See Article 1 of the Convention on the Rights of Persons with Disabilities adopted by UNGA Resolution 61/106 (24 January 2007).

[419] See History of Disability and the United Nations at <http://www.un.org/esa/socdev/enable/history.htm> (13 August 2007).

اقلیت های زبانی:
اقلیت زبانی گروهی است که در درون خود و به طور عمومی یک زبان متفاوت از زبانی را که به وسیله اکثریت مردم استفاده می شود بکار می برند. هیچ الزامی وجود ندارد که زبان اقلیت مکتوب باشد. گروههای افرادی که زبانشان به میزان کمی در تلفظ از گروه اکثریت متمایز است، اقلیت های زبانی نیستند و شناسایی گروه اقلیت زبانی در مواردی که بحث در مورد توصیف یک زبان به عنوان یک لهجه یا زبان وجود دارد یک وظیفه دشوار می شود.

حقوق اقلیت های زبانی به موجب ماده 27 میثاق بین المللی حقوق مدنی و سیاسی باید از حق آزادی بیان که برای تمام افراد فراهم می شود تمایز داده شود مستقل از این که آن‌ها عضو یک گروه اقلیت هستند یا نه. چنین، این حق باید از حق به کمک یک مترجم به عنوان شرط لازم حق محاکمه منصفانه در موردی که متهم نمی تواند زبان استفاده شده در دادگاه را بفهمد یا صحبت کند، تمیز داده شود (ماده 14 بین المللی حقوق مدنی و سیاسی).

جنسیت و اقلیت های جنسی:
به دلیل تبعیض علیه زنان و نابرابری حقوق در تعداد زیادی از جوامع معاصر ،زنان می‌توانند به عنوان یک گروه اقلیت مد نظر قرار گیرند (اقلیت جنسیتی). .همچنین وجود تبعیض علیه زنان همجنس گرا، مردان همجنس گرا، دوجنسی ، آنها را بر اساس موقعیت جنسی به عنوان گروه اقلیت محسوب می کند (اقلیت جنسی)[416]. اقلیت های جنسی بر اساس شیوه زندگی، روابط جنسی، یا اشکال تعیین هویت خود یا بیانی که انحراف از آنچه که در جوامع معاصر به سلطه وسیع هنجار دگرجنس‌خواهی منجر شده تلقی می‌شود مورد تبعیض واقع می شوند اقلیت های جنسی هم چنین شامل هر کسی با جنسیت و حالت غیر معمول می شود. اسناد حقوق بشر بین المللی به شیوه‌ای طراحی شده اند تا شامل تنوع جنسی در هر کسی شوند و تبعیض بر اساس ویژگیهای جنسی یک گروه یا شخص را ممنوع کنند و از بین ببرند.[417]

دو موضوع اساسی که با گرایش جنسی امروزه ارتباط پیدا می کند:(آ) ممنوعیت هر نوع تبعیض بر اساس گرایش جنسی و (ب) شناسایی روابط جنسی همجنسان و گسترش مزایا و حقوق مشابه مطابق با روابط ناهمجنسگرایان به آنها مانند درمان پزشکی،حضانت و فرزندخواندگی کودکان.

تأکید نهضت حقوق مردان همجنس گرا که در روزهای آغازینش بر جرم زدایی از اعمال جنسی خاص بود به پذیرش گسترده حقوق مساوی برای افراد همجنس گرا تغییر یافته است.در تعداد کمی از کشورها حمایت در برابر تبعیض بر اساس موقعیت جنسی یا هویت جنسی نهادینه شده است اما در بیشتر کشورها وضعیت همجنس گرایان تغییر نیافته است یا حتی روابط همجنس خواهانه پیامدهای کیفری را به دنبال دارد.

اقلیت های معلول:
جنبش حقوق معلولین نه فقط به درک معلولان به عنوان کسانی که به دلیل نقص عضو از توانایی‌های محروم شده‌اند و بلکه به عنوان یک اقلیت نادیده گرفته شده از سوی جامعه‌ای که در آن نهادها و تکنولوژی های جامعه برای گروه غالب طراحی شده نیز کمک کرده و است.

در حال حاضر بر **تفاوت** در کارکرد فیزیکی یا روان شناسی به جای معلولیت تأکید می‌شود. جامعه ناشنوایان اغلب به عنوان اقلیت زبانی مورد توجه قرار می گیرد.

یک شخص معلول شخصی است با صدمات فیزیکی، روحی، عقلی یا حسی طولانی مدت که در یک کنش متقابل با موانع متفاوت ممکن است مانع از مشارکت موثر و کامل انها بر یک مبنای مساوی با دیگران شود[418]. سازمان بهداشت جهانی یک تمایز بین اختلال، معلولیت و نقص عضو قائل می شود.[419]

---

[416] نگاه کنید به بخش حقوق زنان در حقوق بین الملل

[417] Eric Heinze, Sexual Orientation: A Human Right, 1995, Martinus Nijhoff Publishers, Dordrecht/ Boston/ London,page 12.

[418] نگاه کنید به ماده 1 کنوانسیون حقوق افراد معلول مصوب مجمع عمومی سازمان ملل، قطعنامه 61/106 مورخ 24 ژانویه 2007.

[419] نگاه کنید به تاریخچه معلول و سازمان ملل در سایت :
http://www.un.org/esa/socdev/enable/history.htm(13 August 2007)

(a) **mpairment** is any loss or abnormality of psychological, physiological, or anatomical structure or function, such as (partial) blindness, deafness, paralysis or amputation of a limb, mental retardation, or loss of speech.

(b) **Disability** is a functional limitation or activity restriction caused by impairment, such as the difficulty to see, speak or hear, difficulty to move, difficulty the bathe, eat or toilet.

(c) Finally, **handicap** describes the social and economic roles of impaired or disabled persons that place them at a disadvantage compared to other persons, such as being bedridden or confined at home, being unable to use public transport or being socially isolated. Handicaps are concerned with the disadvantages experienced by the individual as a result of impairments and disabilities; they reflect interaction with and adaptation to the individuals' surroundings.

Adopted by the General Assembly in January 2007, the **Convention on the Rights of Persons of Disabilities** has the objective to ensure that people with disabilities enjoy the same human rights as everybody else in modern societies.

6. Age Minorities

While in the past—and also in several cultures today—elderly people have had a particularly influential role, in most modern societies elderly people suffer from discrimination and constitute a minority of economically non-active individuals. Children can also be seen as a minority, when adults are prejudiced against children or youth.

D. LEGAL INSTRUMENTS FOR THE PROTECTION OF MINORITIES

1. Universal Instruments

(a) Treaties

(i) Declaration on the Rights of Persons Belonging to National or Ethnic, Religious and Linguistic Minorities 1992[420]
Article 2
1. Persons belonging to national or ethnic, religious and linguistic minorities (hereinafter referred to as persons belonging to minorities) have the right to enjoy their own culture, to profess and practise their own religion, and to use their own language, in private and in public, freely and without interference or any form of discrimination.

(ii) UNESCO Convention against Discrimination in Education 1960
Article 5.1
 c) It is essential to recognize the right of members of national minorities to carry on their own educational activities, including the maintenance of schools and, depending on the educational policy of each State, the use or the teaching of their own language, provided however:
(i) That this right is not exercised in a manner which prevents the members of these minorities from understanding the culture and language of the community as a whole and from participating in its - activities, or which prejudices national sovereignty;
(iii) That attendance at such schools is optional.

---

[420] Declaration on the Rights of Persons Belonging to National or Ethnic, Religious and Linguistic Minorities, UNGA Res 47/135 (18 December 1992).

اختلال یک فقدان یا نابهنجاری عملکرد یا ساختار فیزیکی، روانی و کالبد شناختی ،مانند نابینایی، ناشنوایی، فلج یا قطع یک دست یا پا، عقب افتادگی ذهنی، یا ناتوانی در سخن گفتن است.

معلولیت یک محدودیت کارکردی یا محدودیت فعالیتی است که به وسیله اختلال ایجاد شده است. مانند دشواری در دیدن، صحبت کردن، یا شنیدن، دشواری در حرکت، دشواری در حمام کردن، خوردن یا توالت رفتن.

نهایتاً **نقص** نقشهای اقتصادی، اجتماعی اشخاص معلول و دارای اختلال را توصیف می کند که آنها را در وضعیت نامطلوب در مقایسه با سایر افراد قرار می دهد .همانند علیل بودن یا محدود شدن در خانه، ناتوان بودن در استفاده از حمل و نقل عمومی، منزوی بودن از نظر اجتماعی. نقص عضوها با وضعیت های نامطلوب تجربه شده توسط افراد به عنوان نتیجه آسیب دیدگی ها و معلولیت ها ارتباط پیدا می کند. آنها کنش متقابل و انطباق با محیط افراد را منعکس می کنند.

کنوانسیون حقوق اشخاص معلول پذیرفته شده توسط مجمع عمومی در ژانویه 2007 به طور عینی تضمین می کندکه مردم دارای معلولیت از حقوق مشابه انسانی مانند هر انسان دیگری در جوامع مدرن بهر مند شوند.

اقلیت های سنی:

در حالی که در گذشته و در چندین فرهنگ امروز ،مردم مسن نقش موثر خاصی را داشته اند، در بیشتر جوامع مدرن مردم مسن از تبعیض رنج می برند و یک اقلیت غیر فعال اقتصادی را تشکیل می دهند. کودکان همچنین می توانند به عنوان یک اقلیت در نظر گرفته شوند هنگامی که بزرگسالان نسبت به کودکان یا جوانان غرض ورزی می کنند.

اسناد مهم بین‌المللی

1-اسناد جهانی

معاهدات:

بیانیه حقوق اشخاص متعلق به اقلیت های ملی یا قومی،مذهبی و زبانی1992[420]

ماده 2-اشخاص متعلق به اقلیت های ملی قومی مذهبی و زبانی(از این پس به عنوان اشخاص متعلق به اقلیت ها مورد اشاره قرار می گیرند.) حق بهره مندی از فرهنگ خود حق اظهار و عمل کردن به مذهبشان و استفاده کردن از زبانشان در حریم خصوصی و در ملاعام، آزادانه و بدون مداخله یا هر شکل از تبعیض را دارند.

کنوانسیون یونسکو علیه تبعیض در آموزش 1960 .

ماده5.1 .به رسمیت شناختن حق اعضای اقلیت های ملی برای پرداختن به فعالیت آموزشی شان مشتمل بر حفظ مدارس و بسته به خط مشی آموزشی هر کشور استفاده یا آموزش زبانشان که با این وصف مقرر گردیده است امری اساسی است.

(i)_این حق به روشی اعمال نگردد که اعضای این اقلیت ها را از فهم فرهنگ و زبان جامعه به عنوان یک کل و از مشارکت در فعالیت هایش جلوگیری کند یا اینکه حاکمیت ملی را تضعیف کند.

(iii)_حضور در چنین مدارسی اختیاری باشد.

---

[420] - اعلامیه حقوق افراد متعلق به اقلیت های ملی یا قومی، مذهبی و زبانی، قطعنامه مجمع عمومی سازمان ملل بشماره 47/135 مورخ دسامبر 1992.

(iii) International Covenant on Civil and Political Rights 1966
Article 2(1)
Each State Party to the present Covenant undertakes to respect and to ensure to all individuals within its territory and subject to its jurisdiction the rights recognized in the present Covenant, without distinction of any kind, such as race, colour, sex, language, religion, political or other opinion, national or social origin, property, birth or other status.
...

Article 27
In those States in which ethnic, religious or linguistic minorities exist, persons belonging to such minorities shall not be denied the right, in community with the other members of their group, to enjoy their own culture, to profess and practise their own religion, or to use their own language.

(iv) Convention on the Rights of the Child 1989
Article 30
In those States in which ethnic, religious or linguistic minorities or persons of indigenous origin exist, a child belonging to such a minority or who is indigenous shall not be denied the right, in community with other members of his or her group, to enjoy his or her own culture, to profess and practice his or her own religion, or to use his or her own language.

(v) Convention on the Rights of Persons with Disabilities and its Optional Protocol
Article 1
Purpose
The purpose of the present Convention is to promote, protect and ensure the full and equal enjoyment of all human rights and fundamental freedoms by all persons with disabilities, and to promote respect for their inherent dignity.
Persons with disabilities include those who have long-term physical, mental, intellectual or sensory impairments which in interaction with various barriers may hinder their full and effective participation in society on an equal basis with others.

Article 3
General principles
The principles of the present Convention shall be:
(a) Respect for inherent dignity, individual autonomy including the freedom to make one's own choices, and independence of persons;
(b) Non-discrimination;
(c) Full and effective participation and inclusion in society;
(d) Respect for difference and acceptance of persons with disabilities as part of human diversity and humanity;
(e) Equality of opportunity;
(f) Accessibility;
(g) Equality between men and women;
(h) Respect for the evolving capacities of children with disabilities and respect for the right of children with disabilities to preserve their identities.

(b) Other instruments—declarations/soft law

(i) UNESCO Helsinki Summit Decisions 1992
Human Dimension Chapter VI
The participating states...

میثاق بین المللی حقوق مدنی و سیاسی1966
ماده2(1)
ماده 27:در کشور هایی که اقلیت های قومی مذهبی یا زبانی وجود دارد اشخاص متعلق به چنین اقلیت هایی همراه با دیگر اعضای گروهشان از حق بهر مندی از فرهنگشان و اظهار و عمل به مذهبشان یا استفاده از زبانشان نباید محروم شوند.

کنوانسیون حقوق کودک 1989
ماده 30:
در کشور هایی که اقلیت های قومی مذهبی یا زبانی یا اشخاص بومی وجود دارد کودکی که به چنین اقلیتی تعلق دارد یا کسی که بومی است نباید همراه با دیگر اعضای گروهش از حق بهره مندی از فرهنگ،حق بیان و عمل به مذهب یا استفاده کردن از زبانشان محروم شوند.

کنوانسیون حقوق اشخاص معلول و پروتکل اختیاری آن
ماده1
هدف:
هدف کنوانسیون حاضر ترویج،حمایت و تضمین بهره مندی کامل و برابر از تمام حقوق انسانی و آزادی های اساسی توسط تمام اشخاص معلول و ترویج احترام به کرامت ذاتی آنهاست.
اشخاص معلول شامل افرادی می شود که اختلالات فیزیکی، روحی، عقلانی یا حسی طولانی مدت دارند که در کنش متقابل با ممنوعیت های متنوع ممکن است مانع از مشارکت مؤثر و کامل آنها در جامعه بر یک مبنای برابر با دیگران شود.

ماده 3
اصول کلی :
اصول این میثاق عبارتند از:
الف:احترام به کرامت ذاتی،خود مختاری فردی مشتمل بر آزادی انتخاب برای خود و استقلال اشخاص
ب: عدم تبعیض
ج:مشارکت کامل و موثر و وارد شدن در جامعه
د:احترام به تفاوتها و پذیرش اشخاص معلول به عنوان بخشی از تنوع و انسانیت بشری
ن:برابری در فرصتها
و:قابلیت دسترسی
ه:برابری بین مردان و زنان
ی:احترام به تکامل توانایی های کودکان معلول و احترام به آنها برای حفظ هویتشان

اسناد دیگر-اعلامیه‌ها/قوانین نرم
تصمیمات اجلاس یونسکو در هلسینکی 1992

بعد انسانی فصل ششم
کشورها عبارتند از.....

25. Will continue through unilateral, bilateral and multilateral efforts to explore further avenues for more effective implementation of their relevant CSCE commitments, including those related to the protection and the creation of conditions for the promotion of the ethnic, cultural, linguistic and religious identity of national minorities.

(ii) Proclamation of Teheran 1968
1. It is imperative that the members of the international community fulfill their solemn obligations to promote and encourage respect for human rights and fundamental freedoms for all without distinctions of any kind such as race, colour, sex, language, religion, political or other opinions

(iii) The Declaration on the Human Rights of Individuals who are not Nationals of the Country in Which They Live 1985[421]
Article 5
1. Aliens shall enjoy, in accordance with domestic law and subject to the relevant international obligation of the State in which they are present, in particular the following rights:
(a) The right to life and security of person; no alien shall be subjected to arbitrary arrest or detention; no alien shall be deprived of his or her liberty except on such grounds and in accordance with such procedures as are established by law;
(b) The right to protection against arbitrary or unlawful interference with privacy, family, home or correspondence;
(c) The right to be equal before the courts, tribunals and all other organs and authorities administering justice and, when necessary, to free assistance of an interpreter in criminal proceedings and, when prescribed by law, other proceedings;
(d) The right to choose a spouse, to marry, to found a family;
(e) The right to freedom of thought, opinion, conscience and religion; the right to manifest their religion or beliefs, subject only to such limitations as are prescribed by law and are necessary to protect public safety, order, health or morals or the fundamental rights and freedoms of others;
(f) The right to retain their own language, culture and tradition;
(g) The right to transfer abroad earnings, savings or other personal monetary assets, subject to domestic currency regulations

(iv) United Nations Declaration on the Rights to Belonging to National or Ethnic, Linguistic and Religious Minorities 1992
Article 2
1. Persons belonging to national or ethnic, religious and linguistic minorities (hereinafter referred to as persons belonging to minorities) have the right to enjoy their own culture, to profess and practise their own religion, and to use their own language, in private and in public, freely and without interference or any form of discrimination.
2. Persons belonging to minorities have the right to participate effectively in cultural, religious, social, economic and public life.
3. Persons belonging to minorities have the right to participate effectively in decisions on the national and, where appropriate, regional level concerning the minority to which they belong or the regions in which they live, in a manner not incompatible with national legislation.
4. Persons belonging to minorities have the right to establish and maintain their own associations.

---

[421] Declaration on the Human Rights of Individuals who are not Nationals of the Country in which They Live, UNGA Res 40/144 (13 December 1985).

-کشورهای شرکت کننده به تلاشهای یک جانبه، دوجانبه و چند جانبه برای جستجوی راههای بیشتر به منظور اجرای موثرتر تعهدات مربوط به کمیسیون امنیت و همکاری دراروپا مشتمل بر حمایت و ایجاد شرایط برای ترویج هویت ملی، مذهبی، زبانی و فرهنگی اقلیتها ادامه خواهند داد.

اعلامیه تهران 1968 :

1-ضروری است که اعضا جامعه بین المللی تعهدات رسمیشان را برای ترویج و تشویق احترام به حقوق انسانی و آزادیهای اساسی برای همه بدون تمایز از هر نوع مانند نژاد، رنگ، جنس، زبان ،مذهب، سیاست یا عقاید دیگر انجام دهند.

اعلامیه 1985 حقوق انسانی افرادی که تبعه کشوری که در آن زندگی می کنند نیستند[421]

ماده 5-1 بیگانگان مطابق با حقوق داخلی و پیرو تعهد بین المللی مربوطه کشوری که در آن هستند به ویژه از حقوق زیر بهر مند خواهند بود:

الف:حق زندگی و امنیت شخصی؛ هیچ بیگانه ای در معرض بازداشت یا حبس خودسرانه قرار نمی گیرد؛ هیچ بیگانه ای از آزادی اش محروم نمی گردد مگر بر اساس دلایل و طبق روشهایی که بوسیله قانون ایجاد شده اند.

ب:حق حمایت در برابر دخالت غیر قانونی یا خود سرانه در حریم خصوصی،خانواده،خانه یا مکاتبه

ج:حق برابری نزد دادگاه ،هیئت داوری و تمام سازمانها و مراجع دیگر که عدالت را برقرار می سازند و به هنگام ضرورت دسترسی رایگان به یک مترجم در دادرسی های کیفری و دادرسی های دیگری، که قانون مقرر داشته است.

د:حق انتخاب همسر،ازدواج و تشکیل خانواده

و:حق آزادی اندیشه، عقیده، وجدان و مذهب، حق آشکار کردن مذهب یا عقایدشان که فقط می‌تواند تحت محدودیت هایی قرار گیرند که برای حمایت از امنیت، نظم، سلامت یا اخلاق عمومی یا حقوق و آزادی های دیگران ضروری اند و قانونا. تعیین شده‌اند.

ه:حق حفظ زبان،فرهنگ و سنت خود

ی:حق انتقال در آمدها،پس انداز ها یا دارایی های پولی شخصی شان به خارج تحت مقررات ارزی داخلی

اعلامیه سازمان ملل در مورد حقوق اقلیت های ملی یا قومی،زبانی و مذهبی 1992

ماده2

1-اقلیتهای ملی، قومی، زبانی و مذهبی حق بهره مندی از فرهنگ ،حق اظهار و عمل به مذهب و استفاده از زبانشان در حریم خصوصی و در ملأ عام، آزادانه و بدون دخالت یا هر شکل از تبعیض را دارند

2-اقلیتها حق مشارکت موثر در زندگی فرهنگی،مذهبی،اجتماعی،اقتصادی و عمومی را دارند

3-اقلیتها حق مشارکت موثر در تصمیمات ملی و در جای مقتضی در سطح منطقه ای مربوط به آن اقلیت در مناطقی که زندگی می کنند به گونه ای که مغایر با قانون ملی نباشند را دارند.

4- اقلیتها حق ایجاد و حفظ انجمنهایشان را دارند

---

421 - اعلامیه حقوق بشر افرادی که تابعیت کشوری را که در آن زندگی می کنند، ندارندف قطعنامه مجمع عمومی بشماره 40/144 مورخ دسامبر 1985.

5. Persons belonging to minorities have the right to establish and maintain, without any discrimination, free and peaceful contacts with other members of their group and with persons belonging to other minorities, as well as contacts across frontiers with citizens of other States to whom they are related by national or ethnic, religious or linguistic ties.

Article 8 (4)
Nothing in the present Declaration may be construed as permitting any activity contrary to the purposes and principles of the United Nations, including sovereign equality, territorial integrity and political independence of States.

(v) Vienna Declaration and Programme of Action adopted at the World Conference on Human Rights 1993
19. Considering the importance of the promotion and protection of the rights of persons belonging to minorities and the contribution of such promotion and protection to the political and social stability of the States in which such persons live,
The World Conference on Human Rights reaffirms the obligation of Stated to ensure that people belonging to minorities may exercise fully and effectively all human rights and fundamental freedoms without any discrimination and in full equality before the law in accordance with the Declaration on the Rights of Persons Belonging to National or Ethnic, Religious and Linguistic Minorities.
The persons belonging to minorities have the right to enjoy their own culture, to profess and practise their own religion and to use their own language in private and in public, freely and without interference or any form of discrimination.
25. The World Conference on Human Rights calls on the Commission on Human Rights to examine ways and means to promote and protect effectively the rights of persons belonging to minorities as set out in the Declaration on the Rights of Persons belonging to National or Ethnic, Religious and Linguistic Minorities. In this context, the World Conference on Human Rights calls upon the Centre for Human Rights to provide, at the request of Governments concerned and as part of its programme of advisory services and technical assistance, qualified expertise on minority issues and human rights, as well as on the prevention and resolution of disputes, to assist in existing or potential situations involving minorities
26. The World Conference on Human Rights urges States and the international community to promote and protect the rights of persons belonging to national or ethnic, religious and linguistic minorities in accordance with the Declaration on the Rights of Persons belonging to National or Ethnic, Religious and Linguistic Minorities.
27. Measures to be taken, where appropriate, should include facilitation of their full participation in all aspects of the political, economic, social, religious and cultural life of society and in the economic progress and development in their country.

(vi) Declaration on the Rights of Mentally Retarded Persons[422]

(vii) Declaration on the Rights of Disabled Persons[423]
1. The term 'disabled person' means any person unable to ensure by himself or herself, wholly or partly, the necessities of a normal individual and/or social life, as a result of deficiency, either congenital or not, in his or her physical or mental capabilities.
2. Disabled persons shall enjoy all the rights set forth in this Declaration. These rights shall be granted to all disabled persons without any exception whatsoever and without distinction or discrimination on the basis of race, colour, sex, language, religion, political or other opinions, national or social origin, state of wealth, birth or any other situation applying either to the disabled person himself or herself or to his or her family.

---

[422] General Assembly Resolution 2856 (XXVI) (20 December 1971).
[423] General Assembly Resolution 3447 (XXX) (9 December 1975).

-اقلیتها حق برقراری و حفظ روابط آزادانه و صلح آمیز را با دیگر اعضای گروهشان و اقلیتهای دیگر و همینطور روابط در آن سوی مرزها با شهروندان کشورهای دیگر که با علقه های ملی، قومی، مذهبی یا زبانی به آنها مربوط می شوند دارند.

ماده 8 (4)

هیچ چیز در اعلامیه حاضر نمی تواند به عنوان مجوزی برای هر گونه فعالیت مغایر با اهداف و اصول ملل متحد شامل برابری حاکمیتی، تمامیت سرزمینی و استقلال سیاسی کشورها تفسیر شود .

کنوانسیون و برنامه عمل وین تصویب شده در کنفرانس جهانی حقوق بشر 1993

19-با توجه به اهمیت ترویج و حمایت از حقوق اقلیتها و کمک چنین ترویج و حمایتی به ثبات سیاسی و اجتماعی کشورهایی که این افراد در آن زندگی می کنند

کنفرانس جهانی حقوق بشر بر تعهدات کشورها برای تضمین ابن که افراد گروه‌های اقلیتها بتوانند تمام حقوق بشر و آزادیهای اساسی را به طور موثر و کامل و با برابری کامل در برابر قانون در تطابق کامل با اعلامیه حقوق اشخاص اقلیتهای ملی یا قومی یا مذهبی و زبانی بدون هیچگونه تبعیضی اعمال کنند، مجددا تأکید می کند.

افراد گروه‌های اقلیتها حق بهره مندی از فرهنگ، حق اظهار و عمل به مذهب و استفاده از زبانشان را به طور خصوصی و در ملأ عام به صورت آزادانه و بدون مداخله و بدون هیچ هر گونه تبعیض دارند

25-کنفرانس جهانی حقوق بشر از کمسیون حقوق بشر می خواهد که روشها و وسایل ترویج و حمایت موثر از حقوق اقلیتها را همانطور که در اعلامیه حقوق اقلیتهای ملی،قومی،زبانی و مذهبی مقرر شده است بررسی کند. .در این زمینه کنفرانس جهانی حقوق بشر به تقاضای کشورهای مربوطه و به عنوان بخشی از برنامه خدمات مشورتی و کمک فنی اش از مرکز حقوق بشر تدارک کارشناس واجد شرایط را در موضوعات و حقوق بشر اقلیت‌ها و جلوگیری و حل اختلافات به منظور کمک به وضعیتهای موجود یا بالقوه ای که اقلیتها را در بر می گیرد درخواست می کند.

26-کنفرانس جهانی حقوق بشر از دولتها و جامعه بین المللی در خواست می کند که حقوق اقلیتهای ملی،قومی،مذهبی و زبانی را مطابق با اعلامیه حقوق اقلیتهای ملی، قومی، مذهبی و زبانی ترویج دهند و حمایت کنند.

27-اقدامات اتخاذ شده در جای مقتضی و مناسب باید وسایل مشارکت کامل آنها را در همه جنبه های زندگی سیاسی،اجتماعی،مذهبی، اقتصادی و فرهنگی جامه و در پیشرفت اقتصادی و توسعه کشورشان در بر گیرد.

اعلامیه ی حقوق اشخاص عقب افتاده ی ذهنی[422]

اعلامیه حقوق اشخاص معلول[423]

1-اصطلاح شخص معلول به هر شخصی گفته می شود که بطور کلی یا جزئی قادر نباشد احتیاجات یک شخص معمولی و یا زندگی اجتماعی را با استعدادهای ذهنی یا جسمی اش در نتیجه ی یک نقص مادرزادی یا غیر مادرزادی تأمین کند.

2-معلولین باید از همه ی حقوق مقرر شده در این اعلامیه بهره مند شوند.این حقوق باید به همه ی معلولین بدون هیچ گونه استثنایی و بدون تمایز یا تبعیض بر اساس نژاد، رنگ، جنس، زبان ،مذهب، عقاید سیاسی یا عقاید دیگر،ریشه ی ملی و اجتماعی، دارایی، تولد و یا اعمال هر وضعیت دیگری نسبت به خود شخص معلول یا خانواده‌اش اعطاشود.

---

422 - قطعنامه مجمع عمومی بشماره (2856(XXVI مورخ 20 دسامبر 1971

423 - قطعنامه مجمع عمومی بشماره (3447(XXX مورخ 9 دسامبر 1975.

3. Disabled persons have the inherent right to respect for their human dignity. Disabled persons, whatever the origin, nature and seriousness of their handicaps and disabilities, have the same fundamental rights as their fellow-citizens of the same age, which implies first and foremost the right to enjoy a decent life, as normal and full as possible.

2. Regional Instruments

(a) Europe: Treaties

(i) European Convention for the Protection of Human Rights and Fundamental Freedoms 1949
Article 14
The enjoyment of the rights and freedoms set forth in this Convention shall be secured without discrimination on any ground such as sex, race, colour, language, religion, political or other opinion, national or social origin, association with a national minority, property, birth or other status.

(ii) Protocol No 12 to the Convention for the Protection of Human Rights and Fundamental Freedom 2000
Article 1
1. The enjoyment of any right set forth by law shall be secured without discrimination on any ground such as sex, race, colour, language, religion, political or other opinion, national or social origin, association with a national minority, property, birth or other status.
2. No one shall be discriminated against by any public authority on any ground such as those mentioned in paragraph 1.

(iii) The European Charter for Regional and Minority Languages 1992
Article 7
1. In respect of regional or minority languages, within the territories in which such languages are used and according to the situation of each language, the Parties shall base their policies, legislation and practice on the following objectives and principles:
a) the recognition of the regional or minority languages as an expression of cultural wealth;
b) the respect of the geographical area of each regional or minority language in order to ensure that existing or new administrative divisions do not constitute an obstacle to the promotion of the regional or minority language in question;
c) the need for resolute action to promote regional or minority languages in order to safeguard them;
d) the facilitation and/or encouragement of the use of regional or minority languages, in speech and writing, in public and private life;
d) the maintenance and development of links, in the fields covered by this Charter, between groups using a regional or minority language and other groups in the State employing a language used in identical or similar form, as well as the establishment of cultural relations with other groups in the State using different languages;
e) the provision of appropriate forms and means for the teaching and study of regional or minority languages at all appropriate stages;
f) the provision of facilities enabling non-speakers of a regional or minority language living in the area where it is used to learn it if they so desire;
g) the promotion of study and research on regional or minority languages at universities or equivalent institutions;
h) the promotion of appropriate types of transnational exchanges, in the fields covered by this Charter, for regional or minority languages used in identical or similar form in two or more States.

3-معلولین حق ذاتی بر احترام به کرامت انسانی شان دارند. و منشأ،ماهیت و جدیت نقص و معلولی شان هر چه باشد، حقوق اساسی برابری مانند همشهریان هم سنشان دارند. این مطلب حاکی از این است که در درجه ی اول حق برخورداری از یک زندگی محترمانه به معنی یک زندگی معمول و کامل تا جد ممکن را ،دارند.

2- اسناد منطقه ای

اروپا:معاهدات

کنوانسیون اروپایی حمایت از حقوق بشر و آزادی های اساسی 1949

ماده 14

بهره مندی ازحقوق و آزادی های مقرر شده در این کنوانسیون باید بدون هر گونه تبعیضی بر اساس جنسیت ،نژاد، رنگ، زبان، مذهب، عقایدسیاسی و دیگر عقاید، خاستگاه ملی و اجتماعی، ارتباط با یک اقلیت ملی، وضعیت مالی، تولد یا دیگر وضعیت ها تضمین گردد.

پروتکل شماره 12 کنوانسیون حمایت از حقوق بشر و آزادی های اساسی2000

ماده1

1-بهره مندی از هر حق مقرر شده ی قانونی باید بدون هر گونه تبعیض بر اساس جنسیت، نژاد، رنگ، زبان، مذهب، عقاید سیاسی و دیگر عقاید، خاستگاه ملی یا اجتماعی، ارتباط با یک اقلیت ملی، وضعیت مالی، تولد و دیگر وضعیت ها تأمین گردد.

2-هیچ کس نبایدتوسط مقام عمومی به دلایلی مانند دلایل پاراگراف یک مورد تبعیض قرار گیرد.

منشور اروپایی زبان های منطقه ای و اقلیتی 1992

ماده 7

1. برای احترام به زبان های منطقه ای و اقلیتی در سرزمین هایی که این زبان ها بکار می روند و مطابق با وضعیت هر زبان،کشورهای عضو باید اصول سیاست، قانونگذاری و رویه شان را بر اساس اصول و اهداف زیر قرار دهند:

آ – شناسایی زبان های منطقه ای و اقلیتی به عنوان جلوه ای از دارایی فرهنگی

ب –در نظر گرفتن منطقه ی جغرافیایی هر زبان منطقه ای یا اقلیتی به منظور تضمین این که تقسیمات اداری موجود یا جدید مانعی برای ترویج زبان منطقه ای یا اقلیتی مورد بحث ایجاد نکند.

ج-نیاز به اقدام قاطع برای ترویج زبان های منطقه ای یا اقلیت به منظور تضمین آنها

د-تسهیل یا تشویق استفاده از زبان های منطقه ای یا اقلیت در گفتار و نوشتار در زندگی عمومی و خصوصی.

ه-حفظ و توسعه ارتباطات در زمینه های تحت پوشش این منشور بین گروه هایی که از یک زبان منطقه ای یا اقلیتی استفاده می کنند و دیگر گروه هایی در آن کشور که از زبانی به شکل یکسان یا مشابه استفاده می‌کنند ،و برقراری روابط فرهنگی با گروه های دیگر کشور که از زبان های مختلف استفاده می کنند.

و-تهیه ی اشکال و اقدامات مناسب برای تدریس یا مطالعه ی زبان های منطقه ای یا اقلیتی در تمام مراحل مقتضی.

ز-تهیه ی امکاناتی که غیر متکلمین به زبان های منطقه ای یا اقلیتی را در ناحیه ای که آن زبان را بکار می برند ،در صورت تمایل قادر به یادگیری آن زبان کنند.

ح-ترویج مطالعه و تحقیق در مورد زبان های منطقه ای و اقلیتی در دانشگاه ها یا نهاد های موازی.

ط-ترویج انواع متناسبی از مبادلات فراملی در زمینه های تحت پوشش این منشور برای زبان های منطقه ای یا اقلیتی که در شکل یکسان یا مشابهی در دو یا چند کشور بکار می روند.

2 The Parties undertake to eliminate, if they have not yet done so, any unjustified distinction, exclusion, restriction or preference relating to the use of a regional or minority language and intended to discourage or endanger the maintenance or development of it. The adoption of special measures in favour of regional or minority languages aimed at promoting equality between the users of these languages and the rest of the population or which take due account of their specific conditions is not considered to be an act of discrimination against the users of more widely-used languages.

(iv) Framework Convention for the Protection of National Minorities 1995
Article 1
The protection of national minorities and of the rights and freedoms of persons belonging to those minorities forms an integral part of the international protection of human rights, and as such falls within the scope of international co-operation.
Article 4
1. The Parties undertake to guarantee to persons belonging to national minorities the right of equality before the law and of equal protection of the law. In this respect, any discrimination based on belonging to a national minority shall be prohibited.
Article 5
1. The Parties undertake to promote the conditions necessary for persons belonging to national minorities to maintain and develop their culture, and to preserve the essential elements of their identity, namely their religion, language, traditions and cultural heritage.
2. Without prejudice to measures taken in pursuance of their general integration policy, the Parties shall refrain from policies or practices aimed at assimilation of persons belonging to national minorities against their will and shall protect these persons from any action aimed at such assimilation.
Article 7
The Parties shall ensure respect for the right of every person belonging to a national minority to freedom of peaceful assembly, freedom of association, freedom of expression, and freedom of thought, conscience and religion.

(b) European: non-binding instruments

(i) The Helsinki Declaration (Helsinki Final Act) 1975
The participating States on whose territory national minorities exist will respect the right of persons belonging to such minorities to equality before the law, will afford them the full opportunity for the actual enjoyment of human rights and fundamental freedoms and will, in this manner, protect their legitimate interests in this sphere.

(ii) The Vienna Concluding Document 1989
Human Dimension[424] of the Commission on Security and Cooperation in Europe (CSCE):
[The participating States] decided:

---

[424] 'Human Dimension' is defined by the Organization for Security and Co-operation in Europe (OSCE) as follows: 'In OSCE terminology, the term human dimension is used to describe the set of norms and activities related to human rights and democracy that are regarded within the OSCE as one of three dimensions of security, together with the politico-military and the economic and environmental dimensions. The term also indicates that the OSCE norms in this field cover a wider area than traditional human-rights law', see the website of the OSCE Office for Democratic Institutions and Human Rights at <http://www.osce.org/odihr/13371.html> (last visited on 11 August 2007).

2. کشورهای عضو متعهدند هر گونه تمایز، استثنا، محدودیت یا ترجیع غیر موجهی را در رابطه با استفاده از یک زبان منطقه ای یا اقلیتی و قصد منع کردن یا به خطر انداختن حفظ یا توسعه ی آن را محو کنند. اتخاذ اقدامات خاص به نفع زبان های منطقه ای یا اقلیتی که باهدف ترویج تساوی بین استفاده کنندگان از این زبان ها و بقیه جمعیت یا ملاحظه شرایط خاصشان، اعمال تبعیض علیه استفاده کنندگان زبان هایی که در محدوده گسترده تری بکار می روند، تلقی نمی شوند.

کنوانسیون پایه ی حمایت از اقلیت های ملی 1995

ماده1:

حمایت از اقلیت های ملی و حقوق و آزادی های اساسی چنین اقلیت هایی یک قسمت مکمل از حمایت حقوق بشر بین المللی است و در حوزه همکاری های بین المللی قرار می گیرد.

ماده4:

1-کشورهای عضو متعهدند که حق تساوی دربرابر قانون و حمایت برابر قانونی را برای اقلیت های ملی رعایت کنند.در این خصوص هر تبعیض بر پایه تعلق به اقلیت های ملی باید ممنوع باشد.

ماده 5:

1- کشورهای عضو نسبت به ترویج شرایط ضروری برای اقلیت های ملی به منظور حفظ و توسعه فرهنگشان و حفظ عناصر ضروری هویتشان یعنی مذهب، زبان، سنت ها و میراث فرهنگی شان متعهدند.

2- بدون تعصب به اقدامات اتخاذ شده در راستای سیاست همبستگی کلی، کشورهای عضو باید از سیاست ها ورویه هایی که هدفشان همگون سازی افراد اقلیت های ملی علیرغم تمایل آنهاست امتناع کنند و از این افراد در برابر هر اقدامی که هدفش چنین همگون سازی است حمایت کنند.

ماده7:

کشورهای عضو باید احترام به حق هر شخص متعلق به اقلیت های ملی را نسبت به آزادی اجتماع صلح آمیز،آزادی تشکل، آزادی بیان و آزادی تفکر،آزادی وجدان و مذهب تضمین کنند.

اروپا:اسناد غیر الزام آور

اعلامیه هلسینکی (قانون نهایی هلسینکی)1975

کشور های شرکت کننده که اقلیت های ملی در سرزمین آنها وجود دارد به حق چنین اقلیت هایی نسبت به تساوی در برابر قانون،فرصت کافی برای برخورداری عملی از حقوق بشر و آزادی های اساسی احترام گذاشته و به این شیوه منافع مشروعشان در این زمینه را حمایت خواهند کرد.

سند نهایی وین 1989

بعد انسانی[424] کمیسیون امنیت و همکاری اروپا [کشور های شرکت کننده] تصمیم گرفتند:

[424] Http://www.osce.org/odihr/13371.html

1. to exchange information and respond to requests for information and to representations made to them by other participating States on questions relating to the human dimension of the CSCE. Such communications may be forwarded through diplomatic channels or be addressed to any agency designated for these purposes;

2. to hold bilateral meetings with other participating States that so request, in order to examine questions relating to the human dimension of the CSCE, including situations and specific cases, with a view to resolving them. The date and place of such meetings will be arranged by mutual agreement through diplomatic channels;

3. that any participating State which deems it necessary may bring situations and cases in the human dimension of the CSCE, including those which have been raised it the bilateral meetings described in paragraph 2, to the attention of other participating States through diplomatic channels;

4. that any participating State which deems it necessary may provide information on the exchanges of information and the responses to its requests for information and to representations (paragraph 1) and on the results of the bilateral meetings (paragraph 2), including information concerning situations and specific cases, at the meetings of the Conference on the Human Dimension as well as at the main CSCE Follow-up Meeting.

(iii) Document of the Copenhagen Meeting of the Conference on the Human Dimension of the CSCE 1990

(31) Persons belonging to national minorities have the right to exercise fully and effectively their human rights and fundamental freedoms without any discrimination and in full equality before the law.

The participating States will adopt, where necessary, special measures for the purpose of ensuring to persons belonging to national minorities full equality with the other citizens in the exercise and enjoyment of human rights and fundamental freedoms.

(iv) OSCE Human Development Mechanism

The OSCE monitors the implementation of the commitments undertaken by participating States with regards to human rights and democracy through different mechanisms. The Human Development Mechanism is one of these methods, based on two instruments: the Vienna Mechanism that was established in the Vienna Concluding Document in 1989 and the Moscow Mechanism. Participating States can, according to Vienna Mechanism, raise questions relating to the human dimension situation in other OSCE States. The Moscow Mechanism builds on the former one and makes it possible for participating States to establish *ad hoc* missions of independent experts to provide support in a specific human dimension issue, either on their own territory or in other OSCE participating States. These mechanisms have been utilized for instance by Moldova in 1993 for investigating current legislation and implementing minorities' rights and interethnic relations in Moldova.

(v) OSCE Vienna Mechanism 1989

[The participating States] decided:

– to exchange information and respond to requests for information and to representations made to them by other participating States on questions relating to the human dimension of the CSCE. Such communications may be forwarded through diplomatic channels or be addressed to any agency designated for these purposes;

(vi) OSCE Moscow Mechanism 1991

4) A participating State may invite the assistance of a CSCE mission, consisting of up to three experts, to address or contribute to the resolution of questions in its territory relating to the human dimension of the CSCE. In such case, the State will select the person or persons concerned from the resource list. The mission of experts will not include the participating State's own nationals or residents or any of the persons it appointed to the resource list or more than one national or resident of any particular State.

...

1- در مورد مسائل مربوط به جنبه انسانی کمیسیون امنیت و همکاری اروپا اطلاعات تبادل کنند و به در خواست برای اطلاعات و شکایات داده شده به آنها توسط دیگر کشور های شرکت کننده پاسخ دهند. .چنین شکایاتی ممکن است از طریق کانال های دیپلماتیک فرستاده شود یا برای نمایندگی که برای این اهداف طراحی شده ارسال شود.
2-برگزاری جلسات دو جانبه با دیگر کشورهای شرکت کننده ای که چنین در خواستی دارند به منظور بررسی مسائل مرتبط باجنبه انسانی کمیسیون امنیت و همکاری اروپا شامل وضعیت ها و موارد خاص به منظور حل آنها برگزار کنند. تاریخ و مکان چنین جلساتی با موافقت نامه های دو جانبه از طریق کانال های دیپلماتیک تنظیم خواهد شد.
3-هر کشور شرکت کننده ای لازم بداند ممکن است چنین قضایا و مواردی را در رابطه با جنبه انسانی کمیسیون امنیت و همکاری اروپا شامل موارد توصیف شده در پاراگراف 2 به توجه به دیگر کشورهای شرکت کننده از طریق کانال های دیپلماتیکبرساند.
4-هر کشور شرکت کننده ای که لازم بداند ممکن است اطلاعاتی را در مورد تبادل اطلاعات و پاسخ هایی به درخواست هایش برای اطلاعات و به شکایات و نتایج جلسات دو جانبه شامل اطلاعات مرتبط با قضایا و موارد خاص در جلسات کنفرانس جنبه انسانی و جلسه اصلی بعدی کمیسیون امنیت و همکاری اروپا فراهم کند.

سند اجلاس کپنهاک در کنفرانس جنبه انسانی کمیسیون امنیت و همکاری اروپا 1990:

(31)اقلیت های ملی حق بر اجرای کامل و مؤثر حقوق بشر و آزادی های اساسی بدون هیچ گونه تبعیضی و تساوی کامل در برابر قانون دارند.
کشور های شرکت کننده در هنگام ضرورت اقدامات خاصی به منظور تضمین تساوی کامل اقلیت های ملی با دیگر شهروندان در اجرا و برخورداری از حقوق بشر و آزادی های اساسی اتخاذ می کنند.

مکانیسم توسعه انسانی کمیسیون امنیت و همکاری اروپا

کمیسیون امنیت و همکاری اروپا اجرای تعهدات تعهد شده توسط کشور های شرکت کننده را در رابطه با حقوق انسانی و دموکراسی از طریق مکانیسم های مختلف کنترل می کند. مکانیسم توسعه انسانی یکی از این روش هاست مبتنی بر پایه دو سند: مکانیسم وین که درسند نهایی وین در 1989 ایجاد شده بود و مکانیسم مسکو. کشور های شرکت کننده طبق مکانیسم وین می توانند سؤالات مرتبط با وضعیت جنبه انسانی در دیگر کشور ها را مطرح کنند.مکانیسم مسکو بر مکانیسم قبلی استوار است و امکان پذیر کرده که این کشور ها هیئت های ویژه ای از کارشناسان مستقل را برای حمایت در یک موضوع انسانی خاص،در سرزمین خودشان یا کشور های دیگر عضو فراهم کنند. برای مثال این مکانیسم ها توسط مولداوی در سال1993 برای مطالعه،بررسی و قانونگذاری رایج و اعمال حقوق اقلیت ها و روابط بین قومی بکار گرفته شده بود.

مکانیسم وین 1989

کشور های شرکت کننده در مورد تبادل اطلاعات و پاسخ به در خواست برای اطلاعات و به شکایات داده شده به آنها توسط دیگر کشور های شرکت کننده مرتبط با جنبه انسانی کمیسیون امنیت و همکاری اروپا تصمیم گرفتند. چنین شکایاتی ممکن است از طریق کانال های دیپلماتیک فرستاده شود یا برای نمایندگی که برای این اهداف طراحی شده ارسال شود.

مکانیسم مسکو 1991

4-یک کشور شرکت کننده ممکن است کمک از هیئت کمیسیون امنیت و همکاری اروپا را به منظور پرداختن یا برای حل مسائل مربوط به جنبه های انسانی کمیسیون امنیت و همکاری اروپا در سرزمینش درخواست کند. در چنین مواردی کشور شخص یا اشخاص مورد نظر را از لیست ذخیره انتخاب خواهد کرد. گروه کارشناسان نمی تواند تبعه یا ساکنان خود کشورهای شرکت کننده یا هر شخصی را که آن کشور برای لیست ذخیره تعیین کرده یا بیشتر از یک تبعه یا ساکن هر کشور خاصدر بر گیرد.

8) Furthermore, one or more participating States, having put into effect paragraphs 1 or 2 of the human dimension mechanism, may request that the CSCE Institution inquire of another participating State whether it would agree to invite a mission of experts to address a particular, clearly defined question on its territory relating to the human dimension of the CSCE. If the other participating State agrees to invite a mission of experts for the purpose indicated, the procedure set forth in paragraphs 4 to 7 will apply.

(c) Americas

(i) The American Convention on Human Rights 1969
Article 1
1. The states parties to this Convention undertake to respect the rights and freedoms recognized here in and to ensure to all persons subject to their jurisdiction the free and full exercise of those rights and freedoms, without any discrimination for reasons of race, colour, sex, language, religion, political or other opinion, national or social origin, economic status, birth, or any other social condition.

(ii) The Additional Protocol to the American Convention on Human Rights in the Area of Economic, Social and Cultural Rights 1988
Article 3
The State Parties to this Protocol undertake to guarantee the exercise of the rights set forth herein without discrimination of any kind for reasons related to race, color, sex, language, religion, political or other opinions, national or social origin, economic status, birth or any other social condition.

(d) Africa

(i) The African (Banjul) Charter on Human and Peoples' Rights 1981
Article 2
Every individual shall be entitled to the enjoyment of the right and freedoms recognized and guaranteed in the present Charter without distinction of any kind such as race, ethnic group, color, sex, language, religion, political or any other opinion, national and social origin, fortune, birth or other status.
Article 12
5. The mass expulsion of non-nationals shall be prohibited. Mass expulsions shall be that which is aimed at national, ethnic or religious groups.

(e) Islamic

(i) Arab Charter on Human Rights 1994 (not ratified)
Article 2
Each State Party to the present Charter undertakes to ensure to all individuals within its territory and subject to its Jurisdiction the right to enjoy all the rights and freedoms recognized herein, without any distinction on grounds of race, colour, sex, language, religion, political opinion, national or social origin, property, birth or other status and without any discrimination between men and women.

8-علاوه بر این یک یا چند کشور شرکت کننده که پاراگراف 1 یا 2 در مورد مکانیسم جنبه انسانی را به اجرا گذاشته اند،ممکن است درخواست کنند که نهاد کمیسیون امنیت و همکاری اروپا از دیگر کشور ها بپرسد که آیا موافقت خواهند کرد که هیئتی از کارشناسان را برای پرداختن به یک مسئله خاص و کاملاً مشخصی مربوط به جنبه انسانی کمیسیون امنیت و همکاری اروپا در سرزمینش دعوت کند. اگر کشور های دیگر موافق دعوت هیئت کارشناسان برای هدف بیان شده باشند، روش ارائه شده در پاراگراف 4تا 7 اعمال خواهد شد.

قاره آمریکا
کنوانسیون حقوق بشر آمریکایی 1969
ماده 1

1-کشور های عضو این کنوانسیون متعهدند که به حقوق و آزادی هایی که اینجا به رسمیت شناخته شده احترام بگذارند و برای تمام اشخاص مشمول صلاحیت آنها، اعمال کامل و آزادانه‌ی آن حقوق و آزادی ها را بدون هیچ گونه تبعیضی به دلایلی از قبیل نژاد،رنگ،جنس،زبان، مذهب، عقیده سیاسی یا عقیده دیگر، منشا اجتماعی یا ملی وضعیت اقتصادی، تولد یا هر شرط اجتماعی دیگر تضمین کنند.

پروتکل الحاقی به کنوانسیون آمریکایی حقوق بشر در زمینه حقوق اقتصادی،اجتماعی و فرهنگی 1988
ماده 3

کشور های عضو این پروتکل متعهدند اعمال حقوق اعلام شده در اینجا را بدون هر گونه تبعیضی به دلایل مرتبط با نژاد، رنگ، جنس ،مذهب، عقیده سیاسی یا عقیده دیگر، منشا اجتماعی یا ملی، وضعیت اقتصادی، تولد یا هر شرط اجتماعی دیگر تضمین کنند.

آفریقا
منشور آفریقایی حقوق بشر و مردم 1981
ماده 2

هر شخص باید استحقاق بهره مندی از حقوق و آزادی های شناخته شده و تضمین شده در منشور حاضر را بدون هر گونه تبعیض به دلایلی همچون نژاد، رنگ، جنس، مذهب، عقیده سیاسی یا عقیده دیگر، منشا اجتماعی یا ملی، وضعیت اقتصادی، تولد یا هر شرط اجتماعی دیگر داشته باشد.

ماده 12

اخراج گروهی غیر اتباع باید ممنوع باشد. اخراج گروهی اخراجی است که گروه های ملی، قومی یا مذهبی را هدف قرار داده است.

اسلامی

منشور عربی حقوق بشر 1994(تصویب نشده)
ماده 2

هر کشور عضو منشور حاضر متعهد است که برای همه اشخاص درون قلمرو و موضوع صلاحیتش حق بهره‌مندی از حقوق و آزادی های شناخته شده در اینجا را بدون هر گونه تمایز به دلایلی همچون نژاد، رنگ، جنس، مذهب، عقیده سیاسی یا عقیده دیگر، منشا اجتماعی یا ملی، وضعیت اقتصادی، تولد یا وضعیت دیگر و بدون هر گونه تبعیض بین زن و مرد تضمین کند.

E. MONITORING BODIES

1. International

(a) General
The UN Human Rights Committee

(b) Disabled
Committee on the Rights of Persons with Disabilities, established by the 2007 Convention on the Rights of Persons with Disabilities (not yet into force).[425] States are required to submit reports to the Committee on the domestic measures taken to materialize the provisions of the Convention and the Committee will proceed to recommendations. The Committee also receives and considers communications from or on behalf of individuals or groups of individuals claiming to be victims of a violation by a State Party of the Convention's provisions. The Committee reports to the General Assembly.

2. Regional

(a) The European Court of Human Rights
(b) The Inter-American Commission on Human Rights
(c) The Inter-American Court of Human Rights
(d) The African Commission on Human and Peoples' Rights
(e) The African Court on Human and Peoples' Rights

F. CASE LAW

1. *Ivan Kitok v Sweden*, Human Rights Committee[426]

(a) Legal issues
Right to culture; an individual's minority rights can be limited by countervailing minority group rights; no violation of Article 27 of the ICCPR).

(b) Facts
According to the 1971 Swedish law (Reindeer Husbandry Act), a Sami who engaged himself in any other profession than reindeer breeding for a period of three years would lose his status and his name would be removed from the rolls of the 'sameby', a trade union with a 'closed shop' rule. A non-member could not exercise Sami rights to land and water. Re-entry to the list would be possible by special permission.

Ivan Kitok, a Swedish citizen of Sami ethnic origin, lost membership to the Sami village 'sameby', because he was away from the village for over three years. Ivan Kitok claimed that by violation of ICCPR Articles 1 and 27, he was arbitrarily denied the rights granted to the Sami community to be a member of the community and carry out reindeer husbandry.

---

[425] Articles 34–40 of the Convention on the Rights of Persons with Disabilities and the Optional Protocol to the Convention.
[426] *Ivan Kitok v Sweden* (Human Rights Committee, 1988) UN Doc CCPR/C/33/D/197/1985.

نهاد هاي ناظر

بین المللی

کلی:
کمیته حقوق بشر سازمان ملل متحد

معلول:کمیته حقوق اشخاص معلول توسط کنوانسیون حقوق معلولین2007 (هنوز لازم الاجرا نشده) ایجاد شده است.[425] کشور ها باید گزارشاتی از اقدامات داخلی که برای تحقق مقررات کنوانسیون اتخاذ کرده اند، به کمیته ارائه دهند. کمیته توصیه نامه هایی راصادر می کند. کمیته همچنین شکایاتی را از اشخاص یا گروه هایی که ادعا می کنند قربانی نقض مقررات کنوانسیون از سوی کشور عضو هستند، دریافت و بررسی می کند. کمیته به مجمع عمومی گزارش می دهد.

منطقه ای

1-دادگاه اروپایی حقوق بشر
2-کمیسیون آمریکایی حقوق بشر
3-دادگاه آمریکایی حقوق بشر
4-کمیسیون افریقایی حقوق بشر و مردم
5-دادگاه آفریقایی حقوق بشر و مردم

رویه قضایی

Kitok در برابر سوئد، کمیته حقوق بشر[426]

مسائل حقوقی:
حق بر فرهنگ، حق اقلیتی یک فرد می تواند توسط حقوق اقلیتی گروهی مخالف محدود شود. بدون نقض ماده 27 میثاق بین المللی حقوق مدنی و سیاسی

شرح پرونده:
طبق قانون 1971 سوئد (قانون پرورش گوزن شمالی) یک سامی که به حرفه دیگری غیر از پرورش گوزن برای مدت 3 سال اشتغال داشته باشد موقعیتش را از دست داده و نامش از فهرست Sameby که یک اتحادیه صنفی با مقررات "عضویت بسته" است ،حذف می‌شود. غیرعضو نمی تواند حقوق سامی نسبت به زمین و آب را اجرا کند. ورود مجدد به لیست با مجوز مخصوص ممکن خواهد بود.
Kitok شهروند سوئدی از قوم سامی عضویتش را در روستای سامیSameby از دست داد به این دلیل که بیش از 3 سال از روستا دور بود. او ادعا کرد که بطور خودسرانه با نقض مواد 1و27 میثاق بین المللی حقوق مدنی و سیاسی از حقوق اعطا شده به جامعه سامی برای عضویت در این جامه و اقدام به پرورش گوزن محروم شده است.

---

[425] - مواد 40-34 ازکنوانسیون حقوق اشخاص معلول و پروتکل الحاقی به کنوانسیون

[426] *Ivan Kitok v Sweden* (Human Rights Committee, 1988) UN Doc CCPR/C/33/D/197/1985.

(c) Decision

The main question before the Committee was whether Ivan Kitok was a victim of violation of ICCPR Article 27. Sweden claimed that the purpose of the Reindeer Husbandry Act was to restrict the number of reindeer breeders for economic and ecological reasons and to secure the preservation and well-being of the Sami minority. The Committee agreed that the objectives and the measures of the Act were reasonable and consistent with ICCPR Article 27.

Although the ends sought by the Swedish legislation were legitimate, the Committee noted that ethnic criteria determining membership to a minority were neglected, as the Act provided certain criteria for participation in the life of the ethic minority, which were not based on the ethnic identity of the individuals. As a result, a person who was ethnically a Sami could be held not to be a Sami for the purpose of the Act. Mr Kitok had always lived on Sami lands, had retained links with the Sami community and was seeking to return to full-time reindeer farming, as soon as this became financially possible. Hence the application of the Act in this case was disproportionately applied to Mr Kitok's application. The Committee noted that a restriction upon the right of an individual member of a minority must have a reasonable and objective justification and be necessary to continue the viability and welfare of the minority as a whole. In the end, the Committee was of the opinion that ICCPR Article 27 was not violated, but Mr Kitok was permitted to graze and farm his reindeer, to hunt and to fish.

2. *Ilmari Lansman et al v Finland*, **Human Rights Committee**[427]

(a) Legal issues
Right to culture; minority rights; economic activities of the State.

(b) Facts
Ilmari Lansman and 47 members of the Muotkatunturi Herdsmen's Committee and members of the Angeli local community were reindeer breeders of Sami ethnic origin. Sami occupy an area traditionally owned by them and officially administered by a forestry board.

The forestry board, after consulting with the Sami representatives, had authorized a company to quarry stone within part of this area, and imposed conditions as to when and how the quarrying was to be carried out so as to protect the reindeer herding. The authors claimed that the quarrying and transport of the stone would disturb Sami reindeer-herding activities and encroach on a sacred place of the old Sami religion, in violation of ICCPR Article 27.

(c) Decision
For the past activities, the Committee found that the impact of the quarrying that had already taken place did not amount to the denial of the Sami rights under ICCPR Article 27. For future activities, the Committee held that the quarrying was authorized so as to minimize the impact on any reindeer herding activity on the environment. Also, there was no indication that the change in herding methods could not be accommodated by the forestry board and the company, and hence no violation of ICCPR Article 27. The authors' right to enjoy their own culture might be violated if quarrying was approved on a large scale and considerably expanded by the companies that were granted permits.

---

[427] *Lmari Lansman et al v Finland* (Human Rights Committee, 1994) UN Doc CCPR/C/52/D/511/1992.

رای:
سؤال اصلی برای کمیته این بود که آیا Kitok قربانی نقض ماده 27 میثاق شده بود. سوئد ادعا کرد که منظور قانون پرورش گوزن محدود کردن شماری از پرورنده ها به دلایل بومی و اقتصادی و برای تضمین حفظ و رفاه اقلیت سامی بود. کمیته پذیرفت که اهداف قانون منطقی و مطابق ماده 27 بود.

گرچه اهداف در نظر گرفته شده توسط قانون سوئد قانونی و مشروع بود، کمیته یادآور شدکه ضوابط قومی تعیین کننده عضویت در یک اقلیت مورد غفلت واقع شده، چراکه قانون معیارهای معینی برای مشارکت در زندگی یک اقلیت قومی مقرر کرده که بر اساس هویت قومی اشخاص پایه ریزی نشده است. در نتیجه فردی که از نظر قومی سامی بود ممکن بود از نظر قانون سامی تلقی نشود. آقای Kitok همیشه در سرزمین های سامی زندگی و ارتباطات با جامعه سامی را حفظ کرده بود. و درصدد آن بود که به محض اینکه از نظر مالی ممکن شد، به پرورش تمام وقت گوزن بازگردد. . بنابراین قانون در این مورد به طور غیرمتناسبی نسبت به درخواست آقای Kitok به کار گرفته شده است. کمیته متذکر شد که محدودیت بر حق یک فرد عضو اقلیت باید توجیه منطقی و عینی داشته باشد و برای ادامه ی خودکفایی و رفاه اقلیت به عنوان یک کل ضروری باشد. النهایه کمیته بر این عقیده بود که ماده 27 نقض نشده است، اما به آقای Kitok اجازه داده شد به چراندن و پرورش گوزن و شکار و صید ماهیباز گردد.

Ilmari Lansman et al دربرابر فنلاند،کمیته حقوق بشر[427]

موضوعات حقوقی:
حق بر فرهنگ،حقوق اقلیت،فعالیت اقتصادی کشور.

شرح پرونده:
Lansman و 47 عضو کمیته Muotkatunturi Herdsmen و اعضای جامعه محلی آنجلی پرورنده گوزن با اصل و ریشه سامی بودند. سامی ناحیه ای را که آنها به طور سنتی مالک شده بودند در بر می‌گیرد و بطور رسمی توسط هیئت جنگل بانی اداره می‌شود.
هیئت جنگل بانی بعد از مشورت با نمایندگان سامی در بخشی از این ناحیه برای استخراج سنگ به یک شرکت اختیار داد. و شرایطی را برای اینکه چه زمان و چگونه استخراج انجام شود به گونه ای که گله ی گوزن شمالی مورد حمایت قرار گیرند، وضع کرد. شاکیان ادعا کردند که استخراج و حمل و نقل سنگ فعالیت چوپانی گوزن شمالی سامی را مختل می کند و بر یک مکان مقدس مذهب قدیمی سامی تجاوز می کند و این امر مغایر با ماده 27 میثاق بین المللی حقوق مدنی و سیاسی است.

رای:
در مورد فعالیت های گذشته کمیته تشخیص داد که اثر استخراجی که واقع شده بود به نفی حقوق سامی طبق ماده 27 میثاق منتهی نشده است. برای فعالیت های آینده کمیته مقرر کرد که استخراج مجاز شده چنان بوده که اثر بر فعالیت گله گوزن و محیط را به حداقل برساند. همچنین نشانه‌ای در دست نیست که تغییر در روش های گله نتواند توسط هیئت جنگل بانی و شرکت در نظر گرفته شود و از این رو ماده 27 میثاق نقض نشده بود. اگر استخراج در یک مقیاس بزرگ تصویب شده بود و به طور قابل ملاحظه ای به وسیله شرکت هایی که این مجوزها را بدست آورده بودند،گسترش یابد، حق شاکیان برای بهر مندی از فرهنگشان ممکن است نقض شود.

[427] *Lmari Lansman et al v Finland* (Human Rights Committee, 1994) UN Doc CCPR/C/52/D/511/1992.

3. *Jouni E Lansman et al v Finland*, Human Rights Committee[428]

(a) Legal issues
Right to culture; minority rights; economic activities of the State.

(b) Facts
The authors were breeders of ethnic origin in Finland and members of the Muotkatunturi Herdsmen's Committee, and had also developed other economic activities, such as logging. The Forestry Service planned to undertake logging and road construction in their area; among the purposes of the Service was to bring together the interests of reindeer management and forestry.

At a meeting with the Herdsmen's Committee in 1993, the Forestry Service amended the initially planned activities; the Committee had not made any statement against the Service; however, the authors claimed that the meeting was of informative than of consultative character.

The authors claimed that logging had adverse effects on reindeer herding, as did other activities in the area, such as quarrying and mining. Domestic courts in Finland temporarily stopped the logging activities, but then established that the logging's adverse effects to reindeer herding were minor and/or for a limited time, which did not amount to a violation of ICCPR Article 27.

The authors, in an effort to establish violation of ICCPR Article 27, claimed that the areas where logging had been completed had become inaccessible for the reindeer, causing additional work and expenses. They expressed their concerns for the long-term effects of the logging, especially on the feeding of reindeers.

Finland found the request inappropriate, but took action by decreasing the current logging amount by 25 per cent and by not elaborating further logging plans. It also acknowledged that the Sami constituted an ethnic minority within the meaning of ICCPR Article 27 and that reindeer husbandry was within the concept of 'culture'.

(c) Decision
The Committee found that the authors were members of a minority within the meaning of ICCPR Article 27, and that husbandry was an essential factor of their culture, despite the fact that some of them practised other economic activities. Moreover, there was not sufficient evidence that the logging activities would have an impact on the Sami life to the extent of denial of their rights under ICCPR Article 27, because the authorities followed the process of weighing the Committee's interests and the general economic interests in the area, before deciding on the forestry management measures to be taken. Moreover, the Herdsmen's Committee did not react negatively, although it could have done so. The Committee also found that future logging would not threaten the future survival of reindeer husbandry and hence the cultural life of the minority, but recommended that Finland, when taking steps affecting the rights under ICCPR Article 27, must consider that although different activities in themselves may not constitute a violation of this article, such activities may collectively erode the rights of Sami people to enjoy their culture.

4. *Lubicon Lake Band v Canada*, Human Rights Committee[429]

(a) Legal issues
Right to culture; economic development projects may violate Article 27.

---

[428] *Jouni E Lansman et al v Finland* (Human Right Committee, 1996) UN Doc CCPR/C/58/D/671/1995.
[429] *Lubicon Lake Band v Canada* (Human Rights Committee, 1990) UN Doc Sup No 40 (A/45/40/) 1 (1990).

در برابر فنلاند کمیته حقوق بشر al[428]

موضوعات حقوقی:
حق بر فرهنگ،حقوق اقلیت،فعالیت اقتصادی کشور

شرح پرونده:
شاکیان پرورش دهندگانی با ریشه های قومی و اعضا کمیته چوپانان Muotkatunturi بودند، و دیگر فعالیت های اقتصادی مانند قطع درختان را گسترش داده بودند. سرویس جنگل بانی برنامه‌ای برای قطع درختان و ساخت جاده ها در ناحیه آنها طراحی کرد. در میان اهداف این سرویس برآوردن منافع هر دوی مدیریت گوزن و جنگل بانی بود.
در یک نشست با کمیته چوپانان در1993،سرویس جنگل بانی فعالیت های برنامه اولی را اصلاح کرد. کمیته هیچ اظهاری علیه این خدمات نکرد.اگر چه شاکیان ادعا کردند جلسه بیشتر از اینکه مشورتی باشد،آموزنده بود.
شاکیان ادعا کردند که قطع درختان اثر مضر روی گله ی گوزن و همچنین بر روی دیگر فعالیت ها در این ناحیه مانند استخراج سنگ و استخراج معدن داشت. دادگاههای داخلی درفنلاند موقتاً فعالیتهای قطع درختان را متوقف کردند اما چنین نتیجه گرفتند که اثار مضر قطع درختان نسبت به گله ی گوزن شمالی جزئی بوده که به نقض ماده 27 میثاق منتهی نشده است.
شاکیان درتلاش برای اثبات نقض ماده 27 میثاق بین‌المللی حقوق مدنی و سیاسی کمیته ادعا کردند که نواحی که قطع درختان انجام شده بود از دسترس برای گوزن شمالی خارج شده و باعث کار و هزینه ی اضافه شده بود. آنها نگرانیشان را برای آثار طولانی مدت قطع درختان بخصوص تغذیه ی گوزن شمالی اظهار کردند.
فنلاند دریافت که این درخواست نامناسبی است اما به کاهش25٪ قطع درختان معمولی و گسترش ندادن بیشتر طرح های قطع درختان اقدام کرد. همچنین تصدیق کرد که به تعریف ماده ی 27 میثاق سامی یک اقلیت قومی است و این که پرورش گوزن شمالی در مفهوم فرهنگ می‌گنجد.

رای:

کمیته اعلام کرد که شاکیان اعضای یک اقلیت در مفهوم ماده 27 میثاق بودند و اینکه پرورش یک عامل اساسی فرهنگ انها بود، علیرغم این واقعیت که برخی از انها فعالیتهای اقتصادی دیگری انجام می دادند. علاوه بر این، مدرک کافی بر این که فعالیتهای قطع درختان روی زندگی سامی تا حد انکار حقشان طبق ماده 27 اثر گذاشته وجود نداشت، به این دلیل که مقامات پروسه ی ارزیابی منافع شاکیان منافع کلی اقتصادی در این منطقه را قبل از تصمیم گیری روی اقدامات مدیریتی جنگلداری دنبال کرده بودند.علاوه بر این، کمیته‌ی چوپانان به طور منفی عکس العمل نشان نداد اگرچه می توانست چنین کند. همچنین کمیته تشخیص داد که قطع درختان آینده بقاء پرورش گوزن شمالی را و نهایتاً زندگی فرهنگی این اقلیت را تهدید نخواهد کرد. اما توصیه کرد که فنلاند، هنگامی که اقداماتی را اتخاذ می کند که حقوق تحت ماده 27 میثاق را تحت تاثیر قرار می دهد باید توجه کند که اگرچه اقدامات به خودی خود ممکن است نقض این ماده نباشد، چنین فعالیتهایی ممکن است در مجموع حقوق مردم سامی برای برخورداری از فرهنگشان را از بین بگیرد.

گروه دریاچه ی Lubicon دربرابر کانادا،کمیته ی حقوق بشر[429]

موضوعات حقوقی:
حق بر فرهنگ، برنامه های توسعه اقتصادی ممکن است ماده 27 را نقض کند.

---

[428] *Jouni E Lansman et al v Finland* (Human Right Committee, 1996) UN Doc CCPR/C/58/D/671/1995.
[429] *Lubicon Lake Band v Canada* (Human Rights Committee, 1990) UN Doc Sup No 40 (A/45/40/) 1 (1990).

(b) Facts
Lubicon Lake Band is a Cree Indian band within the borders of Canada in the Province of Alberta, Canada. The band is a self-identified, relatively autonomous socio-cultural and economic group. Through the 1970 Indian Act and the 1899 Treaty on aboriginal land rights, the Canadian Government recognized the right of the original inhabitants to continue their traditional way of life. However, later, the Canadian Government allowed the provincial government of Alberta to expropriate the territory of Lubicon Lake Band, without consulting with the Band, to pursue private oil and gas exploration activities. Canada was then accused that the decision violated the Band's right to self-determination and its right to dispose of its natural wealth and resources according to ICCPR Article 1(1) and (2). Further, Canada was accused of destroying the environment and thus undermining the Band's economic base. By depriving the Band of its right to self-determination and of its means of subsistence, the Band's economic base, its indigenous traditions and practices were in danger and hence its existence was threatened, in violation of ICCPR Article 27.

(c) Decision
There was persistent disagreement between the parties as to the factual setting for the dispute. The Committee did not answer whether the Band constituted a 'people' according to ICCPR Article 1 and whether there is a violation of this article. But, it found a violation of ICCPR Article 27 and argued that the rights under ICCPR Article 27 include the right of persons, in community with others, to engage in economic and social activities as part of the community culture. The Committee recognized that apart from recent developments, there are historical inequities that endanger the life and culture of the Band. The State was called to rectify the situation.

5. *Ballantyne, Davidson and McIntyre v Canada*, Human Rights Committee[430]

(a) Legal issues
Right to language; minorities.

(b) Facts
The applicants had businesses in the Province of Quebec. Their mother tongue and that of many of their clients was English. They also used English signs at their businesses to attract customers and one of them had his firm's name in English.

A Quebec (provincial) law was adopted requiring public signs, posters and commercial advertisements to be in French. The applicants received a warning notice and had to remove the signs in English in order to conform to the law.

The applicants claimed that the prohibition violated their rights to expression and their minorities under ICCPR Articles 19 and 27 respectively.

The Quebec Government argued that the measures were taken to preserve the cultural identity of French speakers in English-dominated Canada.

(c) Decision
With regards to ICCPR Article 19(2), the Committee held that it includes every form of subjective idea and opinion capable of transmission to others, including outdoor advertising, and that varying degrees of limitation cannot be applied to different forms of expression. Further, it found that the right of the francophone minority to use its own language was not put at risk by the freedom of others to advertise in their own language, nor was public order. A State may choose one or more official languages, but it may not exclude the freedom to

---

[430] *Ballantyne, Davidson and McIntyre v Canada* (Human Rights Committee, 1993) UN Doc CCPR/C/47/D/359/1989.

شرح پرونده:
باند دریاچه Lubicon یک گروه سرخپوستی Cree در مرزهای کانادا در ایالت آلبرتاست. هویت مخصوص به خود دارد و نسبتاًیک گروه خودگردان اقتصادی و اجتماعی و فرهنگی است. گر چه قانون سرخپوستی 1970 و معاهده 1899 در زمینه حقوق سرزمینی و بومی کشور کانادا حق ساکنان اولیه را نسبت به ادامه روش زندگی سنتی شان به رسمیت شناخته، با این حال بعداً دولت کانادا به دولت ایالتی آلبرتا اجازه داد که از سرزمین این گروه بدون مشورت با آنها برای ادامه فعالیت های اکتشاف نفت و گاز سلب مالکیت کند. کانادا متهم شد که که این تصمیم حق گروه به تعیین سرنوشت و حق به خرج کردن ثروت و منابع طبیعی شان طبق مواد 1 و2 میثاق بین‌المللی حقوق مدنی و سیاسی را نقض کرده است. به علاوه کانادا به تخریب محیط و بنابراین تضعیف پایه اقتصادی گروه متهم شد. با محروم کردن گروه از حقش نسبت به تعیین سرنوشت و از وسایل امرار معاشش زیربنای اقتصادی گروه، اعمال و سنت های بومی در خطر بودند. و بنابراین با نقض ماده 27 وجود آن موردتهدید واقع شد.

رای:
اختلاف مداومی بین طرفین درباره جایگاه واقعی دعوا وجود داشت. کمیته به این سؤال پاسخ نداد که آیا باند به مفهوم ماده 1 میثاق یک "مردم" است، و آیا این ماده نقض شده است. اما کمیته نقض ماده 27 را تشخیص داد و استدلال کرد که حقوق مندرج در ماده 27 حق اشخاص در جامعه با دیگران را برای اشتغال در فعالیت های اجتماعی و اقتصادی به عنوان بخشی از فرهنگ اجتماع در بر می گیرد .کمیته اعلام کرد که قطع نظر از توسعه های اخیرّ بی عدالتی های تاریخی وجود دارد که زندگی و فرهنگ گروه را به خطر می اندازد. دولت برای اصلاح این وضعیت فرا خوانده شد.

Ballantyne,Davidson and McIntyre در برابر کانادا،کمیته حقوق بشر[430]

موضوعات حقوقی:
حق اقلیت های زبانی

شرح پرونده:
شاکیان کار و کسبی در ایالت کبک داشتند. زبان مادری آنان و بسیاری از مشتریانشان انگلیسی بودن. همچنین آنها در تجارتشان برای جذب مشتریان از تابلو های انگلیسی استفاده می کردند و نام شرکت یکی از آنها انگلیسی بود.
کبک قانونی تصویب کرده است که تابلو ها، پوسترها و آگهی های بازرگانی باید به زبان فرانسه باشد. شاکیان اخطاری دریافت کردند که باید تابلوهای انگلیسی رابه منظور مطابقت با قانون بر می داشتند. شاکیان ادعا کردند که این ممنوعیت، حق آزادی بیان و حقوق اقلیتی آنها را طبق مواد 19 و 27 میثاق به ترتیب نقض کرده است. دولت کبک استدلال کرد که اقدامات اتخاذ شده، هویت فرهنگی فرانسوی زبانان را در کانادایی که زبان انگلیسی بر آن حاکم شده حفظ می کند.

رای:
کمیته مقرر کرد که ماده19 بند 2 میثاق بین‌المللی حقوق مدنی و سیاسی هر شکل از عقاید و افکار ذهنی که قابلیت انتقال به دیگران را دارد و از جمله آگهی خارجی در بر می گیرد، .و نمی توان درجات متغیری از محدودیت را نسبت به اشکال متفاوت بیان بکار برد، .و اعلام کرد که حقوق اقلیت فرانسوی زبان به استفاده از زبانشان آزادی دیگران به آگهی دادن به زبان خودشان را به خطر نمی اندازد و مغایر با نظم عمومی نیست. یک کشور ممکن است یک یا بیشتر از یک زبان رسمی انتخاب کند .اما این از آزادی بیان یک شخص به زبانی که خودش انتخاب کرده، جلوگیری نمی کند. .

---

[430] *Ballantyne, Davidson and McIntyre v Canada* (Human Rights Committee, 1993) UN Doc CCPR/C/47/D/359/1989.

express oneself in a language of one's choice. There was hence a violation of ICCPR Article 19(2), but since the law applied to anyone wishing to advertise in English and not only English speakers, there was no discrimination against the authors on the basis of their language. The violation should be remedied by an appropriate amendment to the law.

With regards to ICCPR Article 27, the Committee noted that the article refers to minorities in 'states' and ICCPR Article 50 provides that the ICCPR applies to all parts of federal states. Thus it was found that Article 27 provides protection to minorities within the state and not within any province of that state. English-speaking citizens of Canada living in Quebec could therefore not be considered as a linguistic minority.

6. *Arieh Hollis Waldman (Initially represented by Mr Raj Anand from Scott & Aylen, a law firm in Toronto, Ontario) v Canada*, Human Rights Committee[431]

(a) Legal issues
Right to religion; minority rights; non-discrimination.

(b) Facts
In the province of Ontario, Canada, Roman Catholic schools were the only non-secular schools that, according to the Education Act, were entitled to the same public funding as the public secular schools. The provisions of the Education Act were based on the 1867 Constitution Act of Canada.

Arieh Hollis Waldman was a father of two school-age children and he enrolled them in a private Jewish day school. He claimed that the distinction in the Education Act and the Constitution Act was discriminatory on the grounds of religion, in violation of ICCPR Articles 18 and 26 in conjunction with Article 2(1). More specifically, he said that he experienced financial hardship in order to provide his children with a Jewish education, a hardship which is not experienced by a Roman Catholic parent seeking to provide his children with a Roman Catholic education and that the violation is not sustainable under the limitation provisions of Article 18(3). Also, he argued that when the State recognizes a right to publicly financed religious education, there should be no differentiation on the basis of religion and that there is a violation of Article 27 since Roman Catholics are the only religious minority to receive full and direct funding for religious education from the government of Ontario.

(c) Decision
The Committee noted that the ICCPR does not oblige States Parties to fund schools which are established on a religious basis. However, if the State Party decides to do so, it should make the funding available to all without discrimination. Hence, if funding is provided to one religious group and not to another, this distinction is justified only if it is based on reasonable and objective criteria. The fact that the 1867 Constitution Act protected Roman Catholics in Ontario, a group that no longer is in a disadvantaged position compared to those members of the Jewish community, does not constitute a reasonable and objective criterion for the distinction and hence the difference in treatment between Roman Catholic religious schools, which are publicly funded as a distinct part of the public education system, and the schools of the applicant's religion, which are private by necessity, cannot be considered reasonable and objective. Consequently, the Committee found that the applicant was discriminated against under ICCPR Article 26, and since it made its conclusion, it did not proceed to consideration of ICCPR Articles 18, 27 and 2(1).

---

[431] *Arieh Hollis Waldman (Initially represented by Mr Raj Anand from Scott & Aylen, a law firm in Toronto, Ontario) v Canada* (Human Rights Committee, 1999) UN Doc CCPR/C/67/D/694/1996.

بنابراین نقض ماده 19 میثاق وجود دارد. ،اما از آنجا که قانون بکار گرفته شده نسبت به هر شخصی است که می خواهد آگهی به زبان انگلیسی بدهد و نه فقط برای انگلیسی زبانان، هیچ تبعیضی علیه شاکیان بر اساس زبانشان وجود نداشته است.. نقض یادشده باید با اصلاح مناسب قانون جبران شود

با توجه به ماده 27 میثاق، کمیته یادآور شد که این ماده به اقلیت ها در کشور ها اشاره می کند، و ماده 50 میثاق مقرر دارد که میثاق در همه ی بخشها ی دولتهای فدرال اعمال می شود. سپس کمیته اعلام کرد که ماده 27، حمایت از اقلیت ها را در کشور و نه در هر ایالتی از آن کشور تأمین می‌کند. شهروندان انگلیسی زبان کانادایی که در کبک زندگی می کنند نمی توانند به عنوان یک اقلیت زبانی تلقی شوند.

Arieh Hollis Waidman که(ابتدائاً توسط آقای Raj Anand از Scott و Aylen،یک مؤسسه حقوقی در تورنتو ایالت Ontarioنمایندگی شد)در برابر کانادا،کمیته حقوق بشر[431]

موضوعات حقوقی:

حق بر مذهب حقوق اقلیت ها، عدم تبعیض

شرح پرونده

در ایالاتOntario کانادا، مدارس کاتولیک تنها مدارس غیر سکولار بودند که مطابق با قانون آموزش استحقاق بودجه ی عمومی یکسانی را مانند مدارس سکولار عمومی داشتند. مقررات قانون آموزش بر اساس قانون اساسی1867 کانادا بود.

Waidman پدر دو کودک در سن مدرسه بود و آنها را در مدرسه ی روزانه ی خصوصی یهودی ثبت نام کرد. او ادعا کرد که تمایز درقانون آموزش وقانون اساسی در زمینه های مذهبی تبعیض آمیز و مغایر ماده 18 و 26 میثاق همراه مادهی 2 بند 1 بود. بطور خاص تر، او گفت که او به منظور تدارک آموزش یهودی برای بچه هایش مشقت مالی را تجربه کرده، مشقتی که والدین کاتولیک خواهان تدارک آموزش کاتولیک برای بچه هایشان تجربه نمی کنند، و این تبعیض در محدوده مقررات بند3 ماده 18 نمی‌گنجد. همچنین او ادعا کرد زمانی که دولت حق به آموزش مذهبی را که بطور عمومی بودجه اش تأمین می شود به رسمیت می شناسد نباید هیچ تمایزی بر اساس مذهب وجود داشته باشد. وقتی کاتولیک ها تنها اقلیت مذهبی هستند که بودجه‌ی کامل و مستقیم برای آموزش مذهبی ازدولت دریافت می کنند، ماده 27 نقض می شود.

رای:

کمیته اشاره کرد که میثاق بین المللی حقوق مدنی و سیاسی کشور ها را مجبور نمی کند که برای مدرسه هایی که بر اساس مذهبی تأسیس شده است تأمین بودجه کنند .اگر آن کشور تصمیم بگیرد که چنین کند، باید بودجه ای قابل دسترس برای همه بدون تبعیض ایجاد کند.بنابراین اگر بودجه برای یک گروه مذهبی و نه برای دیگران تهیه شود این تمایز فقط زمانی قابل توجیه است که بر اساس ضوابط معقول و منطقی باشد.این واقعیت که قانون اساسی 1867 از کاتولیک‌ها درانتاریو حمایت می کند، گروهی که دیگر در وضعیت آسیب پذیری در مقایسه با اعضاجامعه یهودی نیستند، معیار معقول و منطقی را برای تمایز ایجاد نمی کند. از این رو تفاوت در رفتار بین مدارس مذهبی کاتولیک که به عنوان قسمتی متمایز از سیستم آموزش عمومی بطور عمومی تأمین بودجه می شوند، و مدارسی با مذهب شاکی که به دلیل ضرورت خصوصی هستند نمی تواند معقول و منطقی در نظر گرفته شوند. متعاقباً کمیته اعلام کرد که شاکی بر اساس ماده 26 میثاق بین‌المللی حقوق مدنی و سیاسی مود تبعیض قرار گرفته است و با این نتیجه گیری به بررسی مواد 18، 27 و 2(1) اقدام نکرد.

---

[431]*Arieh Hollis Waldman (Initially represented by Mr Raj Anand from Scott & Aylen, a law firm in Toronto, Ontario) v Canada* (Human Rights Committee, 1999) UN Doc CCPR/C/67/D/694/1996.

7. *GA Diergaardt (late Captain of the Rehoboth Baster Community) et al v Namibia*, Human Rights Committee[432]

(a) Legal issues
Definition of culture of a minority; role of economic activities; exclusive use of language; fair hearing (ICCPR Article 14); non-discrimination.

(b) Facts
Rehoboth Baster people were descendants of indigenous Khoi and Afrikaans settlers. They claimed that the Government of Namibia had expropriated their land and as their culture is bound up with the use of communal land exclusive to members of their community, their rights under ICCPR Article 27 had been violated. The land was traditionally used by the members of the Rehoboth community for the grazing of cattle but was no longer in the de facto exclusive use of the community.

Further, they claimed a violation of ICCPR Article 14, because they were forced to use English throughout the court proceedings, a language they did not normally use and were not fluent in. Article 3 of the Constitution of Namibia declared English to be the official language in Namibia and indicated the use of other languages was allowed on the basis of legislation, but such legislation had still not been passed.

(c) Decision
The Committee noted that the right of members of a minority to enjoy their culture under ICCPR Article 27 encompasses protection of a particular way of life associated with the use of land resources through economic activities, such as hunting and fishing, especially in the case of indigenous peoples. The Committee found, though, that in this case the Rehoboth Baster community could not successfully claim association to the pastoral lands in question in support of their rights under ICCPR Article 27, because although the community had been linked to the lands for some 125 years, their way of life was not considered to be the result of a relationship with the land and its resources, which had given rise to their distinctive culture. Hence, there was no violation of ICCPR Article 27.

With regards to the denial of the minority language at the hearing proceedings, the Committee found no violation of ICCPR Article 26, holding that the Community failed to show how the use of English during the proceedings had affected their right to a fair hearing. However, the Committee found violation of ICCPR Article 26, because the State, by instructing civil servants not to reply to the Community's written or oral communications with the authorities in the Afrikaans language, even when they were perfectly capable of doing so, denied their right to use their mother tongue in administration, justice, education and public life.

8. *Apirana Mahuika et al v New Zealand*, Human Rights Committee[433]

(a) Legal issues
Right to culture; minority rights; rights of individuals of a minority group.

---

[432] *JGA Diergaardt (late Captain of the Rehoboth Baster Community) et al v Namibia* (Human Rights Committee, 2000) UN Doc CCPR/C/69/D/760/1997.
[433] *Apirana Mahuika et al v New Zealand* (Human Rights Committee, 2000) UN Doc CCPR/C/70/D/547/1993.

در برابر نامیبیا،کمیته حقوق بشر[432]

موضوعات حقوقی:
تعریف فرهنگ یک اقلیت، نقش فعالیت های اقتصادی، کاربرد انحصاری زبان ،دادرسی عادلانه (بند 14 میثاق بین‌المللی حقوق مدنی و سیاسی)، عدم تبعیض

شرح پرونده:
مردم Rehoboth Baster نسل بومی Khoi و مقیمان آفریقایی بودند. آنها ادعا کردند که حکومت نامیبیا زمینهایشان را سلب مالکیت کرده، و فرهنگشان برکاربرد زمین اشتراکی منحصر به اعضای جامعه شان مبتنی شده، و حقوقشان تحت ماده ی27 میثاق بین المللی حقوق مدنی و سیاسی نقض شده است. زمین به طور سنتی به وسیله اعضای جامعه ی Rehobothبرای چراندن گله بکار می رفت اما دیگر در استفاده انحصاری بالفعل این جامعه نبود
علاوه بر این، آنها نقض ماده ی 14 میثاق بین المللی حقوق مدنی و سیاسی را ادعا کردند زیر آنها مجبور به کار برد انگلیسی در تمام رسیدگی های دادگاه شده بودند، زبانی که آنها معمولاً بکار نمی بردند ودر آن روان نبودند. ماده 3 از قانون اساسی نامیبیا تصریح کرده بود که انگلیسی زبان رسمی در نامیبیا باشد واشار ه کرده بود که استفاده از زبانهای دیگر باید بر اساس قانون اجازه داده شود اما چنین قانونی هنوز تصویب نشده بود .

رای:
کمیته اشاره کرد که حقوق اعضای یک اقلیت به بهرمندی فرهنگشان تحت ماده 27 شامل حمایت یک روش ویژه ای از زندگی است که با کاربرد منابع زمین از طریق فعالیت اقتصادی و شکار و ماهیگیری پیوند خورده باشد. ولی در خصوص مردمان بومی، کمیته بیان کرد در این مورد جامعه بطور موفقیت آمیزی نمی توان پیوند با مراتع مورد بحث را در حمایت از حقوقشان تحت ماده 27 ادعا کرد؛ زیرا اگر چه این جامعه برای 125سال با زمین پیوند خورده، ولی روش زندگیشان نتیجه رابطه با زمین و منابعی که بوجود آورنده یک فرهنگ متمایز باشد تلقی نمی‌شود. بنابراین هیچ نقضی از ماده 27 صورت نگرفته است.
در رابطه با انکار زبان اقلیت در رسیدگی قضایی، کمیته با اعتقاد به این که جامعه از نشان دادن اینکه کار برد انگلیسی در طول رسیدگی ها حق آنها بر یک رسیدگی عادلانه را تحت تأ ثیر قرار داده است قصور ورزیدند، هیچ نقضی از ماده 26 استنباط نکرد. ولی کمیته به دلیل این که دولت به کارمندان خود دستور داده است که به شکایات کتبی یا شفاهی جامعه به مقامات به زبان افریقایی حتی هنگامیکه آنها کاملاً صلاحیت انجام آن را دارند پاسخ ندهند و لذا حق آنان را به کاربرد زبان مادر یشان در زندگی اداری، قضایی، آموزشی و عمومی انکار کرده است، نقض ماده 26 را تشخیص داد.

Apirana Mahuika et al در برابرنیوزیلند،کمیته حقوق بشر[433]

موضوعات حقوقی:
حق برفرهنگ ، حقوق اقلیت، حق اشخاص از یک گروه اقلیت

---

[432] *JGA Diergaardt (late Captain of the Rehoboth Baster Community) et al v Namibia* (Human Rights Committee, 2000) UN Doc CCPR/C/69/D/760/1997.
[433] *Apirana Mahuika et al v New Zealand* (Human Rights Committee, 2000) UN Doc CCPR/C/70/D/547/1993.

(b) Facts

The 1840 Treaty of Waitangi between the British Crown and the Maori indigenous peoples guaranteed the Maori rights to self-determination, including their right to control fisheries. Later, the 1992 Treaty of Waitangi (Fisheries Claims) Settlement Act between the New Zealand Government and the Maori negotiators represented a final settlement of all Maori fishing claims, commercial and non-commercial. Although the Maori were divided in their views, the New Zealand Government found sufficient mandate amongst the Maori for the settlement.

Nineteen Maoris belonging to seven different tribes claimed that their traditional rights to fish had been restricted by the 1992 Treaty of Waitangi (Fisheries Claims) Settlement Act, in violation of ICCPR Article 27. The applicants argued that they had opposed the settlement, because the actions of the Government threatened their way of life and their culture. They further claimed that a significant number of tribes and sub-tribes had either opposed the deal completely or were prepared to give it conditional support only.

(c) Decision

The Committee found that the applicants were members of a minority within the meaning of ICCPR Article 27, having fisheries as an essential element of their culture; an economic activity could come within the ambit of ICCPR Article 27 if it was an essential factor of a community. Indeed, the recognition of Maori rights in respect of fisheries by the 1840 Treaty of Waitangi illustrated that fishery rights were a significant constituent of Maori culture.

For many Maori, the 1992 Act was an acceptable settlement of their claims, while for others it was not. At this point, where the rights of individuals to enjoy their culture are in conflict with the exercise of parallel rights of other members of the minority group, or of the minority as a whole, the Committee considers whether the limitation in question is in the interests of all members of the minority and whether there is reasonable and objective justification for its application to the individuals who claim to be adversely affected.

It was recognized that New Zealand undertook a complicated process of consultation in order to secure broad Maori support to a nation-wide settlement and regulation of fishing activities. Special attention was given to the cultural and religious significance of fishing for the Maori and also to securing the possibility that Maori individuals and communities may engage in non-commercial fishing activities. The Maoris were consulted and their proposals did affect the design of the arrangement. Since all necessary steps were taken to respect the rights of the minority group, to consider its interests and to engage it in policy-making, there was no violation of ICCPR Article 27.

9. *Case Relating to Certain Aspects of the Law on the Use of Languages in Education in Belgium v Belgium (Belgian linguistic cases)*, European Court of Human Rights[434]

(a) Legal issues

Discrimination on the basis of language; linguistic minority; private and family life.

(b) Facts

The parents of families of Belgian nationality applied on their own behalf and on behalf of their under-age children. They lived in a Dutch-speaking region but there was a French-speaking population, and they themselves were French-speaking or they expressed themselves most frequently in French and wanted their children to be educated in French.

---

[434] *Case Relating to Certain Aspects of the Law on the Use of Languages in Education in Belgium v Belgium* Series A No 6 (1968)1 EHRR 252.

شرح پرونده:

معاهده ی 1840Waitangi بین پادشاهی انگلیس و مردم بومی Maori، حقوق Maori به خود مختاری و از جمله حق کنترل ماهیگیری را تضمین کرد . بعداً در معاهده ی Waitangi1992 قانون حل و فصل (دعاوی ماهیگیری) بین نیوزیلند و مذاکره کنندگان Maori یک توافق نهایی از همه دعاوی ماهیگیری Maori تجاری و غیر تجاری را شکل داد. اگر چه Maoriدر دیدگاهشان منشعب شدند حکومت نیوزلند تعهد کافی در میان Maoriبرای توافق ایجاد کرده بود.

19 Maori که به هفت قبیله متفاوت تعلق داشتند ادعا کردند که حقوق سنتی شان به ماهیگیری به وسیله قانون توافق محدود شده است. شاکیان در نقض ماده 27 ادعا کردند که آنها با توافق مخالف بودند زیرا اعمال حکومت روش زندگی و فرهنگشان را تهدید می کند. همچنین آنان ادعا کردند که تعداد زیادی از قبایل و زیر مجموعه ی قبایل با معاهده یا به طور کلی مخالفند ویا فقط حاضر بودند که از آن حمایت مشروط بکنند .

رای:

کمیته رأی داد که شاکیان با ماهیگیری به عنوان یک عنصر اساسی از فرهنگشان اعضایی از یک اقلیت مطابق مفاد ماده 27 بودند . . یک فعالیت اقتصادی زمانی می توانست در حوزه ی ماده 27 بیاید که یک فاکتور اساسی از یک جامعه باشد. در واقع، به رسمیت شناختن حقوق Maoriدر رابطه باماهیگیری با معاهده 1840 نشان داد که حقوق ماهیگیری یک مولفه ی اساسی فرهنگ Maoriبوده است.

برای بسیاری از Maori قانون 1992 حل و فصل قابل قبول ادعاهایشان بود، در حالی که برای دیگران چنین نبوده است. در این رابطه جایی که حقوق اشخاص به بهرهمندي فرهنگشان در تعارض با اعمال حقوق مساوی اعضای دیگر گروه اقلیت یا اقلیت به عنوان یک کل متعارض است، کمیته بررسی می کند آیا محدودیت مورد بحث منافع همه ی اعضای اقلیت را در بردارد و آیا توجیه منطقی و معقولی برای اعمال این محدودیت به اشخاصی که ادعا دارند مورد تأ ثیر نامطلوب هستند وجود دارد یا خیر.

تأیید شد که نیوزیلند پروسه پیچیده ای از مذاکره را به منظور تضمین حمایت گسترده Maori به یک توافق با وسعت ملی و مقررات بر فعالیتهای ماهیگیری متقبل شد توجه مخصوص به اهمیت فرهنگی و مذهبی ماهیگیری برای Maori و تضمین امکانی که اشخاص و جامعهMaori بتوانند به فعالیتهای ماهیگیری غیر تجاری بپردازد، Maori مورد مشورت قرار گرفتند و پیشنهاداتشان بر طرح مقدمات تأ ثیر گذاشت. از این رو همه اقدامات لازم با در نظر گرفتن حقوق گروه اقلیت، ملاحظه ی منافعشان و درگیر کردن آنان در تعیین سیاست‌های یادشده انجام شده بود هیچ نقضی از ماده 27 دیده نشد.

پرونده مربوط به جنبه‌هایی مشخص از قانون کار برد زبان در آموزش بلژیک در برابر بلژیک (پرونده‌های زبانی بلژیکی)،دادگاه اروپایی حقوق بشر[434]

موضوعات حقوقی:

تبعیض بر اساس زبان ، اقلیت زبانی، زندگی خصوصی و خانوادگی

شرح پرونده:

والدین خانواده‌های بلژیکی از طر ف خودشان و بچه های کم سنشان شکایت کرده‌اند. آنها در یک منطقه هلندی زبان زندگی می کردند اما تعدادی مردم فرانسه زبان وجود داشتند و خودشان یا فرانسه زبان بودند یا بیشتر به فرانسه تأ کید می کردند و می خواستند که بچه هایشان به فرانسه آموزش ببینند .

---

[434] *Case Relating to Certain Aspects of the Law on the Use of Languages in Education in Belgium v Belgium* Series A No 6 (1968)1 EHRR 252.

They complained that Belgium did not provide for any French-language education and when it did, in some cases the education was inadequate. Also, their children were not always allowed to attend the French classes. They claimed that they suffered violation of ECHR Articles 8, 9, 10, 14 and Article 2 of Protocol 1, for being subjected to different provisions of, inter alia, the Act of 2 August 1963 'on the use of languages in administrative matters'.

(c) Decision

Section 7(3) of the Act of 2 August 1963 prevented certain children, based on the place of their parents' residence, from having access to the French-language schools existing in the six municipalities on the outskirts of Brussels. The residence condition of the Act was not imposed in the interest of schools, for administrative or financial reasons, but its application in this case was based on considerations relating to language. Moreover, there was no proportionality between the means employed and the aim sought. The fact that it is impossible to enter official or subsidized French-language schools affected the authors' children in the exercise of their right to education, as no such schools existed in the municipalities in which they lived. Hence, Section 7(3) of the Act of 2 August 1963 was discriminatory, as it did not comply with the requirements of Article 14 of the ECHR, read in conjunction with the first sentence of Article 2 of Protocol 1.

10. *Hoffmann v Austria*, European Court of Human Rights[435]

(a) Legal issues

Private and family life; minorities; discrimination.

(b) Facts

Hoffman married S when they were both Roman Catholics and their two children were baptized but not brought up in this faith. Hoffman became a Jehovah's Witness and she left S, taking the children with her. S then applied for parental rights over the children and was successful on the basis that Hoffman was bringing them up as Jehovah's Witnesses, contrary to the law on the religious education of children which prohibits a parent from unilaterally bringing children up in a faith different from that shared by both parents at the time of the marriage or from that in which they had been brought up. Moreover, if the children needed blood transfusion, Hoffman would have been likely to refuse it. According to S, the children could be social outcasts if they were brought up as Jehovah's Witnesses and a change of custody would not bring them any harm.

Hoffman complained about the denial of custody, claiming that she was denied custody because of religion and that ECHR Articles 8, 9 and 14 had been violated.

(c) Decision

The Court found that the custody decision had interfered with Hoffman's right to family life. The fact that custody was given to S on the basis of a difference in religion was disproportionate to its aim of protecting the health and rights of the children. The Court concluded that there was a violation of ECHR Article 8 in conjunction with Article 14, and did not consider that a separate issue under ECHR Article 9 (right to religion).

---

[435] *Hoffmann v Austria* (1993) 17 EHRR 293.

آنها شکایت کردند که بلژیک آموزش به زبان فرانسه را فراهم نمی کند و ز مانی که چنین می کند در بعضی موارد آموزش کافی نبود و بچه هایشان اجازه حضور در کلاس های فرانسوی نداشتند. آنها ادعا کردند که به خاطر این که در معرض شروط مختلف از جمله قانون 2 اوت 1963 در مورد کاربرد زبان در مسائل اداری شده اند نقض مواد 24، 10، 9 و 8 کنوانسیون اروپایی حقوق بشرو ماده 2 از پروتکل 1 صورت گرفته است. .

رای:

بخش هفت (3) قانون 2 اوت 1963 بچه های معینی را بر اساس مکان اقامت والدین از دسترسی به مدارس فرانسوی زبان موجود در شش شهر در حومه ی برو کسل ممنوع می کند. شرط اقامتگاه قانون بخاطر مصالح مدارس یا به دلایل اداری یا مالی اعمال نمی شد اما اعمال آن در این مورد بر بررسی هایی در رابطه با زبان مبتنی بود. علاوه بر این هیچ تناسبی بین اهداف اعمال شده وهدف خواسته شده وجود نداشت .

این واقعیت که عدم امکان ورود بچه های شاکیان به مدارسرسمی یا یاریشده فرانسوی زبان آنان را در اعمال حقشان به آموزش متأثر ساخته است، چرا که چنین مدارسی در شهر محل زندگیشان وجود نداشت. بنابراین بخش 7 (3) قانون 2 اوت 1963 تبعیض آمیز بود . و از شرایط ماده ی 14 کنوانسیون اروپایی حقوق بشر به همراه اولین جمله از بند 2 پرو تکل 1 تبعیت نمی کرد .

Hoffman در برابر استرالیا،دادگاه اروپایی حقوق بشر [435]

موضوعات حقوقی:

زندگی خصوصی و خانوادگی، اقلیت ها، تبعیض

شرح پرونده:

Hoffman با S زمانی که هر دو کاتو لیک بودند ازدواج کرد و دو بچه شان تعمید داده شدند ولی به این دین پرورش نیافتند. Hoffman یک شاهد یهوه شد و S را ترک کرد و بچه ها با او بودند. S تقاضای حقوق حضانت بر بچه ها کرد و به دلیل این که Hoffman بچه ها را با دین (شاهدان یهوه) تربیت کرده بود و این امر مخالف قانون آمو زش مذهبی فرزندان بود که یکی از والدین را از تربیت یک جانبه فرزندان به دینی متفاوت از دین والدین در زمان ازدواج یا دینی که بر اساس آن پرور ش یافته بودند منع می کرد، تقاضایش پذیرفته شد. بعلاوه اگر بچه ها به انتقال خون نیاز داشتند Hoffman احتمالاً از آن اجتناب می کرد . بر اساس گفته S بچه ها اگر با این دین تربیت می یافتند مطرود اجتماعی می شدند و تغییرحضانت برای آنها ضرری نداشت .

Hoffman با این ادعا که او به علت مذهب از حضانت محروم شده و مواد 8، 9 و 14 Hoffman نقض شده است شکایت کرد

رای:

دادگاه اعلام کرد که تصمیم حضانت با حق به زندگی خانوادگی Hoffman تداخل کرده است. این واقعیت که حضانت اساساً بر مبنای تفاوت در مذهب به S داده شده بود با هدفش در حمایت از سلامتی و حقوق بچه ها بی تناسب بود. دادگاه نتیجه گرفت که نقضی از ماده 8 در رابطه با ماده 14 صورت گرفته است و موضوع جداگانه ای تحت ماده ی 9 (حق به مذهب) مورد توجه قرار نگرفت.

---

[435] *Hoffmann v Austria* (1993) 17 EHRR 293.

11. *Communidades Indigenas Enxet-Lamenxay y Kaleyphapopyet-Riachito v Paraguay*, Inter-American Court of Human Rights[436]

(a) Legal issues
Right to culture.

(b) Facts
The Enxet people were an indigenous people who inhabited the Paraguayan Chaco, and lived on hunting, fishing and gathering, as well as on cultivating small patches of land and breeding some domestic animals. The Paraguayan Government began selling all the land in the Chaco to foreigners and by 1950 the entire Enxet territory had been occupied by its new owners.

The applicants claimed that Paraguay had violated their rights to fair trial and judicial protection of property and residence and finally of culture, set forth in ACHR Article 8, 21, 22 and 25 and Article XIII of the American Declaration of the Rights and Duties of Man.

(c) Decision
A friendly settlement was promoted by the Court and signed between the Paraguayan State, NGOs representing the indigenous communities involved and indigenous leaders. Under the settlement, the State agreed to hand over the land in question and register it with the competent authorities as belonging to the indigenous minority.

12. *Salgueiro da Silva Mouta v Portugal*, European Court of Human Rights[437]

(a) Legal issues
Different treatment on the basis of sexual orientation; private and family life.

(b) Facts
The applicant, Mr Salgueiro da Silva Mouta, complained that the Lisbon Court of Appeal had based its decision to award parental responsibility for his daughter to his ex wife on the ground of his sexual orientation. He argued that the decision amounted to an unjustifiable interference with his right to respect for family life. He also argued that a difference of treatment is discriminatory (ECHR Article 14), if there is no objective and reasonable justification, if it does not pursue a legitimate aim or if there is not a reasonable relationship of proportionality between the means employed and the aim sought to be realized.

(c) Decision
The Court found that that the applicant's homosexuality was a factor that considerably determined the decision of the Portuguese Court of Appeal on parental responsibility. Hence, the decision of the Portuguese Court made a distinction based on considerations regarding the applicant's sexual orientation, a distinction which is not acceptable under the ECHR.

---

[436] *Communidades Indigenas Enxet-Lamenxay y Kaleyphapopyet-Riachito v Paraguay* Inter-American Court of Human Rights Case 11.713, Report No 90/99 (1999).
[437] *Salgueiro da Silva Mouta v Portugal* Series A No 741 (1999) 31 EHRR 1055.

در برابر پاراگوئه،دادگاه آمریکایی حقوق بشر[436]

موضوعات حقوقی:
حق بر فرهنگ

شرح پرونده:
Enxet مردمی بومی بودند که در chaco پاراگوئه ساکن شدند و از طر یق شکار ماهیگیری و برداشت از جالیز زمینهای زراعتی کوچک و پرورش حیوانات اهلی زندگی می کردند. دولت پاراگوئه شر وع به فروختن همه ی زمینهای chaco به خارجی ها کرد وتاسال1950 تمام سرزمین Enxetبوسیله مالکان جدید اشغال شد. شاکیان ادعا کردند که پاراگوئه حقشان به محاکمه عادلانه و حمایت قضایی و دارایی و اقامتگاهوفرهنگ را نقض کرده است که در مواد 22، 21و 25، و 8 کنوانسیون آمریکایی حقوق بشرو ماده 13 اعلامیه امریکایی حقوق و وظایف انسان ارائه شده است .

رای:
توافق دوستانه ای توسط دادگاه ترتیب داده شد که بین دولت پاراگوئه،سازمانهای غیر دولتی نماینده جوامع بومی مشمول و رهبران بومی امضا شد. با این توافقنامه دولت با انتقال زمین مورد بحث و ثبت کردن آن به عنوان تعلق به اقلیت بومی توسط مقامات صالح موافقت کرد .

Salgueiro da Silva Moutaدر برابر پرتغال،دادگاه اروپایی حقوق بشر[437]

موضوعات حقوقی:
رفتار متفاوت بر اساس گرایشات جنسی، زندگی خصوصی و خانوادگی
شرح پرونده:
شاکی،آقای Mouta شکایت کرد که دادگاه تجدید نظر Lisbon تصمیمش را بر اعطای مسئولیت جضانتدخترش بطور یک جانبه به همسرش بر اساس گرایشات جنسی مبتنی کرده بود. او ادعا کرد که این تصمیم مداخله غیر قابل توجیه در حقش به احترام برای زندگی خانوادگی بوده است. او هم‌چنین ادعا کرد که رفتار متفاوت اگر هیچ توجیه منطقی و عقلایی وجود نداشته باشد،اگر یک هدف قانونی را دنبال نکند و اگر یک رابطه منطقی و یا متناسبی بین روش به کار رفته وهدف خواسته شده وجود نداشته باشد تبعیض آمیز است(میثاق اروپایی حقوق بشر ماده 14).

رای:
دادگاه استنباط کرد که همجنس بازی شاکی عاملی بود که بطور قابل ملاحظه ای در تصمیم دادگاه تجدید نظر برای تعیین مسئولیت حضانت تأثیر گذاشته است. . از این رو تصمیم دادگاه تمایزی بر اساس ملاحظات مربوط به گرایشات جنسی شاکی بود، تمایزی که بر اساس کنوانسیون اروپایی حقوق بشر مورد قبول نیست .

---

436 *Communidades Indigenas Enxet-Lamenxay y Kaleyphapopyet-Riachito v Paraguay* Inter-American Court of Human Rights Case 11.713, Report No 90/99 (1999).
437 *Salgueiro da Silva Mouta v Portugal* Series A No 741 (1999) 31 EHRR 1055.

13. *Dudgeon v the United Kingdom of Great Britain and Northern Ireland*, **European Court of Human Rights**[438]

(a) Legal issues
Private and family life; inequality of treatment on the basis of sexual orientation.

(b) Facts
The applicant, Mr Dudgeon, is homosexual and his complaints were directed at laws existing in Northern Ireland, which have the effect of making certain homosexual acts between consenting adult males criminal offences. Although the laws do not prohibit homosexuality as such, they refer to and prohibit 'the particular acts of gross indecency between males and buggery'; hence, there is not doubt that male homosexual practices come within the scope of the legislation and are punishable.

Further, the applicant argued that police investigation constituted an unjustified interference with his right to respect for private life, in breach of ECHR Article 8.

The applicant claimed to have suffered discrimination on the grounds of sex, sexuality and residence, within the meaning of ECHR Articles 14.

(c) Decision
The Court found that the applicant has suffered and continues to suffer unjustified interference with his right to respect for his private life, in violation of ECHR Article 8. The Court did not proceed to examine breach of ECHR Article 14, because where a substantive article of the Convention has been invoked both on its own and together with ECHR Article 14 and a separate breach has been found of the substantive article, it is not generally necessary for the Court to examine the case under Article 14. It proceeds to the additional examination of ECHR Article 14, when a clear inequality of treatment in the enjoyment of the right in question is a fundamental aspect of the case. Since, here, a clear inequality of treatment does not remain a fundamental aspect of the case, the Court did not proceed to the additional examination of ECHR Article 14.

14. *BB v the United Kingdom*, **European Court of Human Rights**[439]

(a) Legal issues
Private and family life; inequality of treatment on the basis of sexual orientation.

(b) Facts
According to UK legislation, engaging in homosexual activities with men under 18 years of age was a criminal offence, whereas the age of consent for hetereosexual activities was fixed at 16 years of age. The applicant complained that he was discriminated against on the grounds of his sexual orientation and also on the grounds of age, by the decision to prosecute him and not to prosecute the 16-year-old boy, who technically was as guilty as him of the same offence.

(c) Decision
The Court found that the existence of the applicant's prosecution under the legislation constituted a violation of ECHR Article 14 in conjunction with Article 8 of the Convention. The Court did not deem it necessary to examine the applicant's complaint of discrimination on the grounds of age.

---

[438] *Dudgeon v the United Kingdom of Great Britain and Northern Ireland* Series A No 45 (1981) 4 EHRR 149.
[439] *BB v the United Kingdom* (App no 53760/00) ECHR, 10 February 2004.

Dudgeon در برابر انگلستان و ایرلند شمالی :دادگاه اروپایی حقوق بشر[438]

موضوعات حقوقی:
زندگی خصوصی و خانوادگی،عدم تساوی رفتار بر اساس گرایشات جنسی

شرح پرونده:
شاکی آقای Dudgeon **همجنس‌گرا** است.و شکایتش متوجه قوانین موجود در ایرلند شمالی است که بر ایجاد قوانین خاص همجنس بازی بین جرائم کیفری مردان بالغ راضی تأثیر دارد .اگر چه قوانین، **همجنس‌گرایی** را مشخصا منع نمی کنند، به آن اشاره می کنند و "اعمال خاص زشت فاحش بین مردان و لواط" را ممنوع می کنند. از این رو هیچ شکی وجود ندارد که اعمال **همجنس‌گرایی** مردان در قلمرو قانونگذاری قرار می گیرند و قابل مجازات هستند.
علاوه بر این شاکی ادعا کرد که رسیدگی پلیس مداخله غیر قابل توجیهی در حقش بر احترام به زندگی خصوصی در نقض ماده ی 8 کنوانسیون اروپایی حقوق بشر را تشکیل می دهد.
شاکی ادعا کرد که تبعیض بر اساس جنس، جنسیت و اقامتگاه طبق مفاد ماده ی 14 کنوانسیون اروپایی حقوق بشر را متحمل شده است .

رای:
دادگاه اعلام کرد که شاکی مداخله ی غیر قابل توجیهی را در حقش بر احترام به زندگی خصوصی اش با نقض ماده 8 متحمل شده است ودادگاه اقدام به بررسی نقض ماده ی 14 نکرد زیرا جایی که ماده ی اصلی کنوانسیون به تنهایی و با ماده ی 14 استنادشده و نقض جدا گانه ای از ماده ی اصلی استنباط شده است، بطور کلی برای دادگاه نیازی به بررسی مورد تحت ماده ی 14 نیست . دادگاه به بررسی بیشتر از ماده ی 14 زمانی اقدام می کند که عدم تساوی روشنی از رفتار در بهره‌مندی از حق مورد بحث جنبه اساسی پرونده است. از ین رو در این جا دادگاه به بررسی بیشتر از ماده ی 14 نمی پردازد .

BBدر برابرانگلستان،دادگاه اروپایی حقوق بشر[439]

موضوعات حقوقی:
زندگی خصوصی و خانوادگی،عدم تساوی رفتار بر اساس گرایشات جنسی

شرح پرونده:
بر اساس قانون انگلستان اقدام به اعمال همجنس‌گرایانه با پسران زیر 18 سال جرم بود، در صورتی که سن رضایت برای اعمال جنسی بین نا همجنسان 16 سال تعیین شده بود. شاکی شکایت کرد که او بر اساس گرایشات جنسی و هم‌چنین سن به دلیل تصمیمی که برای تعقیب او گرفته شده ولی پسر 16 ساله را که او نیز عملا به همان جرممجرم بود تعقیب نمی نمود،،مورد تبعیض واقع شده است .

رای:
دادگاه استنباط کرد که تعقیب شاکی بر اساس قانون یادشده نقض ماده ی 14 کنوانسیون اروپایی حقوق بشر و ماده ی8 کنوانسیون بود . دادگاه لزوم ملاحظه و بررسی ادعای شاکی در مورد تبعیض بر اساس سن را تشخیص نداد .

---

[438]*Dudgeon v the United Kingdom of Great Britain and Northern Ireland* Series A No 45 (1981) 4 EHRR 149.
[439] *BB v the United Kingdom* (App no 53760/00) ECHR, 10 February 2004.

15. *Winterwerp v Netherlands*, European Court of Human Rights[440]

(a) Legal issues
Mental illness; right to liberty; detention of person of unsound mind.

(b) Facts
The applicant, Mr Winterwerp, was committed to a psychiatric hospital in accordance with an emergency procedure. Then, on his wife's application, he was confined to the same hospital under an order made by the District Court. On his wife's further application and subsequently at the request of the public prosecutor, the order was renewed from year to year by the Regional Court on the basis of medical reports from the doctor treating the applicant.
The applicant claimed that the deprivation of his liberty was not carried out according to procedures proscribed under domestic law.

(c) Decision
The Court found that, except in emergency situations, the detention of a person of unsound mind will be lawful only if the person detained is reliably shown to be of unsound mind, assessed objectively by medical experts, if the relevant mental disorder is of a kind or degree warranting compulsory confinement and if there is a persistence of such a disorder to justify continuing detention. In this case, the measure depriving the applicant of his liberty was arbitrary, because it was neither issued from nor executed by the appropriate authority. More specifically, the various decisions ordering or authorizing Mr Winterwerp's detention either did not possess the characteristics of a 'court' or failed to furnish the guarantees of judicial procedure in violation of Articles ECHR 5(4) and 6.

---

[440] *Winterwerp v Netherlands* Series A No 33 (1979) 2 EHRR 387.

Winterwerp در برابرهلند،دادگاه اروپایی حقوق بشر[440]

موضوعات حقوقی:
بیماری روانی،حق آزادی،حبس اشخاص دارای ناراحتی روانی

شرح پرونده:
شاکی آقایWinterwerp به یک بیمارستان روانی مطابق با یک رسیدگی اضطراری سپرده شده بود. او سپس بر اساس درخواست همسرش در همان بیمارستان تحت دستور یک دادگاه فدرال نگه داشته می شد. بر اساس درخواست دیگری از همسرش و متعاقباً به درخواست دادستان عمومی دستور صادره سال به سال بوسیله دادگاه ناحیه بر اساس گزارشات پزشکی از پزشک معالج شاکی تجدید می شد. شاکی ادعا کرد که محرومیت از آزادی اش بر اساس پروسه ی تعیین شده به موجب قانون داخلی عمل نشده است.

رای:
دادگاه اعلام کرد که به استثنای شرایط اضطراری حبس یک شخص با بیماری روانی فقط زمانی قانونی خواهد بود که به طور موثقی ثابت شود شخص حبس شده بیمار روانی است، که توسط پزشکان متخصص به طور عینی تعیین شده باشد، که اختلال روانی اش از نوع یا درجه ای باشد که حبس اجباری را توجیه می کند، و اختلال چنان پیوسته باشد که ادامه ی حبس را موجه سازد. در این مورد،اقدامات محروم کننده شاکی از آزادی شاکی خودسرانه بوده است، چرا که بوسیله یک مقام مناسب نه صادر ونه اجرا گردیده است. مشخص‌تر این که مراجع مختلف دستور دهنده و اجازه دهنده بازداشت آقای Winterwerp یا دارای خصوصیات یک دادگاه نبودند ویا در تهیه ضمانت رسیدگی قضایی با نقض ماده 5 (4) و 6 کنوانسیون اروپایی حقوق بشر قصور ورزیدند.

---

[440] *Winterwerp v Netherlands* Series A No 33 (1979) 2 EHRR 387.

FURTHER READING

INTERNATIONAL LAW (GENERAL)

Aust, A, *Modern Treaty Law and Practice* (CUP, Cambridge, 2000).

Brownlie, I, *Basic Documents in International Law* (OUP, Oxford, 1995).

Brownlie, I, *Principles of Public International Law* (OUP, Oxford, 1998)

Degan, VD, *Sources of International Law* (Martinus Nijhoff, Leiden, 1997).

de Hoogh, A, *Obligations* Erga Omnes *and International Crimes: A Theoretical Inquiry into the Implementation and Enforcement of the International Responsibility of States* (Martinus Nijhoff, Leiden, 1996).

Evans, MD, *Blackstone's International Law Documents* (OUP, Oxford, 2005).

Klabbers, J, *The Concept of Treaty in International Law* (Martinus Nijhoff, Leiden, 1996).

Koskenniemi, M (ed), *Sources of International Law (The Library of Essays in International Law)* (Ashgate, Aldershot, 2000).

Ragazzi, M, *The Concept of International Obligations* Erga Omnes (OUP, Oxford, 1997)

Rozakis, CL *The Concept of* jus cogens *in the Law of the Treaties* (Elsevier/North-Holland for the University of Illinois, Chicago, 1976)

Sinclair, IM, *The Vienna Convention on the Law of the Treaties* (2nd edn, Manchester University Press, Manchester, 1984).

Tomuschat, Ch and Thouvenin, JM, *The Fundamental Rules of the International Legal Order:* Jus Cogens *And Obligations* Erga Omnes (Martinus Nijhoff, Leiden, 2006)

United Nations Office of Legal Affairs/Treaty Section, *Treaty Handbook* (United Nations Publications, New York, 2006).

Villiger, ME, *Customary International Law and Treaties* (Brill, Leiden, 1985).

HUMAN RIGHTS (GENERAL)

Abdullahi, AN, *Towards an Islamic Reformation: Civil Liberties, Human Rights and International Law* (Syracuse University Press, Syracuse, NY, 1990).

Alston, Ph and Crawford, J (eds), *The Future of UN Human Rights Treaty Monitoring* (CUP, Cambridge, 2000).

Arambulo, K, *Strengthening the Supervision of the International Covenant on Economic, Social and Cultural Rights: Theoretical and Procedural Aspects* (Hart, Oxford, 1999).

Baderin, MA and McCorquodale, R, *Economic, Social, and Cultural Rights in Action* (OUP, Oxford, 2007).

Baderin, MA, *International Human Rights and Islamic Law* (OUP, Oxford, 2003).

Baehr, PR and Castermans, M, *The Role of Human Rights in Foreign Policy* (Palgrave Macmillan, Houndmills, 2003).

Bayefsky, AF, *How to Complain to the UN Human Rights Treaty System* (Kluwer Law International, The Hague/London/New York, 2003).

Bayefsky, AF, *The UN Human Rights System in the 21st Century* (Kluwer, The Hague, 2000).

Bauer, JR and Bell, DA (eds), *The East Asian Challenge for Human Rights* (CUP, Cambridge/New York, 1999).

Buergenthal, Th and Shelton, D, *Protecting Human Rights in the Americas* (NP Engel, Kehl and Arlington, VA, 1995).

Burgers, JH, 'The Road to San Francisco: The Revival of the Human Rights Idea in the Twentieth Century' (1992) 14 Human Rights Quarterly 447.

Cassese, A, *International Criminal Law* (OUP, Oxford, 2003).

Christie, K and Roy, D, *The Politics of Human Rights in East Asia* (Pluto Press, London, 2001).

Conte, A, Davison, S and Burchill, R, *Defining Civil and Political Rights—The Jurisprudence of the United Nations Human Rights Committee* (Ashgate, Aldershot, 2004).

Craven, MCR, *The International Covenant of Economic, Social and Cultural Rights: A Perspective on its Development* (Clarendon Press, Oxford, 1998).

Dalacoura, K, *Islam, Liberalism and Human Rights: Implications for International Relations* (IB Tauris, London, 2003).

Davidson, S, *The Inter-American Human Rights System* (Dartmouth, Aldershot, 1997).

de Than, C and Shorts, E, *International Criminal Law and Human Rights* (Sweet and Maxwell, London , 2003).

de Varennes, F, *Asia-Pacific Human Rights Documents and Resources* (Kluwer, Leiden, 1998).

Drzemczewski, A, Trindade, A and Frowein, JA, 'The CIS Convention on Human Rights' (1996) 17 Human Rights Law Journal 137.

Dembour, M-B, *Who Believes in Human Rights?: Reflections on the European Convention* (CUP, Cambridge, 2006).

Doebbler, CFG, *International Human Rights Law: Cases and Materials* (CD Publishing, Washington DC, 2004)

Donnelly, J, *Universal Human Rights in Theory and Practice* (Cornell University Press, Ithaca, NY, 2003).

Eide, A, Krause, C and Rosas, A (eds), *Economic, Social and Cultural Rights: A Textbook* (Martinus Nijhoff, The Hague, 2001).

Evans, M and Murray, R (eds), *The African Charter on Human and Peoples' Rights: The System in Practice* (Transnational Publishers, Ardsley, NY, 2003).

Freeman, MA, *Human Rights: An Interdisciplinary Approach* (Polity Press, Cambridge, 2002).

Harris, D and Livingstone, S, *The Inter-American System of Human Rights* (OUP, Oxford, 1998).

Heyns, C (ed), *Human Rights Law in Africa* (Martinus Nijhoff, The Hague, 2004).

Heyns, C and Viljoen, F, *The Impact of the United Nations Human Rights Treaties on the Domestic Level* (Kluwer, The Hague, 2002).

Inter-American Court of Human Rights, *Basic Documents Pertaining to Human Rights in the Inter-American System* (General Secretariat, Organization of American States, 2003).

Jacobs, FG and White, RC, *The European Convention on Human Rights* (Clarendon Press, Oxford, 1996).

Janis, M, Kay, R and Bradley, A *European Human Rights Law: Text and Materials* (OUP, Oxford, 2000).

Jayawickrama, N, *The Judicial Application of Human Rights Law—National, Regional and International Jurisprudence* (CUP, Cambridge, 2002).

Joseph, S, Schultz, J and Castan, M, *The International Covenant on Civil and Political Rights—Cases, Materials and Commentary* (OUP, Oxford, 2000).

Langlois, AJ, *The Politics of Justice and Human Rights: South East Asia and Universalist Theory* (CUP, Cambridge, 2001).

Larner, N, *Religion, Beliefs and International Human Rights* (Orbis Books, New York, 2000).

Lauren, PG, *The Evolution of International Human Rights: Visions Seen* (University of Pennsylvania Press, Philadelphia, PA, 2003).

Lijnzaad, L, *Reservations to UN Human Rights Treaties: Ratify and Ruin?* (Martinus Nijhoff, Dordrecht, 1995).

McCorquodale, R, *Human Rights* (Ashgate Dartmouth 2003)

Martin, FF, Schnably, SJ et al, *International Human Rights and Humanitarian Law—treaties, cases and analysis* (CUP, Cambridge, 2006).

Meijer, M (ed), *Dealing with Human Rights: Asian and Western Views on the Value of Human Rights* (Kumarian Press, Bloomfield, CT, 2001).

Merrills, JG and Robertson, AH, *Human Rights in Europe: A Study of the European Convention on Human Rights* (Manchester University Press, Manchester, 2001).

Morsink, J, *The Universal Declaration of Human Rights: Origins, Drafting, and Intent* (Pennsylvania Press, Philadelphia, 1999).

Mugwanya, GW, *Human Rights in Africa: Enhancing Human Rights through the African Regional Human Rights System* (Transnational Publishers, Ardsley, NY, 2003).

Murray, R, *African Commission on Human and Peoples' Rights and International Law* (Hart Publishing, Oxford, 2000).

Nowak, M, *UN Covenant on Civil and Political Rights, CCPR Commentary* (NP Engel Publisher, Kehl, 1993).

Okafor, OC, *The African Human Rights System, Activist Forces and International Institutions* (CUP, Cambridge, 2007).

Österdahl, I, *Implementing Human Rights in Africa—the African Commission on Human and Peoples' Rights and Individual Communications* (Iustus, Uppsala, 2002).

Ouguergouz, F, *The African Charter on Human and Peoples' Rights: A Comprehensive Agenda for Human Rights* (Kluwer Law International, The Hague, 2003).

Pasqualucci, JM, *The Practice and Procedure of the Inter-American Court of Human Rights* (CUP, Cambridge, 2003).

Ramcharan, B, *The High Commissioner for Human Rights: the Challenges for International Protection* (Martinus Nijhoff Publishers, Leiden, 2002).

444

Rehman, J, *International Human Rights Law—a practical approach* (Pearson Education, Harlow, 2003).

Schabas, W, *An Introduction to the International Criminal Court* (CUP, Cambridge, 2004).

Shivji, IG, *the Concept of Human Rights in Africa* (Codesria Books Series, London, 1989).

Smith, RKM, *Textbook on International Human Rights* (OUP, Oxford, 2005).

Smith, RKM and van den Anker, C, *The Essentials of Human Rights* (Hodder Arnold, London, 2005).

Steiner, HJ, Alston, P and Goodman, R, *International Human Rights in Context: Law, Politics, Morals: Text and Materials* (OUP, Oxford/New York, 2008).

Symonides, J (ed), *Human Rights: International Protection, Monitoring and Enforcement*

Swepston, L, *The Universal Declaration of Human Rights and ILO Standards: A Comparative Analysis on the Occasion of the 50th Anniversary of the Declaration's Adoption* (ILO, Geneva, 1998).

United Nations Office of High Commissioner for Human Rights, *Human Rights: A Compilation of International Instruments* (United Nations Publications, New York, 2002).

United Nations, *National Human Rights Institutions: A Handbook on the Establishment and Strengthening of National Institutions for the Promotion of Human Rights, Professional Training Series 4* (United Nations, Geneva, 1995).

United Nations Development Programme (UNDP), *Human Development Report* (OUP, New York, *annually*).

Vandenhole, W, *The Procedures Before the UN Human Rights Treaty Bodies: Divergence or Convergence* (Intersentia nv, Anwerpen/Oxford, 2004).

van Dijk, P and van Hoof, GJH, *Theory and Practice of the European Convention on Human Rights* (Kluwer Law International, The Hague/London/Boston, 1998).

RIGHT TO LIFE

Bradley, CA, 'The Juvenile Death Penalty and International Law' (2003) 52 Duke Law Journal 485.

Cook, RJ, Dickens, BM and Fathalla, MF, *Reproductive Health and Human Rights* (Clarendon Press, Oxford, 2003).

Englert, Y, *Ethical Eye-Euthanasia* (Council of Europe Publishing, Strasbourg, 2004).

Fagan, J and West, V, 'The Decline of the Juvenile Death Penalty: Scientific Evidence of Evolving Norms' (2005) 75 Journal of Criminal Law and Criminology.

Gomien, D, *Short Guide to the European Convention on Human Rights* (3rd edn, Council of Europe, Strasbourg, 2005).

Hodkingson, P and Schabas, WA, *Capital Punishment: Strategies for Abolition* (Cambridge University Press, Cambridge, 2004).

Hood, R, *The Death Penalty, A Worldwide Perspective* (OUP, Oxford, 2002).

Kratochvil, J, 'The Right to Life in the Perspective of the Human Rights Committee and the European Court of Human Rights' (December 2006) available online at SSRN: <http://ssrn.com/abstract=951225>.

Mason, JK, McCall Smith, RA and Laurie, GT, *Law and Medical Ethics* (Butterworths, London, 2002).

Neumayer, E, 'Death Penalty: The Political Foundations of the Global Trend Toward Abolition' (October 2006) available online at SSRN: <http://ssrn.com/abstract=489628>.

Schabas, WA, *The Abolition of the Death Penalty in International Law* (CUP, Cambridge, 2003).

Slobogin, Ch, 'Mental Illness and the Death Penalty' (2000) 2 California Criminal Law Review.

FREEDOM FROM TORTURE

Long, D, *Guide to Jurisprudence on Torture and Ill-treatment: Art. III of the ECHR* (Association for the Prevention of Torture, Geneva, 2002).

Boulesbaa, A, *The UN Convention on Torture and the Prospects for Enforcement* (Martinus Nijhoff Publishers, Leiden, 1999).

Burgers, JH and Danelius, H, *United Nations Convention against Torture : A Handbook on the Convention Against Torture and Other Cruel, Inhuman, or Degrading Treatment or Punishment* (Martinus Nijhoff, Dordrecht, 1988).

Evans, M and Morgan, R, *Preventing Torture: A Study of the European Convention for the Prevention of Torture and Inhuman or Degrading Treatment or Punishment* (OUP, Oxford, 1998).

RIGHT TO LIBERTY AND SECURITY

Boeles, P, *Fair Immigration Proceedings in Europe* (Martinus Nojhoff Publishers, Leiden,1997).

De Than, C, 'Divisional Court: Detention of Asylum Seekers before Determination of their Claims Constituted Degrading Treatment' (2002) 4 Journal of Criminal Law 64.

Howard, H, 'The Confinement of Personality Disordered Individuals: Questions of Justice and Safety' (2001) 65 Journal of Criminal Law 161.

Murdoch, JL, *Article 5 of the European Convention on Human Rights: The Protection of Liberty and Security of Person* (Council of Europe Publishing, Strasbourg, 2002.)

RIGHT TO FAIR TRIAL

Amnesty International, *Fair Trials Manual*, published online at: <http://www.amnestyusa.org/International_Justice/Fair_Trials_Manual/page.do?id=110474 4&n1=3&n2=35&n3=843> (accessed 16 December 2007).

De Than, C, 'Positive Obligations under the European Convention on Human Rights: Towards the Human Rights of Victims and Vulnerable Witnesses' (2003) 67 Journal of Criminal Law 165.

Office of the UN High Commissioner for Human Rights, *Manual on Human Rights for Judges, Prosecutors and Lawyers—Professional Training Series No 9* (UNHCHR, Geneva, 2004).

Pollock, JM, *Ethics in Crime and Justice: Dilemmas and Decisions* (Thomson Wadsworth, 2003).

Trechsel, S, *Human Rights in Criminal Proceedings* (OUP, Oxford, 2005).

United Nations High Commissioner for Human Rights/Centre for Human Rights, *International Human Rights Standards for Law Enforcement: A Pocket Book of Human Rights for the Police* (United Nations Publications, New York, 1996)

Voyiakis, E, 'Access to Court v State Immunity' (2003) 52 International and Comparative Law Quarterly 297.

Weissbrodt, D and Worfrum, R, *The Right to a Fair Trial* (Springer, Heidelberg, 1998).

PRIVACY AND FAMILY LIFE

Agre, Ph and Rotenberg, M (eds), *Technology and Privacy: The New Landscape* (MIT Press, Cambridge, MA, 1997).

Gross, E, 'The Struggle of a Democracy Against Terrorism—Protection of Human Rights: The Right to Privacy Versus the National Interest—The Proper Balance' (2004) 37 Cornell International Law Journal 28.

James, M, *Privacy and Human Rights* (UNESCO, Paris, 1994).

Lambert, H, 'The European Court of Human Rights and the Right of Refugees and Other Persons in Need of Protection to Family Reunion' (2000) 11 International Journal of Refugee Law 427.

Shepherd, LL, 'Looking Forward With The Right Of Privacy' (2000) 47 Kansas Law Review.

Volokh, E 'Freedom of Speech, Information Privacy, and the Troubling Implications of a Right to Stop People from Speaking About You' Independent Institute Working Paper No 14 (December 1999).

FREEDOM OF THOUGHT, CONSCIENCE AND RELIGION

Bharania, M, 'Practice Points: Protecting Religious Freedom' (2004) 38 Law Society Gazette.

Bloom, I, Martin, JP and Proudfoot, WL (eds), *Religious Diversity and Human Rights* (Columbia University Press, New York, 1996).

Boeles, P and Bruins, M, 'Non-Refoulement for Religious Reasons' (2006) 8 European Journal of Migration and Law 357.

CD de Jong *The Freedom of Thought, Conscience and Religion or Belief in the United Nations (1946-1992)* (Anwerpen: Intersentia, 2000).

Leventhal, Z, 'Human Rights: University—regulations imposing restrictions on wearing Islamic headscarves in higher education institutions in Turkey' (2005) 6 Education Law 40.

Marshall, J, 'Freedom of Religious Expression and Gender Equality: *Sahin v Turkey*' (2006) 69 Modern Law Review 452.

Mawhinney, A, 'The Opt-Out Clause: Imperfect Protection for the Right to Freedom of Religion in Schools' (2006) 7 Education Law Journal 102.

Rubenstein, M, 'Religious Discrimination: *Kosteski v Former Yugoslav Republic of Macedonia*' (2006) 28 Equal Opportunities Review 155.

Thio, L and Neo, JL-C, 'Religious Dress in Schools: The Serban Controversy in Malaysia' (2006) 55 International and Comparative Law Quarterly 671.

FREEDOM OF EXPRESSION

Ampaw, A, *Legislation on Media, Speech and Expression in Ghana: A Source Book* (Media Foundation for West Africa, Accra, 2004).

Article 19, the Global Campaign for Free Expression—International Federation of Journalists, *Freedom and Accountability: Safeguarding Free Expression through Media Self-Regulation* (Article 19, Brussels, 2005).

Clayton, R and Tomlinson, H, *Privacy and Freedom of Expression* (OUP, Oxford, 2001).

Cram, I, *Contested Words: Legal Restrictions on Freedom of Speech in Liberal Democracies* (Ashgate, Aldershot, 2006).

Desbarats, P and Pare, M, *Freedom of Expression and New Information Technologies* (Collectif, IQ Montreal, 1998).

Lipschultz, JH, *Free Expression in the Age of the Internet: Social and Legal Boundaries* (Westview, Boulder, CO, 2000).

Newman, ChJ, 'Allowing Free Speech and Prohibiting Persecution—A Contemporary Sophie's Choice' (2006) 70 Journal of Criminal Law 329.

Oetheimer, M, *Freedom of Expression in Europe: Case-law Concerning Article 10 of the European Convention on Human Rights* (Council of Europe, Strasbourg, 2007).

Pennifer, K, 'More Power to the Press' (2004) 154 New Law Journal 1866.

Rowbottom, J, 'Media Freedom and Political Debate in the Digital Era' (2006) 69 Modern Law Review 489.

Sandy, D, 'False Sources and the Freedom of the Press' (2002) 152 New Law Journal 856.

Thorgeirsdóttir, H, *Article 13: The Right to Freedom of Expression* (Martinus Nihoff, Leiden, 2006).

Torremans, P, *Copyright and Human Rights: Freedom of Expression, Intellectual Property, Privacy* (Kluwer Law International, The Hague, 2004).

FREEDOM OF ASSEMBLY AND ASSOCIATION

Council of Europe, *Freedom of Association* Seminar organized by the Secretariat General of the Council of Europe in cooperation with the Ministry of Justice of Iceland, Reykjavik (Islande), 26-28 August 1993 (Martinus Nijhoff, Leiden, 1994).

Gravel, E, Duplessis, I and Gernigon, B, *The Committee on Freedom of Association. Its Impact over 50 years* (ILO, Geneva, 2001).

King, DC, *Freedom of Assembly* (Millbrook Press, Minneapolis, MN, 1997).

Tajgman, D and Curtis, K, *Freedom of Association: A User's Guide: Standards, Principles and Procedures of the International Labour Organization* (ILO, Geneva, 2000).

FREEDOM FROM DISCRIMINATION

Bamforth, N, *Sex Rights: the Oxford Amnesty Lectures 2002* (OUP, Oxford, 2005).

Bayefsky, AF, 'The Principle of Equality or Non-Discrimination in International Law' (1990) 11 Human Rights Law Journal 1.

Council of Europe, *Non-Discrimination: A Human Right: seminar to mark the entry into force of Protocol No 12 to the European Convention on Human Rights, Strasbourg October 2005* (Council of Europe, Strasbourg, 2006).

Heinze, E, *Sexual Orientation: A Human Right* (Martinus Nijhoff Publishers, Dordrecht/Boston/London, 1995).

Lewis, O, 'Protecting the Rights of People with Mental Disability—The European Convention on Human Rights' (2002) 9 European Journal of Health Law 293.

Quinn, G and Degener, Th, *Human Rights and Disability—The Current Use and Future Potential of the United Nations Human Rights Instruments in the Context of Disability* (United Nations, New York/Geneva, 2002).

Vandenhole, W, *Non-Discrimination and Equality in the View of the UN Human Rights Treaty Bodies* (Intersentia nv, Anwerpen/Oxford, 2005).

WOMEN'S RIGHTS

Alfredsson, G and Tomaševski, K (eds), *A Thematic Guide to Documents on the Human Rights of Women* (Martinus Nijhoff Publishers, The Hague/Boston/London, 1995).

Boulware-Miller, K, 'Female Circumcision: Challenges to the Practice as a Human Rights Violation' (1985) 8 Harvard Women's Law Journal 155.

Bunch, Ch, 'Women's Rights as Human Rights: Toward a Re-Vision of Human Rights' (1990) 12 Human Right Quarterly 486.

Cook, RJ, 'Human Rights and Reproductive Self-Determination' (1995) XLIV American University Law Review 976.

Cook, RJ, *Human Rights of Women* (University of Pennsylvania Press, Philadelphia, 1994).

Council of Europe, *Violence Against Women—Compilation of the Main Texts of the Council of Europe since 1995* (Council of Europe, Strasbourg, 2002), published online <http://www.coe.int/T/E/Human_Rights/Equality/PDF_EG(2004)5_E.pdf> (accessed 16 December 2007).

Satterthwaite, ML, 'Crossing Borders, Claiming Rights: Using Human Rights Law to Empower Women Migrant Workers' (2005) 8 Yale Human Rights and Development Law Journal 1.

Otto, D, 'Gender Comment: Why Does the UN Committee on Economic, Social and Cultural Rights Need a General Comment on Women?' (2002) 14 Canadian Journal of Women and the Law 1.

United Nations Children's Fund, *The State of the World's Children 2007—Women and Children* (UNICEF, New York, 2007).

United Nations, *Report of the Secretary-General: In-Depth Study on All Forms of Violence Against Women*, UN Doc A/61/122/Add.1 (6 July 2006).

Von Struensee, V, 'Sex Trafficking: A Plea for Action' (2000) 6 European Law Journal 379.

JUVENILE JUSTICE

Akester, K, *Restoring Youth Justice: New Directions in Domestic and International Law and Practice* (JUSTICE, London, 2000).

Cohen, CP, *Jurisprudence on the Rights of the Child* (Transnational Publishers, New York, 2004).

Elrod, P and Ryder, RS, *Juvenile Justice: A Social, Historical, and Legal Perspective* (Jones and Baltlett Publishers, Sudbury, MA, 2005).

Fottrell, D, *Revisiting Children's Rights—10 Years of the UN Convention on the Rights of the Child* (Kluwer, Leiden, 2001).

Franklin, B (ed), *A New Handbook of Human Rights: Comparative Policy and Practice* (Routledge, London, 2002).

Hawkins, S, 'Sentencing Children to Death' in J James (ed), *States of Confinement: Policing, Detention and Prisons* (Palgrave, New York, 2002) 22.

Hodgkin, R and Newell, P, *Implementation Handbook for the Convention on the Rights of the Child* (UNICEF, New York, 2006).

Martin, G, *Juvenile Justice: Process and Systems* (Sage Publications Inc, Thousand Oaks, CA, 2005).

Shoemaker, DJ, *International Handbook on Juvenile Justice* (Greenwood Press, Westport, Connecticut/London, 1996).

United Nations Children's Fund, *The State of the World's Children 2006* (UNICEF, New York, 2006).

Van Bueren, G, *A Commentary on the United Nations Convention on the Rights of the Child, Article 40: Child Criminal Justice* (BRILL, London, 2006).

MINORITIES' RIGHTS

Alfredsson, G and Ferrer, E, *Minority Rights: A Guide to the UN Procedures and Institutions* (Minority Rights Group International, London, 1998).

Banton, M, *International Action Against Racial Discrimination* (OUP, Oxford, 1996).

Brölmann, C, Zieck, M and Lefeber, R (eds), *Peoples and Minorities in International Law* (Martinus Nijhoff, Dordecht, 1993).

de Varennes, F, *A Guide to the Rights of Minorities and Human Rights* (Constitutional and Legal Policy Initiative, Budapest, 2000).

de Varennes, F, *Language, Minorities and Human Rights* (Martinus Nijhoff, The Hague, 1996).

Dinstein, Y and Tabory, M (eds), *The Protection of Minorities and Human Rights* (Martinus Nijhoff Publishers, Dordrecht, 1992).

Dinstein, Y, 'Collective Human Rights of Peoples and Minorities' (1972) 25 International and Comparative Law Quarterly 102.

Fredman, S, *Discrimination and Human Rights—The Case of Racism* (OUP, Oxford, 2001).

Knights, S, 'Religious Symbols in the School: Freedom of Religion, Minorities and Education' (2005) 5 European Human Rights Law Review 499.

Lerner, N, *Group Rights and Discrimination in International Law* (Martinus Nijhoff Publishers, The Hague/London/New York, 2003).

Shapiro, I and Kymlicka, W (eds), *Ethnicity and Group Rights* (New York University Press, New York, 1997).

Thornberry, P, *International Law and the Rights of Minorities* (OUP, Oxford, 1991).

Trifunovska, S (ed), *Minority Rights in Europe: European Minorities and Language* (TMC Asser Press, The Hague, 2001).

Wheatley, S, *Democracy, Minorities and International Law* (CUP, Cambridge, 2005).

Useful Websites

United Nations Office of the High Commissioner for Human Rights
<http://www.ohchr.org>

Human Rights Council
<http://www2.ohchr.org/english/bodies/hrcouncil/>

Committee on Economic, Social and Cultural Rights
<http://www2.ohchr.org/english/bodies/cescr/index.htm>

Human Rights Committee
<http://www2.ohchr.org/english/bodies/hrc/index.htm> (*see the HRC committee General Comments at <http://www2.ohchr.org/english/bodies/hrc/comments.htm>*)

Committee against Torture
<http://www2.ohchr.org/english/bodies/cat/index.htm>

Committee on the Rights of the Child
<http://www2.ohchr.org/english/bodies/crc/index.htm>

Committee on the Elimination of Racial Discrimination
<http://www2.ohchr.org/english/bodies/crc/index.htm>

Committee on the Elimination of Discrimination against Women
<http://www.un.org/womenwatch/daw/cedaw/committee.htm>

Committee on Migrant Workers
<http://www2.ohchr.org/english/bodies/cmw/index.htm>

Council of Europe, Commissioner for Human Rights
<http://www.coe.int/t/commissioner/default_en.asp>

Council of Europe on Human Rights
<http://www.coe.int/T/E/Human_rights/>

Organization of American States/Human Rights
<http://www.oas.org/oaspage/humanrights.htm>

African Union
<http://www.africa-union.org>

United Nations Development Programme: Arab Human Rights Index
<http://www.arabhumanrights.org/en/>

Organization of the Islamic Conference
<http://02afd63.netsolhost.com/oicnew/index.asp>

Islamic Human Rights Commission
<http://www.ihrc.org/>

League of Arab States
<http://www.arableagueonline.org/las/index.jsp>

University of Minnesota Human Rights Library
<http://www1.umn.edu/humanrts/>